CW00833684

V&R

männlich und weiblich schuf Er sie

Studien zur Genderkonstruktion und
zum Eherecht in den Mittelmeerreligionen

Herausgegeben von
Matthias Morgenstern, Christian Boudignon
und Christiane Tietz

Vandenhoeck & Ruprecht

SIXTH FRAMEWORK
PROGRAMME

Bibliografische Information der Deutschen Nationalbibliothek

Die Deutsche Nationalbibliothek verzeichnet diese Publikation in der
Deutschen Nationalbibliografie; detaillierte bibliografische Daten sind
im Internet über http://dnb.d-nb.de abrufbar.

ISBN 978-3-525-54009-1
ISBN 978-3-647-54009-2 (E-Book)

© 2011, Vandenhoeck & Ruprecht GmbH & Co. KG, Göttingen /
Vandenhoeck & Ruprecht LLC, Oakville, CT, U.S.A.
www.v-r.de
Alle Rechte vorbehalten. Das Werk und seine Teile sind urheberrechtlich geschützt.
Jede Verwertung in anderen als den gesetzlich zugelassenen Fällen bedarf der
vorherigen schriftlichen Einwilligung des Verlages. Hinweis zu § 52a UrhG:
Weder das Werk noch seine Teile dürfen ohne vorherige schriftliche Einwilligung
des Verlages öffentlich zugänglich gemacht werden. Dies gilt auch bei einer
entsprechenden Nutzung für Lehr- und Unterrichtszwecke.
Printed in Germany.
Gesamtherstellung: ⊕ Hubert & Co, Göttingen.

Gedruckt auf alterungsbeständigem Papier.

Inhalt

6   Inhalt

Einführung

„Männlich und weiblich schuf Er sie" (Gen 1,27). Schon zu Beginn der Bibel spielt die Unterscheidung von Mann und Frau eine zentrale Rolle. Deshalb mag der Eindruck entstehen, Männlichkeit und Weiblichkeit seien, weil von Gott geschaffen, „natürliche", unveränderliche Gegebenheiten, die entsprechend auch ein bestimmtes von Gott gegebenes Geschlechterverhältnis beinhalteten. In allen drei sich auf diesen Text beziehenden Religionen, Judentum, Christentum wie Islam, sind solche Ansichten immer wieder vertreten worden.

Wer *heute* die biblische Schöpfungserzählung zitiert, wird aber kaum mehr dem Missverständnis Vorschub leisten wollen, das Verhältnis von Mann und Frau beruhe nur auf „natürlichen" und nicht vor allem auch auf historischen und sozio-kulturellen Bedingungen. Das historische Gewordensein der Geschlechterrollen in den unterschiedlichen Kulturen und Gesellschaften in ihren jeweiligen Kontexten ist in den vergangenen Jahrzehnten geradezu zu einem Gemeinplatz der historischen, soziologischen und ethnologischen Forschung geworden. Dass die Differenz der Geschlechter in großem Maße konstruiert ist, hat zu einer neuen Sicht auf die Texte geführt, die sich mit Mann und Frau beschäftigen.

Darüber hinaus ist diese „Konstruktion von Gender", also das Verständnis der sozialen und psychologischen Geschlechtlichkeit in Unterscheidung vom anatomisch determinierten Geschlecht, auch in den Mittelpunkt des politischen Interesses gerückt. In der öffentlichen Wahrnehmung gelten die in diesem Zusammenhang verhandelten Fragen – von der Gleichstellung von Frauen im öffentlichen Leben über „gender mainstreaming" bis hin zum Umgang mit sexuellen Minderheiten – oftmals geradezu als Prüfstein für die Modernitätsreife einer Gesellschaft oder eines gesellschaftlichen Subsystems, etwa einer Religionsgemeinschaft. Das hängt mit den sozio-ökonomischen Modernisierungsschüben zusammen, die die westlichen Gesellschaften im vergangenen Jahrhundert erfahren haben. Angesichts der unterschiedlichen Einwanderungsbewegungen in die europäischen Gesellschaften und der damit zusammenhängenden demographischen Veränderungen rücken in neuerer Zeit Fragen in den Vordergrund, die mit der religiösen Kodierung von Gender zu tun haben.

Die hier gegenwärtig verhandelten Themen entbehren gelegentlich nicht einer gewissen Brisanz: Sie berühren Konfliktlinien der interreligiösen Beziehungen oder des Verhältnisses von Säkularität (bzw. Laizität) und Religion, wenn es etwa wie in Belgien oder Frankreich um die strafrechtliche Durchset-

zung des Verbotes des Ganzkörperschleiers (Burka) im öffentlichen Raum
geht. Stereotype Vorstellungen im Hinblick auf Ehe und Sexualität spielen für
die Beziehungen von Orient und Okzident seit langem eine Rolle. Schon im
19. Jahrhundert hatte der französische Schriftsteller Charles-Jean-Marie
Letourneau geschrieben, die Ehe sei für die „semitischen Völker" nicht mehr
als ein käuflicher Erwerb,[1] und der deutsche Graf von Moltke hatte hinzugefügt, im Osten bestehe die eheliche Verbindung nur aus sinnlichem Vergnügen.[2] In der Gegenwart wird über anatolische Importbräute und Zwangsehen
(in Deutschland) und über polygame Verhältnisse von afrikanischen Einwan-
derern (in Frankreich) debattiert. Diese Diskussionslage hat in den westlichen
Gesellschaften dazu geführt, dass Genderfragen häufig gerade von konser-
vativer Seite aus zum Thema gemacht werden – mit Blick auf die von denselben Gruppen meist bekämpften oder eher zurückhaltend begleiteten oben angesprochenen gesellschaftlichen Modernisierungsbewegungen des letzten
Jahrhunderts kann man dies nicht anders als paradox nennen.

Nimmt man die interreligiösen Beziehungen von Judentum, Christentum
und Islam näher in den Blick, so kann der Eindruck entstehen, als seien diese
Beziehungen – zumindest dort, wo sie konflikthaltig sind – in jeweils spezi-
fischer Weise „gegendert", d. h. von unterschiedlichen Auffassungen über die
Geschlechter bestimmt. Bezogen auf den Nahostkonflikt wird etwa auf die
Rolle von Frauen in der israelischen Armee hingewiesen,[3] und in der jüdisch-
islamischen Polemik, wie sie aus dem Palästinakonflikt erwachsen ist und von
dort – nicht ohne anachronistische Züge – in die judäo-arabische Geschichte
zurückprojiziert wird, hat Safiya bint Huyay, eine *jüdische* Frau des Propheten
Mohammed, eine gewisse Berühmtheit erlangt.[4] In der jüdisch-christlichen
Beziehungsgeschichte hat demgegenüber die Frage nach der Deutung des Verhältnisses Jesu zu den Frauen zu Auseinandersetzungen geführt. Muss die
„Frauenfreundlichkeit" des Nazareners als des „ersten neuen Mannes" vor
dem Hintergrund einer finsteren jüdisch-pharisäischen Frauenfeindschaft verstanden und profiliert werden?[5] Oder ist umgekehrt der christliche Feminismus als offen oder latent antijudaistisch oder zumindest der Teilhabe an dem

1 CH. LETOURNEAU, L'Evolution du mariage et de la famille, Paris 1888, 147.
2 H. GRAF VON MOLTKE, Unter dem Halbmond. Erlebnisse in der alten Türkei,1835–1839, Berlin 1988, 80.
3 U. KLEIN, Militär und Geschlecht in Israel, Frankfurt am Main 2001.
4 Zur Polemik im Internet über diese Frau – die Gefangene eines von den Muslimen geschlage-
   nen jüdischen Stammes, mit der der Prophet Mitleid hatte und die er heiratete, vgl. http://in-
   fad.usim.edu.my/modules.php? op=modload&name=News&file=article&sid=8233, http://
   www.eslam.de/begriffe/s/safiya_bint_huyay.htm und http://www.flex.com/~jai/satyamevajaya-
   te/playboy.html (11.5.2010) und T. NAGEL, Mohammed. Leben und Legende, München 2008,
   523.940.942.
5 Vgl. die Diskussion um das Buch des Fernsehjournalisten F. ALT, Jesus – der erste neue Mann,
   München 1989; dazu: M. BRUMLIK, Der Anti-Alt. Wider die furchtbare Friedfertigkeit, Frankfurt am Main 1991.

unheilvollen antijüdischen Erbe der christlichen Kirchengeschichte zu verdächtigen?[6]

Wenn in diesem Band Religionswissenschaftler, Theologen und Historiker unterschiedlicher Disziplinen aus acht Ländern der Europäischen Union und rings um das Mittelmeer Studien zur historischen Genderkonstruktion in den Mittelmeerreligionen vorlegen, so ist ihnen die politische Relevanz, die Genderfragen heute nicht anders als anderen Themen des interreligiösen Verhältnisses zukommt, wohl bewusst. Mit dem Ausgangspunkt der biblischen Vorstellung von der Schöpfung des Menschen als „Mann und Frau", die sie dann in ihrer Wirkungsgeschichte und im Hinblick auf ihre Folgerungen für das Eherecht im Judentum, Christentum und im Islam untersuchen, wählen sie freilich einen gewissermaßen distanzierenden Ansatz – in der Hoffnung, die Beschäftigung mit der historischen Tiefenperspektive möge etwas zum Verständnis gegenwärtiger Debatten und Probleme beitragen. Bemerkenswerterweise ist die Vorstellung der doppeltgeschlechtlichen Erschaffung des Menschen schon in den biblischen Texten nicht widerspruchsfrei: die Spannungen zwischen dem ersten und zweiten Schöpfungsbericht führte bereits die frühjüdische und frühchristliche Exegese zu der Annahme, Gott habe zu Beginn einen androgynen Menschen geschaffen, der erst in einem zweiten Schritt in Mann und Frau aufgespalten worden sei. In den Aufsätzen dieses Bandes werden – in unterschiedlicher Perspektive – die wichtigsten späteren Transformationen und gesellschaftlich-religiösen Metamorphosen der biblischen Gendervorstellung sichtbar. Behandelt werden Texte der heiligen Schriften der drei Religionen – von der Hebräischen Bibel über das Neue Testament, den Talmud und Koran bis zum kabbalistischen Schrifttum – sowie in den unterschiedlichen Rechtstraditionen, der Halacha, der Scharia, dem römisch-katholischen Kirchenrecht sowie dem Codex Theodosianus und Justinianus. Ausgehend von der patriarchalen, polygamen und teilweise endogamen Gesellschaft, wie sie in den ersten Büchern der hebräischen Bibel zum Vorschein kommt, über die Texte aus der Zeit des zweiten Jerusalemer Tempels und der späteren Antike, die sich auf die Texte des Alten Israel zurückbeziehen, entsteht so ein buntes Bild, in das die Gendervorstellungen der griechisch-römischen Welt mit einzubeziehen sind. An markanten Beispielen wie dem spätantiken Mönchtum, der Sklavengesetzgebung nach jüdischen Texten in der Kairenser Genisa, der Heiratspolitik der Mamluken in Ägypten und der byzantinischen Herrscher in Konstantinopel, der islamischen Kleidungsvorschriften oder dem frühen christlichen Feminismus werden sodann Kontexte dieser Auslegung und die ihr entsprechende Praxis vorgestellt. Es stellt sich heraus, dass die Frauen- und Männerbilder durch die Jahrhunderte überraschende inhaltliche und formale Übereinstimmungen und Parallelen, zu-

---

6 Zur Diskussion über den (angenommenen oder tatsächlichen) antijüdischen „Schatten" des christlichen Feminismus vgl. L. SIEGELE-WENSCHKEWITZ, Verdrängte Vergangenheit, die uns bedrängt. Feministische Theologie in der Verantwortung für die Geschichte, München 1988.

gleich aber auch Divergenzen aufweisen, die vor allem mit den Wandlungs-
prozessen zusammenhängen, die Judentum, Christentum und Islam im Laufe
ihrer Geschichte durchlaufen haben.

Die Aufsätze gehen auf Vorträge zurück, die in den Jahren 2007 und 2008
auf drei Symposien in Aix-en-Provence, Jerusalem und Tübingen gehalten
wurden. Diese drei Symposien fanden im Rahmen eines von der Europäischen Union im Rahmen des Sixth Framework Programme „Priority 7: Citizens and Governance in a Knowledge Based Society" finanzierten Netzwerkes
zur Förderung der geisteswissenschaftlichen Forschung und Zusammenarbeit
im euro-mediterranen Raum statt: dem Exzellenznetzwerk „Ramses 2" – réseau euro-méditerranéen des centres de recherche en sciences humaines sur
l'aire méditerranéenne. Unser Dank gilt Thierry Fabre, dem wissenschaftlichen Koordinator des Gesamtprojekts, sowie den Mitarbeitern des Teilpro-
jekts „homme et femme il les créa" an allen drei „Standorten", die die gemeinsame Arbeit ermöglicht haben: Nathalie Llorca, Chloé Châtelin, Sandrine
Pitou, Ajkuna Hoppe, Joachim Krause, Michael Hornung, Doru Doroftei,
Alexander Toepel und Dominik Rößler sowie Katell Berthelot und den Mitarbeitern des Centre Français de Recherche in Jerusalem und des Institut cul-
turel franco-allemand in Tübingen (in Sonderheit seinem Direktor, Dr.
Georges Leyenberger), denen wir für die freundliche Aufnahme in ihren Häusern danken. Zu danken haben wir schließlich dem National Book Centre of
Greece für einen namhaften Druckkostenzuschuss.

Die französischen Beiträge dieses Bandes wurden von Maria Krpata, Florian
Kohstall, Michael Hornung und Matthias Morgenstern ins Deutsche übersetzt; die englischsprachigen Beiträge wurden von Sarah Prais überprüft und
redigiert. Die Zitationsregeln für die biblischen Bücher, die rabbinischen Texte
und die weitere Literatur sowie die Abkürzungen und Transkriptionsregeln
der hebräischen, griechischen und arabischen Texte folgen in den deutschen
Beiträgen den Vorschriften der vierten Auflage der „Religion in Geschichte
und Gegenwart" (2007). Besonderer Dank gilt Monica-Elena Herghelegiu für
ihre Hilfe beim Redigieren einiger Texte in der Schlussphase des Projekts. Für
die Formatierung der Texte zeichnet Markus Lochstampfer, für einen letzten
Korrekturgang Dr. Benedikt Hensel und Miriam Uhlmann, für die Erstellung
der Register Dominik Rößler verantwortlich. Ihnen allen sei an dieser Stelle
herzlich gedankt.

Tübingen, Aix-en-Provence und Mainz, im Juni 2010

Matthias Morgenstern   Christian Boudignon   Christiane Tietz

I. Zentrale Texte und ihre Auslegung

Joachim J. Krause

Aspects of Matrimonial Law in the Pentateuch and the Pentateuch as a Source for Matrimonial Legislation

When we inquire into matrimonial religious law and its impact on the broader question of gender in our cultures and societies, we do so not out of mere intellectual passion, but because it matters.[1] A quick glance at newspaper headlines, political agendas, or prominent law cases in any of the countries we come from will suffice to show that our discussion of gender and marriage is not confined to some academic ivory tower.[2]

In this debate, the concept of marriage is a contested concept. It is a social institution, which emerged, not least, from our respective religious traditions and still bears the mark of these traditions. Since our concepts of marriage are historical, not natural, being shaped largely by the ongoing practical reception and application of religious traditions, it will be helpful to start with a closer look at the origins of these traditions themselves.[3]

Among these, the Pentateuch is arguably the single most important origin of all. Historically, a – if not *the* – foundational principle of emerging Judaism was choosing the Pentateuch as the legal basis for development of a compre-

---

1 This paper was read at the Conference of the Réseau d'excellence des centres de recherche en sciences humaines sur la Méditerranée held at the Centre de recherche français in Jerusalem, March 31–April 1, 2008. The rather general nature of the question is due to the interdisciplinary nature of the network. The paper aims to pave the way for subsequent discussions concerning the reception of matrimonial law in the Pentateuch. – I wish to thank the colleagues and friends of the network for a stimulating discussion of my paper. I also wish to thank Professor Dr. Christl Maier (Marburg) for helpful bibliographic references; Dr. Anselm C. Hagedorn (Berlin) for his comments on an earlier version of this paper; and my friend David Julius Kästle (Oxford) for his remarks concerning matters of legal theory. The remaining mistakes are the ones on which I insisted.

2 To give but one example: While I was writing this paper, the German Federal Constitutional Court (Bundesverfassungsgericht) confirmed in a much disputed vote the culpable nature of incestuous relations (BVerfG, 2 BvR 392/07). In his dissenting minority vote, however, Justice Hassemer argued that the confirmed rule reflected traditional moral values rather than tangible legal issues.

3 Cf. the goal pursued by Perdue, Blenkinsopp, and Collins in their study of families in ancient Israel, namely "to determine what, if anything, the understanding of the family in ancient Israel and early Judaism may contribute to the modern debates about this important institution in contemporary North American society" (PERDUE, Preface, ix). Cf. also OTTO, Stellung, 30: "Wer heute als Exeget zur Frage nach dem Verhältnis der Geschlechter im Alten Testament Stellung nimmt, tut es aus aktuellem Anlaß."

hensive social legislation, including matrimonial law. Thanks to the religious practice of Judaism – and, later on, Christianity – the Pentateuch became a source for matrimonial legislation not only in the Levant of antiquity but also in many other parts of the world, and remains so today.

1. The Concept of Marriage in the Pentateuch

Turning to the Pentateuch in search of aspects of matrimonial law, the first thing to note is the lack of a technical term for marriage. There is no word like the English "marriage," the French "mariage" or the German "Ehe." Considering the economy with which Biblical Hebrew utilizes abstract technical terms in general, this find is not too surprising; the less so as clearly there was a concept of marriage operating comparable to what we would recognize today.

1.1 A Minimal Definition of Marriage

Comparing contemporary concepts of marriage with marriage in the Pentateuch is something *we* do, however; if the enterprise is to succeed, we need a minimal definition of what we mean by "marriage" in the Pentateuch.[4] Without such a definition, we risk finding in the Bible what we, coming from our own cultural and religious concepts of marriage, expect to find there.[5]

I propose the following minimal definition: When we talk of marriage in our study of pentateuchal texts, we mean a permanent partnership between two or more human beings of different sex, generally establishing a new, self-supporting family by procreation.[6]

---

4 Heuristically, such a minimal definition should provide a precise specification of the object examined; at the same time it should retain a certain openness of perspective in order to integrate and compare aspects of historical conceptions of marriage, which differ from the concept found in the pentateuchal texts.

5 Cf. ROSENBAUM, Bedeutung. Pointing to several cases, she is able to show how practices and laws in the domain of the family are sometimes justified by historical assumptions, which do not stand up to critical analysis. Thus pseudo-historical stereotypes and clichés dominate the sociological conceptualization of contemporary forms of family and marriage as well as the definitions applied. On these issues cf. also HAREVEN, Family Time.

6 Cf. the evaluation of common definitions of marriage in BLENKINSOPP, Family, 58: "Traditional definitions of marriage presuppose a stable arrangement, legally and often religiously sanctioned, by which two persons of different sex agree to cohabit for the purpose of procreation, sexual communion, mutual support, and economic cooperation." Cf. also MÜLLER-FREIENFELS, Ehe, 956.

1.2 Methodological Considerations

When we turn to the Pentateuch in search of aspects of matrimonial law, serious methodological problems arise. It is necessary to consider these problems briefly, which will also help to clarify the goal of the present study.

First, it is not at all certain whether the explicit laws found in the Pentateuch should be considered actual law.[7] We have no clear evidence that the laws in the various law collections were originally designed to be put into practice. Nor do we know whether the social practice of marriage in ancient Israel complied with matrimonial law under these law collections, especially since the latter present seemingly hypothetical cases and show programmatic tendencies.[8] While it does not seem to do justice to the legal materials in the Pentateuch to put their existence down to mere scribal activity, these texts do not lend themselves to being taken at face value either. We cannot simply assume that they prescribed (or described) actual law in their entirety.[9]

Second, the pentateuchal collections contain no complete system of matrimonial law.[10] In particular, it is to be observed that at times the law collections merely offer regulations for deviant behaviour.[11] In addition, we must allow for the fact that when the law collections touch upon questions of marriage, they sometimes do so only in the context of other topics, and so cannot be taken for matrimonial law as such.[12]

Third, the law collections, dating from different historical eras and with authors hailing from rather different sociological, ideological, and theological backgrounds, are not necessarily unanimous on specific questions, often because they do not wish to be unanimous.[13] This general problem also exists in problems of matrimonial law.

Fourth, the problems we face multiply when we look at the Pentateuch as a whole. The Pentateuch came down to us as a composite composition. It contains not only the law collections (which, as we said, are conflicting in part) but also narrative materials stemming from distinctly different strands of tra-

---

7 Cf. on this problem WELLS, Biblical Law.

8 Cf. e. g. the remarks in BLENKINSOPP, Family, 61.

9 For a detailed discussion cf. WELLS, Biblical Law, and IDEM, Law and Practice.

10 We do have rather complete systems of matrimonial law in the collections of cuneiform law from ancient Mesopotamia (cf. e. g. in the Code of Hammurabi §§ 127–177; 178–184).

11 Regarding matrimonial law, we will encounter this problem in the laws of Deuteronomy (cf. below, p. 19.)

12 This holds particularly for the so-called Covenant Code (cf. below, ibid.).

13 In fact, there are clear examples of "inner-Biblical exegesis" (or "inner-Biblical interpretation") to be observed in the pentateuchal law collections. This is most obvious in the relationship between the Covenant Code and the law collection of Deuteronomy, the latter showing a tendency to critical reception, and to transformation of legal material, of the former. For an introduction to the field of inner-Biblical interpretation, cf. FISHBANE, Interpretation, especially part two "Legal Exegesis."

dition and so not necessarily coherent with one another.[14] While it remains to be determined whether the explicit laws have been designed to be actual law, it seems safe to say that the majority of the narrative materials of the Penta-teuch (especially those found in the book of Genesis) were not intended by their authors to contribute to a legal system – let alone *one* legal system.

Despite these problems we know that historically the Pentateuch as a whole was taken for one legal system. Whatever the circumstances, from early after its composition the Pentateuch served as actual law and as compelling legal grounds for further legislation, in fact it still does so today.[15] Indeed, it is this history of reception that prompts our search for matrimonial law in the Pen-tateuch. From the perspective of its later reception as a code of law, we ask the question: What does one find when one looks to the Pentateuch to supply le-gal grounds on matters of marriage – and what do the texts themselves actu-ally allow to be found? This question addresses neither how things are, nor merely how things are perceived; but it addresses the possibilities and prob-abilities of perception.[16]

Therefore, we need to look at the texts themselves, and we need to do so in the context of other pentateuchal texts. In particular, we need to include nar-rative materials touching on the question of marriage. Thus, we will follow a combined approach throughout this paper. In what I will call a "direct ap-proach," the explicit law collections are to be examined, while in an "indirect approach," we shall take a look at narrative materials in the Pentateuch which pertain to the question at hand and have, just like the laws proper, been re-ceived as "law."

1.3 The Extant Law Collections and Their Provenance

Regarding the collections of explicit law, there are three main sources of rele-vance to our undertaking. It will be helpful to characterize these sources briefly.[17]

First among them is the so-called Covenant Code found in Ex 20,22–23,33,

---

14 This is not the place to elaborate on the question of how to explain this complex state of af-fairs, i.e. the question of the composition of the Pentateuch. Cf. BLUM, Studien.

15 Cf. below, p. 28.

16 Since we are not looking at the genesis of matrimonial law in the Pentateuch, the ancient Near Eastern points of comparison lie beyond the scope of our question in this paper. For starting points in this direction, cf. WESTBROOK, Marriage Laws, ROTH, Marriage Agreements, and WUNSCH, Urkunden.

17 By "source" I mean, for present purposes, "those items that have been preserved from the An-cient Near East and that are, in the present, sources for historians in their effort to discover Ancient Near Eastern law" (using the definition of WELLS, Law, 199). As to whether the texts to be thus used as sources are also "items that functioned as sources of law for the societies of the Ancient Near East" (ibid.) – in our case, for ancient Israel, Judah, or Yehud – remains to be determined and seems, at least for some of our sources, highly doubtful.

which, in the composition of the Pentateuch as it has come down to us, is presented as social legislation given by God to Moses at Sinai. Historically, the Covenant Code contains the oldest legal material in the Pentateuch;[18] reading through the Bible canonically, the Covenant Code is also the first legal source to touch on the question of marriage. We should, however, note that the topic of marriage is not discussed in its own right in the laws of the Covenant Code. Rather, the topic is dealt with only insofar as it concerns other topics, which are discussed in their own right. This holds especially for the passage Ex 21,7–11, which does not recommend itself as a source of matrimonial law for that reason. If we look at the context of the passage in Ex 21,2–11, we realize the text does not deal with matrimonial law, but with the rights of Hebrew slaves. The laws concerning the latter do in fact touch on questions of marriage, but they do not intend to make a contribution to matrimonial law as such.[19] The other passage from the Covenant Code dealing with questions of marriage is Ex 22,15–16. This law does not fall within the domain of matrimonial law proper either, but has to do with questions of personal integrity. However, and this is the crucial point, it does deal with marriage between *free* Israelites, not between slaves.[20]

A much more comprehensive legal treatment of the topic is found in the Deuteronomic law code Dtn 12–26. In its core a pre-exilic collection of legal material, Deuteronomy discusses marriage in its own right.[21] Relevant material can be found in the passages Dtn 21,10–21; 22,13–29; 24,1–4, and, on the institution of levirate marriage, also Dtn 25,5–10.[22] Looking at the context of these passages, we see that the domain of the family in general is of major interest to the laws of Deuteronomy.[23] Sexuality, marriage, and the legal status of the partners are regulated in great detail. However, a synoptic view of the laws reveals their primary intention to be that of regulating deviant behaviour; while a variety of possible problems is covered, a rule regulating the normal case of marriage is conspicuous by its absence. Nevertheless, the mar-

---

18 According to a broad scholarly consensus, the original law collection of the Convenant Code is a forerunner of Deuteronomy (for a general introduction, cf. SCHWIENHORST-SCHÖNBERGER, Bundesbuch, 3–37). In its present form, the Covenant Code is an expanded and Deuteronomistically revised version of this original law collection. Regarding the compositional context, cf. also HOUTMAN, Bundesbuch.

19 Cf. BAKER, Concubines, 88–92, WESTBROOK, Slave, and also PRESSLER, Wives.

20 On Dtn 22,15–16 cf. OTTO, Ethik, 27–28.

21 The text of the law collection in Dtn 12–26 is multilayered, and the bulk of material concerning matrimonial law probably does not belong to the oldest stratum (for an introduction to classical positions cf. PREUSS, Deuteronomium; for a stratification of the marriage laws in Deuteronomy cf. the table ibid., 56–58). For this study, it will suffice to differentiate between pre-Deuteronomistic legal material and material added in the course of the Deuteronomistic redaction of the book, beginning in the exilic era.

22 Cf. OTTO, Ehe, 1071; on Dtn 22,13–29 cf. ROTHENBUSCH, Rechtssätze, 153–212.

23 For a consideration of possible historical backgrounds of this orientation towards family laws cf. CRÜSEMANN, Tora, 301–302.

riage and family laws of Deuteronomy mark a clear break with older legal conventions in Israel.[24] Hitherto, questions concerning the domain of the family were regulated exclusively within the family, in other words: by the *pater familias* (cf. Ex 22,15–16). In the Deuteronomic law, however, family matters are made subject to the rule of law within the local community.[25] The intention seems to be to provide legal security for those whose role within patriarchal society is subordinate.[26]

Finally, a third major source of explicit stipulations concerning marital relations is found in Leviticus, chapters 18 and 20. These passages are part of the so-called Holiness Code (Lev 17–26), which belongs to the priestly material in the Pentateuch. Since these texts are primarily concerned with the distinction between what is fitting and what is not, we find relevant material there for our discussion when it comes to choice of a partner for marriage. It should be noted that the laws of the Holiness Code differ from the laws of the Covenant Code and in Deuteronomy, insofar as the latter collections intend to regulate societal law *sensu stricto*, while the Holiness Code is concerned more with what might be called religious law. Therefore we shall use the laws of the Holiness Code with due caution. However, to insist on a clear distinction between matters of society and matters of religion when studying a literary corpus from the ancient Near East would be a methodological anachronism.

1.4 Basics of Marriage in Pentateuchal Law and Narrative

The above mentioned law collections, in combination with "indirect" sources presenting cases of practice, allow us to reconstruct the basics of marriage in ancient Israel as it is portrayed in the Pentateuch.[27] As we have already seen, there is no word for "marriage" in the Pentateuch, nor do we find an equivalent for the verb "to marry."[28] Instead, one merely stated "X took Y,"[29] X being the groom. Accordingly, "husband" in Hebrew is "owner" (בַּעַל), while "wife"

---

24 Cf. ibid., 291–304, esp. 295.
25 On the institutional organization of jurisdiction according to Deuteronomy cf. GERTZ, Gerichtsorganisation.
26 This aspect is highlighted by CRÜSEMANN, Tora, 298–299, in his discussion of the case of the so-called slandered bride; but cf. also GERTZ, Gerichtsorganisation, 173–225. On the case of the slandered bride, cf. further the recent study by WELLS, Sex, analyzing Dtn 19,16–21 (cf. IDEM, Law of Testimony, 144–147), and esp. PRESSLER, View, 93–94.
27 For a helpful survey of older research cf. BURROWS, Basis.
28 On the usage of the root נשׂא cf. the following note.
29 The Hebrew לקח, "to take" (with or without the preposition *l* and "as wife;" cf. e.g. Gen 4,19; 11,19; 12,19; Ex 2,1), was substituted in later texts (cf. e.g. Ruth 1,4; esr 9,2.12; Neh 13,25; 2 Chr 13,21; 24,3) by the verb נשׂא qal, "to lift, carry," which does take on a semantically similar meaning in other contexts as well (cf. Jes 57,13).

(בעלת-בעל) literally means "she who is possessed by an owner" (see e.g. Dtn 22,22).[30]

Since marriage usually took place at an early age, it is understood that the partners were not acting independently, as reflected in such phrases as "A took Y for X" or "B gave Y to X" (cf. e.g. Dtn 22,16). In the normal case, which is vividly reflected in the story of Dinah and Shechem according to Gen 34, the groom or his father asked the father of the bride for her hand.[31] If he agreed,[32] the groom paid the so-called "bride price" (Hebr. מהר; Gen 34,12; cf. Ex 22,15). What exactly is meant by bride price is much disputed,[33] but at least how it functioned in the process of marriage is clear from our sources: The handing-over of the bride price brings about the engagement (expressed by the verb ארש pi.), which precedes the marriage proper (see e.g. Dtn 22,23; Ex 22,15).[34]

As we learn from these regulations, getting married involved two consecutive stages: In the first stage, or inchoate marriage, man and woman already belong to each other, but the marriage is as yet unconsummated. The legal perspective of inchoate marriage, therefore, is towards the outside. This can be seen from the law concerning the engaged woman in Dtn 22,23–27:[35] an engaged woman is already obligated to marital fidelity; infidelity on her part or rape is deemed to be adultery. The second stage following inchoate marriage is the actual marriage, which commences when the husband takes home his wife and she moves in with him.[36]

2. Aspects of Matrimonial Law in the Pentateuch

Against this background, we shall now take a closer look at the pentateuchal sources with regard to three selected aspects of matrimonial law. These aspects are: First, monogamy and the possibility of polygamy; second, balancing endogamy and exogamy; third, the societal presupposition of patriarchy. As we turn to the Pentateuch out of an interest in present-day discussions of matrimonial religious law, these aspects are selected on account of their bearing on

30 On matrimonial terminology cf. also FRIEDL, Polygynie, 150.
31 For further examples cf. Gen 24; 29,18–30.
32 FRIEDL, Polygynie, 150, however, remarks with regard to Gen 24,57–58: "Obwohl die Frau sprachlich Objekt der Handlung ist, kann die Verheiratung ihr Mitspracherecht einschließen."
33 Koschaker's interpretation of the practice in terms of a purchase ("Kaufehe"), while momentous, has been refuted by more recent research (cf. OTTO, Ethik, 51–54, and also FRIEDL, Polygynie, 151–152).
34 Cf. further Dtn 20,7; 28,30; 2 Sam 3,14; Hos 2,21–22.
35 On this passage cf. also OTTO, Eherecht, 172–191.
36 Despite the absence of religious rites in this context, marriage is regarded a divine institution in ancient Israel, as SCHARBERT, Ehe, 311–313, contends with regard to Gen 1,27; 2,21–24, Ex 20,14; Dtn 5,18 (cf. Gen 20,9); Lev 20,10; Dtn 22,22.

contemporary cultural practice and their relevance to understanding the underlying social construction of gender.

2.1 Monogamy and the Possibility of Polygamy

The question of monogamy and polygamy, the first of the three aspects, is
probably the least interesting for matrimonial law in most contemporary societies; however, it is of great significance for understanding the gender roles
in its background. At first glance, the Pentateuch seems to present a unanimous front: One man may have more than one woman. Polygamy – or, to be
exact, polygyny – is lawful.[37] Evidence is furnished e.g. by the law given in
Dtn 21,15–17: The prohibition to disregard the right of primogeniture in order to privilege the son of the "loved" wife makes sense only if polygyny is a
known practice.[38]

Yet reading between the lines of the great pentateuchal narratives, this seemingly obvious result calls for modification. On the one hand, the legal op-
tion is corroborated by certain cases of polygyny of which we learn, first and
foremost, in the patriarchal narratives in Genesis: Abraham (Gen 16,1–16;
25,1–6), his brother Nahor (Gen 22,20–24), and Abraham's grandsons Jacob
(Gen 29,21–30; 30,1–13) and Esau (Gen 26,34; 28,6–9; 36,2–3) are among the
most prominent examples of Israelites living in marital or quasi-marital relationships with more than one woman at a time.

The same patriarchal narratives, however, point to a certain motive for such
relationships. When Abraham takes Hagar in addition to Sarah (Gen 16,1–
16), he does so only because his wife is barren. For the exact same reason, Rachel gives her maid Bilhah to Jacob (Gen 30,1–8). To be sure, these cases are
not to be seen as belonging to the same category of marriages as the marriages
of Abraham with Sara and Jacob with Rachel. Neither Hagar nor Bilhah seem
to enjoy the same wifely status as Sara or Rachel; rather their status is lower
(cf. Gen 16,5–6.8; 17,15; 18,9; 21,10–13; 23,19; 25,6.12, and Gen 31,33.50;
32,23).[39] However, these cases of quasi-marital relationships alert us to the rationale behind the practice of having more than one wife, chiefly the need for
every family to produce a male heir. A male heir is necessary to continue the
genealogy, which includes not only the handing-on of the status of the father
and the property of the household,[40] but also what may be called the "spiritual
survival" of the family.[41] This rationale, which also finds clear expression in

---

37 For a comprehensive discussion cf. FRIEDL, Polygynie, 156–272.
38 Cf. also HAGEDORN, Moses, 202.
39 For a differentiation between the respective status of marital and quasi-marital relationships
   cf. the case study of BAKER, Concubines.
40 On the socio-historical background cf. MALUL, ʿĀqēb, and IDEM, Society, 133–150.
41 Cf. OTTO, Ethik, 50: "Am Überleben der Familie, der Verhinderung ihres Aussterbens, hängt in
   der Antike das Schicksal eines jeden Familienmitgliedes über den Tod hinaus. Der Mensch bes-

the institution of levirate marriage (see Dtn 25,5–10), seems an important, if not the most important, reason for polygyny in ancient Israel as portrayed by the Pentateuch.[42] As a means of guaranteeing the continuation of the family line despite frustrated efforts at conventional procreation in a monogamous marriage, an Israelite would take, and would be allowed to take, another wife in addition to the barren one.

These considerations yield two conclusions: First, despite its prevalence in pentateuchal law and narrative, polygyny is not portrayed as the norm but the exception.[43] Second, marriage as a social institution is largely determined by value interests in a broader sense.

2.2 Balancing Endogamy and Exogamy

The second aspect we wish to examine is this: Who is a legitimate partner in marriage according to matrimonial law and practice in the Pentateuch? The question has two sides: Who is too closely related to be married, and who is too alien? In contemporary religious practice, the latter issue is discussed under the rubric of "intermarriage."

Interestingly, the pentateuchal law collections pay only modest attention at least to the second side of the question. Since evidence is hard to come by, we shall first examine some examples from the narratives before turning to the legal material. Again, the story of Jacob's sojourn with his uncle Laban (Gen 29–31) supplies some crucial insights. While in the original version of the narrative Jacob leaves his father's house to escape his brother Esau's revenge for his act of betrayal, in the present composition of the cycle (which we owe to priestly redactors), Jacob is sent to Haran in order to find a suitable wife.[44] The prevalent understanding of a legitimate partner becomes cogent when we

---

teht aus einem physischen und einem sozialen Ich, das in die genealogisch strukturierten Gemeinschaftsbezüge eingebettet ist. Nur das physische Ich kann sterben, während das soziale Ich über den Tod hinaus im Groß-Ich der Familie weiterlebt."

42 But cf. also the aspects stressed by HAGEDORN, Moses, 201–211, 239, in his discussion of Dtn 21,15–17.

43 Further arguments which have been advanced in favor of the ideal of monogamous marriage are discussed in EPSTEIN, Marriage Laws, 3–6, HAMILTON, Marriage, 565, and FRIEDL, Polygynie, 156–157. That both versions of the Decalogue speak of the wife in the singular (Ex 20,17; Dtn 5,21), as has been stressed sometimes, can hardly serve as a valid argument in favor of monogamy (cf. the respective contexts). Another argument claims that in the era of primeval history a critical undertone towards the practice of polygamy is discernible. The only case of polygamy reported there (Gen 4,23) is ascribed to Lamech, who is not exactly a gentleman. Finally, we have Gen 2,24. This verse does, of course, not make an explicit statement against polygamy. Yet a certain pathos deriving from an idea of a partnership based on mutual understanding between man and woman is surely there to be recognized – and not only by later recipients (cf. COLLINS, Marriage, 127).

44 On the composition of the cycle cf. BLUM, Komplexität, and cf. more recently KRAUSE, Tradition.

compare the marriages of the twin brothers: Esau had earlier married Hittite women (Gen 26,34–35) who were rejected by his parents. The bitterness these alien women cause especially to Rebecca is the motive for Isaac forbidding Jacob to marry a local, i. e. a Canaanite, woman (Gen 28,1) and sending him off to his wife's relatives.[45] When Jacob decides to marry Rachel, he is striving not only for a suitable, but for the best possible partner: He actually realizes the ideal of so-called "cross-cousin marriage," which holds that the perfect partner is a direct descendant of the parents' siblings.[46] Thus, to employ a technical term, endogamy within the normal lineage[47] of relatives was favoured according to the Pentateuch.

Yet cross-cousin marriage is portrayed rather as a "social standard" than "binding law,"[48] which is evident from the many cases of marriage which did not abide by this ideal. Moses had both a Midianite (Ex 2,21) and a Cushite wife (Num 12,1), which is reported without any apology, and two sons of Jacob, Judah and Simeon, even married Canaanite women (Gen 38,2; 46,10).[49]

Much stricter the Israelites were, at least as portrayed in the Pentateuch, in handling the other question: Not marrying a person too closely related. Incest, i. e. marriage with a descendant of one's own parents, seems to have been avoided much more scrupulously than marriage with strangers. Therefore, with regard to the actual family exogamy was considered an austere obligation.[50] Exceptions to this rule are very rare.[51]

Thus we can conclude from the great pentateuchal narratives that in terms of the core family, exogamy was strictly enforced, while endogamy within the normal lineage of one's wider relations remained a cherished ideal. Turning to the great law collections, this picture is confirmed. What we have by way of explicit statement is, first of all, a detailed list ruling out incest in the Holiness Code (Lev 18,7–18), which confirms that exogamy within the family was not negotiable.[52]

---

45 Learning of this, Esau takes further wives who are closer relatives than the women he married earlier (Gen 28,9).

46 Cf. further Gen 24 and Num 36. The latter text shows an "ideale […] Szene" (LANG/KIRCHS-CHLÄGER, Ehe, 476): The daughters of Zelophehad are allowed to marry within the family of their father. Here we also gain insight into the rationale behind this ideal: The ancestral inheritance is not to be allowed to pass to another lineage.

47 On differentiating the concept of a family from related concepts with regard to social legislation cf. KESSLER, Sozialgeschichte, 59.

48 Thus EPSTEIN, Marriage Laws, 150.

49 Cf. also Gen 41,45.

50 For a classical study of the issue from the stance of cultural history cf. LÉVI-STRAUSS, Strukturen.

51 The most prominent exception is the marriage of Abraham and Sara according to Gen 20,12 (cf. Lev 18,9; 27,22; cf. further Ex 6,20 and Lev 18,14).

52 Lev 18,7–18 clearly defines the realm of the core family, within which sexual relations are sanctioned by the taboo of incest: Four generations are explicitly taken into consideration, thus accounting for all possibilities of relations with one's own forebears.

Yet if we seek explicit legal support for the ideal of endogamy within the normal lineage, evidence in our sources is scant. In the Holiness Code, two entire chapters are given over to sexual taboos (Lev 18; 20). Intermarriage is not listed among them, however. On the contrary, in Deuteronomy we actually find laws presupposing it was lawful to marry strangers: Dtn 21,10–14 allows the Israelite soldier to marry a prisoner of war.

To be sure, we do find a strict prohibition in Deuteronomy against marrying women from the peoples of the land of Canaan (Dtn 7,1–5).[53] Yet this prohibition does not belong to the pre-exilic core of the law collection. It stems from a Deuteronomistic redaction of the book of Deuteronomy which propagated an ideology demanding complete annihilation of these peoples from the land (cf. Dtn 20,16–18 and passim).[54] In the context of such theology, a prohibition like the one found in Dtn 7,1–5 is only to be expected. Deuteronomy here deals with principal questions of theology and ideology, not with matrimonial law. Therefore, Deuteronomy's ban on marrying women of the peoples of the land cannot be used as an argument by analogy against marriage with foreign women in general.[55]

Summarizing, then, our observations from pentateuchal law and narrative, we see that despite the cherished ideal of marriage within one's wider relations, intermarriage with partners from other nations and religions was deemed a minor matter. The tide only turns with the reforms related in the books of Ezra and Nehemiah.[56]

2.3 The Societal Presupposition of Patriarchy

Having observed that exogamy within the actual family was deemed a strict obligation, it necessarily follows that a newlywed couple could settle either in the place of her relatives or in that of his relatives. In technical terms, the choice is between matrilocal or patrilocal residence. According to pentateuchal law and narrative, patrilocal residence is the norm. This norm points to the societal presupposition of both aspects of matrimonial law discussed so

---

53 Cf. Ex 34,15–16.
54 For a stratification of the law set out in Dtn 20,16–18 cf. Preuss, Deuteronomium, 55.
55 The less so, as there is reason to assume that at least some of the abhorred aliens referred to in passages like Dtn 7,1–5 might in fact not have been so alien after all; cf. e.g. Römer, Deuteronomistic History, 170–172, and Knauf, Josua, 28. Yet this is not our question at present as we deal with the textual fiction established by the Deuteronomists and its reception.
56 Cf. esp. Esr 9–10; Neh 13,23–27 (cf. also Neh 9,2; 10,30–31; 13,3). The contemporaneous spokesmen against intermarriage apparently claimed to base their case on the Pentateuch (cf. Fishbane, Biblical Interpretation, 114–129, and Grätz, Second Temple, 273–277). But in truth they were reading their views into it. Together with the rigidity in matters of cultural politics under Ezra, we observe a tendency towards a theological interpretation of intermarriage (cf. Crüsemann, Tora, 344). On this problem cf. also Mal 2,11 (cf. Schreiner, Mischehen, 207–228).

far, and also to marriage as it is portrayed in the Pentateuch in general: the presupposition of patriarchy.

By patriarchy we mean a structuring of society in which men have primary responsibility for, and ultimate authority over, their families and beyond.[57] Reading the law collections, it is apparent that such a structure is presupposed. The law in Ex 22,15–16, for example, shows that in matters of legal status, women are eventually controlled by men: the unmarried woman by her father; the married woman by her husband. The patriarchal structure of society is also mirrored in the law concerning adultery in Deuteronomy (Dtn 22,22; cf. Lev 20,10):[58] To commit adultery, a man has to sleep with a married woman.[59] His own status, however, is irrelevant in this regard.[60] Therefore, a man can only violate other men's marriages. His own marriage is not affected when he cheats on his wife, or, we might also say: the legitimacy of the family's patrilinear genealogy is not thereby put at risk. As these examples show, Israelite society as portrayed in the Pentateuch is a patriarchal society.[61]

This portrait has, in fact, implications for the social construction of gender.[62] Arguably, the clearest case of how the societal presupposition of patriarchy plays out in terms of female gender is found in the laws of Deuteronomy.

---

57 On terminology cf. also MEYERS, Eve, who prefers to speak, more neutrally, of androcentrism rather than patriarchy; cf. EADEM, Family, 34.

58 On this text cf. CRÜSEMANN, Tora, 299, and OTTO, Stellung, 38.

59 On the question of sexual transgressions in general cf. the in-depth study by LIPKA, Transgressions.

60 Forced sexual relations with an unmarried woman therefore fall into another legal category than adultery (cf. Ex 22,15–16; Dtn 22,28–29 in context).

61 Unambiguous as the evidence is in the pentateuchal law collections, patriarchy is in all probability only a secondary stage historically. Comparative studies in cultural anthropology have shown that cultures developing towards sedentary agrarian existence usually switch from matriarchy to patriarchy (cf. the comprehensive discussion in OTTO, Stellung, 39–41, with reference to LÉVI-STRAUSS, Strukturen). Even though this historical consideration is not central to our present question, it is still of some interest, since traces of a matriarchal structuring of social life are preserved in some of our pentateuchal narratives, as has been observed by APTOWITZER, Spuren, 208–214. Among such traces is the recurrent naming of persons after their mother, e.g. "Dinah, the daugher of Leah" in Gen 34,1. Then there is the tracing of genealogies to the maternal side. A very nice example is to be found in the sojourning Levite from Judah according to Ri 17,7: "Es muss zugegeben werden, dass der junge Levite mit einem Fusse im Matriarchat steht" (ibid., 214). Aptowitzer further tries to show that matriarchal traditions provide the background for the later Mishnaic regulation, according to which a child of a Jewish father and an unfree or non-Jewish mother is a slave or non-Jewish, respectively (ibid.). Terminologically, Gen 24,28 gives evidence of the word בית אם, "mother-house" as a parallel to בית אב, "father-house," the latter term denoting the family in biblical Hebrew; cf. further Ruth 1,8; Klgl 3,4; 8,2. In her evaluation of this term, MEYERS, Family, 34, finds evidence for a "high level of gender interdependence in early Israelite farm families." Due to "essential contributions of both [sc. wife and husband] to subsistence labor," she calls into question the androcentric tendencies of the legal material that has come down to us (cf. ibid., 33, cf. also KESSLER, Sozialgeschichte, 59).

62 Cf. the survey in FRYMER-KENSKY, Gender, 17–24.

The sweeping social legislation of the Deuteronomic code brings major progress for women, as we have seen. It subjects family matters eventually to the rule of law, thereby guaranteeing legal security to those whose role in patriarchal society is subordinate. Yet also in the laws of Deuteronomy, just as in any law in the Hebrew Bible, it goes without saying that women are dependent on a male-controlled household. In particular, the woman's role as wife is clearly a subordinate one also in Deuteronomy. Carolyn Pressler has pointed out three factors contributing to this subordination,[63] all of which are supported by the evidence from the other pentateuchal contexts we have studied. First, the wife is subject to the economic control of the household by her husband. Second, the man enjoys "unilateral power"[64] to initiate marriage in the first place and also to divorce his wife.[65] Third, the husband legally determines his wife's sexual activities.

Thus the example of Deuteronomy shows how even the most progressive of extant pentateuchal sources on matrimonial law, which actually sets out to protect women and provide them with a legal status of their own, is in keeping with the patriarchal pattern of ancient Near Eastern society. "In modern eyes this may be too little and by no means enough – but in antiquity and for women living at that time it meant very much."[66]

3. The Pentateuch as a Source for Matrimonial Legislation

Looking back on our tour of the Pentateuch, we may conclude: Whoever seeks to find *the* matrimonial law of the Pentateuch will have to rest content with many. The different collections of law from different backgrounds do not lend themselves to reconstruction of a single coherent system; this task is even harder when these collections of law are combined with narrative mate-

---

63 PRESSLER, View, 86–92.

64 PRESSLER, View, 94.

65 For reasons of space, legal regulations concerning divorce in ancient Israel cannot be examined in this paper in their own right. We merely refer to some of the relevant pentateuchal texts: Dtn 24,1–4; also Dtn 21,14; 22,19 (cf. Jer 3,8; Jes 50,1). For salient discussions cf. OTTO, Ethik, 54–57, and FRIEDL, Polygynie, 152–155.

66 Thus OTTO, Weights, 140, in his plea for a fair evaluation of Deuteronomy's family legislation. – There are, however, alternative concepts of partnership to be found in the Hebrew Bible, which contradict the concept of marriage underlying the social construction of the female gender as subordinate. Thus the non-priestly story of the creation according to Gen 2,4b–3,24, e. g., also hints at the possibility of personal experience transcending the social reality of female subordination. Reflecting on the question of the "Schöpfungsgemäßheit" of the fundamental circumstances of life in ancient Palestine, the present state of affairs is explained etiologically as due to a principal setback brought about by human failure (Gen 3,16 in context). The potential of the narrative in this regard is brought out by the intertextual commentary on Gen 3,16 in Klgl 7,11, which presents an utopian alternative of human partnership (cf. CRÜSEMANN, Herr, 81–91).

rials pertaining to the question of marriage. The oft-cited "polyphony of the
Pentateuch" turns out to provide an appropriate description of our case as
well. In addition, it must be acknowledged that it is doubtful whether the different law collections contained in the Pentateuch were originally intended to
be, or ever were, actual law.

What we do know for certain, however, is how the *Pentateuch* was understood and utilized. Despite its complex nature as a composite composition,
and regardless of the question of whether the texts were intended to contribute to a legal system, from early after its composition the Pentateuch was understood to be *one* code of law, or rather *the* law.[67] An early development towards this understanding can be observed already within the Hebrew Bible,[68]
and it is essential to the religious practice of Judaism. Here, the understanding
of the Pentateuch as Torah found its classic expression in the concept of Halakha, as developed in emerging Judaism. According to this concept, "the law"
of the Pentateuch supplies the legal basis for the development of comprehensive social legislation.[69] Due to this decision, the Pentateuch became *the*
source of legislation, including matrimonial legislation, in ancient Judaism.[70]
From then on, the legal practice that all later development had to relate to the
Pentateuch also exerted a formative influence on related religions, especially
Christianity.

Thanks to the religious practice of Judaism and, in some respects, Christianity too, the Pentateuch continues to be a source for religious matrimonial
legislation until today.[71] Therefore, what holds for ancient Near Eastern law in
general holds for the Pentateuch in particular:

All in all, there can be little doubt that the Ancient Near East was home not only to
the world's earliest legal records but also to principles and practices which spread to
other civilizations. [...] While the current debates within legal scholarship of the Ancient Near East will continue, some of the most important work in the future may relate to the task of describing the role that Ancient Near Eastern law played in the
overall development of law and in the formation of modern legal systems.[72]

The collection of papers gathered here in this present volume, entitled "Studien zur Genderkonstruktion und zum Eherecht in den Mittelmeerreligionen,"
makes a valuable contribution to this important work. Exploring as they do
the background to matrimonial law in the religions and cultures of the Medi-

---

67 For the recent discussion on this matter, cf. WATTS, Persia, and KNOPPERS/LEVINSON, Pentateuch.
68 Esp. in the books of Ezra and Nehemiah; cf. GRÄTZ, Second Temple.
69 Cf. PIATTELLI/JACKSON, Law, esp. 22–24.
70 This is brought our clearly in LEVINE, Relations, who presents a synoptic study of Biblical and
   post-Biblical material pertaining to the issue of marriage.
71 Cf. the project of an introduction to the history and sources of Jewish law by Hecht, Jackson,
   Passamaneck, Piattelli, and Rabello (HECHT/JACKSON/PASSAMANECK et al., Introduction).
72 WELLS, Law and Practice, 211.

terranean, in many cases these papers actually do trace the reception history of the concept of marriage as portrayed by the Pentateuch. Just how cases of such reception might be evaluated was the question of this brief study on the Pentateuch as a source for matrimonial legislation.

Bibliography

APTOWITZER, V., *Spuren* des Matriarchats im Juedischen Schrifttum, HUCA 4, 1927, 207–240.

BAKER, D. L., *Concubines* and Conjugal Rights. ענה in Exodus 21:10 and Deuteronomy 21:14, ZAR 13, 2007, 87–101.

BARTON, J., Understanding Old Testament Ethics, JSOT 9, 1978, 44–64.

BLENKINSOPP, J., The *Family* in First Temple Israel, in: Perdue, L. G./Blenkinsopp, J./ Collins, J. J. et al. (Hg.), Families in Ancient Israel, The Family, Religion, and Culture, Louisville 1997, 48–103.

BLUM, E., Die *Komplexität* der Überlieferung. Zur diachronen und synchronen Auslegung von Gen 32,23–33, DBAT 15, 1980, 2–55.

–, *Studien* zur Komposition des Pentateuch, BZAW 189, Berlin/New York 1990.

BURROWS, M., The *Basis* of Israelite Marriage, AOS 15, New Haven 1938.

COLLINS, J. J., *Marriage*, Divorce, and Family in Second Temple Judaism, in: Perdue, L. G./Blenkinsopp, J./Collins, J. J. et al. (Hg.), Families in Ancient Israel, The Family, Religion, and Culture, Louisville 1997, 104–162.

CRÜSEMANN, F., "... er aber soll dein *Herr* sein" (Genesis 3,16). Die Frau in der patriarchalischen Welt des Alten Testaments, in: idem/Thyen, H., Als Mann und Frau geschaffen. Exegetische Studien zur Rolle der Frau, Kennzeichen 2, Gelnhausen/ Berlin/Stein, Mfr. 1978, 13–106.

–, Die *Tora*. Theologie und Sozialgeschichte des alttestamentlichen Gesetzes, Gütersloh [3]2005.

EPSTEIN, L. M., *Marriage Laws* in the Bible and the Talmud, HSS 12, Cambridge, MA 1942.

FISHBANE, M., Biblical *Interpretation* in Ancient Israel, Oxford/New York 1985.

FRIEDL, C., *Polygynie* in Mesopotamien und Israel. Sozialgeschichtliche Analyse polygamer Beziehungen anhand rechtlicher Texte aus dem 2. und 1. Jahrtausend v. Chr., AOAT 277, Münster 2000.

FRYMER-KENSKY, T., *Gender* and Law. An Introduction, in: Matthews, V. H./Levinson, B. M./Frymer-Kensky, T. (Hg.), Gender and Law in the Hebrew Bible and the Ancient Near East, JSOT.S 262, Sheffield 1998, 17–24.

GERTZ, J. CH., Die *Gerichtsorganisation* Israels im deuteronomischen Gesetz, FRLANT 165, Göttingen 1994.

GRÄTZ, S., The *Second Temple* and the Legal Status of the Torah. The Hermeneutics of the Torah in the Books of Ruth and Ezra, in: Knoppers, G. N./Levinson, B. M. (Hg.), The Pentateuch as Torah. New Models for Understanding Its Promulgation and Acceptance, Winona Lake 2007, 273–287.

HAGEDORN, A. C., Between *Moses* and Plato. Individual and Society in Deuteronomy and Ancient Greek Law, FRLANT 204, Göttingen 2004.

HAMILTON, V. P., Art. *Marriage*, Old Testament and Ancient Near East, AncBD, Bd. 4, 1992, 559–569.

HAREVEN, T. K., *Family Time* and Historical Time, in: Mitterauer, M./Sieder, R. (Hg.), Historische Familienforschung, stw 387, Frankfurt a. M. 1982, 64–87.

HECHT, N. S./JACKSON, B. S./PASSAMANECK, S. et al. (Hg.), An *Introduction* to the History and Sources of Jewish Law, Publications of the Institute of Jewish Law, Oxford 1996.

HOUTMAN, C., Das *Bundesbuch*. Ein Kommentar, Documenta et Monumenta Orientis Antiqui 24, Leiden/New York/Köln 1997.

KESSLER, R., *Sozialgeschichte* des alten Israel. Eine Einführung, Darmstadt 2006.

KNAUF, E. A., *Josua*, ZBK.AT 6, Zürich 2008.

KNOPPERS, G. N./LEVINSON, B. M. (Hg.), The *Pentateuch* as Torah. New Models for Understanding Its Promulgation and Acceptance, Winona Lake 2007.

KRAUSE, J. J., *Tradition*, History, and Our Story. Some Observations on Jacob and Esau in the Books of Obadiah and Malachi, JSOT 32, 2008, 475–486.

LANG, B./KIRCHSCHLÄGER, W., Art. *Ehe*, NBL, Bd. 1, 1991, Sp. 475–479.

LEVINE, É., Marital *Relations* in Ancient Judaism, BZAR 10, Wiesbaden 2009.

LÉVI-STRAUSS, C., Die elementaren *Strukturen* der Verwandtschaft, übers. von E. Moldenhauer, Frankfurt a. M. 1981.

LIPKA, H., Sexual *Transgression* in the Hebrew Bible, Hebrew Bible Monographs 7, Sheffield 2006.

MALUL, M., ʿĀqēb 'Heel' and ʿĀqab 'to Supplant' and the Concept of Succession in the Jacob-Esau Narratives, VT 46, 1996, 190–212.

–, *Society*, Law and Custom in the Land of Israel in Biblical Times and in the Ancient Near Eastern Cultures, Ramat-Gan 2006 [hebr.].

MEYERS, C., Discovering *Eve*. Ancient Israelite Women in Context, New York 1988.

–, The *Family* in Early Israel, in: Perdue, L. G./Blenkinsopp, J./Collins, J. J. et al. (Hg.), Families in Ancient Israel, The Family, Religion, and Culture, Louisville 1997, 1–47.

MÜLLER-FREIENFELS, W., Art. *Ehe*, Ehescheidung, 1. Rechtlich, EKL, 3. Aufl., Bd. 1, Sp. 956–965.

OTTO, E., Theologische *Ethik* des Alten Testaments, ThW 3/2, Stuttgart/Berlin/Köln 1994.

–, Das *Eherecht* im Mittelassyrischen Kodex und im Deuteronomium. Tradition und Redaktion in den §§ 12–16 der Tafel A des Mittelassyrischen Kodex und in Dtn 22,22–29, in: idem, Kontinuum und Proprium. Studien zur Sozial- und Rechtsgeschichte des Alten Orients und des Alten Testaments, Orientalia Biblica et Christiana 8, Wiesbaden 1996, 172–191.

–, Zur *Stellung* der Frau in den ältesten Rechtstexten des Alten Testaments (Ex 20,14; 22,15 f.) – wider die hermeneutische Naivität im Umgang mit dem Alten Testament, in: idem, Kontinuum und Proprium. Studien zur Sozial- und Rechtsgeschichte des Alten Orients und des Alten Testaments, Orientalia Biblica et Christiana 8, Wiesbaden 1996, 30–48.

–, False *Weights* in the Scales of Biblical Justice? Different Views of Women from Patriarchal Hierarchy to Religious Equality in the Book of Deuteronomy, in: Matthews, V. H./Levinson, B. M./Frymer-Kensky, T. (Hg.), Gender and Law in the Hebrew Bible and the Ancient Near East, JSOT.S 262, Sheffield 1998, 128–146.

–, Art. *Ehe*, II. Altes Testament, RGG, 4. Aufl., Bd. 2, 1999, Sp. 1071–1073.

–, Tendenzen der Geschichte des Rechts in der Hebräischen Bibel, ZAR 9, 2003, 1–55.

PERDUE, L. G., *Preface*, in: idem/Blenkinsopp, J./Collins, J. J. et al. (Hg.), Families in Ancient Israel, The Family, Religion, and Culture, Louisville 1997, ix–x.

PIATTELLI, D./JACKSON, B. S., Jewish *Law* During the Second Temple Period, in: Hecht, N. S./ Jackson, B. S./Passamaneck, S. et al. (Hg.), An Introduction to the History and Sources of Jewish Law, Publications of the Institute of Jewish Law, Oxford 1996, 19–56.

PRESSLER, C., The *View* of Women Found in the Deuteronomic Family Laws, BZAW 216, Berlin/New York 1993.

–, *Wives* and Daughters, Bond and Free. Views of Women in the Slave Laws of Exodus 21.2–11, in: Matthews, V. H./Levinson, B. M./Frymer-Kensky, T. (Hg.), Gender and Law in the Hebrew Bible and the Ancient Near East, JSOT.S 262, Sheffield 1998, 147–172.

PREUSS, H. D., *Deuteronomium*, EdF 164, Darmstadt 1982.

RÖMER, TH., The So-called *Deuteronomistic History*. A Sociological, Historical and Literary Introduction, London/New York 2005.

ROSENBAUM, H., Die *Bedeutung* historischer Forschung für die Erkenntnis der Gegenwart – dargestellt am Beispiel der Familiensoziologie, in: Mitterauer, M./Sieder, R. (Hg.), Historische Familienforschung, stw 387, Frankfurt a. M. 1982, 40–63.

ROTH, M. T., Babylonian *Marriage Agreements* 7th–3rd Centuries B.C., AOAT 222, Neukirchen-Vluyn 1989.

ROTHENBUSCH, R., Die eherechtlichen *Rechtssätze* in Dtn 22,13–29 im Kontext der altorientalischen Rechtsgeschichte, in: Braulik, G. (Hg.), Das Deuteronomium, ÖSB 23, Frankfurt a. M./Berlin/Bern 2003, 153–212.

SCHARBERT, J., Art. *Ehe*/Eherecht/Ehescheidung, II. Altes Testament, TRE Bd. 9, 1982, 311–313.

SCHREINER, S., *Mischehen* – Ehebruch – Ehescheidung. Betrachtungen zu Mal 2,10–16, ZAW 91, 1979, 207–228.

SCHWIENHORST-SCHÖNBERGER, L., Das *Bundesbuch* (Ex 20,22–23,33). Studien zu seiner Entstehung und Theologie, BZAW 188, Berlin/New York 1990.

WATTS, J. W. (Hg.), *Persia* and Torah. The Theory of Imperial Authorization of the Pentateuch, SBL Symposium Series 17, Atlanta 2001.

WELLS, B., The *Law of Testimony* in the Pentateuchal Codes, BZAR 4, Wiesbaden 2004.

–, *Sex*, Lies, and Virginal Rape. The Slandered Bride and False Accusations in Deuteronomy, JBL 124, 2005, 41–72.

–, *Law and Practice*, in: Snell, D. C. (Hg.), A Companion to the Ancient Near East, Malden, MA/Oxford/Victoria 2007, 199–211.

–, What Is *Biblical Law*? A Look at Pentateuchal Rules and Near Eastern Practice, CBQ 80, 2008, 223–243.

WESTBROOK, R., Old Babylonian *Marriage Law*, AfO.B 23, Horn 1988.

–, The Female *Slave*, in: Matthews, V. H./Levinson, B. M./Frymer-Kensky, T. (Hg.), Gender and Law in the Hebrew Bible and the Ancient Near East, JSOT.S 262, Sheffield 1998, 214–238.

WUNSCH, C., *Urkunden* zum Ehe-, Vermögens- und Erbrecht aus verschiedenen neubabylonischen Archiven, Babylonische Archive 2, Dresden 2003.

Anders Klostergaard Petersen

Auf der Suche nach einem Rahmen zum Verständnis der Konzeption von Geschlecht und Sexualität im frühen Christentum[1]

> Athener: „Und wie steht es mit dem Kommandanten eines Heeres? Ist er, wenn er die Kriegskunst versteht, zur Führung geeignet, mag er auch ein Feigling sein und daher in den Gefahren vom Rausch der Furcht gleichsam seekrank werden?"
> Megillus: „Wie sollte er!"
> Athener: „Wenn er aber diese Kunst nicht beherrscht und noch dazu feige ist?"
> Megillus: „Da sprichst du von einem ganz untauglichen Mann, der keinesfalls Kommandant von Männern, sondern von rechten Weibern ist."
>
> Plato, Gesetze I 639B.[2]

> Bei einem wackeren Mann darf sich aber im Gesicht kein Zeichen von Schwäche zeigen, aber ebensowenig an einem anderen Teile des Körpers. Es sollte sich also nicht einmal in Bewegungen oder Stellungen jemals die Schmach der Unmännlichkeit finden lassen.
>
> Clemens von Alexandria, Paidogōgos III xi 98.

1. Die Inkongruenz von Effeminiertheit und Männlichkeit nach Clemens von Alexandria

Im dritten Buch des *Paidagōgos* des Clemens von Alexandria – vermutlich vom Ende des zweiten Jahrhunderts – fordert Clemens seine Leserschaft dazu auf, nicht wie effeminierte Männer zu werden, d. h. Männer, die sich dem hingeben, was Clemens als Beispiele von ausschweifendem Luxus versteht:

---

1 Eine frühere Fassung dieses Aufsatzes wurde auf der von Christian Boudignon und Matthias Morgenstern organisierten Konferenz „Male and female He created them. Masculine and feminine in the mediterranean religions and their influence on matrimonial religious law" an der Eberhard Karls Universität, Tübingen, im September 2008 vorgetragen. Der englische Text wurde von Alexander Toepel und Matthias Morgenstern ins Deutsche übersetzt.
2 Die deutschen Übersetzungen der Zitate von Plato, Cicero, Seneca und Clemens von Alexandria stammen aus PLATON, Nomoi, übers. von Schöpsdau, 25; PLATON, Timaios, Kritias, Philebos, bearb. von Widdra, 69; CICERO, Gespräche in Tusculum, hg. und übers. von Gigon, 161; SENECA, Die kleinen Dialoge, hg. und übers. von Fink, 143; CLEMENS, Der Erzieher, übers. von Stählin, 148–149.152-153.199; A.d.Ü.

Mit der Üppigkeit ist es aber soweit gekommen, daß nicht nur das weibliche Geschlecht (τὸ θῆλυ) an diesem eitlen Treiben (περὶ τὴν κενοσπουδίαν) krankt (νοσεῖν), sondern auch die Männer sich mit dieser Krankheit (τὴν νόσον) abgeben. Denn wenn sie sich von der Putzsucht nicht reinhalten, sind sie nicht gesund; und wenn sie zur Weichlichkeit hinneigen (πρός δὲ τὸ μαλθακώτερον), wird ihr Wesen weibisch (γυναικίζονται); sie lassen sich die Haare nach der Art der Unfreien und Dirnen schneiden (ἀγεννεις καὶ πορνικὰς), mit herrlich glänzenden Gewändern ausstaffiert und Harz von Mastix kauend, duftend nach Parfüm. Was würde wohl jemand sagen, wenn er diese Leute sieht? Er würde wie einer, der aus den Stirnen weissagt, aus ihrer Erscheinung darauf schließen, daß sie Ehebrecher und Weichlinge (μοιχούς τε καὶ ἀνδρογύνους) sind, der Liebe in beiden Formen ergeben (ἀμφοτέραν ἀφροδίτην), die Haare hassend und haarlos, die Zierde des Mannes (τὸ ἄνθος τὸ ἀνδρικὸν) verabscheuend und gleich den Weibern (ὥσπερ αἱ γυναῖκες) auf kunstvolle Haartracht bedacht (*Paidogōgos* III iii 56–59).

Clemens ermahnt seine Leserschaft, sich zu eigen zu machen, was er für einen wahrhaft christlichen Lebensstil hält. Er tut dies rhetorisch, indem er eine *outgroup* erzeugt, von der sich christliche Männer auf jeden Fall fern halten sollten. Zugleich baut Clemens einen rhetorischen Popanz anstößigen Benehmens auf, indem er auf ein griechisch-römisches Verständnis von Geschlecht und Sexualität zurückgreift. Der Abschnitt ist voll von zentralen Bestandteilen griechisch-römischer, „heidnischer" Ansichten von Geschlecht und Sexualität. Erstens sieht der Autor es für erwiesen an, dass das weibliche Geschlecht mehr als das männliche anfällig dafür ist, einem Streben nach Luxus zu verfallen, das Clemens für unvereinbar mit einem wahrhaft christlichen Leben hält. Er nimmt an, dass Wollust und Streben nach Luxus dem weiblichen Geschlecht inhärieren. In dem Maße, in dem Männer dem Streben nach Luxus nachgeben, überschreiten sie die „natürlichen" Grenzen ihres Geschlechts und bewegen sie sich auf einer hierarchisch gestuften Geschlechtsskala abwärts, auf der sie Frauen verwandt werden. Letzten Endes impliziert diese Identifikation von Frauen und Luxus offenbar, dass es eine engere Beziehung zwischen dem Christsein und dem Mannsein gibt.

Zweitens verwendet Clemens gebräuchliche römische und griechische Stereotypen des orientalischen Mannes, der sich aktiv dem Luxus, der Ausschweifung und der Völlerei hingibt („mit herrlich glänzenden Gewändern ausstaffiert und Harz von Mastix kauend, duftend nach Parfüm"). Christliche Männer, die nach Luxus streben, laufen also nicht nur Gefahr, auf der Geschlechtsskala abzurutschen, indem sie zu effeminierten Gestalten werden, sondern sie verkörpern auch Charaktermerkmale, die von Griechen und Römern den verachteten „Orientalen" zugewiesen wurden. Im römischen Diskurs erstreckt sich dieser stereotype Gebrauch von „orientalisch" oft auch auf Griechen, die im Hinblick auf den Diskurs von Sexualität und Geschlecht vorwiegend als Orientalen vorgestellt wurden.[3] Die hier implizierte Gleichsetzung

---

3 Zu den griechischen Stereotypen der Orientalen als wollüstig und hedonistisch vgl. MALHERBE,

von Orientalen mit Frauen ist natürlich nicht überraschend, denn Orientalen wurden im antiken griechisch-römischen Diskurs als die Quintessenz hedonistischer Laster dargestellt, sowohl im Hinblick auf ihre Sexualität, als auch bezüglich ihrer Ess- und Trinkgewohnheiten. Die dem Orientalen zugeschriebene schmeichlerische Rolle wurde in der griechisch-römischen Welt im Hinblick auf Sexualität und Geschlecht Frauen beigelegt. Frauen verstand man nicht nur als von Natur aus empfänglicher für diese Laster als Männer, sondern dachte auch, dass sie diese auf irgendeine Weise verkörpern.

Drittens gibt Clemens die in der griechisch-römischen Welt vorherrschende Ansicht wieder, dass es auf der Grundlage der Physiognomie einer bestimmten Person möglich sei, die Charakterzüge dieser Person zu beurteilen. Wie die überlieferte physiognomische Literatur belegt, war die Wissenschaft der Physiognomie in der antiken Welt weitverbreitet. In einer Welt, in der man sich Geschlechterkategorien alles andere als stabil dachte und in der man ständig auf das eigene Geschlechterverhalten und das seiner Mitmenschen achten musste, um nicht Gefahr zu laufen, die eigene Ehre zu verlieren, war es wichtig, imstande zu sein, auf der Grundlage der physischen Erscheinung seiner Mitmenschen ihre wahre Natur zu bewerten.[4] Das wird deutlich in der vom Anfang des zweiten Jahrhunderts stammenden *Physiognomie* des Polemos, in der wir häufig die gleichen Überlegungen und Besorgnisse finden wie bei Clemens:

Physiognomische Hinweise auf Männlichkeit und Weiblichkeit kannst Du aus Blick, Bewegung und Stimme deiner Person erhalten. Vergleiche darauf diese Zeichen miteinander, bis du zu deiner Zufriedenheit feststellst, welches der beiden Geschlechter überwiegt. Denn im Männlichen kann Weibliches gefunden werden und im Weiblichen Männliches, während die Bezeichnung männlich oder weiblich dementsprechend verwendet wird, welches der beiden Geschlechter überwiegt.[5]

Schließlich, und in Übereinstimmung mit der vorangehenden Bemerkung, kann darauf hingewiesen werden, wie Clemens sich die Ansicht zu Eigen macht, dass es eine enge Verbindung zwischen der äußeren Erscheinung und dem Wesen einer Person gäbe. Solche Männer, die nach Luxus in seinen verschiedenen Erscheinungsformen streben, erweisen sich nicht als wahre Männer, sondern als effeminierte Gestalten oder Ehebrecher, d. h. Männer, die durch ihr Verhalten nicht mehr im Rahmen dessen bleiben, was es ausmacht,

---

Paul, 84–86. Zur römischen Wahrnehmung der Griechen als sexuell ausschweifend vgl. z. B. Swancutt, Still, 31–34. Der Gebrauch sexueller Stereotypen zur Brandmarkung anderer Personen war ein weitverbreitetes Merkmal des antiken griechisch-römischen Diskurses, vgl. Isaac, Invention, 338. Zum Terminus „othering" im Hinblick auf die Erzeugung der eigenen Identität vgl. meinen im Erscheinen begriffenen Aufsatz *Othering*.

4 Vgl. z. B. die Beschreibung der Charakteristika des mutigen, des feigen, des schwierigen, des unsensiblen, schamlosen, ordentlichen, hoch- oder niedriggesinnten Mannes und des *kinaidos* bei Ps.-Aristoteles, Physiognomie 807 a 33–808 a 17.

5 *Phys.* 2,1.192F, zit. nach der Übersetzung bei Gleason, Men, 58.

ein wahrer Mann zu sein. Ihr Benehmen enthüllt ihr inneres Wesen. Indem
sie diese Art von Benehmen an den Tag legen, zeigen sie, dass sie nicht wirklich Männer sind, sondern auf der Geschlechterskala in Richtung Weiblichkeit
abrutschen.

2. Die Beziehung zwischen der Auffassung von Clemens und derjenigen früherer Formen des Christentums

Es ist natürlich wenig überraschend, dass Clemens das Gendersystem seiner
Zeit widerspiegelt.[6] Tatsächlich wäre es eher bemerkenswert, wenn dem nicht
so wäre. Andererseits gab es in der früheren (vor allem protestantischen) Wissenschaft eine starke Tendenz zu der Argumentation, es sei charakteristisch
für das Christentum des zweiten und dritten Jahrhunderts, dort im Vergleich
mit der frühen Christus-Bewegung des ersten Jahrhunderts eine zunehmende
Verzahnung mit der griechisch-römischen Welt festzustellen. Wie bekannt,
wurde diese Beeinflussung des frühen Christentums durch die kulturelle und
gesellschaftliche Umwelt des sogenannten Hellenismus herkömmlicherweise
verächtlich als „Frühkatholizismus" abgetan, in welchem das „reine" und
„einfache" Evangelium früherer Zeiten durch fremde Einflüsse eines angeblich
anderen Wertesystems verunreinigt worden sei.[7] Clemens wurde oft als ein
hervorragendes Beispiel dieser Tendenz angesehen, denn sein Denken ver-
anschaulicht die angenommene Verschmelzung christlicher Theologie mit
griechisch-römischer Philosophie vorwiegend in Form des Mittelplatonismus.
Unnötig zu sagen, dass heute fast niemand mehr solche Ansichten vertritt,
aber sie halten sich nichtsdestoweniger in Bezug auf einige besondere Themen.

In einem jüngeren Aufsatz habe ich gezeigt, wie in der Forschung die Tendenz anhält, die Gemeinsamkeiten von Paulus und der griechisch-römischen
Philosophie herunterzuspielen. Wissenschaftler sind zwar bereit, Ähnlichkeiten zwischen dem Platonismus und Paulus wahrzunehmen, sie sind aber zurückhaltend, wenn es darum geht, Folgerungen aus dieser Beobachtung zu
ziehen, weil der überkommene – an eine Dichotomie grenzende – Dualismus
von Religion und Philosophie, Glauben und Vernunft, weiterhin Einfluss ausübt, der es schwer macht, das Gemeinsame und Verbindende anzuerkennen.[8]

---

6 Zu einer allgemeinen Einschätzung von Clemens vgl. DESJARDINS, Body.
7 Ich habe das dieser Vorstellung zugrundeliegende Kulturmodell in einer Reihe von Aufsätzen
   kritisiert, vgl. z. B. meinen Aufsatz Cultures, 375–382.
8 Vgl. meinen im Erscheinen begriffenen Aufsatz in VAN HENTEN/VERHEYDEN, Basis. Vgl. auch
   ENGBERG-PEDERSEN, Paul, „Virtues and Vices", 630 Anm. 6, der Wissenschaftler aufzählt, die
   trotz der Tatsache, dass sie sich auf Ähnlichkeiten zwischen Paulus und der griechisch-römischen Philosophie konzentrieren, den altehrwürdigen Dualismus von „Religion" und „Philosophie" beibehalten.

Ich habe den Eindruck, dass dies auch für Fragen gilt, die das Verständnis von Geschlecht und Sexualität im frühen Christentum betreffen, und dies trotz der Tatsache, dass es in den vergangenen Jahren eine wachsende Zahl von Untersuchungen gegeben hat, die auf die enge Beziehung zwischen den Vorstellungen von Geschlecht und Sexualität im frühen Christentum und in der griechisch-römischen Welt hinweisen.[9] Abgesehen von diesen Untersuchungen betonen viele Exegeten weiterhin das jüdische Element frühchristlicher Auffassungen, d.h. sie vertreten den Standpunkt, das frühe Christentum sei wegen seiner Abhängigkeit vom Judentum nicht in der Lage gewesen, Genderkonzeptionen zu integrieren, denen zufolge das Geschlecht alles andere als fest und stabil ist. Außerdem mag auch eine Abneigung gegen die Annahme vorliegen, dass das frühe Christentum weit davon entfernt war, die Geschlechterbeziehung im Rahmen späterer Vorstellungen von „Befreiung" und „Gleichheit" zu konstruieren, sondern vielmehr von gesellschaftlicher Dominanz und Unterwerfung geprägte Ansichten über Geschlecht und Sexualität aufwies, die charakteristisch für das griechisch-römische Gendersystem waren. Die in diesem Standpunkt implizierte Annahme, das frühe Christentum habe in seinem Verständnis auf das Judentum zurückgegriffen, besagt natürlich, dass das Judentum wegen seiner Abhängigkeit von einer „Schöpfungstheologie" – hervorgerufen durch die Genesis-Erzählung – selbstverständlich angenommen habe, der Unterschied zwischen männlich und weiblich beruhe auf einem Urakt der Schöpfung durch die Gottheit: „Männlich und weiblich erschuf er sie".

Wie ich an anderer Stelle dargelegt habe, gibt es gute Gründe, diese Annahme in Frage zu stellen. Die Annahme eines „jüdischen Einflusses" eignet sich ganz und gar nicht als Bollwerk gegen die Vorstellung, Judentum und frühes Christentum (als Unterabteilung des Judentums) seien mit Blick auf Genderfragen frei gewesen von den Vorstellungen ihrer griechisch-römischen Umwelt.[10] Die Schöpfungs-Erzählung der Genesis stand, wie Philo zu erkennen gibt, Deutungen offen, die es Vertretern des Judentums und frühen Christentums erlaubten, Genderfragen in derselben Art und Weise zu behandeln wie zeitgenössische römische und griechische Bürger.[11] Und selbst diese Darstel-

---

9 Vgl. z.B. MARTIN, Body; ANDERSON/MOORE, Matthew; CONWAY, Man; VAAGE/WIMBUSH, Asceticism; IVARSON, Man; THURMAN, Men; PENNER/STICHELE, Gender.

10 Vgl. meinen Aufsatz Gender-bending. Zu einer Bewertung von Ansichten der Spätzeit des Zweiten Tempels über die Ehe als mit den griechischen Verständnis des Zweckes der Ehe vereinbar vgl. SATLOW, Marriage, 25. In einer Untersuchung über Askese und Zölibat im Judentum hat Pieter van der Horst auch auf die Tatsache hingewiesen, dass – obwohl die Ehelosigkeit im Judentum niemals den Rang eines Ideals erreichte – die spätere Entwicklung des Enkratismus im Christentum eine gewisse Grundlage im Judentum der Spätzeit des Zweiten Tempels hatte. Tatsächlich vertritt van der Horst die Ansicht, daß die Askese einiger Strömungen des Frühjudentums den Weg bereitete für die spätere Entwicklung eines voll ausgeprägten Enkratismus, der für einige Richtungen des frühen Christentums kennzeichnend ist, vgl. VAN DER HORST, Celibacy, 201.

11 Zu Philos Ansichten über Geschlecht und Sexualität als Wiedergaben von grundlegenden An-

lung ist vermutlich leicht verzerrend, denn sie fährt fort, auf Seiten der unterworfenen oder marginalisierten Kulturen den absichtlichen Versuch zu unter-
stellen, ihre autoritativen Texte – die als der beherrschenden Kultur des römischen Reiches grundlegend fremd wahrgenommen worden wären – dem
Weltbild dieser Kultur einzuschreiben. Aller Wahrscheinlichkeit nach stellten
Juden und Christen, die sich mit den Grundannahmen der griechisch-römischen Welt vereinbare Ansichten von Geschlecht und Sexualität zu Eigen
machten, diese Grundannahmen überhaupt nicht in Frage. Viel eher nahmen
sie sie als selbstverständlich hin, als die „natürliche" Art und Weise, die Welt
zu betrachten.

In einer neueren Untersuchung habe ich gezeigt, wie eine Anzahl frühjü-
discher und christlicher Märtyrertexte eine Genderkonzeption aufweisen, in
der das anatomische Geschlecht innerhalb des Geschlechterbegriffs radikal
unbestimmt bleibt. Trotz des „männlich und weiblich erschuf er sie" gibt es in
Bezug auf das Geschlecht eine gewisse Formbarkeit, die sowohl Männern wie
auch Frauen erlaubt, ihre „natürlichen" Geschlechtergrenzen zu überschreiten. Weibliche und männliche „Typen" existierten jenseits des anatomischen
Geschlechts der betreffenden Personen. Frauen wurden als unvollkommene
oder entstellte Männer verstanden, die in dem Maße, in dem sie zu mutigen
und edlen Taten fähig waren, die Beschränkungen ihres Geschlechts zu überwinden hatten. Dies entsprach natürlich spiegelbildlich der Logik, die Clemens dazu brachte, nach Luxus strebende Männer für effeminiert zu halten.
Während dem Luxus hingegebene Männer nach Clemens effeminiert sind,
werden Frauen, die herkömmlicherweise Männern zugeschriebene Tugenden
zeigen, zu Männern wie die Mutter der sieben Söhne, die in 2 und 4Makk beschrieben wird. Diese Mutter ist ein hervorragendes Beispiel für eine Person,
die die natürlichen Geschlechtergrenzen überschreitet. Sie tut dies in einer Situation, in der man – entsprechend den Wertbegriffen des Gendersystems,
das in diesen Texten vorausgesetzt wird – erwartet hätte, dass sie sich weibisch
verhielte, d. h. dass sie den Überzeugungsversuchen des Antiochus nachgäbe,
vom Martyrium abließe und ihre Söhne davon überzeugte, das gleiche zu tun.
Dem gegenüber heißt es aber, sie sei von edler Entschlusskraft erfüllt, habe ihre frauenhaften Gedanken abgetan und sich mit einem männlichen Geist beflügelt (2 Makk 7,21). Kerstin Aspegren schreibt:

Woman was seldom taken into consideration except in her relation to man. If a woman achieved something good or distinguished herself in ethical, religious or intellectual matters, she was not praised as being a woman of good qualities but as a woman who had become manly.[12]

---

nahmen griechisch-römischen Allgemeinverständnisses von Geschlecht und Sexualität vgl. z. B.
SZESNAT, Philo; CONWAY, Man, 49–58; D'ANGELO, Gender.
12 ASPEGREN, Woman, 11.

Eine ganze Reihe dieser frühjüdischen und christlichen Märtyrertexte belegt, wie Männlichkeit und Weiblichkeit weder völlig festgefügte, noch natürliche Kategorien sind. Männer können, wie wir bei Clemens bemerkten, Prozesse der Verweiblichung durchlaufen, so wie Frauen in der Welt der Märtyrertexte ihr Geschlecht überschreiten können, indem sie sich vermännlichen. Männer und Frauen besetzen keine festgefügten Geschlechterpositionen. Männlichkeit stellt eine Skala dar, auf der der Gipfel wahrer Männlichkeit etwas ist, das fortwährend verteidigt und aufrechterhalten werden muss, da das Risiko besteht, es zu verlieren.

Im Folgenden soll es nun um einige der frühesten Formen des Christus-Glaubens gehen, die wir kennen. Die Untersuchung einiger Texte des Neuen Testaments, die sich anscheinend ganz auf der Linie des Gendersystems befinden, das sich nicht nur bei Clemens von Alexandria, sondern in der ganzen griechisch-römischen Welt findet, soll die weitverbreitete Annahme in Frage stellen, dass die frühesten Formen des Christus-Glaubens durch ihren engen Anschluss an das Judentum ein kategorial anderes Verständnis von Geschlecht und Sexualität wiedergäben als das in der griechisch-römischen Welt im allgemeinen anzutreffende. Um nicht missverstanden zu werden, soll betont werden, dass nicht alle frühchristlichen Texte als Beispiele ähnlicher Genderkonstruktionen und diese Genderkonstruktionen nicht immer als Reflex der griechisch-römischen Kultur zu verstehen sind. Offensichtlich gab es verschiedene Abstufungen der Verzahnung der frühen Christus-Bewegung mit der griechisch-römischen Kultur, die abhängig sind vom Ursprungsort der einzelnen Texte, ihrer Entstehungszeit und Zugehörigkeit zu verschiedenen kulturellen und gesellschaftlichen Schichten usw. Genauso bezeugen die verschiedenen frühchristlichen Texte offensichtlich auch verschiedene Standorte innerhalb des Judentums. Die Beweisführung will daher die Bedeutung des Judentums für die Einordnung frühchristlicher Genderkonstruktionen nicht herunterspielen, sondern darlegen, inwiefern die unlösliche Einbettung in das Judentum eine ähnliche Verzahnung mit der griechisch-römischen Welt nicht ausschließt. Wenn z. B. Paulus in Röm 1,26-27 Männer wie Frauen geißelt, die sexuelle Handlungen mit Partnern gleichen Geschlechts vornehmen, dann gibt er ohne Zweifel sowohl „biblische" als auch „jüdische" Ansichten wieder, die sexuelle Beziehungen zwischen gleichgeschlechtlichen Partnern verurteilen. Daher rührt seine Verwendung der Begriffe „natürlicher Gebrauch" (ἡ φυσικὴ χρῆσις) und dessen, was „gegen die Natur" ist (εἰς τὴν παρὰ φύσιν) – beide Wendungen beziehen sich auf den Geschlechtsverkehr.[13] Gleichzeitig ist seine Verurteilung sexueller Handlungen zwischen Frauen in Röm 1,26 aber auch im Einklang mit von griechischen und römischen Autoren weithin vertretenen Ansichten. Das gleiche gilt für seine Missbilligung sexueller Hand-

---

13 Χρῆσις bedeutet im Griechischen wörtlich „Gebrauch", aber gleichzeitig wurden sowohl dieser Begriff wie auch das verwandte Verb χράομαι seit früher Zeit zur Bezeichnung des Geschlechtsverkehrs benutzt, vgl. BROOTEN, Love, 239–258.

lungen zwischen männlichen Partnern in Röm 1,27. Dabei beruft er sich auf
griechisch-römische Grundsätze, denen zufolge kein Mann in einer geschlechtlichen Beziehung die Rolle des passiven Partners auf sich nehmen
sollte, da er sich hierbei in eine Rolle bringen würde, die kulturbedingt Frauen
zugeschrieben wurde, und da zweitens ein wahrer Mann fähig sein sollte, seine
Leidenschaften zu meistern.[14]

Im Gegensatz dazu möchte ich behaupten, dass sich einige Grundzüge griechisch-römischer Wahrnehmung von Geschlecht und Sexualität in der frühen
Christus-Bewegung widerspiegeln, da sie von einem allgemeineren Blickpunkt
aus als verschiedene Manifestationen des gleichen grundlegenden Genderver-
ständnisses aufgefasst werden können, das für die gesamte antike Mittelmeerwelt charakteristisch war. Auf diese Weise soll es nicht nur darum gehen, frühe
Formen des Christentums in größere Übereinstimmung mit denjenigen des
zweiten Jahrhunderts zu bringen, sondern es soll auch der Versuch unternommen werden, verschiedene Varianten des Hellenismus-Judentum/(Christentum)-Dualismus zu überwinden, die die Wissenschaft von einer Anerkennung
der auffallenden Ähnlichkeiten zwischen diesen verschiedenen Traditionen
abgehalten haben.[15] Dabei soll es nicht darum gehen, die Differenzen zu igno-
rieren, die es zwischen diesen Kulturen gibt; ich glaube aber, dass die Unterscheidungen oft bis zu einem kategorialen Grad übertrieben wurden und dass
die als kategorial wahrgenommenen und eingebürgerten Unterscheidungen
die Wissenschaft daran gehindert haben, die ebenso vorhandenen Ähnlichkeiten in zufriedenstellender Weise anzuerkennen.

Im Gegensatz dazu sympathisiere ich mit der in Martin Hengels Gebrauch
des Begriffes *koinē* implizierten Vorstellung der Überschneidungen verschiedener Traditionen und der Überlagerung gemeinsamer Strukturen der antiken
Mittelmeerwelt.[16] Dies bedeutet, dass es auf einer allgemeinen analytischen
Ebene möglich ist, den Mittelmeerraum während der hellenistischen Zeit im
Rahmen einer gemeinsamen gesellschaftlichen und kulturellen *koinē* wahrzunehmen, die sich in einer Anzahl von (zugegebenermaßen) bemerkenswert
verschiedenen Manifestationen eines umfassenden Vorrats gemeinsamer
Strukturen und ähnlicher Traditionen entfaltete. Obwohl die verschiedenen
kulturellen Ausdrucksformen unterschiedlich sein mögen, können sie von einem bestimmten analytischen Standpunkt aus dennoch als Verkörperungen
ähnlicher Strukturen gedacht werden. Wenn die Vorstellung einer *koinē* in
den Vordergrund tritt, entfällt auch die Notwendigkeit, die Beziehungen zwischen den verschiedenen Kulturgebilden im Rahmen eines engen genealogi-

---

14 Vgl. die Diskussion in ebd.

15 Die wichtige Aufsatzsammlung von ENGBERG-PEDERSEN, Paul Beyond the Judaism/Hellenism
   Divide, kann wohl als beispielhaft dafür gelten, wie in der Wissenschaft im Hinblick auf die
   Diskussion über das Verhältnis von Hellenismus und Judentum Fortschritte zu erzielen sind.
   Vgl. besonders die Aufsätze von MARTIN, Paul, und ALEXANDER, Hellenism.

16 Vgl. HENGEL, Problem, 82.

schen Modells denken zu müssen. Wir könnten ebenso ähnliche Ausdrücke finden, die nicht notwendigerweise einen direkten Einfluss voraussetzen, sondern besser im Rahmen dessen erklärt werden, was aus Mangel an einer besseren Terminologie mit dem deutschen Begriff des „Zeitgeistes" zu bezeichnen wäre. Ich möchte für eine solche analytische Doppelung von Verschiedenheit und Ähnlichkeit als eines heuristischen Werkzeugs zur Erfassung von Überschneidungen und Verzahnungen zwischen verschiedenen Traditionen in der hellenistischen Zeit werben, aber das setzt ein Verständnis von Kultur voraus, das auf der Annahme beruht, dass Kulturen zwar im Hinblick auf ihre äußere Erscheinungsweise immer spezifisch lokal, gleichzeitig aber fremden Ursprungs sind.[17] Eine solche Auffassung würde die Chancen der Wissenschaft verbessern, die Komplexität der Beziehungen zu verstehen, die während dieser Zeit zwischen den verschiedenen Kulturgebilden bestanden.[18] Ein offensichtliches Beispiel bezieht sich auf das grundlegende Verständnis von Geschlecht und Sexualität während des mediterranen Altertums von der klassischen Zeit bis in das späte Kaiserreich.

3. Einige grundlegende Begriffe des griechisch-römischen Verständnisses von Geschlecht und Sexualität

Anstatt geradewegs zur Untersuchung einiger neutestamentlicher Texte überzugehen, sollen nun zunächst die Hauptzüge des griechisch-römischen Systems von Geschlecht und Sexualität vorgestellt werden, um dann mit der Diskussion einiger neutestamentlicher Texte fortzufahren. Denn das Verständnis von Geschlecht und Sexualität im griechisch-römischen Altertum lässt sich keinesfalls in ein in sich konsistentes und zu jedem Zeitpunkt stabiles System pressen. Natürlich gab es zwischen den verschiedenen Zeitabschnitten bedeutende Variationen, genauso wie es selbst innerhalb der einzelnen Kulturgebilde, die hier untersucht werden, beträchtliche regionale Unterschiede gab. In den vergangenen Jahren ist die Wissenschaft mehr und mehr dazu übergegangen, die Unterschiede, die es z. B. zwischen griechischen und römischen Begriffen von Geschlecht und Sexualität gab, anzuerkennen.[19] Trotz dieser Unterschiede gibt es aber auch einige grundlegende Begriffe, die pan-mediterran und die gesamte Zeit des Altertums hindurch kontinuierlich gewesen zu sein scheinen. Diesen Konstanten werde ich meine Aufmerksamkeit zuwenden. Aber bevor wir uns auf die Reise zum Verständnis von Geschlecht und Sexua-

---

17 So SAHLINS, Things, 412.
18 Zu einer weiteren Ausführung des zugrundeliegenden Konzepts von Kultur, das ich mir zu eigen mache vgl. meinen Aufsatz Cultures, 378–382.
19 Vgl. die lehrreiche Aufsatzsammlung von HALLETT/SKINNER, Sexualities, und Skinners Bemerkung in der Einleitung ebd., 8.11, zu den Unterschieden zwischen römischem Geschlechter- und Sexualverhalten im Gegensatz zu dem in der klassischen und hellenistischen Zeit.

lität in der antiken griechisch-römischen Welt machen, das auch für die frühesten Formen der Christus-Bewegung charakteristisch war, wollen wir einen letzten Blick auf den *Paidagōgos* des Clemens werfen. Er stellt einen hervorragenden Ausgangspunkt für die Annäherung an die griechisch-römische Welt dar. Wir werden sehen, wie auch diese Passage, ebenso wie die im Vorangehenden zitierte, voll von zentralen Ideen des griechisch-römischen Verständnisses von Geschlecht und Sexualität ist.

Dieses Kennzeichen des Mannes, der Bart, durch den sich einer als Mann erweist, ist älter als Eva und Sinnbild der stärkeren Natur (σύμβολος κρείττονος φύσεως). Gott hielt es für richtig, daß für den Mann das Behaartsein angemessen ist, und ließ über den ganzen Körper des Mannes sich die Haare ausbreiten; alles aber, was an ihm glatt (τὸ λεῖον) und weich (μαλθακὸν) war, nahm er von seiner Seite weg, indem er für die Aufnahme des Samens (εἰς ὑποδοχὴν σπέρματος εὐαφῆ) Eva als ein sanftes Weib schuf, da sie Gehilfin (des Mannes) bei der Fortpflanzung und bei der Führung des Haushaltes sein sollte. Er aber (er hatte ja das Weiche [τὸ λεῖον] von sich fortgegeben), ist Mann geblieben und zeigt den Mann; und das Handeln (τὸ δρᾶν) ist ihm zugewiesen wie jener das Leiden (τὸ πάσχειν). Denn von Natur trockener (ξηρότερα) und wärmer (θερμότερα) als das Glatte (τῶν ψιλῶν) ist das Behaarte (τὰ δασέα); darum findet sich auch dichtere Behaarung (δασύτερα) und größere Wärme (θερμότερα) bei den männlichen als bei den weiblichen Geschöpfen und bei den Zeugungsfähigen (τὰ ἔνορχα) als bei den Entmannten (τῶν ἐκτομίων) und bei den Ausgewachsenen (τὰ τέλεια) als bei den noch Unfertigen (τῶν ἀτελῶν). Es ist also unrecht, sich an dem Kennzeichen der männlichen Natur, der Behaarung, zu vergreifen. Wenn man sich aber damit schön machen will, daß man die Haare entfernt (τὸ δὲ καλλώπισμα τῆς λειάνσεως) (ich komme nämlich ganz in die Hitze, wenn ich die Worte höre), so verrät es einen Weichling (θηλυδρίου), wenn es Männern zulieb geschieht, und einen Ehebrecher (μοιχοῦ), wenn es Weibern zulieb geschieht. Beide aber müssen so weit als möglich aus unserem Staat verbannt werden (*Paidogōgos* III iii 73–77).

In diesem Abschnitt gibt es verschiedene interessante Aspekte. Zunächst können wir feststellen, dass Clemens es genauso wie andere griechische Autoren – zumindest der klassischen Zeit – als selbstverständlich ansah, dass ein Mann durch seinen Bart und langes Haar zu erkennen war. Anders als bei den Römern, die sich rasierten, wurde der Bart von Griechen als Zeichen des Erwachsenseins genommen.[20] Hier werden wir uns allerdings auf jene Elemente konzentrieren, die eine besondere Bedeutung innerhalb des antiken griechisch-römischen Verständnisses von Geschlecht und Sexualität haben. Das erste betrifft die Hervorhebung der Glätte und Weichheit im Unterschied zur

---

20 Vgl. DAVIDSON, Greeks, 81. Vgl. auch CLEMENS, Paidagōgos III iii 97–99: „Es ist ja niemals erlaubt, den Bart auszurupfen, die angeborene Zierde, die echte Zierde für jenen dem erst keimet der Bart und der steht in der Blüte der Jugend. Wenn er aber dann im Alter fortschreitet, dann wird er gesalbt im Schmuck seines Bartes, auf den nach dem Prophetenwort die Salbe herabträufelte, als Aaron geehrt wurde. Es muß aber der richtig Erzogene, auf den sich der Friede niedergelassen hat, auch mit seinen eigenen Haaren Frieden halten."

für Männer kennzeichnenden und in ihrer Behaartheit verkörperten Rauheit. Die Glätte, die dem Mann einst zugekommen sein mag, wurde nach Clemens mit der Erschaffung der Frau endgültig von ihm entfernt. Anders als die Frau, die – dieser Auffassung zufolge – von Natur aus physisch empfänglich und dem Leiden zugeneigt ist, wird der Mann durch die Tat charakterisiert. Wie wir weiter unten sehen werden, durchdringt dieser Gegensatz von aktiv und passiv sämtliche Gendersysteme der griechisch-römischen Welt. Tatsächlich hält eine Mehrheit der Wissenschaftler, die in diesem Bereich arbeiten, diese Distinktion aus dem gleichen Grund für eines der zentralen Organisations-prinzipien im antiken griechisch-römischen Genderdiskurs.[21] So wie behauptet wird, der Mann solle aufgrund seines Geschlechtes führen und tätig sein, wird der Frau aufgrund ihres Geschlechtes die Rolle des Empfänglich- und Passivseins zugewiesen.

Diese Unterscheidung von aktiv und passiv als grundlegendes Raster für das Verständnis des Geschlechterverhältnisses prägt auch die Konzeptionali-sierung von Sexualität. Frauen wird in den verschiedenen Formen des Ge-schlechtsverkehrs immer die Rolle der Empfangenden oder passiv Bleibenden beigelegt, während Männer die Rolle des aktiv Handelnden spielen. Das glei-che gilt auch für Geschlechtsbeziehungen von gleichgeschlechtlichen Part-nern. Der gesellschaftlich niedriger gestellte Partner hat die Rolle des zu Pene-trierenden auf sich zu nehmen, während von dem gesellschaftlich höher-gestellten Partner erwartet wurde, als Penetrierender zu handeln.[22] Clemens' Gleichsetzung von Frauen mit Glätte und Weichheit und von Männern mit Rauheit ist ein Reflex dieser Konzeption. Letzten Endes wird der Rauheit, dar-gestellt durch die Behaarung und den Bart, die Funktion einer Bedeckung zu-geschrieben, die – metaphorisch gesprochen – Männer vor dem Penetriert-werden schützt, während die für Frauen kennzeichnende Glätte und Weich-heit diejenige Eigenschaft ist, die die Penetration zulässt.

Aus der Hervorhebung dieser grundlegenden Unterscheidung für den Gen-derdiskurs im griechisch-römischen Altertum folgt, dass heutige Begriffe von Hetero- und Homosexualität nicht nur ihre Bedeutung für das Verständnis der antiken griechisch-römischen Welt verlieren, sondern auch sinnlos wer-den, da die Unterscheidung von Penetrierendem und Penetriertem das uns

---

21 Vgl. z.B. Veyne, Témoignage, 17–18; Halperin, Years, 33, und Ders., Diotima, 266; Parker, Grid, 48; Martin, Body, 20; Swancutt, Still, 17–18.

22 Davidson, Greeks, 101–166, ist einer der wenigen, die eine überzeugende Kritik des aktiv-pas-siv/Penetrierender-Penetrierter-Modells als des entscheidenden Rasters zum Verständnis des klassisch-griechischen Systems von Sexualität vorbringen. Obwohl er zu Recht hervorhebt, „dass die Texte in einer Reihe von Fällen nicht so sehr die Passivität oder das Penetriertwerden, sondern andere Aspekte betonen", glaube ich, dass er nicht nur die Anzahl von Texten und Kunstwerken unterschätzt, die diesen Aspekt stark machen, sondern auch das Ausmaß falsch beurteilt, in dem das Aktiv-Passiv-Raster eine grundlegende Funktion hat, selbst wenn es an der Textoberfläche abwesend ist.

gängige Verständnis der Geschlechterdifferenz überschreitet.[23] Da die Kategorien passiv und aktiv das biologische Geschlecht transzendieren, wie es z. B. der Fall ist, wenn Frauen in geschlechtlichen Handlungen die aktive Rolle übernehmen, oder in Situationen, in denen von Männern gesagt wird, sie überschritten die ihrem Geschlecht zugewiesenen kulturellen Grenzen, werden moderne sexuelle Kategorien irrelevant.[24] Dies wird von der Wissenschaft in neuerer Zeit anerkannt, wie Versuche zeigen, bei der Analyse antiken Text- und Bildmaterials das Eintragen heutiger sexueller Kategorien zu vermeiden. „Homoerotik", „same-sex love" und „same-sex relations" sind einige der Begriffe, die den Voreingenommenheiten eines anachronistischen Vokabulars aus dem Weg gehen sollen.[25] Unbeschadet ihrer Vorteile ist diese Terminologie aber nicht in der Lage, dem modernen Vorverständnis zu entkommen, da diese Begriffe weiterhin durch das normative Konzept der Heterosexualität als der „natürlichen" Basis für das Denken über Geschlecht und Sexualität bestimmt werden.

Bei der Wahrnehmung von Sexualität ging es der antiken griechisch-römischen Welt im Unterschied zur heutigen aber vorwiegend darum, die auf das eigene Geschlecht und den sozialen Status bezogenen kulturellen Erwartungen, jeweils bezogen auf das eigene Alter, zu erfüllen. In seiner epochalen Studie *One Hundred Years of Homosexuality* hat David Halperin festgestellt, dass Sexualität im klassischen Athen „eine Manifestation persönlichen Status" und „eine Erklärung der sozialen Identität" war.[26] Geschlechtliche Beziehungen dienten dazu, die gesellschaftlichen Hierarchien von Macht, Herrschaft und Unterwerfung, die für die antike griechisch-römische Gesellschaft auf allen Ebenen charakteristisch waren, zu erzeugen und aufrechtzuerhalten. Nach Diana Swancutt galt für den römischen Mann, den *vir*, in diesem Modell, dass er das ideologische Zeichen der römischen Unbesiegbarkeit war und zu bleiben hatte. Er war „the impenetrable penetrator, he who could not be invaded".[27]

Überflüssig zu sagen, dass geschlechtliche Beziehungen, die die Grenzen dessen, was innerhalb des aktiv-passiv-Modells für „natürlich" und anständig gehalten wurde, überschritten, verteufelt wurden. Daher der weitverbreitete Brauch, die *tribas*, d. h. die in geschlechtlichen Beziehungen männlich handelnde Frau, oder den *kinaidos* oder *pathicus*, d. h. den im Kontext geschlechtlicher Beziehungen wie eine Frau handelnden Mann, rhetorisch zu geißeln.[28] Überschreitungen der auf das Geschlecht bezogenen „natürlichen" Grenzen

---

23 Vgl. PARKER, Grid, 55.
24 Vgl. SKINNER, Gender, 689.
25 Vgl. z. B. BROOTEN, Love, 8–9, und CLARKE, Lovemaking, 13–14.
26 HALPERIN, Years, 32.
27 SWANCUTT, Still, 31.
28 Beide Figuren in der römischen Literatur sind ausführlich besprochen bei PARKER, Grid, und SWANCUTT, Still.

wurde nicht toleriert. Marilyn Skinner hat die Grundzüge dieses Systems erhellend zusammengefasst:

In its basic characteristics, the Roman sex/gender system was hardly unusual. Its conceptual blueprint of sexual relations, like that of classical Athens, corresponded to social patterns of dominance and submission, reproducing power differentials between partners in configuring gender roles and assigning them by criteria not always coterminous with biological sex. Intercourse was construed solely as bodily penetration of an inferior, a scenario that automatically reduced the penetrated individual – woman, boy, or even adult male – to a "feminized" state. Insertive and receptive modes of pleasure were consequently polarized, each considered appropriate to only one sex, with desire for cross-sex gratifications stigmatized as "diseased" (*morbosus*) and with mutual interchange of gender roles often vilified as the nadir of corruption in freaks like the emperor Caligula (Suet. *Calig.* 36.1).[29]

Wie wir bei Clemens gesehen haben, konnten Stereotypen geschlechtlicher Grenzüberschreitung metaphorisch in andere Kontexte überführt werden, in denen sie dem „othering" dienten, um bestimmte Personen, Verhaltensweisen, Haltungen oder Ansichten zu verteufeln. Wenn Clemens behauptet, dass dem Luxus ergebene Männer, die sich den Bart rasieren, sich wie effeminierte Personen verhalten, spricht er eine grundlegende Vorstellung des griechisch-römischen Gendersystems aus. Letzten Endes wirft er diesen Männern vor, sich wie *kinaidoi* oder *pathici* zu verhalten. Es handelt sich um Männer, die die durch die Überschreitung ihrer kulturellen Geschlechtergrenzen auf dem Geschlechterkontinuum abgerutscht sind, d. h. sie verhalten sich – metaphorisch gesprochen – wie sexuell passive Frauen, wodurch sie ihre Männlichkeit aufgeben.

Clemens' metaphorische Verbindung von dem Luxus ergebenen Männern mit geschlechtlicher Grenzüberschreitung weist auf einen weiteren wichtigen Aspekt des griechisch-römischen Gendersystems hin. Neben dem Konformitätsdruck im Hinblick auf das kulturell vorgeschriebene Aktiv-Passiv-Raster spielte der Begriff der Zurückhaltung oder Selbstbeherrschung (ἐγκράτεια) im griechisch-römischen Genderdiskurs eine entscheidende Rolle.[30] Wenn Männlichkeit nicht einen stabilen Zustand darstellte, sondern verloren gehen konnte und daher ständig aufrechtzuerhalten und zu bewahren war, musste Selbstbeherrschung gegenüber möglichen Gefahren einen prominenten Platz einnehmen. Um sich davor zu schützen, auf der Geschlechterskala in Richtung auf den weiblichen Pol abzurutschen, hatte ein (freier) Mann jederzeit seine Leidenschaften zu meistern, die ihn in einen unmännlichen Zustand zu locken drohten. Mäßigung oder Zurückhaltung war, wie wir bei Clemens gesehen ha-

---

29 SKINNER, Introduction, 3–4.
30 Vgl. ANDERSON/MOORE, Matthew, 70: „*Enkrateia*, together with *sōphrosunē* ("temperance," one of the four cardinal virtues – *andreia*, "[manly] courage," was another), kept a male from setting foot on the slippery slope that would speedily plunge him into the inchoate morass of femininity."

ben, im Kontext des Essens, Trinkens und in Bezug auf Luxus zu üben. Nicht
zuletzt mussten Annehmlichkeiten (ήδοναί), Leidenschaften und Begierden
(έπιθυμία) überwunden werden, die man als ständige Bedrohung der Männlichkeit auffasste.

Das Gewicht dieses Aspekts des griechisch-römischen Genderdiskurses läßt
sich etwa der Tatsache entnehmen, dass verschiedene Vertreter des Judentums,
wie wir sie aus 4 Makkabäer und Philo kennen, sich solche Anschauungen in
dem Maße zu eigen machten, dass sie das Judentum in eine Philosophie der
Selbstbeherrschung verwandelten.[31] Auch in den verschiedenen hellenistischen philosophischen Schulen wurde die Überwindung von Vergnügen, Begierde und Leidenschaft für das zentrale Element eines erfolgreichen menschlichen Lebens (d. h. das Leben eines freien männlichen Bürgers) gehalten. Dieser Aspekt wurde von Martha Nussbaum unter der Überschrift: *The Therapy
of Desire* gut auf den Punkt gebracht.[32] Von würdigen Männern wurde·in kul-
tureller Hinsicht erwartet, dass sie ihre Leidenschaften meisterten und in der
Lage waren, Gefühle zu kontrollieren.[33] Nur so konnten sie εὐδαιμονία erlangen, vollständiges Glück, wie es die Sitten der Zeit erwarteten. „Ein echter
Mann" sollte zum Beispiel in der Lage sein, Ärger zu überwinden, da dieses
Gefühl als Zeichen eines Mangels an Selbstkontrolle galt. Beinahe überflüssig
zu sagen, dass Ärger als ein für Frauen kennzeichnendes Gefühl vorgestellt
wurde. Bei Seneca heißt es: „So ist der Zorn vor allem ein Fehler von Weibern
und von Kindern" (*muliebre maxime ac puerile*; *De ira* I xx 3).[34] Nach Cicero
wird ein Mann, der nicht in der Lage ist, Schmerzen zu ertragen und auf diese
Weise Selbstbeherrschung zu üben, unausweichlich auf der Skala der Ehre abrutschen, mit Konsequenzen sowohl hinsichtlich der Gesellschaft wie hinsichtlich des Geschlechts: „Gerade darauf muß man beim Schmerze vor allem
achten, dass man nichts verächtlich (*abiecte*), ängstlich (*timide*), feig (*ignave*),
sklavisch (*serviliter*) und weibisch (*mulierbriterve*) tue, und vor allem muss jenes Geschrei des Philoktetes abgelehnt und verworfen werden" (*Tusc.* II xxiii
55). Männer stehen demnach in der Gefahr, sowohl Sklaven (*serviliter*) als
auch Frauen (*muliebriterve*) zu werden und dadurch ihren Status als freier
Mann, als römischer *vir*, zu verlieren. Die intrinsische Beziehung zwischen
der Fähigkeit zur Selbstbeherrschung und dem Mannsein impliziert nach derselben Logik, dass Frausein gleichbedeutend ist mit dem Nachgeben gegenüber Vergnügungen, Leidenschaften und Begierden. Frausein bedeutet, sich

---

31 Vgl. STOWERS, Rereading, 58–65.
32 Vgl. z. B. NUSSBAUM, Therapy, 50.
33 Zur Selbstkontrolle als zentrales Element griechisch-römischen Denkens vgl. STOWERS, Rereading, 46–56.
34 Vgl. MARK AUREL, Selbstbetrachtungen II 18. Zur Selbstbeherrschung als zentralem Element
   des griechisch-römischen Systems von Geschlecht und Sexualität vgl. CONWAY, Man, 20–30.
   Conway weist auch auf die Tatsache hin, dass Ärger von anderen griechisch-römischen Stimmen in bestimmten Kontexten als Zeichen männlichen Mutes und Tatkraft gewertet werden
   kann, vgl. CONWAY, Man, 28.

nicht beherrschen zu können. So tritt die Fähigkeit zur Selbstbeherrschung als männlich charakterisierter Tatkraft hinzu, und das Fehlen von Selbstbeherrschung wird der weiblichen Passivität zugeschrieben.

Im zitierten Abschnitt weist Clemens auf einen weiteren Aspekt des griechisch-römischen Gendersystems hin: die Beziehung zwischen der Geschlechterdifferenz und der Unterscheidung von Trockenheit und Hitze auf der einen und – wie implizit zu erschließen ist – Feuchtigkeit und Kälte auf der anderen Seite. Clemens stellt nicht ausdrücklich fest, dass Feuchtigkeit und Kälte für Frauen typisch ist, aber wir können dies aus seiner Zuordnung von Männern, Hitze und Trockenheit schließen. Er behauptet, dass Raues sowohl trockener als auch wärmer ist als Glattes. Im selben Atemzug vertritt er die Auffassung, dass das, was ganz ist (τὰ ἔνορχα, wörtlich: „Geschöpfe mit Hoden") vollkommener ist als Entmännlichtes (τῶν ἐκτομίων, wörtlich: „Geschöpfe, die kastriert wurden"). Der Vorwurf besagt natürlich, dass dem Luxus ergebene Männer, die den Bart rasieren, ihr biologisches Geschlecht im Wortsinn kastriert haben und auf die abschüssige Bahn der Frauenhaftigkeit geraten sind. Abschließend unterteilt Clemens diese Männer in zwei Gruppen, die beide in Bezug auf ihre Sexualität als abweichend betrachtet werden: Sie sind entweder *kinaidoi*, d. h. Männer, die sich beim Geschlechtsverkehr wie Frauen verhalten, oder *moichoi*, d. h. Männer, die eine Frau im Haus ihres Mannes, Vaters oder Bruders verführen oder vergewaltigen.[35]

Obwohl Clemens in diesem Abschnitt nur über Männer spricht, die ihr Haar schneiden, kann kein Zweifel bestehen, dass auch Frauen in seine Darlegung eingeschrieben sind.[36] Weil Frauen der negative Pol sind, zu dem effeminierte Männer abrutschen, werden sie als unvollständige oder unvollkommene Versionen von Männern verstanden. Die Gegensatzpaare von Rauheit und Weichheit, Tatkraft und Passivität, Trockenheit und Feuchtigkeit werden mit Werten gefüllt, die eine Bevorzugung des männlichen Pols der Geschlechterachse zu erkennen geben. Nach dem Verständnis des Autors verkörpern Männer *per definitionem* die Qualitäten, der Tatkraft, Rauheit, Hitze und Trockenheit. Trotz gegenteiliger Beteuerungen kann dies aber nicht die Tatsache verschleiern, dass die Differenz von Mann und Frau nicht so festgefügt ist, wie er anfänglich behauptet hatte. Im Falle eines kategorialen Unterschiedes zwischen den Geschlechtern hätte Clemens seine Leser nicht vor den Gefahren des Abrutschens auf der Geschlechterskala warnen müssen. Tatsächlich können Männer aber effeminiert werden, wenn sie Charakterzüge annehmen, von denen Clemens behauptet, sie seien weiblich: „Wenn man sich aber damit schön machen will, dass man die Haare entfernt (ich komme nämlich ganz in die Hitze, wenn ich die Worte höre), so verrät es einen Weichling". Um dieses *gender-bending* und seine Beziehung zur Physiologie zu verstehen, wenden

---

35 Vgl. DAVIDSON, Greeks, 58.311.

36 Dies ist natürlich auch aus anderen Teilen des *Paidagōgos* ersichtlich, wo Clemens ausdrücklich Frauen und ihr Verhältnis zum Luxus diskutiert. Vgl. z. B. *Paidagōgos* III ii.

wir uns nun der Auffassung vom Geschlecht in der medizinischen Literatur der griechisch-römischenen Welt zu.

4. Das grundlegende System zur Wahrnehmung von Geschlecht und Sexualität in der griechisch-römischen Welt

In ihrer wegweisenden Untersuchung *Porneia. On Desire and the Body in Antiquity* hat Aline Rouselle auf die Bedeutung der medizinischen Literatur für das Verständnis der griechisch-römischen Welt hingewiesen und dargestellt, wie das *Corpus Hippocraticum* – Texte aus verschiedenen Zeitabschnitten von wenigstens dem 6. Jh. v.u.Z. bis zum Beginn der christlichen Ära – die Grundlage für alle medizinischen Studien in der Antike bildete.[37] Wenn wir einen Eindruck von der Konzeptionalisierung des Körpers von Männern und Frauen in einflußreichen Schichten der antiken griechisch-römischen Welt erhalten wollen, haben wir hier eine einzigartige Fundgrube zur Verfügung. Dieses Material gibt uns gleichzeitig einen Einblick in den auf die Gesundheit bezogenen kulturellen *common sense* und auf verschiedene medizinische und gewohnheitsmäßige Praktiken, die im griechisch-römischen Altertum auf die Körperpflege angewandt wurden. Nicht zufällig sind wir in den vergangenen Jahren Zeugen eines ständig wachsenden Interesses an antiker medizinischer Literatur geworden wie z.B. dem *Corpus Hippocraticum* und aus späterer Zeit den Werken des Soranus vom Ende des ersten und Anfang des zweiten Jahrhunderts u.Z. und dem siebzig Jahre später schreibenden Hofarzt des römischen Kaisers, Galen. Das wachsende Interesse an dieser Literatur ist ein Zeichen der Erkenntnis, dass diese Literatur auf verschiedenen Ebenen dazu beitragen kann, unser allgemeines Verständnis der antiken griechisch-römischen Welt zu vergrößern.

Die Bezugnahme auf diese Literatur will nicht behaupten, dass wir es mit einer einheitlichen und monolithischen Tradition zu tun haben. Man kann leicht auf wichtige Unterschiede zwischen den zum *Corpus Hippocraticum* gehörigen Werken und späteren, bei Galen anzutreffenden Entwürfen hinweisen.[38] Allerdings scheint es hinsichtlich einiger grundlegender Themen wie der Geschlechterdifferenz und der Fortpflanzung eine weitgehende Übereinstimmung zwischen den verschiedenen Standpunkten zu geben. Dies weist auf eine jahrhunderte lange Kontinuität hin, die teilweise durch die starke Abhängigkeit der späteren Tradition vom *Corpus Hippocraticum* erklärt werden kann, dem im Altertum einer beinahe kanonischen Wertschätzung zuteil wur-

---

37 ROUSELLE, Porneia, 6. Die folgenden Ausführungen beruhen, in leichter Bearbeitung, auf einem Abschnitt in meinem Aufsatz Gender-bending.
38 ROUSELLE, Porneia, 6.

de.[39] Diese Kontinuität, in Verbindung mit auffallenden Übereinstimmungen, macht es uns möglich, von einer einheitlichen griechisch-römischen Tradition zu sprechen.

Ein bemerkenswertes Kennzeichen dieser Tradition ist die Rolle, die den vier Elementen in der menschlichen Physiologie zugeschrieben wird. Männer und Frauen dachte man sich als zusammengesetzt aus Wasser, Feuer, Luft und Erde, genauso wie diese Elemente für das grundlegende Material gehalten wurden, aus dem das Weltall erschaffen worden war (z. B. in der berühmten Wiedergabe des Schöpfungsmythos in Platos *Timaeus*). Auf diese Weise wurde der menschliche Körper als Mikrokosmos verstanden, von dem man annahm, er spiegele die Beschaffenheit des Weltalls als Makrokosmos wieder. Der jeweilige Anteil der verschiedenen Elemente entsprach den verschiedenen physiologischen Zuständen des Körpers, so dass zum Beispiel ein Übermaß an Feuer einen übermäßig trockenen Körper voraussetzte. Tatsächlich dachte man an verschiedene durch den Qualitätsunterschied von feucht und trocken, kalt und warm sowie weich und hart markierte Positionen auf einem Spektrum. Wir haben gesehen, wie solche Vorstellungen der Diskussion des Luxus in Clemens' *Paidagōgos* zugrundelagen. Frauen und Kinder hielt man für von Natur aus „feuchter", „weicher" und „kälter" als Männer, aber da alle menschlichen Wesen Anteil an den gleichen vier Grundelementen haben, gab es auch Männer, denen man eine weichere, feuchtere und kältere Natur zuschrieb, als ein idealer Mann sie haben sollte. Dies waren die effeminierten Männer, die μαλακοί, die sich aufgrund ihrer körperlichen Verfassung der weiblichen Natur annäherten.

Männlichkeit und Weiblichkeit stellten so verschiedene Positionen innerhalb desselben Kontinuums dar, die zwar im Hinblick auf ihre Abstufung, nicht aber kategorial unterschieden wurden. Gleichzeitig wird deutlich, wie griechisch-römische Gendervorstellungen in das antike kosmologische Denken über die Beschaffenheit des Universums eingebettet waren. Wenn Clemens' Vorstellung der Effeminiertheit mit der Annahme verbunden ist, Frauen seien feuchter und kälter als Männer, so stimmt er mit der aristotelischen Lehre überein, Frauen seien unvollkommene oder unvollständige Männer, da man sie im Hinblick auf ihre körperliche Zusammensetzung für am negativen Ende derselben materiellen Achse angesiedelt sah, auf der sich die Männer befanden (*Gen. an.* 775a15).[40] Im *Timaeus* lehrt Plato, dass Männer entsprechend der Art, in der sie ihr Leben gelebt haben, verschiedene Belohnungen empfangen. Wer die ihm zugemessene Zeit gut gelebt hat, wird wieder zu seinem Wohnort in den heimatlichen Sternen (οἴκησιν ἄστρου) zurückkehren, um ein gesegnetes und angemessenes Leben zu erlangen (βίον εὐδαίμονα καὶ

---

39 Alexander, Canon, 151.
40 Vgl. Hippokrates, Regimen (peri diaites) 1.34 und Galenus, De usu partium 2.630. Die Vorstellung, dass die Frau eine unvollkommene oder unvollständige Version des Mannes sei, findet sich auch in der platonischen Tradition; vgl. Platon, Timaeus 42A (90E).

συνήθη ἕξοι, 42B). Wer dagegen nicht den ethischen Anforderungen entsprochen hat, wird bei der zweiten Geburt die Natur von Frauen erhalten (εἰς γυναικὸς φύσιν, 42B, cf. 90E). Wer in Bosheit verharrt, wird kontinuierlichen Veränderungen unterworfen und entsprechend seiner Bosheit in irgendeine tierische Form verwandelt, die seiner eigenen Natur ähnlich ist (42C). In kontinuierlichen und absteigenden Verwandlungen werden die Widrigkeiten des bösen Menschen nicht aufhören, bis er endlich „dem in ihm selbst obwaltenden Umlauf des ‚Selben‘ und ‚Ähnlichen‘ zugleich die mächtige und erst später ihm aus Feuer, Wasser, Luft und Erde hinzugewachsene Masse, die lärmend und unvernünftig ist, mitreiße, und nachdem er so durch die Vernunft die Oberhand bekommen habe, wieder zur Form seiner ersten und besten Beschaffenheit gelangt sei" (42C), d.h. zur Form eines vollkommenen und gerechten Mannes. Anne Carson hat in ihrem Aufsatz „Putting Her in Her Place: Woman, Dirt, and Desire" die Implikationen dieser Wahrnehmung für die kulturelle Konstruktion von Frauen in der antiken griechischen Welt so zusammengefasst:

Women are pollutable, polluted, and polluting in several ways at once. They are anomalous members of the human class, being imperfect men, as Aristotle informs us (*Gen. an.* 728a18–20; 737a25–35; 775a15). They are intimate with formlessness and the unbounded in their alliance with the wet, the wild, and raw nature. They are, as individuals, comparatively formless themselves, without firm control of personal boundaries. They are, as social entities, units of danger, moving across boundaries of family and *oikos*, in marriage, prostitution, or adultery. They are, as psychological entities, unstable compounds of deceit and desire, prone to leakage.[41]

Trotz einzelner Unterschiede zwischen den verschiedenen medizinischen Schulen teilten sie alle die Auffassung, dass sich die Geschlechterdifferenz auf die Physiologie beziehe und dass die weibliche Physiologie gegenüber der männlichen minderwertig sei. Unbeschadet der Tatsache, dass man Männer wie Frauen der vier grundlegenden Materialien des Universums für teilhaftig hielt, wurde angenommen, die physiologische Zusammensetzung von Männern sei derjenigen von Frauen aufgrund der Tatsache überlegen, dass die Beziehung zwischen den Materialien in eine Werthierarchie eingebettet war.[42] Männer waren – wie wir bei Clemens bemerkt haben – von Natur aus aktiv, da Feuer und Luft als aktive Elemente wahrgenommen wurden, während man Frauen wegen ihrer körperlichen Konstitution für passiv hielt. Die Gegenüberstellung beider Systeme, d.h. die Parameter von aktiv-passiv und das System der Körpermaterialien, war bestimmend für die Auffassung von Sexualität in der griechisch-römischen Welt. In seiner Untersuchung zum ersten Korintherbrief heißt es bei Dale Martin:

---

41 CARSON, Place, 158–159.
42 Cf. Ps.-ARISTOTELES, Physiognomie 806b 33–35: „Das Männchen ist größer und kräftiger als das Weibchen, und seine Gliedmaße sind kräftiger, geschmeidiger, gesünder und besser für alle Arten von Aufgaben."

sex in Greco-Roman society was construed as necessarily implicated in this active-passive system. Women are weaker than men and therefore rightly play no active role in sexual intercourse. Boys resemble women in physique, so may rightly play the passive role in sex with men. Even outside the specifically sexual arena, those persons, things, or forces understood as active were construed positively as masculine; those seen to be passive were, negatively, feminine.[43]

Entsprechend waren die Materialien, die bestimmten, ob ein männliches oder weibliches Kind geboren wurde, alles andere als neutral. Sie wurden nach ihrem kosmologischen Ort gewertet. Wie das Heiße dem Kalten und das Trockene dem Feuchten, so war Feuer dem Wasser überlegen. Einige Männer, die feuchter und weicher waren als der ideale männliche Prototyp, tendierten zum weiblichen Pol der physiologischen Achse; entsprechendes galt für Frauen. Dale Martin betont, dass

according to Hippocratic theories, the state of the womb during gestation determines the sex and constitution of the child. A hot, dry womb will produce male infants and infants of strong constitution. Females and weak infants are produced by cold, wet wombs. The sexual partners will produce a male child if they follow a "hot" and "dry" diet, a female if a "cool" and "moist" diet ("hot" and "cool" here refer more to the kind of food and drink – that is, what kind of bodily reaction the food gives rise to – than to the mere temperature.)[44]

Aufgrund solcher Voraussetzungen überrascht es kaum, dass ein Großteil der medizinischen Literatur auf die Mannwerdung der jungen Männer und auf die für die Hervorbringung männlicher Kinder idealen Umstände während des Reproduktionsprozesses fokussiert war. Dale Martin betont auch, wie sich die Unterscheidungen von heiß-kalt, trocken-feucht und hart-weich nicht einfach auf den Unterschied zwischen Männern und Frauen beziehen:

Everybody contains the same spectrum within it. The care of infants, in fact, is designed to emphasize as much as possible the higher, masculine end of the spectrum. Infants tend to be moister, old men drier; a healthy body will be one that maintains the right equilibrium for its age. Soranus advocates, therefore, that one not feed an infant on milk after the body has become "solid", because "the body becomes moist and therefore delicate if fed on milk for too long a time." As is clear from these statements, too much moisture of softness indicates weakness.[45]

Dieses System war darauf ausgerichtet, die angemessene Balance der jeweiligen Bauelemente zu erreichen. Dies bedeutete allerdings nicht, dass in jedem Fall eine Position am trockenen, festen und heißen Ende des Kontinuums anzustreben war. Es war ebenfalls eine Grundannahme der medizinischen Tradition, dass der Einzelne die für ihn angemessene Ausgewogenheit der vier Materialien erreichen sollte, was die Bevorzugung des männlichen Teils des Kon-

---

43 Martin, Body, 34.
44 Ebd., 32. Vgl. Shaw, Body, 284–285.
45 Martin, Body, 32–33.

tinuums nicht ausschloss.[46] Die angemessene Balance wurde in der oberen Mitte lokalisiert, wobei Trockenheit, Festigkeit und Hitze die körperliche Konstitution des idealen menschlichen Wesens, d. h. des Mannes, bestimmten (vgl. das untenstehende Schema).

One-sex model of the Ancient World within a Christian Frame of Reference

```
                    │
                    │  God
                    │
                    │  Angels/mediatory beings
                    │
Non-sexuality ──────┼──────────
                    │  Ideal Christ-believers
                    │
Sexuality           │  Male      Self-mastery        { Activity }
                    │            Dryness/heat/solidity
Procreation         │  Boys
                    │  Females   Moisture/cold/softness  { Passivity }
                    │
        ────────────┤
                    │  Animals
                    │
                    │  Fallen angels/demons
```

Dies bedeutet, dass wir im griechisch-römischen Altertum zwischen biologischem Geschlecht und Gender als kulturellem Konstrukt unterscheiden müssen. Es gibt keine intrinsische Beziehung zwischen den Männern und Frauen zugeschriebenen Werten die kulturspezifisch in dem Sinne sind, dass sie keine biologische und natürliche Konstante widerspiegeln, und ihrem biologischen Geschlecht. Während das natürliche Geschlecht biologisch durch die anatomisch-physiologischen Unterschiede von Mann und Frau bestimmt ist, stellt Gender als kulturelles Konstrukt die Art und Weise dar, in der eine bestimmte Kultur diese Unterschiede deutet:

> Gender is the social organization of sexual difference. But this does not mean that gender reflects or implements fixed and natural physical differences between men and women; rather gender is the knowledge that establishes meaning for bodily differences.[47]

Clemens' *Paidagōgos* liefert breites Belegmaterial für die Tatsache, dass die Diskussion von Männlich- und Weiblichkeit eher in kulturellen als in „natürlichen" Kategorien geführt wurde. Damit wird nicht behauptet, dass „Natürliches" in der Geschlechterwahrnehmung keine Rolle spielte, wohl aber wird dargelegt, dass die Kategorie der „Natur" vorwiegend eine Schöpfung der Kultur ist. Wieviel Biologie auch immer sich hinter den Gendervorstellungen im frühen Christentum verbirgt – an einer Anzahl von Texten können wir jedenfalls sehen, dass die Geschlechterwahrnehmung weit entfernt von den als bio-

---

46 Vgl. ebd., 35–36.
47 SCOTT, Gender, 2.

logisch fixiert vorgestellten Kategorien ist. Maud Gleason schreibt in einer Untersuchung zur Konstruktion von Männlichkeit in der zweiten Sophistik:

Gender identity is not a trans-historical constant, but a social construct, a series of choices, of stressed and unstressed possibilities, of subterfuges perpetually in the making.[48]

Männlichkeit galt in der griechisch-römischen Welt – als kulturelles und gesellschaftliches Ideal wahrgenommen – also eher als Zustand, den man erreichen und im folgenden aufrechterhalten musste, um ihn zu behalten, als etwas, dass man dauerhaft besessen hätte. Gender war, wie Gleason es ausdrückt, „radically undetermined by anatomical sex".[49] Weibliche und männliche „Typen" hielt man, wie wir beobachtet haben, für existent jenseits des anatomischen Geschlechts der betreffenden Person.

Wir haben in Polemos *Physiognomie* gesehen, wie Geschlecht als kulturelles Konstrukt bemerkenswert unabhängig vom anatomischen Geschlecht war. Polemo konnte behaupten, dass „im Männlichen Weibliches gefunden werden kann und im Weiblichen Männliches, während die Bezeichnung männlich oder weiblich dementsprechend verwendet wird, welches der beiden Geschlechter überwiegt". Polemos Wahrnehmung ist repräsentativ für weite Bereiche des antiken griechisch-römischen Denkens. Diese Literatur verkörpert eine Wahrnehmung, die Geschlecht nicht im Rahmen zweier kategorisch verschiedener Einheiten begreift:

The embryology of Hippocrates and Galen envisaged a mingling of male and female seed, in which various proportions were possible: an infant's gender was not an absolute but a point on a sliding scale, depending on the type of seed that predominated or the temperature of the uterine quadrant in which it lodged.[50]

Dies bedeutet, dass Männlichkeit und Weiblichkeit eher physiognomische Kategorien zur Festlegung von Charaktermerkmalen männlicher wie weiblicher Personen waren, als dass sie bestimmte Geschlechter bezeichneten.[51] Diese Konstruktion ist nun nicht etwa einem soziokulturellen Kontext zuzuweisen, der den frühesten Formen des Christentums fernstünde. Denn die Aussage Carlin Bartons in Bezug auf den römischen Mann (*vir*) gilt auch für die Genderkonzeption der frühesten Formen des Christentums:

One was ontologically a male but existentially a man. Born a male (*mas*) or a human (*homo*), one made oneself a man (*vir*). A *vir* was not a natural being.[52]

---

48 GLEASON, Men, xxvi.
49 Ebd., 59.
50 Ebd.
51 Vgl. ebd.
52 BARTON, Honor, 38.

Auch in den Texten des frühen Christentums ist Geschlecht (Gender) weder eine natürliche noch eine feste Kategorie. Es handelt sich hier um ein vorwiegend physiognomisches Konzept, das bestimmte Charakterzüge oder Verhaltensmerkmale entweder als besonders lobenswert, d.h. als „männlich" oder als beschämend, d.h. als effeminiert bezeichnet. Gleichzeitig beruht dieses Verständnis auf einer Genderkonstruktion, die von der heutigen bemerkenswert verschieden ist. Thomas Laqueur hat in einer Untersuchung zur Konstruktion von Körper und Geschlecht vom antiken Griechenland bis Freud behauptet, dass Geschlecht und Sexualität vor dem späten 18. Jahrhundert weniger in einem dichotomischen Rahmen als im Sinn einer Skala konstruiert wurde. Während wir dazu neigen, Geschlecht im Rahmen einer bipolaren Differenz wahrzunehmen, d.h. den Mann durch seinen kategorialen Unterschied zur Frau zu definieren und umgekehrt, hielt man Frauen für unvollkommene oder ungeformte Männer. Laqueur unterscheidet in dieser Hinsicht zwischen einem eingeschlechtlichen und einem zweigeschlechtlichen Modell.[53]

Thus the old model, in which men and women were arrayed according to their degree of metaphysical perfection, their vital heat, along an axis whose telos was male, gave way by the late eighteenth century to a new model of radical dimorphism, of biological divergence. An anatomy and physiology of incommensurability replaced a metaphysics of hierarchy in the representation of woman in relation to man.[54]

Maud Gleason hat auch gezeigt, dass in der medizinischen Literatur – vermutlich bereits im vierten oder dritten Jahrhundert v.u.Z. – die Annahme ein Gemeinplatz war, dass Männer in anatomischer Hinsicht nach außen gekehrte Frauen waren, sich aber in jeder Hinsicht ihrem unvollkommenen Gegenüber überlegen zeigten.[55]

Nach unserem Blick auf das Gendersystem der griechisch-römischen Welt, und aufgrund unserer Beobachtung, dass dieses System auch einem wichtigen Denker des Christentums im zweiten Jahrhundert, Clemens von Alexandria, zugrundeliegt, lässt sich mit Recht nach den Konsequenzen für das Verständnis von Geschlecht und Sexualität im Neuen Testament fragen. Zeigt unsere Reise in die entfernte und vergangene griechisch-römische Welt nicht, dass die neutestamentlichen Texte ihren Ursprung in einem kulturellen, geistigen

53 In den vergangenen Jahren wurde die historische Grundlage von Laqueurs Modell mit dem Hinweis in Frage gestellt, dass es im medizinischen Denken des griechischen Altertums – nach Helen King – auch die Auffassung gab, dass „women are not just cold men, but are creatures entirely different from men in the texture of their flesh and in the associated physiological functions", vgl. KING, Woman, 11 (und die Diskussion ebd., 7–11). Vgl. auch FLEMMING, Medicine, 120–121.357–358 mit besonderem Augenmerk auf *PHP* 9.3.25–26 (*CMG* V.4.1.556.28-37). Dennoch glaube ich nicht, dass diese Kritik Laqueurs Modell entscheidend ändert. Der in Galens Text betonte Unterschied von Männern und Frauen bezieht sich auf einen besonderen Aspekt, nämlich Frauen als Gebärerinnen.
54 LAQUEUR, Sex, 5–6.
55 GLEASON, Men, 58.

und gesellschaftlichen Umfeld haben, das weit entfernt von dem ist, was wir in der griechisch-römischen Überlieferung vorfinden? Um die Bedeutung der vorangehenden Diskussion für das Verständnis einiger der frühesten Formen des Christentums aufzuweisen, sollen nun abschließend einige Texte des Neuen Testaments untersucht werden.

5. Die Auffassung von Geschlecht und Sexualität in einigen neutestamentlichen Texten

Wie bereits angedeutet, hat es im frühen Christentum wohl nicht nur ein einziges Verständnis von Geschlecht und Sexualität gegeben. Entsprechend den späteren Ausprägungen des Christentums waren bereits am Anfang verschiedene Konzeptionen vorhanden, die sich den unterschiedlichen zeitlichen, geographischen, gesellschaftlichen, intellektuellen und kulturellen Entstehungskontexten verdankten. Dennoch war diesen Genderkonzeptionen nicht nur die Abhängigkeit vom bei Laqueur als „eingeschlechtlich" bezeichneten Modell gemeinsam; sie waren auch von einigen der gleichen Grundbegriffe zu Geschlecht und Sexualität durchdrungen, die wir bei Clemens und in der griechisch-römischen Tradition festgestellt haben.

Die Lasterkataloge, die sich bei Paulus finden, sind die frühesten Belege, die wir für diese Tatsache besitzen.[56] Wenn Paulus etwa in 1 Kor 6,9–10 schreibt: „Oder wißt ihr nicht, dass Ungerechte keinen Anteil am Reiche Gottes haben werden? Gebt euch keiner Täuschung hin! Weder Unzüchtige (πόρνοι) noch Götzendiener, noch Ehebrecher (μοιχοὶ), noch Weichlinge (μαλακοὶ), noch Männer, die mit Männern schlafen (ἀρσενοκοῖται), noch Diebe, noch Habsüchtige, noch Trunkenbolde, noch Lästerer, noch Räuber werden Anteil haben am Reiche Gottes", so gibt er auf Gender und Sexualität bezogene Werte wieder, die wir in der vorangehenden Diskussion gesehen haben.

Obwohl er sich an eine Gemeinschaft von Männern und Frauen wendet, ist aus den hier aufgezählten Lastern offenkundig, dass ausschließlich von einem geschlechtlichen Fehlverhalten von Männern die Rede ist. Paulus benützt das Standardvokabular der griechisch-römischen sowie auch der jüdischen Tradition, um seine Gegner zu verunglimpfen und eine stereotyp vorgestellte *out-group* zu erzeugen, die seine Leser von demjenigen Verhalten abschrecken sollte, das der *out-group* zugeschrieben wurde. Wir wissen nicht genau, was πόρνοι in diesem Kontext bedeutet, aber es steht außer Zweifel, dass hier mit der gewöhnlichen Bedeutung des Begriffs gespielt wird. Gewöhnlich bezeich-

---

56 Vgl. auch 1 Kor 5,10–11; 2 Kor 12,20; Gal 5,19–21; Röm 1,29–31; 13,13. Sexuelle Übertretungen werden nur in 1 Kor 5,10–11; 6,9–10; Gal 5,19–21 und Röm 13,13 ausdrücklich als „Laster" benannt, sie erscheinen im Kontext von 2 Kor 12,20 aber als „Unreinheit" (ἀκαθαρσία), „Unzucht" (πορνεία) und „Ausschweifung" (ἀσαλγεία) (2 Kor 12,21) und, wie schon zu Röm 1,26–28 bemerkt, im Kontext von Röm 1,29–31.

nete das Wort Männer, die sich wie Huren verhielten, „doing it for money, doing it readily, or doing it to further your career."[57] Der ganze Kontext von 1 Kor 5–7 hat mit den Gefahren zu tun, die sich aus πορνεία und geschlechtlicher Verunreinigung ergeben. Von männlichen Huren wurde in jedem Fall angenommen, dass sie der für sie vorgesehenen Rolle – sexuell als aktiver Partner aufzutreten – nicht gerecht wurden. Von ihnen galt vielmehr, dass sie sich physisch „rezeptiv" verhielten und auch nicht fähig zur Selbstbeherrschung waren. Faktisch gaben sie sich dem hin, was man für schändliche Unterwerfung hielt. Das gleiche galt für Ehebrecher oder μοιχοί, die in unerlaubte geschlechtliche Beziehungen verwickelt waren, die eine Frau im Haus ihres Mannes, Vaters oder Bruders verführten oder vergewaltigten. Andererseits bezeichnen die μαλακοί effeminierte Männer, deren „schmeichlerische" Rolle es war, im Sexualverkehr unterwürfig zu handeln, d.h. sich trotz ihres männlichen Status wie Frauen penetrieren zu lassen. Schließlich erwähnt Paulus „Männer, die mit Männern schlafen", ἀρσενοκοῖται – ein Wort dessen genaue Bedeutung unsicher ist. Aus dem Kontext ist aber offenkundig, dass es um unerlaubtes Sexualverhalten geht, das sich auf Beziehungen zwischen Männern bezieht.

Paulus führt seinen Lesern vor Augen, dass sie nicht länger unter dem Joch heidnischer Laster leben. Obwohl früher diesen Verhaltensweisen unterworfen, wurden sie durch die Taufe reingewaschen, als heilig abgesondert und im Namen Jesu Christi und durch den Geist Gottes (1 Kor 6,11) gerechtfertigt.[58] Die Charakterisierung des früheren Benehmens ist beispielhaft für das stereotype *othering*, das von der griechisch-römischen und jüdischen Kultur aber weithin geteilt wurde. Wie andere Juden gebraucht Paulus die Lasterkataloge nicht nur als rhetorische Waffen gegen die ‚pagane' Kultur – er nutzt sie auch zur Herstellung der eigenen Identität. Zugleich macht er sich dadurch aber Werte zu eigen, die ihn mit der Kultur verbinden, gegen die er seine rhetorische Karikatur richtet. Die aufgelisteten Laster beziehen sich auf Verhaltensweisen, die nach Paulus für die ‚pagane' Kultur charakteristisch sind. Heiden verkörpern die aufgezählten Laster „von Natur aus". Wenn es darum geht, die eigene Kultur scharf von der anderen abzuheben, bietet sich, wie in anderen Fällen des *othering*,[59] der Bereich der Sexualität in besonderer Weise an.

Bei Paulus erkennen wir die beiden grundlegenden Prinzipien, die das antike griechisch-römische Gendersystem kennzeichnen. Die aufgezählten Laster dienen dazu, die ‚pagane' Kultur in einen Gegensatz zur Kultur des Paulus – und idealerweise zur Kultur der korinthischen Christusgläubigen – zu bringen und sie als eine Kultur der Effeminiertheit, der geschlechtlichen Übertretung

---

57 Davidson, Greeks, 67 mit Bezug auf πορνεία.
58 Zu den Implikationen des Rituals als eines eine bei den Christgläubigen angeblich unumkehrbare Veränderung hervorrufenden vgl. meinen im Erscheinen begriffenen Aufsatz Rituals.
59 Zu *othering* bei Paulus und den für *othering* kennzeichnenden grundlegenden Prinzipien vgl.
   meinen im Erscheinen begriffenen Aufsatz Othering.

und der gesellschaftlichen Verderbnis bloßzustellen. Heiden werden als sexuell unterwürfig, abartig und unfähig dargestellt, im geschlechtlichen Bereich Selbstbeherrschung zu üben. Dieser Eindruck wird durch die übrigen Laster verstärkt: Die ‚pagane' Kultur soll als verdorben und – im Zusammenhang kultischer Frömmigkeit (Idolatrie) – ausschweifend gelten, sie ist gekennzeichnet durch Alkoholkonsum (Trunkenheit) und gesellschaftliche Unsitten wie Diebstahl, Begehrlichkeit, Schmähungen und Erpressung. Paulus behauptet – in hyperbolischen Stereotypen des *othering* –, dass die korinthischen Christgläubigen vor ihrer Taufe Leute waren, die sich geschlechtlich unerlaubtem Verhalten hingaben und unfähig zur Selbstbeherrschung waren. Gleichzeitig setzt Paulus voraus, dass der frühere Zustand der Korinther für die ‚pagane' Kultur im Allgemeinen typisch ist: Eine Kultur, die mit Hilfe der grundlegenden Aspekte des Genderdiskurses dargestellt wird, die wir in unserer Untersuchung gefunden haben.[60]

Unser zweites Beispiel stammt ebenfalls aus dem ersten Korintherbrief. In 1 Kor 7,1–9 diskutiert Paulus die Möglichkeit geschlechtlicher Abstinenz unter den Christgläubigen. Wieder wird sein Blickwinkel durch einen männlichen Standpunkt bestimmt. Anscheinend reagiert er auf Fragen, die die Korinther in einem an ihn gerichteten Brief aufgeworfen haben (1 Kor 7,1a). Er macht sich die Ansicht zu Eigen, dass es für männliche Christgläubige vorzuziehen sei, ehelos zu bleiben: „Ein Mann tut gut daran, keine Frau zu berühren (ἅπτεσθαι)" (1 Kor 7,1b). Das Verbum ist offensichtlich ein euphemistischer Ausdruck für Geschlechtsverkehr. Paulus gesteht seinen Lesern allerdings zu, dass „wegen der Unzucht (διὰ δὲ τὰς πορνείας)" jeder Mann seine eigene Ehefrau und jede Frau ihren eigenen Ehemann haben solle (1 Kor 7,2). Wieder wissen wir nicht genau, was Unzucht in diesem Kontext bedeutet, aber es ist offenkundig, dass der Begriff sich auf unerlaubte sexuelle Verbindungen bezieht. Obwohl die Begründung, jeder Mann solle seine eigene Ehefrau und jede Frau ihren eigenen Ehemann haben, sich wie eine Annäherung an moderne Gleichheitsvorstellungen zwischen den Geschlechtern anhört (und von einigen Auslegern so verstanden wurde), entspricht dies kaum dem paulinischen Verständnis. Wie aus anderen Abschnitten des Briefes zu erkennen ist, setzt Paulus die überkommene hierarchische Beziehung von Mann und Frau voraus, die die beherrschende Rolle des Mannes festschreibt (vgl. 1 Kor 11,3–16 und 14,34–35). Die Aussage muss daher vor dem Hintergrund der Präposition διὰ δὲ τὰς πορνείας verstanden werden, die deutlich macht, dass unerlaubte geschlechtliche Verbindungen eine ständige Bedrohung für die Ehe sind. Um nicht den Versuchungen der πορνεία zu erliegen, sollen Mann und Ehefrau einander treu bleiben.

60 Vgl. auch den Aufsatz von IVARSON, Man, 190–193, der gleicherweise auf die Bedeutung des Aktiv-Passiv-Rasters und darauf hinweist, die Betonung, die auf Versagen bei der Übung von Selbstbeherrschung gelegt wird, als Schlüssel zum Verständnis der im Katalog aufgelisteten Laster zu nehmen.

Die gleiche Besorgnis wegen πορνεία gilt auch für Vers 3, der den vorangehenden Vers erweitert, indem er feststellt, ein Ehemann solle gegenüber seiner Frau seine „Pflicht" (τὴν ὀφειλὴν) erfüllen und ebenso die Ehefrau gegenüber ihrem Mann. Vom Kontext her bezieht sich dieser Terminus ohne Zweifel auf die eheliche Pflicht zum Sexualverkehr. Wieder scheint die paulinische
Aussage dem griechisch-römischen Gendersystem zu widersprechen, da er anscheinend eine symmetrische Beziehung befürwortet, in der Mann und Frau
gleichermaßen verpflichtet sind. Andererseits behauptet Vers 4 in Übereinstimmung mit einem grundlegenden Zug des griechisch-römischen Gendersystems: „Die Frau hat kein Verfügungsrecht über ihren Leib, sondern der
Mann". Paulus fügt dann überraschend hinzu: „Ebenso wenig hat der Mann
ein Verfügungsrecht über seinen Leib, sondern die Frau". Dies sieht auf den
ersten Blick wie eine Infragestellung des griechisch-römischen Systems aus,
aber es ist entscheidend, den Kontext zu beachten. Die gesamte Diskussion
geht von der Besorgnis wegen der aus der πορνεία herrührenden Versuchungen aus. Paulus will sagen, dass Ehemann wie Ehefrau durch πορνεία bedroht
sind und deswegen innerhalb der Ehe strenge Selbstbeherrschung üben müssen. Wie schon Vers 2 deutlich macht, ist die Ehe ein prophylaktischer Schutz
gegen Unzucht.[61] Damit plädiert Paulus nicht für die Geschlechtergleichheit,
sondern fordert, dass männliche Christgläubige sich auch in der Selbstkontrolle hervortun sollen: dies umso mehr, als sie – wie wir gleich sehen werden
– durch ihr eheliches Leben kundgetan haben, dass sie anfälliger für die Gefahren der aus der πορνεία stammenden Begierde sind. Die argumentative
Voraussetzung ist, dass „echte Männer" nicht in der Ehe leben, sondern wie
Paulus ein eheloses Leben gewählt haben.

Das behauptete Verhältnis von Ehe und Anfälligkeit für Verführungen wird
auch aus Vers 5 deutlich, wo Paulus seinen verheirateten Leser davon abrät,
sich zwanghaft längere Perioden der Enthaltsamkeit aufzuerlegen. Wegen ihres „Mangels an Selbstbeherrschung" (ἀκρασία) fürchtet Paulus, dass Satan
sie erfolgreich zur πορνεία verleiten könnte. Im nächsten Vers stellt er fest,
dass seine Argumentation bisher eher als Zugeständnis als als Gebot zu verstehen sei. Dale Martin hat – jenen Auslegern gegenüber, die das Zugeständnis
auf die Enthaltsamkeit in der Ehe beziehen – m.E. zu Recht betont, dass es
sich auf sexuelle Betätigung überhaupt bezieht.[62] Dies wird aus dem nächsten
Vers deutlich, wo Paulus seine Leser ermutigt, ihm durch ein Leben in Enthaltsamkeit ähnlich zu werden. Er gesteht dann zwar zu, dass Gott unterschiedliche Gnadengaben verteilt hat – dies setzt aber voraus, dass Paulus die
Ehelosigkeit als Gnadengabe ansieht.

In den restlichen beiden Versen (1 Kor 7,8–9) ermutigt Paulus die Unverheirateten und Witwen, wie er selbst unverheiratet zu bleiben. Insoweit sie allerdings nicht zu Selbstbeherrschung und Enthaltsamkeit in der Lage sind

---

61 Vgl. Martin, Body, 209.214.
62 Ebd., 210.

(ἐγκρατεύονται), sollten sie besser heiraten: „es ist nämlich besser zu heiraten als (vor Begierde) zu brennen (πυροῦσθαι)" (V. 10c). Wieder sehen wir, wie Paulus einen Grundzug des griechisch-römischen Gendersystems reproduziert. Sein Eheverständnis ist unauflöslich mit seinen Vorstellungen über die Gefahren der aus der πορνεία stammenden Begierde verknüpft. Die Ehe ist eine Einrichtung für die „Schwachen", die – anders als „überlegene" Christgläubige wie Paulus – nicht zur Zurückhaltung in der Lage sind. Sie ist eine institutionelle Schutzvorrichtung, die männliche wie weibliche Gläubige davor bewahrt, der πορνεία zum Opfer zu fallen. Wir haben also gesehen, wie das paulinische Verständnis von Ehe und Enthaltsamkeit ganz der Bedeutung entspricht, die im griechisch-römischen Gendersystem der Selbstbeherrschung zukommt, und wie dieses Verständnis sich in dem Lasterkatalog in 1 Kor 6,9–11 entfaltet.

Unser nächstes Beispiel ist der Evangelienliteratur entnommen. Aufgrund des begrenzten Raumes muss die Diskussion auf eine kursorische Lektüre der lukanischen Passionserzählung beschränkt bleiben.[63] Anders als in dem Porträt Jesu bei Markus und Matthäus finden wir bei Lukas einen Jesus, der aufgrund seines Vorauswissens über sein bevorstehendes Leiden und seinen Tod vollständig „Herr" der Lage ist. Jesu Souveränität ist das ganze Evangelium hindurch offensichtlich, aber in der Passionserzählung wird dies besonders deutlich. Markus und Matthäus etwa stellen in der Gethsemane-Szene Jesus als von Angst und Verzweiflung überwältigt dar (Mk 14,33; Mt 26,37). Die Evangelisten lassen Jesus zur Deutung seiner Lage Ps 42,6 zitieren: „Meine Seele ist betrübt bis in den Tod" (Mk 14,34; Mt 26,38). Im Gegensatz dazu ist Jesus bei Lukas weit davon entfernt zu verzweifeln, vielmehr ermutigt er seine Jünger zu beten, nicht in Versuchung zu geraten (Lk 22,40). Er zieht sich einen Steinwurf weit von ihnen zurück und betet: „Vater, wenn du willst, laß diesen Kelch an mir vorübergehen. Doch nicht mein, sondern dein Wille geschehe" (Lk 22,42). Anders als der verzweifelnde Jesus bei Markus und Matthäus wird der lukanische Jesus als edler Mann dargestellt, der selbst in einer verzweifelten Lage zur Selbstbeherrschung fähig ist. In Lk 22,43-44 wird diese Deutung offenbar in Frage gestellt, wenn Jesus von einem Engel gestärkt werden muss und weibischer Furcht verfällt: „Und als er in Angst geriet, betete er noch inständiger. Und sein Schweiß wurde wie Blut, das auf die Erde tropfte". Allerdings stammen diese Verse nach einigen Textzeugen aus einer späteren Tradition des zweiten Jahrhunderts, als der lukanische Jesus gegen doketische Deutungen verteidigt werden sollte. Während die westlichen Textzeugen diese Aussage enthalten, hat die alexandrinische Tradition die Tendenz, sie auszuschließen.[64] Da die von diesen Versen beförderte Aussage dem Rest des Evangeliums direkt widerspricht, glaube ich, dass sie von einem späteren Re-

---

63 Zum lukanischen Porträt von Jesus und zur Art und Weise, wie es in die griechisch-römischen Vorstellungen von Maskulinität eingeschrieben ist, vgl. Conway, Man, 127–142.

64 Vgl. Ehrman/Plunkett, Angel, 401–416 mit einer ausführlichen Besprechung dieser Verse.

daktor eingefügt wurden. Lk 22,45 nimmt den ursprünglich lukanischen Text
wieder auf. Anders als seine markinische Vorlage überträgt Lukas das Motiv
der Verzweiflung auf die Jünger. Als Jesus sich von seinem Gebet erhebt und
zu seinen Jüngern geht, findet er sie „schlafend vor Traurigkeit". Er wiederholt
seine Forderung an die Jünger, zu beten, damit sie nicht in Versuchung geraten. Im Gegensatz zur von Jesus gezeigten Ruhe, sind die Jünger in Gefahr,
der Versuchung zu erliegen.

Auch die folgende Szene der Gefangennahme Jesu stellt die Ruhe und
Selbstbeherrschung Jesu (Lk 22,47–53) heraus. Anders als in der markinischen
Vorlage, der Matthäus sich eng anschließt, gelingt es Judas nicht, Jesus zu küs-
sen. Bevor er seine Tat vollendet, wird er von Jesus aufgehalten, der ihn allwis-
send fragt: „Judas, mit einem Kusse verrätst Du den Menschensohn?" (Lk
22,48). Dementsprechend liegt die Initiative bei Jesus. Er ist es, der das Wort
ergreift und den Oberpriestern, Tempelvorstehern und Ältesten Fragen stellt
(Lk 22, 52). Das gleiche Motiv wird in den Verhörszenen vor Pilatus und Herodes betont. Pilatus wird als unfähiger und hilfloser Repräsentant des römischen Reiches dargestellt, der Jesus in seiner Ohnmacht schließlich zu Herodes schicken muss (Lk 23,6–7). Herodes ist andererseits nicht in der Lage, Jesus zum Sprechen zu bringen (Lk 23,10). Jesus wird als würdiger Mann
gezeigt, der selbst entscheidet, wann er sprechen und wann er schweigen will.
Schließlich müssen beide Repräsentanten der römischen und jüdischen Obrigkeit zusammen mit den Repräsentanten des jüdischen Kultes die Entscheidung über Jesu Schicksal dem Mob überlassen (Lk 23,18–23). Sie entsprechen
in keiner Weise den an die Obrigkeit herangetragenen kulturellen Erwartungen. Im Gegenteil werden sie die ganze Erzählung hindurch als wankelmütige,
schwache und feige Führer angeprangert; sie sind effeminierte Gestalten im
Bereich der Politik.

Jesus behält andererseits trotz seiner Leiden und der ihm entgegengebrach-
ten Verachtung seine Männlichkeit, indem er ruhig und würdevoll bleibt. Ein
beredtes Beispiel sind seine letzten Worte am Kreuz. Auch hier hat Lukas gegenüber seinen Vorgängertexten einen beachtlichen Akzent gesetzt. Er ver-
mehrt nicht nur die die *ultima verba* Jesu von einem auf drei, sondern transformiert den Verzweiflungsschrei im Lichte von Ps 22,2 (vgl. Mk 15,34) zu einem edlen Aufgeben des Geistes entsprechend der Überlieferung über die
τελευται der Philosophen oder die *exitus illustrium virorum*.[65] Wie Gregory
Sterling gezeigt hat, tilgt Jesu letztes Wort nach Lukas „Vater, in deine Hände
empfehle ich meinen Geist" (Lk 23,46) nicht nur das Psalm-Zitat aus Ps 22,2
und überführt es in ein Zitat aus Ps 31,6, sondern spielt auch mit den philosophischen Überlieferungen vom edlen Tod.[66] Anders als in den Erzählungen von Markus und Matthäus gibt Jesus sich angesichts des Todes nicht weibischer Angst und Verzweiflung hin. Wie Sokrates stirbt er als edler Mann,

---

65 Vgl. DROGE/TABOR, Death, 17–51, und SEELEY, Death, 113–141.
66 Vgl. STERLING, Mors, 396–398.

der seine Situation unter Kontrolle hat und sich in seinem Verhalten von seinem Gebetswunsch leiten lässt: „Doch nicht mein, sondern dein Wille geschehe" (Lk 22,42).

Jesus wird als wahrer Mann dargestellt, dem es in einer Situation übermenschlicher Verzweiflung gelingt, ruhig zu bleiben und der sogar die Überlegenheit und Selbstbeherrschung besitzt, andere zu trösten, wie aus seinem zweiten Wort am Kreuz deutlich wird: „Wahrlich, ich sage dir: Heute (noch) wirst du mit mir im Paradiese sein" (Lk 23,43). Dass Jesus die überlegene Gestalt mit der Macht ist, über die wahre gesetzliche Vorgehensweise zu entscheiden, wird auch aus seinem ersten Wort am Kreuz deutlich. Im Gegensatz zu denen, die ihn verurteilt haben, zeigt Jesus die Überlegenheit des edlen Mannes, der über weltliche Angelegenheiten erhaben ist: „Vater, vergib ihnen, denn sie wissen nicht, was sie tun" (Lk 23,34). Jesus wird als Beispiel äußerster Selbstbeherrschung dargestellt, das heißt, als ein wahrer Mann aus der Perspektive des griechisch-römischen Gendersystems.

Mein letztes Beispiel bringt uns zurück zu Clemens von Alexandria und seiner Problematisierung des Luxus. Wenn der pseudepigraphische Paulus seine Adressaten in 1 Tim 2,1–2 zu Bitten, Gebet, Fürbitte und Danksagung für alle Menschen, für Könige und alle, die Macht haben, auffordert, damit seine Leser ein ruhiges und friedliches Leben in Gottesfurcht und Ehrerbietung führen, macht er sich die grundlegende Grammatik des griechisch-römischen Gendersystems zu eigen. Als von Gott bestellter Prediger, Apostel und Lehrer der Heiden „im Glauben und in der Wahrheit" (1 Tim 2,7) ermahnt er die mannhaft Christgläubigen, überall durch das Erheben heiliger Hände und ohne Zorn und Berechnung zu beten (1 Tim 2,8). Christliche Frauen sollten sich andererseits schmücken „in würdiger Haltung (ἐν καταστολῇ), in Schamhaftigkeit und Sittsamkeit (μετὰ αἰδοῦς καὶ σωφροσύνης), nicht mit geflochtenem Haarputz und mit Gold- und Perlenschmuck oder Kleiderluxus" (1 Tim 2,9). Sie werden aufgefordert, ihre Frömmigkeit (θεοσέβεια) durch gute Taten zu zeigen (1 Tim 2,10). Die christlichen Frauen werden ermahnt, sich in Angelegenheiten, die Luxus betreffen, zurückzuhalten und in Stille und aller Unterordnung zu lernen (ἐν πάσῃ ὑποταγῇ). Diese Aufforderung spiegelt die grundlegende Annahme des griechisch-römischen Gendersystems, das Frauen die passive Rolle zuweist. Deswegen erlaubt der Autor einer Frau weder zu lehren noch Autorität über einen Mann zu haben (αὐθεντεῖν). Sie wird zu Passivität oder – in der Terminologie des Briefes – zum „Schweigen" (1 Tim 2,12) verurteilt. Dem Verfasser zufolge gründet diese Vorschrift in der Tatsache, dass Adam früher als Eva erschaffen wurde und dass es Eva war, die sich täuschen ließ und in Übertretung fiel (1 Tim 2,13). Dieser Verweis auf die „Schöpfungsordnung" ist, wie der Bezug auf die Genesis-Erzählung deutlich macht, jüdisch-christlicher Natur. Die Ordnung, die der Autor sich zu Eigen macht, stimmt allerdings in jeder Hinsicht mit dem grundlegenden Raster des griechisch-römischen Gendersystems überein.

6. Kurzer Schluss

Viele weitere Beispiele aus dem Neuen Testament könnten zeigen, wie die frühesten Formen des Christusglaubens nicht nur den grundlegenden Vorstellungen des griechisch-römischen Gendersystems entsprachen, sondern auch eine aktive Rolle bei ihrer Ausformung spielten. Wenn sich Clemens von Alexandria in seinem *Paidagōgos* aus dem späten zweiten Jahrhundert Vorstellungen zu eigen macht, die das Gendersystem der griechisch-römischen Welt durchziehen, kann er nicht als Beispiel des Übergangs des Christentums zu einer stärkeren Verflechtung mit der griechisch-römischen Kultur gelten. Obwohl Clemens im Vergleich zu den Ausprägungen des Christusglaubens im ersten Jahrhundert ein höheres Kulturniveau aufweist, führt er nicht etwas vollständig Neues ein. Selbst die frühesten Formen des Christusglaubens bei Paulus, Lukas und im 1. Timotheusbrief zeigen sich in ähnlicher Weise eingebettet in das antike griechisch-römische System von Geschlecht und Sexualität. Als jüdische Texte setzen sie zugegebenermaßen die Genesis-Erzählung voraus („männlich und weiblich schuf er sie"), aber das schließt ihr Verwobensein mit der griechisch-römischen Kultur nicht aus. Wir konnten beobachten, wie diese Kultur durch eine Genderkonzeption charakterisiert war, derzufolge das anatomische Geschlecht das soziale Geschlecht nur unzureichend bestimmte, weil feminine und maskuline Typen jenseits des anatomischen Geschlechts existieren konnten. Die Texte, die wir betrachtet haben, spiegeln ein Genderkonzept wider, das mit dem übereinstimmt, was Laqueur als das „eingeschlechtliche Modell" bezeichnet hat, das Männer und Frauen nicht für kategorial verschieden, sondern für entgegengesetzte Pole eines Kontinuums hält und Frauen in diesem Rahmen als unvollkommene oder ungeformte Männer auffasst.

Innerhalb des griechisch-römischen Gendersystems gab es zwei grundlegende Organisationsprinzipien. Das erste bezieht sich auf die Unterscheidung von männlicher Aktivität und weiblicher Passivität. Diese Unterscheidung entsprach der gesellschaftlichen Hierarchie, die durch Herrschaft und Unterwerfung bestimmt war. Darüber hinaus spielte sie eine entscheidende Rolle für die Weise, wie die Sexualität wahrgenommen wurde. Das Aktiv-Passiv-Raster wurde zusätzlich durch kosmologische und physiologische Spekulationen über die Zusammensetzung von Männern und Frauen gestützt. Daher finden wir verschiedene zusätzliche Distinktionen wie die zwischen Feuchtigkeit und Trockenheit, Kälte und Hitze, Weichheit und Härte. Diese Unterscheidungen waren mit Vorstellungen über die physiologische Zusammensetzung beider Geschlechter aus den vier Elementen verbunden. Das zweite grundlegende Organisationsprinzip im antiken Gendersystem war die Betonung der Selbstbeherrschung. Da Männlichkeit nicht eine natürliche Gegebenheit darstellte, sondern etwas, das fortwährend aufrechtzuerhalten war, mussten Männer Selbstbeherrschung üben, um nicht den Versuchungen und Begierden zu erliegen, die sie auf der Geschlechterskala in Richtung Weiblichkeit abrutschen zu lassen drohten.

Unsere Lektüre von vier Texten des Neuen Testaments hat gezeigt, dass das griechisch-römische Gendersystem einen Rahmen darstellt, innerhalb dessen neutestamentliche Vorstellungen gedeutet werden können. Auf Grundlage dieser Texte haben wir gesehen, wie die griechisch-römischen Konzeptionen seit frühester Zeit vorherrschend waren. Schließlich zeigte die Untersuchung, wie bereits die frühen Formen des Christusglaubens nicht nur in das Judentum eingebettet waren, sondern auch in jeder Hinsicht an der griechisch-römischen Welt teilhatten. Auf diese Weise unterstützt dieser Aufsatz die Vorstellung vom hellenistischen Mittelmeerraum als einer *koinē*, einer Welt gemeinsamer Überlieferungen und Strukturen trotz beachtlicher Unterschiede zwischen den einzelnen kulturellen Ausprägungen.

Literatur

ALEXANDER, L., *Canon* and Exegesis in the Medical Schools of Antiquity, in: P. S. Alexander/J.-D. Kaestli (Hg.), The Canon of Scripture in Jewish and Christian Tradition. Le Canon des Écritures dans les traditions juive et chrétienne, Lausanne 2007, 115–153.

ALEXANDER, PH. S., *Hellenism* and Hellenization as Problematic Historiographical Categories, in: T. Engberg-Pedersen (Hg.), Paul Beyond the Judaism/Hellenism Divide, Louisville/London/Leiden 2001, 63–80.

ANDERSON, J. C./MOORE, S. D., *Matthew* and Masculinity, Semeia Studies 45, 2003, 67–91.

ASPEGREN, K., The Male *Woman*: A Feminine Ideal in the Early Church, Uppsala's Women Studies 4, Uppsala 1990.

BARTON, C. A., Roman *Honor*: The Fire in the Bones, Berkeley 2001.

BROOTEN, B. J., *Love* Between Women. Early Christian Responses to Female Homoeroticism, The Chicago Series on Sexuality, History, and Society, Chicago/London 1996.

CARSON, A., Putting Her in Her *Place*: Woman, Dirt, and Desire, in: D. M. Halperin/ J. J. Winkler/F. I. Zeitlin (Hg.), Before Sexuality. The Construction of Erotic Experience in the Ancient Greek World, Princeton 1990, 135–169.

CICERO, M. T., *Gespräche in Tusculum*, hg. von O. Gigon, Zürich ⁶1992.

CLARKE, J. R., Looking at *Lovemaking*. Constructions of Sexuality in Roman Art 100 B. C.–A. D. 250, Berkeley/Los Angeles/London 1998.

CLEMENS VON ALEXANDREIA, *Der Erzieher* Buch II-III, übers. von O. Stählin, München 1934.

CONWAY, C. M., Behold the *Man*. Jesus and Greco-Roman Masculinity, Oxford 2008.

D'ANGELO, M. R., *Gender* and Geopolitics in the Work of Philo of Alexandria: Jewish Piety and Imperial Family Values, in: T. Penner/C. van der Stichele (Hg.), Mapping Gender in Ancient Discourses, Biblical Interpretation Series 84, Leiden und Boston 2007, 63–88.

DAVIDSON, J., The *Greeks* & Greek Love. A Radical Reappraisal of Homosexuality in Ancient Greece, London 2007.

DESJARDINS, M., Clement's Bound *Body*, in: T. Penner/C. van der Stichele (Hg.),

Mapping Gender in Ancient Discourses, Biblical Interpretation Series 84, Leiden und Boston 2007, 411–430.

DROGE, A. J./TABOR, J. D., A Noble *Death*. Suicide & Martyrdom among Christians and Jews in Antiquity, San Francisco 1992.

EHRMAN, B./PLUKETT, M. A., The *Angel* and the Agony: The Textual Problem of Luke 22:43–44, CBQ 45, 1983, 401–416.

ENGBERG-PEDERSEN, T., *Paul, "Virtues, and Vices"*, in: J. P. Sampley (Hg), Paul in the Greco-Roman World. A Handbook, Harrisburg/London/New York 2003, 608–633.

– (Hg.), *Paul Beyond the Judaism/Hellenism Divide*, Louisville/London/Leiden 2001.

FLEMMING, R., *Medicine* and the Making of Roman Woman: Gender, Nature, and Authority from Celsus to Galen, Oxford 2000.

GALENUS, *De usu partium* corporis humani, in: On the Usefulness of the Parts of the Body. Translation from the Greek with an Introduction and Commentary by M. T. May, Vol. 1–2, Ithaca 1968.

GLEASON, M. W., Making *Men*. Sophists and Self-Presentation in Ancient Rome, Princeton 1995.

HALLET, J. P./SKINNER, M. B. (Hg.), Roman *Sexualities*, Princeton 1997.

HALPERIN, D. M., One Hundred *Years* of Homosexuality and Other Essays on Greek Love, London 1990.

–, Why Is Diotima a Woman? Platonic Erōs and the Figuration of Gender, in: D. M. Halperin/J. J. Winkler/F. I. Zeitlin (Hg.), Before Sexuality. The Construction of Erotic Experience in the Ancient Greek World, Princeton 1990, 257–308.

HENGEL, M., Zum *Problem* der „Hellenisierung" Judäas im 1. Jahrhundert nach Christus (unter Mitarbeit von Christoph Markschies), in: ders. (unter Mitarbeit von Roland Deines, Jörg Frey, Christoph Markschies, Anna Maria Schwemer mit einem Anhang von Hanswulf Bloedhorn), Judaica et Hellenistica. Kleine Schriften, WUNT I/90, Tübingen 1996, 1–90.

HIPPOKRATES, Regimen (peri diaites), in: Hippocrates. With an English translation by W. H. S. Jones, Vol. IV, London-Cambridge/Mass. 1931.

HORST, P. VAN DER, *Celibacy* in Early Judaism, in: ders., Japhet in the Tents of Shem. Studies on Jewish Hellenism in Antiquity, Contributions to Biblical Exegesis & Theology 32, Leuven 2002, 191–201.

ISAAC, B., The *Invention* of Racism in Classical Antiquity, Princeton/London 2004.

IVARSON, F., A *Man* has to Do What a Man has to Do: Protocols of Masculine Sexual Behaviour in 1 Corinthians 5-7, in: B. Holmberg/M. Winninge (Hg.), Identity Formation in the New Testament, WUNT 227, Tübingen 2008, 183–198.

KING, H., Hippocrates' *Woman*. Reading the Female Body in Ancient Greece, London und New York 1998.

LAQUEUR, TH., Making *Sex*. Body and Gender from the Greeks to Freud, Cambridge, Mass./London 1990.

MALHERBE, A. J., *Paul* and the Popular Philosophers, Minneapolis 1989.

MARTIN, D. B., The Corinthian *Body*, New Haven/London 1995.

–, *Paul* and the Judaism/Hellenism Dichtomy: Toward a Social History of the Question, in: T. Engberg-Pedersen (Hg.), *Paul Beyond the Judaism/Hellenism Divide*, Louisville/London/Leiden 2001, 29–61.

NUSSBAUM, M., The *Therapy* of Desire. Theory and Practice in Hellenistic Ethics, Martin Classical Lectures, Princeton 1994.

PARKER, H. N., The Teratogenic *Grid*, in: J. P. Hallett/M. B. Skinner (Hg.), Roman Sexualities, Princeton 1997, 47–65.

PENNER, T./STICHELE, C. V., Script(ur)ing *Gender* in Acts: The Past and Present Power of *Imperium*, in: T. Penner./C. van der Stichele (Hg.), Mapping Gender in Ancient Discourses, Biblical Interpretation Series 84, Leiden/Boston 2007, 231–266.

PETERSEN, A. K., Reconstructing Past (Jewish) *Cultures*, in: K. D. Dobos/M. Köszegly (Hg.), With Wisdom as a Robe. Qumran and Other Jewish Studies in Honour of Ida Fröhlich, Hebrew Bible Monograph Series, Sheffield, 367–383.

–, Finding a *Basis* for Interpreting New Testament Ethos from a Greco-Roman Perspective, in: J. W. van Henten/J. Verheyden (Hg.), Early Christian Ethics in Jewish and Hellenistic Contexts, Leuven /Paris/Sterling, VA, 2011.

–, *Gender-bending* in Early Jewish and Christian Martyr Texts, in: A. K. Petersen/J. Engberg (Hg.), New Perspectives on Early Christian Martyr Texts, Early Christianity in the Context of Antiquity, Frankfurt, 2011, 225–256.

–, *Othering* in Paul. A Case-Study of 2 Corinthians, in: M. Kahlos (Hg.), The Faces of the Other – Otherness in the Greco-Roman World, Leuven/Paris/Sterling, VA, im Druck.

–, *Rituals* of Purification, Rituals of Initiation: Phenomenological, Taxonomical and Culturally Evolutionary Reflections, in: D. Hellholm (Hg.), Ablution, Initiation and Baptism in Early Judaism, Graeco-Roman Religion and Early Christianity, BZNW 176, Vol. 1–3, Berlin und New York, 2011, Vol. 1,3–42.

PLATON, *Nomoi* (Gesetzte) Buch I–III, übers. von K. Schöpsdau, Göttingen 1994.

PLATON, *Timaios, Kritias, Philebos*, bearb. von K. Widdra, Darmstadt ²1990.

PS.-ARISTOTELES, *Physiognomie*, in: Aristotle. Minor Works. With an English Translation by W.S. Hett, London/Cambridge (Mass.) 1936

ROUSELLE, A., *Porneia*. On Desire and the Body in Antiquity, Family, Sexuality and Social Relations in Past Times, London 1988.

SAHLINS, M., Two or Three *Things* that I Know about Culture, The Journal of the Royal Anthropological Institute Incorporating Man 5:3, 1999, 399–421.

SATLOW, M. L., Jewish *Marriage* in Antiquity, Princeton 2001.

SCOTT, J. W., *Gender* and the Politics of History, New York 1988.

SEELEY, D., The Noble *Death*. Graeco-Roman Martyrology and Paul's Concept of Salvation, JSNT SS 28, Sheffield 1990.

SENECA, L. A., *Die kleinen Dialoge* 1, hg. und übers. von G. Fink, Zürich 1992.

SHAW, B. D., *Body*/Power/Identity: Passions of the Martyrs, JECS 4:3, 1996, 269–312.

SKINNER, M. B., *Introduction*. Quod Multo Fit Aliter in Graecia …, in: J. P. Hallett/ M. B. Skinner (Hg.), Roman Sexualities, Princeton 1997, 3–25.

–, *Gender* Studies, in: G. Boys-Stone/B. Graziosi/P. Vasunia (Hg.), The Oxford Handbook of Hellenic Studies, Oxford 2009, 687–696.

STERLING, G., *Mors* philosophi: The Death of Jesus in Luke, HTR 94, 2001, 383–402.

STOWERS, S. K., A *Rereading* of Romans. Justice, Jews, & Gentiles, New Haven/London 1994.

SWANCUTT, D. M., *Still* Before Sexuality: "Greek" Androgyny, the Roman Imperial Politics of Masculinity and the Roman Invention of the Tribas, in: T. Penner/C. van der Stichele (Hg.), Mapping Gender in Ancient Discourses, Biblical Interpretation Series 84, Leiden/Boston 2007, 11–61.

SZESNAT, H., *Philo* and Female Homoeroticism: Philo's Use of γυναvδϱoς and Recent Work on Tribades, JSJ 30, 1999, 140–147.

THURMAN, E., Novel *Men*: Masculinity and Empire in Mark's Gospel and Xenophon's *An Ephesian Tale*, in: T. Penner/C. van der Stichele (Hg.), Mapping Gender in Ancient Discourses, Biblical Interpretation Series 84, Leiden/Boston 2007, 185–229.

VAAGE, L. E./WIMBUSH, V. L. (Hg.), *Asceticism* and the New Testament, London 1999.

VEYNE, P., *Témoignage* hétérosexuelle d'un historien sur l'homosexualité, Actes du Congrès International: Le Regard des autres, Paris 1979, 17–24.

Serge Ruzer

Marital Halakha and Eschatology: Patterns of Early Christian Discourse and Their Jewish Setting[1]

This study focuses on a number of common exegetical patterns, discerned in the New Testament as well as in Qumranic and rabbinic sources, and employed for negotiating the proper attitude to marriage and divorce. New Testament evidence serves as the point of departure, but the discussion is of a comparative character, aiming to clarify the specifics of the approach to religiously motivated marriage law (marital *halakha*) propagated in the respective communities. I suggest, inter alia, that in addition to the possible relevance of Qumranic material for the study of early Christianity – a topic much discussed in contemporary research – New Testament evidence may, in turn, inform our understanding of Qumranic and wider Jewish exegetical tendencies/practices. The underlying presupposition here is that if the Qumran community and the nascent Jesus movement were merely two among a number of Second Temple Jewish groups, a comparative study of the respective corpora may prove reciprocally illuminating. Of particular interest is a possible correlation between the ideas on marriage expressed in our sources and the quotidian or, conversely, eschatological character of their *Sitz im Leben*. It is possible, of course, that these ideas were somehow influenced by certain perceptions and rulings current in the broader Greco-Roman world of the period; the relevance of a concrete demographic situation within Jewish society itself cannot be excluded either. Even so, the elaborations of marital regulations are presented in the texts under discussion exclusively in terms of exegesis of Israel's canonical scriptures, and it is upon this "internalized" aspect of the issue that this study focuses.

1. General Remarks on Matthew 19/Mark 10 and the Damascus Document

Lust, adultery and divorce are bound together in the discourse on "You shall not commit adultery" (Ex 20,13) in the Sermon on the Mount (Mt 5,27–32). In Mt 19,3–9, the issue of adultery – in connection with divorce – is addressed

---

1 This study further develops some directions probed in my two earlier publications. Cf. RUZER, Mapping the New Testament, 131–148, IDEM, Exegetical Patterns, 234–251.

again, but from a different exegetic angle. The tradition attested in Mk 10,2–12 is usually seen as the source of the Matthean version. It may be surmised that the Matthean redactor, mindful of the precedent in the Sermon on the Mount – representing, as it seems, a nascent Jewish milieu of Jesus' movement and current Jewish practice[2] – inserted the ruling from Mt 5,32 into the later episode (Mt 19,9).[3] Since the composition of Mark is usually dated to the time of the Jewish War,[4] the pericope, possibly containing a traditional material, may be reasonably seen as reflecting a pre-70 discussion:

Mt 5,27–32	Mt 19,3–9 (cf. Mk 10,2–12)
27 "You have heard that it was said, – 'You shall not commit adultery.' 28 But I say to you that every one who looks at a woman lustfully has already committed adultery with her in his heart. 29 If your right eye causes you to sin, pluck it out and throw it away; it is better that you lose one of your members than that your whole body be thrown into hell. 30 And if your right hand causes you to sin, cut it off and throw it away; it is better that you lose one of your members than that your whole body go into hell. 31 It was also said, –'Whoever divorces his wife, let him give her a certificate of divorce.' 32 But I say to you that every one who divorces his wife, except on the ground of unchastity (παρεκτὸς λόγου πορνείας), makes her an adulteress; and whoever marries a divorced woman commits adultery."	3 And Pharisees came up to him and tested him by asking, "Is it lawful to divorce one's wife for any cause?" 4 He answered, "Have you not read that he who made them from the beginning made them male and female, 5 and said, – 'For this reason a man shall leave his father and mother and be joined to his wife, and the two shall become one flesh'? (εἰσιν... σάρξ μία). 6 So they are no longer two but one flesh (σάρξ μία). What therefore God has joined together, let not man put asunder." 7 They said to him, "Why then did Moses command one to give a certificate of divorce, and to put her away?" 8 He said to them, "For your hardness of heart Moses allowed you to divorce your wives, but from the beginning it was not so. 9 And I say to you: whoever divorces his wife, except for unchastity (μὴ ἐπὶ πορνείᾳ), and marries another commits adultery."

The discussion in Mt 5 revolves around the interpretation of Dtn 24,1 ("because he has found some indecency in her"), the standard proof text in *halakhic* elaborations on divorce, with Jesus, it seems, siding with one current *halakhic* opinion, ascribed in the Mishna to the school of Shammai, and opposing a more lenient ruling ascribed to the school of Hillel, two sages from the late 1st century BCE–early 1st century CE generation (*m.Git* 9,10):

2 Cf. Betz, Sermon on the Mount, 244.
3 Cf. Davies/Allison, Commentary, 3:8–18.
4 Cf. for example, Perrin, New Testament, 241–242.

The school of Shammai say: A man may not divorce his wife unless he has found un-chastity in her, for it is written, *Because he has found in her **indecency in anything*** (ערות דבר, Dtn 24,1). And the school of Hillel say: [He may divorce her] even if she spoiled a dish for him, for it is written, *Because he has found in her indecency **in any-thing*** (ibid.).

R. Aqiva says: Even if he found another fairer than she, for it is written, *And it shall be if she find no favor in his eyes* (ibid.).[5]

In Mt 19 – in contradistinction to his Markan source, where the prohibition of divorce seems absolute – the Gospel writer still seems obliged to the line ta-ken in the Sermon on the Mount and inserts the clause "except for unchas-tity." I will return later to this addition but will focus for now on the novel ex-egetical move probed here as compared to Mt 5,32: Jesus claims that the foun-dational principles of marital union should be sought in the story of the creation (and not in later Mosaic ordinances). In the Mishna a similar ten-dency is again ascribed to the school of Shammai – the school that, as noted, Matthean Jesus agrees with on the issue of divorce. In the Mishna, however, Gen 1,27 is employed to show a more open attitude to an additional marriage union.[6] As for restrictive usage of the verse from Genesis, the closest parallel to Mt 19,4–6 is found in the *Damascus Document* 4:14–5:1 (cf. 6Q15: 1):

14 [...] Its explanation: 15 They are Belial's three nets about which Levi, son of Jacob spoke, 16 in which he catches Israel and makes them appear before them like three types of 17 justice. The first is fornication; the second, wealth; the third, defilement of the temple. 18 He who eludes one is caught in another and he who is freed from that, is caught 19 in another. *Blank* The builders of the wall [...] 20 are caught twice in fornication: by taking 21 two wives in their lives, even though the principle of creation is Gen 1,27 "male and female he created them".

[...] פשרו שלושת מצודות בליעל אשר אמר עליהם לוי בן יעקב אשר הוא תפש בהם בישראל
ויתנם פניהם לשלושת מיני הצדק הראשונה היא הזנות השניה ההין השלישית טמא המקדש
העולה מזה יתפש בזה והניצל מזה יתפש בזה בוני החיץ [...] הם ניתפשים בשתים בזנות
לקחת שתי נשים בחייהם ויסוד הבריאה זכר ונקבה ברא אותם

5,1: [...] two and two, male and female, went into the ark with Noah

ובאי התבה שנים שנים באו אל התבה.

5 English translation of mishnaic material is according to DANBY, Mishna, 321.
6 *M. Git.* 4:5: "The world was not created except for the sake of procreation [so Shammai, refer-ring to Gen 1,27], so one is supposed to allow half-slave half-bondman to marry (and procre-ate)." Gen 1,28 is used here for creating a halakhic midrash: Man finds his fulfillment in pro-creating; hence one should adopt a lenient attitude toward an additional marriage union.

Although the specific *halakhic* decision, which the BCE *Damascus Document*,[7] Mt 19 and the early 3rd century Mishna arrive at, varies, the technique of using the creation story (Gen 1,27 in Qumran and in the NT) to define the basic principles of marriage seems to represent a wider midrashic trend. The reliance on the Genesis narrative thus constitutes a shared feature, and the quoted passages seem to have belonged to a shared set of the "stock proof texts" invoked in discussions of the topic.

The elaborations in all three traditions are of a clearly polemical nature, with the attitude to marriage serving as a marker of group identity. In both the *Damascus Document* 4 and Mt 19 – tacitly in the former, under the designation בוני החיץ "the builders of the wall", and explicitly in the latter – the Pharisees are the party accused of being too lenient in their attitude to the (re)marriage issue, whereas in the Mishnah it is a polemic between two prominent Pharisaic schools.

Another common motif can be discerned here: unchastity/lust (זנות, πορνεία) as the basic threat to marriage. Admittedly, the understanding of unchastity differs from tradition to tradition, but both in Mt 5 (though not in Mt 19) and in the *Damascus Document* it receives idiosyncratically broadened interpretations. In the former, a midrashic elaboration of a proto-rabbinic type, emphasizing sinful thoughts and desires;[8] in the latter, equating fornication with the disruption of proper *halakhic* marriage/divorce regulations. The centrality of the issue of lust is not surprising. I have dealt elsewhere with the tendency, starting from the late Second Temple period, according to which – with the impulse to idol worship perceived as having become obsolete – lust came to be portrayed as the main outlet of the evil impulse or, rather, as in the above passage from CD-A 4:14–20, as one of the limited number of "cardinal sins" constituting a major danger to the covenant.[9] The perception, also attested in the *Damascus Document* (CD-A 7,6–9; 16,10–12), according to which the prohibition of adultery and other immoral behavior represents Torah prohibitions in general, further highlights the centrality of the adultery/divorce issue in a broader social context. This kind of perception is shared by a number of later rabbinic sources, which indicates its wide currency. This in turn may further inform our appraisal of the fact that lust is repeatedly addressed in not only the Matthean passages mentioned above but also elsewhere in the New Testament.[10] In Lk 16,14–18, a passage seemingly combining a smaller unit inherited from the earliest strata of the Gospel tradition

---

7 According to the opinion shared by many scholars, the composition belongs to the period before the foundation of the Qumran community (late 2nd – the beginning of the 1st century BCE). Cf., for example, DAVIES, Damascus Covenant, esp. 201–202.

8 Cf. discussion in RUZER, Mapping, 22–34.

9 Cf., for example, RUZER, Death Motif, 151–165.

10 Cf. Rom 7; 1 Cor 6; 1 Thess 4.

(Q) with an exclusive Lucan contribution,[11] the issue is characteristically chosen to represent the "dots" of God's law that will never become void:

The Pharisees, who were lovers of money, heard all this, and they scoffed at him. But he said to them, "You are those who justify yourselves before men, but God knows your hearts; for what is exalted among men is an abomination in the sight of God. The law and the prophets were until John; since then the good news of the kingdom of God is preached, and every one enters it violently. But it is easier for heaven and earth to pass away, than for one dot of the law to become void. Every one who divorces his wife and marries another, commits adultery, and he who marries a woman divorced from her husband commits adultery."

One of the salient features of Lk 16,14–18 draws our attention to another characteristic motif common to the traditions under discussion – the linking of lust/fornication to greed as two basic human deficiencies (or, in Qumranic terminology, "core snares of Satan"). Found in CD-A 4:15–19, it likewise characterizes some later rabbinic elaborations on the theme, the above Lukan passage and, implicitly, the discourse in Matthew that goes on to address the problem of greed and riches (Mt 19,16–24):

16 And behold, one came up to him, saying, "Teacher, what good deed must I do, to have eternal life?" [...] 21 Jesus said to him, "If you would be perfect, go, sell what you possess and give to the poor, and you will have treasure in heaven; and come, follow me." 22 When the young man heard this he went away sorrowful; for he had great possessions. 23 And Jesus said to his disciples, "Truly, I say to you, it will be hard for a rich man to enter the kingdom of heaven. 24 Again I tell you, it is easier for a camel to go through the eye of a needle than for a rich man to enter the kingdom of God."

The appearance of this conspicuous coupling of possession of a woman and possession of other kinds of property in Qumran and in the New Testament points to its broad circulation already in the Second Temple period, whereas the specifics of the application may reasonably be attributed to the differences in social context.

2. The New Testament and the Marital Halakha of the Damascus Document

The exact meaning of the *Damascus Document*'s problematic admonition הם ניתפשים בשתים, בשתים בזנות לקחת שתי נשים בחייהם ויסוד הבריאה זכר ונקבה ברא אותם "they are caught twice in fornication: by taking two wives

---

11 Cf. FITZMYER, Gospel According to Luke, 1111–1114. The final composition of Luke's Gospel is usually dated to the years 80–85 of the 1st century, though an earlier, pre-70, date was also suggested. For a discussion, cf. FITZMYER, ibid., 53–57.

in their lives, even though the principle of creation is (Gen 1,27) 'male and female he created them'" is still debated among scholars. It has been variously
understood as directed against polygamy, divorce, remarriage or some combination of these. These suggestions are based either on a philological analysis
e. g., attempts to solve the problem of the masculine plural suffix of בחייהם
("in their lives") in CD-A 4:21, or on a contextualization of the passage within the Qumranic and more generally Jewish *halakhic* tendencies.[12] As for New
Testament evidence, it has only rarely and somewhat hesitantly been recruited
to elucidate the meaning of CD-A 4:21; one may note an instructive inroad
made in this direction with regard to 1 Kor 7 by Tom Holmén.[13] In this context, it is worthy of note that in the Gospel criticism of Pharisaic marital *halakha*, polygamy, which seems to have still been a widespread practice, is never
the issue – invectives are always directed against the supposed abuses of divorce procedures. In an earlier study,[14] I suggest that another Pauline passage
should also be taken into consideration here (Rom 7,1–4):

1 Do you not know, brethren – for I am speaking to those who know the law (Torah)
– that the law is binding on a person only during his life? 2 Thus a married woman is
bound by law to her husband as long as he lives (τῷ ζῶντι ἀνδρὶ); but if her husband
dies she is discharged from the law concerning the husband. 3 Accordingly, she will
be called an adulteress if she lives with another man while her husband is alive
(ζῶντος τοῦ ἀνδρὸς). But if her husband dies she is free from that law, and if she
marries another man she is not an adulteress. 4 Likewise, my brethren, you have died
to the law through the body of Christ, so that you may belong to another, to him
who has been raised from the dead in order that we may bear fruit for God.

The opening ("Do you not know, brethren – for I am speaking to those who
know the law [Torah]") presents the argument that follows, as embedded in
traditional Torah-centered teaching.[15] The line of Paul's argument here sug-

---

12 Cf. SCHREMER, Qumran Polemic, 147–160; NOAM, Divorce in Qumran, 206–233; HOLMÉN, Divorce in CD 4:20–5:2, 397–408; KAMPEN, Fresh Look, 91–98; FITZMYER, To Advance the Gospel, 83; KISTER, Divorce, Reproof, 195–229.
13 Cf. HOLMÉN, Divorce in CD 4:20–5:2, where it is suggested that 1 Cor 7 provides an indication
that a particular interpretation of בחייהם, and correspondingly of the *Damascus Document*
admonition as a whole, is possible – namely, that although remarriage is not rejected in principle, it is acceptable only after the ex-wife/husband has died. As Holmén put it (ibid., 401),
although this kind of approach "may seem baffling to us, it cannot be regarded as impossible
for the Qumranites. At least Paul seems to have cherished the same kind of opinions."
14 Cf. RUZER, Mapping, 143–145.
15 The attempts to interpret Röm 7 as a whole as being addressed exclusively to a gentile audience, and thus pointedly to gentile concerns only, are, to my mind, not very convincing. For
an attempt of this kind, cf. GAGER, Reinventing Paul, 126–128. It should be noted that Paul, as
a rule, finds it important to make a sharp differentiation between the various types of truth he
propagates: revealed, transmitted by a tradition or attained in the process of the apostle's own
contemplation (cf., for example, 1 Cor 7, Gal 1). There is thus no *a priori* reason in this case to
dismiss as sheer rhetoric the apostle's claim for a partly traditional character to the reasoning
that follows.

gests the following differentiation: verses 2–3 represent the inherited *thema*, whereas verse 4 promotes the new Christological *rhema*. The inherited tradition underlying Rom 7,2–3 relates to the possibility of severing the marital bonds and seems to presuppose that it would be unlawful, except after the death of the spouse.[16] The passage is characterized by repeated use of the expression "in his [i.e., the man's/husband's] life" (τῷ ζῶντι ἀνδρί, ζῶντος τοῦ ἀνδρός), a close parallel to the enigmatic בחייהם from CD-A 4:21.[17] It is clear that the meaning of "in his life" in Paul's epistle cannot be reduced to "all the time they *live together* (are married)" – an interpretation of the *Damascus Document* ruling suggested by Louis Ginzberg.[18] In other words, as in the Gospels, the evidence from Rom 7 clearly does not concern itself with polygamy.

In fact, neither the notion of polygamy nor that of divorce can be seen as underlying Paul's reasoning here – neither of the two fits the argument the apostle is propagating, which is centered on the theme of death. Of course, it does not necessarily prove that the same is true for Qumranic *halakha*; even if each of the two traditions might have used the same basic patterns of discourse (e.g., "in his/their life"), it does not necessarily follow that their content is identical. Yet, all limitations notwithstanding, combined New Testament evidence – i.e., Mt 19 and Rom 7,1–3 – may be seen as working in favor of the interpretation of the *Damascus Document* ruling as insisting on lifelong marital ties.

3. Pro- and Anti-Marriage Stance

As noted, the appeal to Gen 1,27 is shared by Matthew and the *Damascus Document*. However, there seems to be an important difference in the appraisal of the marital union, which is indicated by the choice of complementing biblical proof texts in the Gospel and the *Damascus Document*, respectively. The tradition ascribed to Jesus in Mt 19,3-6 combines Gen 1,27 with Gen 2,24 in a midrashic way, presenting marriage as the restoration of the ideal bond – possibly, in accordance with an influential line of exegetical thinking, of an androgynous nature[19] – described in Gen 1,27. This clearly indicates a

---

16 In the peculiar context of Paul's reasoning, the spouse's death and the remarriage that follows are presented as a desired development! Cf. the discussion in 1 Cor 7.

17 Cf. 1 Cor 7,39.

18 Cf. GINZBERG, Unknown sect, 20. Paul's switch from "a person" (ἀνθρώπου) in v. 1 to "a married woman" (ὕπανδρος γυνὴ) in v. 2 may indicate that the inherited argument employed here could in principle be applied in both directions; so we can hardly derive from the passage a sure indication regarding the gender behind בחייהם of CD-A 4:21.

19 Cf. GenRab 8.1 (THEODOR-ALBECK, 55): "When the Holy One [...] created the first man, He created him an androgyne as it is written 'male and female He created them'." For discussion, cf. RUZER, Reflections of Genesis 1–2, 92–96.

high appraisal of marriage, which is perceived as being part of the ideal pre-fall order of things. Moreover, the high appraisal seems to pertain also to the aspect of physical intimacy, which is evoked with emphatic reiteration: εἰσιν μία σάρξ, οὐκέτι δύο ἀλλὰ σὰρξ μία ("are one flesh", "so they are no longer two but one flesh").

The *Damascus Document* instead takes up Gen 7,9 (CD-A 5:1: ובאי התבה שנים שנים באו אל התבה , "two and two, male and female, went into the ark with Noah"), where the distinction between the sexes is kept intact with no "union in flesh" in sight.[20] That Gen 2,24 is ignored may be more than mere coincidence here – in light of the general attitude of the *Damascus Document* to sexual intercourse as intrinsically unclean, connected with "lust" (זנות) and permitted only for procreation, with the possible implication that some group members – or even the majority – do not marry at all.[21] As has been emphasized in the research, such frowning upon the "flesh" constitutes a salient feature not only of the *Damascus Document* but also of other core Qumran texts propagating "flesh-spirit" dualism.[22] According to David Flusser's analysis, this kind of dichotomy – as well as a number of additional (quasi-) Qumranic features – became influential among the first generation of Jesus' followers only after his death and was consequently adapted and possibly further enhanced by Paul when he joined the movement.[23] One of the telling instances of the flesh-spirit type dualism in Paul's thinking is found in 1 Cor 6,15–20:

15 Do you not know that your bodies are members of Christ? Shall I therefore take the members of Christ and make them members of a prostitute? Never! 16 Do you know that he who joins himself to a prostitute becomes one body with her? For, as it is written, "The two shall become one flesh." 17 But he who is united to the Lord becomes one spirit with him. 18 Shun immorality (πορνεία). Every other sin which a man commits is outside the body; but the immoral man sins against his own body. 19 Do you not know that your body is a temple of the Holy Spirit within you, which you have from God? [...] So glorify God in your body.

It is hard to believe, but in Paul's passionate admonition against lust and immoral behavior, Gen 2,24 ("becoming one flesh") is used by Paul as a description of what happens in the contemptible intercourse with a prostitute! While Paul does not imply here that every becoming flesh is like intercourse with a

---

20 This motif of Noah and his sons refraining from sexual intercourse while on board the ark features prominently in the Midrash and in early Syriac Christian exegesis. Cf. KOLTUN-FROMM, Aphrahat and the Rabbis, 57–72.

21 Cf. DAVIES, Judaism(s), 34.

22 Cf., for example, FLUSSER, "Flesh-Spirit" Dualism, 244–251; IDEM, Dead Sea Scrolls, 60–74; METSO, Relationship, 69–93; HEMPEL, Laws, 69–92. One Qumranic text (*4QInstruction*) does refer approvingly to the "oneness in flesh"; however, even there it is far from being presented as יסוד הבריאה ("the principle of creation"). Cf. the discussion in KISTER, Divorce, Reproof, 199–203.

23 Cf. FLUSSER, Dead Sea Scrolls, 23–74.

prostitute, in this particular context – admonition against lust and immoral behavior – he is ready to invoke Gen 2,24 as illustration of something far from desirable, more – utterly regretful, and this in clear contradistinction to the use in Mt 19 and the Markan parallel.

The same motif reappears in a later rabbinic source, where the issue is proper regulation of the marital practices among Noahides (non-Jews); Paul, then, may be the earliest witness for a long exegetical trajectory:

"And shall cleave unto his wife," [...] If a harlot was standing in the street and two men had intercourse with her, the first is not culpable while the second is, on account of the verse, Behold, you will die [...] for she has been possessed by a man (Gen 20,3). But did the first intend to acquire (marry) her through cohabitation? Hence this proves that cohabitation in the case of the Noahides acquires, though that is not in accordance with [Jewish] law.

ודבק באשתו: זונה שהיא עומדת בשוק ובאו עליה שנים. הראשון פטור והשני חייב משום שהיא
בעולת בעל וכי נתכוון הראשון לקנותה בבעילה הדא אמר בעילה בבני נח קונה שלא כדת.[24]

While Paul in his complex argumentation does evoke the explicitly Christological motif of members of the community as "members of Christ" (1 Cor 6,15), the rest of his reasoning in the passage under discussion is not intrinsically connected to the messianic *kerygma*. It may be suggested that before being incorporated into Paul's Christology this "non-kerygmatic" section might have had an existence of its own. Whatever the case, Paul, unlike Jesus in Mt 19, understands Gen 2,24 as an etiological saying describing a pitiful state of affairs and not as God's commandment – an illuminating indication of how far reservations concerning the "flesh" could go.[25] It turns out that in its appraisal of marriage and the sexual instinct, the New Testament is characterized, as in many other cases, by a non-harmonized plurality of positions. The preceding discussion indicates that, rather than being "sectarian innovations," both Mt 19,3–19 and the non-kerygmatic part of the passage from 1 Cor 6,16–19 may reflect existing broader patterns of Jewish discourse.

---

24 *GenRab* 18, 24 (Theodor-Albeck, 167). One may speculate regarding the extent to which Paul's reasoning in 1 Cor 6 is influenced by the fact that the epistle is addressed to a gentile audience and/or linked to an existing midrashic tradition.

25 The beginning of Gen 2,24 reads: "Therefore a man leaves his father and his mother." Judging by the opposition between ὁ κολλώμενος τῇ πόρνῃ ("joins himself to a prostitute," 1 Cor 6,16) and ὁ κολλώμενος τῷ κυρίῳ ("is united to the Lord," 1 Cor 6,17), Paul might have in mind that the "father" is God himself. Cf. the interpretation of Gen 2,24 developed – either relying on 1 Cor 6 or independently – in the first half of the 4th century by Aphrahat. Cf. Aphrahat, Demonstrations 18.10 (Parisot, Patrologia, 840). For an English translation, cf. Neusner, Aphrahat and Judaism, 82.

4. Marriage and Eschatology

Now that the variety of the appraisals of marriage – both within nascent Christianity and in broader Jewish tradition – has been noted, the question should be asked if there is a correlation between the attitude toward marriage and the acuteness of eschatological anticipation. Returning to Mt 19 (and Mk 10), one notes that the discussion there is presented as intrinsically linked to the key theme of the Gospel – namely, the kingdom of heaven/ of God. This is especially emphasized by Matthew who already highlights the theme in the elaboration by Jesus upon "eunuchs for the sake of the kingdom of heaven," which immediately follows the discussion of the divorce issue[26] and further develops it right after that – in a particularly instructive episode with the little children brought to Jesus (Mt 19,13–15):[27]

13 Then children were brought to him that he might lay his hands on them and pray. The disciples rebuked the people; 14 but Jesus said, "Let the children come to me, and do not hinder them; for to such belongs the kingdom of heaven." 15 And he laid his hands on them and went away.

According to my reading, this episode is meant as a counterbalance to the preceding sayings about eunuchs: Although those "who have made themselves eunuchs for the sake of the kingdom of heaven" (Mt 19,12) are to be duly appreciated, this does not presume the rejection of marriage and childbearing. Moreover, according to what may be gleaned from Mt 18,3 ("Truly, I say to you, unless you turn and become like children, you will never enter the kingdom of heaven. Whoever humbles himself like this child, he is the greatest in the kingdom of heaven") and similar sayings elsewhere, in Mt 19,13–15 children are accepted into the kingdom on account of some precious qualities supposedly pertaining to childhood and not because the apocalyptic end of time is due to arrive within their lifetime.

The exact meaning of the notion of the kingdom of God/heaven as it is employed by Jesus in the Gospels has been a subject of much scholarly debate. While some scholars were inclined to interpret it in terms of imminent apocalyptic expectation,[28] Charles Dodd recognized the move from the sphere of eschatological hope into that of "realized experience" as a distinguishing feature

---

26 Mt 19,10–12: "10 The disciples said to him, 'If such is the case of a man with his wife, it is not expedient to marry.' 11 But he said to them, 'Not all men can receive this saying, but only those to whom it is given. 12 For there are eunuchs who have been so from birth, and there are eunuchs who have been made eunuchs by men, and there are eunuchs who have made themselves eunuchs for the sake of the kingdom of heaven. He who is able to receive this, let him receive it'."

27 In the Markan parallel (Mk 10,13–16), the "eunuchs passage" is missing and the episode with the children immediately follows the discussion of divorce.

28 For an overview of the history of scholarly discussion, cf. PERRIN, Jesus and the Language of Kingdom, 34–40.

of the outlook ascribed to Jesus.[29] David Flusser, on the other hand, while not denying the eschatological urgency of Jesus' thinking about the kingdom of heaven, argued that for Jesus the kingdom held the intermediary position in the overall history of redemption between the "covenantal past" and the *eschaton* of the last judgment. Discerning here the substantial difference between Jesus' stance and that of the "acute apocalypticism" characteristic of the Qumran covenanters and John the Baptist, Flusser ascribes to Jesus a perception of the kingdom as an indefinitely prolonged intermediary stage in the salvation scenario.[30] In view of a variety of contemporaneous Jewish notions of the kingdom, ranging from purely "existential" proto-rabbinic to unabashedly apocalyptic, one does not necessarily expect Jesus' stance – or that of the nascent Jesus-centered tradition – to be unequivocal or even thoroughly consistent. It deserves note, however, that Flusser's appraisal seems to sit well with the Gospel section under discussion: The ordinary course of marriage-childbearing is still valid.

In contradistinction to this, in the Gospel pericopes of an explicitly apocalyptic character such as Mt 24,3–31 (par. Mk 13,3–27, Lk 21,5–36), the last times are depicted as boding disaster for "those who are with child and for those who give suck in those days" (Mt 24,19 and par.). If we accept Flusser's analysis, Jesus is speaking in this passage about an eschatological future, far remote from the contemporaneous preliminary phase of redemption characterized by his own mission – the mission of the kingdom. Thus within the Gospel there seems to exist a correlation between the stance on marriage and childbearing – highly positive or reserved – and muted or, alternatively, more extreme eschatology.

It should be noted, of course, that even in a pro-marriage discussion such as the one recorded in Mt 19, a characteristic tension between a high evaluation of the lifelong monogamous relationship and an appreciation of the "celibate for the kingdom of heaven's sake" is clearly discernible. Unlike other instances, where Matthew is only too eager to present Jesus' encounters with the Pharisees as "conflict stories,"[31] no outrage on the part of the Pharisees is recorded in this episode. It stands to reason that Jesus' sayings here were supposed to reflect a topic of broader circulation, and indeed a similar tension is also implicitly present in some rabbinic compositions of a slightly later provenance.[32]

Another kind of tension or, rather, collation is attested in 1 Cor 7, where Paul, speaking against remarriage, appeals to different kinds of argument. The first clearly refers to the needs of the "intermediate phase," needs that in fact pertain to every time and period (1 Cor 7,32–35):

---

29 Cf. Dodd, Parables of the Kingdom, 29–61, esp. 40–41.
30 Cf. Flusser, Stages, 258–275.
31 Cf. Repschinski, Matthean Controversy, 1–23.
32 Cf., for example, *mAbot* 1:5.

32 I want you to be free from anxieties. The unmarried man is anxious about the affairs of the Lord, how to please the Lord; 33 but the married man is anxious about
worldly affairs, how to please his wife, 34 and his interests are divided. And the unmarried woman or girl is anxious about the affairs of the Lord, how to be holy in
body and spirit; but the married woman is anxious about worldly affairs, how to
please her husband. 35 I say this for your own benefit, not to lay any restraint upon
you, but to promote good order and to secure your undivided devotion to the Lord.

Paul's advice here echoes a clearly non-eschatological outlook, ascribed to an
early sage in *mAbot* 1:5. The admonition in the mishnaic source lacks the gender symmetry characteristic of 1 Cor 7 and is formulated in much harsher
tones:

Yose b. Yohanan (a man) of Jerusalem used to say: Let your house be wide open, and
let the poor be members of your household. Engage not in too much conversation
with women. They said this with regard to one's own wife, how much more [does
the rule apply] with regard to another man's wife. Hence have the sages said: As long
as a man engages in too much conversation with women, he causes evil to himself,
[for] he goes idle from the study of the words of the Torah, so that his end will be
that he will inherit gehenna.

Here the woman seems to be the ultimate representative of this-worldly dis-
tractions in which man may be ensnared and thus prevented from becoming
fully immersed in the only truly godly aspect of human existence. One notes
that whereas in Mt 19,12 this sphere was called the "kingdom of heaven" and
in 1 Cor 7,32 the "affairs of the Lord" (μεριμνᾷ τὰ τοῦ κυρίου), in the Mishna
it is specifically defined as the study of the Torah.[33] It seems that whereas the
particular emphases might have either overlapped or varied, the basic perception of the potential conflict between marriage, with its obligations, and religious perfection was shared by all the traditions in question, having this perception, as it were, as their common denominator. It should also be noted
that unlike the Gospel pericope discussed above, where physical intimacy between the spouses was perceived as part and parcel of the pre-fall paradisiacal
order, in 1 Cor 7 such intimate relations are presented as at best a kind of legitimate outlet for an essentially base passion (1 Cor 7,1–6).

   The second aspect of Paul's argument, however, has nothing to do with the
quotidian reality but stems from an acute expectation of the imminent end –
namely, Jesus' return in *parousia*, general resurrection and a cardinal change
in the conditions of human existence.[34] We read in 1 Cor 7,26.29:

---

33 And this is in clear continuation of the theme of the previous mishna (*mAbot* 1:4): "Yose ben
   Yoezer of Tzeredah said: Let your house be a meetinghouse for the sages; sit amid the dust of
   their feet and drink in their words with thirst." Cf. *mBer* 2:2, where an intrinsic link is established between accepting the kingdom of God and fulfilling the commandments of God's Torah.
34 Cf. 1 Cor 15,35–44.

I think that in view of the present distress it is well for a person to remain as he is ...
I mean, brethren, the appointed time has grown very short; from now on, let those
who have wives live as though they had none.

Notably, despite its undeniable background *parousia* theme, Paul's stance in
1 Cor reflects a somewhat muted eschatology, as the expectation of the imminent end seems already to have cooled down to a certain extent – as compared
to the earlier phase in the apostle's thinking.[35] It may be no coincidence that
the second, eschatological, line of argument is introduced in an almost mat-
ter-of-fact way and – unlike the first, quotidian, one – without any elaboration. Still, whether based on quotidian or apocalyptically flavored eschatological arguments, the direction of Paul's elaboration is clear, and it is explicitly
stated at its very beginning: "Now concerning the matters about which you
wrote. It is well for a man not to touch a woman" (1 Cor 7,1). Let me reiterate
that Jesus' appraisal of marriage, as represented in less eschatologically-
charged Mt 19,1–15, is definitely more positive.

Again, the New Testament's treatment of the issue of marriage is characterized by a variety of attitudes, as well as arguments in support of them, which,
in turn, can possibly enlighten us on the variegated nature of contemporaneous Jewish approaches to the issue. As for the anti-marriage sentiment, a
comparison of Pauline writings with evidence from the early rabbinic tradition indicates the possibility of a certain development of the motif from its initially non-eschatological provenance to a further eschatological reinterpretation. Although, as observed, some quasi-celibate elements did characterize the
quotidian rabbinic (and proto-rabbinic) outlook, they were considerably enhanced and acquired new argumentation in Paul's eschatologically charged
thinking.[36]

Of course, the tendency to celibacy features prominently at later stages of
the history of Christianity but such developments are beyond the scope of this
paper. However, *The Shepherd of Hermas*, a second-century composition –
clearly predating the rise of the monastic movement and still pretty close to
the eschatological fervor of nascent Christianity – may throw additional light
on our topic.[37] The *Shepherd* not only contains apocalyptic visions but is
characterized by a strong underlying feeling of history coming to an end and
the Day of Judgment being close; it may thus be seen as reflecting a new, second-century outburst of eschatological urgency after the partial fading away
of the nascent Christian expectation of *parousia*. It is against this backdrop
that the composition's stance on marriage is instructive for the present discussion.

---

35 As expressed, for example, in Paul's earliest surviving epistle 1 Thess (4,13–18).
36 Was the said development inherited or introduced by Paul? Paul himself finds it necessary to
   stress that the interpretation is the fruit of his own contemplation: 1 Cor 7,25.40.
37 For general remarks on the composition, cf., for example, MARIQUE, Shepherd of Hermas,
   225–233.

The issue of marriage is clearly central to the *Shepherd*. Hermas is a married man and is called to "convert his household" – namely, his wife and children – who have become corrupted and succumbed to sin; moreover, the moral improvement of his family is crucial for his own redemption.[38] Correspondingly, instructions regarding marriage, remarriage and divorce feature prominently in the mandates communicated to Hermas by his heavenly shepherd – specifically, in the Fourth Mandate, addressing the preservation of chastity, with the latter understood here as proper conduct in marriage.

The author seems to have been familiar with at least one of the Synoptic Gospels (or even all of them) and the Gospel of John, as well as most of the authentic Pauline epistles and, definitely, 1 Peter, James and the Book of Revelation. However, it is sometimes difficult to establish whether we are dealing here with a literary dependence or merely access to a common oral tradition. Even without a solution to this conundrum, it is evident that the book's tendency in the treatment of the topic is to creatively collate the various motifs found in the Gospels and in 1 Cor 7. The lifelong family union is presented in the *Shepherd*, in line with Mt 19/Mk 10, as sacrosanct and worthy of upholding even, or rather especially in the time presaging the final ingathering of the Church. In the *Shepherd*, as in Mt 5,27–32, the ultimate danger looming over this union is perceived as a sinful desire – even if only in a fleeting thought – for another woman. Again, as in Mt 5 (verses 28–30), it is just such a fleeting "sin of thought" that threatens not only Hermas' faithfulness to his wife but also the very prospects for his salvation.[39] Somewhere between the Mt 19/Mk 10 tradition, which sees the sexual element of marriage as belonging to the sacrosanct pre-fall order of things, and Paul in 1 Cor 7, who presents marital sex as simply an antidote to illicit lust, Hermas' heavenly instructor advises him to fight illicit lustful temptations by focusing his thoughts on his own wife's erotic charms.[40]

Finally the *Shepherd* ingeniously collates the theme of legitimate divorce in the case of woman's adultery – as found in Mt 5 and Mt 19 – with Paul's arguing in 1 Cor 7 against too hurried a divorce from an unbelieving spouse.[41] The heavenly instructor does prescribe that the husband divorce his unfaithful

---

38 The Shepherd of Hermas, First Vision 3.
39 Cf. ibid., First Vision 1.
40 Ibid., Fourth Mandate 1.
41 1 Cor 7,12–16: "12 To the rest I say, not the Lord, that if any brother has a wife who is an unbeliever, and she consents to live with him, he should not divorce her. 13 If any woman has a husband who is an unbeliever, and he consents to live with her, she should not divorce him. 14 For the unbelieving husband is consecrated through his wife, and the unbelieving wife is consecrated through her husband. Otherwise, your children would be unclean, but as it is they are holy. 15 But if the unbelieving partner desires to separate, let it be so; in such a case the brother or sister is not bound. For God has called us to peace. 16 Wife, how do you know whether you will save your husband? Husband, how do you know whether you will save your wife?"

wife (following the Gospel pattern) if she does not immediately repent – but only in that event. He states, however, that the husband should not remarry after that – thus providing an incentive for his ex-wife to repent, and consequently to renew their union, at some later stage. The adultery-related marital problem discussed in the Gospel is clearly superimposed here on Paul's recommendation to wait patiently for a possible change of heart – here on the part of the *unbelieving* spouse.[42] It is illuminating that despite its creative collation of various motifs from both the Gospel and Pauline traditions, our otherwise strongly eschatological composition does not invoke Paul's apocalyptically flavored argument *against* marriage (1 Cor 7,29: "I mean, brethren, the appointed time has grown very short"). The apostle – with his underlying residual expectation of the imminent *parousia* – remains an outstanding witness for such a stance.

The Dead Sea Scrolls in general and the *Damascus Document* in particular, are believed to represent a variety of eschatologically flavored religious outlooks.[43] Some of them center exclusively on the imminent end of days, while others focus mainly on the interim period, characterized by the more or less prolonged existence of the sect, under its rule, and surrounded by the sons of darkness. In light of the above discussion of the New Testament evidence, it may be suggested that while the *Damascus Document*'s *ruling* on marital *halakha* might have been rooted in a quotidian misogynous notion of women's basic unfaithfulness, ascribed by Josephus to the Essenes,[44] this ruling gained additional strength in the overall eschatological context of the *Damascus Document*. Although the ruling is not presented explicitly as derived from the community's expectation of the end, its discussion is prefixed to the section dealing with the new interpretation of the Torah pertaining to the (intermediary) "age of wickedness."[45]

We may thus combine the evidence from the Gospels, Qumran and Pauline writings to attempt a reconstruction of the eschatologically flavored segment of the variant Second Temple attitudes toward marriage and the flesh; within this perspective the attitude attested in Mt 19 should be seen as belonging to

---

42 For the link between lust and lack of belief in one God, cf. above, note 6 and discussion there.

43 For an illuminating suggestion concerning the relationship between the CD community and that of Qumran, cf. Ivri, Exegetical Method, 329–337.

44 Cf. Josephus, The Jewish War 2.8.2.

45 CD-A 6:11–16: "11 But all those who have been brought into the covenant 12 shall not enter the temple to kindle his altar in vain. They will be the ones who close 13 the door, as God said: Mal 1,10 'Whoever amongst you will close its door so that you do not kindle my altar 14 in vain!' Unless they are careful to act in accordance with the exact interpretation of the Torah for the age of wickedness: to separate themselves 15 from the sons of the pit; to abstain from wicked wealth which defiles, either by promise or by vow, 16 and from the wealth of the temple and from stealing from the poor of the people, from making their widows their spoils." Cf. 4Q266 3 ii; 4Q267 2; 4Q269 4 ii; 6Q15 3,4. For 4Q266 cf. Baumgarten, Damascus Document (DJD 18), 29–93; for 4Q267 cf. DJD 18, 95–113; for 4Q269 cf. DJD 18, 123–136; for 6Q15 cf. DJD 3, 128–131.

the moderate side, with Qumran and especially Paul far to the other end of
the spectrum.

5. Did They Take the Marital Law They Propagated Seriously?

The persistence of the eschatological factor compels us to ask if the authors/
communities in question took their preaching on marital *halakha* seriously –
that is, as regulations to be practically applied. It is clear that in Rom 7,1–4
Paul has no real *halakhic* agenda at all – the *thema* centered on marital law is
used merely as a pretext for promoting one of Paul's core religious ideas: salvation through Jesus' death and *not* through following the Torah (ritual) stipulations. Mt in 19,3–9 seems to be truly interested in marital *halakha*, yet his
elaboration is characterized by a peculiar mix. After the ideal based on Gen 1
and 2 is presented, a practical *halakhic* ruling is suggested that is, paradoxi-
cally, based on the interpretation of the same verse from Dtn 24 that has just
been belittled by Jesus as a compromise initiated by Moses (Mt 19,8–9):

8 He said to them, "For your hardness of heart Moses allowed you to divorce your
wives (in Dtn 24,1), but from the beginning it was not so. 9 And I say to you: whoever divorces his wife, except for unchastity (ערות דבר from Dtn 24,1 interpreted as
דבר ערוה), and marries another, commits adultery."

This compromise locates Jesus within the traditional quotidian discourse on
marital *halakha* ascribed as noted earlier, to the schools of Shammai and Hillel – two sages who were either older contemporaries of Jesus or belonged to
the previous generation. This characteristic gap between the true desideratum
and a readiness to accept seemingly well-attested current practices as reasonable compromises also distinguishes other traditions discussed in this study.
Thus it has also been suggested that what CD-A 4:21–5:1 propagates is "the
ideal of matrimony", and not a call to prohibit the current practice.[46] Characteristically a similar concession to the situation characterized by the "delay in
the coming of the end" is clearly present in the otherwise eschatologically flavored reasoning in 1 Cor 7:

35 I say this for your own benefit, not to lay any restraint upon you, but to promote
good order and to secure your undivided devotion to the Lord. 36 If any one thinks
that he is not behaving properly toward his betrothed, if his passions are strong, and
it has to be, let him do as he wishes: let them marry – it is no sin. 37 But whoever is
firmly established in his heart, being under no necessity but having his desire under
control, and has determined this in his heart, to keep her as his betrothed, he will do
well. 38 So that he who marries his betrothed does well; and he who refrains from
marriage will do better. 39 A wife is bound to her husband as long as he lives. If the
husband dies, she is free to be married to whom she wishes, only in the Lord. 40 But

---

46 HOLMÉN, Divorce in CD, 407.

in my judgment she is happier if she remains as she is. And I think that I have the Spirit of God.

This duality, clearly discerned in our sources, testifies to a tension that exists in communities living in what is usually described as "not yet eschatology."

6. Conclusion

It is clear that if the Qumran community and the nascent Jesus movement are perceived as merely two among a number of Second Temple Jewish groups, a comparative study of the respective corpora of their writings may contribute to a better understanding of the Jewish setting of New Testament traditions. This brief review of Second Temple and early rabbinic elaborations on marital law has shown that a complementary direction may also be fruitful. Analysis of the New Testament evidence, Gospels and Epistles, may prove useful for elucidating the meaning of some relevant Qumran and early rabbinic traditions and, more generally, contributes to a better understanding of both the common basic patterns and the variety of approaches within late Second Temple Judaism.

I have suggested that there is a correlation between an eschatological agenda and the opinions on marriage propagated by individual authors and, seemingly, their communities. While both pro- and anti-marriage attitudes were initially rooted in quotidian Jewish religious thinking, the eschatologically charged situation seems to have enhanced them and given them an additional urgency. Conversely, the stance on marriage provides an important indication of the nature of the community's eschatology. We have seen that, among the traditions discussed, Mt 19 – with its high appraisal of marriage – stands for a comparatively "mild" kingdom form of eschatology, whereas Paul's reasoning is informed by, inter alia, a most acute anticipation of the imminent end, with the *Damascus Document* positioning itself somewhere in between. The *Shepherd of Hermas* provides here a useful point of comparison with a later – and seemingly less acute – replay of early Christian anticipation of the end.

I have also suggested that the outlook of "not yet eschatology" of necessity engenders a gap between an elevated ideal and the need for compromise in practical marital *halakha*. I believe that an investigation of the transformations that the thinking on marriage undergoes in eschatologically minded groups, a "border case" of sorts, may contribute to our understanding of the whole topic of marriage in religious communities and its problematic aspects. Of course, this study is but an initial step in that direction.

Postscript: In some cases – e.g., those of Qumran and Paul – the gap referred to above may be presented as derived from a *delay* in the arrival of the end, a delay that renders the high demands of the eschatological marital *halakha* non-applicable. Paul is definitely aware of the human weakness at work all the time the *parousia* fails to materialize and of the dangers involved – that is why he conditions his advice on the said weakness (1 Cor 7,5–9):

5 Do not refuse one another except perhaps by agreement for a season, that you may devote yourselves to prayer; but then come together again, lest Satan tempt you through lack of self-control. 6 I say this by way of concession, not of command. 7 I wish that all were as I myself am. But each has his own special gift from God, one of one kind and one of another. 8 To the unmarried and the widows I say that it is well for them to remain single as I do. 9 But if they cannot exercise self-control, they should marry. For it is better to marry than to be aflame with passion.

It is instructive that about three hundred years later, Aphrahat, an early Syriac Christian writer from Adiabene, had to struggle with the accusations of his Jewish opponents that – in light of unrealized eschatology and, thus, the persistence of the quotidian nature of our existence – the call for celibacy does not bring holiness (found in the proper marriage union) but rather gives rise to the curse, which in this context seems to be that of suppressed lust.[47]

Bibliography

BAUMGARTEN, J. M., The *Damascus Document* (DJD 18), Oxford 1996.

DANBY, H., The *Mishnah*, Oxford 1974.

BETZ, H. D., The *Sermon on the Mount*, Hermeneia, Minneapolis 1995.

DAVIES, PH. R., The *Damascus Covenant*: An Interpretation of the "Damascus Document", JSOT Suppl. Series 25, Sheffield 1983.

–, The *Judaism(s)* of the Damascus Document, in: J. M. Baumgarten/E. G. Chazon/A. Pinnick (ed.), The Damascus Document; A Centennial of Discovery, Leiden 2000, 27–43.

DAVIES, W. D./ALLISON, D. C., A Critical and Exegetical *Commentary* on the Gospel According to Saint Matthew, ICC, 3 vol., Edinburgh 1988–1997.

DODD, CH. H., The *Parables of the Kingdom*, Glasgow 1980.

FITZMYER, J. A., The *Gospel According to Luke*: Introduction, Translation and Notes, Anchor Bible, New York 1985.

–, *To Advance the Gospel*: New Testament Studies, Cambridge 1998.

FLUSSER, D., The *"Flesh-Spirit" Dualism* in the Judean Desert Scrolls and the New Testament, in: Judaism of the Second Temple Period: Qumran and Apocalypticism, Jerusalem 2002, 244–251 (in Hebrew).

–, The *Stages* of Redemption History According to John the Baptist and Jesus, in: idem, Jesus, Jerusalem 2001, 258–275.

–, The *Dead Sea Scrolls* and Pre-Pauline Christianity, in: Judaism and the Origins of Christianity, Jerusalem 1988, 23–74.

GAGER, J., *Reinventing Paul*, Oxford 2000.

---

47 APHRAHAT, Demonstration 18 ("Against the Jews and on Virginity and Sanctity"), par. 1. For the text, cf. PARISOT, Patrologia Syriaca, 821; for English translation, cf. NEUSNER, Aphrahat and Judaism, 76–77.

GINZBERG, L., An *Unknown* Jewish *Sect*, New York 1976.

HEMPEL, CH., The *Laws* of the Damascus Document and 4QMMT, in: J.M. Baumgarten/E.G. Chazon/A. Pinnick (ed.), The Damascus Document: A Centennial of Discovery, Leiden 2000, 69–84.

HOLMÉN, T., *Divorce in CD 4:20-5:2* and in 11QT 57:17–18: Some Remarks on the Pertinence of the Question, Revue de Qumran 18, 1998, 397–408.

IVRI, S., The *Exegetical Method* of the Damascus Document Reconsidered, in: M.O. Wise et al. (ed.), Methods of Investigation of the Dead Sea Scrolls and the Khirbet Qumran Site, New York 1994, 329–337.

KAMPEN, J., A *Fresh Look* at the Masculine Plural Suffix in CD IV, 21, Revue de Qumran 16.1, 1993, 91–98.

KISTER, M., *Divorce, Reproof* and Other Sayings in the Synoptic Gospels: Jesus Traditions in the Context of "Qumranic" and Other Texts, in: R.A. Clements/D.R. Schwartz (ed.), Leiden 2009, 195–229.

KOLTUN-FROMM, N., *Aphrahat and the Rabbis* on Noah's Righteousness in Light of the Jewish-Christian Polemic, in: J. Frishman/L. Van Rompay (ed.), The Book of Genesis in Jewish and Oriental Christian Interpretation, A Collection of Essays, Louvain 1997, 57–72.

MARIQUE, J. M.-F., The *Shepherd of Hermas*, introd. and Engl. transl., in: F.X. Glimm, J.M.-F. Marique and G.G. Walsh (transl.), The Apostolic Fathers: A New Translation, vol. 1, Washington 1969, 225–352.

METSO, S., The *Relationship* between the Damascus Document and the Community Rule, in: J.M. Baumgarten/E.G. Chazon/A. Pinnick (ed.), The Damascus Document: A Centennial of Discovery, Leiden 2000, 85–93.

NEUSNER, J., *Aphrahat and Judaism*: The Christian-Jewish Argument in Fourth-Century Iran, Leiden 1971.

NOAM, V., *Divorce in Qumran* in Light of Early Halakhah, Journal of Jewish Studies 56, 2005, 206–223.

PARISOT, J., *Patrologia* Syriaca 1, Paris 1894.

PERRIN, N., *Jesus and the Language of Kingdom*: Symbol and Metaphor in New Testament Interpretation, London 1976.

–, The *New Testament*: An Introduction, San Diego/New York 1982.

REPSCHINSKI, B., Taking On the Elite: The *Matthean Controversy* Stories, in: Society of Biblical Literature Seminar Papers, Atlanta 1999, 1–23.

RUZER, S., *Reflections of Genesis 1-2* in the Old Syriac Gospels, in: J. Frishman/L. Van Rompay (ed.), The Book of Genesis in Jewish and Oriental Christian Interpretation, Louvain 1997, 91–102.

–, The *Death Motif* in Late Antique Jewish Teshuva Narrative Patterns and in Paul's Thought, in: J. Assmann/G.G. Stroumsa (ed.), Transforming the Inner Self in Ancient Religions, Leiden 1999, 151–165.

–, *Mapping the New Testament*: Early Christian Writings as a Witness for Jewish Biblical Exegesis, Leiden 2007.

–, *Exegetical Patterns* Common to the Dead Sea Scrolls and the New Testament, and Their Implications, in: R.A. Clements/D.R. Schwartz (ed.), Text, Thought, and Practice in Qumran and Early Christianity, Leiden-Boston 2009, 231–251.

SCHREMER, ADIEL, *Qumran Polemic* on Marital Law: CD 4:20-5:11 and Its Social Background, in: J.M. Baumgarten/E.G. Chazon/A. Pinnick (ed.), The Damascus Document: A Centennial of Discovery, Leiden 2000, 147–160.

Matthias Morgenstern

Das jüdische Eherecht
und der christliche Virginitätsdiskurs

Eine religionsvergleichende Skizze
anhand des Traktates Ketubbot im Jerusalemer Talmud[1]

1. Die Diskontinuität zur Hebräischen Bibel
und zur Zeit des zweiten Tempels

Das Eherecht des rabbinischen Judentums[2] hat sich – ausgehend von der am
Ende des zweiten nachchristlichen Jahrhunderts redigierten Mischna – zur
Zeit des Talmuds, also bis zur Mitte des siebten nachchristlichen Jahrhunderts, entwickelt. Vermittelt durch die mittelalterliche Kommentarliteratur
und die Entscheidungen der rabbinischen Dezisoren vieler Jahrhunderte ist so
ein Normensystem entstanden, das für religiöse Juden in Grundzügen bis
heute gilt.[3] Die grundlegenden Texte sind in der dritten Ordnung der Mischna
versammelt, die den Titel „Nashim" (Frauen) trägt. Hier finden sich – in der
von Maimonides festgelegten Reihenfolge – Traktate zu den Themen der Leviratsehe (Yevamot), der Eheverträge (Ketubbot), zu unterschiedlichen Formen
von Gelübden (Nedarim und Nasir[4]), zum Strafverfahren im Falle des Ver-
dachts der sexuellen Untreue einer Ehefrau (Sota), zum Scheidungsrecht (Gittin) und zur ehelichen Antrauung (Qiddushin).
    Wer sich in historischer und religionsvergleichender Perspektive mit diesem
nachbiblischen Recht beschäftigt, muss sich mit einigen zunächst irritieren-
den Beobachtungen auseinandersetzen. Zum einen weichen die hier begeg-
nenden Normen an einigen markanten Punkten von den Vorschriften der
hebräischen Bibel ab oder gehen über sie hinaus. Zum anderen ist das talmu-

---

1 Die folgenden Beobachtungen und Überlegungen sind im Anschluß an meine Übersetzung
   und Kommentierung des Traktates über die Eheverträge (Ketubbot) im Palästinensischen oder
   Jerusalemer Talmud (Yerushalmi) entstanden; vgl. MORGENSTERN, Ketubbot. Um den Talmudtext mit seiner stenographischen Diktion im Deutschen lesbar wiederzugeben, sind den über-
   setzten Texten jeweils in Klammern Erläuterungen beigefügt.
2 Zur Geschichte des jüdischen Eherechts vgl. INSTONE-BREWER, Divorce and Remarriage; GEL-
   LER, New Sources; KAHANA, Marriage sowie FRIEDMAN, Jewish Marriage.
3 Vgl. HOMOLKA, Eherecht; zur rechtlichen Situation in Israel, wo für Juden die religiösen Ehe-
   und Personenstandsregeln auch nach staatlichem Recht zur Anwendung kommen, vgl. SHIF-
   MAN, Dine Ha-Mishpakha; BIN-NUN, Einführung in das Recht; PRADER, Das kirchliche Eherecht. Das jüdische Eherecht wird heute natürlich in der jeweils für die Gegenwart geltenden
   Form angewandt, da der Grundsatz gilt, dass jeweils die neueste Rechtsprechung die gültige ist
   („hilkheta ke-vatra'ei" – „die Halakha folgt den späteren [Rechtsauslegern]").
4 Diese Traktate sind offensichtlich in diese Ordnung aufgenommen worden, weil der Ehemann
   die Gelübde seiner Frau nach biblischer Vorschrift (Num 30,7–16) für nichtig erklären kann.

dische Eherecht nicht einlinig auf die pluriformen Ehe- und Familienbestimmungen der vorchristlichen Epoche und der Zeit des zweiten Tempels zurückzuführen; die in der Judäischen Wüste gefundenen Rechtsdokumente weisen eine Diversität auf, die weit von der späteren rabbinischen Konzeption entfernt ist.[5]

Die folgenden Ausführungen konzentrieren sich auf den wahrscheinlich im 4.–5. nachchristlichen Jahrhundert redigierten Traktat Ketubbot des Jerusalemer Talmuds – ein Traktat, der aufgrund seines weitgestreckten Themenfeldes einmal „kleiner Talmud" („shas qatan") genannt wurde.[6] Dieser Traktat hat als Ansatzpunkt die Erörterung aller Fragen, die mit der schon bei der Eheschließung festzulegenden Summe zusammenhängen, die der Frau im Fall der Scheidung oder des Todes des Ehemannes zusteht. Weitere Themen sind die ehevertraglichen Abmachungen zu den gegenseitigen Pflichten der Eheleute und die Besitz- und Erbrechte der Frau oder Witwe. Thematisch wird darüber hinaus eine Fülle weiterer Materialien präsentiert: unter anderem anatomisch-medizinische Fragen im Hinblick auf die zu Beginn des Textes behandelte „Jungfernschaftsklage" (Kapitel 1),[7] Strafbestimmungen für verschiedene Formen der Unzucht und des Ehebruchs (Kapitel 3), schadensersatzrechtliche Fragen nach Vergewaltigungen und versorgungsrechtliche Fragen für hinterbliebene Söhne und Töchter (Kapitel 4), legendarische Stoffe zum Sterben und zur Beerdigung des Redaktors der Mischna, Rabbi Yehuda ha-Nasi (Kapitel 12), und Rechtsprobleme, die mit der Verpflichtung der Eheleute zum Wohnen im Heiligen Land oder in Jerusalem zusammenhängen (Kapitel 13). Vor allem die beiden letzteren Kapitel scheinen ein Indiz für die besondere Bedeutung dieses Traktates im Gesamtzusammenhang der Geisteswelt der Talmudweisen zu sein. So ist es nicht verwunderlich, dass der Abschnitt über die Verpflichtung der Eheleute zum Wohnen im Heiligen Land oder in der Heiligen Stadt Jerusalem in den politischen Auseinandersetzungen der vergangenen Jahrzehnte immer wieder eine gewisse Rolle gespielt hat.[8]

Was das eigentliche Eherecht anbelangt, so sind die Diskrepanzen zwischen dem Talmud und dem früheren Recht im Bereich der prozeduralen Bestimmungen für die Eheschließung und Ehescheidung[9] besonders auffällig. Die

5 Vgl. SCHREMER, Male and Female, 232. 235 und 239 (Literatur).
6 So in der halachischen Schrift „Birkhe Yosef" („Die Segnungen Josefs") des in Jerusalem geborenen Gelehrten Hayyim Joseph David Azulai (1727–1806) zum Shulḥan Arukh (Yore Dea §246).
7 Vgl. dazu unten Abschnitt 3 dieses Aufsatzes.
8 Es geht hierbei meist um die Auslegung einer Stelle im Babylonischen Talmud (bKet 111a), die in einen Zusammenhang mit der messianischen Naherwartung und dem „Herbeidrängen des Endes", also dem „Herbeizwingen" des Messias durch politische Aktionen, gebracht wird; vgl. dazu: MORGENSTERN, Frankfurt, 22–24.
9 Vgl. hierzu die neue Übersetzung des Traktates zum Scheidungsrecht im Jerusalemer Talmud: REBIGER, Gittin. Zur Diskussion über die historische Entwicklung des jüdischen Scheidungsrechts (z.B. über die Frage, ob und wann Frauen ursprünglich das Recht zustand, die Scheidung zu verlangen oder die Initiative zu einer Scheidung zu ergreifen) vgl. FRIEDMAN, Jewish

früheste Erwähnung eines schriftlichen Ehevertrages im jüdischen Schrifttum findet sich außerhalb der Hebräischen Bibel in Tob 7,13[10]; dort handelt es sich freilich um die Fixierung einer Verpflichtung des *Brautvaters*, während die rabbinische Ketubba die Pflichten *des Bräutigams* enthält. Nach einer Notiz im Talmud[11] soll die Institution des Ehevertrages bereits zur Zeit Hillels des Älteren (ca. 30 v. Chr.–10 n. Chr.) bestanden haben oder gar auf eine Verordnung von Shim'on ben Sheṭaḥ (1. Jahrhundert v. Chr.) zurückgehen.[12] Unabhängig davon, ob man Michael Satlow folgen will, der diesen Bericht für unhistorisch hält, bleibt die Differenz zur biblischen Rechtspraxis aber bestehen.[13] Tiefgreifende Änderungen gegenüber der früheren Rechtslage lassen sich auch im materialen Recht feststellen, etwa im Hinblick auf die Verdrängung und dann faktische Abschaffung der biblisch vorgeschriebenen Leviratsehe (vgl. Dtn 25,5–6).

Mit Bezug auf dieses Beispiel geht der Jerusalemer Talmud an einer Stelle ausdrücklich auf den rechtlichen Wandel ein – einen Wandel, der im übrigen nicht nur durch den Abstand zu den biblischen Texten, sondern auch durch die Rechtsentwicklung im rabbinischen Schrifttum selbst kenntlich wird: Der Talmud unterscheidet hier zwischen einer *früheren* Lehrauffassung in der Mischna, nach der das biblische Gebot des Vollzugs der Schwagerehe dem (ebenfalls biblischen) Gebot der rituellen Auflösung dieser Pflicht nach Dtn 25,9–10 vorzuziehen sei, und einer *späteren* Auslegung, nach der das (ursprünglich nur für den Ausnahmefall vorgesehene) rituelle Schuh-Ausziehen (Ḥaliṣa) Vorrang vor dem Gebot der Leviratsehe habe. Für unseren Zusammenhang ist dieser Text besonders aufschlussreich, weil hier ein historisches Bewusstsein von den rechtlichen Veränderungen seit biblischer Zeit kenntlich wird.

Diese Diskussion über die Leviratsehe knüpft an die biblischen Vorschriften zum Schutz verleumdeter Jungfrauen in Dtn 22,13–19 an. Diese Thematik gibt dem Talmud Anlass zur Diskussion über die biblische Begründung und die prozessualen Verfahrensregeln des Instituts der „Jungfernschaftsklage", jener Klage also, die ein Bräutigam erheben kann, wenn er seine Braut in der

---

Marriage I, 312–346; wenn Rabbi Ammi, ein palästinensischer Amoräer der 2. und 3. Generation (3. Jahrhundert n. Chr.), als einzelne Stimme dafür plädiert, der Frau ein Scheidungsrecht zuzugestehen, wenn ihr Mann eine zweite Ehe eingeht (bJev 65a), so könnte hier das Echo einer früheren Diskussion vorliegen.

10 Vgl. dazu ZEITLIN, The Origin, 2; EGO, Tobit, 971; FITZMYER, Tobit, 235 f.

11 Vgl. jKet 4,8/9 – 28d,72–29a,1 (MORGENSTERN, Ketubbot, 189 f).

12 Vgl. jKet 8,11/4 – 8,11/5 (MORGENSTERN, Ketubbot, 328 f).

13 Vgl. SATLOW, Rabbinic ketubah Payment. SCHREMER, Male and Female, 238 f, argumentiert gegen Satlow für eine Frühdatierung der Institution des Ehevertrages; dieser Deutung steht aber die Tatsache entgegen, dass die in der Wüste Judäa gefundenen Texte keinen Ehevertrag nach rabbinischem Muster kennen; es ist daher wahrscheinlich, dass die Notiz im Talmud die historische Kontinuität nachträglich herstellen will; vgl. dazu MORGENSTERN, Ketubbot, 40 Anm. 366 und 208 f Anm. 5.

Hochzeitsnacht nicht als Jungfrau vorgefunden hat.[14] In diesem speziellen Fall geht es darum, am Bibeltext nachzuweisen, dass die dem Ehemann in den Mund gelegte Formulierung *„diese Frau habe ich geheiratet, und ich habe ihr beigewohnt"* (Dtn 22,14) eine leviratsrechtlich angetraute Frau ausschließt, weil der Ehemann die Witwe seines verstorbenen Bruders nicht nach den sonst üblichen rabbinischen Maßstäben „erwerben" oder „heimführen" kann. Sie ist ihm nach dem Wortlaut im Pentateuch ja ohnehin zur Ehe verpflichtet; deshalb kann er sie nun nicht nach Maßgabe eines Jungfernschaftsprozesses anklagen:

„Und er spricht: diese Frau habe ich geheiratet, und ich habe ihr beigewohnt" (Dtn 22,14) [...] (Durch diese biblische Formulierung[15] ist eine Frau ausgeschlossen, die dem Sprecher ohnehin) zur Schwagerehe verpflichtet ist. Nicht nur nach der ersten (Auffassung) in der Mischna, nach der das Gebot (des Vollzugs) der Schwagerehe dem Gebot (der rituellen Lösung der Pflicht zur Schwagerehe durch) das Schuhausziehen vorzuziehen ist, sondern auch nach (der Auffassung) der späteren Mischna,[16] nach der das Gebot der Ḥaliṣa dem Gebot der Schwagerehe vorzuziehen ist, (muss ein solcher Fall ausgeschlossen bleiben).[17]

Die Uminterpretation der biblischen Bestimmungen zur Leviratsehe, die der Zeremonie des Schuhausziehens die biblisch eigentlich vorgesehene „Schänd-lichkeit" für den Schwager nimmt – *„so geschehe einem Mann, der das Haus seines Bruders nicht bauen will!"* (Dtn 25,9)[18] –, ist möglicherweise im Zusammenhang mit einer zunehmenden Einschränkung der Polygamie in talmudischer Zeit zu verstehen. Für die Rabbinen stünde dann die – im Text selbst freilich nicht ausdrücklich gemachte – Erwägung im Hintergrund, dass der Bruder des Verstorbenen möglicherweise bereits verheiratet war und die Ḥaliṣa ihn vor der Mehrehe bewahren würde. Abgesehen von dieser (zudem nicht sicheren) antipolygamen Tendenz machen diese Ausführungen aber einen rät-selhaften Eindruck: denn in beiden im Text diskutierten Fällen wäre eine Jungfernschaftsklage von Seiten des Schwagers ja sinnlos: zum einen, weil die Witwe bereits verheiratet war,[19] zum andern, weil die Zeremonie des Schuh-

---

14 Vgl. mKet 1,1 (MORGENSTERN, Ketubbot, 1) sowie die Ausführungen weiter unten in diesem Aufsatz.

15 Entscheidend ist für die Argumentation des Talmuds offensichtlich die strenge Interpretation der hebräischen Wendung „et-ha-'isha ha-zot laqaḥti" (wörtlich: „diese Frau habe ich genom-men"), die demnach nur für bestimmte Fälle anwendbar ist.

16 Nach mBekh 1,7 wurde das Gebot der Schwagerehe im Laufe der Zeit durch das Gebot der Ḥaliṣa (des „Schuh-Ausziehens" nach Dtn 25,8–10) überlagert, weil nicht mehr der Wille bestand, es zu erfüllen. Vgl. dazu auch GUGGENHEIMER, Ketubot and Nidda, 525 Anm. 140.

17 Vgl. jKet 4,4/4 – 28b,75–28c,5 (MORGENSTERN, Ketubbot, 166).

18 Zuvor ist in Dtn 25,9 davon die Rede, dass die Witwe vor den heiratsunwilligen Schwager tre-ten und *„ihm ins Gesicht (be-fanaw) speien"* soll – eine Vorschrift, die im halachischen Diskurs entschärfend mit *„vor seinem Angesicht speien"* übersetzt wird; vgl. dazu MORGENSTERN, Hala-chische Schriftauslegung, 36 f.

19 Der Talmud kennt freilich auch den Fall, dass bei einer mit rechtlicher Bindungswirkung ge-schlossenen Ehe keine eheliche Gemeinschaft zustande kam.

ausziehens ja gerade von der Pflicht zur Leviratsehe entbindet! Der Eindruck lässt sich nicht von der Hand weisen, dass die Ausführungen im Talmud nur den Vorwand liefern sollen, um auf Wandlungen im Eherecht aufmerksam zu machen.

Die zitierte biblische Wendung schließt nach dem Talmudabschnitt noch zwei weitere Personenkreise aus, bei denen der Ehemann keine Beschuldigung nach Dtn 22,14 f erheben kann: Sklavinnen, die der Käufer für sich selbst oder für seinen Sohn zur Ehe bestimmt hatte, und zuvor verlobte Frauen. Im Falle der hebräischen Sklavin (vgl. Ex 21,7–11) leuchtet diese Bestimmung ein: der Käufer hatte die betreffende Frau ja als Sklavin gekauft! Offensichtlich soll verhindert werden, dass die Zahlung beim Kauf nun nachträglich als Brautgeld angerechnet wird oder die Forderung nach Dtn 22,29 („we-natan ha-ʾish kesef" – „[so] soll der Mann, [der ihr beigewohnt hat, ihrem Vater fünfzig] Silberstücke geben") erfüllt. Der Ausschluß von zuvor verlobten Mädchen ist aber ebenso rätselhaft wie der der zur Leviratsehe verpflichteten Witwen. Wird – unter der Voraussetzung, dass das Institut der Verlobung in talmudischer Zeit überhaupt verbreitet war[20] – der Anklage so nicht jeder Sinn genommen? In welchen Fällen konnte unter diesen Umständen eine Klageerhebung und Verurteilung der Braut überhaupt noch in Frage kommen?

Angesichts der vom Talmud selbst so demonstrativ hervorgehobenen Diskontinuität in der Rechtsentwicklung soll es in den folgenden Überlegungen darum gehen, die Veränderungen im rabbinischen Eherecht, die einerseits Abweichungen vom biblischen Vorbild, andererseits aber eine Einengung der frühjüdischen Pluriformität darstellen, in den historischen Kontext zu stellen. In einem ersten Schritt soll der Befund des Jerusalemer Talmuds anhand von einigen charakteristischen Beispielen mit der Entwicklung im römischen Recht verglichen werden. Der Nachweis von Parallelen soll dabei wahrscheinlich machen, dass das Recht der Mehrheitsgesellschaft auf die normativen Vorstellungen der jüdischen Minderheit eingewirkt hat. In einem weiteren Argumentationsgang soll das Beispiel der Jungfernschaftsklage erneut aufgegriffen und gefragt werden, ob die talmudische Uminterpretation und Auflösung dieses Rechtsinstituts als Reaktion auf zeitgenössische christliche Vorstellungen von Ehe und Jungfräulichkeit gedeutet werden kann.

2. Der römische Einfluss auf das jüdische Eherecht

Das jüdische und das griechisch-römische Recht in der Antike lassen sich schon von einigen ihrer grundlegenden Bestimmungen her vergleichen. Dies beginnt mit status- und personenstandsrechtlichen Definitionen, so im Hinblick auf die Frage, ob und in welcher Hinsicht Frauen Sklaven gleichzustellen

20 Vgl. MORGENSTERN, Ketubbot, 5 f Anm. 50.

sind, ob und inwieweit sie also kategorial dem Personen- oder dem Sachen-recht angehören.[21] Im Talmud konkretisiert sich diese Thematik in der Dis-kussion, ob Frauen und Sklaven statusrechtlich wie Mobilien oder wie Immo-bilien zu behandeln sind.[22] Wurden Frauenangelegenheiten demnach zunächst einmal prinzipiell unter der Rubrik „Sachenrecht" behandelt, so zeigt die Ent-wicklung im Eherecht doch andererseits den zunehmenden Einfluß des römi-schen Grundsatzes, dass die Eheschließung nicht nur die Zustimmung des pa-ter familias, sondern vor allem den Konsens derjenigen erfordert, die mit-einander die Ehe eingehen (*consensus facit nuptias*); dieses Prinzip lässt sich bis in die frühere römische Antike zurückverfolgen.[23]

Näherhin weisen auch konkretere rechtliche Vorstellungen in rabbinischen Texten, etwa im Hinblick auf die Modalitäten einer Eheschließung, Ähnlich-keiten mit der griechisch-römischen Umwelt auf. Als vergleichbar erscheint der Ehekontrakt (*stipulatio*) mitsamt der Festsetzung der Aussteuer (*dictio do-tis*) beim Eheanbahnungsgespräch zwischen den Eltern der Braut und des Bräutigams[24], und der Brauch, zehn Zeugen bei der Hochzeit eines römischen Patriziers hinzuzuziehen, erinnert an das entsprechende Quorum im Juden-tum.[25] Auch die „hakhnasa", die Heimführung der jüdischen Braut in das Brautgemach (ḥuppa),[26] läßt an den römischen Hochzeitsbrauch der „in do-mum deductio" denken.[27] Während die Frau im römischen Recht durch eine „Besitzergreifung" (usucapio) erworben werden konnte,[28] lehnt der Talmud das Rechtsinstitut der Besitzergreifung durch Präsumption (ḥazaqa) für das Eherecht freilich ab.[29]

21 Zur griechischen Antike vgl. Aristoteles, Nikomachische Ethik, V 1134b sowie dazu Neus-ner, Judaism in Society, 148; zum Judentum vgl. Wegner, Chattel or Person.

22 Vgl. die Diskussion in jQid 1,3/5 – 59d,61 ff (Tilly, Qiddushin, 65 f.), bBQ 12a, bBB 68a und 150a, bJev 99a sowie bGit 39a; vgl. ferner: Gulak, Yesode ha-mishpat, Bd. I, 92 f.

23 Zur Situation im römischen Recht vgl. Kunst, Eheallianzen, 32–52; Cantarella, Roman Marriage, 25 f sowie Wiedemann, Adults and Children.

24 Als Beispiel für ein solches Eheanbahnungsgespräch vgl. jKet 5,1/4–29c,45–46 (Morgenstern, Ketubbot, 211): „Giddul (sagte) im Namen Ravs: (Der Vater der Braut fragt dann den Vater des Bräutigams:) ‚Wieviel gibst du deinem Sohn?' (Dieser antwortet ihm:) ‚So und so viel.' (Der Vater des Bräutigams fragt dann den Vater der Braut:) ‚Wieviel gibst du deiner Tochter?' (Dieser antwortet ihm:) ‚So und so viel.'" Zur dictio dotis vgl. auch Schremer, Male and Fe-male, 140 mit Anm. 68.

25 Vgl. Cantarella, Roman Marriage, 26.

26 Vgl. Ps 19,6 sowie jKet 1,4/2 – 25b,71–72 (Morgenstern, Ketubbot, 35) und jKet 3,5/2 – 27c,75 mit Anm. 278 (Morgenstern, Ketubbot, 135).

27 Vgl. Cantarella, Roman Marriage, 28–32.

28 Vgl. ebd., 27 sowie Tilly, Qiddushin, 65 Anm. 670.

29 Zu diesem Rechtsinstitut vgl. Meir Bar-Ilan/Shlomo Yosef Zevin, Encyclopedia Talmudit (hebr.), Jerusalem 1952–1985, Bd. XIII, 456 und 465–506; im Talmud wird die Möglichkeit er-wähnt, dass eine kanaanitische Sklavin durch „Besitzergreifung" rechtmäßig erworben werden kann (vgl. jKet 5,4/5 – 29d,71 ff [Morgenstern, Ketubbot, 227]); wenn sie ein Priester erwor-ben hat, führt dies dazu, dass sie nach Num 18,13 dazu berechtigt ist, von der für den Priester bestimmten Nahrung („Hebe") zu essen; eine Frau kann auf diesem Wege freilich nur als Skla-

Seit der Kaiserzeit ist das römische Recht dann auch insoweit mit dem rabbinischen Recht vergleichbar, als es sich – namentlich seit den Ehegesetzen des Augustus[30] – in ähnlicher Weise durch eine Spannung von Traditionalität und Innovation auszeichnet. Eben dadurch gewährt es Einblicke in die soziale Wirklichkeit der antiken Familienkonzeption. Die *Leges Iuliae* wollten einerseits ein Versuch sein, an die republikanischen Traditionen anzuknüpfen und den *mores maiorum* neue Geltung zu verschaffen; indem sie sich des gesetzlichen Zwangs bedienten, ja auf dem Feld des Familienrechtes erst einen Prozess der „Ius-Werdung" in Gang setzten, wirkten sie andererseits aber auch revolutionär.[31] Sie nahmen der familieninternen Institution des Hausgerichts (*iudicium domesticum*) einen Teil seiner Funktionen. Indem sie das *ius occidendi iure patris vel mariti* (das Tötungsrecht des Vaters oder Ehemannes einer Ehebrecherin am Ehebrecher) beschnitten, schufen sie in ehe- und familienrechtlichen Fragen eine öffentliche Strafgerichtsbarkeit (*iudicium publicum*) und griffen auf legislativem Wege in die *patria potestas* ein.[32] „Die Frau als *virgo, mater familias* und als *vidua* wurde in ihrem Sexualverhalten per definitionem zum Hauptobjekt rechtlicher Normierung mit dem Ziel, ein von ihr gefordertes Sexualverhalten gemäß dem sozialen Konsens der *mores* über die Androhung öffentlicher Strafverfolgung durchzusetzen."[33] Vor diesem Hintergrund sind die Rechtsbestimmungen *de raptu virginum vel vivuarum* in der Gesetzessammlung des oströmischen Kaisers Theodosius II (408–450 n.Chr.) zu verstehen, die den Bräutigam, der in der ersten Ehenacht eine Enttäuschung erlebt hat, auf den Rechtsweg und damit auf öffentliche Mechanismen der Konfliktregelung verweisen.[34]

Im Bereich des Versorgungsrechts hatte bereits Kaiser Antoninus Pius, der Adoptivsohn Hadrians (136–161 n.Chr.), festgelegt, dass Väter gezwungen werden konnten, „alimenta" für ihre Töchter zu zahlen, wenn diese Töchter einem „iustum matrimonium" entsprungen waren.[35] Die Mischna hat neben

vin, nicht als Ehefrau „erworben" werden, da eine „Besitzergreifung durch Präsumption" im rabbinischen Eherecht nicht möglich ist; vgl. auch MORGENSTERN, Ketubbot, 35f Anm.315.

30 Zur historischen Interpretation der drei Gesetze des Augustus zum Thema Eheschließung und Verfolgung des Ehebruchs (Lex Iulia de adulteriis coercendis, Lex Iulia de maritandis ordinibus und die Lex Papia Poppaea) vgl. METTE-DITTMANN, Ehegesetze.

31 Ebd., 13 und 21.

32 Vgl. METTE-DITTMANN, Ehegesetze, 84f.

33 Ebd., 85.

34 Vgl. jKet 24d,48–54 (MORGENSTERN, Ketubbot, 5–6) und im Codex Theodosianus (im folgenden: CTh) IX,24,1; vgl. dazu PULIATTI, dicotomia, 471–530 und den Beitrag von Patrick Laurence in diesem Band (S.173–191). Im Gegensatz zum römischen Recht widmet der Talmud dem Thema der Jungfernschaftsklage ausführliche Erörterungen, die nicht nur anatomische Details und befremdlich-bizarre Vorfälle einbeziehen, sondern auch sonst über das hinausgreifen, was für eine geordnete Rechtspraxis notwendig erscheint; vgl. dazu unten den vierten Teil dieses Aufsatzes (S.103-113).

35 Zu versorgungsrechtlichen Konflikten im römischen Recht vgl. GRUBBS, Children and Divorce, 39–42.

dem Versorgungs- auch das Erbrecht im Auge und kommt zu einer geschlechterspezifischen Lösung:

„Der Vater ist nicht verpflichtet, für den Unterhalt seiner (minderjährigen) Tochter zu sorgen.“[36] Diese Schriftauslegung hat Rabbi Elʿazar ben ʿAzarya im Weingarten in Yavne[37] vorgetragen: „Die Söhne sind erbberechtigt, und die Töchter müssen versorgt werden.“[38] (Damit ist gemeint:) Insoweit die Söhne erst nach dem Tod des Vaters das Erbe antreten, so (besteht auch die Pflicht), den Töchtern Unterhalt zu gewähren, erst nach dem Tod ihres Vaters.[39]

Bemerkenswert ist hier und in der anschließenden Diskussion im Talmud, dass die rabbinischen Weisen sich an dem Problem abarbeiten, dass in der Bibel eine klare Rechtsgrundlage für das Erb- und Versorgungsrecht der Töchter fehlt. Aufgrund des offensichtlichen Regelungsbedarfs ist es die mündliche Tradition, die hier eine Lücke schließen muss, und sei es, um zu verhindern, dass die Töchter „in schlechte Gesellschaft geraten“.[40]

Auch hier zeigt der Vergleich der vermögensrechtlichen Bestimmungen des rabbinischen Ehevertrages mit den Regelungen des Codex Theodosianus Ergebnisse.[41] Wie weit die Parallelen im Detail gehen konnten, zeigen zwei Beispiele: Zum einen werden die Ansprüche der Ehepartner – für den Fall der Auflösung einer Verlobung oder Ehe – im Hinblick auf landwirtschaftlich genutzte Felder in beiden Rechtssystemen im einzelnen so festgelegt, dass Ansprüche auf Getreide, das noch auf dem Halm steht, von Ansprüchen auf Getreide, das bereits geerntet auf dem Feld liegt, unterschieden werden: Der Grundsatz „fructus pendentes pars fundi videntur“ („hängende Früchte werden als Teil des Bodens angesehen“) gilt nicht nur im römischen Recht, sondern auch in der Mischna. Getreide auf dem Halm oder noch nicht geerntete Baumfrüchte, die zu einer Zeit gewachsen sind, als der Ehemann noch kein

---

36 Zum Sachverhalt vgl. tKet 4,8; nach Rabbi Ascher (zu bKet 49a) konnte man den Vater zwingen, seinen Unterhaltspflichten nachzukommen; zu dieser Stelle vgl. Reichman, Abduktives Denken, 49. Die Unterhaltspflicht erstreckt sich neben der Nahrung auch auf die Kleider; vgl. auch bKet 65b und Gulak, Yesode he-mishpat, Bd. II, § 30.

37 Yavne gilt der traditionellen Historiographie für den Zeitraum von 70 bis 135 n. Chr. als Zentrum des rabbinischen Judentums mit einer Neukonstitution des Sanhedriums unter Rabbi Yoḥanan ben Zakkai.

38 Vgl. dazu unten mKet 4,10–12 (Morgenstern, Ketubbot, 197–202) sowie mBB 9,1; zum Erbrecht der Töchter vgl. bKet 52b, Hauptman, Rereading, 183f; Ilan, Hers, 143–147 und Rivlin, Inheritance and Wills, 151. Es spricht einiges dafür, dass auch Töchter bereits zur Zeit der Mischna erben konnten, auch wenn man den Ausdruck Erbschaft vermied, um dem offiziellen Recht nicht zuwiderzuhandeln. Zum Verhältnis der Väter zu ihren Töchtern im antiken Judentum vgl. Ilan, Jewish Women, 48–50.

39 mKet 4,7 (Morgenstern, Ketubbot, 181).

40 jKet 4,8/2 – 28d,40 (Morgenstern, Ketubbot, 183). Es soll verhindert worden, dass Töchter sich der Prostitution hingeben; vgl. auch bKet 49a.

41 Vgl. etwa CTh III,5,8 vom 21. Februar 363; vgl. dazu Bringmann, Kaiser Julian, 158 und Biondi, Il concetto, 641–725.

Verfügungsrecht über das betreffende Grundstück hatte, werden vermögens-
rechtlich so behandelt wie das Grundstück, auf dem die Frucht steht:

(Wenn) ihr (d. h. der Ehefrau) Bargeld zugefallen ist, (das sie durch eine Erbschaft
erhalten hat), kann (der Ehemann) dafür ein Grundstück kaufen und vom Ertrag
(dieses Grundstückes selbst) genießen. (Wenn ihr) vom Boden abgerissene Früchte
(zugefallen sind), soll (der Ehemann für den Erlös dieser Früchte ebenso) ein Grundstück kaufen und vom Ertrag (dieses Grundstücks) genießen (können). (Wenn ihr
mit dem Erdboden) verbundene Früchte (als Erbe zugefallen sind, so) sagt Rabbi
Meʾir: (Es ist) abzuschätzen, wieviel diese (Grundstücke) mit den Früchten wert sind
und wieviel sie ohne die Früchte wert sind, und für den Mehrbetrag kann (der Ehemann) ein Grundstück kaufen und vom Ertrag (dieses Grundstücks) genießen.[42]

Zum andern galten, ebenfalls in beiden Systemen, für die Versorgungsansprü-
che der Frau und ihrer Erben nach dem Tod des Ehemannes bestimmte
Fristen: die *praescriptio triginta annorum* von Kaiser Theodosius II aus dem
Jahre 424, die die Forderung auf dreißig Jahre begrenzte,[43] und die Frist von
fünfundzwanzig Jahren im Talmud, die im übrigen unabhängig davon anfiel,
ob die Frau einen Ehevertrag vorweisen konnte oder nicht:

„Solange sie im Hause ihres Vaters ist, (kann sie den Anspruch aus ihrem Ehevertrag
immer einfordern. Solange sie aber im Hause ihres verstorbenen Ehemannes geblieben ist, kann sie den Anspruch aus ihrem Ehevertrag nur bis zu fünfundzwanzig Jahre nach dem Tode ihres Ehemannes einfordern) usw." – Wegen der Vergünstigungen,
die sie ihr bis zu fünfundzwanzig Jahre (nach dem Tode ihres Mannes) erwiesen haben, dass sie (wie zu Lebzeiten ihres Mannes (in dessen Hause bleiben und über) ihre Güter verfügen konnte, (soll) sie (auf ihren Anspruch) verzichten? Rav Ḥiyya bar
Ashi fragte im Namen des Rav Ḥiyya vor Rabbi La: Ist es einleuchtend, (dass die
Mischna im Hinblick auf den Verzicht auf die ehevertraglichen Rechte einen Fall
bespricht), in dem die Frau keinen Ehevertrag hatte? Aber wenn eine Frau einen
Ehevertrag hatte, kann sie (doch ihren Anspruch ohne Rücksicht auf die inzwischen
verstrichene Zeit) immer einfordern!? (Rabbi) sagte zu ihm: (Die Mischna) will dir
(damit) noch mehr sagen: Selbst eine Frau, die einen Ehevertrag hat, kann (den
Anspruch auf ihren Ehevertrag) nur innerhalb von fünfundzwanzig Jahren einfordern. Ein Wort des Rabbi Elʿazar besagt: „Ein Gläubiger kann seine Forderung immer einlösen." Er hat nichts anderes als „ein Gläubiger" gesagt, aber eine Frau kann
(ihre Forderungen) nur bis zu fünfundzwanzig Jahre (lang) einfordern.[44]

---

42 Mischna Ket 8,4 (Morgenstern, Ketubbot, 312 f); vgl. dazu auch Cohen, Jewish and Roman
Law II, 576 f.
43 Vgl. CTh 4,14,1.
44 Vgl. jKet 35b,58–65 mit Zitat aus mKet 12,5 (Morgenstern, Ketubbot, 443); das Verständnis
dieses Abschnittes wird wie fast überall im Talmud durch die Tatsache erschwert, dass aufgrund der im Grundtext fehlenden Interpunktion im Einzelfall schwer zu entscheiden ist, ob
eine Aussage oder ein Fragesatz vorliegt. Auch bleibt unklar, wann jeweils der Redaktor des
Textes spricht oder wie weit die Zitate der jeweils angeführten Rabbinen reichen.

Ein Text aus der Mischna, der die Pflichten der Ehefrau gegenüber ihrem Ehemann regelt, erscheint als Paradebeispiel für die Übereinstimmung des rabbinischen Wertesystems mit dem der griechisch-römischen Umwelt:

Folgende Arbeiten (muss) eine Ehefrau für ihren Ehemann verrichten: Sie (muss) mahlen, backen, waschen, kochen, ihren Sohn stillen, das Bett herrichten und die Wolle zubereiten. (Wenn) sie ihm (als Mitgift) eine Magd mitgebracht hat, muss sie weder (selbst) mahlen noch backen, auch nicht waschen. (Wenn sie ihm) zwei (Mägde mitgebracht hat, muss sie zusätzlich auch) nicht ihren Sohn (selbst) stillen. (Wenn sie ihm) drei (Mägde mitgebracht hat, muss sie ihm auch) nicht das Bett herrichten. (Wenn sie ihm) vier (Mägde mitgebracht hat), kann sie auf dem Lehnstuhl (*Kathedra*) sitzen. Rabbi Eli῾ezer sagt: Selbst (wenn) sie ihm hundert Mägde mitgebracht hat, kann der Ehemann ihr) auferlegen, die Wolle zuzubereiten, denn der Müßiggang führt zu Unkeuschheit.[45]

Auffallend ist hier bereits das Gemeinsamkeit markierende griechische Fremdwort *Kathedra* für „Lehnstuhl".[46] Hinzu kommt die Römern und Juden gemeinsame Vorstellung, dass die Frau nicht als Mutter, sondern aufgrund ihres Status als Ehefrau zum Stillen verpflichtet ist. Dies mag damit zu tun haben, dass der Beitrag der Mutter für das Entstehen des Kindes nach Vorstellung der antiken Embryologie weniger bedeutsam war als der des Mannes.[47] Mütter galten daher als „weniger verwandt" mit ihren Kindern als Väter.[48]

Besonders ins Auge sticht daneben die Bestimmung, dass die Ehefrau ihrem Mann in jedem Falle (unabhängig von der Zahl der mitgebrachten Sklavinnen) selbst Wolle zubereiten müsse.[49] Die Arbeit mit Wolle gilt – nach Spr 31,13 – als besonderes Kennzeichen der Tätigkeit von Jüdinnen.[50] Rabbinische Texte erwecken denn auch den Anschein, dass Textilarbeiten *für Männer* als verpönt galten.[51] Andererseits fehlt es nicht an Belegstellen dafür, dass Männer diese Arbeiten tatsächlich verrichtet haben.[52] Dies könnte dafür sprechen, dass es nicht um das praktische Spinnen und Weben ging, sondern dass diesen Tätigkeiten in erster Linie eine *symbolische* Bedeutung zugeschrieben wurde. Der Schlusssatz der Mischna, dass Müßiggang zu Unkeuschheit führe, könnte dann in einem misogynen Zusammenhang stehen: Frauen, denen man sexuel-

---

45 Vgl. mKet 5,6 (MORGENSTERN, Ketubbot, 232 f).
46 Vgl. KRAUSS, Lehnwörter II, 572 (griech. „καθέδρα", Stuhl) und DERS., Talmudische Archäologie, I, 62 und II, 331.
47 Vgl. dazu MORGENSTERN, Nidda, 191–195.
48 Vgl. COHEN, The Beginnings, 284: „Her children are *his*." In der römischen Welt hatte der Vater das alleinige Entscheidungsrecht über die Annahme (durch die symbolische Prozedur des *tollere liberos*) oder Aussetzung (expositio) und damit Tötung eines neugeborenen Kindes; vgl. BACKE-DAHMEN, Welt der Kinder, 23.
49 Zu einer kritischen Analyse dieses Mischnatextes im modernen jüdischen Feminismus vgl. ADLER, The Jew Who Wasn't there, 16; vgl. auch NEUSNER, Ethics, 5.
50 Bereits von Anna, der Frau des Tobit, wird das Weben mit Wolle berichtet (vgl. Tob 2,11).
51 Vgl. jQid 1,7/5 – 61a,37–49 mit Bezug auf 2Sam 3,29 – dort gilt der Umgang mit der Spindel für einen Mann als Fluch. Vgl. dazu BOYARIN, Unheroic Conduct, 12.
52 Vgl. mDem 1,4; mEd 1,3; mZav 3,2; tEd 1,3; tBM 7,15.

le Unbeherrschtheit zuschreibt, werden – nach diesem Verständnis in gewisser Hinsicht zu ihrem eigenen Schutz – unter den Herrschaftsbereich ihrer Männer gestellt.

Was diese symbolische Wirkung anbelangt, so ist es mit Blick auf die heidnische Antike vielleicht kein Zufall, dass die Tür eines griechischen Hauses, in dem ein vom Familienvorstand akzeptiertes Mädchen zur Welt gekommen war, mit einer Wollbinde zu schmücken war.[53] In welchem Maße *Wolle* auch in Rom mit dem weiblichen Geschlecht assoziiert wurde, zeigt die Tatsache, dass römische Bräute nach der Eheschließung den Pfosten des Hauses ihres Ehemannes salbten und mit Wolle umwanden.[54] Die israelische Talmudforscherin Tal Ilan hat hinter dem Ideal der arbeitenden Frau in unserer Mischna denn auch hellenistischen Kultureinfluss in Palästina vermutet.[55] Ebenfalls in dieser Interpretationslinie diagnostiziert die jüdische Feministin Mirjam Peskowitz eine unter griechisch-römischem Einfluss stehende frauenfeindlich-androzentrische Abweichung des Talmuds vom besseren biblischen Modell.[56] Sie verweist darauf, dass Frauen in Spr 31,13–24 als aktiv Handelnde dargestellt werden – dies gerade auch im außerhäuslichen und ökonomischen Bereich.[57] Die rabbinische Literatur, so Peskowitz, schränke Frauen demgegenüber in ihrer nach außen gerichteten Aktivität ein und stelle sie unter männliche Obhut.

Das Motiv des Webens findet sich – in unterschiedlicher Färbung – aber auch in christlichen Texten. Der syrische Kirchenvater Aphrahat (285–345 n. Chr.) weist darauf hin, dass sich die Töchter der alten Welt, die Töchter Evas, anlässlich ihrer Heirat mit Wolle schmückten, während die Bräute Christi ein unvergängliches Gewand trügen.[58] Im Protevangelium Jacobi wird die Textilarbeit bereits mit der Mutter Jesu, dem christlichen Gegenbild zur Menschheitsmutter des Alten Bundes, in Verbindung gebracht, die an der Anfertigung des Vorhangs im Jerusalemer Tempel mitgewirkt habe (ProtevJac 10,2).[59] Auffällig ist dabei übrigens, dass dieses Motiv in diesem frühchristlich-apokryphen Text in der Nähe einer Jungfernschaftsuntersuchung steht,

---

53 BACKE-DAHMEN, Welt der Kinder, 20.

54 Ebd., 15.

55 ILAN, Jewish Women, 186.

56 PESKOWITZ, Spinning Fantasies.

57 Die Tendenz dieses Textes steht demnach den in christlichen Bibelübersetzungen zu findenden Überschriften (vgl. die revidierte Lutherbibel 1984: „Lob der tüchtigen Hausfrau") entgegen.

58 Vgl. BRUNS, Aphrahat, 195 (Demonstrationes VI,6). Kurz zuvor paraphrasiert Aphrahat noch Gal 3,28: „Dort (d. h. im Heiligtum des Erhabenen, im Schoß des Vaters) gibt es nichts Männliches und Weibliches, keine Sklaven, keine Freigeborenen, denn alle sind Söhne des Höchsten"; zur hier möglicherweise anvisierten eschatologischen „Auflösung der geschlechtlichen Bipolarität" vgl. BRUNS, 194 Anm. 13.

59 Mein Dank an Dr. Alexander Toepel für den Hinweis auf dieses apokryphe Evangelium und anregende Diskussionen über diesen Text; zum Motiv der Wolle vgl. auch GREGOR VON NYSSA, Vie de Sainte Macrine 4,1 (Sources Chretiennes 178, 152) und BALSDON, Die Frau, 77 und 299 f (mein Dank an Prof. Hans Reinhard Seeliger für diese Literaturhinweise).

die nach der wunderhaften Geburt Jesu an seiner Mutter durchgeführt worden sein soll (ProtevJac 20,1).[60] Bei dieser Gelegenheit ist anzumerken, dass
das Geschehen um Maria und Josef, von dem auch die kanonischen Evangelien berichten, geradezu einen exemplarischen Fall darstellt, bei dem das jüdische Recht der Jungfernschaftsklage hätte zur Anwendung kommen können.[61] Wir können freilich nicht voraussetzen, dass dieses Recht zu Beginn des
ersten Jahrhunderts schon so praktiziert wurde, wie es offensichtlich die
Mischna und dann vollends der palästinensische Talmud voraussetzt. Umso
mehr liegt es nun nahe, nach möglichen – direkten oder indirekten – christlichen (oder auch judenchristlichen) Einflüssen auf die postbiblische jüdische
Rechtsordnung im Bereich des Eherechts zu fragen.

3. Christlicher Einfluss auf das jüdische Eherecht?

Wie kann es gelingen, beim Rechtsvergleich über das Nebeneinanderstellen
der Motive hinauszukommen und einen festen Anhaltspunkt zu gewinnen?
Um mögliche griechisch-römische Einflüsse nachweisen zu können, hat der
israelische Talmudforscher Adiel Schremer vorgeschlagen, die innerjüdischen
Unterschiede in der Rechtsentwicklung zwischen Babylonien und Palästina
auszuwerten und unterschiedliche Kontexte herauszuarbeiten.[62] Ein griechisch-römischer Einfluss könne dann als gesichert gelten, wenn das westlichjüdische Recht mit den griechisch-römischen gegen die babylonisch-jüdischen
Normen übereinstimmt. Wie das Beispiel des im persischen Reich beheimaten Aphrahat zeigt, lässt sich diese Methode mit Blick auf mögliche *christliche*
Beeinflussungen freilich kaum anwenden. Andererseits gewinnt heute ein Ansatz in der Talmud- und Midraschforschung an Gewicht, der ohnehin vermutet, dass „die Auseinandersetzung mit dem Christentum die treibende
Kraft hinter dem Judentum von Midrasch und Talmud" war.[63] Besonders
dort, wo schon von den geschichtlichen Umständen her Spuren einer jüdischchristlichen Auseinandersetzung zu erwarten sind – etwa im Palästina des
vierten Jahrhunderts[64] –, könne die Faustregel für die Beschäftigung mit der

---

60 Es heißt dort, dass Salome zur Prüfung den Finger in Marias Geschlecht steckte und danach
   schrie: „Weh über meinen Frevel und meinen Unglauben, dass ich den lebendigen Gott versucht habe. Und siehe, meine Hand fällt brennend von mir ab." Zu diesem letzteren Motiv vgl.
   mNid 2,1 (MORGENSTERN, Nidda, 52).

61 Vgl. STRACK/BILLERBECK, Kommentar I, 45.

62 SCHREMER, Male and Female, 339–341.

63 YUVAL, Zwei Völker, 35.

64 Zu diesen Umständen gehört die fortschreitende Christianisierung des Landes, die durch die
   Errichtung von christlichen Sakralbauten durch Kaiser Konstantin und die rasche Zunahme
   der christlichen Bevölkerung zum Ausdruck kam, die fehlgeschlagenen messianischen Erwartungen nach dem Tod des Kaisers Julian, der sich den Juden gewogen gezeigt und ihnen den
   Wiederaufbau des Tempels zugesagt hatte, und vor allem die Tatsache, dass den Juden an der

rabbinischen Literatur daher lauten: „Wo immer Ähnlichkeiten zwischen Judentum und Christentum zu beobachten sind, dürfte es sich um christlichen Einfluss auf das Judentum handeln und nicht umgekehrt, es sei denn, die jüdischen Wurzeln des betreffenden Phänomens liegen nachweislich früher als die christlichen".[65]

Die Beschäftigung mit dem Eherecht gibt nun aber zu der Annahme Anlass, dass ein solches hermeneutisches Kriterium dort, wo weniger positive Übernahmen und Übereinstimmungen als vielmehr Abstoßungsprozesse und Abgrenzungen zu erwarten sind, möglicherweise nicht ausreicht. Zur Illustration eines solchen Falles kann ein von Schremer angeführter Mischnatext aus dem Traktat Ketubbot (mKet 4,3) dienen:

> (Wenn ein Vater) seine Tochter verlobt hat und (ihr Bräutigam) sie (wieder) geschieden hat, (der Vater) sie (darauf erneut) verlobt und (sie danach) Witwe wurde, (so gehört der Anspruch aus) ihrem Ehevertrag ihm. (Wenn der Vater) sie verheiratet hat und (ihr Ehemann) sie geschieden (hat), (wenn) er sie (darauf erneut) verheiratet hat und sie Witwe wurde, (so gehört der Anspruch aus ihrem Ehevertrag) ihr. Rabbi Yehuda sagt: „(Der Anspruch aus) dem ersten (Ehevertrag gehört) dem Vater." (Die Gelehrten aber) sagten zu ihm: „Nachdem er sie verheiratet hat, hat der Vater (auf die Ansprüche aus ihrem Ehevertrag) kein Anrecht (mehr)."[66]

Nach Schremer ist zu fragen, wie diese auffallend, ja geradezu penetrant ausführlichen Bestimmungen für den Fall der Wiederheirat eines geschiedenen Mädchens zu deuten sind. Soll man als Kontrastfolie an Tertullians Brief „ad uxorem" denken, in dem der Kirchenvater die Wiederverheiratung von Witwen ablehnt und ausführt, nur die einmalige Ehe entspreche dem göttlichen Schöpferwillen?[67] Oder soll man an das Verbot der Wiederverheiratung nach 1 Tim 3,2[68] oder auch an Jesu Diskussion mit den Sadduzäern in Mt 22,23–30 über die Bedeutung der Schwagerehe in der künftigen Welt denken? Wäre der Mischnatext dann *auch* als eine Art impliziter Replik auf die christlichen Vorstellungen von Ehe und Askese zu lesen? Als Protest gegen den Anspruch „geistlicher Heiligkeit" von christlicher Seite und als trotziges Beharren auf der in 1 Kor 10,18 kritisierten „Fleischlichkeit" Israels?[69] Oder als Reaktion, die von der anti-eschatologischen Frontstellung der frühen rabbinischen Literatur her zu verstehen wäre?[70]

Um die Reibungsflächen von jüdischen und christlichen Theologen in der Spätantike im Hinblick auf die uns hier interessierende Thematik sichtbar zu

---

Spitze des Reichs in Rom nun eine Macht gegenüberstand, die nicht mehr heidnisch war, sondern sich selbst – wie die Juden – auf die Bibel berief.

65 YUVAL, Zwei Völker, 35.
66 Vgl. MORGENSTERN, Ketubbot, 160 und SCHREMER, Male and Female, 220.
67 Vgl. LE SAINT, Tertullian, 19–21.
68 Vgl. SCHREMER, Male and Female, 219f.
69 Vgl. BOYARIN, Carnal Israel.
70 Zum Spannungsfeld von Ehehalacha und eschatologischer Naherwartung im Kontext des frühen Christentums vgl. den Beitrag von Serge Ruzer in diesem Band.

machen und die Situation zu skizzieren, in die die besprochenen Talmudpas-
sagen hineinpassen könnten, bietet sich ein Blick auf diejenigen Texte an, die
die christlichen Vorstellungen von Ehe und Familie in die Schriften der Bibel
des Alten Israel zurücktragen. Bei dem syrischen Kirchenvater Aphrahat (gest.
nach 345) findet sich die Vorstellung, dass bereits die Glaubenshelden des Alten Bundes sexuell enthaltsam gelebt hätten. In seinen Demonstrationes (6,5)
heißt es unter Anspielung auf den biblischen Bericht (Ex 19,15), nach dem
die Israeliten sich unmittelbar vor der sinaitischen Offenbarung des Verkehrs
mit ihren Frauen zu enthalten hatten:

Denn so, mein Lieber, steht über Mose geschrieben, dass auch er, nachdem sich der
Heilige ihm geoffenbart hatte, die Heiligkeit (qadishuta) liebte. Nachdem er sich ge-
heiligt (etqadash) hatte, diente ihm auch keine Frau mehr.[71]

Neben dem „Dienen der Frau" bei Aphrahat – ein Sprachgebrauch, der an die
hebräische Wendung „tashmish miṭa" für den Geschlechtsverkehr erinnert –
ist in den jüdischen und christlichen Texten die antagonyme Verwendung des
Terminus „Heiligkeit" auffällig: Während die Wurzel q-d-sh im Judentum terminus technicus für die Eheschließung ist und „qiddushin" die eheliche Antrauung bezeichnet, hat der Kirchenvater mit diesem Begriff gerade die sexuelle Enthaltsamkeit im Auge. Aphrahat fährt fort:

Vielmehr steht geschrieben: ‚Josua bar Nun war Diener des Mose von Jugend auf'
(Num 11,28). Von eben diesem Josua steht ferner geschrieben: „Vom Zelt wich er
nicht" (Ex 33,11). Das Offenbarungszelt wurde von einer Frau nicht bedient, da das
Gesetz Frauen verbot, in das Zelt einzutreten (vgl. Ex. 38,8). Aber auch wenn sie zum
Beten kamen, beteten sie am Eingang des Zeltes und kehrten dann zurück. Auch den
Priestern befahl er, während der Zeit ihres Dienstes in Heiligkeit zu bleiben und ihre
Frauen nicht zu erkennen. Auch über Elija steht folgendermaßen geschrieben, dass er
zur Zeit, da er am Berge Karmel saß, und während der Zeit am Bache Kerit von seinem Jünger bedient wurde. / Da sein Herz im Himmel war, brachten die Vögel des
Himmels ihm Nahrung; da er die Gestalt der Engel des Himmels trug, brachten ihm
eben diese Engel Brot und Wasser, als er vor Isebel geflohen war (vgl. 1 Kön. 19,5–7);
da er all seine Sine auf den Himmel gerichtet hatte, wurde er von einem Feuerwagen
in den Himmel entführt; dort wohnt er in Ewigkeit (vgl. 2 Kön 2,11). Auch Elisha
wandelte in den Spuren des Meisters; als er im Obergemach der Schunemiterin
wohnte, wurde er von seinem Jünger bedient. So sprach nämlich die Schunemiterin:
„Der Prophet Gottes ist heilig. Ständig kehrt er bei uns ein. Den so ziemt es sich für
seine Heiligkeit, dass wir ihm ein Obergemach samt Einrichtung bereiten" (2 Kön
4,9 f). Was war die Einrichtung im Obergemach des Elischa anderes als ein Bett, ein
Tisch, ein Stuhl und ein Leuchter? Was sollen wir über Johannes sagen, der, auch
wenn er unter Menschen wohnte, seine Jungfräulichkeit glänzend bewahrte und den
Geist des Elija empfing (vgl. Mt 11,14; 17,10–12)?[72]

---

71 Auch nach Ephräm, comm. in Gen 4,4, rührte Mose nach seinem Offenbarungsempfang keine
    Frau mehr an.
72 Vgl. Bruns, Aphrahat, 191 f (Demonstrationes 6, 5); zum Kontext vgl. Neusner, Aphrahat.

In einer Konstellation, in der jüdische und christliche Ausleger in der rechten Deutung der biblischen Gestalten konkurrierten, müssen solche Rückprojektionen des christliche Virginitätsideals für jüdische Zeitgenossen auffällig und anstößig gewesen sein. Umso bemerkenswerter ist es, dass die rabbinische Tradition (im babylonischen Talmud) das Motiv der sexuellen Enthaltsamkeit am Sinai nach Ex 19,15 durchaus kennt. Die Rabbinen nehmen diese Thematik so ernst, dass sie diese Frage im Zusammenhang einer kontroversen Diskussion darüber erörtern, ob und wie biblische Gebote – etwa das Fortpflanzungsgebot aus Gen 9,7 – abrogiert werden können. Erst der Nachweis eines ausdrücklichen Widerrufs des sinaitischen Askesegebots in Dtn 5,27 („geht heim in eure Zelte!") scheint den jüdischen Weisen aus ihrer Verlegenheit geholfen zu haben.[73] Im Anschluss diskutiert der Talmud die Frage, ob das Gebot der Fortpflanzung nur für das Volk Israel gelte – oder ob es auch für die Noachiden, also die gesamte nichtjüdische Menschheit, in Geltung stehe.[74] Unabhängig davon, ob die entsprechenden Ausführungen – wofür einiges spricht – möglicherweise ironisch zu verstehen sind, steht diese Diskussion, wie einige Anspielungen auf die Person Jesu im Traktat Sanhedrin zeigen,[75] wahrscheinlich ohnehin in einem kontroverstheologischen Kontext. Bereits dieser Zusammenhang macht die Interpretation möglich, dass die Bemerkung der Talmudweisen, dass die Noachiden nicht zur Fortpflanzung verpflichtet seien, auf das Heiligkeitsideal des Christentums und die sich ausbreitende monastische Bewegung bezogen ist.

So spricht viel für die Vermutung Daniel Boyarins, dass das asketische Ideal, das in der Auslegung Aphrahats zutagetritt, nicht nur für Christen, sondern auch für Teile der jüdischen Gemeinde attraktiv sein konnte und die Rabbinen daher vor ihm zu warnen hatten.[76] Nicht zufällig berichtet der Talmud von dem jüdischen Weisen Ben Azzai, der selbst ehelos blieb, um seine Zeit ganz dem Torastudium widmen zu können. Dabei musste Ben Azzai sich aber gegen den Vorwurf seiner Kollegen zur Wehr setzen, sich auf diese Weise der Erfüllung des Gebotes der Fortpflanzung zu entziehen. Der folgende Wortwechsel scheint ein Indiz dafür zu sein, dass ein Leben „im Geiste", wie es von Christen – und Judenchristen? – propagiert wurde, möglicherweise auch für Juden eine Versuchung darstellte:

Es wird gelehrt: Rabbi Eli'ezer sagte: Wenn jemand sich nicht fortpflanzt, so ist es ebenso, als würde er Blut vergießen, denn es heißt: *Wer Blut eines Menschen vergießt, durch Menschen soll sein Blut vergossen werden* (Gen 9,6), und danach heißt es: *Ihr aber seid fruchtbar usw.* (Gen 9,7). Rabbi Ya'aqov sagte: (Es ist so), als würde er die

---

73 Vgl. bSan 59b.
74 bSan 59a.
75 Vgl. Schäfer, Jesus; die Anspielungen auf die Person Jesu in diesem Traktat (bSan 43ab. 67a. 103a und 107ab), die Schäfer nachgewiesen hat, geben natürlich kein geschichtliches Wissen über die Jesusüberlieferung wieder, sondern sind Zeugnis einer polemischen Auseinandersetzung der jüdischen Weisen mit dem Christentum.
76 Vgl. Boyarin, Carnal Israel, 135 f.

(göttliche) Ähnlichkeit verringern, denn es heißt: *denn im Bilde Gottes machte er den Menschen*, und darauf heißt es: *Ihr aber seid fruchtbar* (ebd.). Ben Azzai sagte: (Wenn jemand sich nicht fortpflanzt, so ist es ebenso), als würde er Blut vergießen und die (göttliche) Ähnlichkeit verringern. Sie sprachen zu Ben Azzai: Manch einer predigt schön und handelt schön, mancher handelt schön und predigt nicht schön, du aber predigst schön und handelst nicht schön. Ben Azzai antwortete ihnen: Was soll ich tun, wenn meine Seele nach der Tora gelüstet; die Welt kann durch andere erhalten werden.[77]

In den jüdisch-christlichen Beziehungen der Spätantike könnte, diese Annahme erscheint sinnvoll, eine Konstellation bestanden haben, die von einem Spektrum geprägt war, an dessen einem Ende, in der monastischen Bewegung, die radikale Ablehnung der Ehe und an dessen anderem (rabbinischen) Ende die Betonung oder gar Verabsolutierung der Pflicht zur Fortpflanzung und die Problematisierung des christlichen Virginitätsideals stand.[78] Wenn in diesem Text Heirat und Fortpflanzung zur Pflicht erklärt und das Unterlassen der Zeugung von Kindern als „Verringerung" der göttlichen Ähnlichkeit, gar als Mord perhorresziert wird,[79] so wäre dies dann als hyperbolischer Ausdruck des Widerstands gegen eine Anthropologie interpretierbar, die – mit unterschiedlichen Abstufungen – vielleicht auch auf dem Boden des Judentums, etwa von Judenchristen, vertreten wurde, in den Augen der Rabbinen aber als tendenziell christlich oder jedenfalls „griechisch" galt:

The Rabbis were part of the Hellenistic world, even though their conception of the body departed significantly from (or even resisted) prevailing Hellenistic anthropological notions that other Jews had assimilated. Because the Rabbis understood the human being as a body, sexuality was an essential component of being human, while in platonized formations, one could imagine an escape from sexuality into a purely spiritual and thus truly 'human' state. The rabbinic insistence on the essentiality of the corporeal and thus the sexual in the constituion of human being represents then a point of resistance to the dominant discursive practices of both Jewish and non-Jewish cultures of late antiquity.[80]

Emmanuel Lévinas gibt diesem Gegensatz in seiner Interpretation Franz Rosenzweigs eine philosophische Färbung und scheint dabei – wie in allen sei-

---

77 bJev 63b; vgl. auch tJev 8,7.
78 Boyarins Formulierung, die Rabbinen hätten die Jungfräulichkeit „verboten" (Carnal Israel, 41: „the Rabbis disallowed virginity in principle") und Virginität für „highly problematic" gehalten (ebd., 6 Anm. 11), bedarf freilich der Präzisierung, da diese Ablehnung wohl nur der mit theologischer „Heiligkeit" aufgeladenen lebenslangen Askese galt – und nicht der Vorstellung, dass ein junges Mädchen als Jungfrau in die Ehe treten sollte; vgl. dazu jedoch die Interpretation bei ILAN, Hers, 198 f.
79 Vgl. tJev 8,7 und bJev 63b; in einer von Cassius Dio überlieferten Rede des Augustus (im Jahre 9 n. Chr.) wird die Unwilligkeit zum Zeugen von Kindern übrigens in ähnlicher Weise als *sacrilegium* und *impietas* bezeichnet und in die Nähe von Mord gerückt: vgl. METTE-DITTMANN, Ehegesetze, 22.
80 BOYARIN, Carnal Israel, 35.

nen Talmudlektionen – doch zugleich auch einer historischen Intuition zu folgen, wenn es bei ihm heißt:

Der Christ trägt seine christliche Essenz über seiner natürlichen Essenz (essence chrétienne par dessus son essence naturelle). Er ist immer ein Konvertit, der mit seiner Natur kämpft. Und der permanente Charakter dieser Überlagerung der Natur durch das Christentum (superposition du christianisme à la nature) findet seinen Ausdruck im Dogma der Erbsünde. [...] Aber der Jude wird als Jude geboren und vertraut dem ewigen Leben, dessen Gewißheit er durch die fleischlichen Bande (liens charnels) lebt, die ihn mit seinen Vorfahren und seinen Nachfahren verknüpfen.[81]

Haben die Rabbinen – die adversative Formulierung in diesem Text gibt zu vermuten, dass Lévinas dieser Auffassung war – die christliche Polemik gegen die „Fleischlichkeit" Israels so aufgenommen, dass sie nun gerade auf der *Körperlichkeit* der jüdischen Existenz insistierten? Dann läge die Vermutung nahe, dass diese Thematik auch für die Auseinandersetzung mit dem Thema der Jungfräulichkeit im Talmudtraktat Ketubbot eine Rolle spielte. Im folgenden soll der Frage nachgegangen werden, ob sich die Vermutung der gegenseitigen Beeinflussungen mit Blick auf die talmudische Diskussion über die Jungfernschaftsklage erhärten lässt. Es soll versucht werden zu zeigen, dass die Entwicklung, die die Jungfernschaftsklage im rabbinischen Judentum genommen hat, nicht zu verstehen ist, wenn man als Kontrastfolie nicht die Virginitätsdiskurse hinzunimmt, die zur gleichen Zeit in der Literatur der Kirchenväter geführt wurden.

4. Der Virginitätsdiskurs im Judentum und im Christentum

Zu Beginn des Mischnatraktates über die Eheverträge (mKet 1,1) heißt es:

Eine Jungfrau (soll) am Mittwoch und eine Witwe am Donnerstag verheiratet werden. Denn zweimal wöchentlich sitzen die Gerichtshöfe in den Städten[82] (zu Gericht): am Montag und am Donnerstag, damit – falls (der Bräutigam) eine Jungfernschaftsklage[83] erheben will – er gleich am Morgen (des folgenden Tages) aufstehen und vor den Gerichtshof (treten kann).[84]

---

81 Vgl. Lévinas, Entre deux mondes, 253–281; deutsch: Schwierige Freiheit, 129–154, hier 270/144 (die Übersetzung ist leicht verändert); mein Dank an Werner Stegmaier für diesen Literaturhinweis.
82 Nach mSan 1,1 ist von einem Gerichtshof „in Geldangelegenheiten" mit drei Richtern auszugehen. Nach mGit 4,1 konnte der Kläger sich die Stadt aussuchen, in der er Klage führen wollte.
83 Vgl. Dtn 22,17–21; im Blickpunkt stehen hier nur die Interessen des Bräutigams; die Möglichkeit, dass er sich geirrt haben könnte, wird offensichtlich nicht in Erwägung gezogen; zur Diskussion dieser Mischna sowie der Kommentierungen in beiden Talmudim vgl. Ilan, Hers, 192–199; Valler, Women and Womanhood, 41–45 und Bamberger, Qetanah, Naʿaarah, Bogereth, 285.
84 Ursprünglich scheint gemeint zu sein, der Bräutigam solle „früh am Morgen" aufstehen, bevor

In der Diskussion im Jerusalemer Talmud zu dieser Bestimmung geht es zunächst darum, die Festsetzung des Hochzeitstermins auf einen Mittwoch oder Donnerstag, die in der Mischna augenscheinlich rein pragmatisch – mit den Sitzungstagen der Gerichtshöfe – motiviert ist, nachträglich mit einer biblischen Begründung zu versehen: die Wahl der beiden Tage hat ihren Grund darin, dass nach dem Schöpfungsbericht in Gen 1,22.28 auf dem vierten und fünften Tag der Woche ein göttlicher Segen liegt.[85] Nach einem kurzen Exkurs über die Frage, wie diese Argumentation zu dem Sachverhalt passt, dass auch – und insbesondere – der siebente Tag der Woche unter göttlichem Segen steht, während der Beischlaf mit einer Jungfrau an einem Sabbat talmudisch doch verboten ist,[86] wendet sich die Gemara erst in einem weiteren Schritt der „prozessualrechtlichen" Begründung der Mischna zu.

Abgesehen von einer gewissen Beiläufigkeit, mit der der prozessualrechtliche Zusammenhang – auf der Ebene des kommentierten Textes waren es doch die *Gerichtstage*, die die Festsetzung der Hochzeitstage erst motiviert hatten! – im Folgenden behandelt wird, gewinnt man bei der Lektüre den Eindruck, dass die späteren Lehrer des Talmuds geradezu gegen die früheren Mischnalehrer argumentieren. In der Tat scheint die nun folgende Diskussion dazu angetan zu sein, die ursprüngliche Bestimmung der Mischna von innen heraus aufzuheben. Am Ende kommt ihre praktische Anwendung, also die erfolgreiche Durchführung einer Jungfernschaftsklage im Anschluß an die erste Ehenacht, offenbar praktisch nicht mehr in Frage. Der Talmud relativiert die Vorschrift, indem er dreierlei geltend macht:

1.) Diese Vorschrift sei auf *konkrete politisch-historische* Gegebenheiten zurückzuführen und daher – so die offenbar nahegelegte Schlussfolgerung – in anderen Zusammenhängen nicht mehr oder nur noch begrenzt anwendbar;
2.) sie sei im Zusammenhang mit bestimmten *lebensweisheitlichen Regeln* zu verstehen;
3.) sie sei von *anatomischen Vorstellungen* her interpretierbar, die die Konzeption einer Jungfernschaftsklage als im Kern unsinnig erscheinen lassen.

---

sich sein Zorn gelegt hat und er sich möglicherweise mit seiner Braut versöhnt. Da ihm seine Ehefrau unter den obwaltenden Umständen – vorbehaltlich der Klärung des Sachverhalts durch den Gerichtshof – für die Ehe verboten ist, könnte eine solche „Versöhnung" zum Fortbestand einer verbotenen Ehe, also zu einer Gesetzesübertretung führen. Der ursprüngliche Sinn dieser Bestimmung tritt mit dem Fortgang der Diskussion in der Gemara freilich ganz in den Hintergrund. Zu diesem Text vgl. auch tKet 1,1 sowie Ziskind, John Selden, 172.
85 Vgl. jKet 1,1/2 – 24d, 28–31 (Morgenstern, Ketubbot, 1 f).
86 Vgl. jKet 1,1/3-4 – 24d, 32–40 (Morgenstern, Ketubbot, 2 f); vgl. auch jBer 2,6 – 5b,13 f. Eine der Begründungen des Verbotes lautet, dass eine im Zusammenhang mit dem Beischlaf auftretende Verwundung die Heiligkeit des Tages verletzen könnte; nach einer anderen Deutung soll der Ehemann den Verkehr allenfalls bereits am Freitag vollziehen, um nicht wie einer zu werden, „der am Sabbat einen Besitz erwirbt": vgl. jKet 1,1/4 – 24d,37–40 (Morgenstern, Ketubbot, 3).

Dass die Diskussion einer ursprünglichen biblischen oder mischnischen Bestimmung in der späteren Diskussion zu deren sukzessiver Aufhebung führt, ist für das rabbinische Schrifttum an sich nichts Ungewöhnliches. In diesem Fall liegt es aber nahe, nach möglicherweise im Hintergrund der Debatte stehenden Motiven zu suchen, die mit einer von außen, aus dem Bereich des zeitgenössischen Christentums kommenden Fixierung auf das Thema der Jungfräulichkeit zu tun haben. Dabei ist freilich zu beachten, dass die rabbinischen Texte weder neutestamentliche – oder auch frühchristlich-apokryphe – Quellen noch die zeitgenössischen Kirchenväter je zitieren oder auch nur nennen, allenfalls auf sie anspielen. Dies spricht aber nicht von vornherein gegen die Annahme eines solchen Beziehungsfeldes, da der griechisch-römische Einfluss ja ebenfalls nur indirekt nachzuweisen war. Der Umstand, dass allenfalls Indizien und indirekte Beweise zu erwarten sind, lässt es aber als ratsam erscheinen, bei der Prüfung besonders sorgfältig zu verfahren und beim Ziehen von Schlußfolgerungen Vorsicht walten zu lassen:

1.) Mit Blick auf den politisch-historischen Kontext der Mischna-Bestimmung heißt es in der Gemara zunächst:

Rabbi Le'azar gibt den Grund der Mischna, (weshalb eine Jungfrau am Mittwoch zu verheiraten ist), damit an, dass der Ehemann, falls er eine Jungfernschaftsklage erheben will, früh am Morgen (des folgenden Tages) aufstehen und vor den Gerichtshof (treten kann). Eine Baraita unterstützt (die Ansicht) des Rabbi Le'azar: (Dort heißt es:) Seit die Gefahr (bestand), pflegte man am Dienstag zu verheiraten, und die Weisen protestierten nicht dagegen. (Will jemand) am Montag ehelichen, wird ihm kein Gehör geschenkt. Wenn (eine Heirat am Montag) aber wegen einer Gewalttat (geschieht), so ist es erlaubt.[87]

Mit der „Gefahr" wird, so eine häufig vertretene Deutung, auf die Judenverfolgungen unter Kaiser Hadrian im zweiten Jahrhundert angespielt, der die Religionspraxis der Juden, in Sonderheit die Beschneidung, grundsätzlich unter Strafe gestellt hatte.[88] Der neueren Forschung sind hier Zweifel gekommen, und man kann darauf hinweisen, dass es antijüdische Maßnahmen der Obrigkeit noch zur Zeit der Endredaktion des Yerushalmi im vierten oder fünften nachchristlichen Jahrhundert gab. So muss die Möglichkeit erwogen werden, dass für den Text unterschiedliche Ereignisse und Tatbestände perspektivisch zusammenfallen.[89] Immerhin scheint die hebräische Partikel „min" („seit") auf einen präzisen historischen Moment anzuspielen. In jedem Fall bleibt unklar, aus welchem Grund der Hochzeitstag verlegt worden sein soll. Die in der Forschung geäußerte Vermutung, die Römer hätten Hochzeiten am Mittwoch verboten (unser Text sagt dies nicht aus), erscheint jeden-

---

87 jKet 1,1/5 – 24d,40–44 (MORGENSTERN, Ketubbot, 3f).
88 Zu den Judenverfolgungen unter Hadrian (117–138 n.Chr.) vgl. HENGEL, Hadrians Politik, 172ff; HERR, Bar Kokhba.
89 Vgl. SCHÄFER, Der Bar Kokhba Aufstand, 203f; zum auch noch in späteren Jahren geltenden Beschneidungsverbot für Proselyten vgl. CTh 16.8.26 sowie GOODMAN, Mission, 140.

falls als unwahrscheinlich: Es wäre dann ja zu fragen, warum die Besatzer
Hochzeiten am Dienstag erlaubt hätten. Auch das gelegentlich diskutierte *ius
primae noctis*, das die Soldaten den Bräuten gegenüber in Anwendung gebracht hätten, hilft bei der Erklärung zunächst nicht weiter, weil es die Verschiebung des Hochzeitstages, die den Römern doch bekannt geworden sein
muss, nicht verständlich macht. Neuere Untersuchungen haben zudem geltend gemacht, dass dieser Topos auf einer Fiktion beruht; nach allen Maßstäben historischer Wahrscheinlichkeit ist das *ius primae noctis* niemals faktisch
geltendes Recht gewesen.[90]

Im Hinblick auf die Auslegung unseres *Textes* konzentrieren sich die genannten Überlegungen jedoch zu sehr auf die Ebene der vorgeblichen historischen Fakten und Plausibilitäten. Sie lassen außer Acht, dass die Erwähnung
der „Gefahr" eine Reihe von relativierenden kasuistischen Erwägungen zum
Institut der Jungfernschaftsklage eröffnet, die sich mit der Diskussion eines
möglichen „Zaubers"[91] oder der Möglichkeit, dass die Braut nach ihrer Verlobung durch einen Dritten vergewaltigt worden sein könnte,[92] fortsetzt und
schließlich zur Schilderung von Übergriffen und Gewalttaten der Besatzungs-
armee führt. Im Anschluss an eine Diskussion des Brauches, dass der Bräutigam sich von seinem Schwiegervater verköstigen läßt und während seines
Weilens im Hause der Brautfamilie bereits die Möglichkeit haben könnte, mit
seiner künftigen Frau alleinzusein,[93] heißt es dann:

Früher gab es Judenverfolgungen[94] in Judäa. Denn sie[95] hatten eine Überlieferung
von ihren Vätern, dass Juda den Esau getötet hatte, denn es steht geschrieben: *„(Juda,
deine Brüder sollen dich preisen); deine Hand (packt) das Genick deiner Feinde"* (Gen
49,8). Da begannen sie, sie zu unterdrücken und ihre Töchter zu vergewaltigen und
erließen den Befehl, dass der Befehlshaber[96] (der römischen Garnison die jüdischen
Bräute) zuerst beschlafen sollte.[97] (Daher haben die Weisen) festgelegt, dass ihr Ehemann sie bereits begatten soll, während sie noch in ihrem Vaterhaus weilt.[98]

---

90 ILAN, Integrating Women, 248–251 und DIES., Hers, 150–152, führt die diesbezüglichen Be-
    richte auf ein transkulturelles literarisches Motiv zurück. Zur älteren Forschung vgl. WEIL, Jus
    primae noctis und PATAI, Jus primae noctis; vgl. auch ILAN, Jewish Women, 100.
91 Vgl. jKet 1,1/5 – 24d,44–48 (MORGENSTERN, Ketubbot, 4–5): Vielleicht musste der Termin auf
    einen anderen Tag (Dienstag oder Montag?) verschoben werden, um die Eheschließung vor ei-
    nem feindlichen Zauberer (der möglicherweise am „gewöhnlichen" Hochzeitstag die Potenz
    des Bräutigams bedroht hätte?) zu verheimlichen?
92 Vgl. jKet 1,1/6 – 24d,48–54 (MORGENSTERN, Ketubbot, 5).
93 Vgl. mKet 1,5 (MORGENSTERN, Ketubbot, 40), jKet 1,1/12 – 25a,9–12 (ebd.,12) und bJev 112a.
94 Der hebräische Terminus „shemad" weist möglicherweise auf das Beschneidungsverbot unter
    Hadrian hin; vgl. dazu SIMON, Verus Israel, 99–100; zu Hadrians Judenpolitik vgl. HADAS-LE-
    BEL, Jérusalem contre Rome, 160 ff und GOODMAN, Mission, 138 f.
95 Offensichtlich sind hier die Römer gemeint; vgl. dazu die Ausführungen weiter unten im Text.
96 KRAUSS, Lehnwörter II, 84 (griech. „στρατιώτης", „Soldat" bzw. römischer Offizier); zu grie-
    chisch-lateinischem Kriegsvokabular in rabbinischen Texten vgl. HADAS-LEBEL, Jérusalem con-
    tre Rome, 217.
97 Vgl. auch jGit 5,7 (47b) und die Version in bKet 3b, nach der dieses „Recht" nur dem obersten

Unabhängig von der Frage der Historizität oder Plausibilität der berichteten Ereignisse, ist die relativierende Funktion dieser Ausführungen für das Institut der Jungfernschaftsklage deutlich: Die wie auch immer näher zu identifizierenden „Gefahren" des vorehelichen Verlusts des Hymens hatten eine Verschiebung des Termins herbeigeführt und in diesem Zusammenhang eine Vorverlegung des ersten geschlechtlichen Kontaktes möglich, sinnvoll und ratsam erscheinen lassen. Der schon hier angedeutete Effekt ist freilich, dass die nach der ersten Mischna des Traktates vorgesehene Anklage am Morgen nach der Hochzeitsnacht ihren Sinn verliert. Jeder Gerichtshof muss nun ja annehmen, dass es der unter Umständen klagende Bräutigam selbst gewesen war, der die Braut „zuvor" beschlafen hatte – als „sie noch in ihrem Vaterhaus weilte". Die folgenden Erwägungen im Talmud, die sich in eher lockerer Folge an die erste Argumentationskette anschließen, können dieses Ergebnis nur bekräftigen.

Bevor wir uns diesen Ausführungen zuwenden, die die Jungfernschaftsklage weiter relativieren, ist ein kurzer Blick auf die Anspielungen des zitierten Abschnittes sinnvoll. „Esau" ist in diesem Zusammenhang sicherlich ein Deckname für Rom.[99] Da mit „sie" im zweiten Satz offensichtlich ebenfalls die Römer gemeint sind, stellt sich die Frage, welche mit der „Tötung Esaus durch Juda" verbundene Überlieferung ihnen zugeschrieben wird. Ist an römische Erinnerungen an den Jüdischen Krieg oder die Makkabäerkämpfe gedacht? Soll man darauf hinweisen, dass der Kaiser des Bar-Kochba-Aufstandes die antijüdischen Polemiken des Tacitus gekannt hat?[100] Ist dem Bibelzitat – sollte der zweite jüdische Krieg gemeint sein, was nach dem Gesagten alles andere als sicher ist – vielleicht gar ein Hinweis auf die anfänglichen Erfolge der Aufständischen im Bar Kochba-Krieg zu entnehmen?[101] Andererseits scheinen die Verfolger sich auf eine *biblische* Überlieferung zu berufen. Das lässt an die Möglichkeit denken, dass es sich um Christen gehandelt hat.[102] Sind aus der Rückschau zur Zeit der Endredaktion des palästinensischen Talmuds unterschiedliche römisch-jüdische Konflikte und „Zerstörungslegenden" amalgamiert worden?[103] Soll man an den „jüdisch-christlichen Disput über die Zerstörung Jerusalems und die damit zusammenhängende Rache" denken?[104]

Die Nachricht, dass der Bruder Jakobs von der eigenen Verwandtschaft getötet wurde, steht im rabbinischen Schrifttum nun nicht isoliert da.[105] Nach

Befehlshaber („ἡγημών") zugestanden worden sein soll. Zum historischen Zusammenhang: GRAETZ, Geschichte IV, 465.

98 jKet 1,5/2 – 25a, 24–28 (MORGENSTERN, Ketubbot, 41 f); vgl. auch jGit 5,6/2 – 47b, 11–13.
99 Vgl. EkhR 5,7 (= WÜNSCHE, Ekha Rabba, 146–148) und REBIGER, Gittin, 123 Anm. 208.
100 Vgl. HENGEL, Hadrians Politik, 174f.
101 Vgl. dazu HENGEL, Hadrians Politik, 178f Anm. 109 und HERR, Bar Kokhba, 9f.
102 Andererseits wird in der rabbinischen Literatur bereits Titus die Kenntnis alttestamentlich-biblischer Sachverhalte zugeschrieben: vgl. STEMBERGER, Beurteilung, 352.
103 Vgl. YUVAL, Zwei Völker, 63.
104 Vgl. bGit 56b und YUVAL, Zwei Völker, 62.
105 Vgl. SifDev 348; vgl. BIETENHARD, Sifre Deuteronomium, 848 Anm. 12 mit Belegstellen.

einer späteren Notiz im babylonischen Talmud (bSota 13a) wurde Esau im Streit mit den Söhnen Jakobs von Dans Sohn Hushim getötet, als er sich dem Trauerzug, der seinen Zwillingsbruder zur letzten Ruhe begleitete (Gen 50,12–13), in den Weg stellte und bestritt, mit dem Verkauf der Erstgeburt zugleich das Recht auf einen Grabplatz in der Doppelhöhle Makhpela verkauft zu haben. Diese Überlieferung könnte eine jüdische Reaktion auf die christliche Inbesitznahme der heiligen Stätten Palästinas nach dem vierten Jahrhundert widerspiegeln.[106] Auffällig ist in unserem Text jedenfalls, dass der Eindruck zugelassen wird, als sei der Anlass zu den Judenverfolgungen in einer gewaltsamen Aktion *auf jüdischer Seite* zu suchen, was an die Selbstbeschuldigung des rabbinischen Judentums („wegen unserer Sünden sind wir vertrieben worden …") denken lässt. Diese theologische Aussage freilich fehlt hier. Ein weiteres ist auffällig: Während Edom in anderen rabbinischen Texten der Vergeltung durch einen Messias aus dem Hause *Ephraims* bzw. *Josephs* überantwortet wird,[107] ist es hier *Juda*, der für einen Angriff auf den Zwillingsbruder Jakobs verantwortlich sein soll. Soll man an Melito von Sardes' Diktum denken, der – vor dem Hintergrund der Gleichsetzung Jakobs mit Israel und Edoms mit Rom und aufgrund des christlichen Motivs der jüdischen „Schuld am Tode Jesu" – die Juden mit Edom gleichsetzte, weil Jesu Blut sie rot (hebr. adom) gefärbt habe?[108] Sollte das in unserm Text den Römern zugeschriebene und Judenverfolgungen auslösende Wissen, dass Juda den Esau getötet habe, demnach gar eine Anspielung auf die Hinrichtung Jesu sein? Und lassen sich diese unterschiedlichen Anspielungen mit den Themen Jungfräulichkeit und Jungfernschaftsklage in Verbindung bringen?

2.) Im weiteren Verlauf der Diskussion machen die Rabbinen jedenfalls erst einmal Lebensweisheiten geltend, die auf dem beruhen, was sie für ihre Kenntnis von Frauen halten:

Rabbi Yona (sagte) im Namen des Rabbi Qerispa: „Eine reife Frau ist wie ein offenes Faß."[109] Was du gesagt hast, zielt darauf ab, sie nicht der ihr aufgrund ihres Ehevertrages (zustehenden Zahlung)[110] verlustig gehen zu lassen, (falls sie keine Jungfern-

---

106 Vgl. HEID, Seite, 22; SCHÄFER, Jesus, 232; seit dem vierten Jahrhundert sind christliche Wallfahrten zur Makhpelahöhle in Hebron belegt.
107 Vgl. HEID, Seite, 3; YUVAL, Zwei Völker, 48–50, mit Belegstellen und Erwägungen zu gegenseitigen jüdisch-christlichen Beeinflussungen und Interferenzen, vor allem im Hinblick auf die Abstammung Jesu von Nazareth.
108 Vgl. YUVAL, Zwei Völker, 27.
109 In der traditionellen Auslegung (Rabbi David Fränkel, 1707–1762, in seinem Kommentar unter dem Titel *Qorban ha-ʿeda*) gibt es die Tendenz, das Bild auf die Beschaffenheit der Genitalien des jungen Mädchens zu beziehen: wie ein offenes Fass nicht immer, sondern nur manchmal Wein enthalte, so sei bei der Deflorierung einer Jungfrau nicht in jedem Fall Blut zu erwarten. Die misogyne Deutung, dass bei einem geschlechtsreifen Mädchen ohnehin Sexualverkehr vorausgesetzt werden müsse, wird so ausgeschlossen; vgl. dazu auch jKet 1,1/19 – 25a,49–51 (MORGENSTERN, Ketubbot, 17–18).
110 Zur Übersetzung des Terminus „ketubba", der sowohl den Ehevertrag selbst als auch die aus

schaftszeichen aufweist). [...] Dies[111] stimmt überein mit der Lehre des Rabbi Ḥanina. Denn Rabbi Ḥanina sagte: Es passierte einmal bei einer Frau, dass bei ihr keine Jungfernschaftshäutchen gefunden wurden, und dieser Vorfall kam vor Rabbi. (Rabbi) fragte sie: „Wo sind (deine Jungfernschaftshäutchen)"? Sie antwortete ihm: „Die Stufen im Hause meines Vaters sind hoch, so sind sie (beim Auf- und Absteigen) abgerissen." Und (Rabbi) glaubte ihr. Dies zielt nur darauf ab, dass sie (ihres Anspruchs) auf die ihr aufgrund des Ehevertrages (zustehende Zahlung) nicht verlustig gehen soll.[112]

Die misogyn erscheinende Männerweisheit, die sich Frauen als sexuell unbeherrscht vorstellt („wie ein offenes Faß"), ist aber vielleicht gar nicht so frauenfeindlich gemeint: Für die Betroffenen hatte die Argumentation jedenfalls offensichtlich den positiven Effekt, dass Prozesse sinnlos und unpraktikabel wurden, da ohnehin nicht mit dem Vorhandensein eines Hymens zu rechnen war.

3.) Schließlich macht uns die talmudische Diskussion noch mit eigentümlichen anatomischen Vorstellungen bekannt, die im Resultat weiter dazu beitragen, die Eingangsvorschrift des Traktates ad absurdum zu führen. Denn wie soll man sich einen Prozess vorstellen und die jeder Beweisaufnahme doch zugrundliegenden anatomischen Vorstellungen zurechtlegen, wenn davon ausgegangen wird, dass bereits das Auf- und Absteigen von Stufen des Vaterhauses ein Hymen beschädigen oder gar beseitigen kann? In der Mischna und der Gemara werden daneben Fälle genannt (und die entsprechenden Rechtsfolgen bestimmt), in denen ein Mädchen durch ein Holzstück am Hymen verletzt wurde („mukat eṣ").[113] Es ist vielleicht kein Zufall, dass eben dieser Ausdruck („mukat eṣ") im Midrasch Genesis Rabbah – einem Text, der in zeitlicher Nähe und im geistigen Umfeld unseres Talmudtraktates entstanden ist – in einer Diskussion verwendet wird, in der es um die Jungfräulichkeit der Erzmutter Rebekka geht.[114] In dem rätselhaft lapidaren Stil des Midrasch wird hier (zu

---

ihm abzuleitenden Verpflichtungen im allgemeinen oder diese Verpflichtungen speziell im Scheidungsfall bezeichnen kann, vgl. SATLOW, Rabbinic ketubah Payment, 133. Zur Sache: EPSTEIN, Marriage Contract.

111 Gemeint ist die Tatsache, dass finanziell zugunsten der Frau (im Hinblick auf ihre Erstattungsrechte aus dem Ehevertrag), eherechtlich aber zu ihren Ungunsten entschieden wird.

112 jKet 1,1/11 – 24d,75–25a,6 (MORGENSTERN, Ketubbot, 9 f.). In der Fortsetzung heißt es: „Aber (als Ehefrau) darf (der betreffende Bräutigam) sie (dennoch) nicht behalten wegen des (in jedem Fall bestehenden) Zweifels, sie könnte ehebrüchig geworden sein." Dass die Beweiserhebung im Hinblick auf die Jungfräulichkeit der Braut unmöglich geworden ist und die Frau im finanziellen Bereich zu ihrem Recht kommt, heißt also nicht, dass die Ehe bestehen bleiben kann.

113 Vgl. mKet 1,3 (MORGENSTERN, Ketubbot, 30 f.) und jKet 1,1/13 – 25a,16–18 (MORGENSTERN, Ketubbot, 13) Zur Diskussion dieser unterschiedlichen Rechtsauffassungen im Hinblick auf die Folgen einer Entjungferung durch Holz vgl. auch jKet 1,3/3 – 25b,52–57 (MORGENSTERN, Ketubbot, 32).

114 Vgl. BerR 60,5 (zu Gen 24,16); zur Stilisierung Rebekkas als einer Art jüdischen „Gegen-Maria" im rabbinischen Midrasch (vor allem durch die Hervorhebung des Wunders ihrer Schwangerschaft nach Gen 25,21) vgl. MORGENSTERN, Neukonfiguration.

Gen 24,16) die Höhe der der Mutter Jakobs (also der Mutter Israels!) im Ehevertrag zuzusprechenden Summe diskutiert – dies für den Fall, dass sie vor
der ersten Nacht mit Isaak, ihrem Ehemann, bereits „von einem Holze beschlafen"[115] worden sein könnte. Es ist, für die rabbinische Hermeneutik nicht
eben unüblich und dennoch immer wieder verblüffend, der genaue biblische
Wortlaut („das Mädchen, schön von Angesicht, eine Jungfrau, die noch von
keinem Manne wusste"), der dem Midrasch den Anhaltspunkt zu dieser Erörterung gibt, weil er, im Hinblick auf seine religionsgesetzlichen Assoziationen
gelesen, diese Auslegung zulässt.[116] Zudem scheint der Ausleger sich durch die
Formulierung von der „schönen Jungfrau" provoziert gefühlt zu haben; dies,
obwohl die Übersetzung dieser hebräischen Vokabel (betula) – im Gegensatz
zu der „Jungfrau" (ʿalma) in Jes 7,14 – hier schon deshalb eigentlich kein Problem darstellt, weil es doch heißt, dass sie „noch von keinem Manne wusste"
(Gen 24,16).[117] Im diesem Zusammenhang gelesen, erweckt die rabbinische
Behandlung Rebekkas geradezu den Eindruck, als sollte die Ahnmutter Israels
für den – aus jüdischer Sicht – christlichen Missbrauch untauglich gemacht
werden. Es ist erneut Aphrahat, der uns in seiner achtzehnten Unterweisung
„Gegen die Juden über die Jungfräulichkeit und Heiligkeit" darüber in Kenntnis setzt, dass die Auslegung dieses Abschnittes über die Erzmutter Rebekka
zwischen Juden und Christen umstritten war.[118]

Der babylonische Talmud (Shab 63b) fährt mit der Problematisierung des
Ideals der Jungfräulichkeit fort, wenn er von einer Jerusalemer Familie berichtet, deren Frauen „einen großen Schritt" hatten, so dass die Jungfernhäutchen
„von allein" abfielen; daraufhin wurden die Mädchen der Familie mit Fessel-
bändern versehen, um den „Schritt" und den Verlust des Hymens zu verhindern. Umgekehrt rechnen die Rabbinen an anderer Stelle (bKet 6b) mit der
Möglichkeit, beim ersten Beischlaf die Verletzung zu vermeiden. Auf der glei-

---

115 Vgl. WÜNSCHE, Bereschit Rabba, 283. Offensichtlich steht dieses Motiv im Zusammenhang
     mit den biblischen Erzählungen zur Gefährdung der Ahnfrau (hier: Gen 26,6–11).
116 Der Text sagt strenggenommen ja nur, Rebekka habe noch „keinem Mann" beigewohnt. Im
     weiteren Verlauf der Midraschauslegung heißt es, Rebekka sei die erste Frau gewesen, die
     von einem am achten Lebenstag beschnittenen Mann (vgl. Gen 21,4) beschlafen wurde – zu-
     vor waren Abraham im Alter von neunundneunzig und Ismael im Alter von dreizehn Jahren
     beschnitten worden (Gen 17,24). Die beiden Brüder Esau und Jakob wären nach diesem
     heilsgeschichtlichen Schema – trotz aller Gefährdungen – dann die ersten Kinder, die aus ei-
     ner religionsgesetzlich „ganz intakten" Verbindung hervorgegangen wären. Im Hinblick
     auf das Bedürfnis, das Ereignis der Geburt der heilsgeschichtlichen Zentralfigur – hier Jakob
     (= Israel!), im christlichen Bereich Jesus – genealogisch „abzusichern", erinnert dieses Motiv
     an das Protevangelium Jacobi mit seinen Erzählungen zur Vita der Maria und ihrer Eltern
     Anna und Joachim: freilich ist es hier offensichtlich der am achten Tag beschnittene Isaak,
     nicht Rebekka, der die Legitimitätslinie sichert.
117 Im übrigen wird auch Rebekka im Gen 24,43 als ʿalma bezeichnet – ein Umstand, der in Ver-
     bindung mit Gen 24,16 zur christlichen Deutung von Jes 7,14 beigetragen hat (vgl. BETZ,
     Jungfrau, 707).
118 BRUNS, Aphrahat, 2. Teilbd., 431 (Demonstrationes 18,1).

chen Linie liegen Aussagen im palästinensischen Traktat Ketubbot, die davon
berichten, dass beim Beischlaf eines Minderjährigen mit einer Minderjährigen
bei dem Mädchen die Jungfernschaftszeichen wieder zurückwüchsen.[119] Nach
einer anderen Stelle (bChag 14b–15a) soll gar eine „unbefleckte Empfängnis"
möglich sein, wenn eine virgo in einer Wanne badet, in die ein Mann seinen
Samen ausgestoßen hat – ein Text, den bereits Tal Ilan als Reaktion auf den
„christlichen Gründungsmythos" interpretiert hat.[120]

Eine weitere Relativierung ergibt sich durch die Einschränkung der Strafbestimmungen des Unzuchtsfalles von Dtn 22,23–25 im Hinblick auf das
Alter der anvisierten Frauen.[121] Nach einer Lehrmeinung im Talmud sind hier
nur Jungfrauen im Alter von zwölf bis zwölfeinhalb Jahren gemeint, die noch
im Hause ihres Vaters gelebt hatten und dort verlobt worden waren.[122] Dies
wird mit der Defektivschreibung der biblischen Vokabel „na'ara"[123] in den
biblischen Quellentexten Dtn 22,15 f und 20 f begründet:

Die (Lehrmeinung, dass von dieser rechtlichen Vorschrift ein junges Mädchen im Alter von zwölf bis zwölfeinhalb Jahren betroffen ist), entspricht der Ansicht des Rabbi
Me'ir. [...] Was ist der Grund (für diese Lehrmeinung) des Rabbi Me'ir? Im (biblischen) Abschnitt ist (das Wort) „*(junges) Mädchen*" defektiv geschrieben.[124]

---

119 Vgl. jKet 1,3/2 – 25b,48–52 (MORGENSTERN, Ketubbot, 31): „(Auch wenn) ein Minderjähriger einer Minderjährigen beiwohnt, kehren (ihr) die Jungfernschaftszeichen zurück. (Aber
wenn) ein Minderjähriger einer Erwachsenen beiwohnt, kehren (dieser) die Jungfernschaftszeichen nicht zurück [...]. Und so wird gelehrt: Es geschah einmal (einer Frau), dass sie (von
einem Minderjährigen) schwanger wurde, aber ihre Jungfernhäutchen waren intakt geblieben." Als minderjährig gelten Knaben, die jünger sind als neun Jahre und einen Tag (vgl.
Chanoch Albeck, Shisha sidre mishna, Kommentar zu mNid 5,5 und Morgenstern, Nidda,
134 f); als minderjährig gelten Mädchen, die jünger sind als drei Jahre und einen Tag (vgl.
mNid 5,4); nach jPes 8,1/2 – 35c,76 gilt eine Minderjährige, die Unzucht getrieben hat, als
willenlos; sie ist für ihre Handlungen nicht verantwortlich.
120 So ILAN, Lektüren, 24 f.
121 Vgl. BAMBERGER, Qetanah, Na'arah, Bogereth, 290–293.
122 Dieser Altersabschnitt wird nach dem Talmud durch das Auftreten von mindestens zwei
Schamhaaren kenntlich. Wenn man annimmt, dass jüdische Mädchen in diesem Alter üblicherweise verlobt wurden, wäre im Übrigen anzunehmen, dass auch Maria zur Zeit ihrer
Schwangerschaft dieses Alter gehabt hätte; vgl. STRACK/BILLERBECK, Kommentar II,374.
123 Das defektiv geschriebene Wort kann (unvokalisiert) auch als „junger Mann" gelesen werden.
124 Vgl. jKet 3,9/3 – 27d,65–71 (MORGENSTERN, Ketubbot, 145 f); die Lehrmeinung Rabbi Me'irs
ist in der Gemara aber nicht unumstritten. In der Fortsetzung der Diskussion heißt es: „Wie
erklären die Gelehrten diese defektive Schreibung des Wortes ,*(junges) Mädchen*' (ebd.)?
Rabbi Abbahu sagte im Namen des Rabbi Shim'on ben Laqish: Im (betreffenden) Abschnitt
ist (das Wort) ,*(junges) Mädchen*' einmal voll ausgeschrieben (Dtn 22,19). (Dies) bedeutet
(im Analogschluß), dass im ganzen Abschnitt eine volljährige (Frau) gemeint ist. Rabbi
Me'ir entgegnete den Gelehrten: (Im Fall) der Verleumdung (einer Frau wegen des angeb-
lichen Fehlens ihrer Jungfernschaftszeichen) wird (das Wort) ,*(junges) Mädchen*' (ebenfalls)
defektiv geschrieben (Dtn 22,21)! (Hier ist doch offensichtlich) eine volljährige (Frau) ge-

Bezeichnenderweise werden, soweit ich sehe, in der rabbinischen Literatur an keiner Stelle Beispiele dafür genannt, dass Ehemänner einen Jungfernschafts-prozeß gewonnen hätten.[125] Stattdessen wird der Bräutigam, der nach Dtn 22,14 behauptet, das Hymen seiner Braut nicht gefunden zu haben, verdäch-tigt, er könnte ihre Jungfernschaftszeichen beseitigt haben.[126] Einige Zeilen weiter heißt es, dass die Vorschrift „*sie sollen (zum Beweis der Jungfräulichkeit in der Hochzeitsnacht) das Bettuch ausbreiten*" (Dtn 22,17) (nur) sinnbildlich (gemeint) sei.[127] Auch im Beweisrecht findet also eine Abkehr von der Pro-zedur des Jungfernschaftsprozesses statt. Zudem wird in bKet 10ab von dem Verdikt Rav Naḥmans berichtet, klagende Männer seien mit der Prügelstrafe zu belegen, offenbar in der Annahme, dass sie sich die Expertise zur Beurtei-lung des Sachverhaltes, wenn es sich um ihre erste Ehe handelte, bei einer Prostuierten verschafft haben müssten.[128] Bernhard Bamberger urteilt mit Blick auf das Strafverfahren in einem rabbinischen Jungfernschaftsprozeß zusammenfassend: „the criminal aspect of the case was reduced *ad absur-dum*."[129]

Soll man mit Tal Ilan vermuten, dass die rabbinische Literatur hier eine Entwicklung widerspiegelt, in deren Verlauf Jungfernschaftsprozesse immer unbeliebter wurden, weil jüdische Mädchen bei ihrer Hochzeit üblicherweise keine Jungfrauen mehr waren?[130] Empirische Daten aus der fraglichen Zeit stehen freilich nicht zur Verfügung, und historische Rekonstruktionen haben sich auch in anderer Hinsicht als schwierig erwiesen. Die Aufgabe der Text-erklärung sollte daher im Vordergrund stehen. Wie also ist der Befund zu er-klären, dass der Talmud mit der Darstellung des Jungfernschaftsprozesses be-ginnt, um diese Institution im Anschluss umständlich zu „dekonstruieren"? Um nicht in den Verdacht zu geraten, Fragestellungen der modernen Gender-forschung oder der feministischen Theologie in die antiken Texte zurück-

---

meint! Ein minderjähriges (Mädchen) würde (für ihre Unzucht) doch nicht mit Steinigung (bestraft werden). Wie (wollen) das (d.h. die Tatsache, dass volljährige Frauen gemeint sind und die Schrift sich gleichwohl einer Defektivschreibung bedient) die Gelehrten erklären? Rabbi Abbin sagte: ‚(Der in der Schrift vorausgesetzte Fall) läßt sich so lösen, dass (der be-treffende Straftäter das junge Mädchen) wie einen Knaben beschlafen hat.' " Andere Deutun-gen dieser Stelle bei: Neusner, Ketubot und Guggenheimer, Ketubot and Nidda. Nach bKet 40b und 44b sind bei der Defektivschreibung des Wortes freilich auch minderjährige Mäd-chen einbegriffen.

125 Vgl. Bamberger, Qetanah, Naʿarah, Bogereth, 289; von einem erfolglosen Jungfernschafts-prozeß berichtet bGit 57a.
126 Vgl. jKet 4,4/5 – 28c,5–8 (Morgenstern, Ketubbot, 166).
127 Vgl. SifDev 237; auch David Fränkel erklärt in seinem Kommentar *Qorban ha-ʿeda*, es sei „nicht wirklich" ein Bettuch gemeint („lo simla mamash").
128 Zu den anatomischen Vorstellungen in der Antike, die zusätzlich dazu beitrugen, Jungfern-schaftsprozesse zu erschweren, vgl. Sissa, Maidenhood und Morgenstern, Nidda, 134 mit Anm. 38 und 162 Anm. 82–83.
129 Vgl. Bamberger, Qetanah, Naʿarah, Bogereth, 285.
130 Vgl. Ilan, Hers, 198 f.

zuprojizieren, wäre es von Vorteil, den Befund in die Gesamtsituation des Judentums der Spätantike einordnen und dabei auch auf externe Belege Bezug nehmen zu können. Als Kontrastfolie bietet sich dabei das frühe Christentum an. In seinem Lob der christlichen Jungfrau hat Aphrahat jedenfalls einen Gegensatz zum Judentum im Auge:

Die Lampen aller Jungfrauen, die mit Christus verlobt sind, leuchten dort, und mit dem Bräutigam betreten sie sein Brautgemach (vgl. Mt 25,7–10). Alle, die mit Christus verlobt sind, sind fern von den Verwünschungen des Gesetzes und befreit von der Strafe der Evastöchter. Denn sie gehörten keinem Manne, dass sie die Verwünschungen auf sich genommen hätten und in Schmerzen lägen. Sie sind dem Tod nichts schuldig, da sie ihm keine Kinder gegeben haben, und anstelle eines sterblichen Mannes sind sie mit Christus verlobt. ‚Da sie keine Söhne geboren haben, wird ihnen ein Name gegeben, der besser ist als Söhne und Töchter' (Jes 56,5). Anstelle des Wehgeschreis der Evastöchter (bei der Geburt) sprechen sie die Psalmen des Bräutigams. Das Gastmahl der Evastöchter dauert sieben Tage; doch ihr Bräutigam verscheidet nicht auf ewig. Der Schmuck der Evastöchter ist Wolle, die abnutzt und verschleißt, die Kleider jener aber nutzen nie ab. Die Schönheit der Evastöchter lässt das Alter welken, die Schönheit jener aber wird zur Zeit der Auferstehung erneuert.[131]

Bemerkenswert an diesen Zeilen ist, dass der Kirchenvater offensichtlich eine jüdische Praxis kennt, von der er nicht allein aus der Bibel wissen kann, weil sie auf der mündlichen rabbinischen Tradition beruht. Der Traubaldachin,[132] das siebentägige Hochzeitsfest,[133] die Erwähnung des möglichen Sterbens des Ehemannes, das dem Talmud Anlass für komplizierte versorgungsrechtliche Erörterungen gibt,[134] die Wolle als Kennzeichen der Weiblichkeit,[135] ja vielleicht selbst die Anspielung auf abgenutzte und verschlissene Kleidungsstücke[136] – all dies verweist auf Themen, die im Talmudtraktat über die Eheverträge verhandelt werden, von denen Aphrahat in der Begegnung mit zeitgenössischen rabbinischen Juden erfahren haben kann. Beide Texte – der Talmud und Aphrahats Demonstratio – werden so als Teil einer kontrovers-theologischen Debatte lesbar. Der Eindruck lässt sich nicht von der Hand wei-

---

131 Bruns, Aphrahat, 194 f (Demonstrationes, 6,6).
132 Vgl. jKet 1,4/2 – 25b,70–75 (Morgenstern, Ketubbot, 35) und jKet 3,5/2 – 27c,73–76 (ebd., 135).
133 Vgl. jKet 1,1/15 – 25a,23–29 (Morgenstern, Ketubbot, 14) in Verbindung mit Gen 29,27 und 50,10; vgl. auch bShab 152a.
134 Vgl. Kapitel 4 der Mischna Ketubbot.
135 Vgl. mKet 5,6.
136 Vgl. jKet 5,8/4-5 – 30b,4–17 und jKet 5,10/2 – 30b,27–32 (Morgenstern, Ketubbot, 241 und 243: eine Diskussion über die Auslegung der Pflichten des Ehemannes nach Ex 21,10: Er muss für ihre Ernährung, ihre Kleidung und für ihre sexuelle Befriedigung sorgen); vgl. auch mKet 5,12; jKet 5,10/7 – 30b,53–57 und jKet 7,7/4 – 31c,5–6 (Morgenstern, Ketubbot, 246 f und 286: eine Diskussion über die Frage, welche Kleider eine aus der Ehe entlassene Frau mitnehmen darf); vgl. auch mKet 11,7 (Morgenstern, Ketubbot, 412) und jKet 12,1/3 – 34d,53 (Morgenstern, Ketubbot, 420).

sen, dass die Spannungen zwischen Juden und Christen – wie manche interreligiösen Spannungen in unserer Gegenwart – bereits vor eineinhalb Jahrtau-
senden ihren Kristallisationspunkt in der Genderfrage hatten.[137]

Literatur

ADLER, R., *The Jew Who Wasn't there*. Halakhah and the Jewish Woman, in: S. He-
schel (Hg.), On Being a Jewish Feminist, New York 1983.

ALT, F., *Jesus*, der erste neue Mann, München 1989.

BACKE-DAHMEN, A., Die *Welt der Kinder* in der Antike, Mainz 2008.

BALSDON, D., *Die Frau* in der römischen Antike, München 1989.

BAMBERGER, B. J., *Qetanah, Naʿarah, Bogereth*, in: HUCA 32, 1961, 281–294.

BETZ, O., Art. *Jungfrau*, Jungfräulichkeit, in: Calwer Bibellexikon, Bd. I, Stuttgart
2003, Sp. 706-707.

BIETENHARD, H., Der tannaitische Midrasch *Sifre Deuteronomium* übersetzt und erklärt, Bern 1984.

BIN-NUN, A., *Einführung in das Recht* des Staates Israel, Darmstadt 1983.

BIONDI, B., *Il concetto* di donazione, in: Scritti Giuridici 3, Milano 1965, 641–725.

BOYARIN, D., *A Radical Jew*. Paul and the Politics of Identity, Berkeley/Los Angeles
1994.

–, *Carnal Israel*. Reading Sex in Talmudic Culture, Berkeley/Los Angeles/London
1995.

–, *Unheroic Conduct*. The Rise of Heterosexuality and the Invention of the Jewish
Man, Berkeley/Los Angeles/London 1997.

BRINGMANN, K., *Kaiser Julian*, Darmstadt 2004.

BRUMLIK, M., *Der Anti-Alt* – wider die furchtbare Friedfertigkeit, Frankfurt am Main
1991.

BRUNS, P., *Aphrahat*. Unterweisungen. 1. Teilbd., Aus dem Syrischen übersetzt und
eingeleitet, Freiburg u. a. 1991.

CANTARELLA, E., *Roman Marriage*. Social, Economic and Legal Aspects, in: K. Mustakallio u. a. (Hg.), Hoping for Continuity. Childhood, Education and Death in Antiquity and the Middle Ages, Acta Instituti Romani Finlandiae vol. 33, Rom 2005,
25-32.

COHEN, B., *Jewish and Roman Law*. A Comparative Study, Bd. I–II, New York 1966.

COHEN, S. J. D. (Hg.), The *Jewish Family* in Antiquity, Atlanta 1993.

–, *The Beginnings* of Jewishness. Boundaries, Varieties, Uncertainties, Berkeley/Los
Angeles 1999.

---

137 Vgl. BOYARIN, Unheroic Conduct; DERS., A Radical Jew; zu den „gegenderten" Religions-
debatten der Gegenwart vgl. Die Diskussionen über die Rolle der Frau im Christentum und
im Islam. Im Hinblick auf den jüdisch-christlichen Dialog vgl. die bereits in den achtziger
Jahren des vorigen Jahrhunderts diskutierte Frage, ob und in welchem Umfang der christliche Feminismus sich antijüdisch artikuliert: dazu ALT, Jesus – mit einem Bild von der Frauenfreundlichkeit Jesu vor dem Hintergrund eines finster-misogynen Pharisäismus; vgl. die
Replik von BRUMLIK, Der Anti-Alt; dazu die Diskussion bei: SIEGELE-WENSCHKEWITZ, Vergangenheit.

EGO, B., *Tobit*. Jüdische Schriften aus hellenistisch-römischer Zeit, Bd. 2,6, Gütersloh 1999.

EPSTEIN, L. M., The Jewish *Marriage Contract*. A Study in the Status of the Woman in Jewish Law, New York 1927.

FITZMYER, J. A., *Tobit*, Berlin/New York 2003.

FRIEDMAN, M. A., *Jewish Marriage* in Palestine, A Cairo Geniza Study, Bd. I–II, Tel Aviv/New York 1980.

GELLER, M. J., *New Sources* for the Origins of the Rabbinic Ketubbah, in: Hebrew Union College Annual 49, 1978, 227–245.

GOODMAN, M., *Mission* and Conversion. Proselytizing in the Religious History of the Roman Empire, Oxford 1994.

GRAETZ, H., *Geschichte* der Juden vom Untergang des jüdischen Staates bis zum Abschluß des Talmud, Bd. 4, Leipzig ²1866.

GREGOR VON NYSSA, *Vie de Sainte Macrine*, Sources Chrétiennes 178, Paris 1971.

GRUBBS, E., *Children and Divorce* in Roman Law, in: K. Mustakallio u. a. (Hg.), Hoping for Continuity. Childhood, Education and Death in Antiquity and the Middle Ages, Acta Instituti Romani Finlandiae Bd. 33, Rom 2005, 31–47.

GUGGENHEIMER, H., The Jerusalem Talmud. Third Order: Nashim. Tractates *Ketubot and Nidda*. Edition, Translation, and Commentary (Studia Judaica. Forschungen zur Wissenschaft des Judentums, Bd. XIX), Berlin/New York 2006.

GULAK, A., *Yesode ha-mishpat* ha-ʿivri (Die Grundlagen des hebräischen Rechts), Bd. I–II, Tel Aviv 1966.

HADAS-LEBEL, M., *Jérusalem contre Rome*, Paris 1990.

HAUPTMAN, J., *Rereading* the Rabbis. A Women's Voice, Boulder 1998.

HEID, S., Auf welcher *Seite* kämpfte Gott?, in: Zeitschrift für Kirchengeschichte 1, 1993, 1–22.

HENGEL, M., *Hadrians Politik* gegenüber Juden und Christen, in: JANES 16/17 (1984/85), 153–182 (= ders., Judaica et Hellenistica I,358–391).

HERR, M. D., Sibbotaw shel mered *Bar Kokhba*, in: Zion 43, 1978, 1–11.

HOMOLKA, W., Das jüdische *Eherecht*, in: De Processibus matrimonialibus. Fachzeitschrift zu Fragen des kanonischen Ehe- und Prozessrechtes 13, 2006, 37–55.

ILAN, T., *Jewish Women* in Greco-Roman Palestine: An Enquiry into Image and Status, Texte und Studien zum Antiken Judentum 44, Tübingen 1995.

–, *Integrating Women* into Second Temple History, Texts and Studies in Ancient Judaism 73, Tübingen 1999.

–, Mine and Yours are *Hers*: Retrieving Women's History from Rabbinic Literature, Leiden 1997.

–, Folgenreiche *Lektüren*: Gender in Raschis Kommentar zum Babylonischen Talmud, in: Ch. E. Müller/A. Schatz (Hg.), Der *Differenz* auf der Spur. Frauen und Gender in Aschkenas, Berlin 2004.

INSTONE-BREWER, D., *Divorce and Remarriage* in the Bible. The Social and Literary Context, Grand Rapids 2002.

KAHANA, K., The Theory of *Marriage* in Jewish Law, Leiden 1966.

KRAUSS, S., Griechische und lateinische *Lehnwörter* im Talmud, Midrasch und Targum. Teil II, Hildesheim 1964.

–, *Talmudische Archäologie*, Teil I–II, Leipzig 1910–1912 (Nachdruck Hildesheim 1966).

Kunst, Ch., *Eheallianzen* und Ehealltag in Rom, in: Th. Späth/B. Wagner-Hasel (Hg.), Frauenwelten in der Antike, Darmstadt 2000, 32–52.

Le Saint, W. P., *Tertullian*, Treatises on Marriage and Remarriage, Ancient Christian Writers 13, Westminster/London 1951.

Lévinas, E.: *Entre deux mondes.* La voie de Franz Rosenzweig (1959), in: ders.: Difficile Liberté. Essais sur le Judaïsme, Paris 1973, 253–281.

–, *Schwierige Freiheit.* Versuch über das Judentum, aus dem Französischen von Eva Moldenhauer, Frankfurt a. M. 1992, 129–154.

Mette-Dittmann, A., Die *Ehegesetze* des Augustus. Eine Untersuchung im Rahmen der Gesellschaftspolitik des Princeps, Stuttgart 1991.

Mommsen, Th./Meyer, P. (Hg.), Theodosiani Libri XVI cum Constitutionibus Sirmondianis, Bd. I/2, Berlin 1904.

Morgenstern, M., Von *Frankfurt* nach Jerusalem. Isaac Breuer und die Geschichte des Austrittsstreits in der deutsch-jüdischen Orthodoxie, Tübingen 1995.

–, *Halachische Schriftauslegung.* Auf der Suche nach einer jüdischen „Mitte der Schrift", ZThK 103, 2006, 26–48.

–, Übersetzung des Talmud Yerushalmi, Bd. VI/1: *Nidda.* Die Menstruierende, Tübingen 2006.

–, Beobachtungen zur *Neukonfiguration* der Erzvätergeschichte im rabbinischen Midrasch. Die gebärmutterlose Geburt Rebekkas – oder: Warum Jakob Abraham errettete, Judaica. Beiträge zum Verstehen des Judentums 64, 2008, 37–53.

–, Übersetzung des Talmud Yerushalmi III/3: *Ketubbot.* Eheverträge, Tübingen 2009.

Neusner, J., *Aphrahat* and Judaism: The Christian-Jewish Argument in Fourth-Century Iran, Leiden 1971.

–, The Talmud of the Land of Israel. A Preliminary Translation and Explanation, Bd. 22: *Ketubot*, Chicago-London 1985.

–, *Judaism in Society.* The Evidence of the Yerushalmi. Toward the Natural History of a Religion, Atlanta 1991.

–, *Ethics* of Family Life. What Do We Owe One Another, Belmont 2001.

Patai, R., *Jus primae noctis*, in: I. Ben-Ami/D. Noy (Hg.), Folklore Center Studies, Bd. 4, Jerusalem 1974, 177–180.

Peskowitz, M., *Spinning Fantasies*: Rabbis, Gender and History, Berkely 1991.

Prader, J., *Das kirchliche Eherecht* der christlichen Kirchen, der Mohammedaner und der Juden unter besonderer Berücksichtigung der Staaten im Vorderen Orient, Frankfurt am Main 1973.

Puliatti, S., La *dicotomia* vir mulier e la disciplina del ratto nelle fonti legislative tardo imperiali, in: Studia et documenta historiae et juris 61, 1995, 471–530.

Rebiger, B., Übersetzung des Talmud Yerushalmi III/5: *Gittin.* Scheidebriefe, Tübingen 2008.

Reichman, R., *Abduktives Denken* und talmudische Argumentation (Texts and Studies in Ancient Judaism 113), Tübingen 2006.

Satlow, M., Reconsidering the *Rabbinic ketubah Payment*, in: S. J. D. Cohen (Hg.), The Jewish Family in Antiquity, Atlanta 1993, 133–151.

Schäfer, P., *Der Bar Kokhba Aufstand.* Studien zum zweiten jüdischen Krieg gegen Rom (TSAJ I), Tübingen 1981.

–, *Jesus* im Talmud, Tübingen 2007.

Schremer, A., *Male and Female* He Created Them: Jewish Marriage in Late Second Temple, Mishnah and Talmud Period (hebr.), Jerusalem 2003.

SHIFMAN, P., *Dine Ha-Mishpakha* be-Yisrael (Family Law in Israel), Bd. I 1984; Bd. II 1989.

SIEGELE-WENSCHKEWITZ, L., Verdrängte *Vergangenheit,* die uns bedrängt. Feministische Theologie in der Verantwortung für die Geschichte, München 1988.

SIMON, M., *Verus Israel.* A Study of the relations between Christians and Jews in the Roman Empire, Oxford 1986.

SISSA, G., *Maidenhood* without Maidenhead: The Female Body in Ancient Greece, in: D.M. Halperin/J.J. Winkler/F.I. Zeitlin (Hg.), The Construction of Erotic Experience in the Ancient Greek World, Princeton 1990.

STEMBERGER, G., Die *Beurteilung* Roms in der rabbinischen Literatur, in: H. Temporini (Hg.), Aufstieg und Niedergang der römischen Welt, Teil 2, Bd. 19,2, Berlin/New York 1979.

STRACK, H. L./BILLERBECK, P., *Kommentar* zum Neuen Testament aus Talmud und Midrasch, Bd. I: Das Evangelium nach Matthäus, München 1994.

TILLY, H.-P., *Qiddushin.* Antrauung. Übersetzung des Talmud Yerushalmi, Bd. III/7, Tübingen 1995.

VALLER, S., *Women and Womanhood* in the Stories of the Babylonian Talmud (hebr.), Tel Aviv 1993.

WEGNER, J. R., *Chattel or Person?* The Status of Women in the Mishnah, New York 1988.

WÜNSCHE, A., Der Midrasch *Ekha Rabba.* Ins Deutsche übertragen, Leipzig 1881.

–, Bibliotheca Rabbinica. Der Midrasch *Bereschit Rabba,* Leipzig 1881.

WEIL, I., *Jus primae noctis.* Eine geschichtliche Untersuchung von Dr. Karl Schmidt, in: REJ 1883, 156–158.

WIEDEMANN, TH., *Adults and Children* in the Roman Empire, Reading 1989.

YUVAL, I., *Zwei Völker* in deinem Leib. Gegenseitige Wahrnehmung von Juden und Christen in Spätantike und Mittelalter, Göttingen 2007.

ZEITLIN, S., *The Origin* of the Ketubah: A Study in the Institution of Marriage, in: Jewish Quarterly Review 24, 1933, 1–7.

ZISKIND, J. R., *John Selden* on Jewish Marriage Law. The Uxor Hebraica, Leiden/New York-Köln 1991.

Christiane Tietz

Ebenbildlichkeit.
Vom androgynen Menschen
zum zweigeschlechtlichen Gott

Die Rezeption von Gen 1,27
in der Geschichte der christlichen Dogmatik

„Gott schuf den Menschen zu seinem Bilde; zum Bilde Gottes schuf er ihn; männlich und weiblich schuf er sie" (Gen 1,27). Schon immer besaß dieser Satz in der christlichen Tradition Relevanz – machte er doch die spezielle Differenz zwischen dem Menschen und allen anderen Geschöpfen deutlich: der Mensch ist das einzige Geschöpf, das als Bild Gottes geschaffen wurde; nur als Gott *den Menschen* schuf, nahm er sich selbst zum Urbild.[1] Gen 1,27 beschreibt mithin eine fundamentale *Differenz* zwischen dem Menschen und allen anderen Geschöpfen, indem der Text eine besondere *Ähnlichkeit* zwischen Mensch und Gott behauptet; in ihr sind alle Menschen *gleich*. Weil er gleichzeitig vom Menschen als geschaffen spricht, schärft er aber auch eine fundamentale *Differenz* zwischen Mensch und Gott ein, in der ebenfalls alle Menschen *gleich* sind. Und schließlich benennt er, indem er an die sexuelle Differenzierung in männlich und weiblich erinnert, eine *Differenz* innerhalb der Menschheit. Insgesamt ergibt sich damit ein Zusammenspiel von Ähnlichkeit, Gleichheit und Differenz: Menschen sind gleich, insofern sie sich von allen anderen Geschöpfen in einer bestimmten Weise unterscheiden und insofern sie irgendwie Gott ähnlich, aber nicht mit ihm identisch sind; dennoch besteht ein Unterschied innerhalb der Menschheit durch die Geschlechtlichkeit.

Die für unser Thema interessanten und in der christlichen Theologie mannigfach diskutierten Fragen lauten: Wie kann die sexuelle Unterscheidung zwischen männlich und weiblich bezogen werden auf die Aussage, dass Menschen das Ebenbild Gottes sind? Anders gesagt: In welchem Verhältnis stehen die beiden Sätze: zu Gottes Bild schuf er den Menschen; und: männlich und

---

1 Die neuere Exegese hat herausgearbeitet, dass der Text mit בְּצַלְמֵנוּ כִּדְמוּתֵנוּ (als unser Bild/ unsere Statue, wie unsere Ähnlichkeit; vgl. Janowski, Gottebenbildlichkeit, 1159) nicht eine substantielle Ähnlichkeit zwischen Mensch und Gott beschreibt, also ein Geschaffensein *nach* dem Bild Gottes (so die Übersetzung in der Septuaginta: κατ᾽ εἰκόνα καὶ καθ᾽ ὁμοίωσιν). Vielmehr wird durch die Bezeichnung des Menschen als „Gottesstatue" eine funktionale Ähnlichkeit behauptet, die in dem göttlichen Auftrag an den Menschen liegt, mit der ihm zuhandenen Welt so umzugehen, wie Gott über die Welt als ganze herrscht (vgl. W. Gross, Gottebenbildlichkeit, sowie Ders., Statue oder Ebenbild Gottes?).

weiblich schuf er sie, zueinander? Und in welcher Weise wirkt sich die Geschlechterdifferenz auf die Behauptung der Gleichheit aller Menschen aus? Unterzieht man verschiedene Antworten, die auf diese Fragen im Laufe der Theologiegeschichte gegeben wurden, einer genaueren Analyse, so kann man eine faszinierende Entwicklung und Veränderung beobachten, die im folgenden in groben Strichen nachgezeichnet werden soll. Die vorgenommene Auswahl an dogmatischen Positionen erhebt nicht den Anspruch erschöpfend zu sein.

1. Versuchte Vertreibung der Sexualität aus dem Paradies – Lesarten in der Alten Kirche

Die Perspektive der Alten Kirche[2] auf unseren Vers ist geprägt von der damaligen spezifischen historischen Spannung zwischen der Wertschätzung eines als geistlich wertvoller erachteten asketischen, zölibatären Lebens und der alltäglichen Lebensweise gewöhnlicher Christen. Sie ergab sich aus der Frage, wie sich die radikale, mit der eschatologischen Erwartung begründete Forderung nach Ehelosigkeit (vgl. 1 Kor 7,29–34) zum alltäglichen Leben der meisten Glaubenden, die arbeiteten und aßen, heirateten und Kinder bekamen und die dennoch als Christen verstanden werden sollten, verhielt.[3] In diesem Zusammenhang bekam das „asketische Paradigma"[4] Bedeutung, dass Sexualität ein nachgeordnetes Charakteristikum der menschlichen Person sei.[5] Entsprechend diskutierte man in Bezug auf die Schöpfungsgeschichte, wann die sexuelle Differenzierung denn stattgefunden habe (Gibt es sie schon im Urzustand – oder vollzieht sie sich erst nach dem Sündenfall?) und ob die Ehe entsprechend zu den ursprünglichen Ordnungen Gottes zu zählen sei oder nicht.

Greifen wir zunächst zwei Theologen des Ostens heraus, die dem jüdisch-hellenistischen Philosophen Philo[6] (vermutlich 20/13 v.Chr. bis 45 n.Chr) folgten und zwei Schöpfungsvorgänge unterschieden: im ersten wird der

---

2 Vgl. dazu auch DASSMANN, „Als Mann und Frau erschuf er sie"; GÖTZ, Der geschlechtliche Mensch.
3 Vgl. BENJAMINS, Keeping Marriage out of Paradise, 93f: Ziel der altkirchlichen Überlegungen war eine „balance between the radical and eschatological requirements of the Gospel, and daily life arrangements in this world, where people work, eat, marry, produce children, and are still considered to be Christians."
4 Vgl. dazu DASSMANN, „Als Mann und Frau erschuf er sie", 47.
5 Vgl. SCHREINER, Eve, the Mother of History, 151, mit Bezug auf BROWN, Augustine and Sexuality.
6 Vgl. dazu HOEK, Philo's Thoughts on Adam and Eve, 70f: Philo bezeichne den zuerst geschaffenen Menschen als „neither male nor female"; damit sei aber nicht „a mixture of male and female, something that, if vizualized, would result in a kind of hermaphrodite" gemeint; Philo könne damit einen Eunuchen gemeint haben oder „a concept that was not gendered, thus an a-sexual or maybe pre-sexual being".

Mensch als *androgynes* geistiges Wesen geschaffen, im zweiten in seiner Körperlichkeit und Geschlechtlichkeit.[7] Dabei war für sie klar: Der androgyne, ge-
schlechtslose Mensch ist Ebenbild Gottes, nicht der weibliche oder männliche.

Origenes (184/5–254) bspw. unterschied *zwei Schöpfungen:* die erste ist die
ewige Schöpfung der geistigen Welt mit ihren durch Willensfreiheit bestimmten Vernunftwesen; die zweite ist die Schöpfung der physischen Welt einschließlich der Körper der Vernunftwesen. Weil die Mehrzahl der geistigen
Wesen ihre Freiheit missbrauchte, wurde die physische Welt als Strafe und
Chance geschaffen, um den geistigen Wesen die Möglichkeit zur Buße und
zur Umkehr zu Gott zu geben. Origenes bezog die Gottebenbildlichkeit auf
die Menschen als ewige geistige Wesen,[8] nicht auf die in ihrem Geschlecht unterschiedenen körperlichen Individuen: „Diesen Menschen, der, wie es heißt,
nach dem Bild Gottes geschaffen ist, dürfen wir uns nicht körperlich denken.
Denn nicht das körperliche Gebilde trägt das Bild Gottes [...]“.[9] Menschen
sind Ebenbild Gottes[10] in ihrer Vernunftnatur und ihrem Willen, aber nicht
als unterschiedene Geschlechter.[11]

Wie aber geht Origenes dann mit dem Sachverhalt um, dass Gen 1,27 vom
männlichen und weiblichen Menschen als dem Ebenbild Gottes spricht? An
manchen Stellen behauptet Origenes, diese Verse bezögen sich nicht auf die
erste Stufe der Schöpfung, sondern verwiesen auf die zukünftige Schöpfung
der beiden Geschlechter, die in Gen 2 beschrieben wird. Der Text spreche an-
tizipatorisch von der physischen Welt, in welcher die unterschiedlichen Geschlechter notwendig sind, um den Auftrag, sich zu mehren (Gen 1,28), realisieren zu können.[12] Origenes interpretiert Gen 1,27 aber auch allegorisch: Der

---

7 Vgl. Benjamins, Keeping Marriage out of Paradise, 95.

8 Manche Autoren der Alten Kirche sprachen sich hingegen in Anlehnung an 1 Kor 11,7 für eine
primäre Gottebenbildlichkeit des *Mannes* aus (vgl. dazu Götz, Der geschlechtliche Mensch,
109 f.). Theodoret von Kyros bspw. (zitiert nach Leipoldt, Die Frau in der antiken Welt, 186)
spricht im Anschluss an 1 Kor 11,7 von der Frau als Abbild des Abbildes (εἰκόνος εἰκών). Dabei wird insbesondere damit argumentiert, dass die Ebenbildlichkeit in der Herrschaftsfähig-
keit liege, die die Frau durch ihre Unterordnung unter den Mann gerade nicht habe (vgl.
Götz, Der geschlechtliche Mensch, 110).

9 Origenes, Homilien zum Buch Genesis, I, 13.

10 Dabei hatte Origenes die Vorstellung, dass Christus das Bild Gottes ist und der Mensch *nach*
diesem Bild Gottes, also als Abbild des Bildes Gottes geschaffen wurde (vgl. Reemts, Adam,
52).

11 Vgl. Reemts, Adam, 56 zu der Auslegung in der Alten Kirche: „Auf keinen Fall kann man aus
der Gottebenbildlichkeit des Menschen ableiten, dass Gott wie der Mensch einen Körper hat.
Es ist eher umgekehrt: Aus der reinen Geistigkeit Gottes kann man schließen, dass die Gottebenbildlichkeit nicht im Körper des Menschen, sondern in seinem Geist zu suchen ist."

12 Benjamins, Keeping Marriage out of Paradise, 97 f. Vgl. Origenes, Homilien zum Buch Genesis I, 14: Die Schrift sagt bereits vor Erschaffung der Frau, dass Gott sie als Mann und Frau
schuf. Dies geschieht mit Hinblick auf den Segen: „Seid fruchtbar und mehret euch", der seinerseits „vorweg[nahm], was noch in der Zukunft lag [...]". Weil aber der im Segen enthaltene
Auftrag ohne die Frau nicht realisierbar ist, werde schon jetzt von der (noch zu schaffenden)

Vers beziehe sich auf den *inneren* Menschen, der Geist und Seele sei – wobei
er im Mann den Geist und in der Frau die Seele beschrieben sah.[13] Das Gebot,
sich zu mehren (Gen 1,28), könne ebenfalls allegorisch verstanden werden; es
spreche über das fruchtbare Gedeihen, das aus der rechten Einheit von Geist
und Seele entsteht: „Wenn Eintracht und Einmütigkeit unter ihnen herrschen,
sind sie fruchtbar durch die zwischen ihnen bestehende Übereinstimmung,
vermehren sich und zeugen als Söhne gute Gedanken, nützliche Einsichten
oder Erkenntnisse, wodurch sie die Erde bevölkern und auf ihr herrschen.“[14]
Aber wenn sich die Seele zu körperlichen Freuden hinwendet und vergisst,
dass sie zusammen mit dem Geist über die körperlichen Begierden des Fleisches herrschen sollte, dann wird sie nicht gedeihen. Origenes verlegt mit solchen Analogien die Schöpfung als männlich und weiblich in das asexuelle
Reich der Tugend.[15]

Gregor von Nyssa (ca. 331/9–395) entdeckt vor allem zwei Schwierigkeiten
in Gen 1,27:[16] zunächst die, wie sterbliche und leidende Menschen als Bild eines unsterblichen und unveränderlichen Wesens verstanden werden können,
und dann die, wie der Mensch, der das Ebenbild Gottes ist, als männlich und
weiblich geschaffen sein könne – wenn doch klar ist, dass in Gott selbst die
Unterscheidung von männlich und weiblich keinen Ort hat.[17] Gregor entwickelt zur Lösung dieser Frage nicht wie Origenes die Vorstellung von zwei
Schöpfungen, sondern die Theorie einer *zweifachen Schöpfung des Menschen*.
Bei der ersten werde der Mensch als Vernunftwesen zu Gottes Ebenbild geschaffen, bei der zweiten komme es zur körperlichen Form und der sexuellen
Unterscheidung.[18] So ergibt sich, dass der Mensch zusammengesetzt ist aus etwas Rational-Geistigem, in dem der Mensch dem Göttlichen ähnlich ist, und
etwas Irrationalem, das in unserer körperlichen, nach männlich und weiblich
unterschiedenen Existenz besteht und in dem der Mensch den Tieren ähnlich

---

Frau gesprochen: „Denn ohne die Frau konnte der Mensch nicht fruchtbar sein und sich ver-
    mehren. Damit man also ohne jeden Zweifel glaubte, dass der Segen für die Zukunft Gültigkeit
    habe, sagt die Schrift: ‚Als Mann und Frau schuf er sie.‘“
13 ORIGENES, Homilien zum Buch Genesis I, 15. Eine andere Allegorie, die von Origenes erwogen
    wird, ist die von Christus, der Gottes Bild und männlich, und der Kirche, die weiblich ist; bei-
    de habe Gott von Anfang an verbunden (vgl. ORIGENES, Der Kommentar zum Evangelium
    nach Matthäus II, XIV, 17; vgl. dazu GÖTZ, Der geschlechtliche Mensch, 96).
14 ORIGENES, Homilien zum Buch Genesis I, 15.
15 Vgl. BENJAMINS, Keeping Marriage out of Paradise, 98.
16 Vgl. ebd., 99.
17 Vgl. GREGOR VON NYSSA, De hominis opificio c. 16, PG 44, 181 b–c.
18 Vgl. GREGOR VON NYSSA, De hominis opificio c. 16, PG 44, 181 a–b: „‚Es machte Gott‘, sagt
    die Schrift, ‚den Menschen, nach dem Bilde Gottes machte er ihn‘. Beendet ist die Schöpfung
    dessen, der nach dem Bilde wurde. Danach nimmt (die Schrift) das Wort von der Schöpfung
    wieder auf und sagt: ‚Männlich und weiblich macht er sie‘ […] Also ist die Schöpfung unserer
    Natur gewissermaßen doppelt, die eine in der Ähnlichkeit mit Gott, die andere in der Teilung
    der Geschlechter“ (zitiert nach der Übersetzung von DASSMANN, „Als Mann und Frau erschuf
    er sie“, 50 f).

ist.[19] Der weibliche und der männliche Teil sind zusätzlich zur gottebenbildlichen Natur des Menschen geschaffen worden, weil Gott wusste, dass der Mensch sündigen wird. Nach dem Sündenfall wird sexuelle Vereinigung notwendig sein, um die vorbestimmte Zahl geborener Seelen zu erreichen, damit die Zeit an ihr Ende kommen und die Menschheit wieder zu Gott gelangen kann.[20] Die geschlechtliche Differenz wird dann wieder aufgehoben werden.[21] Nach Gregor von Nyssas Theorie ist die Erschaffung der Geschlechterdifferenz notwendig für die Fortpflanzung des Menschen, die ihrerseits notwendig ist für die Erlösung nach dem von Gott vorhergesehenen Sündenfall. Die geschlechtliche Differenz ist zwar notwendig durch den Fall, aber nicht Strafe für den Fall.[22]

Für beide, Gregor und Origenes, ist selbstverständlich, dass sich die Gottebenbildlichkeit des Menschen in keiner Weise darauf bezieht, dass der Mensch als männlich und weiblich geschaffen wurde.[23] Für beide ist das asketische Leben prinzipiell dem Leben in der Ehe, die offensichtlich zur gefallenen Schöpfung gehört, vorzuziehen.

Betrachtet man den wichtigsten westlichen Kirchenvater, dann ergibt sich ein etwas anderes Bild in Bezug auf unser Thema: *Augustinus* (354–430) versuchte im Kampf gegen den strengen Dualismus des Manichäismus, einer spätantiken Religion, die vom Reich des Lichts und dem der Finsternis ausging, den Körper als Gefängnis für die Seele verstand und Sexualität für die Erwählten ablehnte und der Augustinus früher angehangen hatte, eine wörtliche[24] und nicht-allegorische Interpretation von Gen 1,27 auszuarbeiten.[25] In seinen frühen Schriften hatte er noch eine allegorische Interpretation vorgeschlagen.[26] Aber letztendlich entschloss er sich zu einem wörtlichen Verständnis von Gen 1–3, dieser Text rede über wahre historische Ereignisse. Denn er wollte zeigen: Geschichte ist kein Fehler oder schlicht ein Ergebnis des Falls. Bereits im Paradies beginnt Gottes Heilsplan.[27]

19 Vgl. Benjamins, Keeping Marriage out of Paradise, 99.

20 Ebd., 100, mit Bezug auf Gregor von Nyssa, De hominis opificio c. 22, PG 44, 205b–c.

21 Vgl. Hübner, Die Einheit des Leibes Christi, 76.

22 Vgl. Dassmann, „Als Mann und Frau erschuf er sie", 51.

23 Interessant ist eine Aussage des Clemens von Alexandrien im *Paidagogos* in Bezug auf das Vermehrungsgebot, „der Mensch [sei] ein Abbild Gottes, insofern der Mensch bei der Entstehung eines Menschen mitwirkt" (Paidagogos 2, 83, 2; zitiert nach Dassmann, „Als Mann und Frau erschuf er sie", 48).

24 Bei Augustinus findet sich der Spott der Manichäer gegenüber einer wörtlichen Auslegung so zusammengefasst: Wenn wir den Genesistext wörtlich verstünden und wenn die Menschen wirklich nach dem Bilde Gottes geschaffen wären, dann hätte Gott Nasenlöcher und Zähne oder einen Bart – eine Vorstellung, die selbstverständlich für alle Alten Blasphemie war. Augustinus muss sich deshalb besonders bemühen, eine wörtliche Auslegung vorzulegen, die nicht dem Blasphemieverdacht anheimfällt (vgl. Augustinus, De Genesi contra Manichaeos I c. XVII, 27, PL 34, 186; vgl. dazu Clark, Heresy, 110).

25 Vgl. Schreiner, Eve, the Mother of History, 136.

26 Vgl. ebd.

27 Vgl. ebd., 149 und 155.

Die mannigfachen Auslegungen des Augustinus zur Genesis können hier nicht erschöpfend behandelt werden; ich konzentriere mich auf „De Genesi ad Litteram".[28] Hier behauptet Augustin, Gen 1 und Gen 2 sprächen von *zwei verschiedenen Aspekten*[29] der Schöpfung, die sich in zwei Phasen ereignet habe. Im ersten Aspekt, von dem in Gen 1 die Rede ist, werden demnach die rationes causales bzw. seminales (die begründeten bzw. samenhaften Vernunftkonzepte) der Geschöpfe, das heißt die Prinzipien ihrer Entwicklung, sowie die ungeformte Materie geschaffen.[30] Der zweite Aspekt, die zweite Phase der Schöpfung, von der Gen 2 spricht, besteht in der Entwicklung dessen, was bereits vorher im Stadium der Möglichkeit gegenwärtig gewesen war; jetzt erst entstehen die geformten Körper. Gen 2 beschreibt nichts anderes als das spätere In-Erscheinung-Treten der rationes causales in Gestalt von physischen, konkreten Entitäten. Wichtig aber festzuhalten: „In die Erschaffung der ‚rationes seminales' von Mann und Frau sind außer der Seele auch die verschiedenen, aber unsichtbaren Körper einbezogen."[31]

Was folgt daraus für das Verständnis von Gen 1,27? Sexuelle Differenz war als Möglichkeit schon von Anfang an da. Damit findet sich bei Augustinus ein bedeutsamer Unterschied gegenüber Origenes und Gregor: Für Augustinus gibt es nicht zuerst eine wie auch immer beschaffene androgyne Natur, sondern schon von Anfang an sind Menschen zumindest potentiell als männlich und weiblich geschaffen.[32]

Gleichwohl: Dass der Mensch das Ebenbild Gottes ist, hat auch für Augustinus seinen Grund in der geschlechtslosen rationalen Natur des Menschen, denn genau durch sie hat der Mensch die gottentsprechende Fähigkeit, über die vernunftlosen Tiere zu herrschen: Der Mensch ist darin Ebenbild Gottes, dass Gott „ihm den vernünftigen Verstand gegeben hat, mit dem er die Tiere überragt [...] Gott hat zwar auch das Tier erschaffen, aber nicht zu seinem Abbild."[33] Eben dies gilt auch für die Frau: „[...] bei der ersten Erschaffung des Menschen hatte die Frau, die ja ebenfalls Mensch war, gewiß ihren Verstand in der vernünftigen Verfassung, in der auch sie nach dem Bilde Gottes erschaffen ist".[34]

Augustinus setzt sich auch mit der Frage auseinander, ob Fortpflanzung schon zur paradiesischen Existenz gehörte. In seinen frühen Schriften[35] hatte

28 Vgl. dazu Soennecken, Die Rolle der Frau.
29 Vgl. dazu Seelbach, „Das weibliche Geschlecht ist ja kein Gebrechen ...", 173 ff; Dies., Schöpfungslehre, 471 f.
30 Vgl. Benjamins, Keeping Marriage out of Paradise, 104 f, mit Bezug auf Augustinus, De Genesi ad Litteram IX, 17–18.
31 Soennecken, Die Rolle der Frau, 290.
32 Benjamins, Keeping Marriage out of Paradise, 105, mit Bezug auf Augustinus, De Genesi ad Litteram IX, 17,32–18,35.
33 Augustinus, De Genesi ad Litteram VI, 12,21.
34 Augustinus, De Genesi ad Litteram III, 22,34; vgl. 20,30.
35 Vgl. Schreiner, Eve, the Mother of History, 152.

er noch in allegorischer Weise argumentiert, dass das Gebot der Fortpflanzung in Gen 1,28 von den im Verstand gedachten Gedanken spricht, bei denen die Vernunft fruchtbar und produktiv ist, oder hatte vorgeschlagen, dass
die ersten Eltern in der Lage waren, Kinder ohne physische Vereinigung zu bekommen. Aber in seinen späteren Texten hat Augustinus der Sexualität einen
Ort im Paradies eingeräumt. Denn die Sexualität hätte *sündlos* sein können.
In „De Genesi ad Litteram" behauptet er, dass Fortpflanzung im Paradies ohne Sünde stattfinden konnte. „Warum glauben wir [...] nicht, daß die Menschen vor dem Sündenfall ihren Zeugungsgliedern ebenso gebieten konnten
wie den übrigen Gliedern auch, die die Seele zu jedwedem Werk mühelos und
gleichsam ohne Lustbegierde bewegt?"[36] Sie hätten ihre sexuellen Organe in
der gleichen Weise wie beim Gehen ihre Füße benutzen können. Sexuelle Vereinigung im Paradies hätte ohne triebhafte Lust vonstattengehen können und
hätte damit auch nicht den Tod zur Folge gehabt; durch eine solche sündlose
sexuelle Vereinigung hätten unsterbliche Wesen gezeugt werden können.[37] Augustinus nimmt damit eine grundsätzliche Güte von Gottes körperlicher
Schöpfung an sowie eine bereits ursprünglich gegebene, zumindest potentielle
Differenzierung in Mann und Frau.

2. Frauen sind – und sind nicht – das Ebenbild Gottes (Thomas von Aquin)

Der große scholastische Theologe *Thomas von Aquin* (ca. 1225–1274) setzt
sich in seinem Hauptwerk „Summa Theologiae" mit der Frage „Utrum imago
Dei inveniatur in quolibet homine" (Ob sich in jedem Menschen das Ebenbild Gottes findet) auseinander (q. 93 art. 4) und erörtert in diesem Zusammenhang die Bedeutung der Aussage des Apostels Paulus, dass der Mann das
Bild und der Abglanz (εἰκῶν καὶ δόξα) Gottes ist, aber die Frau der Abglanz
(δόξα) des Mannes (1 Kor 11,7). Thomas betont, dass die geistige Natur des
Menschen seine Gottebenbildlichkeit ausmache. Denn Gottebenbildlichkeit
bedeute in erster Linie, dass der Mensch die natürliche Fähigkeit zur Erkenntnis und Liebe Gottes besitze; diese Fähigkeit hätten alle Menschen. „Mit Bezug auf das, worin hauptsächlich die Bewandtnis des Bildes liegt, nämlich mit
Bezug auf die Geistnatur, findet sich sowohl im Manne als auch in der Frau
ein Bild Gottes vor."[38] Freilich gäbe es mit „Bezug auf etwas Zweitrangiges" eine Ebenbildlichkeit des Mannes, die sich in der Frau nicht finde: „Denn der
Mann ist Ursprung und Ziel des Weibes, wie Gott Ursprung und Ziel der ge-

---

36 AUGUSTINUS, De Genesi ad Litteram IX, 10,18.
37 Vgl. CLARK, Heresy, 119.
38 THOMAS VON AQUIN, Summa Theologiae I, q. 93 art. 4 ad 1: „[...] dicendum quod tam in viro
   quam in muliere invenitur Dei imago quantum ad id in quo principaliter ratio imaginis con-
   sistit, scilicet quantum ad intellectualem naturam."

samten Schöpfung ist" – stammt doch die Frau vom Mann und wurde sie um des Mannes willen geschaffen (1 Kor 10,8 f.).[39] Doch ist diese besondere Gottebenbildlichkeit des Mannes eben gegenüber der im geistigen Wesen des Menschen bestehenden nur eine nachrangige.

In Diskussion der Frage „Utrum in statu innocentiae fuisset generatio per coitum" (Ob im Unschuldsstand die Zeugung durch fleischliche Vereinigung erzeugt wäre; q. 98 art. 2 corp.) kritisiert Thomas die Lehrmeinung des Gregor von Nyssa, dass Gott die geschlechtliche Differenzierung nur im Vorblick auf den Fall eingerichtet habe. Das Zeugen mittels geschlechtlicher Vereinigung sei für den Menschen etwas Natürliches (darauf weisen nach Thomas die „naturalia membra ab hunc usum deputata", die natürlichen für diesen Zweck bestimmten Glieder hin) und könne deshalb nicht erst durch den Sündenfall verursacht worden sein (q. 98 art 2 corp). Thomas stimmt hingegen Augustinus zu, dass es im Paradies die Möglichkeit der Zeugung durch sündlose sexuelle Akte geben habe, denn die Vernunft hätte das sinnliche Begehrungsvermögen im Zaum gehalten (q. 98 art. 2 corp und ad 3).

Zur Vollkommenheit der Schöpfung gehört entsprechend die sexuelle Differenz hinzu. Thomas kritisiert die These, im Paradies wären im Falle von Zeugungen nur Männer entstanden, und hält fest: „Im Unschuldsstande hätte nichts von dem, was zur Vervollständigung der menschlichen Natur gehört, gefehlt. Wie aber zur Vollendung des Weltganzen verschiedene Stufen gehören, so gehört auch die Geschlechtsverschiedenheit zur Vollkommenheit der menschlichen Natur. Also wären im Unschuldsstande beide Geschlechter durch Zeugung hervorgebracht worden."[40] Geschlechtlichkeit hat ihren Ort im Paradies.

3. Ehe als Gottes ursprüngliche Ordnung (Martin Luther)

Auch für Martin Luther (1483–1546) ist die Aussage, dass der Mensch als Ebenbild Gottes geschaffen ist,[41] Zeichen dafür, dass es einen fundamentalen Unterschied zwischen ihm und allen Tieren gibt. Gottes Ebenbild zu sein „longe aliud est, quam cura ventris, cibus et potus, quae bestiae etiam intelligunt et appetunt / ist bei weitem etwas anderes als die Sorge des Bauches,

39 Ebd.: „Sed quantum ad aliquid secundarium imago Dei invenitur in viro, secundum quod non invenitur in muliere. Nam vir est principium mulieris et finis, sicut Deus est principium et finis totius creaturae."

40 Ebd., q. 99 art. 2 corp.

41 Seit Irenäus unterschied man inhaltlich zwischen „צֶלֶם / εἰκών / imago" und „דְּמוּת / ὁμοίωσις / similitudo"; das letztere sei durch den Fall verloren gegangen, das erste nicht. Die imago-haftigkeit wurde im Gedächtnis, Geist und Willen des Menschen gesehen, seine similitudo im rechten Verhältnis des Menschen zu Gott. Luther kritisiert diese Unterscheidung, weil darin die Vorstellung enthalten ist, dass Menschen aufgrund ihres imago-Charakters einen freien Willen haben.

nämlich Essen und Trinken, welches die Tier auch verstehen und erstreben".[42]
Menschen sind nicht nur um ihres physischen Wohlergehens willen geschaffen, sondern für ein geistliches Leben.

Aber selbst wenn ein Unterschied zwischen dem körperlichen Leben und dem geistlichen besteht, so ergibt sich daraus noch nicht, dass es vor dem Fall noch keine Notwendigkeit zu essen oder zu trinken oder sich fortzupflanzen gegeben hätte. Nein, Essen, Trinken und Fortpflanzung haben für Luther schon im Paradies ihren Ort. Der Auftrag, fruchtbar zu sein, ist im Paradies erteilt worden:[43] „Nam Adam non erat sine cibo, potu et generation victurus / Adam wird nicht ohne Essen, Trinken und Fortpflanzung gelebt haben."[44] Von Anfang an gehörte die körperliche Existenz zum Leben im Paradies.

Und wenn der Sündenfall nicht geschehen wäre, dann würde unser körperliches Leben noch immer Gott gefallen: „Ista autem opera corporalis vitae: edere, bibere, procreare etc. fuissent quaedam servitus Deo grata, quam etiam Deo sine vitio concupiscentiae, quae nunc post peccatum est, praestitissemus sine omni peccato et sine metu mortis / Diese Werke des körperlichen Lebens aber – wie Essen, Trinken, Fortpflanzung, etc. – wären noch eine Art von Gott angenehmer Dienst, welchen wir Gott auch ohne das Gebrechen der Begierde hätten leisten können, welches nun nach der Sünde da ist, ohne jede Sünde und ohne Angst vor dem Tod".[45] Diese Differenz gilt insbesondere bei der Fortpflanzung: „Sicut autem in innocenti natura totum opus generationis sanctissimum et purissimum fuisset; Ita post peccatum lepra libidinis hanc corporis partem invasit / Wie in der unschuldigen Natur auch das ganze Werk der Zeugung ein außerordentlich heiliges und reines gewesen wäre, so hat nach der Sünde der Aussatz der Begierde diesen Teil des Körpers befallen."[46]

Gen 1,27 zeigt für Luther denn auch, dass die Menschen den ihnen durch Gott gegebenen Körper annehmen und bei ihm bleiben sollen: „,Gott schuf den Menschen, daß es ein Männlein und ein Fräulein sein sollte.' Aus diesem Spruch sind wir gewiß, daß Gott die Menschen in zwei Teile geteilt hat, daß es Mann und Weib oder ein Er und eine Sie sein soll. [...] Darum, wie jedem von uns Gott seinen Leib geschaffen hat, so muß er ihn haben. Es stehet nicht in unserer Gewalt, daß ich mich zu einem Weibsbild oder du dich zu einem Mannsbild machest. Sondern, wie er mich und dich gemacht hat, so sind wir: ich ein Mann, du ein Weib."[47] Weil beide Geschlechter durch Gott geschaffen

42 Luther, Vorlesungen über Genesis. 1535–1545, WA 42, 42,18–20. Diese Differenz zwischen Mensch und Tier zeigt sich nach Luther auch an der Weise, wie Gott in diesem Zusammenhang spricht. Während Gott bei der Schöpfung der Pflanzen und Tieren befehle: „Mare agitetur, herbescat aut producat terra / Das Meer setze sich in Bewegung, auch die Erde treibe Halme und bringe hervor", heiße es beim Menschen: „Faciamus / Lasset uns machen" (WA 42, 41,38 f).
43 Ebd., 53,32 ff.
44 Ebd., 42,25.
45 Ebd., 42,28–31.
46 Ebd., 126,2–4
47 Luther, Vom ehelichen Leben. 1522, 166 (= WA 10/II, 275,15–276,4: „Gott schuff den men-

sind, soll keines das andere verachten, „so daß der Mann das Weibsbild nicht verachte noch ihrer spotte, umgekehrt verachte das Weib den Mann nicht, sondern ein jeder ehre des anderen Bild und Leib als ein göttliches, gutes Werk, das Gott selbst wohl gefällt".[48]

Weil es Gottes Anordnung ist, dass Mann und Frau fruchtbar sein und sich mehren sollen, liegt, ohne eine Frau zu leben, nicht in der Macht des Mannes, wie umgekehrt, ohne einen Mann zu leben, nicht in der Macht der Frau liegt. „[…] es ist nicht freies Ermessen oder ein Entschluß, sondern ein nötiges und natürliches Ding, daß alles, was ein Mann ist, muß ein Weib haben, und was ein Weib ist, muß einen Mann haben".[49] Insofern ist auch das Verlangen nach dem anderen Geschlecht und nach sinnlicher, geschlechtlicher Liebe Gottes Werk.[50] Anders gesagt: Die Ehe ist eine *Schöpfungsordnung Gottes*. Die asketische Vorstellung, dass das Zölibat vor Gott wertvoller sei als die Ehe, ist abzulehnen – eine Einsicht, die sich aus Luthers Rechtfertigungslehre ergibt.[51]

Nach dem Fall bleibt die Ehe mit einer Frau notwendig zur Gesellschaft – das Glück der Ehe liegt darin, „daß Mann und Weib sich liebhaben, eins sind, einer für den anderen sorgt […]"[52] – und wird neu wichtig als Medizin gegen die Sünde; die Ehe ist ein „Spital der Siechen, auf das sie nicht in schwerere Sünde fallen",[53] eine „Arznei"[54] gegen die sündige Unkeuschheit.

Worin nun sieht Luther den Unterschied von Mann und Frau in seiner Interpretation von Gen 1? Auf der einen Seite ist Luther überzeugt, dass die Frau eine viel schwächere Natur hat als der Mann. Sie ist ihm nicht gleich in Ruhm und Ehre.[55] Aber auf der anderen Seite ist sie genauso wie er Ebenbild Gottes; sie ist „similis Adae, quod ad imaginem Dei attinet, hoc est, ad iustitiam, sapientiam et salutem / Adam ähnlich, insofern es die Gottebenbildlichkeit be-

---

schen, das es eyn menlin und frewlin seyn sollt.' Auß dem spruch sind wyr gewiß, das gott die menschen ynn die zwey teyll geteylet hatt, das es man und weyb odder eyn He und Sie seyn soll […] Darumb wie unßerm iglichen got seynen leyb geschaffen hat, ßo muß ern haben, und stehet nicht ynn unßer gewallt, das ich mich eyn weybs bild, oder du dich eyn manß bilde machest, ßondern wie er mich unnd dich gemacht hat, ßo sind wyr, ich eyn man, du eyn weyb […]").

48 LUTHER, Vom ehelichen Leben, 166 f (= WA 10/II, 276,5–8: „[…] das der man das weybs bild odder glid nicht verachte noch spotte. Widderumb das weyb den man nicht, ßondern eyn iglich ehre des andern bild und leyb als eyn gottlich gutt werck, das gott selbs wol gefellet.").

49 LUTHER, Vom ehelichen Leben, 167 (= WA 10/II, 276,17–20: „[…] es ist nitt eyn frey wilkoere odder radt, ßondern eyn noettig naturlich ding, das alles, was eyn man ist, muß eyn weyb haben, und was eyn weyb ist, muß eyn man haben").

50 Vgl. LUTHER, Wochenpredigten über Matth. 5–7. 1530/32, WA 32, 373,31 ff.

51 Vgl. TIETZ, Martin Luther, 23 ff und 49 ff.

52 LUTHER, Vom ehelichen Leben, 193 (= WA 10/II, 299,5–7: „Denn ich wil schweygen, was fur nutz und lust mehr drynnen sey, wenn eyn solch stand wol geredt, das man und weyb sich lieb haben, eynes sind, eyns des andern warttet […]").

53 LUTHER, Ein Sermon von dem ehelichen Stand. 1519, WA 2, 168,3 f: „eyn spitall der siechen […], auff das sie nit yn schwerer sund fallen".

54 LUTHER, Das siebente Kapitel S. Pauli zu den Corinthern. 1523, WA 12, 114,12.

55 Vgl. LUTHER, Vorlesungen über Genesis, WA 42, 52,10 f.

trifft, das heißt in Gerechtigkeit, Weisheit und Heil".[56] Frauen und Männer haben dieselbe wahre Erkenntnis Gottes und dieselbe ursprüngliche Fähigkeit Gott und den Nächsten zu lieben. Insbesondere an Gen 1,27 wird Luther deutlich, dass „ne ille sexus excludatur ab omni gloria humanae naturae, quamvis inferior sit masculino sexu / jenes [sc. das weibliche] Geschlecht von keiner Ehre der menschlichen Natur ausgeschlossen ist, wie sehr es auch niedriger als das männliche Geschlecht sei".[57]

Deshalb weist Luther streng die Vorstellung zurück, die Frau sei ein „vir occasionatus / verstümmelter Mann" oder ein „monstrum". Jeder, der so spricht, „rident creaturam Dei, in qua ipse Deus delectatus est, tanquam in nobilissimo opere / verspottet ein Geschöpf Gottes, an dem Gott selbst Wohlgefallen hatte, wie an einem über die Maßen hervorragenden Werk".[58]

Luther kann die Gleichheit zwischen Mann und Frau sogar dadurch verteidigen, dass er behauptet, überhaupt habe nur der Fall zur Ungleichheit zwischen Mann und Frau geführt: Durch die Sünde sei es dazu gekommen „quod Heua potestati Viri subiecta est, quae antea liberrima et nulla in parte Viro inferior erat ... Haec etiam poena est ex peccato originali nata / dass Eva der Macht des Mannes unterworfen ist, welche vorher völlig frei und in keinem Teil niedriger als der Mann war ... Diese Strafe ist ja aus der Ursprungssünde geboren".[59] Will sagen: Dass es eine Hierarchie zwischen Mann und Frau gibt, ist keine gute Schöpfungsordnung, sondern eine Strafe, eine Folge der Sünde. Diese Einschätzung verleiht der hierarchischen Ordnung eine größere Ambivalenz und Problematik, als wenn sie als Teil des ursprünglichen Planes Gottes verstanden wird. Entsprechend hält Luther fest: „At si Heua in veritate stetisset, non solum non subiecta imperio Viri esset, sed ipsa quoque socia gubernationis fuisset, quae nunc sola masculorum est / Und wenn Eva sich an die Wahrheit gehalten hätte, dann wäre sie nicht nur kein Gegenstand der Herrschaft des Mannes, sondern selbst Genossin in der Herrschaft, die jetzt allein die Männer haben".[60]

Zwei Aspekte von Luthers Aussagen zur Geschlechtlichkeit sind besonders wichtig: dass eine zölibatäre Existenz in keiner Weise heiliger ist als eine Ehe und dass die Ungleichheit von Mann und Frau sich nicht der Schöpfung verdankt, sondern dem Fall.

---

56 LUTHER, Vorlesungen über Genesis, WA 42, 51,37f.
57 Ebd., 52,20f.
58 Ebd., 53,22–25.
59 Ebd., 151,21–24.
60 Ebd., 151,34–36.

4. Die Relationalität des Geschaffenseins
als Mann und Frau als die Gottebenbildlichkeit des Menschen
(Dietrich Bonhoeffer und Karl Barth)

Dietrich Bonhoeffer (1906–1945) hat in einer Vorlesung über Gen 1–3 im Jahre 1933 eine neue Interpretation von Gen 1,27 entwickelt: Dass Gott den Menschen als Mann und Frau geschaffen hat, zeige, dass in der Relationalität die fundamentale Entsprechung zwischen Gott und Mensch besteht.

Die Gottebenbildlichkeit des Menschen liegt nach Bonhoeffer darin, dass er wie der Schöpfer frei ist.[61] Diese Freiheit ist jedoch nicht grenzenlose Selbstverwirklichung, „[…] Freiheit ist in der Sprache der Bibel nicht etwas, das der Mensch für sich hat, sondern etwas, das er für den anderen hat."[62] Freiheit ist etwas, was sich in der Beziehung zu jemand anderem überhaupt erst ereignet. Freiheit ist „eine Beziehung zwischen zweien"[63] und beschreibt eine besondere Qualität dieser Beziehung. Freiheit ist mithin nichts, was man allein für sich hat. „Kein Mensch ist frei ‚an sich', d.h. gleichsam im luftleeren Raum, so wie er musikalisch, klug oder blind an sich ist. Freiheit ist keine Qualität des Menschen […]".[64]

Freiheit besteht in der Bereitschaft, für den anderen da zu sein – nicht weil ich es muss, sondern weil ich es will. Die Möglichkeit zu dieser Freiheit für den anderen ist es, die Menschen zum Ebenbild Gottes macht. Denn Gottes Freiheit hat denselben Charakter: Sie ist keine Freiheit *von* allem, beschreibt nicht Gott als einen, der bei sich selbst bleibt und nur für sich selbst da ist. Gottes Freiheit besteht vielmehr „in dem Frei-sich-gebunden-haben an den geschichtlichen Menschen"; „Gott ist frei nicht vom Menschen, sondern für den Menschen".[65] Gott muss sich nicht um den Menschen kümmern, aber er will es. Gott ist aus Freiheit für die Menschheit da.[66] Wenn Menschen frei *für* den anderen sind, d.h. sich um den anderen sorgen, weil sie es wollen, sind sie Ebenbild Gottes.

Dass ein Mensch in dieser Weise frei für den anderen sein kann, ist keine Fähigkeit, die er oder sie besitzt, sondern etwas, was ihm durch den anderen erst ermöglicht wird. Der Mensch ist in der Lage, frei für den anderen zu sein, weil der andere ihn an sich gebunden hat.[67] „Freiheit ist das […] durch den anderen an mir Geschehende."[68] Dass ich an den anderen gebunden bin, liegt

---

61 Vgl. Bonhoeffer, Schöpfung und Fall, 58.
62 Ebd.
63 Ebd., 59.
64 Ebd., 58.
65 Bonhoeffer, Akt und Sein, 85.
66 Vgl. Bonhoeffer, Schöpfung und Fall, 60.
67 Vgl. ebd., 59: „Freisein heißt, ‚frei-sein-für-den-anderen', weil der andere mich an sich gebunden hat."
68 Ebd.

darin begründet, dass der andere sich an mich gebunden hat; an Gott macht Bonhoeffer dies analog deutlich: „Gottes Freiheit [hat] sich an uns gebunden".[69] Dass der andere sich von meiner Reaktion ihm gegenüber abhängig macht, dass er um meine Zuwendung bittet, macht es mir überhaupt nur möglich, für ihn da zu sein, macht es mir möglich, frei zu sein.

Daraus folgt, dass Menschen fundamental voneinander abhängig sind, auch und erst recht, um frei zu sein: Die Geschöpflichkeit der Menschen besteht „in dem Gegenüber-Miteinander-Aufeinander-angewiesen-sein der Menschen".[70] Dies ist es, was nach Bonhoeffers Auffassung der Satz „Und Gott schuf sie männlich und weiblich" zum Ausdruck bringen will.

Dass der Mensch ein Ebenbild Gottes ist, liegt mithin in der spezifischen Relationalität der menschlichen Existenz. Die Analogie zwischen den Menschen und Gott ist deshalb nicht als analogia entis, als eine Entsprechung im Sein oder in irgendetwas Substantiellem, zu verstehen. Sie ist vielmehr eine analogia relationis, eine Entsprechung der Beziehung. Diese Beziehung ist durch Gott gesetzt, weil Gott den Menschen so geschaffen hat, dass er von anderen abhängt. Weil diese Abhängigkeit sich in besonders expliziter Weise in der Beziehung zwischen Mann und Frau ereignet, kann Bonhoeffer die Gottebenbildlichkeit des Menschen mit der Existenz des Menschen „in der Zweiheit, Mann und Weib" gleichsetzen.[71]

Gleichzeitig zu dieser Freiheit des Menschen für den anderen Menschen besitzt der Mensch aber auch eine Freiheit vom Rest der geschaffenen Welt: „er ist ihr Herr, er kann über sie verfügen, er herrscht über sie". Dies ist „die andere Seite seiner geschaffenen Gottebenbildlichkeit".[72] Bonhoeffer fasst zusammen: „Das Freisein des Menschen für Gott und den anderen Menschen und das Freisein des Menschen von der Kreatur in seiner Herrschaft über sie ist die Ebenbildlichkeit des ersten Menschen."[73]

Dass ein Mensch von dem anderen Menschen abhängig ist und für ihn da sein soll, bedeutet, dass der andere Mensch ihm als Grenze gegeben ist. Mit einem anderen zu leben heißt, mit einer Grenze zu existieren.[74] Diese Grenze hat nach Bonhoeffer in der Beziehung zwischen Mann und Frau ihre ganz besondere Gestalt: „das Weib [wird] dem Mann Beistand ... im Tragen der ihm auferlegten Grenze".[75] Die Frau hilft dem Mann die Grenze zu tragen, weil sie so ist, dass sie ihm hilft, die Begrenztheit seiner Existenz *zu lieben*. Der Mensch muss mit verschiedenen Grenzen durch andere leben. Aber in der Frau als der, die er liebt, gibt es zumindest eine Grenze, die er liebt und die

---

69 Ebd.
70 Ebd., 60.
71 Ebd., 61.
72 Ebd., 61 f.
73 Ebd., 63.
74 Das ergibt sich aus der Situation der Grenzenlosigkeit in der Sünde (vgl. ebd., 107: „daß er grenzenlos ist, heißt, daß er allein ist").
75 Ebd., 91.

ihm so dabei hilft, die Notwendigkeit gern anzuerkennen, mit Grenzen zu existieren. Die Frau „ist die mir von Gott gesetzte Grenze, die ich liebe, und die ich um meiner Liebe willen nicht überschreiten werde".[76] Sie ist „die leibliche Vergegenwärtigung der Grenze"[77] Adams. Sie hilft Adam zu verstehen, dass er Geschöpf und nicht Schöpfer ist. Sie hilft ihm seine fundamentale Bezogenheit auf andere Menschen anzuerkennen. Deshalb ist die Gemeinschaft von Mann und Frau, insbesondere durch die Geschlechtlichkeit als „die letztmögliche Verwirklichung des Einandergehörens", die „den Schöpfer verherrlichende, anbetende Gemeinschaft der Liebe".[78] Entsprechend ist für Bonhoeffer noch nicht im Paradies, sondern erst nach dem Fall die Gemeinschaft der Liebe „durch die Sexualität gänzlich zerrissen und zur Sucht geworden [...], die sich selbst bejaht und den anderen als Geschöpf Gottes verneint".[79]

Karl Barth (1886–1968), der große reformierte Theologe des 20. Jahrhunderts, hat diese Auslegung Bonhoeffers übernommen. Auch für ihn liegt die Ähnlichkeit von Mensch und Gott, von der Gen 1,27 spricht, in der Freiheit, in der Freiheit *für* den anderen. Während Menschen zu dieser Freiheit von Gott befreit sind, ist Gott frei durch sich selbst. Aber er will diese Freiheit als Freiheit *für* die Menschen einsetzen. Gott könnte anders, aber er will es nicht. Barth formuliert deshalb: „Dies ist der Gott, der als Schöpfer frei ist für den Menschen – und jenes gottentsprechende Wesen ist der Mensch, der als Geschöpf frei ist für Gott."[80]

Nach Barths Beobachtung war Bonhoeffer der erste, der ernst genommen hat, dass im Geschaffensein als Mann und Frau die Gottebenbildlichkeit liegt.[81] Wo immer man die Ebenbildlichkeit bspw. im Intellekt des Menschen oder seiner moralischen Fähigkeit[82] oder in seinem Gedächtnis, seinem Geist und seinem Willen[83] gesehen hat, wurde dies ignoriert. Menschen sind das Ebenbild Gottes in ihrer Bezogenheit aufeinander, sie sind es in dem „Gegeneinander und Füreinander von Mensch und Mensch, nämlich in dem von Mann und Frau".[84] Die Gottebenbildlichkeit liegt „in einer Unterscheidung und Beziehung zwischen *Mensch* und *Mensch*", die ihre konkreteste Gestalt in der Beziehung von Mann und Frau bekommt.[85] Dass die Theologie dies für

---

76 Ebd., 92.
77 Ebd.
78 Ebd., 94.
79 Ebd.
80 Barth, Die Kirchliche Dogmatik, Bd. III/1, 220.
81 Vgl. ebd., 219.
82 E.g. Quenstedt, theologia didacticopolemica, II, 9: „Imago Dei est perfectio naturalis, in excellente comformitate cum Dei sapientia, justitia, immortalitate et majestate consistens, concreata homini primo divinitus, ad Deum creatorem perfecte agnoscendum, diligendum et glorificandum." (zitiert nach Schmid, Die Dogmatik der evangelisch-lutherischen Kirche, 151).
83 Vgl. Augustinus, De Trinitate X–XV.
84 Barth, Die kirchliche Dogmatik, Bd. III/1, 219.
85 Ebd.

zu banal gehalten und deshalb versucht hat, die Gottebenbildlichkeit anders zu füllen, ist nach Barth zu kritisieren.

Als christlicher Theologe sieht Barth auch eine Analogie zwischen dieser anthropologischen Relationalität und der Relationalität, die in Gott selbst besteht.[86] Denn wenn wahr ist, dass der Ebenbildlichkeitscharakter der Menschen in ihrer Beziehung zueinander liegt, dann kann per analogiam auf Gott zurückgeschlossen werden: Auch in Gott gibt es Beziehungen. Gott existiert in verschiedenen Personen, er existiert als Trinität.[87]

Diese Relationalität innerhalb Gottes ist der Beziehung von Mann und Frau nach Barth freilich nur „analog". Analogie bedeutet „Entsprechung des Ungleichen".[88] Die Existenz Gottes in drei Personen bedeutet demnach nicht, dass Gott als Mann und Frau oder männlich und weiblich existierte. Im Gegenteil: Die Existenz in zwei Geschlechtern ist ein Zeichen der Geschöpflichkeit des Menschen,[89] das heißt Ausdruck der *Unähnlichkeit* zwischen Mensch und Gott. Die Ähnlichkeit von Gott und Mensch besteht in der „Freiheit für", die Unähnlichkeit in der Tatsache, dass es bei Gott keine geschlechtliche Unterscheidung gibt.

Genau diese These wurde durch die letzte dogmatische Interpretation von Gen 1,27 kritisiert, die hier noch vorgestellt werden soll.

86 „Was aber ist das Urbild, *in* dem oder das Vorbild, *nach* dem der Mensch geschaffen wurde? Nach unseren vorangehenden Überlegungen die Beziehung und Unterscheidung von Ich und Du in Gott selber. In Entsprechung zu dieser Beziehung und Unterscheidung in Gott selber ist der Mensch von Gott geschaffen: als von Gott anzuredendes Du, aber auch als Gott verantwortliches Ich, im Verhältnis von Mann und Frau, in welchem der Mensch des anderen Menschen Du und eben damit und in Verantwortung diesem Anspruch gegenüber selber Ich ist." (Ebd., 222).
87 Vgl. ebd., 220: „Wie sich das anrufende Ich in Gottes Wesen zu dem von ihm angerufenen göttlichen Du verhält, so verhält sich Gott zu dem von ihm geschaffenen Menschen, so verhält sich in der menschlichen Existenz selbst das Ich zum Du, der Mann zur Frau." Barth betont, dass dies freilich nicht bedeutet, dass Gott als drei Individuen existiert: „[…] das Verhältnis zwischen Ich und Du [findet] beim Menschen nur in der Form der Unterscheidung und Beziehung zwischen je zwei verschiedenen Individuen statt […], während das eine Individuum Gott als solches dieses Verhältnis in sich schließt".
88 Ebd.
89 Vgl. ebd.: „Um mehr als um eine *Analogie* kann es sich nicht handeln. Die Unterscheidung und Beziehung von Ich und Du im göttlichen Wesen, im Raum jener Elohim, ist nicht die Unterscheidung und Beziehung von Mann und Frau. Daß sie beim Menschen, in Entsprechung zu der Zweigeschlechtlichkeit auch der Tiere, gerade diese Form hat, das gehört zur Geschöpflichkeit und nicht zur Gottebenbildlichkeit des Menschen."

5. Gleichheit der Geschlechter bei den Menschen und Unterscheidung der Geschlechter bei Gott (feministische und gendertheoretische Interpretationen)

Für die junge feministische Bewegung war Gen 1,27 von besonderer Bedeutung, denn dieser Vers machte das Argument möglich, dass nicht nur der Mann, sondern auch die Frau als Gottes Ebenbild geschaffen worden war.

Sarah Grimké (1792–1873), eine im Kampf gegen Sklaverei und für Gleichberechtigung engangierte Feministin, setzte Gen 1,27 als Argument für die Gleichheit der Geschlechter ein: „In […] this […] description of the creation […], […] there is not one particle of difference intimated as existing between them. They were both made in the image of God; dominion was given to both over every other creature, but not over each other. [They were] Created in perfect equality […]".[90] Dass Gen 2 von der Frau als der Hilfe des Mannes spricht, bedeutet für Grimké nicht, dass die Frau dem Mann letztlich dann doch zugeordnet ist als „a creature susceptible of […] obeying, and looking up for him, for all that the animals could do and did do. It was to give him a companion, *in all respects* his equal".[91] Gen 3,16, wo es heißt, dass der Mann der Herr der Frau sein soll, ist demnach für Grimké nicht ein Gebot, sondern eine Prophezeiung. Der Text spreche über die Machtauseinandersetzungen, von denen Gott wusste, dass sie nach dem Fall eintreten werden, und beschreibe, wer sie gewinnen wird. Sie sind prophetisch-deskriptiv, nicht normativ zu verstehen. Die Frau sollte nur Gott, nicht dem Mann untertan sein.[92]

Auch spätere feministische Interpretationen unseres Verses betonen, dass sich der Gottebenbildlichkeitscharakter auf beide, Männer wie Frauen, bezieht.[93] Sie kritisieren in diesem Zusammenhang ganz explizit die paulinische Vorstellung, dass nur der Mann das Ebenbild Gottes, die Frau aber das Bild des Mannes sei (1 Kor 11,7). Frauen und Männer sind beide Ebenbild Gottes, denn beide sind dazu aufgerufen in königlicher Weise, in Gerechtigkeit,[94] die Welt zu regieren. Feministinnen betonen, dass dieser fundamentale Auftrag mit der Aussage in Gen 3,16 in Widerspruch stehe. Wie sollen Frauen an der königlichen Herrschaft teilnehmen, wenn sie gleichzeitig unter der Herrschaft der Männer stehen? Manche argumentieren, dass genau diese Erfahrung männlicher Herrschaft die Frauen dazu befähige, in einer sensibleren, einfühl-

---

90 GRIMKÉ, Letters on the Equality of the Sexes and the Condition of Woman (1838), zitiert nach KVAM/SCHEARING/ZIEGLER (Hg.), Eve & Adam, 341.

91 Ebd.

92 GRIMKÉ, zitiert nach ebd., 342 f.

93 Vgl. KUHLMANN, Herrschaftsauftrag, 58; SCHOTTROFF, The Creation, 36; STANTON, The Woman's Bible, Part I, 16: „No lesson of woman's subjection can be fairly drawn from the first chapter of the Old Testament."

94 KUHLMANN, Herrschaftsauftrag, 58.

sameren Weise die Welt zu regieren.[95] Frauen könnten deshalb die Perspektive der Fürsorge für künftige Generationen und die nichtmenschliche Schöpfung in die menschliche Herrschaft über die Welt einbringen.[96] Andere kritisieren die männliche Macht von hier aus, weil das Gebot zu gleichem Herrschen über die Welt gegenüber der Unterordnung den Vorrang habe.

Die feministische Theologie hat natürlich ebenfalls Kritik geübt an Barths und Bonhoeffers Auslegung von Gen 1,27, weil diese behauptet hätten, dass Mann und Frau nur zusammen Ebenbild Gottes sind. „This interpretation means that patriarchal marriage with its factual inequality is firmly established". Solche Interpretationen ignorierten überdies die zahlreichen Single-Existenzen von Männern und Frauen: „Where are the many single men and women in this interpretation"[97]?

Andere gendertheoretisch arbeitende Theologinnen widersprechen in der Sache Luthers These, dass jeder Mensch entweder als Mann oder als Frau geschaffen sei und auch dabei bleiben solle,[98] mit dem Hinweis auf einen statistischen Sachverhalt. Denn unter 2000 Neugeborenen habe mindestens eines eine intersexuelle Identität; es werde geboren „with a body which is in some significant respect neither unequivocally and exclusively male nor unequivocally and exclusively female".[99] Diese biologische Tatsache gebe Anlass, die Annahme einer strengen Dichotomie der Geschlechter zu hinterfragen, die man als von Gott gegebene Schöpfungsordnung ansehen könne. Theologische Interpretationen, die die Würde von intersexuellen Menschen verteidigen wollen, beziehen sich in ihrer Auslegung von Gen 1,27 auf die altkirchliche Interpretation des Verses, weil diese davon ausging, dass die Menschheit „was originally created androgynous",[100] weshalb auch intersexuelle Menschen zu ihr gehören können.

Eine andere, vielleicht provozierende Lesart von Gen 1,27, die ebenfalls von Vertreterinnen der feministischen Theologie vorgelegt wurde, geht davon aus, dass die menschlichen Charakteristika männlich und weiblich zugleich auf

---

95 Vgl. ebd., 60 f.
96 Ebd., 67.
97 SCHOTTROFF, The Creation, 36.
98 So bspw. auch THIELICKE, Wie die Welt begann, 98: „Gott hat ihn als Mann und Frau geschaffen. Einen Menschen abgesehen davon, daß er Mann oder Frau ist, gibt es nicht. […] Man muß sich […] klarmachen, wie weittragend und konsequenzenreich es ist, daß hier nicht zuerst von der Erschaffung des Menschen im allgemeinen und erst *nachher* von der Unterscheidung der Geschlechter gesprochen wird, sondern daß vom ersten Augenblick an vom Menschen nur im Rahmen der Geschlechterpolarität die Rede ist." Dennoch behauptet Thielicke nicht, dass die Relationalität menschlicher Existenz nur in einer Ehe oder in der Beziehung zu einem Menschen des anderen Geschlechts ihre Bestimmung erfüllen könnte (vgl. ebd., 100). Wohl aber spricht er sich dafür aus, dass es nur eine besondere Person in meinem Leben gibt, die gut für mich ist und für die ich bestimmt bin (vgl. ebd., 104).
99 S. GROSS, Intersexuality, 65. Oft sind die Genitalien dieser Neugeborenen weder eindeutig männlich noch eindeutig weiblich (ebd., 66).
100 Ebd., 73.

Gott zurückverweisen: Wenn Menschen als männlich und weiblich Ebenbild Gottes sind, dann sollte demnach auch Gott selbst als männlich und weiblich verstanden werden. Der Text behaupte „the existence of the feminine element *in the Godhead*, equal in power and glory with the masculine".[101]

Nach anderen Auslegerinnen macht Gen 1,27 zumindest deutlich, dass weibliche Symbole und Metaphern in der gleichen Weise wie männliche adäquat sind, um Gott zu beschreiben. Von Gott als Vater zu reden sei Gott nicht angemessener als von Gott als Mutter zu reden.[102] Gleichwohl sind diese Auslegerinnen in Bezug auf weitere Schlüsse zurückhaltender; diese Symbole und Metaphern dürften nicht mit Gott selbst verwechselt werden, denn Gott sei weder männlich noch weiblich noch eine Kombination aus beidem.[103]

Lässt man diese dogmengeschichtlichen Gewalttour durch die Auslegungsgeschichte von Gen 1,27 Revue passieren, ist eine interessante Entwicklung zu entdecken: Während in den frühen Interpretationen Genderdifferenzierungen von der ursprünglich geschaffenen Menschheit ausgeschlossen wurden, um die Menschen als Ebenbild Gottes verstehen zu können (nur androgyne Menschen konnten als Bild Gottes betrachtet werden), werden in den neuesten Auslegungen geschlechtliche Unterscheidungen in Gott selbst ausgemacht, damit dieser das Urbild der geschlechtlichen Menschen sein kann. Zwischen diesen beiden Polen finden sich, seit Augustinus, Versuche, mehr und mehr die für das Menschsein konstitutive Bedeutung des geschlechtlichen Duals, von Sexualität und Ehe herauszustreichen. Diese Versuche werden freilich heutzutage durch das Wissen um die Existenz intersexueller Menschen, durch homosexuelle Lebensformen sowie die zunehmende Zahl von so genannten Single-Haushalten wieder infrage gestellt.

Literatur

AUGUSTINUS, A., *De Genesi ad Litteram*/Über den Wortlaut der Genesis, übers. von C. J. Perl, Bd. 1, Paderborn 1961.

–, *De Genesi contra Manichaeos*, PL 34, Paris 1887, 173–220.

–, *De Trinitate*, PL 42, Paris 1886, 819–1098.

BARTH, K., *Die Kirchliche Dogmatik*, Bd. III/1, Zollikon-Zürich ²1947.

BENJAMINS, H. S., *Keeping Marriage out of Paradise*: The Creation of Man and Woman in Patristic Literature, in: G. P. Luttikhuizen (Hg.), The Creation of Man and Woman. Interpretations of the Biblical Narratives in Jewish and Christian Traditions, Leiden/Boston/Köln 2000, 93–106.

BONHOEFFER, D., *Akt und Sein*. Transzendentalphilosophie und Ontologie in der systematischen Theologie, hg. von H.-R. Reuter, DBW 2, München 1988.

–, *Schöpfung und Fall*, hg. von M. Rüter und I. Tödt, DBW 3, München 1989.

---

101 STANTON, The Woman's Bible, Part I, 14 (Hervorhebung von mir).
102 Vgl. KUHLMANN, Herrschaftsauftrag, 62 f.
103 TRIBLE, Gott, 43.

Brown, P. (Hg.), *Augustine and Sexuality*, Berkeley 1983.

Clark, E. A., *Heresy*, Asceticism, Adam, and Eve. Interpretations of Genesis 1–3 in the Later Latin Fathers, in: G. A. Robbins (Hg.), Genesis 1–3 in the History of Exegesis. Intrigue in the Garden, Lewinston/Queenston 1988, 99–133.

Dassmann, E., *„Als Mann und Frau erschuf er sie"*. Gen. 1,27c im Verständnis der Kirchenväter, in: M. Wacht (Hg.), Panchaia. Festschrift für Klaus Thraede, JAC, Erg.-Bd. 22, Münster 1995, 45–60.

Götz, R., *Der geschlechtliche Mensch* – ein Ebenbild Gottes. Die Auslegung von Gen 1,27 durch die wichtigsten griechischen Kirchenväter (Fuldaer Hochschulschriften 42), Frankfurt am Main 2003.

Gregor von Nyssa, *De hominis opificio*, PG 44, Paris 1863, 123–256.

Gross, S., *Intersexuality* and Scripture, in: Theology and Sexuality 11, 1999, 65–74.

Gross, W., Die *Gottebenbildlichkeit* des Menschen im Kontext der Priesterschrift, in: ders., Studien zur Priesterschrift und zu alttestamentlichen Gottesbildern, Stuttgart 1999, 11–36.

–, Gen 1,26.27; 9,6: *Statue oder Ebenbild Gottes?* Aufgabe und Würde des Menschen nach dem hebräischen und griechischen Wortlaut, Jahrbuch für Biblische Theologie 15, 2000, 11–38.

Hoek, A. van den, Endowed with Reason or Glued to the Senses: *Philo's Thoughts on Adam and Eve*, in: G. P. Luttikhuizen (Hg.), The Creation of Man and Woman. Interpretations of the Biblical Narratives in Jewish and Christian Traditions, Leiden/Boston/Köln 2000, 63–75.

Hübner, R. M., *Die Einheit des Leibes Christi* bei Gregor von Nyssa. Untersuchungen zum Ursprung der „physischen" Erlösungslehre, Philosophia Patrum 29, Leiden 1974.

Janowski, B., Art. *Gottebenbildlichkeit* I. Altes Testament und Judentum, in: Religion in Geschichte und Gegenwart, 4., völlig neubearbeitete Auflage, Bd. 3, Tübingen 2000, 1159–1160.

Kuhlmann, H., *Herrschaftsauftrag* und Geschlechterdifferenz, BThZ 15, 1998, 56–76, 58.

Kvam, K. E./Schearing, L. S./Ziegler, V. H. (Hg.), *Eve & Adam*. Jewish, Christian, and Muslim Readings on Genesis and Gender, Bloomington and Indianapolis 1999.

Leipoldt, J., *Die Frau in der antiken Welt* und im Urchristentum, Leipzig 1954.

Luther, M., *Ein Sermon von dem ehelichen Stand*. 1519, WA 2.

–, *Das siebente Kapitel S. Pauli zu den Corinthern*. 1523, WA 12.

–, *Wochenpredigten über Matth. 5–7*. 1530/32, WA 32.

–, *Vorlesungen über Genesis*. 1535–1545, WA 42.

–, *Vom ehelichen Leben*. 1522, in: Karin Bornkamm und Gerhard Ebeling (Hg.), Martin Luther, Ausgewählte Schriften, Bd. 3, Frankfurt 1995, 165–199.

Origenes, *Homilien zum Buch Genesis*, Übertragung von Th. Heither, Köln 2002.

–, *Der Kommentar zum Evangelium nach Matthäus II*, eingel. und übers. von H. Vogt, Stuttgart 1990.

Reemts, Ch., *Adam* – der Mensch am Anfang, in: Th. Heither/Ch. Reemts, Biblische Gestalten bei den Kirchenvätern: Adam, Münster 2007, 18–106.

Schmid, H., *Die Dogmatik der evangelisch-lutherischen Kirche* dargestellt und aus den Quellen belegt, neu hg. von H. G. Pöhlmann, Gütersloh ^{9}1979.

SCHOTTROFF, L., *The Creation* Narrative: Genesis 1.1–2.4a, in: A. Brenner (Hg.), A Feminist Companion to Genesis, Sheffield 1993, 24–38.

SCHREINER, S. E., *Eve, the Mother of History.* Reaching for the Reality of History in Augustine's Later Exegesis of Genesis, in: G. A. Robbins (Hg.), Genesis 1–3 in the History of Exegesis. Intrigue in the Garden, Lewinston/Queenston 1988, 135–186.

SEELBACH, L. C., *„Das weibliche Geschlecht ist ja kein Gebrechen …".* Die Frau und ihre Gottebenbildlichkeit bei Augustin, Würzburg 2002.

–, *Schöpfungslehre*, in: V. H. Drecoll (Hg.), Augustin Handbuch, Tübingen 2007, 470–479.

SOENNECKEN, S., *Die Rolle der Frau* in Augustins De Genesi ad litteram, in: A. Zumkeller (Hg.), Signum Pietatis. Festgabe für Cornelius Petrus Mayer OSA, Würzburg 1989, 289–300.

STANTON, E. C., *The Woman's Bible*, Teil I, Salem 1988.

THOMAS VON AQUIN, *Summa Theologica*, Deutsche Thomas-Ausgabe. Vollständige, ungekürzte deutsch-lateinische Ausgabe der Summa Theologica, Bd. 7, München/Heidelberg 1941.

THIELICKE, H., *Wie die Welt begann.* Der Mensch in der Urgeschichte der Bibel, Stuttgart 1960.

TIETZ, CH., *Martin Luther* im interkulturellen Kontext, Nordhausen 2008.

TRIBLE, PH., *Gott* und Sexualität im Alten Testament, Gütersloh 1993.

Edouard Robberechts

Die Beziehungen von Mann und Frau in der Kabbala: Mittelpunkt des Kultes und Mittelpunkt des Volkes?[1]

Im Bereich der Politik herrscht immer wieder die apokalyptische Versuchung einer *dualistischen* Denkweise, die darauf zielt, das Böse in einem endgültigen Kampf auszurotten und das Gute, ganz ohne Makel, auf den Thron zu heben und so eine totale Harmonie zu erreichen: das Böse wäre vernichtet, es bliebe nur das Gute, strahlend in seiner alleinigen Herrschaft. Der Impetus des dualistischen Denkens liegt im Kampf zwischen zwei widerstreitenden Prinzipien, von denen das eine dazu bestimmt ist, das andere zu besiegen, indem es vollständig zerstört, endgültig ausgelöscht wird. In diesem Sinn zielt jeder *Dualismus* letztendlich auf die Wiederaufrichtung eines *Monismus*, bei dem beide Prinzipien nichts anderes darstellen als aufeinanderfolgende Momente desselben Verständnisses vom Sein, derselben Weltanschauung. Der Dualismus erschiene darin nur als bedauerlicher Unfall in einem von Grund auf monistischen Seinsverständnis.

Im Gegensatz zu einem solchen gewalttätigen und zerstörerischen Dualismus zeichnet sich die Vorstellung einer *Dualität* durch die Annahme einer lebendigen Spannung zwischen zwei nicht ineinander aufzulösenden Größen aus. Der Gegensatz oder Widerspruch zwischen ihnen erscheint darin nur als eine – freilich die negativste – der zahlreichen Möglichkeiten ihres Verhältnisses, und es bleibt Raum für viele andere, positivere Relationen. Einheit ist dabei nicht mehr begriffen als die Resorption der Unterschiede in ein alleinherrschendes Prinzip, sondern als die Erschaffung positiver Beziehungen zwischen zwei Polen – ohne dass diese Beziehungsstiftung der Ausgangsdualität ein Ende setzte, den Reibungen und Leiden also, welche dieser Einheit in Spannung, dieser lebendigen Einheit unvermeidlich anhaften. An einem zentralen und signifikanten Beispiel soll aufgezeigt werden, wie die Versuchung des Dualismus im Judentum, in dem die apokalyptische Literatur entstand, sehr wohl präsent war, wie sie aber letztlich überwunden wurde durch die Vorstellung einer Beziehungsdualität – obwohl die Versuchung des Dualismus und des dazugehörigem Monismus lebendig bleibt und immer wiederkehrt.[2]

---

1 Aus dem Französischen von Michael Hornung und Matthias Morgenstern.
2 In diesem Sinn soll gezeigt werden, dass der Monotheismus sich nicht auf einen Monismus zurückführen lässt, sondern dessen grundsätzlicher Gegner ist, da der Monotheismus als sein

In den folgenden Ausführungen soll das Thema der Beziehung von Mann und Frau im Mittelpunkt stehen, wie es, nach mannigfaltigen Wandlungen in der biblischen und später in der talmudischen Literatur, auf unübertroffene Weise in der Kabbala zum Ausdruck kam.[3]

Es soll gezeigt werden, dass die dort zu findende Perspektive auf die Geschlechterbeziehung die Übersetzung und den Ausdruck zweier unterschiedlicher Modi darstellt, die Frage der Einheit im Monotheismus des Judentums zu thematisieren und zu denken.

Die erste Art und Weise, die Einheit zu denken, macht die göttliche Einheit zu einem ewigen *Prinzip*, zum Fundament von allem, das über alles Rechenschaft ablegt und im Stillen alles regiert, während die andere die göttliche Einheit als eine zeitliche *Beziehung* anspricht, als ein Ereignis, ein Abenteuer, das sich im Angesicht der Erfolge und Misserfolge der Geschichte vollzieht.

Die eine ist stark von der Philosophie beeinflusst und neigt manchmal dazu, mit ihr in eins zu fallen. Die andere bahnt sich einen eher heimlichen und weniger lautstarken Weg, beispielsweise im ungestümen Auftauchen der Kabbala seit dem Mittelalter bis in unsere Tage. Ausgangs- und Zielpunkt der folgenden Überlegungen soll dieses Auftreten der Kabbala sein.

Man kann auf die Kabbala freilich nicht zu sprechen kommen, ohne zuvor ihre biblischen und talmudischen Grundlagen zu behandeln. Die Kabbala versteht sich selbst in der Tat als Weiterführung, Wiederaufnahme und Interpretation der biblischen und talmudischen Tradition, die ihr vorangeht, und ihre eigentümliche Ausdrucksweise ist nicht anders zu verstehen als eine spezifische Interpretationsstufe dieser Tradition, hebräisch Sod (Geheimnis).[4]

So verstanden hat die Kabbala nichts Neues erfunden, und alle Elemente, die ihr Wesen ausmachen, finden sich bereits – freilich in anderer Form – in der biblischen und talmudischen Tradition. Die Neuerungen der Kabbala hängen damit zusammen, dass bestimmte Themen in ihr eine zentrale Stellung einnehmen und dass sie sich diesen Themen, die zuvor nur vereinzelt und in unklarer und wenig systematischer Form Gegenstand der Diskussion und der Lehre gewesen waren und eben so den Stoff für Meinungsverschiedenheiten geboten hatten, mit besonders gründlichem Eifer zuwendet.

Prinzip den Begriff der Schöpfung – das heißt den der von Anfang an gewollten Dualität – setzt. Eine solche Dualität ist im Monotheismus kein unglücklicher Zufall, da sie dem Inneren des göttlichen Willens entspricht. Der Monotheismus ist in diesem Sinne auch keine Monolatrie, da er seinen Gipfelpunkt im Begriff des Bundes findet, das heißt im Begriff einer Zweierbeziehung.

3 Der hier vorgelegte Beitrag, der ohne die literarischen und historischen Kabbalastudien des unlängst viel zu früh verstorbenen Charles Mopsik nicht möglich gewesen wäre, fußt in erster Linie auf einem seiner letzten Bücher, Le sexe des âmes – eine Studie, die das Gerüst meiner Überlegungen ausmacht. Diese Untersuchung soll Charles Mopsik als einen Forscher ehren, der ein Pionier auf seinem Gebiet war und dessen Werk es verdient, studiert und fortgesetzt zu werden.

4 Es handelt sich hier um die letzte Interpretationsstufe, die eine Öffnung zum Unendlichen hin schafft und die in diesem Sinne der Ort eines Geheimnisses ist, das niemals ganz enthüllt wird.

Im Folgenden sollen daher drei Interpretationsstufen der Mann-Frau-Beziehung als Zentrum des Kultes und Zentrum des Volkes durchschritten werden – die biblische, die talmudische und schließlich die kabbalistische.

1. Die biblische Interpretationsstufe

Auf der Ebene der Bibel ist auf drei wesentliche Abschnitte hinzuweisen, mit deren Hilfe der Talmud und dann auch die Kabbala ihr Verständnis der Mann-Frau-Beziehung als Zentrum des Kultes und Zentrum des Volkes ausarbeiten.

1.1 Die Gottebenbildlichkeit als Beziehung

Der wichtigste Text ist natürlich Gen 1,26–28:

Und Gott sprach: Lasset uns den Adam machen in unserem Bild, nach unserer Ähnlichkeit … Gott schuf den Adam in seinem Bild, im Bild Gottes schuf er ihn, männlich und weiblich schuf er sie. Gott segnete sie, und Gott sagte ihnen: Seid fruchtbar und mehret euch, füllet die Erde und erobert sie.

Der zweifache Übergang vom Singular zum Plural in diesem grundlegenden Text wirft Fragen auf: „Und Gott sprach (im Singular): Lasset *uns* den Adam machen in *unserm* Bild, nach *unserer* Ähnlichkeit (im Plural)"; und: „Gott schuf den Adam in seinem Bild, im Bild Gottes schuf er *ihn* (Singular), männlich und weiblich schuf er *sie*. Gott segnete *sie*, und Gott sagte *ihnen*: Seid fruchtbar und mehret *euch* (Plural)."

Das Verständnisproblem dieses zweifachen Numeruswechsels – zunächst für Gott, dann für den Menschen –, löst die Kabbala wie so oft nicht durch einen Appell an die Phantasie der Kommentatoren, sondern indem sie sich dicht an den Text hält, sodass der Text vom Text her und durch den Text ausgelegt wird.[5] So macht sich die Kabbala zur Schülerin des Talmuds, der selbst bereits darauf hingewiesen hatte, dass dieser offensichtliche Widerspruch mithilfe einer anderen Bibelstelle aufgelöst werden kann.[6] Gemeint ist Gen 5,2, wo es explizit heißt: „Männlich und weiblich schuf er sie, und er segnete sie und gab ihnen den Namen Adam an dem Tag, an dem er sie erschaffen hatte."

Hier findet sich also die Auslegung der zweiten genannten Stelle: „Gott schuf den Adam in seinem Bild, im Bild Gottes schuf er ihn, männlich und weiblich schuf er sie". Adam ist also der Name sowohl des Mannes als auch

---

5   Zu Gen 1,26 vgl. Zohar I, 13b. 34b. 47. 55a; zu Gen 1,27 vgl. Zohar III, 117a und vor allem M. Ibn Gabbai, Avodat Hakodesh, Sha'ar 1, Kap. 18 und Sha'ar 3, Kap. 25.

6   Vgl. bJev 63a.

der Frau, und gerade diese männlich-weibliche Dualität konstituiert die
Gottebenbildlichkeit. Es ist folglich nicht der Mann allein, der zum Bilde Gottes
wird – durch sein Wesen oder durch seinen Verstand –, sondern es sind Mann
und Frau gemeinsam, in ihrer Beziehung zueinander, die dieses Bild konstituieren, eine lebendige und dynamische Ebenbildlichkeit, mit den unkalkulier-
baren Risiken, wie sie jeder Beziehung innewohnen, die immer unergiebig
oder fruchtbar sein kann.

Diese erste Erklärung, die Lösung des Widerspruchs des zweiten Übergangs
vom Singular zum Plural, ermöglicht zugleich auch die Lösung des anderen
Widerspruchs, des ersten Numeruswechsels im biblischen Text. Denn wenn
das Ebenbild Gottes eine Zweiheit ist, obgleich es nur einen einzigen Namen
trägt (Adam), muss diese Dualität auf eine Dualität im Urbild verweisen, auf
eine Dualität in Gott, auch wenn dieser Gott sonst grundsätzlich im Singular
benannt wird und singularische Verbformen bei sich trägt. Es ist in der Tat
dieser Eine Gott, der spricht (im Singular): lasst *uns* (im Plural, das heißt im
Dual) Adam schaffen. Wenn das Ebenbild Gottes dual ist, dann muss Gott
selbst auf irgendeine Weise in seiner Einheit dual sein. Vielleicht bewahrt sogar das Wort Elohim,[7] das im Hebräischen im Plural steht, aber von Verbformen in der Einzahl begleitet wird, eine Erinnerung an diese Pluralität-Duali-
tät in Gott.

Auf dieser – nach dem Textbefund nicht zu widerlegenden – Schlussfolgerung baut die Kabbala ihr gesamtes Sefirotsystem[8] auf, das diese plurale Einheit, die auf der geschlechtlichen Dualität im Bilde Gottes fußt, nur umsetzt
und zum Ausdruck bringt. Es handelt sich hier um den ureigensten Ausdruck
dieser pluralen Einheit, mit der internen Dynamik und dem Wagnis, das diese
Dualität zur Voraussetzung hat.

Behauptet wird hier eine in der ganzen Schöpfung beispiellose Nähe zwischen Adam und Gott: allein von Adam in seiner Mann-Frau-Dualität heißt
es, dass er im Bild und zur Ähnlichkeit Gottes geschaffen ist. Nun besteht diese Dualität gerade deshalb, weil sie dynamisch ist und unmittelbar im Anschluss den Segen und die Nachkommenschaft möglich macht: Kaum hat
Gott Adam zu seinem dualen Ebenbild erschaffen, segnet er sie und ermöglicht ihnen die Fruchtbarkeit mit den Worten: „Seid fruchtbar und mehret
euch." Das Ebenbild wäre demnach kein statisches, sondern es vollzöge sich

---

7 Aufgrund dieses im Plural stehenden Wortes, im Deutschen mit „Gott" übersetzt, müsste es
   (etwa in Gen 1,3) in der Übersetzung eigentlich heißen: „Und Götter sprach" – diese gramma-
   tische Kühnheit des Hebräischen hat freilich kein Übersetzer nachahmen wollen.
8 Die Kabbala weiß von zehn Sefirot, die zehn unterschiedliche Arten und Weisen beschreiben,
   sich auf die Transzendenz zu beziehen. Eine dieser Sefirot heißt „Elohim" (also „Gott" oder
   „Götter"). Die Einheit der Transzendenz ist nach der Kabbala folglich nicht außerhalb der Pluralität dieser Relationsweisen wahrnehmbar, und zugleich heißt es von dieser Einheit, dass sie
   sich uns entzieht, dass sie als solche nicht sagbar ist. Sie ist das Un-Endliche, das notwendigerweise eine Pluralität trägt und sich durch eine Pluralität zum Ausdruck bringt, ohne sich je-
   mals auf eine Pluralität reduzieren zu lassen.

in der Dynamik von Fruchtbarkeit und Zeugungskraft, in einer sich stetig er-
neuernden Geschichte, welche diese Fruchtbarkeit unablässig neu schafft und
zeugt. Auf dieselbe Weise, wie Gott Adam zu seinem Ebenbild schafft, kann
Adam Nachkommen zu seinem Ebenbild zeugen.[9]

Die Kabbala nimmt diese interne Logik des Textes lediglich neu auf, indem
sie behauptet, dass die Gottebenbildlichkeit in den zehn Sefirot von zahllosen
Zeugungen herrührt, die ihren Urgrund in einer ersten Dualität, einem Ur-
Paar haben. Als ob das Göttliche nur durch einen Zeugungsprozess zu seiner
Gestalt und Manifestation in der Geschichte gelangt wäre, einen Prozess, der
auf intime Weise an die Zeugungstätigkeit der Menschen gebunden wäre.[10]

Von dieser Nähe zwischen der Dynamik in der menschlichen Zeugungstätigkeit – „Zeugungen" ist im Hebräischen Synonym für „Geschichte"[11] –
und der Verwirklichung dieser dynamischen göttlichen Gestalt in der Geschichte durch die Sefirot wird weiter unten noch die Rede sein. Die Fortsetzung des Verses (Gen 1,28) muss jedenfalls in Zusammenhang mit dieser dynamischen Dualität verstanden werden. Die Erde zu füllen und sie sich untertan zu machen, meint infolgedessen, sie mit dem göttlichen Bild und seiner
Dynamik zu füllen, sie durch die duale und dynamische Beziehung, die das
mechanische und anonyme Prinzip eines „Monophysitismus" übersteigt,
formbar und „untertänig" zu machen [...]. Anders gesagt: Es geht darum, die
Welt menschlich zu machen, sie mit dem Menschlichen und seiner Vielfältig-
keit auszufüllen und sie dem Menschen zu unterwerfen – auf eine Art und
Weise, dass nichts außerhalb dieser Menschlichkeit bleibt, die in ihrer schöp-
ferischen Dynamik das Göttliche in der Geschichte bezeugt.

Es geht also nicht darum, einer inhumanen Durchforstung der Erde mithilfe eines eindimensionalen und gewalttätigen Vernunftprinzips das Wort zu reden, sondern darum, dazu einzuladen, die Erde zu erobern, wie ein Mann
eine Frau „erobert", in einer dualen und offenen – menschlichen – Beziehung,
in der der eine nicht mehr leben will ohne die Beziehung zur anderen und daher auf die allmächtige Alleingestelltheit verzichtet, um sich auf das Abenteuer
einer Verbindung und gegenseitigen Achtung einzulassen.

---

9 Vgl. Gen 5,3: „Adam war 130 Jahre alt und zeugte einen Sohn, ihm gleich und nach seinem
　Bilde, und nannte ihn Set."
10 Vgl. Mopsik, Sexe, 130–133.
11 Der hebräische Ausdruck „toledot" lässt sich zugleich mit „Zeugungen" und „Geschichte"
　übersetzen. Geschichte wird in diesem Sinn nicht als eine Dynamik verstanden, die den Men-
　schen überspringt und manchmal zermalmt, sondern als etwas, das inmitten der menschlichen
　Beziehungen und ihrer Rückkopplungen und Hervorbringungen entsteht.

1.2 Das Auftreten des Gebotes im Raum eines Gegenübers
von Angesicht zu Angesicht

Ein zweiter grundlegender Text findet sich in Ex 25,22, wo Gott Mose befiehlt, ihm ein Heiligtum zu bauen, das Begegnungszelt, das später zum Tempel in Jerusalem werden sollte. Im Zentrum dieses Heiligtums – und daher auch im Zentrum des Kultes – musste das Allerheiligste sein, mit nur einem Gegenstand in der Mitte, der Lade des Zeugnisses,[12] welche die Bundestafeln enthielt und von einer Bedeckung gekrönt war, die zwei sich von Angesicht zu Angesicht zugewandt Cheruben bedeckten. Im Hinblick auf diese beiden Wesen und ihr Zugewandtsein heißt es: „Dort will ich dir begegnen, und von unterhalb der Bedeckung zwischen den beiden Cheruben, die oberhalb der Lade des Zeugnisses sind, werde ich dir alle Gebote mitteilen für die Kinder Israel" (Ex 25,22).

Alle Gebote, die Mose den Kindern Israel *nach* dem einmaligen Ereignis am Berg Sinai lehrte, so gibt uns dieser Abschnitt zu verstehen, konnten nur noch von dieser Zweisamkeit her empfangen werden: Nur im Raum dieses Gegenübers von Angesicht zu Angesicht war das göttliche Wort als Gebot hörbar. Warum diese kultische Beschränkung der Zugänglichkeit, der Hörbarkeit des göttlichen Wortes? Es scheint, als ob das Gebot außerhalb einer Beziehung von Angesicht zu Angesicht, einer symbolisch von den Cheruben repräsentierten relationalen Zweisamkeit, keinen Sinn gewinnen – also hörbar werden – könnte. Das Göttliche ist folglich nur noch als drittes Glied einer Dualität wahrnehmbar; nur im Innern dieser Dualität kann es auftreten als Wort und Anrede – als Gebot. Dieses Wort kann nur aus einer in unnachgiebiger Dualität geformten Leere hervortreten, die den Sinn des Wortes trägt. Die Kabbalisten sollten später intensiven Gebrauch von diesem Text machen, um zu zeigen, dass das Göttliche in seiner Einheit nicht jenseits einer relationalen Dualität zugänglich ist, die es trägt und von der aus es uns anredet und sich unserer Verfügung entzieht.[13]

1.3 Die Heiligkeit im Herzen des Volkes

Ein dritter Text geht noch weiter und vermittelt den Sinn dieser kultischen und symbolischen Präsenz in der vom Heiligtum getragenen Zweisamkeit. Es heißt dort: „Sie werden mir ein Heiligtum machen, und ich werde in ihrer

---

12 Diese Lade des Zeugnisses wird – z. B. in Jos 3,6 – auch Bundeslade genannt.

13 Man könnte hier auch Num 7,89 anführen, einen Text, den die Rabbinen wie folgt zu lesen lehren: „Und als Mose in das Begegnungszelt ging, um mit Ihm zu reden, hörte er die Stimme, die zu ihm hin mit sich sprach – von der Bedeckung, die auf der Lade des Zeugnisses war, zwischen den beiden Cheruben, und er redete zu ihm." Die Stimme spricht hier zu sich selbst: Mose ist hier fähig, den innergöttlichen Dialog zu hören, ohne selbst direkter Adressat dieses Dialoges zu werden.

Mitte wohnen" (Ex 25,8). Es fällt auf, dass Gott hier im Gegensatz zum zuvor zitierten Text nicht den Bau eines Heiligtums verlangt, um in diesem Heiligtum zu wohnen, sondern dass er in der *Mitte des Volkes* seine Wohnstatt haben, also aktives Glied seiner Beziehungen werden will – als ob das Göttliche durch das Heiligtum auch im Raum der zwischenmenschlichen Beziehungen wohnhaft werde. In diesem Sinne ist das Heiligtum in seiner kultischen und symbolischen Funktion nur dazu da, diese Beziehungen „emporzuziehen" – sie zu heiligen – und ihnen so etwas vom Göttlichen zu öffnen, das sich durch diese Beziehungen hindurch und in ihnen ereignet und vollzieht. Die Kabbalisten sollten auf diesen Text später neu aufmerksam machen, um zu zeigen, dass das Göttliche im Raum derjenigen Beziehungen in herausgehobener Weise gegenwärtig und daher zugänglich ist, die ihr Dasein einer durch die Heiligung bestimmten Pluralität verdanken – inmitten also auch des Volkes.

Der große Unterschied zwischen diesen drei biblischen Texten besteht freilich darin, dass der erste von einer geschlechtlich differenzierten Dualität – männlich und weiblich – spricht, während die anderen sich anscheinend nur auf eine nicht näher spezifizierte Dualität oder Pluralität beziehen. Die beiden letzten Texte erlauben aber die Behauptung, dass Gott sehr wohl im Zentrum des Kultes (im Allerheiligsten) gegenwärtig ist und daher und dank der Heiligung, die er ins Werk setzt, auch im Zentrum des Volkes, in dessen Mitte, seine Wohnstatt hat. Aber was ist das für ein Gott, der seine Wohnstatt auf diese Weise im Zentrum hat? Das ist kein Gott mehr, den man sich von außen als eine Substanz oder ein Objekt denken kann und über den man eine Rede halten könnte. Denn er kommt im Raum einer Beziehungsqualität als Anrede und Gebot, das heißt als Heiligkeit.

2. Die Interpretationsstufe des Talmuds

Im Talmud werden diese Texte miteinander verglichen, und mit der Behauptung, dass die Cheruben eigentlich einen Mann und eine Frau darstellten, wird eine geschlechtlich differenzierte Dualität mitten in das Heiligtum eingetragen.

2.1 Das Geschlecht der Engel

Der folgende Text, der hier in seinem Zusammenhang angeführt wird, ist in dieser Hinsicht bezeichnend:

Rav Jehuda wies auf einen Widerspruch hin: Es heißt: „Und sie hatten die Stangen (der Lade) so lang gemacht, dass die Enden der Stangen vom Heiligen aus vor dem Allerheiligsten gesehen werden konnten" (1 Kön 8,8). Andererseits heißt es: „Und von außen sah man sie nicht. Und dort sind sie bis auf diesen Tag" (ebd.). Wie ist dieser Widerspruch zu erklären? Sie waren zu gleicher Zeit sichtbar und unsichtbar!

Eine Baraita[14] lehrt auch: (Man) könnte (das so auslegen, als ob gemeint sei, dass) die Stangen nicht von ihrer Stelle hervorragten. (Um diese Auslegung zu widerlegen), sagt der Talmud: „Sie hatten die Stangen (der Lade) lang gemacht." Man könnte meinen, dass die Stangen den Vorhang durchstießen und hervorragten. (Um diese Auslegung zu widerlegen), sagt der Talmud: „Und von außen sah man sie nicht." Wie ist (dieser Widerspruch zu erklären)? Sie stießen, ragten aus dem Vorhang hervor und waren sichtbar wie zwei Brüste einer Frau. Wie es heißt: „Das Myrrhenbündel ist mir mein Geliebter, zwischen meinen Brüsten ruht er" (Hhld 1,13).

Rabbi Qattina sagt: Wenn die Israeliten (anlässlich der drei Wallfahrtsfeste) zur Wallfahrt (nach Jerusalem) zogen, rollten (die Priester) vor ihnen den Vorhang auf und zeigten ihnen die einander umarmenden Cherubim. Und sie sprachen zu ihnen: Seht, eure Liebe vor Gott ist wie die Liebe von männlich und weiblich.[15]

Abgesehen von dem erotischen Inhalt im ersten Teil dieses Textes, der mittels weiblicher Attribute andeutet, dass die Bundeslade auch nach außen sichtbar war, und der das Wohnen Gottes im Heiligtum mit dem Wohnen eines Liebenden bei seiner Geliebten vergleicht, ist das Bild der sich umarmenden Cheruben von Interesse, das die Liebe Gottes zu Israel mit der Liebe zwischen Mann und Frau vergleicht.

Dieser Text zieht eine deutliche Verbindungslinie von der Gottebenbildlichkeit in der Genesis zu den beiden Cheruben als Bild der Liebe Gottes. Es wird gezeigt, dass von nun an eine geschlechtlich differenzierte Dualität im Zentrum des Kultes und des Heiligtums ihren Platz hat; von dieser Dualität allein aus kann Gott sich Gehör verschaffen. Die Frage ist im Talmud also entschieden: Die weibliche Dimension macht einen wesentlichen Teil der Nähe zum Göttlichen aus, den Bereich des Heiligtums eingeschlossen. Seit dieser Zeit also ist die Dualität von Mann und Frau als Zentrum des Kultes und als Zentrum des Volkes etabliert, und nebenbei ist damit auch die bekannte Frage nach dem Geschlecht der Engel beantwortet, die sich mit dieser Deutung erübrigt. Abgesehen von seiner weiblichen Dimension ist das Bild von der Liebe Gottes nun nicht mehr zu verstehen: Gerade in der Liebe von Mann und Frau[16] kann etwas von der göttlichen Liebe greifbar werden, sich zeigen und sich so als Anrede und Forderung, als Wort und Gebot Gehör verschaffen.[17]

14 D.h. eine Lehre der rabbinischen Weisen zur Zeit der Mischna (zweites nachchristliches Jh. oder früher).
15 bJoma 54a.
16 Der Talmudtext bJoma 54ab spricht von der liebevollen Umarmung eines männlichen und weiblichen Wesens, die auf das Verhältnis von Mann und Frau bezogen sein muss.
17 Die Kabbala verallgemeinert dann diesen Ansatz, indem sie davon ausgeht, dass jede Beziehung einen Gebenden und einen Empfangenden voraussetzt, ohne dass einer von beiden das Gesicht verliert oder instrumentalisiert wird.

2.2 Das Volk Auge in Auge mit Gott

Eine andere Talmudstelle nimmt diese Interpretation wieder auf, um sie wei-
terzuentwickeln, und deckt dabei einen Widerspruch zwischen zwei biblischen Texten auf. Einerseits heißt es, dass die Cheruben sich von Angesicht
zu Angesicht zugewandt waren (Ex 25,20), andererseits – bezogen auf das
Heiligtum Salomos in Jerusalem –, dass ihr Angesicht dem „Haus" („bayit")
zugewandt war (2 Chr 3,13). Hier die Antwort, die der Talmud gibt:

Rabbi Yoḥanan und Rabbi Eliᶜezer (streiten darüber). Der eine sagt: Die Gesichter
waren einander zugewandt. Der andere sagt: Die Gesichter sind dem Haus zugewandt. Derjenige, der sagt, die Gesichter waren einander zugewandt, kann sich auf
den Vers berufen, dass die Cheruben sich von Angesicht zu Angesicht zugewandt waren. Aber wie stimmt dies mit dem Vers überein, dass ihr Angesicht dem Haus zugewandt war? Das ist kein Einwand. Dort erfüllen die Israeliten den Willen des Ortes.[18]
Hier erfüllen die Israeliten den Willen des Ortes nicht.[19]

Einem der Gesprächspartner – es ist wahrscheinlich der große Rabbi Yoḥanan
– zufolge heißt, den Willen Gottes erfüllen, mit anderen Worten: eine Beziehung von Angesicht zu Angesicht zu leben, im vollen Sinngehalt dieses Bild-
wortes, einschließlich der Gegenwart Gottes in dessen Zentrum. Den Willen
Gottes nicht zu erfüllen, bedeutet dann, das eigene Angesicht von dem des anderen abzuwenden, um den Blick anderswohin zu richten, etwa zum Haus
mit seinen ökonomischen Zumutungen,[20] wo die Gegenwart Gottes nur noch
schwächer fühlbar ist.
    Darüber hinaus unterstreicht dieser Text, dass es eine deutliche wechselsei-
tige Bindung zwischen dem Zentrum des Kultes (den Cheruben) und dem
Volk gibt, als ob das eine auf das andere zurückverweist, wie ein Bild oder ein
Symbol: So entspricht die Situation des Volkes gegenüber Gott genau der der
beiden Cheruben zueinander. Man kann nicht klarer sagen, dass sich das Tun
des Willens Gottes in der Vereinigung mit ihm vollzieht, darin, sich gleichsam
physisch von seiner Liebe befruchten zu lassen. Derselben Vorstellung folgend,
hält ein anderer Talmudabschnitt[21] fest, dass die Schechina – die Einwohnung
Gottes – so, wie sie zwischen den Cheruben ihren Platz hat, in gleicher Weise
inmitten des Volkes verortet ist.

---

18 „Ort" (hebr. „maqom") ist ein rabbinischer Ausdruck zur Bezeichnung der Transzendenz, die
    der „Ort" der Welt ist, während die Welt nicht der „Ort" der Transzendenz ist.
19 bBB 99a.
20 Diese Interpretation geht auf Rabbi Hayyim von Volozhin zurück: vgl. Nefesh Hahayyim, 1.
    Teil, Kap. 8 f.
21 bJev 64a.

2.3 Gott zwischen Mann und Frau

Schließlich zieht ein letzter Text die Schlussfolgerung aus den bisher genannten Abschnitten und verortet die Gegenwart Gottes an keiner anderen Stelle als an der zwischen Mann und Frau.

> Rabbi Aqiva hat ausgelegt: Ein Mann (איש/ʾYSCH) und eine Frau (אשה/ʾiSCHaH):[22] (Wenn) sie es verdienen, weilt die (göttliche) Einwohnung zwischen ihnen; (wenn) sie es nicht verdienen, verschlingt sie ein Feuer.[23]

Man könnte meinen, dies sei aufs Ganze gesehen die logische Schlussfolgerung aus den vorhergehenden Texten, in verkürzter Weise sei hier nur wieder aufgenommen, was bisher schrittweise erarbeitet wurde. Um allerdings Licht in diese Interpretation von Rabbi Aqiva zu bringen, ist es unerlässlich, den Kommentar von Raschi (11. Jh., in Troyes in der Champagne) zu berücksichtigen:

> (Wenn) sie es verdienen, das heißt, dass sie den rechten Weg gehen: Er betrügt sie nicht, und sie betrügt ihn nicht. Dann ist die (göttliche) Einwohnung zwischen ihnen. Denn Gott hat seinen Namen und seine Einwohnung unter ihnen verteilt, das י aus (dem Gottesnamen) Yah in dem Wort Mann (איש/ʾYSCH) und das ה aus (dem Gottesnamen) Yah in dem Wort Frau (אשה/ʾiSCHaH). (Wenn) sie es nicht verdienen, verschlingt sie ein Feuer, weil der Heilige, gelobt sei Er!, ihnen seinen Namen wegnimmt und sie אש („ʾeSCH") und אש (Feuer und Feuer) bleiben.

Raschi macht uns darauf aufmerksam, dass die Interpretation Rabbi Aqivas nicht nur die logische Konsequenz anderer Talmudtexte ist; sie wurzelt auch in einer sprachlichen Besonderheit des Hebräischen. Tatsächlich lassen sich demnach die beiden hebräischen Wörter für „Mann" und „Frau" auf eine gemeinsame Wurzel zurückführen: אש, Feuer. Auf Grundlage des Konsonantenbestandes dieser Wurzel können Mann und Frau unterschieden werden, der Mann (איש/ʾYSCH) durch das Jod (י), die Frau (אשה/ʾiSCHaH) durch das Heh (ה). Nach Raschi wurzelt die Interpretation Rabbi Aqivas also in dieser sprachlichen Besonderheit: Wenn Mann und Frau sich miteinander verbinden und vereinigen, führen sie in ihrer beider Namen zwei Buchstaben zusammen, die zusammen den Gottesnamen YaH bilden, den man am Ende des Wortes Halleluja („Lobet YaH") wiederfindet. Sie veranlassen dadurch den göttlichen Namen, die göttliche Gegenwart, in ihrer Mitte zu wohnen.

Abgesehen von der Schönheit dieser Deutung interessiert uns die hier vorgelegte Konzeption der Einheit Gottes. Diese Einheit ist nicht einfach als eine Art von Ähnlichkeit zu verstehen, als Inbegriff dessen, was Mann und Frau gemeinsam ist. Im Gegenteil, wenn sich Mann und Frau darin begegnen, worin

---

22 Zum Verständnis der folgenden Meditation über die Buchstaben der hebräischen Konsonantenschrift werden die hebräischen Konsonanten mit Großbuchstaben, die (im Hebräischen fehlenden) Vokale mit kleinen Buchstaben wiedergegeben.

23 bSota 17a.

sie sich ähnlich sind, in dem, was ihnen gemeinsam ist, kann daraus nur Gewalt resultieren, das Feuer der Leidenschaft, das beide verschlingt, indem der eine vom anderen verschlungen wird.[24] Was ihnen ermöglicht, in Frieden zu leben und eine fruchtbare Beziehung aufzubauen, ist gerade ihre – mittels eines je unterschiedlichen Buchstabens auch in ihren Namen eingetragene – Verschiedenheit. Hier wird eine Konzeption von Einheit vorgetragen, die nicht vom Ähnlichen ausgeht, dem gemeinsamen Prinzip, das beide zu einer Gemeinschaft zusammenführt, sondern die die Verschiedenheit, das heißt die Dualität, zu ihrer Bedingung hat.

Am Anfang steht, wohlverstanden, ein Feuer, das beide zu zerstören, ein gemeinsames Prinzip, das sie in ihrer Partikularität zu verschlingen droht. Doch Gottes Intervention als differenzierende Macht bewahrt vor dieser gewaltsamen Zerstörung: Gott teilt seinen Namen, damit aus seiner göttlichen Dualität die menschliche Dualität von Mann und Frau erwachsen kann. Diese dualisierende Differenzierung von Mann und Frau ermöglicht es in einem dritten Schritt, beide in einer respektvollen und fruchtbaren Beziehung zu verbinden und zu vereinigen. Dank dieser Differenzierung findet sich der Name Gottes selbst wieder zusammengeführt und zu einem neuen Sinn erhoben.

Neu ist hier, auch wenn sich das in Andeutungen vielleicht schon in den vorangehenden Texten findet, dass die Beziehung zwischen Mann und Frau eine genaugenommen theurgische Funktion gewinnt; sie wirkt mit an der Wiederherstellung der Einheit Gottes, einer Einheit, die sich in der menschlichen Differenzierung zu verlieren droht, wenn diese menschliche Differenzierung nicht, durch den Einsatz von Mann und Frau, eine bestimmte Beziehungsqualität erreicht – in Treue und gegenseitiger Verbindlichkeit. Die göttliche Zweisamkeit ist nunmehr also abhängig von Mann und Frau in ihrem Wiedervereinigungs- und Wiederherstellungswirken. Indem Raschi in seiner kleinen Auslegung die Problematik so intensiv durchdringt, stellt er Rabbi Aqiva in direkte Verbindung mit den Konzeptionen, die die Kabbala nachfolgend entwickeln sollte. Die Beziehung von Mann und Frau ist demnach also von zentraler Bedeutung für den Kult, für das Volk, ja für die ganze Welt. Denn es vollzieht sich hier nichts Geringeres als die Wiederherstellung der Einheit Gottes und der Heiligung seines Namens in der Geschichte, seine Emporhebung zum Sinn inmitten menschlicher Beziehungen. Es steht hier nicht einfach eine kleine Familiengeschichte zur Diskussion; die Geschichte selbst wird hier wieder zusammengeführt und von Neuem angestoßen, die Geschichte selbst findet gewissermaßen zu ihrem Glück in der Beziehung von Mann und Frau.

---

24 Zu einem ähnlichen Bild mit Bezug auf Sonne und Mond vgl. weiter unten.

2.4 Das Weibliche: Antlitz oder Anhängsel des Mannes?

Man kann diesen raschen Überblick über den Talmud nicht ohne den Verweis auf einen Text abschließen, der auf einzigartige Weise die Tragweite unserer Behauptungen einzuschränken scheint. Der folgende Text zeigt deutlich die Spannungen und die Härte der Debatten, die durch diese Fragen ausgelöst wurden und sich auch heute noch aufdrängen. Der Text kommentiert den Vers „und Gott formte den Menschen aus Erde vom Acker" (Gen 2,7), der in dem Wort „VaYYeTSer" („und er formte") ein überzähliges Jod beinhaltet, was auf eine Dualität im Prozess der Erschaffung des Menschen hinweise. Daran schließt sich im Talmud die folgende Debatte an:

Rav Yirmiya ben Elʿazar sagte: Zwei Gesichter hat der Heilige, gepriesen sei Er!, dem ersten Menschen geschaffen, denn es heißt: *Du umklammerst mich von vorn und von hinten* (Ps 139,5).[25] Man findet eine Diskussion über einen anderen Vers: *Und der HERR, Gott, baute (aus) der Seite, (die er Adam entnommen hatte, die Frau* [Gen 2,22]). Rav und Shemuʾel[26] (streiten darüber). Der eine sagt: Es[27] war ein Gesicht. Der andere sagt: Es war ein Schwanz.[28] Einleuchtend ist es für den, der gesagt hat, es war ein Gesicht, denn es heißt: *Du umklammerst mich von vorn und von hinten* (Ps 139,5). Aber derjenige, der gesagt hat, es war ein Schwanz – wie versteht er den Vers *Du umklammerst mich von vorn und hinten* (ebd.)? Er folgt Rav Ami, denn Rav Ami hat gesagt, „hinten" bedeutet (der Letzte) beim Schöpfungswerk, und „vorne" bedeutet (der Erste) bei der Bestrafung.[29] [...]

Für denjenigen, der sagt, es war ein Gesicht, stimmt es überein mit den beiden Jod (in dem Wort) „VaYYeTSeR" („und er formte"). Aber wie wird (dieses Wort) „VaYYeTSeR" („und er formte") von demjenigen ausgelegt, der sagte, es war ein Schwanz? Er legt aus wie Rabbi Shimʿon ben Pazzi. Denn Rabbi Shimʿon ben Pazzi hat gesagt: (Diese beiden Buchstaben bedeuten:) Wehe mir wegen meines Schöpfers (YoTSeR), wehe mir wegen meines Triebes (YeTSeR).[30]

Für denjenigen, der sagt, es war ein Gesicht, stimmt es überein mit dem Text „*er schuf sie männlich und weiblich*" (Gen 5,2). Aber wie wird (dieser Vers) „*er schuf sie männlich und weiblich*" (ebd.) von demjenigen ausgelegt, der sagte, es war ein Schwanz? Er legt aus wie Rabbi Abbahu. Denn Rabbi Abbahu hat (folgenden Einwand) erhoben: Es heißt: „*Er schuf sie männlich und weiblich*" (ebd.), und es heißt:

---

25 Dieser Satz kann auch übersetzt werden: Du hast mich hinten und vorn gestaltet.

26 Zwei rabbinische Gelehrte aus dem dritten nachchristlichen Jh.

27 D.h. die Seite, aus der Eva erschaffen wurde.

28 Von hier aus wird die gewöhnliche Übersetzung dieses hebräischen Wortes mit „Rippe" verständlich, eine Übersetzung, die faktisch in die talmudische Diskussion eingreift.

29 Der Mensch ist der Letzte in der Ordnung der Natur und der Erste in der Ordnung der Verantwortlichkeit: Seine Bestrafung bezieht sich nicht auf seine Schuld, da der Mensch sich als verantwortlich in einer Welt vorfindet, die er nicht geschaffen hat.

30 Der Mensch wird zwischen den Forderungen seines Schöpfers und seinem eigenen Trieb in die Zange genommen.

„Im Bilde Gottes machte er den Menschen" (Gen 9,7). Wie ist das möglich? Am Anfang war es sein Wille, zwei zu erschaffen, am Ende (aber) hat er nur einen erschaffen. Für denjenigen, der sagt, es war ein Gesicht, stimmt es überein (mit dem Vers,
wo) es heißt: *„Er schloss das Fleisch an ihrer Stelle"* (Gen 2,21). Aber wie wird (dieser
Vers) *„er schloss das Fleisch an ihrer Stelle"* (ebd.) von demjenigen ausgelegt, der sagte, es war ein Schwanz? Rabbi Yirmeya, und nach anderen Rav Zevid, und nach anderen Rav Naḥman bar Yiṣḥaq, hat gelehrt: (Das Schließen des Fleisches) war nur an
der Schnittstelle nötig. Für denjenigen, der sagt, es war ein Schwanz, stimmt es überein mit dem Text *„er baute (aus der Seite, die er Adam entnommen hatte, die Frau"*
[Gen 2,22]). Aber wird (dieser Vers) *„er baute (aus der Seite, die er Adam entnommen
hatte, die Frau"* [ebd.]) von demjenigen ausgelegt, der sagte, es war ein Gesicht?
(Hier ist) Rabbi Shimʿon ben Menassya zu folgen. Nach ihm bedeutet dieser Vers *„er
baute (aus der Seite, die er Adam entnommen hatte, die Frau"* [ebd.]), dass der Heilige, gepriesen sei Er!, die Eva flocht und sie dem Urmenschen brachte, denn in den
überseeischen Gebieten nennt man das Geflecht „Gebäude". Eine andere Erklärung:
Rav Ḥisda hat gesagt – und wie manche sagen, wurde es in einer Baraita gelehrt – *„er
baute (aus der Seite, die er Adam entnommen hatte, die Frau"* [ebd.]) bedeutet, dass
der Heilige, gelobt sei Er!, Eva nach der Art eines Speichers baute; wie der Speicher
oben schmal und unten breit ist, um die Früchte aufzunehmen, so ist auch die Frau
oben schmal und unten breit, um das Kind aufzunehmen.[31]

Dieser Text ist entscheidend, da er eine interne Entwicklung dokumentiert,
die den augenscheinlichen Sinn der Diskussion verlagert. Anfangs wird gefragt, ob die ursprüngliche Einheit des Menschen eine duale war, in der beide
Teile gleichberechtigt zueinander standen, oder ob die ursprüngliche Einheit
von einem einzigen, dem männlichen Prinzip regiert wurde und die Frau nur
ein Anhängsel war. Die Vorstellung einer dualen Einheit im Ursprung des
Menschen wird durch die These von einem doppelseitigen Antlitz gestützt,
während die Bezeichnung der Frau als „Schwanz" des Mannes zu verstehen
gibt, dass sie am Anfang nichts anderes war als ein untergeordnetes Anhängsel, abhängig von einem leitenden maskulinen Prinzip. Ihre Trennung vom
Mann in Gen 2,21 und ihre neue unabhängige feminine Seinsgestalt hätten
dann grundsätzlich nichts geändert an diesem ausschlaggebenden Faktum.
Nun erweist sich diese Position im Verlauf der Diskussion als schlechthin unerträglich, und ihre Anhänger sind schließlich gezwungen, die These vom
doppelseitigen Antlitz, wenngleich in leicht veränderter Form, anzunehmen.
   In der Tat zwingt das erste Schriftargument (*„du umklammerst mich/formst
mich von vorn und von hinten* [Ps 139,5]") die Gegner dieser These dazu, die
innermenschliche Dualität auf eine externe Dualität zu übertragen, die den
Menschen in eine Spannung versetzt zwischen seinem Status als der zuletzt

---

31 bBer 61a. Wenn die Frau von Gott geschaffen ist, um den Mann verführen zu können (das
   „Geflecht" steht für die Möglichkeiten der Frau, sich zu schmücken), dann deshalb, weil sie so
   mit dem Mann gemeinsam eine gottgewollte Dynamik des Verlangens hervorrufen kann, die
   in einem zweiten Schritt – durch das Gebären und immer wieder Neuaufleben der Geschichte
   (Geschichte im Sinn des hebräischen Ausdrucks „toledot", Zeugungen) – eine Dynamik der
   Konstruktion des Menschlichen entstehen lässt.

geschaffenen Kreatur – und daher in gewisser Weise als der belanglosesten in der Naturherrschaft einerseits – und der umfassenden Verantwortlichkeit gegenüber dieser Natur andererseits, zu der er aufgerufen ist durch das göttliche Gebot (Gen 2,15–17), das ihn zu dem macht, der als Erster bestraft wird. Diese Dualität ist grundlegend, da sie das Prinzip der Verantwortlichkeit begründet, auch wenn dies an Ungerechtigkeit grenzt, da sich der Mensch ja als verantwortlich entdeckt für eine Welt, die er nicht geschaffen und so die Lasten eines Seins trägt, das er nicht gewollt hat …

Mit dem zweiten Schriftargument (*„und Gott formte den Menschen aus Erde vom Acker"* [Gen 2,7]) verschärft sich die Problematik. In der Tat entwickelt diese Spannung zwischen dem geschaffenen Sein des Menschen (seinen Trieben) und den Forderungen des Schöpfers-Offenbarers seinerseits ihre eigene Dramatik und grenzt an einen Dualismus, da sich der Mensch in dieser Spannung ja nur noch im Bösen oder der Klage wiederfindet, in einem inneren schmerzhaften Riss.

Das dritte Schriftargument (*„er schuf sie männlich und weiblich"* [Gen 5,2]) steigert diese Position auf ihren Höhepunkt hin, da sich der fragliche Riss hier nicht mehr allein als der des Menschen erweist, sondern als der Gottes selbst. Das Argument des Rabbi Abbahu geht in der Tat sehr weit: Um den Primat des Mannes gegenüber der Frau aufrecht zu erhalten, muss er eine Inkohärenz – oder gar eine Ohnmacht – inmitten der Gottheit ertragen! Zu einem Dualismus, der Gott einen Anderen außerhalb seiner selbst gegenüberstellt, ist es da nicht mehr weit. Aber warum (zum Teufel) muss Rabbi Abbahu bloß so weit gehen? Diese Frage kann erst später von der Kabbala und ihren Überlegungen her beantwortet werden.

Es ist bei alldem wichtig, sich klar zu machen, dass Rabbi Abbahu einen Umschwung bewirkt, der die Richtung der Diskussion grundsätzlich verändert. Ganz nebenbei lässt Rabbi Abbahu am Ende nämlich die These seiner Gegner zu, derzufolge die Dualität vom doppelseitigen Antlitz die ursprüngliche sei, nur dass diese Ursprünglichkeit anfänglich nur im Denken des Schöpfers bestanden habe. In der Realität sei sehr wohl der Mann als leitendes Prinzip geschaffen worden, mit der Frau als Anhängsel. Und erst in einem dritten Schritt habe Gott die Frau vom Mann trennen können, um ihr eine eigene personale Gestalt zu geben.[32] Nach Rabbi Abbahu stimmten Rav und Schmuel also in der Tat überein in dem, was die erste und letzte Phase der Erschaffung von Mann und Frau betrifft: zuerst eine duale Einheit, dann eine in Beziehung vereinte Dualität.[33]

Der einzige Unterschied zwischen beiden – und der Sinn ihrer Uneinigkeit – tritt in der Frage nach der Notwendigkeit einer Zwischenphase zutage, in

---

32 Vgl. Gen 2,22: „Und Gott der HERR baute aus der Seite, die er Adam entnommen hatte, die Frau und brachte sie zu ihm."

33 Vgl. Gen 2,24: „Er wird seiner Frau anhangen, und sie werden zu einem einzigen Fleisch werden."

deren Verlauf die Frau sich als dem Mann, dem leitenden Prinzip der Geschichte, unterworfen erweisen muss. Das schwächt die These von der Frau
als einem Anhängsel des Mannes stark ab, da hier ja nur noch von einer Zwi-
schen- und Übergangsphase die Rede ist, in welcher der Frau die Gleichheit
mit dem Mann zu einem guten Teil ja bereits zugestanden ist – wobei er und
sie beide ihr eigenes Antlitz behalten.

Jedenfalls ist Rabbi Abbahu nun zu dem Geständnis gezwungen, dass diese
Phase zeitlich begrenzt ist, da die erste und letztgültige Entwicklungsphase
der Frau sich durch ein Gegenüber zum Mann von Angesicht zu Angesicht
auszeichnet. Warum wird dann noch an der Notwendigkeit einer Übergangsphase der Unterwerfung festgehalten? Zu fragen ist, ob die Dualität in sich
selbst Bestand hat und es ermöglicht, eine solide und fruchtbare Beziehung
aufzubauen, oder ob sie auf die Wirkung eines vereinigenden und leitenden
Prinzips angewiesen ist, das es ihr ermöglicht, Konsistenz und Stabilität zu erlangen.

An dieser Stelle lässt uns der Text diese Frage nicht endgültig klären, er hält
die Diskussion offen. Dennoch fällt auf, dass alle bisher ausgelegten Schrift-
stellen – außer einem Text, den es noch präzise zu kommentieren gilt – der
ersten These, der vom doppelseitigen Antlitz, zuzustimmen scheinen. Weiter
ist festzuhalten, dass eines der Argumente, das die These von der Frau als einem Anhängsel des Mannes zu verteidigen sucht, theologisch sehr problema-
tisch ist. Diese These mutet nicht Geringeres zu, als einen Widerspruch zwischen dem Willen Gottes und seiner Realisierung zu ertragen. „Am Anfang
war es sein Wille, zwei zu erschaffen, am Ende (aber) hat er nur einen erschaffen." Dabei wird freilich kein Argument vorgetragen, das den jähen Mei-
nungsumschwung Gottes erklären könnte, sodass infolgedessen an eine göttliche Inkohärenz oder gar Ohnmächtigkeit zu denken ist – wir werden darauf
zurückkommen. Fest steht jedenfalls, dass unser Text – der Talmud – diese
Frage nicht entscheidet und also dem Leser beide Möglichkeiten offen lässt.

3. Die Interpretationsstufe der Kabbala

In dieser Diskussion, in der sich der erste Schöpfungsbericht, in dem Mann
und Frau einander gleichberechtigt gegenüberstehen, und der zweite Schöpfungsbericht gegenüberstehen, in dem die Frau aus einem Anhängsel des
Mannes hervorgegangen und ihm demnach nachgeordnet ist, hat die Kabbala
schließlich eine Entscheidung getroffen. Für die Kabbala steht fortan fest, dass
Adam als die mit *einem* Namen genannte Einheit einer irreduziblen und geschlechtlich differenzierten Dualität geschaffen wurde, die diese Einheit als
Beziehung und Abenteuer trägt.

Der Mensch wurde demnach sehr wohl mit einem doppelten Antlitz geschaffen, und in der Zugewandtheit des einen Gesichtes zum anderen bezeu-

gen beide, genau wie die Cheruben, die Einheit Gottes, welche sie beide zusammenführt und durch das Wort und seine Forderungen, seine Gebote, vereint.

Auch wenn die Kabbala damit zugunsten der Existenz einer geschlechtlich
differenzierten Dualität inmitten der Einheit Gottes entschieden hat und das
von dem Einen ausgehende und in dem Einen sich vollziehende Erzeugen der
Pluralität innerhalb besagter Einheit verortet, so sind die Spannungen, die der
Konstitution dieser Einheit vorausgehen, deswegen noch nicht gelöst – Rabbi
Abbahu weist in seinem beharrlichen Verfechten einer hierarchisch aufgebau-
ten Zwischenphase nachdrücklich darauf hin. Diese Spannungen sollten die
ganze Geschichte der Kabbala hindurch aktuell und stark bleiben. So ist der
Gegensatz zwischen dem Verständnis der Frau als der Trägerin eines eigenen
Antlitzes, das dem Mann auf Augenhöhe gegenübersteht, und ihrem Verständnis als eines bloßen Anhängsels des Mannes unablässig neu belebt worden. Mit anderen Worten: Die an einen andern Ausgangspunkt – den ersten
Schöpfungsbericht – anknüpfende und damit neu positionierte und anders
gefärbte Debatte konnte diese Spannung nicht beseitigen, sondern hat sie gewissermaßen neu angefacht – freilich auf andere Weise, wie im Folgenden
deutlich werden soll.

3.1 Der Ort der Spannung

Eines der hervorstechendsten Beispiele für die Fortdauer dieser Spannung findet sich bei Rabbi Abraham ben David aus der Stadt Posquières[34], der meist
mit dem Akronym „Rabad" bezeichnet wird und einer der frühesten proven-
zalischen Kabbalisten des 12. Jh.s war. In der Tat schwankt dieser Gelehrte in
ein und demselben Text zwischen zwei gegensätzlichen Positionen: dem Anspruch der „political correctness" seiner Zeit, die im Interesse der bestehenden gesellschaftlichen Ordnung die Unterwerfung der Frau unter den Mann
verlangte, und der Aussage einer grundsätzlichen Gleichstellung von Mann
und Frau im Gegenüber zu Gott.

Es lohnt der Mühe, diesen Abschnitt genauer zu betrachten, um die weiterhin lebendige Spannung aufzuzeigen zwischen der politisch korrekten Exo-
terik, die vor allem im ersten Teil des Textes deutlich wird, und der kabbalistischen Esoterik, die der Frau Gerechtigkeit widerfahren lässt und den Grund
legt für alles, was diesem Abschnitt folgt. Denn dieser Balanceakt zwischen
den politischen Imperativen und der ethischen Gerechtigkeitsforderung gegenüber der Frau gibt uns vielleicht einen Lektüreschlüssel an die Hand für
die zuvor kommentierte talmudische Diskussion. Hier nun also dieser Text,

---

34 Posquières, heute Vauvert geheißen, liegt nicht weit von Lunel im südfranzösischen Departe-
   ment Gard.

der die oben zitierte Argumentation von Rabbi Yirmiya ben Elʿazar kommentiert, wonach Gott Adam mit einem zweiseitigen Antlitz geschaffen hat:

Der Grund für die Erschaffung [Adams und Evas] als Doppelgesicht, *Du-Parṣuphin*, besteht darin, dass das Weib ihrem Manne gehorsam sein soll und dass ihr Leben von seinem abhängt und sie nicht jeder seinen eigenen Weg verfolgen sollen, vielmehr unzertrennliche Nähe und Brüderlichkeit zwischen ihnen herrschen solle. Dann würde Frieden zwischen ihnen und Harmonie in ihrer Wohnstatt sein.[35]

Soweit der exoterische Teil, der im selben Atemzug bereits zum esoterischen überleitet:

„Und dies gilt auch von den [göttlichen *Middoth*, die], Wirker der Wahrheit, deren Wirken Wahrheit ist"[36] [heißen]. Der Grund der zwei Gesichter weist /auf zwei Dinge hin. Erstens ist es bekannt, dass zwei Gegensätze, einer reine Strenge (דין/Din) und der andere reines Erbarmen (רחמים גמורים/Rahamim gemurim), emanierten. Wenn sie nicht als „Doppelgesicht" emaniert wären, würde jeder Einzelne davon seinem eigenen Prinzip gemäß wirken. Es würde aussehen, als ob es zwei [unabhängige] Prinzipien (שתי רשויות) gäbe, und jedes einzelne würde ohne Verbindung (חיבור) mit dem anderen wirken und ohne seine Hilfe. Nun aber, wo sie als „Doppelgesicht" erschaffen sind, findet alle ihr Wirken auf gleichmäßige Weise und in vollständiger Einheit (איחוד) und ohne Trennung zwischen ihnen statt. Ferner könnte, wären sie nicht als „Doppelgesicht" erschaffen, aus ihnen keine vollständige Einheit entstehen, und die Eigenschaft der Strenge nicht in die des Erbarmens aufsteigen, sowie [umgekehrt] die des Erbarmens in die der Strenge. Jetzt aber, wo sie als „Doppelgesicht" erschaffen sind, ist jedes von ihnen dem anderen nahe und vereinigt sich mit ihm und sehnt sich danach, sich mit ihm zu verbinden (להתחבר), damit alles ein Gebäude sei.[37] Ein Beweis dafür ist, dass die Gottesnamen aufeinander [in ihrer Bedeutung] hinweisen, denn du findest, dass das Tetragrammaton, [das auf das göttliche Erbarmen bezogen wird], mitunter auch auf die Eigenschaft der Strenge hinweist und [der Name] Elohim, [der auf die Strenge hinweist], auch auf die Eigenschaft des Erbarmens, wie in Gen 19,24, und die [Funktionen der] Eigenschaften gehen ineinander über. Dies ist in Kürze der Grund [für die Erschaffung des Menschen als ‚Doppelgesicht']. Denke darüber nach und du wirst ihn finden.[38]

---

35 Scholem, Ursprung und Anfänge, 191.

36 Dieser Ausdruck findet sich in bSan 42a und wird von den Kabbalisten als Hinweis auf Sonne und Mond verstanden, die beiden grundlegenden göttlichen Attribute (in der Terminologie der Kabbalisten: die Sephirot) der Liebe und der Gerechtigkeit repräsentieren. Die Sonne repräsentiert demnach die männliche, gebende Seite der Sephirot (das Erbarmen) und der Mond die weibliche und empfangende Seite (das Gericht). Ausgehend von dieser grundlegenden Dualität ist das gesamte Beziehungsgefüge der Sephirot als eine in sich plurale Einheit verfasst.

37 Anmerkung der Übersetzer: In der französischen Fassung heißt es: „um gemeinsam das eine Zelt der Begegnung (d. h. den Ort der Einwohnung Gottes nach Ex 36,13) zu bilden."

38 Scholem, Ursprung und Anfänge, 191 f (kursiv im Original); die in eckigen Klammern gesetzten Erläuterungen dieses Textes entsprechen ebensolchen Klammern in der Textfassung bei Scholem, die runden Klammern enthalten Erläuterungen, die der französischen Übersetzung von Robberechts entnommen sind.

Es wird hier die Dualität einer Beziehung beschrieben, die paradoxerweise zugleich trennt und vereint, differenziert und verbindet.

Deutlich tritt die Spannung zwischen beiden Teilen des Textes hervor. Der erste Abschnitt – er trägt einen exoterischen Charakter und beruft sich nicht auf die Tradition und die kabbalistische Terminologie – bekräftigt den Rang des Mannes vor der Frau und ihre darin begründete Hörigkeit dem Mann gegenüber. Im Folgenden wird deutlich werden, dass diese Position im krassen Gegensatz zur hier kommentierten Argumentation Rabbi Yirmiyas steht, der mit Nachdruck die Gleichberechtigung beider Antlitze behauptet.

Der nachfolgende esoterische, da deutlich kabbalistisch geprägte Textabschnitt zeigt demgegenüber, dass die Zweiheit der menschlichen Gesichter auf die Dualität der göttlichen Attribute selbst zurückverweist und in sie eingetragen wird. Diese Dualität in Gott lässt sich bestimmen durch die vollkommene Gleichwertigkeit beider Teile; dies ermöglicht eine Beziehung in Einheit und Austausch untereinander, ohne Hemmnisse und Hindernisse, ohne Abstriche.

Mit Nachdruck bekräftigt dieser Text die Konzeption einer geschlechtlich differenzierten Dualität von Mann und Frau als Bild und Ausdrucksform der Dualität in Gott selbst, die die menschliche Dualität trägt.

Neu ist hier, dass die erstgenannte Konzeption der Unterwerfung der Kabbala äußerlich bleibt, da die Kabbala ja gerade das Gegenteil lehrt. Warum sieht Rabad sich dann veranlasst, die erstere Meinung überhaupt zu erwähnen? Er scheint hier in erster Linie als Vorsteher seiner Gemeinde aufzutreten, der über der sozialen Ordnung wacht, bevor er sich von diesen Rücksichten freimacht und für die grundsätzliche Gleichheit des Männlichen und Weiblichen plädiert, für die Gleichstellung zwischen dem, der gibt, und dem, der empfängt.

3.2 Die Verschärfung der Spannung

Nach Rabad sollte diese Unentschlossenheit wieder neu in Erscheinung treten in einer Bewegung, die darauf bedacht war, sich innerhalb der Kabbala politisch korrekt zu positionieren und deshalb dafür plädierte, an der Vorherrschaft des Mannes über die Frau festzuhalten. Damit jedoch nahm die Debatte an Schärfe zu, und es wurde deutlicher denn je, welch hoher Preis in theologischer Hinsicht zu zahlen war, um diese Position aufrechtzuerhalten: Denn das Ansinnen, die soziale und politische Ordnung unangetastet zu lassen, konnte ja nur so erfüllt werden, dass in den göttlichen Bereich selbst eine Schwäche und damit eine Inkohärenz in das Verhalten Gottes eingetragen wurde! Auch hier lohnt es sich, einen Text genauer zu betrachten, der trotz aller ausgleichenden Bemühungen des Autors diese lebendige Spannung deutlich werden lässt und der vielleicht eine Erklärung dafür liefert, warum diese Spannung trotz allem in der Kabbala nichts von ihrer Dynamik verloren hat.

Gemeint ist der Text eines direkten Schülers des Nachmanides (1194–1270), des nach seinem Akronym „Rashba" genannten Gelehrten (Rabbi Shelomo ben Aderet, 1235–1310), der zu Beginn des 14. Jh.s in Spanien wirkte und den Lehren des Rabad viel Aufmerksamkeit schenkte. Bedeutsam ist die Beobachtung, dass dieser Text die Meinung von Rabbi Abbahu aus dem 4. Jh. exakt wiederaufnimmt, derzufolge die Frau als Anhängsel des Mannes, und nicht als eigenes Antlitz geschaffen wurde. Dieser Text wird in dem Torakommentar des Rabbenu Bahya ben Asher (1255–1340) zitiert:

Mein Lehrmeister, der weise Rabbenu Shelomo [d.h. der ‚Rashba'; MM] schreibt: Man muss hier zwei Dinge erklären, die meiner Meinung nach beide wahr sind, in den Worten von Rabbi Abbahu (in bBer 61a): „Am Anfang kam es (Gott) in den Sinn, zwei (menschliche Wesen, einen Mann und eine Frau) zu schaffen; am Ende hat er (aber) nur ein (Wesen) geschaffen".

Es ist allgemein bekannt, dass die Worte der Schriften und Aggadot[39] als Anspielungen und stoffliche Sinnbilder zu verstehen sind, dazu bestimmt, die Dinge in der Seele abzubilden. Um deutlich zu machen, dass alles unter Seiner Wachsamkeit – gepriesen sei Er – in höchster Vollkommenheit geschaffen wurde, hat (der Gelehrte) die Dinge ins reflektierende Denken erhoben. Er hat gesagt, dass die Erschaffung des Menschen im Denken und im Verstand ersonnen wurde. Gott selbst kam die Idee in den Sinn, zwei Wesen zu schaffen, ein jedes als für sich selbst existierend, ohne dass der eine den anderen empfing oder der eine den andern gebar. Die Urgestalt von männlich und weiblich ist analog zu der von Sonne und Mond. Daraufhin hat die Weisheit entschieden, dass es nicht gut sei, dass der Mann, das Hauptteil der Schöpfung, allein sei, sondern dass er als Handelnder eine Gehilfin brauche und dass das Weibliche ihm ein Werkzeug (כלי/keli) sei zum Handeln. Das gilt gleicherweise auch vom Denken und Handeln im Hinblick auf den Mond und die Sonne. Unsere Meister, gesegneten Angedenkens, sagen dazu: „Der Mond hat vor dem Heiligen – gepriesen sei er – gesagt: Herr der Welt, es ist unmöglich, dass zwei Könige sich ein und dieselbe Krone teilen. Der Heilige – gepriesen sei er – hat geantwortet: Los, mach dich klein!" (bChul 60a). In der Tat: Der Mond ist nur ein Werkzeug, dessen sich die Sonne bedient, und er empfängt ja von ihr (das Licht). Genau das hat Rabbi Abbahu gemeint, wenn er sagte: „Am Anfang kam es (Gott) in den Sinn, zwei Wesen zu schaffen, jedes für sich, am Ende aber hat er nur eines geschaffen, das Männliche. Und obwohl das Weibliche von ihm genommen ist und sie zwei so wurden, zählte das Weibliche nicht in der Schöpfung, es ist ja nur Beiwerk des eigentlich Wesentlichen, das von ihm genommen ist, um ihm Dienste zu tun. Deshalb haben unsere Lehrmeister – gesegneten Angedenkens – es als ‚Schwanz' bezeichnet."

Nun ist noch der Satz „Am Anfang kam (Gott) der Gedanke, zwei (Wesen) zu schaffen" zu erklären, indem man ihn in Beziehung setzt zur Erschaffung der anderen Lebewesen, von denen das Männliche und das Weibliche je für sich besteht, doch letztendlich wurde nur eines geschaffen, und zwar das Männliche allein, sodass das Weibliche aus seinen Seiten genommen werde, dazu bestimmt, ihm wie eines seiner bediensteten Glieder zu dienen, und sehnlichst das Gute für ihren Ehemann zu begehren, und er selbst das seine für sich, wie die Schrift sagt: „Bein von meinem Ge-

---

39 Rabbinische Erzählungen.

bein und Fleisch von meinem Fleisch …; darum wird ein Mann seinen Vater und seine Mutter verlassen …" (Gen 2,23 f). Damit ist gemeint, dass sie als Bein von seinem
Gebein geschaffen sei, damit sie ihm wahrhaftig und beständig anhinge, noch enger
und stärker als Bindung des Sohns an Vater und Mutter, von deren Körper er ausgeht. Dieses (Anhängen an die Frau) ist stärker, denn es handelt sich dabei um etwas,
das von einem wirklichen Teil seiner Glieder genommen wurde. Er sorgt also für sein
Wohl, wie er für das Wohl seines Körpers sorgt – dies sind die Worte unseres
Meisters [d. h. des Rashba; MM], dessen Andenken uns ein Segen sei.[40]

Dieser Text prangert nicht die Dualität an sich an, und nicht sie ängstigt ihn,
sondern die in die Dualität eingeschriebene Möglichkeit, in einen Dualismus
umzuschlagen, in dem der eine den andern nicht mehr braucht, sich gar vollständig von ihm isoliert, ohne die Verbindung weiterer Interaktion, ohne direkten Austausch des Gebens und Nehmens! Umsomehr will der Text die Abhängigkeit des einen vom anderen und die Vorrangstellung des Männlichen
sichern. Das so geschaffene Band bewirkt eine stärkere Beziehung als bloß familiäre Beziehungen: Indem sie ein Leib werden und eine wirklich existierende Einheit konstituieren, entgehen Mann und Frau der Gleichgültigkeit und
der rein zufälligen Begegnung. Um dem Dualismus und dem ihm eigenen
Schrecken zu entgehen, fällt man hier in den Monismus zurück, der die Dualität-Pluralität des menschlichen Antlitzes infrage stellt.
   Man kann diesen Text als einen der ausdruckstärksten Belege für die Tendenz verstehen, die Frau dem Mann unterworfen zu halten. Der Grund dafür
ist die Angst vor einer scharfen und eindeutigen Trennung, die die Entstehung
jeder Beziehung und Verbindung ausschlösse, einschließlich dessen, was dabei
an Verpflichtung und Treue vorausgesetzt ist, die Angst vor einer bloßen Gelegenheitsbeziehung, die – so verstanden – den reinen Zufallsbeziehungen unter
Tieren vergleichbar wäre. Über die Treue und die wechselseitige Verpflichtung
füreinander hinaus ginge es darum, den Menschen vor dem Rückfall ins Animalische zu bewahren und stattdessen ein untrennbares Beziehungsband zu
knüpfen. Unser Autor fürchtet also, dass die besagte Ausgangsdualität zum
Einfallstor für einen Dualismus werden könnte, in dem sich der eine vom andern völlig separiert, in der Absicht gar, ihn zu bekämpfen. Angesichts der
Ungewissheit und Instabilität, die in Paarbeziehungen herrschen können,
mag diese Furcht verständlich sein; dennoch ist man doch schockiert ob der
Radikalität des vorgeschlagenen Gegenmittels: die Inswerksetzung des Paternalismus des Mannes im Gegenüber zu seiner Frau. Das ist zwar mehr, als
wenn die Frau nur Objekt wäre – sie wird ja als eines von seinen Gliedern betrachtet, das er respektieren und als solches lieben muss –, aber es ist weniger,
als sie als Trägerin eines eigenen Antlitzes zu sehen. Die Furcht vor dem Dualismus bringt den Autor dazu, die Dualität komplett zurückzuweisen, um sie
einem maskulinen Monismus zu unterwerfen.

40 Bahyah ben Asher, zitiert nach: Mopsik, Sexe, 192 ff.

3.3 Die Gründe für diese Spannung.

Dabei ist dieser Text von zwei Brüchen und Schwachstellen durchzogen, die seine Argumentation von innen her untergraben.

Anhand dieser Brüche werden wir verstehen, warum eine solche Position – wie zuvor die von Rabbi Abbahu – zugleich notwendig und unzureichend ist und warum sie im Hinblick auf die Beziehungen von Mann und Frau niemals das letzte und auch nicht das erste Wort haben kann, sondern es sich um das vermittelnde Wort einer Übergangsphase handeln muss, die zwar notwendig sein mag, die aber, wenn sie in sich selbst verbleibt, auch die Gefahr birgt, sich zum absoluten Bösen zu wandeln, zur entfesselten Apokalypse.

Deshalb bleibt die im Talmud und in der Kabbala so lebendig und spannungsreich geführte Diskussion letztlich unüberholbar. Im Folgenden soll deutlich werden, dass die Degradierung der Frau zu einem bloßen Anhängsel des Mannes die Brüche nur verstärkt, von denen her die Gegenmeinung, die die Frau ihr eigenes Antlitz tragen lässt, dann aber als Herausforderung verständlich wird. Andere Kabbalisten weisen offen auf diese Brüche hin. Die folgenden beiden Beispiele entstammen dem Talmud.

Mit dem ersten Bruch ist die Wiederaufnahme der Argumentation von Rabbi Abbahu in bBer 61a gemeint: „Am Anfang gab es die Idee, zwei (Wesen) zu erschaffen; am Ende hat er nur eines geschaffen." Diese Argumentation ist in hohem Maße heikel, denn sie scheint tatsächlich von einer Diastase zwischen dem Denken Gottes und seinem Handeln auszugehen.

Was hier für die soziale Befriedung erreicht wurde, wurde im Hinblick auf Gott verloren. Darin wird offenkundig, dass die Aussöhnung zwischen einer nicht-egalitären sozialen und politischen Ordnung und der Egalitätsforderung, wie sie den kabbalistischen Erwartungen eingeschrieben ist, nicht möglich ist: Die Zurückweisung einer Ausgangsdualität zwischen Mann und Frau – in Wirklichkeit ein Rückschritt zur These von der Frau als einem bloßen Anhängsel des Mannes – bringt eine Disparatheit in Gott selbst mit sich, zwischen seinem Denken und Handeln, eine Machtlosigkeit oder Inkohärenz in Gott selbst: Was Gott in Gedanken wollte, hat er nicht getan.

Um die soziale Ordnung zu wahren, wäre also von einem tiefen Riss inmitten der göttlichen Welt auszugehen. Dies ginge sehr weit, denn es bedeutete, dass die soziale Ordnung selbst der Unfähigkeit Gottes zuzuschreiben wäre, das, was er in Gedanken will, auch zu tun, seinen ursprünglichen ethischen Willen zur dualen Gleichberechtigung in einer hierarchisch gegliederten, einheitlichen Ordnung zur Geltung zu bringen.

Rabbi Abbahu geht demnach von der Machtlosigkeit Gottes als der Bedingung dafür aus, dass die politische Machtordnung aufrechterhalten werden kann, also die Herrschaft des Mannes über die Frau. Die politische Macht des Mannes über die Frau bezeichnete demnach die Machtlosigkeit Gottes in der Geschichte! Der Preis, den es zu zahlen gilt, ist in der Tat sehr hoch, fast unzumutbar hoch, denn mit ihm wird jede messianische Hoffnung, die annimmt,

dass das göttliche Projekt sich eines Tages tatsächlich in die Geschichte ein-
schreiben wird, infrage gestellt. Die Eigenständigkeit des Politischen gegenüber dem Religiösen wäre dann von der Art, dass das Religiöse dem Politischen nicht nur nichts mehr zu sagen hätte, sondern sich vollständig seinem
Diktat, dem der Hierarchie, der Macht, der Herrschaft der einen über die andern, unterordnen müsste. Zugleich hätte dies eine radikale Gewaltenteilung
zur Folge – in dem Sinne, dass jede der Gewalten ohne Einschränkung tun
könnte, was ihr selbst gut dünkt. Der religiöse Bereich wäre unversehens zu
einem bloßen Ausdrucksmittel des Politischen degradiert, einem Epiphäno-
men und Anhängsel – wie die Frau und Gott selbst. Angesichts der politischen
Ordnung und ihrer geeinten Hierarchie wäre Gott selbst dann ja, genauso wie
die Frau, gezwungen, auf seine Vorrechte zu verzichten, um die Macht des
Königs über seine Untertanen, des Staates über das Volk – und des Mannes
über die Frau anzuerkennen.

Aber die Diskussion kommt wieder neu in Gang, denn in seinem weiteren
Verlauf geht dieser Text davon aus, dass die Schwäche der Frau gegenüber
dem Mann in der Geschichte an die Schwäche Gottes in der Geschichte gebunden ist und dass die Unterlegenheit der Frau zugleich die unterlegene –
und daher weibliche – Stellung Gottes gegenüber dem Mann bedeutet. In den
Worten der Tradition ausgedrückt, bedeutet dies, dass die Unterlegenheit der
Frau unter den Mann das Exil der Schechina, der Einwohnung Gottes, mitten
in die Geschichte Gottes mit seinem Volk Israel hineinträgt. Dies ist nun kein
Wundermittel mehr, sondern eine Katastrophe, ein Zustand, dem schnellst-
möglich zu entfliehen ist! Und hier stoßen wir nun auf den zweiten Bruch innerhalb dieses Textes, denn Rashba zitiert gleich darauf einen anderen Talmudtext, in dem vom Mond die Rede ist.

Mit einer gewissen Willkürlichkeit kürzt er den von ihm zitierten Text freilich ab, denn wenn er ihn in ganzer Länge vorgetragen hätte, wäre aufgefallen
– was jedem Talmudkundigen und damit jedem Kabbalisten sofort ersichtlich
ist –, dass dieser Text genau das Gegenteil von dem sagt, was Rashba ihn offensichtlich sagen lassen will. Dieser Text spricht ja selbst von der unterlege-
nen Stellung der Frau als eines defizitären Zustandes, der Gott selbst betrifft
der und auf ihn zurückfällt!

Rabbi Shimon ben Pazzi wies auf einen Widerspruch hin: Es heißt:

„*Und Gott machte zwei große Leuchten*" (Gen 1,16), und dagegen heißt es „*die große
Leuchte und die kleine Leuchte*" (ebd.). Der Mond sprach vor dem Heiligen, gepriesen sei er: „Herr der Welt, ist es denn angängig, dass zwei Könige sich einer Krone
bedienen?" Er erwiderte ihm: „Geh und vermindere dich!" Hierauf sprach er vor
ihm: „Herr der Welt, soll ich mich deshalb vermindern, weil ich vor dir eine richtige
Sache gesprochen habe?" Er sagte ihm: „So geh und herrsche bei Tag und bei Nacht".
Er sprach: „Was ist dies für ein Vorzug, was nützt eine Leuchte am Mittag!?" Da
sprach er zu ihm: „Geh, die Jisraeliten sollen nach dir Tage und Jahre berechnen."
Er sprach: „Die Jahreszeiten sind ja nicht ohne die Sonne zu berechnen!? So heißt
es: ‚*Sie (die beiden Leuchten) sollen zu Zeichen, zu Zeitbestimmungen, zu Tagen und*

zu Jahren sein' (Gen 1,14)." Er sagte ihm: „Geh, nach dir sollen die Gerechten benannt werden: Jakob der Kleine (Gen 27,15), Samuel der Kleine, David der Kleine […]" Als der Heilige, gepriesen sei er, sah, dass ihn dies nicht beruhigte, sprach er: „Bringet für mich ein Sühnopfer dar, weil ich den Mond verkleinert habe!" Das ist es, was Rabbi Simon ben Laqish sagte: „Womit ist der Ziegenbock, der jeden Neumond als Opfer dargebracht wird, von den anderen Ziegenböcken unterschieden? Dass man von ihm sagt: ‚*Ein Sühnopfer für den Herrn*' (Num 28,15)?" Der Heilige, gepriesen sei er, sagte: „Dieser Bock soll mir Sühne schaffen dafür, dass ich den Mond verkleinert habe."[41]

Dieser Text ist interessant, weil er deutlich die peinliche Lage Gottes angesichts der Ungerechtigkeit zeigt, die er dem Mond – in den Augen der Kabbalisten also der gesamten weiblichen Dimension, unter Einschluss der weiblichen Seite in Gott – antun musste. Gott selbst seien demnach die Argumente ausgegangen, und es sei ihm keine andere Wahl geblieben, als seine Verfehlung einzugestehen in der Forderung an Israel, zu jedem Neumond für ihn ein Sühnopfer darzubringen! Dieser Text ist, gelinde gesagt, weit davon entfernt, mit leichter Hand den Primat der Sonne über den Mond festzusetzen. Er hat eine Zielrichtung, die derjenigen des Rabbi Shlomo ben Aderet diametral entgegengesetzt ist. Dabei ist es schlechterdings unmöglich, dass der talmudgelehrte Raschba nicht um diesen Widerspruch wusste …

Dieser Text lässt uns also drei Schlüsse ziehen. Zunächst wird das Göttliche nicht als vollkommen beschrieben: Es hat sich dem Mond gegenüber einer Verfehlung und Ungerechtigkeit schuldig gemacht und muss für sich selbst um Verzeihung bitten lassen, indem ein Sühnopfer dargebracht wird. Daneben heißt es, dass die Gerechten, die Gewährsmänner der Ethik – unter ihnen auch Jakob, also Israel –, nach dem Mond benannt und also mit dessen konstitutiver Schwäche und Kleinheit verglichen werden. Schließlich fordert diese Ungerechtigkeit oder Verfehlung des Göttlichen eine Wiedergutmachung. Diese Wiedergutmachung ist zweifellos unumgänglich – und man muss verstehen, warum Gott sich darauf versteift, sie zu erbringen; aber dennoch ist sie durch nichts zu rechtfertigen und bleibt daher gewissermaßen unerträglich.

Wenn man mit den Kabbalisten davon ausgeht, dass Sonne und Mond auf das Männliche und Weibliche im grundsätzlichen Sinne – also unter Einschluss der männlichen und weiblichen Dimensionen in Gott – verweisen, wird man sich der Tragweite dieser Frage bewusst. Warum war diese Verkleinerung des Mondes also notwendig und unvermeidbar, sodass Gott durch sie einen Fehler begehen musste – was theologisch gesehen etwas völlig Neues, um nicht zusagen höchst Erstaunliches ist?

Der Mond selbst liefert die Antwort mit seiner Frage: Wie können sich zwei

---

41 bChul 60b; Übersetzung (mit kleineren Anpassungen) nach L. Goldschmidt.

politische Mächte, zwei Könige, mit nur einer Krone zufriedengeben? In einer solchen Situation werden zwangsläufig Rivalität, Konflikte und Gewalt – das Bestreben gar, den anderen auszulöschen – zum Ausbruch kommen. Anders gesagt: Sobald sich im politischen Bereich die Frage nach der vorherrschenden Macht stellt, birgt jede Dualität in sich die Gefahr, in einen Dualismus umzuschlagen, der in sich den Willen trägt, den anderen auszulöschen: entweder du oder ich.

Um diesem verheerenden, zerstörerischen, ja apokalyptischen Gewaltpotenzial vorzubeugen, kommt Gott nicht umhin, denjenigen, der sich des Problems bewusst ist, mit der Forderung zu konfrontieren, sich verantwortlich zu zeigen und, um den Konflikt zu vermeiden, den eigenen Ansprüchen Grenzen zu setzen: Der Mond muss sich verkleinern, um den Frieden zu wahren. Das aber ist ungerecht, denn diese Forderung hätte doch auch der Sonne gelten können! Dies insbesondere deshalb, weil die Sonne sich mit hoher Wahrscheinlichkeit den Mond unterwerfen und ihn im Übermaß unterdrücken wird – was der Mann im Lauf der Geschichte gegenüber der Frau immer wieder bereitwillig getan hat … Anders gesagt, das Männliche wird Gewinn aus seiner unverdienten Machtstellung ziehen, um diejenige zu unterdrücken, die ihm in Sorge um die Eintracht und im Bewusstsein ihrer Verantwortlichkeit Raum geschaffen hat. Aus diesem Grund werden die Gerechten, die so oft Unterdrückten, die Kleinen genannt …

Aber diese Überlegungen reichen noch weiter. Sonne und Mond werden in dieser Interpretation bildhaft gebraucht, da diese Frage das Wesen des Schöpfungshandelns Gottes selbst betrifft: Mit der Erschaffung der Welt hat Gott zu einem gewissen Teil auf seine vor der Schöpfung noch intakte Einheit verzichtet und an deren statt eine potenziell dualistische und apokalyptische Dualität aufgestellt. Um die Dualität nicht in Konfrontation und Apokalypse umschlagen zulassen, musste der sich verantwortlich fühlende Teil sich selbst zurücknehmen, um dem anderen Raum zu geben und ihm einen Handlungsvorrang einzuräumen. Hat Gott nicht genau dies getan, als er die Welt erschuf? Deshalb konnte er es sich erlauben, dem Mond und den Gerechten dasselbe abzuverlangen …

Der Talmudtext will uns genau dies sagen, dass die Selbstzurücknahme des Mondes Auswirkungen hatte auf die Größe Gottes. Gott selbst ist demnach peinlich berührt und leidet unter dieser Tat, dieser Minderung, die ihn selbst mindert, und vielleicht erwartet er, dass man ihn davon freimacht, indem man für ihn ein Sühnopfer darbringt … Anders gesagt: Das Opfer, das zu jedem Neumond dargebracht wird, hat die Aufgabe, Gott und dem Weiblichen von der Kraft Israels abzugeben, damit diese ihren rechten Platz in der Schöpfung wiederfinden. Es gilt also, die Schechina, die Gegenwart des Weiblich-Göttlichen in der Geschichte und mit ihr den Status und die Gestalt des Weiblichen wieder aufzurichten. Denn die Bedürftigkeit Gottes und des Weiblichen verlangt nach einer Wiederinstandsetzung durch eine Initiative des Mannes, der allein ihrem Schwinden und ihren Erwartungen begegnen kann. Einstweilen warten Gott und das Weibliche geduldig und peinlich berührt, dass sich der Mann seiner Verantwortung bewusst wird und dem Beispiel des Mondes folgend sich selbst zurücknimmt, um Raum zu schaffen für den anderen. Zeigt sich hier nicht das ganze Drama der Geschichte mit seinem Gewaltpotenzial wie mit dem möglichen Ausweg daraus?

Mit anderen Worten: das Prinzip der politischen Hierarchie fordert zweifellos die Unterordnung aller unter die machthabende Instanz, ihre Wirkmächtigkeit und Herrschaft, denn eine andere Art des Regierens gibt es bisher nicht, und deshalb ist diese Übergangsphase weiterhin notwendig, im Talmud genauso wie in der Kabbala. In jeder Beziehung gibt es denjenigen, der gibt, und denjenigen, der empfängt, und diese Asymmetrie wird immer zur Herstellung einer Hierarchie, einer Unterordnung und einer Vormachtstellung verleiten. Aber diese Unterordnung ist keine Auslöschung. Der Mond wird ja jeden Monat neu geboren und bezeugt damit Tag und Nacht seine unvergängliche Gegenwart in der Geschichte, wohingegen die Sonne in ihrer ganzen Macht nur den Tag erhellt und so die Nacht im Dunkeln lässt. Damit hält sie sozusagen die Hintertür offen für all jene sprunghaften Wendungen aus Irrationalität und ungezügelter Gewalt, welche die Geschichte auf Schritt und Tritt bezeugt. Anders gesagt, das Prinzip der politischen Hierarchie und Herrschaft dürfte, obgleich es für den Ablauf der Geschichte notwendig ist, nicht verabsolutiert werden, da es auf lange Sicht nur lebbar bliebe – und auch die Nacht erhellte –, wenn es einem anderen Prinzip Raum ließe, dem Prinzip der ethischen Verantwortlichkeit, das es ihm allein erlaubt, die Geschichte zu durchschreiten,[42] oder – wie die Kabbalisten sagen – sie zu erzeugen.

Es gibt diese Latenz der Macht, und das Prinzip der politischen Hierarchie ist nur aufrechtzuerhalten, wenn es sich in diesem Moment auf das Prinzip der ethischen Verantwortlichkeit stützt, das jede mögliche Herrschaft übersteigt. Gerade dieser Verlust der Macht gegenüber der Ethik begründet die Macht und lässt sie wieder aufleben.

Gilt das auch umgekehrt? Anders gefragt: Ist das Konzept ethischer Verantwortlichkeit möglich, das die Wichtigkeit eines Ordnungs- und Hierarchieprinzips für die Aufrechterhaltung der sozialen und politischen Ordnung nicht anerkennt? Einzig darum geht es in der Diskussion zwischen Rav und Shemu'el. Raschba ist wie Rabbi Abbahu der Meinung, dass es der Ethik immer auferlegt werden kann, sich durch ein Hierarchie- und Machtprinzip hindurch zur Geltung zu bringen, auch wenn sie damit Gefahr läuft, sich selbst zu kompromittieren und die gleichberechtigte Ausgangsdualität in eine bloße

---

42 Die Sonne kann während der Nacht nur durch den Mond gegenwärtig sein und so die Nacht erhellen und die Fortdauer ihrer Macht sichern. Sie muss sich deshalb damit abfinden, ihr Licht die Mondphasen durchlaufen zu lassen, damit die Unterbrechung der Nacht nicht ihr Ende und die Einsetzung einer anderen Sonne bedeute, einer anderen Macht oder Zivilisation. Das Prinzip der Einschränkung der Macht im Gegenüber zur Ethik der Verantwortlichkeit findet sich demnach auf dem Grunde jeder Macht, die andauert.

Unterordnung umschlagen zu lassen – in die Sklaverei. Aber diese Gewissheit des notwendigen Durchgangs durch ein Prinzip der Ordnung und der Herrschaft wird – in seinem Zitat – ausgeglichen durch den Verweis auf den Mond. Dem hier vertretenen Verständnis nach bestätigt dieses Zitat, dass auch der Mond – wie das Volk Israel im Exil in Ägypten – eine Übergangsphase durchläuft. Dieser Übergang wird zwangsläufig in einen Prozess der Differenzierung und Verselbstständigung münden, in dem eine Ethik der Gleichberechtigung ihren Platz finden kann. So verstanden, beruht die Politik auf einer nur vorläufigen Notwendigkeit; sie ist dabei immer schon umgriffen und getragen von einer ethischen Perspektive, die sie übersteigt, sich ihr entzieht und sie in diesem Sinne unendlich infrage stellt.

3.4 Wird die Spannung überholt?

Für andere Kabbalisten ist es jedoch nicht erforderlich, ein solches Hierarchie- und Herrschaftsprinzip zu durchlaufen. Politische Hierarchie ist ihrer Meinung nach nicht mehr als eine Entartung der dualen Beziehung von Verantwortlichkeit. Eine solche Beziehung ist ihrer Grundstruktur nach von Asymmetrie und Differenzierung geprägt, ohne dabei aber zwangsläufig in eine starre Hierarchie abgleiten zu müssen.

Man kann es so verdeutlichen: In jeder Beziehung stehen sich ein Geber und ein Empfänger gegenüber, ergreift einer die Initiative, und der andere geht darauf ein oder nicht. Asymmetrie und Differenzierung herrschen also grundsätzlich am Anfang jeder Beziehung, ohne dass dies in eine Sackgasse führte, denn die Rollen können sich in ihrer Verteilung umkehren, ergänzen und entsprechen, ohne notwendig in ein starres, repetitives Beziehungsmuster zu verfallen. Diese eher utopische Vision klammert die politische Dimension also nicht aus. Sie bemüht sich vielmehr, deren Einfluss zu relativieren – im Aufweis dessen, dass sie grundsätzlich in einer ethischen Beziehung verankert bleibt, die sie trägt und von der sie sich nicht unabhängig machen kann, ohne über kurz oder lang unterzugehen.

Als Beleg dafür im Folgenden nun noch das Beispiel des Rabbi Todros Abulafia (1222–1298), der im 13. Jh. in Kastillien tätig war. In einem seiner Texte nimmt er die Diskussion mit Rabbi Abbahu auf, um sie einer radikalen Lösung zuzuführen. Mithilfe der Dialektik des talmudischen Denkens und unter Bezug auf die esoterische Tradition verwirft er nun endgültig die Lehre, die die Frau zu einem bloßen Anhängsel des Mannes – zu seiner Seite oder seinem Schwanz – erklärt hatte, um daraus ein Gesicht zu machen. Auf diese Weise stellt er das face-à-face der Menschen der Dualität und Gleichheit der göttlichen Attribute gegenüber:

Berakhot 61a: „JHWH Elohim hat die Seite gebaut" [...] bis zur (Aussage von Rabbi Abbahu): „Am Anfang war es sein Wille, zwei zu erschaffen, am Ende (aber) hat er nur einen erschaffen etc." Das Wesentliche dieses Abschnitts und sein Beginn finden sich im (Traktat) Eruvin (18a) im „man machte Pfeiler um die Brunnen" (über-schriebenen) Abschnitt. Dort lernen wir: „Rav Yirmiya ben El'azar sagt: Der erste Mensch hatte zwei (δύο) Gesichter, wie es heißt: ,Hinten und vorn hast du mich ge-bildet' (Ps 139,5). Es heißt: ,JHWH Elohim baute die Seite' (Gen 2,22). Rav und Shemu'el (diskutieren) darüber." Das lesen wir in der Tradition (des Talmuds). Wis-se, dass wir eine traditionelle Lehre in unseren Händen halten, derzufolge der erste Mensch zwei Gesichter (hebräisch: *Du-Parṣuphin*) hatte – nach den Worten von Rav Yirmiya und nach den Worten dessen, der sagte (dass die Frau ein) Gesicht war. Das folgt aus diesem Talmudabschnitt. Insofern der Talmud sich bemüht, alle Einwände, die von dem erhoben werden, der behauptet, (dass die Frau aus einem) Schwanz (ge-schaffen wurde), zugunsten desjenigen zu widerlegen, der sagt (dass sie) ein Antlitz (war, das die weibliche Hälfte des ersten Menschen ausmachte), ist vorausgesetzt, (dass er für) diese Version (plädiert).

Und obwohl der Talmud auch (auf die Einwände) desjenigen eingeht, der von ei-nem Schwanz redet, fällt die Entscheidung der Tradition bei näherem Hinsehen zu-gunsten dessen, der von einem Antlitz redet. Du musst wissen, dass alle Teile der wahren Tradition (Kabbala) insgesamt und im Detail auf diesem Fundament aufbau-en und genau diesen Punkt betreffen. Es handelt sich um ein tiefgründiges Geheim-nis, auf dem die höchsten Gebirge ruhen. Rabbi Abbahu, der einen Widerspruch zwi-schen beiden (biblischen) Versen sieht, ist ebenfalls der Meinung, (dass der Mensch mit einem) Doppelgesicht (geschaffen wurde). In großem Unbehagen müht er sich freilich vergeblich ab, eine passende Antwort auf die Auffassung zu finden, (dass die Frau aus einem Schwanz geschaffen wurde). Gott lässt (eine solche Lösung) aber nicht zu, die den Aussagen des Lehrmeisters folgte, der behauptet hatte: ,Am Anfang war es sein Wille, zwei zu erschaffen, am Ende (aber) hat er nur einen erschaffen'. Das wäre dem Höchsten gegenüber völlig unangebracht. Dann käme nämlich heraus, dass Gott sich entschieden hätte, das Gegenteil von dem zu tun, was er anfangs im Sinn hatte! Das sei ferne! „Gott ist kein Mensch, dass er lüge, auch nicht der Sohn des Menschen, dass er bereue" (Num 23,19). Alles, was unsere Meister gesagt haben, alles, was (Gott) im Sinn hatte, wurde erfüllt und verwirklicht.

In Wirklichkeit nämlich trug der erste Mensch schon immer ein Doppelgesicht, und genau dieser Schöpfungsgedanke kam Gott anfangs in den Sinn, und so wurden sie dann auch geschaffen (als zwei Gesichter, als männliches und weibliches), und schließlich kam (Gott der Gedanke) in den Sinn, sie zu scheiden, was dann auch ge-schah. Deshalb haben die Meister die Wendung „er baute" (Gen 2,22) auf verschiede-ne Weisen erklärt, wie du es in diesem zur Diskussion stehenden Talmudabschnitt mit eigenen Augen sehen kannst.

Wenn man jedoch annimmt, dass Rabbi Abbahu (die Erschaffung des Menschen) mit einem Doppelgesicht nicht akzeptiert, dann ist diese Interpretation völlig sinn-los. Im ersten Kapitel (des Traktats) Ketubbot findest du (einen Text), der ausdrück-lich mit unseren Annahmen übereinstimmt. Es heißt dort:

„Rav Assi kam zu Rav Ashi zur Hochzeitsfeier seines Sohnes Mar und sprach sechs Segenssprüche. Es wäre anzunehmen, dass (beide Talmudlehrer) einen Streit über folgendes (Thema) führten: Einer war der Ansicht, es gab nur *eine* Schöpfung (des Menschen), und der andere war der Ansicht, es gab *zwei* Schöpfungen (des Men-schen). – Nein, beide waren der Ansicht, es gab nur eine Schöpfung, nur war einer der Ansicht, man richte sich nach der (göttlichen) Absicht und der andere der An-sicht, man richte sich nach der (göttlichen) Ausführung" (bKet 8a).

Man erfährt also aus (diesem Text), dass beide Gesichter einem einzigen Schöp-
fungsakt entstammen, und so erklärt es sich, dass (Gott) anfangs dieser Gedanke in
den Sinn kam und später der Gedanke, sie zu scheiden – und so geschah es auch.
Nach Meinung derer, die in die Wahrheit eingeweiht sind, deren Tradition und Lehre
der Wahrheit entsprechen, widersprechen sich diese Verse nicht, denn der Vers
„männlich und weiblich hat er ihn erschaffen" und der Vers „zum Bilde Gottes hat er
sie erschaffen" bilden zusammen einen Vers, und derjenige, der das Geheimnis der
Ebenbildlichkeit kennt, von dem es heißt „nach unserem Bilde und uns ähnlich",
wird uns verstehen.

Deshalb sage ich, dass Rabbi Abbahu von (der Erschaffung des Menschen) als
Doppelgesicht ausgeht, aber er lüftet das Geheimnis nur mit einer Anspielung.

Überlege dir, wie unsere Meister, seligen Angedenkens, (den Vers), „lasst uns den
Menschen machen" auslegen: „Von wem sollten wir Rat holen? R. Josua sagte: Wir
sollten den Himmel und die Erde um Rat bitten. Nach dem Beispiel des Königs, der
zwei Ratgeber hatte und nichts tat ohne ihren Rat. R. Shemuʾel bar Naḥmani sagte:
Wir sollten jeden einzelnen Tag um Rat bitten, nach dem Beispiel des Königs, der einen Ratgeber hatte und nichts tat ohne seinen Rat" (BerR 8,3). An anderer Stelle
heißt es: „Wir könnten die Tora zu Rate ziehen", und alle (diese Auslegungen) sind
wahr.

Wer den Kern dieses Gleichnisses und seine Wahrheit so versteht, dass das äußere
Gleichnis auf den inneren Sinn bezogen ist, dem versichere ich, dass keines der hier
angesprochenen Worte der Weisen ihm fremd sein wird, genauso wenig die zahlreichen anderen Dinge, die ich geschrieben habe. Was mich betrifft, so darf ich das
nicht weiter erklären, denn es ist nicht gestattet, diese Dinge näher zu erläutern,
nicht einmal andeutungsweise. Man überliefert sie nur mündlich an verschwiegene
Personen, von einem Getreuen zum anderen, man gibt auch nur Stichworte weiter
und bestimmte Allgemeinheiten, denn die Details werden ihnen selbst gesagt werden.[43]

Die Argumentation Abulafias lässt sich wie folgt zusammenfassen: Am Anfang war eine in sich geeinte Dualität vorhanden, damit auch nach der Trennung und Differenzierung eine relationale Dualität erhalten bleiben kann und
kein Dualismus entstehen muss. Die Dualität muss also keinen Monismus
durchlaufen, in dem – ohne Recht zur Widerrede – das Weibliche dem Männlichen, das Empfangen dem Geben untergeordnet wäre.

Unzweideutig macht dieser Text klar: Die kabbalistische Tradition ins-
gesamt beruht auf der Gleichheit des menschlichen ‚Doppelgesichts', einer
Gleichheit, die als die Grundlage der Tradition bezeichnet wird, auf der die
höchsten Gebirge der Weisheit ruhen. Diese Tradition ist derart bedeutsam,
dass man sie nicht offen weitergeben darf! Damit nicht genug, ist es für diesen
Autor auch unmöglich, dass Rabbi Abahu hätte anders denken können: Sein
Einwand betrifft eine andere Frage und meint in Wirklichkeit, wie Charles
Mopsik erklärt, dass „der Wille Gottes, zwei menschliche Antlitze zu schaffen,
ein männliches und ein weibliches, letztlich in der Erschaffung eines einzigen

---

43 Aʙᴜʟᴀꜰɪᴀ, Otsar ha-Kavod, 9b (nach der franz. Übersetzung in: Mᴏᴘsɪᴋ, Sexe, 209–213).

Wesens verwirklicht wurde, das ein Doppelgesicht trug, geteilt in Mann und Frau".[44] Die Einheit, von der Rabbi Abahu sprach, war demnach tatsächlich eine duale Einheit, in der die Gleichheit beider wohl bewahrt war, selbst wenn sie einem Prinzip der Asymmetrie – und damit der Politik und ihrer Problematik – Raum ließ. Das *Eine* widerspricht folglich nicht dem Dualen oder Pluralen. Im Gegenteil: Wahre Einheit ist nur möglich durch die und in der Dualität und Pluralität sich gegenüberstehenden Antlitze.

4. Abschließendes Fazit: eine relationale Einheit

Die Dualität von männlich und weiblich hat nun also nicht allein im Zentrum des religiösen Kultes und des politischen Volkes ihren Platz, sondern auch und besonders inmitten der göttlichen Welt und demnach schlicht und einfach in der Welt. Davon ausgehend haben die Kabbalisten nicht ein monistisches Eines im Blick – eine totale Einheit ohne Leere, in der alles einem einzigen, alles bestimmenden Prinzip unterworfen wäre. Die hier gemeinte Einheit ist vielmehr als eine relationale, das heißt plurale Einheit (die Einheit der zehn Sephirot) verstanden, die von Anfang an auf der irreduziblen Dualität von männlich und weiblich gründet. Diese ursprüngliche Dualität wird auch am Ende Bestand haben, wie es im dritten Kapitel der von den Kabbalisten häufig zitierten Pirqe de-Rabbi Eliezer heißt: „Ehe denn die Welt war, war der Heilige, gepriesen sei er, und sein Name allein".[45]

Anders gesagt: Schon vor der Schöpfung existierte diese Dualität („er und sein Name"), die konstitutiv für die göttliche Einheit war. Die Kabbalisten sehen hier keinen Widerspruch zur von Sacharja gebrauchten Formel, mit der alle jüdischen Gebete schließen: „Und YHWH wird König sein über alle Lande. Zu der Zeit wird YHWH der Einzige sein und sein Name der einzige" (Sach 14,9). Es ist diese duale Einheit, die der Pluralität der göttlichen Emanationen, der Sephirot, Raum schafft. Vor diesem Hintergrund wird verständlich, warum die Kabbalisten von der Zukunft und der messianischen Zeit nur träumen können als der Zeit der Harmonisierung der Spannung von männlich und weiblich, also der vollen Anerkennung der Gleichheit von Mann und Frau.

Rabbi Joseph de Hamadan drückte es (am Ende des 13. oder Anfang des 14. Jh.s) so aus:

Deshalb sind wir im Exil: Weil der heilige König (die männliche göttliche Transzendenz) nicht die Königin (die weibliche Schechina) umarmte, sondern Rücken an Rücken zu ihr steht. Als das Heiligtum aufgerichtet war, als der heilige König und die Königin sich von Angesicht zu Angesicht umarmten, war ihr Angesicht nach Westen

---

44 Mopsik, Sexe, 214.
45 Vgl. Pirqe de-Rabbi Eliezer, 12,6.

gewandt,[46] wie auch die Engel nach Westen orientiert waren, da ja der Körper des
heiligen Königs vereint war mit der Königin: Deshalb sagt R. Eliᶜezer: Sobald der
Tempel stand, war der Heilige, gepriesen sei Er!, Einer, wie es heißt: YHWH wird König sein über die ganze Erde. Zu dieser Zeit wird YHWH der Einzige sein und sein
Name der einzige (Sach 14,9). Seht, wie viele große Geheimnisse in diesem Text ver-
borgen sind, denn der geheiligte Körper wird JHWH genannt, während das kleine
Angesicht, die Königin, den Namen des Herrn trägt (Adonay). Wenn der geheiligte
Körper das Angesicht nach Osten gewandt hat und der Königin den Rücken kehrt,
wird „dem Mond" ein Schaden zugefügt. Deshalb heißt es ja auch in der Zukunfts-
form „er wird (Einer) sein": Wenn die beiden Gesichter sich wieder einander zuwenden und der geheiligte Körper sich mit der Königin vereinigt wie die Flamme mit
der Glut, dann wird er Einer sein, wie es heißt: „Höre Israel, JHWH unser Gott,
JHWH ist Einer" (Dtn 6,4). Auf ewig sei gepriesen der Ruhmesname seiner Königs-
herrschaft in alle Ewigkeit.[47]

Dieser Text, der einer dualen, egalitären Beziehung und deren Wiederherstellung das Wort redet, kommt nicht umhin, in seinem Traum vom Messias
noch einmal der Frage nach der Politik zu begegnen, und das auf zwei ent-
gegensetzte Weisen: Zunächst negativ, da sich die Politik hier im Exil befindet
und König und Königin sich nicht mehr das Angesicht zuwenden, sondern
Rücken an Rücken zueinander stehen. Die politische Dimension bleibt also
sehr wohl gegenwärtig, auch in der kabbalistischen Strömung, die nur die relationale Dualität eines Gegenübers von Angesicht zu Angesicht bewahren
möchte. Sie wird hier einfach als Drama, nicht als eine Notwendigkeit wahrgenommen. Mit der Rückkehr Israels in sein Land wird diesem Drama ein
Ende gesetzt sein und die Politik wieder zu ihren positiven Aspekten (dem
König und der Königin!) gelangen, indem sie der religiösen Dimension des
Heiligtums Raum schafft, die von der ethischen Verantwortlichkeit zeugt, die
Gott an sein Volk bindet und die gelebt wird als Verantwortlichkeit im Gegen-
über von Angesicht zu Angesicht, als Liebe des Königs für die Königin.

Solange Gott darauf noch warten muss, ist er einstweilen nicht wirklich in
seiner Einheit, seine Schechina befindet sich mit Israel im Exil. Zu seiner Einheit kann er nur gelangen, wenn die Geschichte dank des verantwortlichen
Tuns von Menschen, die die Schechina wieder instandsetzen, den Sinn der
Anerkennung im gegenseitigen face-à-face zurückgewinnt. So verstanden geht
es beim Lesen des Schemaᶜ Israel nicht darum, die Einheit Gottes zu bezeugen, sondern selbst zu ihr beizutragen, indem ihre männlichen und weiblichen Aspekte vereint werden. Die Einheit ist also keine Tatsache, sie ist abhängig vom Handeln des Menschen und davon, wie er seine Verantwortung
wahrnimmt, die kommende plurale Einheit zu errichten, seine Verantwortung
derjenigen gegenüber, die sich zurücknimmt, die sich selbst klein macht, um

---

46 Nach dem Talmud (bBB 99a) standen die Cheruben, wenn sie sich umarmt hielten, mit einer
   leichten Drehung nach Westen hin, während sie sich Rücken an Rücken leicht nach Osten
   wendeten.
47 Joseph de Hamdan, Tashak, 118 (in: Mopsik, Chemins, 73 f.).

ihm Platz zu machen und ihn so dazu einlädt, seiner Verantwortlichkeit gerecht zu werden.

Deshalb also sollte die Spannung zwischen politischer Hierarchisierung und ethischer Gerechtigkeitsforderung die ganze Geschichte der Kabbala hindurch lebendig bleiben, auch wenn erklärt wird, dass es sie eines Tages zu überwinden gilt. Denn nach wie vor besteht die Kluft zwischen der ethischen Forderung und der Realität: In der Realität kann die Welt nur durch die Vermittlung eines hierarchischen Prinzips funktionieren, durch die Herrschaft der Macht, und bei alldem ist sie der Ort eines Exils der Ethik. Das Hierarchieprinzip wurde in der sozialen Trennung von Mann und Frau zur geschichtlichen Wirklichkeit. Zu Recht stellt man diese einseitige Trennung heutzutage wieder infrage. Aber das heißt nicht, dass damit jeglichem Prinzip von Hierarchisierung ein Ende gesetzt wäre. Hier hat der Talmud recht, wenn er diese Spannung in Erinnerung ruft, die nahezu unlösbar ist. Seitdem es die Zweiheit gibt – und es wird diese Zweiheit immer geben, wenn man den Schöpfungsbericht als Gottes Willen zur Pluralität versteht –, gibt es die Neigung zur Hierarchisierung und Herrschaft: Wer darf als Erster durch die Türe gehen?

Die Stärke der Kabbala liegt darin, eben keine Lösung vorzuschlagen, sondern den Sinn der Spannung und die Herausforderung, die ihr innewohnt, so zu benennen, dass sich derjenige, der sich in solchen Situationen verhalten muss, nicht mehr einfach auf die Seite des Gewinners schlagen kann, sondern auch auf der Seite dessen steht, der sich als verantwortlich erweist, das heißt auf die weibliche Seite.

Die rechtliche Anerkennung der Gleichheit der Frau, so notwendig sie ist, löst dieses Problem nicht, das ja ganz grundsätzlich das der Schwäche des Weiblichen als Verantwortlichkeit dem anderen gegenüber ist – die Schwachheit der Gerechten.

Man kann diese Verantwortlichkeit auch Erwählung nennen: Ich bin dem anderen etwas schuldig und bin ihm daher in gewissem Umfang zum Dienst verpflichtet.

Darin liegt die ungerechte Bedingung jeder möglichen Gerechtigkeit und jedes ersehnten Friedens begründet – und die Schuld, die Gott auf sich nehmen musste bei der Erschaffung der Welt. Die Gerechtigkeit, die Gleichheit, ist in diesem Sinn eine notwendige und vitale Utopie, die nur auf der Grundlage der Ungerechtigkeit der Verantwortung Gestalt gewinnen kann, das heißt der Ungerechtigkeit der Erwählung, durch die ich verantwortlich werde für das, was ich selbst nicht begangen habe – was übrigens auch Rav Ami unterstreicht. Gerechtigkeit gibt es nur zu diesem Preis. Und auch den Frieden.

Literatur

ABULAFIA, T., *Otsar ha-Kavod*, Warschau 1879.

BAHYAH BEN ASHER VON SARAGOSSA, Torakommentar, Jerusalem 1977.

Goldschmidt, L. (Hg. und Übers.), Der babylonische Talmud, Bd. 1–12, Berlin 1936, 1–744.

Hamdan, Joseph de, Sefer *Tashak*, hg. von J. Zwelling, Ann Arbor 1975.

JBN GABBAI, *Avodat Hakodesh*, Warschau 1883 (http://www.hebrewbook.org/34346).

MOPSIK, CH., *Chemins* de la Cabale, Vingt-cinq études sur la mystique juive, Editions de l'Eclat, Paris/Tel Aviv 2004.

–, Le *sexe* des âmes, Aléas de la différence sexuelle dans la Cabale, Editions de l'Eclat, Paris/Tel Aviv 2003.

Pirqe de-Rabbi Eliezer, nach der Edition Venedig 1544 unter Berücksichtigung der Edition Warschau 1852 aufbereitet und übers. von D. Börner-Klein, SJ 26, Berlin/New York 2004.

SCHOLEM, G., Reshit ha-qabala, Schocken, Jerusalem 1948.

–, *Ursprung und Anfänge der Kabbala*, SJ 3, Berlin 1962.

VOLOZHINER, HAYYÎM BEN-YISHAQ, Nefesh Hahayyim, prés., trad. et comm. par Benjamin Gross, Collection „Les dix paroles", Lagrasse 1986.

Zohar, Edition MOSSAD HARAV KOOK, Jerusalem 1984.

II. Rechtliche und soziale Kontexte

Patrick Laurence

Der *Codex Theodosianus*:
eine sexistische Gesetzgebung?[1]

Der *Codex Theodosianus*, eine umfassende Sammlung römischer Gesetze, die
seit dem Jahr 312 n. Chr. erlassen wurden, wurde 438 auf Anregung von Kaiser Theodosius II (401–450 n. Chr.) veröffentlicht. Das Werk gibt uns Einsicht
in die Lebensbedingungen von Frauen in der Spätantike, speziell im Bereich
des Eherechts.[2] Dieser Beitrag befasst sich zuerst mit den Erfordernissen für
die Ehe und den auf sie bezogenen Verboten, anschließend mit der doppelten
Stellung der Frau in der Ehe – mit ihrer Funktion als Ehefrau und als Mutter;
weiter werden die mögliche Eheauflösung untersucht, ihre Ursachen und die
Aussichten auf eine neue Ehe sowie zu guter Letzt die Unterschiede, die das
römische Recht im Umgang mit beiden Ehepartnern macht.

1. Vor der Ehe: Erfordernisse und Verbote

Was es bedeutet, als Römerin zu leben, wird an der Ehegesetzgebung in besonderer Weise anschaulich. Dass Frauen, wie es im *Codex Theodosianus* (im
folgenden: CTh) II,17,1,§1 heißt, naturbedingt schon immer früher als Männer pubertieren (mit zwölf anstatt mit vierzehn Jahren[3]), hat Auswirkungen
im Rechtswesen: Wie im klassischen Rom kann die Ehe mit einer Frau legal
mit dem Eintritt der Pubertät eingegangen werden, das heißt, sobald sie physisch *viripotens* ist. Es ist also die physiologische Voraussetzung für eine Mutterschaft, die den Weg zur Ehe bereitet und die die Hauptfunktion der Ehefrau bestimmt. Wenn eine solche Bindung auf sich warten lässt (sie findet in
der Spätantike meist im Alter von vierzehn bis fünfzehn Jahren statt[4]), wird
der jungen Römerin eine Vormundschaft aufoktroyiert – zumindest, wenn
ihr Vater nicht mehr am Leben ist. Diese Vormundschaft ist nicht mehr eine
tutela muliebris[5], die außer Gebrauch gekommen war,[6] sondern wird (bis zum

1 Aus dem Französischen von Maria Krpata und Matthias Morgenstern.
2 Vgl. Mommsen/Meyer (Hg.), Theodosiani libri und mein demnächst erscheinendes Buch: Les
 droits de la femme au Bas-Empire romain: le Code Théodosien: textes, traduction et commentaire, Louvain.
3 Für den Mann: CTh IV,3,1, interpretatio; für beide: IV,14,1, interpretatio.
4 Vgl. Hopkins, The Age.
5 Dieses auch *tutela mulierum* genannte Rechtsinstitut bezeichnet im klassischen römischen
 Recht die Vormundschaft, der diejenigen Frauen unterworfen waren, die weder unter der Autorität ihres Vaters noch unter der ihres Ehemannes standen.

Alter von 25 Jahren, dem Alter der Volljährigkeit) durch einen Kurator ausgeübt, der auf die Güter des Mündels aufpasst (CTh III,30,3). Diesem Kurator
begegnet man freilich mit einigem Misstrauen. Denn die *virgo* soll im Hinblick auf ihre künftige Rolle als Ehefrau und Mutter ihre physische Integrität
wahren; der Kurator stellt angesichts dessen – wie der Tutor[7] – eine Gefahr
dar. Indem Kaiser Konstantin 326 erneut ein altes Verbot ausspricht, verurteilt
er Tutoren (Kuratoren werden nicht erwähnt), die ihre Mündel missbraucht
haben und mit ihr eine Ehe schließen wollen, zur Deportation und zur Konfiszierung ihrer Güter (CTh IX,8,1). Im Übrigen widmet der *Codex Theodosianus* dem Fall, dass „ein Tutor sein Mündel verführt", einen spezifischen Titel
(CTh IX,8).

Des Weiteren sind Kuratoren dazu ermächtigt, im Hinblick auf Verlobungen und Eheschließungen Entscheidungen zu treffen (CTh III,5,11; CTh
III,6,1) – ein Recht, das ihnen im sechsten Jahrhundert entzogen werden sollte
(Codex Justinianus [im folgenden: CJ], 5,1,5, Vorwort).[8] Jedenfalls misstraut
der Gesetzgeber ihnen, und ihrem Willen wird im Vergleich zu dem des Vaters
ein geringerer Wert zugemessen (CTh III,5,12).

Im Hinblick auf die Verlobung eines jungen Mädchens ist von folgendem
(klassischen) Allgemeinfall auszugehen: Wenn das Mädchen *sui juris* ist, d. h.
wenn es nicht mehr der väterlichen Gewalt (*patria potestas*) unterworfen ist,
steht ihm die Entscheidung selbst zu; wenn es *in potestate* (d. h. der väterlichen Gewalt unterworfen) ist, hat der Inhaber der *potestas* zu entscheiden.[9] In
der Spätantike verstärkt sich jedoch die Rolle der *patria potestas* im Hinblick
auf Verlobungs- und Eheschließungsfragen der *filia familias*[10] immer weiter.
Über die wenig schmeichelhaften Worte hinaus, die im Codex Theodosianus
die Frau betreffen,[11] betont die *interpretatio* dieses Textes[12] die Notwendigkeit
ihrer Unterwerfung. Die geltende Rechtslehre über die Beteiligungsmöglich-
keiten der Frauen entsprach auch tatsächlich ihrem geringen Spielraum: Nur
in Ausnahmefällen konnten Frauen ihren ersten Ehemann selbst wählen.[13]
Man muss dabei jedoch das Alter der Frauen in Betracht ziehen: Vor dem Alter von zwölf Jahren war ihre Rolle im Hinblick auf Verlobungen völlig passiv
(CTh III,5,11); später machte sie der Gesetzgeber im Falle eines Vertrags-
bruchs verantwortlich, ohne ihr jedoch die Freiheit zu lassen, selbst über die
Fortsetzung oder den Abbruch des Verlobungsverhältnisses zu entscheiden

---

6 Vgl. ZANNINI, Studi sulla „tutela mulierum".
7 Der Tutor ist bis zum Erreichen der Pubertätsgrenze für das Kind verantwortlich; danach übernimmt der Kurator diese Aufgabe bis zur Volljährigkeit.
8 KRÜGER (Hg.), Corpus Iuris Civilis.
9 Vgl. CTh III,6,1; III,10,1; III,11,1, Vorwort.
10 D.h. des weiblichen Kindes, das noch den Vorschriften der *patria potestas* unterworfen ist.
11 Vgl. CTh III,5,12: „Sehr oft vermag das Urteil der Frau selbst gegen ihre eigenen Interessen zu
   wirken."
12 In der Edition Mommsen folgen die *interpretationes* dem eigentlichen Gesetzestext.
13 Vgl. CJ 5,4,20, Vorwort; siehe ARJAVA, Women and Law, 36 (Nr. 28).

(CTh III,5,11,§3, im Jahr 380). Im Fall eines Verlöbnisbruches war sie gezwungen, der Familie des Verlobten die Brautgabe (*arrhae sponsaliciae*[14]) zurückzuerstatten, die sie beim Schließen des Verlöbnisses vom Verlobten erhalten hatte; im Gegenzug blieb ihr aber die Freiheit, die Entscheidungsträger (ihren eigenen Vater eingeschlossen) gerichtlich zu belangen und Kompensation für die zurückerstattete Brautgabe zu fordern (ebd., §4).

Wenn es sich um eine Minderjährige handelt, erscheint die Frau im Codex Theodosianus also im Wesentlichen als Objekt einer Vereinbarung und nicht als Subjekt, das selbst die Initiative ergreifen kann, selbst wenn sie *sui iuris* ist. Ein Gesetz aus dem Jahre 371 (CTh III,7,1) bezeugt das Vorkommen von Fällen, in denen das junge Mädchen in Konflikt mit seinen Angehörigen geriet. Aber im Unterschied zum klassischen Recht[15] legte dieses Gesetz im Hinblick auf die (mögliche, nicht zwangsläufige!) Wiederverheiratung von minderjährigen Witwen ausdrücklich die Notwendigkeit der Zustimmung des Vaters oder der Verwandten fest, auch wenn sie mündig waren.[16]

Im Jahre 409 wird die Zustimmungspflicht der Familien auf die Ehen aller jungen minderjährigen Mädchen, die *sui iuris* sind (CJ 5,4,20), ausgedehnt. Außerdem gibt die fehlende Erwähnung des *consensus* einer Frau *in potestate* Anlass zu der Annahme, dass der Zustimmung der Frau nur geringe Bedeutung beigemessen wurde:[17] Der Mann ist im Normalfall der Initiator der Ehe (CTh III,12,3).

Die Verlobte kann jedoch manchmal die Auflösung einer Verbindung veranlassen. Dafür gibt es Beispiele (CTh III,5,2,§1, CTh III,5,12), namentlich bei erzwungenen Verbindungen mit einem Beamten (CTh III,6,1). In einem System, das dem Versprechen immer mehr Gewicht verlieh, war die Frau außerdem nicht diejenige, die am meisten von den Strafen[18] im Falle eines solchen Bruchs des Verlöbnisses betroffen war. So nahm das Gesetz aus dem Jahr 332 (CTh III,5,4 und 5) eher *ihre* Interessen in den Blick. Der Gesetzgeber kümmerte sich von nun an mehr um die wirtschaftliche Lage der zukünftigen Ehefrau. Die *arrhae sponsaliciae*[19], eine Schenkung, die der Verlobte seiner Verlobten übergab, wurden 319 zum römischen Brauch (CTh III,5,2) und lösten schrittweise die *donatio ante nuptias* ab. Ab 382 (CTh III,8,2) fungierten sie im gesamten Reich als Gegenleistung für die Mitgift und dienten auch der

---

14 Vgl. unten Anm. 19.
15 Z. B. Digesten 23,2,20.
16 D.h. wenn sie noch vor dem Eintritt der Volljährigkeit (mit fünfundzwanzig Jahren) nicht mehr unter die väterliche Gewalt fielen.
17 E. Volterra glaubt an die Notwendigkeit eines *consensus* der *filia familias* in der Spätantike (Ancora, 527–535); nach SOLAZZI (Le nozze, 155–157) setzen die Gesetze der Spätantike aber nur einen stillschweigenden *consensus* voraus.
18 Als Strafe galt die vierfache Zurückerstattung der Anzahlung: vgl. die folgende Anm. und CTh III,5,11.
19 Als „Anzahlung der Verlobung" gilt diejenige Summe, die vom Verlobten zum Zeitpunkt der Verlobung bezahlt wird: vgl. BIONDI, Il concetto di donazione.

Begründung eines Familienvermögens, das der Witwe in der Zukunft nützlich sein könnte (CTh III,5,3 und IX,14,3,§4).

Die Bindung zwischen Mann und Frau schlägt freilich nicht immer offizielle Wege ein. Ein klassischer Fall ist die Entführung, die dem jungen Mädchen seine physische und soziale Würde raubt, die jedoch für eine gesetzliche Bindung (*iustum matrimonium*) unabdingbar sind. Der *Codex Theodosianus* beinhaltet ein Unterkapitel, das sich „Die Entführung der Jungfrauen und der Witwen" (*de raptu virginum nel viduarum*: CTh IX,24) nennt. In der Spätantike ist ein solcher Akt ein unverzeihliches Verbrechen.[20] Um die laxe Gesetzgebung zu beenden, die vorsah, dass der Entführer das entführte Mädchen „zur Wiedergutmachung" heiraten konnte, und wohl auch, um die Werte der Familie zu schützen, führte Konstantin im Jahr 326 für das Mädchen, von dem angenommen wurde, dass es die Entführung hingenommen oder ihr zugestimmt hatte, die Strafe des *summum supplicium* ein (CTh IX,24,1), andernfalls verliert es nur den Anspruch auf die Erbrechte.[21] So werden Frauen zum ersten Mal für ihre eigene Entführung bestraft.

Eine andere Form des eherechtlichen Verbots ist der Inzest, der seit jeher von den Römern verabscheut wurde.[22] Das späte Kaiserreich rief dieses Verbot den Provinzen (Ägypten und Mesopotamien), denen der Inzest nicht fremd gewesen war, in Erinnerung, wobei man die Ehe mit der Tochter seines Bruders oder seiner Schwester hinzufügte, die das klassische Gesetz zugelassen hatte. Letztendlich wurden solche Ehen auch nur im Osten wieder zugelassen.[23] Diese Gesetzgebung richtet sich in erster Linie an den Mann; ihm gelten auch die angedrohten Strafen, da die antike Denkweise davon ausgeht, dass die Initiative bei ihm liegt. Es ist nicht sicher, ob Ehefrauen vor 535 bestraft wurden (Nov. XII,1 Justinian).

Dazu ein noch deutlicherer Fall: wenn ein junges Mädchen von einem kaiserlichen Beamten zur Ehe gezwungen worden ist, wird es als Opfer angesehen. Im Jahr 316 (CTh IX,1,1) bestimmt Konstantin, dass der offensichtlich Schuldige an diesem Delikt unverzüglich vor Gericht zu stellen ist (CTh IX,1,1), und im Jahr 380 befreit Theodosius I das junge Mädchen (oder seine rechtlichen Vertreter), das die Verlobung mit einem solchen Beamten eingegangen ist, von jeder Geldstrafe (CTh III,6,1).

Sowohl der Mann als auch die Frau sind von Eheverboten betroffen, die mit dem sozialen Rang und seiner Aufrechterhaltung in Verbindung stehen: Die Würde eines Senators, die seinem Sohn und seiner Tochter vererbt wird,[24] verlangt, dass Letztere nicht einen Mann niedrigeren Ranges[25] heiratet; aber

---

20 Zur Gesetzesgebung der Spätantike in diesem Bereich vgl. PULIATTI, La dicotomia.

21 Selbstverständlich bedeutet jede Todesstrafe (hier das *summum supplicum*, Todesstrafe, die mit Folter zugefügt wird) den Verlust jeglicher Güter und des Erbrechts.

22 Vgl. Digesten 23,2,39,1.

23 Vgl. CTh III,12,1–3; zur Wiederzulassung vgl. auch CJ 5,4,19.

24 Dies gilt wenigstens seit dem 2. Jahrhundert: vgl. dazu GAGÉ, Les classes sociales.

25 Vgl. ULPIAN, Digesten 1,9,8.

Konstantin geht noch weiter. Während die Gesetze des Augustus nur den Senatoren die Heirat freigelassener Sklavinnen, von einem *iudicium publicum*[26] bestrafter Frauen, von Schauspielerinnen oder den Töchtern eines Schauspielers[27] verboten, wird diese Vorschrift in einer konstantinischen *Constitution* aus dem Jahre 336 (CTh IV,6,3) auf alle Würdenträger ausgedehnt. Zusätzlich fügte diese Bestimmung dem Eheverbot noch Sklavinnen, Töchter von Sklaven, Töchter von freigelassenen Sklaven, Wirtshausbetreiberinnen und Töchter von Wirtshausbetreibern, Töchter von Zuhältern und von Gladiatoren, Straßenhändlerinnen, Frauen aus dem Volk oder (andere) erniedrigte Frauen[28] hinzu. Ziel dieser Maßnahmen war es, das *iustum matrimonium* zwischen (mit *dignitas* versehenen) Würdenträgern und sozial und moralisch in Verruf gekommenen Frauen zu verbieten. Letzterer Aspekt war von großer Bedeutung in einer Zeit, in der die Zivilgesellschaft und die christliche Moral in ihrem Anspruch bezüglich der weiblichen *castitas* immer mehr zur Deckung kamen. Erst im Jahre 542 sollte das von Konstantin erlassene Gesetz durch Justinian wieder aufgehoben werden.[29]

Im Jahr 318 (CTh XII,1,6) bestrafte Konstantin aus denselben Gründen (wirtschaftliche Motive spielen dabei auch eine Rolle) die Bindung zwischen einem Kurienbeamten[30] und einer Sklavin (*sordidum conubium*[31]). Diesem Gesetz zufolge wird ein Dekurio, der sich mit der Sklavin eines Anderen einlässt, auf eine Insel verbannt und die Frau zur Zwangsarbeit in einen Steinbruch geschickt.

Die Strafe ist also härter für die Frau, umso mehr, als im Senatsbeschluss des Claudius (52 oder 54 n. Chr.), der den entgegengesetzten Fall – die Bindung zwischen einer freien Frau und einem Sklaven – behandelt hatte, der Sklave verschont geblieben und nur die freie Frau bestraft worden war. Obwohl die Bestimmung aus dem Jahre 225 gültig blieb, wonach ein freier Mann, der in Lebensgemeinschaft mit der Sklavin eines Anderen lebte, auf keinen Fall zum Sklaven gemacht werden konnte, schwankte der Gesetzgeber zwischen Strenge und Milde. Am Ende entschied er sich für die Nachsicht[32]

---

26 Ein *iudicium publicum* („öffentliches Verfahren"), bei dem jeder Anklage erheben kann – seit Augustus unterzieht man Ehebrüche einem solchen Verfahren –, ist von einem *iudicium domesticum* zu unterscheiden, bei dem die Anklage nur durch ein Mitglied der Familie erfolgen kann.

27 Vgl. NARDI, I requisiti.

28 Es handelt sich um Frauen, deren Unwürdigkeit sich auf ihre Geburt oder ihren Beruf bezieht. Alle oben genannten Frauen haben Berufe, die – oder stammen von Menschen ab, deren Berufe –, zu Recht oder zu Unrecht, mit unmoralischen sexuellen Praktiken verbunden wurden.

29 Diese Maßnahme wird durch die Novelle 117 (Spalte 6) außer Kraft gesetzt, vielleicht unter dem Einfluss der Kaiserin Theodora, einer ehemaligen Schauspielerin.

30 Kurienbeamte sind Verantwortliche der städtischen Verwaltung (Kurie); es handelte sich um einen mit *dignitas* ausgestatteten offiziellen Beruf.

31 Eine solche Liaison galt als *sordidum conubium* („unwürdige Bindung"), weil sie den moralischen und gesellschaftlichen Erwartungen nicht entsprach.

32 Vgl. die justinianische Novelle (im folgenden: Nov. Just.) 89, Spalte 12 (im Jahr 539).

und ermöglichte den Frauen durch die Ehe so einen sozialen Aufstieg, der ihnen zuvor verschlossen gewesen war.

Die oben genannten Bindungen sind uneheliche Lebensgemeinschaften
(*contubernium, concubinatus*). Es handelt sich um de facto-Bindungen, die zulässig (CTh IV,6,7), von Dauer, aber sozial ungleich sind und deshalb nicht
die rechtlichen Auswirkungen einer Ehe haben. Die soziale Minderwertigkeit
betrifft in den meisten Fällen die Seite der Frau (CTh IV,8,7), ob Lebensgefährtin, freie Frau, freigelassene oder nicht freigelassene Sklavin (CTh
IV,6,7). In der gesamten Spätantike werden solche Beziehungen toleriert, aber
die moralische Missbilligung verstärkt sich und trifft an erster Stelle die Frau-
en und ihre Kinder: Konstantin entwertet das Konkubinat durch mehrere erb-
rechtliche Maßnahmen. Er verbietet den betroffenen Frauen von nun an, zu
Lebzeiten ihres Partners Vermächtnisse und Schenkungen entgegenzuneh-
men.[33] Die moralische Missbilligung aber trifft auch ihre für illegitim erklärten Kinder (*naturales, illegitimi, spurii* oder *uulgo concepti*), die unter eine Reihe von erbrechtlichen Verboten fallen (CTh IV,6,2 im April 336, IV,6,3 im Juli
336). Diese strengen Bestimmungen werden jedoch durch spätere Gesetze ab-
gemildert (CTh IV,6,4–8).

Frauen, die eine Beziehung mit einem Sklaven eingehen – was eine andere
Form des *contubernium*[34] darstellt –, werden freilich von einer noch stärkeren
moralischen Missbilligung getroffen. In dieser Hinsicht sind zwei Konstella-
tionen möglich.[35] *Im einen Fall* handelte es sich um die Beziehung einer Frau
mit dem Sklaven eines anderen – eine solche Bindung war im Senatsbeschluss
des Claudius verboten worden, der die Frau (mit ihren Kindern) zur Sklaverei
verurteilt hatte, wenn sie nach drei Ermahnungen auf ihrer Beziehung beharr-
te.[36] Konstantin griff dieses Verbot wieder auf und erklärte, dass Frauen sich
erniedrigten, wenn sie ihre *libertas* nicht achteten (CTh X,20,3 und 10). Solche Fälle blieben aber weit verbreitet,[37] sodass der Gesetzgeber mehrmals darauf zurückkam, indem er regelmäßig die Forderung der drei amtlichen Mah-
nungen[38] modifizierte. In jedem Fall hatten die Frauen die Folgen ihrer Ent-

---

33 Das klassische Recht hatte dies gestattet (vgl. Digesten 39,5,31, Vorwort).

34 Der Ausdruck *contubernium* bezeichnet im Unterschied zum *iustum matrimonium*, der dem
römischen Recht konformen Ehe, eine nichteheliche Lebensgemeinschaft; vgl. CTh IV,12 (Ad
senatusconsultum Claudianum).

35 Zur Entwicklung der Gesetzgebung vgl. GRUBBS, Marriage.

36 Den Sententiae Pauli (2,21a,1–18) zufolge war das Gesetz am Ende des 3. Jahrhunderts immer
noch in Kraft. Schenkt man dieser Rechtssammlung im westlichen römischen Reich (die –
wahrscheinlich zu Unrecht – auf den Rechtsgelehrten Paulus zurückgeführt wird, der im dritten Jahrhundert lebte) jedoch Glauben, so gab es zahlreiche Ausnahmen, die es den betroffenen Frauen ermöglichten, der Sklaverei zu entkommen (vgl. Sententiae Pauli 2,21,9,11,13 und
16).

37 Zur Verwirrung, die offensichtlich damals in diesem Bereich herrschte, und zum Zweifel vieler
Paare im Hinblick auf ihren rechtlichen Status vgl. GRUBBS, Law.

38 Im Jahre 314 (CTh IV,12,1), im Jahre 317 (CTh IV,12,2), im Jahre 320 (CTh IV,12,3), im Jahre
331 (CTh IV,12,4), im Jahre 362 (CTh IV,12,5), im Jahre 366 (CTh IV,12,6), im Jahre 398 (CTh
IV,6,7).

scheidungen zu tragen. Erst in den Jahren 531–534 schaffte Justinian den Se-natsbeschluss des Claudius ab, und von diesem Zeitpunkt an mussten Skla-venhalter sich damit zufrieden geben, nur ihre eigenen Sklaven bestrafen zu können.[39]

Im andern Fall handelte es sich um die (offene und dauerhafte) Beziehung einer freien Frau mit ihrem eigenen Sklaven; dieser Fall wurde sichtlich noch strenger geahndet, und wieder waren es die Frauen, die unter dieser Rechts-lage zu leiden hatten.[40] Im Jahr 329 verhängte Konstantin über in einer sol-chen Konstellation lebende Frauen die Todesstrafe (CTh IX,9,1), obwohl es sich um *stuprum*, also Unzucht, handelte, ein Tatbestand, der an sich leichtere Strafen vorsah. Konstantin sah für diesen Fall übrigens den neuen *status iudi-cium publicum* vor, der auch jedem unbetroffenen Dritten das Recht gab, vor Gericht Klage zu erheben. Justinian behielt diese unnachgiebige Position bei (Nov. Just. 2,2.3). Die Frau blieb also Opfer einer repressiven Gesetzgebung, die in diesem Ausmaß für den Mann nicht existierte, da in der antiken Gesell-schaft generell die Beziehung zwischen einer Sklavin und einem freien Mann – umso mehr, wenn es sich um einen Würdenträger handelte – nur als *sordi-dum conubium* galt und daher geduldet wurde. Im Übrigen waren Bindungen zwischen *dominus* und *ancilla* dem Mann – das galt auch, wenn er verheiratet war – selbstverständlich erlaubt.

Gehen wir nun auf den Fall eines jungen Mädchens ein, das ein *iustum ma-trimonium* eingegangen ist. Wie ist ihr rechtlicher Status zu beurteilen?

2. Der Status der verheirateten Frau: Ehefrau und Mutter

In der Spätantike ist die Existenz der meisten Römerinnen wie in der Zeit zu-vor an die Ehe gebunden. Auch wenn der steuerliche Wohnort der Ehefrau aus fiskalischen Gründen nicht unbedingt jener des Ehemanns war (CTh XIII,5,12), besaß der Mann die Vorrangstellung: Wie im klassischen Gesetz (Digesten 23,2,5[41]) sind der soziale Rang, der Wohnort und der Sitz des Gerichts der Ehefrau immer jene des Ehemannes (CTh II,2,7 und CTh XIII,15,12).

Auch die Privilegien zeigten, in welchem Maße Ehefrauen im Rechtssystem des Altertums, im Guten wie im Schlechten, von ihren Ehemännern abhingen: In der Regel waren Frauen (mit ihren Kindern) von denselben Steuern wie ih-re Ehemänner befreit. So beschloss es Kaiser Konstantin im Jahre 333 (CTh

39 CJ 7,24: De senatus consulto Claudiano tollendo; CJ 7,24,1, und auch CJ 9,48,24; CJ 1,3,53; CJ 9,13,1. Zur Aufhebung der amtlichen Mitteilungen vgl. CJ 7,24,1, Vorwort.
40 Solche Frauen fielen zuvor unter die *lex Iulia de adulteriis*, aber nur diejenigen Frauen, deren Stellung sie an dieses Gesetz band, waren ihm unterworfen. Außerdem dürften solche Verbin-dungen in der Praxis wenig verfolgt worden sein: vgl. DUPONT, Le droit criminel, 40–41.
41 Zu den Digesten vgl. MOMMSEN (Hg.), Corpus Iuris Civilis.

XIII,3,3) für die Frauen von Ärzten und Sprachlehrern.[42] Andererseits zögerte der Staat nicht, sobald er dies für nötig hielt, ihre Güter steuerlich zu belasten, so etwa mit Vermögenssteuern – insbesondere für Frauen von Seespediteuren (vgl. CTh XIII,5,12 und XI,16,18).[43]

Zugleich wird das Eigentum der Ehefrau durch rechtliche Bestimmungen in Schutz genommen. Im Jahre 321 etwa erließ Konstantin ein Gesetz, das die persönlichen Güter der Frau (*res uxoriae*) im Fall einer strafrechtlichen Verurteilung des Ehemanns schützte (CTh IX,42,1), und sein Gesetz aus dem Jahre 327, das der Mutter das Recht gibt, ihr Eigentum bereits zu ihren Lebzeiten an ihre Kinder zu übertragen (CTh II,24,2), setzt die volle Verfügungsgewalt der Frau über ihr Vermögen voraus. Im Jahre 402 erinnern Arcadius und Honorius an die klassische Bestimmung der *collatio dotis*[44] für die Frau (und nur für sie), die mit den gleichen Ansprüchen wie ihre Brüder in die Erbfolge ihres verstorbenen Vaters eintreten will und die *collatio bonorum*[45] verlangt.

Grundsätzlich verwaltet der Ehemann in der Praxis weiterhin das gesamte Vermögen des Paares,[46] und im Falle des vorzeitigen Todes der Ehefrau ist ein Schadensersatz vorgesehen (vgl. CTh III,5,9).[47] Auch stattet Konstantin den Ehemann mit großen Vollmachten aus – CTh II,12,4 ermöglicht es ihm, ohne jegliches weiteres Mandat als Bevollmächtigter seiner Ehefrau zu agieren, um ihre Interessen vor Gericht zu vertreten. Auf der anderen Seite wird die Pflicht zu einer ausdrücklichen Bevollmächtigung im Jahre 393 durch Theodosius I. (II,12,4) vorgeschrieben; offensichtlich hatten einige Ehemänner versucht, sehr frei mit dem Eigentum ihrer Ehepartner umzugehen. Dies war wohl der Grund dafür, dass Theodosius an einer anderen Stelle dieses Gesetzes (CTh VIII,13,5) an die Autonomie der Frau im Bereich der Verwaltung ihrer Güter erinnerte und vom Ehemann verlangte, sich bei Ehestreitigkeiten – etwa im Falle einer Scheidung – an die rechtlich vorgesehenen Formen zu halten.[48]

---

42 Zu weiteren entsprechenden Regelungen vgl. im Jahr 373 CTh XIII,3,10 und im Jahr 414 CTh XIII,3,16 (für Ärzte und Lehrer), im Jahr 356 CTh XVI,2,10 (für Amtsgehilfen), im Jahr 325 CTh VII,20,4, im Jahre 370 CTh VII,13,6, im Jahre 395 CTh VII,13,7 (für Soldaten), im Jahre 374 CTh XIII,4,4 (für Mallehrer).

43 Es handelte sich hier um Reeder, die mit der Getreideversorgung der Stadt Rom aus Nordafrika und Ägypten beauftragt waren.

44 Wenn eine junge Frau von ihrem Vater eine Mitgift erhalten hat, die nach einer Scheidung oder nach dem Tod ihres Ehemannes an sie selbst gefallen ist, muss sie diese Mitgift in die Erbmasse einbringen, wenn sie nach dem Tode ihres Vaters zu gleichen Teilen wie ihre Geschwister erben will.

45 Dies bedeutet, über die Rücküberführung der Mitgift hinaus, die Rücküberführung des *gesamten* Vermögens der Frau (und Tochter) in die Erbmasse ihres (verstorbenen) Vaters.

46 Vgl. CTh IX,7,4; IX,42,1 und 15. Das Prinzip, wonach der Ehemann nur das Nießbrauchsrecht an der Mitgift besitzt, ist späteren Datums und geht auf Justinian zurück, der das Zugriffsrecht des Ehemannes auf das gesamte eheliche Eigentum beschneidet.

47 Die anlässlich der Verlobung vom Ehemann an die Braut abgeführten Brautgaben können im Falle des Todes der Frau durch die Familie des Witwers zurückgefordert werden.

48 Die rechtlichen Bestimmungen haben hier etwa Scheidungsfälle im Auge, in denen der Ehe-

Nach einer Rechtsentscheidung des Jahres 414 (vgl. CTh II,16,3) führten missbräuchliche Praktiken zur *restitutio in integrum*: Frauen, die sich einem Bürgen anvertraut hatten, waren nicht dazu verpflichtet.

Diese Gesetze zum Schutz der Frauen und ihres Eigentums[49] hinterlassen in der Realität aber zugleich ein Gefühl des Misstrauens den Frauen gegenüber, ein Misstrauen des Gesetzgebers gegenüber der weiblichen *leuitas*, das dazu veranlasst, Frauen zu protegieren und gleichzeitig diskriminierende Vorsichtsmaßnahmen walten zu lassen, wenn es beispielsweise um finanzielle Angelegenheiten geht: Die erwähnte Vorschrift des Jahres 414 wird auf das Unwissen der Frauen in Rechtsangelegenheiten (*ignorantia iuris*) zurückgeführt, ein Text, der viel über das Frauenbild des römischen Rechtes aussagt. Ein anderes Beispiel solcher Vorsichtsmaßnahmen im finanziellen Bereich war eine Vorschrift aus dem Jahre 324 (vgl. CTh II,17,1), die minderjährigen Frauen ab dem Alter von achtzehn Jahren die Verwaltung ihrer eigenen Güter nur unter der Bedingung des Nachweises ihrer Sittlichkeit gestattete.[50]

Was die Hauptfunktion der Ehefrau, ihre Mutterschaft, anbelangt, so bleibt das klassische Ideal der Ehe die Fortpflanzung (*procreandi causa*), das durch die augusteische Gesetzgebung neu belebt worden war, auch in der Spätantike erhalten: Im Jahr 316 greift Konstantin im Zusammenhang mit der Erwähnung von Frauen, die sich durch ihre Sittlichkeit *dignitas* erworben hätten, bezeichnenderweise den Ausdruck *matres familias* auf (vgl. CTh I,22,1).

Vor einem Hintergrund, der nicht mehr in erster Linie die Geburtenförderung im Blick hatte, verschwanden in der Spätantike die Ehegesetze des Augustus, die *lex Julia caducaria*, die kinderlose Paare benachteiligt hatte, vor allem aber das *ius liberorum*, das Mütter mit mindestens drei Kindern gegenüber anderen bevorzugt hatte (vgl. CTh V,1,1 aus dem Jahre 318 sowie CTh VIII,17,11 aus dem Jahre 396).[51] Im Jahre 410 wird das *ius liberorum* allen Frauen gewährt, was bedeutet, dass es nicht mehr als Privileg gilt (CTh VIII,17,2 und 3). In Frage stand dabei wohl weniger der Respekt gegenüber den Müttern und ihren Gefühlen als die Anpassung der Gesetzgebung an die Bedürfnisse der Spätantike, die sich nicht mehr am Interesse der Geburtenförderung aus der Zeit des Augustus orientierte.

Im Übrigen werden die Persönlichkeitsrechte des zu gebärenden Kindes weiterhin vom Vater vererbt und nicht von der Mutter. Die Spätantike ändert nichts an diesem Prinzip. Dies zeigt auch die Tatsache, dass Theodosius I. 381 den erneut heiratswilligen Witwen im Jahre 381 die Wartefrist von einem Jahr

---

mann z. B. versucht, die Geltung einer von seiner Ehefrau veranlassten Schenkung anzufechten und das geschenkte Gut zurückzuerhalten.

49 Es ist schwer zu sagen, ob die Frauen von diesen neuen Vorschriften wirklich profitierten; vgl. dazu ARJAVA, Women and Law, 57.

50 Nach dem römischen Gesetz hatten Frauen die Möglichkeit, sich in rechtlichen Dingen auf ihr Unwissen zu berufen.

51 Nach dem *ius liberorum* erhielten Mütter mit drei Kindern u. a. das Recht, ihren Ehemann zu beerben.

aufzwingt (vgl. CTh III,8,1) – zuvor waren es zehn Monate gewesen –, um so jeden Zweifel an der Ehelichkeit der Kinder auszuschließen.[52] Der *Codex Theodosianus* zeugt so vom Wunsch, die Rechte des Vaters beizubehalten, ohne dabei die Rechte des einem *iustum matrimonium* entsprungenen Kindes zu opfern.[53]

Was die Rechte der Mutter über das Leben eines einmal gezeugten Kindes anbelangt, so macht der *Codex Theodosianus* keinerlei Aussagen, doch wir wissen über andere Gesetze,[54] dass die Abtreibung seit der klassischen Zeit bestraft wurde, weil man sie als Beeinträchtigung der Rechte des Ehemanns ansah. Es ist hingegen oft schwer, die jeweilige Verantwortung des Vaters und der Mutter bei Aussetzungen und bei Verkäufen von Kindern auszumachen – Tatbestände, die in der Spätantike bestraft wurden:[55] Der *Codex Theodosianus* (CTh XI,27,1 im Hinblick auf die Aussetzung) und CTh V,9,1 (durch seine *interpretatio*) erwähnen beides: einem Konkubinat entsprungene Kinder sowie Kinder von Witwen waren besonders betroffen, letztere aufgrund der materiellen Schwierigkeiten, mit denen alleinstehende Frauen zu kämpfen hatten.

Bei einem Verkauf galt die Mutter als ebenso verantwortlich wie der Vater, wie die Gesetze der Jahre 322 (CTh XI,27,2) und 329 (CTh V,10,1[56]) zu erkennen geben. Wahrscheinlich lässt sich dies teilweise durch den Einfluss des Ostens erklären, wo es eine Art *matria potestas*, aber auch Unterhaltsverpflichtungen gab, die in der Spätantike – in Abwesenheit des Vaters – der Mutter zukamen.

52 Diese Vorschrift wird von Theodosius II. im Jahr 449 verkündet (vgl. CJ 5,17,8,§4b) sowie in Nov. 22, Spalte 18.
53 Das klassische Recht bleibt im Hinblick auf die Erbansprüche von Kindern unentschieden: Gelten sie bereits bei der Zeugung oder erst ab der Geburt? Im Jahre 530 entscheidet sich Justinian für die Geltung ab der Geburt – außer wenn das Interesse des Kindes auf dem Spiel steht (CJ 5,27,11,§ 4 – diesen Vorbehalt gab es schon bei dem Juristen Julius Paulus: Digesten 1,5,7). CTh IV,3,1 kann man in diesem Sinne verstehen. Das Interesse eines Kindes könnte etwa dann auf dem Spiel stehen, wenn seine rechtmäßige Abstammung in Zweifel gezogen wird, der Vater vor der Geburt dieses Kindes aber in den Krieg gezogen und dort gefallen war; der Vater hätte die rechtmäßige Abstammung des Sohnes nur vor seinem Auszug in den Krieg beweisen können; in diesem Fall muss der Erbanspruch offensichtlich ab der Zeugung gelten.
54 Z. B. CJ 5,17,11,§2.
55 Das Recht der Aussetzung scheint nach CTh V,9,1 (im Jahre 331) fortzubestehen, aber dieses Gesetz sowie CTh V,10,1, zielen darauf ab, diese Praxis zu unterbinden; siehe auch CTh V,9,2. Die Aussetzung wird von Justinian (vgl. CJ 8,51[52],3) endgültig verboten, der 529 entscheidet, dass das Kind eines Sklaven die Freiheit erlangt, wenn es vom Sklavenbesitzer ausgesetzt worden war; vgl. auch CJ 1,4,24. Der Verkauf, der schon im klassischen Recht verboten war, aber in Zeiten der Not immer wieder praktiziert wurde, veranlaßte den Staat dazu, den Bedürftigen zu Hilfe zu kommen. Vgl. Fragmenta Vaticana 33 (im Jahre 315), CTh XI,27,2 (im Jahr 322), CTh IV,8,6 (im Jahre 323) und CTh V,10,1 (im Jahre 329). Bei den Fragmenta Vaticana (Fr. Vat.) handelt es sich um eine 1821 in der Vaticanischen Bibliothek aufgefundene Gesetzessammlung mit Fragmenten von Rechtstexten aus der Feder von klassischen Juristen aus dem späten vierten oder frühen fünften Jahrhundert unter dem Titel „Mosaicarum et romanarum legum collatio".
56 Fr. Vat. 34 und Nov. Val. 33 verwenden die Obergriffe *patres* und *parentes*.

In den Augen des Gesetzes wie in moralischer Hinsicht war das Kind durch die *pietas* an seine Eltern gebunden. In dieser Hinsicht erkannte schon das klassische Rom der Mutter dieselben Rechte zu wie dem Vater, indem etwa die *impietas* der Kinder bestraft wurde.[57] Die Spätantike behielt diese Gesetzgebung bei, indem sie der Mutter schrittweise dieselben Rechte gab wie dem Vater – etwa im Hinblick darauf, Schenkungen wiederzuerlangen, die die Mutter den Kindern gewährt hatte.[58] Eltern konnten eine solche Rückerstattung verlangen, wenn ihre Kinder sich durch ihre *impietas* als des Geschenks unwürdig erwiesen hatten.[59] Nach einem ersten Gesetz, das im Jahre 330 erlassen worden war (Fragmenta Vaticana 248), übertrug Constantius den Müttern dieses Recht im Jahre 349 und gab ihnen die Möglichkeit, die *Hälfte* des verschenkten Besitzes wiederzuerlangen (CTh VIII,13,1); im gleichen Jahr wurde den Vätern freilich die Wiedererlangung der *gesamten* Schenkung zugestanden. Im Jahre 358 wurde in dieser Hinsicht aber die Gleichheit zwischen beiden Elternteilen hergestellt (CTh VIII,13,4). Im Jahre 426 erweiterte Theodosius II. diese Vorschrift auf die als *impii* erwiesenen Enkel und Urenkel im Hinblick auf etwaige Schenkungen von deren Eltern und Großeltern anlässlich des Eintritts ihrer Volljährigkeit; auch in diesem Fall war im Falle der erwiesenen *impietas* ein Rechtsanspruch auf Rückerstattung gegeben (CTh VIII,13,6).

Zugleich werden bemerkenswerte Vorsichtsmaßnahmen gegenüber der Mutter ergriffen: Ein Gesetz des Jahres 349 sprach die Möglichkeit des Widerrufs einer Schenkung nur tugendhaften und nicht erneut verheirateten Frauen zu (CTh VIII,13,1) und diese Einschränkung wurde im Jahre 358 wiederholt (CTh VIII,13,4), während Väter von solchen Forderungen verschont blieben.

Eine andere Pflicht der Mutter betrifft die Vormundschaft für noch unmündige Kinder, wenn deren Vater gestorben ist. Wie in der klassischen Zeit war es ihre Aufgabe, diesbezüglich eine Anfrage an den für sie zuständigen Prätor zu stellen. Wenn sie dies versäumte, wurde sie, falls die Kinder vor ihr starben, vom Erbrecht an ihren Kindern ausgeschlossen.[60] Wenn die Mutter aber nicht selbst die Vormundschaft übernahm, hatte sie eine weniger begrenzte Verantwortung im Hinblick auf die Vermögensverwaltung des Mündels. CTh III,5,11, § 4 zeigt uns, wie Mütter immer mehr in die Angelegenheiten ihrer Töchter eingriffen, insbesondere in Verlobungsfragen und wenn es um das Entgegennehmen von Brautgaben ging.[61]

Das klassische Gesetz schien die Vormundschaft von Müttern unter gewis-

---

57 Vgl. Beaucamp, Le statut, 311.

58 Vgl. Fragmenta Vaticana 248 (im Jahre 330), CTh VIII,13,1 (im Jahre 349), CTh VIII,13,2 (im Jahre 358), CTh VIII,13,6 (im Jahre 426).

59 Mütter konnten eine solche Rückerstattung sowohl in einer intakten Ehe als auch nach einer Scheidung verlangen.

60 Vgl. Beaucamp, Le statut, 315–320.

61 In der klassischen Zeit waren solche Eingriffe die Ausnahme gewesen (vgl. Digesten 23,2,62, Vorwort), was sich in der Spätantike änderte (vgl. z.B. CJ 5,4,20, Vorwort).

sen beschränkten Bedingungen zu gestatten.[62] Auch in der Spätantike war dies möglich, wie es der *Codex Theodosianus* mehrfach bezeugt: Im Jahre 390 wurde dieses Recht durch ein erstes Gesetz (CTh III,17,4) proklamiert, das aber nur in Abwesenheit des testamentarischen oder gesetzlichen Vormunds Geltung haben sollte. Um die Kinder aus erster Ehe zu schützen, und mit großer Wahrscheinlichkeit auch, weil Zweitehen von solchen Müttern, die die Vormundschaft anstrebten, augenscheinlich häufig waren, verlangen Theodosian und Valentinian II im selben Gesetz von einer verwitweten Mutter, die die Vormundschaft ihrer Kinder anstrebte, auf eine erneute Ehe zu verzichten – die Vormundschaft wurde ihr jedoch nicht zur Pflicht gemacht. Für die Spätantike bezeichnete diese Vorschrift also den Zuwachs der mütterlichen Rechte im Bereich der Vormundschaft, was vielleicht mit einer größeren Strenge im Hinblick auf die Bedingungen der Ausübung dieses Amtes, daneben aber damit zu tun hat, dass die *tutela mulierum* außer Gebrauch gekommen war.[63]

Im Hinblick auf die Möglichkeit, von den Kindern zu erben, stärkte die spätere Gesetzgebung zunächst die Rechte der Mütter. Nach der vorherigen Rechtslage hatte der *senatus-consultum Tertullianum*[64] es der Mutter erlaubt, *ab intestat*[65] von ihnen zu erben, wenn die Kinder keine Nachfahren hatten und der Vater verstorben war – unter der Bedingung, dass die Mutter das *ius liberorum* innehatte.[66]

In einem Gesetz des Jahres 318 (CTh V,1,1), das erlassen wurde, „um der Mutter zu Hilfe zu kommen", erweiterte Konstantin den Zugang zum Nachlass der *ab intestat* frühverstorbenen Kinder jedoch auch auf diejenigen Witwen, die kein *ius liberorum* innehatten. Je nach ihrer Beziehung zu den anderen Erben erhalten Witwen, die demnach nicht mehr durch die Agnaten, d. h. die männlichen Nachkommen, vom Erbrecht ausgeschlossen sind,[67] einen variablen Anteil am Erbe (ein oder zwei Drittel). Diese Rechtsbestimmung wurde durch Justinian bestätigt, der der mütterlichen Nachkommenschaft Erbrechte gewährte, die zuvor größtenteils der väterlichen Nachkommenschaft vorbehalten waren.[68]

---

62 Die Vormundschaft muss beim Kaiser beantragt werden; im Allgemeinen handelt es sich um ein Privilegium der Männer: Digesten 26,1,16 (GAIUS): Tutela plerumque uirile officium est; Digesten 26,1,18 (NERATIUS).

63 Vgl. oben Anm. 5.

64 Es handelte sich hier um einen Senatsbeschluss mit Gesetzeskraft.

65 D.h., ohne dass das Kind ein Testament verfasst hatte.

66 Unter der Herrschaft Hadrians erlassen, gewährte dieser Senatsbeschluss einer Mutter die legitime Nachfolge eines *ab intestas* frühverstorbenen Kindes unter der Bedingung, dass sie *ingenua* ist, drei Kinder hat (*ius liberorum;* für eine freigelassene Sklavin waren vier Kinder vorgesehen) und dass der Verstorbene weder Vater noch Kinder noch blutsverwandte Brüder zurücklässt. In diesem Fall hat die Mutter ihren Erbanspruch ihrer blutsverwandten Schwester gegenüber geltend zu machen, und ihr Recht hat Vorrang gegenüber dem Recht des agnatischen Onkels ihres Kindes: Tit. Ulp., 26, 8.

67 Siehe auch CTh II,19,2 (im Jahre 321), CTh V,1,2 (im Jahr 369) und CTh V,1,7 (im Jahre 426).

68 Mit Blick auf den *senatus-consultum Tertullianum* bekräftigt Justinian aufs Neue die Nicht-An-

Eine ähnliche Entwicklung fand im Hinblick auf den Zugang der Kinder zum Nachlass ihrer Mutter statt: Aufgrund des *senatus consultum Orfitianum* (178 n. Chr.) hatten die *in potestate* befindlichen Kinder[69] das Recht erlangt, von ihr zu erben – dies hatte aber im Interesse des Vaters gelegen, der diese Güter veräußern konnte.[70] Nun erleichterten die Vorschriften des *Codex Theodosianus* den Zugang der Kinder zu dem mütterlichen Erbe: Neben anderen Neuerungen[71] ermöglichte ein Gesetz des Kaisers Konstantin im Jahre 327 es der Mutter, ihr Hab und Gut noch zu ihren Lebzeiten an ihre Kinder weiterzugeben (vgl. CTh II,24,2).[72] Vor allem führte Valentinian II. im Jahre 389 das Prinzip der Stellvertretung ein (vgl. CTh V,1,4), das der Senatsbeschluss (*senatus consultum Orfitianum*) noch nicht gekannt hatte: Wenn eine Mutter früh verstorben ist, wird sie von ihren Kindern vertreten, die zwei Drittel des Erbteils, der ihr zugestanden hätte, erhalten, während das dritte Drittel den Onkeln und Tanten mütterlicherseits zukommt.

Wenn die Kinder im Erbrecht mit anderen Agnaten konkurrieren, die sie nach dem *senatus consultum Orfitianum* ausgeschlossen hätten, erhalten sie nun gemeinsam drei Viertel.[73] Man kann also auch hier von einer Bresche sprechen, die in die *patria potestas* geschlagen ist, obwohl die väterlichen Privilegien beibehalten werden. Zugleich gibt es aber Hinweise auf Vorsichtsmaßnahmen gegen Veruntreuungen seitens der Mütter: Im Jahre 358 verpflichtet Flavius Julius Constantius sie, ihren Kindern – nach dem Eintritt der Witwenschaft – wenigstens ein Viertel des väterlichen Erbes zu hinterlassen, etwa im Falle einer Erklärung der Mutter, dass vom Erbe ihres verstorbenen Mannes nur noch die Mitgift übriggeblieben sei, die sie (die Mutter) aber inzwischen selbst zurückgefordert habe (CTh II,21,1). Im Jahre zuvor war die

---

wendbarkeit des *ius liberorum*: vgl. Institutiones Justinini 3,3,4; die *Institutiones Justiniani* sind eine auf Befehl Justinians zusammengestellte Rechtssammlung, die am 22.11.533 veröffentlicht wurde.

69 D.h. Kinder, die noch unter der väterlichen Autorität stehen, die entweder durch die Volljährigkeitserklärung des noch minderjährigen Kindes (Emanzipation) oder mit dem Ablauf des 25. Lebensjahres zu Ende geht.

70 Gaius, Digesten 38,17,9; Ulpian, Digesten 38,17,1; Paulus, Digesten 38,17,6.

71 Vgl. CTh VIII,18,1 (im Jahre 315), CTh VIII,18,2 (318 n. Chr.), CTh VIII,18,4 (329 n. Chr.), CTh VIII,18,5 (349 n. Chr.), CTh VIII,18,6 (379 n. Chr.), CTh VIII,18,7 (395 n. Chr.), CTh VIII,18,8 (407 n. Chr.) sowie VIII,18,9 und VIII,19,1 (im Jahre 426 n. Chr.).

72 Hier ist wie im Falle des der Mutter zugesprochenen Erbes der Kinder die nachlassende Wirkung des *ius liberorum* spürbar: Im Jahre 383 entscheidet Gratian, dass auch diejenigen Kinder einer Mutter erben können, die selbst nicht über dieses Recht verfügt, und er spricht sich dafür aus, die für volljährig erklärten Frauen oder Mädchen zu bevorzugen, indem er den Kindern einer solchen Frau die Erbrechte zuspricht, ohne dass *deren* Eltern einen Anteil am Erbe erhalten (CTh V,1,3).

73 Im Jahre 402 wird diese Vorschrift für den Osten durch Arkadius erneut verankert, der auch die Mitgift in den mütterlichen Nachlass einbezieht (CTh V,I,5). 420 geht Honorius weiter als Gratian und sein Gesetz aus dem Jahre 383, indem er den Enkelkindern in Stellvertretung ihrer frühverstorbenen selbst mündigen Mutter das Erbe der Großeltern zuspricht (CTh V,1,6); die Enkel nehmen somit erbrechtlich die Stelle der verstorbenen Mutter ein.

entsprechende Vorschrift für den Fall in Kraft getreten, dass die Mutter inzwischen erneut geheiratet und das Erbe der ersten Ehe für ihre zweite Mitgift in Anspruch genommen hatte (CTh II,21,2); auch ein erneut heiratender Vater musste seinen Kinder aus erster Ehe mindestens ein Viertel des Erbes hinterlassen. Am deutlichsten wird die Entwicklung der Gesetzgebung aber wohl in den Rechtsbereichen, die die eheliche Untreue und die Frage der Konsequenzen der Untreue für die Ehe betreffen.

3. Ehebruch, Scheidung und Wiederheirat

Nach der *lex iulia de adulteris coercendis*, 18 vor u.Z. von Augustus promulgiert,[74] war für die Ehefrau bei Ehebruch eine *actio de moribus* vorgesehen, eine Drohung, die in der Spätantike aufrechterhalten wurde (CTh III,13,1 im Jahr 349).[75] Konstantin unterstrich aber den moralischen Inhalt dieser Vorschrift. Während der Ehebruch für das alte Gesetz ein *crimen publicum* war, bei dem jeder Anklage erheben konnte, schränkt Konstantin die Möglichkeit einer *accusatio* wegen Ehebruchs im Jahre 326 auf den Ehemann und die Angehörigen der Frau ein, „um Schlechtgesinnten zu verbieten, Bindungen leichterhand in Verruf zu bringen" (vgl. CTh XI,36,4). Auch erinnert er den Ehemann daran, dass es seine Aufgabe ist, über die Sittlichkeit seiner Ehe zu wachen. Der Ehemann wird so in seiner Rolle als Beschützer des Haushalts bestärkt (CTh IX,7,2).

Im Übrigen erhalten die Gesetze der Spätantike die Ungleichbehandlung von Mann und Frau im Hinblick auf den Ehebruch aufrecht: Wie zuvor können Männer nur mit einer mit einem anderen Mann verheirateten Frau die Ehe brechen, während jede außereheliche Beziehung der Ehefrau unter dieses Verdikt fällt.[76] So erwähnt Konstantin im Jahre 331 den Ehebruch unter den drei (einzigen) Gründen, die die Verstoßung einer Ehefrau rechtfertigen können (CTh III,16,1). Eine entsprechende Vorschrift fehlt für den Ehemann, und ein Gesetz des Jahres 421 misst seinem unmoralischen Leben keine Bedeutung bei, während es Frauen für dieselben Vergehen schwer bestraft (III,16,2). Immer ist es die ehebrecherische Frau, die als Erste vom Gesetz betroffen ist (vgl. CTh IX,7,2 – 326 n.Chr.; CTh III,13,1 – 349 n.Chr. und CTh IX,7,4 – 385 n.Chr.). Hinzu kommt, dass ehebrecherische Frauen auch dann des Ehebruchs beschuldigt werden können, wenn sie den beteiligten Mann heiraten, während die klassische Gesetzgebung nur den männlichen Mitschuldigen bestraft hatte (vgl. CTh IX,7,8). Vor allem aber konnte die Beschuldi-

---

74 Vgl. Cohen, The Augustan Law, 109–126.

75 Es handelt sich hier um einen Prozess, den der (häufig scheidungswillige) Ehemann gegen seine Ehefrau anstrengt, weil diese sich unsittlich verhalten (in der Regel Ehebruch begangen) hat.

76 Vgl. Beaucamp, Le statut, 139–170.

gung nach gesetzlicher Vorschrift (vgl. CTh IX,7,2) aufgrund einer einfachen Vermutung ausgesprochen werden, und der Gesetzgeber befreite den Ehemann, der Klage erheben wollte, von den formalen Vorschriften und Einschränkungen.[77] Diese Vorschriften hatten das Ziel, es schuldigen Frauen unmöglich zu machen, der gesetzlichen Prozedur zu entkommen. Dies zeigt ein Gesetz aus dem Jahre 392 (CTh IX,7,7), das Verzögerungstaktiken (*praescriptiones*) verbietet, die es ermöglicht hatten, den Fortgang von Ehebruchsverfahren hinauszuzögern. Ein Gesetz aus dem Jahre 385 (CTh IX,7,4) greift außerdem eine Vorschrift der klassischen Zeit auf, die es ermöglicht hatte, im Ehebruchsfalle die Sklaven des betroffenen Paares zu befragen und sie dazu zu bringen, ihre Eigentümer zu denunzieren.

Die Entwicklung lässt sich noch besser begreifen, wenn man die vorgesehenen Strafen in Betracht zieht: In der klassischen Zeit waren ehebrecherische Frauen nicht von der Todesstrafe bedroht: Seit Antoninus Pius stand für die unter die Kategorie der *honestiores* fallenden Ehebrecherinnen[78] die *relegatio* auf eine Insel und für *humiliores* die Strafe der Zwangsarbeit in einem Steinbruch; nun aber bestimmten zwei gesetzliche Vorschriften aus den Jahren 313 (CTh IX,40,1) und 326 (CTh IX,7,2) die *poena capitalis* für die drei Vergehen Ehebruch, Mord und Hexerei. Im Jahre 339 ging Flavius Julius Constantius noch einen Schritt weiter, indem er das *summum supplicium* vorschrieb: die Säckung oder den Scheiterhaufen (XI,36,11), das heißt diejenige Strafe, die für Vatermord vorgesehen war. Darüber hinaus entzog Konstantin im Jahre 313 den Schuldiggesprochenen jede Möglichkeit zur Verzögerung wie das Berufungsrecht, indem er die Betroffenen auf die Liste derer setzte, die sich der *atrocissima facinora*[79] schuldig gemacht hatten (vgl. CTh XI,36,1).[80] Dieselbe Strenge und Ungleichbehandlung war bei Vermögensstrafen festzustellen, da Frauen bei einem Ehebruch auch in diesem Bereich öfter als ihre Männer als Verliererinnen hervorgingen.[81] Erst unter Justinian sollte das Gesetz nachsich-

---

77 Das heißt, er musste die Frist von sechzig Tagen nach der Scheidung nicht mehr einhalten, in denen nach dem klassischen Recht eine Anklageerhebung möglich war (nach dieser Frist konnte der Ehemann der Verleumdung bezichtigt werden: vgl. Digesten 4,4,37,§1); eine andere Einschränkung betraf die *inscriptio*, das heißt die Pflicht, die Anklageerhebung mit dem Ziel der Scheidung öffentlich registrieren zu lassen – im Unterlassungsfalle drohte dem Ehemann diejenige Strafe, die der Ehefrau zugedacht gewesen wäre (Talionsvergeltung).

78 D.h. für Patrizierinnen im Gegensatz zu den niedriger gestellten *humiliores*.

79 Zur Liste dieser „besonders abscheulichen Verbrechen" gehörten Totschlag, Vergiftung, Magie und Majestätsbeleidigung.

80 Diese Vorschrift wurde im Jahre 339 erneut bekräftigt (vgl. CTh XI,36,4); auch im Jahre 348 prangerte Constantius die *scelera saeuiora* an (CTh XI,36,7). 392 n.Chr. verbot Theodosius I. alle den Prozess verlängernden Präskriptionen (vgl. CTh IX,7,7). Im Unterschied zur klassischen Zeit gehörte der Ehebruch von nun an zu den Verbrechen, denen man die kaiserliche *indulgentia* nicht gewährte: vgl. CTh IX,38,1 (im Jahr 322), CTh IX,38,3 (367 n.Chr.), CTh IX,38,4 (368 n.Chr.), CTh IX,38,6 (381 n.Chr.), CTh IX,38,7 (384 n.Chr.) und CTh IX,38,8,8 (im Jahre 385).

81 Während der klassischen Zeit konnte die Mitgift im Falle einer gegen die Frau gerichteten *actio*

tiger werden.[82] Frauen wurden von nun an nicht mehr hingerichtet, sondern in ein Kloster gesperrt; zudem wurde nun der Abzug der Mitgift abgeschafft, dasselbe gilt für die *actio de moribus*.[83]

Das Scheidungsrecht gibt uns erneut ein Beispiel der Ungleichbehandlung der Eheleute und der Anforderungen, die Frauen im Hinblick auf ihre Sittlichkeit zu erfüllen hatten. Die Freiheit, die das klassische römische Recht in Scheidungsfragen gewährt hatte, wird durch den Gesetzgeber der Spätantike drastisch eingeschränkt, der einseitige Scheidungen zwar nicht verbot, aber erschwerte.[84]

Ohne den Fall konsensueller Scheidungen zu berühren, schränkte Konstantin die Scheidungsgründe für Scheidungsbegehren von *einer* Seite in einem Gesetz des Jahres 331 ein.[85] Eine Ehefrau sollte demnach nur noch dann die Scheidung verlangen können, wenn der Mann eines Tötungsdelikts, der Hexerei oder der Schändung von Grabsteinen überführt worden war.[86] Von der Seite des Mannes aus sollte ein Scheidungswunsch begründet sein, wenn die Frau eine Ehebrecherin oder Hexe war oder sich als Kupplerin betätigt hatte. Bemerkenswert ist dabei, dass die Vergehen, die die Verstoßung der Ehefrau legitimieren sollten, überwiegend sexueller Natur waren, während man dem Mann keine Treue abverlangte. In diesem Sinne wurde ein ungerechtfertigtes Scheidungsbegehren von Seiten der Frau als Zeichen ihrer sexuellen Unzuverlässigkeit angesehen.[87] Ihr Scheidungswille war – im Gegensatz zu den entsprechenden Bestimmungen für den Ehemann – untugendhaften Neigungen und ihrer Unfügsamkeit zuzuschreiben.[88] Strafrechtliche Repressionen kom-

---

de moribus immer gekürzt (*retentiones*) oder sogar vom Ehemann vereinnahmt werden, um die Ehefrau für ihr Verhalten zu bestrafen; diese Vorschriften waren in der Spätantike immer noch in Kraft. Jedoch kam nun im Jahre 331 ein Gesetz (CTh III,16,1) hinzu, das festlegte, dass Frauen, die ihren Ehemann zu Unrecht verstoßen hatten, alles verloren, während Männer im entsprechenden Fall nur die Mitgift zurückgeben mussten, ohne einen Teil ihres Vermögens einzubüßen. Dieselbe Ungleichbehandlung ergibt sich nach einem Gesetz des Jahres 421 von Theodosius II. über Mitgifte und Schenkungen: Während die schuldige Ehefrau nach dem vorigen Recht mit dem Verlust der Hälfte ihrer Mitgift und eines Drittels ihres Eigentums bestraft worden war, verliert sie von nun an die Gesamtheit ihrer Mitgift und den ihr anlässlich ihrer Verlobung geschenkten Betrag. Ehebrecherische Ehemänner müssen demgegenüber nichts von ihrem Eigentum einbüßen. Bereits im Jahre 392 war es Ehebrecherinnen verboten worden, ihre Mitgift zurückzuverlangen, um der Anklage und der Scheidung zuvorzukommen (CTh IX,7,7).

82 Die Erleichterungen betrafen sowohl prozedurale Fragen als auch die Strafen: vgl. BEAUCAMP, Le statut, 165 und 169.

83 Vgl. CJ 5,13,1,§5d (im Jahre 530) und 5,17,11,§2b.

84 Vgl. HUMBERT, Le remariage.

85 Nach Konstantin sollte es künftig beiden Ehepartnern verboten sein, aus „nichtigen Gründen" oder aufgrund eines Vorwandes die Scheidung zu suchen.

86 Vor dem Scheidungsurteil wurde eine gerichtliche Untersuchung verlangt (CTh III,16,1).

87 Im Anschluss an CTh III,16,2 (421 n.Chr.) blieben weitere Gesetze von Theodosius II. im Jahr 449 (CJ 5,17,8,§4) und die Novelle Justinians 117,13 im Jahr 542 derselben Denkweise treu.

88 CTh III,16,2, ein Gesetz aus dem Jahre 421, verdächtigt die Ehefrau, sich deshalb von ihrem Mann scheiden lassen zu wollen, weil sie bereits einen anderen Mann im Auge hat.

men hinzu: Ehefrauen, die ihren Mann zu Unrecht verstoßen, werden nach einer Vorschrift des Jahres 331 mit der *deportatio*, also Exil, bestraft, während dem Mann, der eine unschuldige Frau anklagt, lediglich verboten wird, erneut zu heiraten. Diese Ungleichheit wurde erst unter Justinian aufgehoben.[89]

Bei erneuter Heirat nach einer Scheidung reagierte der Gesetzgeber ebenfalls mit einer viel stärkeren moralischen Missbilligung gegenüber der Frau, was übrigens nicht neu war, da entsprechende Vorstellungen schon in der Zeit zuvor existiert hatten.[90] Im Jahre 421 (CTh III,16,2) setzte Honorius das Verbot der Wiederheirat als Strafe ein, und die nun geltenden Ehevorschriften sind deutlich strenger gegenüber der Frau: Selbst wenn sie schwere Vergehen bei ihrem Mann festgestellt und infolgedessen eine Scheidung erlangt hat, erhält sie erst nach fünf Jahren wieder das Recht, erneut zu heiraten, was eine Verschlechterung gegenüber dem klassischen Eherecht bedeutet. Der Mann, der in derselben Lage ist, kann jedoch sofort eine neue Ehe eingehen. Im Fall eines leichten Vergehens des Mannes und der darauffolgenden Scheidung wird ihr die erneute Heirat grundsätzlich verboten, er jedoch kann nach zwei Jahren eine neue Ehe eingehen. Wenn ein Vergehen weder auf ihrer noch auf seiner Seite bestand, musste der Partner (Mann oder Frau), der zu Unrecht Anklage erhoben hatte, nach der Scheidung künftig ledig bleiben, aber für die Frau allein kam zur Verweigerung des *ius postliminum*[91] – eines Rechtes, das es ihr andernfalls ermöglicht hätte, erneut in den Stand der Ehe (*matrimonium iustum*) einzutreten – noch die Strafe der *deportatio* hinzu. Ein geringer Ausgleich tritt im Fall einer grundlos durch den Ehemann aufgelösten Ehe ein: Zu Unrecht angeklagte Ehefrauen erhalten das Recht, nach einem Jahr, das heißt nach einer Frist, die vom Gesetzgeber festgelegt wird (vgl. CTh III,16,2,§1), erneut zu heiraten. Diese den Frauen aufgezwungene Frist wird von der nachfolgenden Gesetzgebung beibehalten und selbst gegenüber denjenigen angewandt, die einen legitimen Scheidungsgrund hatten.[92]

Im Übrigen versuchten die Gesetzgeber die Kinder aus erster Ehe zu schützen, und die Mütter waren immer wieder die ersten, die unter den entsprechenden Bestimmungen zu leiden hatten: Im Jahre 329 machte Konstantin etwa auf den Schaden aufmerksam, den eine wiederverheiratete Frau ihren Kin-

---

89 Vgl. Justinian: Nov. Th. 12. Kaiser Julian (Apostata) gestand den Frauen in Scheidungsfragen mehr Freiheiten zu (vgl. CTh III,13,2), im Jahre 421 stellte Honorius die Ungleichheit zwischen den Eheleuten aber wieder her. Im Jahre 449 lässt sich erneut die Tendenz zu einer Gleichbehandlung feststellen (vgl. CJ 5,18,8), der Westen des Reiches kehrt unter Valentinian III. dann im Jahre 452 zur Ungleichbehandlung zurück (vgl. Novellen Valentinians 35,11).

90 Vgl. Gray Fow, The Wicked Stepmother.

91 Ein unübersetzbarer Ausdruck, der das Wiedererlangen der Rechte einer zum Exil verurteilten Person oder eines im Ausland Gefangenen bezeichnet: Wenn diese Person nach Verbüßung der Strafe erneut die Grenze zum Inland überquerte, hatte sie normalerweise einen Anspruch darauf, ihre bürgerlichen Rechte zurückzuerlangen.

92 Vgl. Beaucamp, Le statut, 227–228.

dern aus erster Ehe zufügen kann (CTh III,30,3,§5).[93] In dieser Hinsicht zeigte sich Justinian nur unwesentlich nachsichtiger.[94]

Es gäbe noch viel zu sagen, etwa zum Grundsatz der *uniuira*[95], den die Spätantike im Hinblick auf die Witwen nur verstärkt, aber das würde nur die bereits festgestellte Tendenz bestätigen. Man muss zwar die Individualität eines jeden Kaisers in Rechnung stellen, und es ist auch eine Entwicklung sichtbar, die bei der Strenge Konstantins beginnt und sich – mit unterschiedlichen Nuancen bei beiden Kaisern – zu einer größeren Menschlichkeit bei Justinian entwickelt.

Die Konstante der Gesetzgebung bleibt aber die Forderung der Sittlichkeit beim weiblichen Geschlecht. Es handelte sich hier um eine Forderung, die nicht neu war, aber zusehends stärker wurde. Gewiss haben die Tolerierung und später die offizielle Anerkennung des Christentums (man könnte auch von seiner „Verstaatlichung" sprechen) mit dieser Tendenz zu tun, vor allem, was das Ideal der weiblichen Keuschheit anbelangt, aber man sollte auch die Rolle der ökonomischen und sozialen Faktoren nicht vernachlässigen.

Hinzu kam das Bedürfnis, die *romanitas* in einem Reich zu behaupten, in dem die Invasionen alle Werte und nicht zuletzt die Reinheit der Rasse gefährdeten. Man könnte meinen, dass die Gleichheit und Gerechtigkeit zwischen Mann und Frau im Eherecht am Ende der Entwicklung in immer weitere Ferne gerückt war; aber man muss auch die Regelungen (und sie sind zahlreich) in Rechnung stellen, die dazu bestimmt waren, die Interessen der Frauen im allgemeinen – und der Ehefrauen im besonderen – zu schützen.

Eigentlich unterscheidet sich die rechtliche Beurteilung des Status der Ehefrau durch die Gesetzgebung des *Codex Theodosianus* und in der gesamten Spätantike nicht von der Beurteilung des Status der Frau im allgemeinen: aufgrund des Prinzips der *infirmitas sexus* erscheinen Frauen als von Verfall bedroht, aber auch als ewig Verantwortliche für den moralischen Niedergang, der schwer mit den Forderungen einer autoritären Macht vereinbar ist und noch weniger mit jenen einer Religion, die von dieser Macht immer weniger verkannt werden konnte. Die Absicht des Gesetzgebers ist also klar: Indem

---

93 Wie schon erwähnt, verbot das Gesetz einer nach einer Scheidung erneut verheirateten Mutter in zwei Fällen, eine Schenkung an ihre Kinder aus erster Ehe zurückzunehmen und das Geschenkte – im Falle der Undankbarkeit der Kinder – zurückzufordern (CTh VIII,13,1 im Jahre 349 und CTh VIII,13,4 im Jahr 358; Zeichen der „Undankbarkeit" der Kinder gegenüber ihrer Mutter konnten nach der Novelle 115,3 aus dem Jahre 542 Beleidigungen, strafrechtliche Anschuldigungen oder die Weigerung sein, sich um einen schwachsinnig gewordenen Elternteil zu kümmern oder einen in Gefangenschaft geratenen Elternteil freizukaufen). Eine gesetzliche Vorschrift des Jahres 349 begründete dieses Verbot durch die Herabwürdigung der zweiten Ehe, die implizit in die Nähe der Prostitution gerückt wurde (CTh VIII,13,1,§1). Wiederverheiratete Väter waren von einer solchen Strafe nicht betroffen, sie verloren nur den Anspruch, über die Güter der Kinder aus erster Ehe verfügen zu können (VIII,18,1–3).
94 Vgl. Novellen 22, c. 35 (536 n. Chr.).
95 Wörtlich „die Frau eines einzigen Mannes". Dieser Ausdruck bezeichnet die nicht geschiedene Frau oder die nicht wiederverheiratete Witwe: Ideal der römischen Ehefrau.

der Zustand der Schwäche und Abhängigkeit bestätigt wird, der auf der privaten und öffentlichen Stellung der Frau lastet und der aus ihr gleichzeitig ein Opfer und eine Schuldige macht, verkündet der Gesetzgeber sein Anliegen, den Kampf gegen alles zu führen, was die Frau durch ihr Zutun oder durch das Zutun der anderen erniedrigen könnte. Es handelt sich darum, der Frau – und sei es gegen ihren Willen – eine Würde zu sichern, die im familiären Milieu ansetzt. Der traditionelle Diskurs über die weibliche Minderwertigkeit gestaltet sich unter dem Einfluss einer historischen und geistigen Wirklichkeit, die dem Ideal der Ehe und dem Paradigma altüberlieferter Werte verhaftet ist.

Literatur

ARJAVA, A., *Women and Law* in Late Antiquity, Oxford 1998.

BEAUCAMP, J., *Le statut* de la femme à Byzance (IVe–VIIe siècle). 1. Le droit impérial, Paris 1990.

BIONDI, B., *Il concetto di donazione*, in: Scritti Giuridichi 3, Mailand 1965, 641–725.

COHEN, D., *The Augustan Law* on Adultery: The Social and Cultural Context, in: D. I. Kertzer und R. P. Saller (Hg.), The Family in Italy from Antiquity to the Present, New Haven 1991, 109–112.

DUPONT, C., *Le droit criminel* dans les constitutions de Constantin. I: les infractions, Lille 1953, 40–41.

GAGÉ, J., *Les classes sociales* dans l'Empire romain, Paris 1964.

GRAY FOW, M. J. G., *The Wicked Stepmother* in Roman Literature and History. An Evaluation, in: Latomus 47, 1988, 741–757.

GRUBBS, J. E., *Marriage* more Shameful than Adultery: Slave Mistress Relations, Mixed Marriages and Late Roman Law, Phoenix 47, 1993, 125–154.

HOPKINS, K., *The Age* of Roman Girls at Marriage, PopSt 18, 1965, 309–327.

HUMBERT, M., *Le remariage* à Rome. Etude d'histoire juridique et sociale, Mailand 1972, 131–137.

KRÜGER, P. (Hg.), *Corpus Iuris Civilis*, Bd. II: Codex Iustinianus, Berlin [13]1963.

MOMMSEN, TH. (Hg.), *Corpus Iuris Civilis*, Bd. 1: Institutes et Digesta (bearbeitet von P. Krüger), Dublin [11]1966.

DERS./MEYER, P. (Hg.), *Theodosiani libri* XVI cum constitutionibus Sirmondianis et Leges novellae ad Theodosianum pertinentes, Berlin 1905.

NARDI, F., *I requisiti* del matrimonio romano. Premesso ad uno studio su 'La reciproca posizione successoria dei coniugi privi di coniubium', in: Scritti di diritto e di economia in onore di Flaminio Mancaleoni, Studi Sassaresi II, 16, Sassari 1938, 173–183.

PULIATTI, S., *La dicotomia* vir mulier e la disciplina del ratto nelle fonti legislative tardo imperiali, SDHI 61, 1995, 471–530.

SOLAZZI, S., *Le nozze* della minorenne, in: Scritti di diritto romano 2, Nr. 25, Neapel 1957, 155–157.

VOLTERRA, E., *Ancora* sul consenso della filia familias gli sponsali, in: Scritti giuridichi. Famiglia e successioni 1, 1991, 527–535.

ZANNINI, P., *Studi sulla "tutela mulierum"*, Bd. II: Profili strutturali e vicende storiche dell'istituto, Turin 1979.

Rosa Maria Parrinello

The Justinianean Legislation regarding the Wives of the Monks and Its Context: The Letters of Barsanuphius and John of Gaza

1. Some preliminary remarks regarding gender

It is not my intention to discuss the history of Gender Studies and the related field of Women's Studies, from key characters such as Olympia de Gouges or Mary Wollstonecraft's suffragettes, all the way to scholars like Natalie Zemon Davis[1] or Gabriella Zarri[2]; I will only mention a few outstanding names in the field of Religious Studies. However, it is only fair to acknowledge the debt we owe them for the attention paid to the specificity and the reconstruction of the female subject and to the relationship – both complementary and conflictive – between women and the male gender. Their contribution led to the current integrated approach to the history of women in society, politics and religion, to the new perspective offered by gender-oriented research[3] able to overcome androcentrism, that is, the history of women seen from the standpoint of men. They aimed at gender-oriented research, based on the rediscovery of female diversity through a process of self-awareness. Women's Studies, then, are studies of women by women, centered on the analysis of the specificity, the reconstruction of the female subject and the relationship between women and the male gender. Their goal is not only to give back women to history, but also to give back history to women. According to Natalie Zemon Davis, the experience of women must be understood in relation to that of men, and the other way round, in a reciprocal reading that explains the making of history in its perpetual weaving. It also provides an opportunity to re-read the categories that preceded the historiographical work and the processes and events that have been its favorite objects of study. In short, thinking through relations, preventing the isolation of women from the net of relations in which their role has been defined, and reaching towards a transformational history, rather than to a summative or separative one.[4] In the light of these assumptions, a new discipline was established by Kari Elisabeth Børresen: Matristics. It studies the Church Mothers as a parallel to Patristics.[5]

---

1 Cf. e. g. ZEMON, Women's Studies in Transition.
2 SCARAFFIA/ZARRI (ed.), Donne e fede; ZARRI, Donna, disciplina; ZARRI, Le sante vive; ZARRI, Recinti.
3 LUND ORE, Gender Perspectives, 330.
4 BOESCH GAJANO, Introduzione, in: idem (ed.), Donne tra saperi e poteri, 12; BOESCH GAJANO, Donne e religioni.
5 BØRRESEN, Women's Studies; BØRRESEN, The Image of God; BØRRESEN/CABIBBO/SPECHT (ed.), Gender and Religion; BØRRESEN, Modelli di genere nella tradizione cristiana.

According to these innovative perspectives, research can be oriented towards a new way to treat women, no longer as external objects of study but as
religious subjects, with their own field of action and sphere of competence.[6]
This real cultural revolution has also benefited scholarly studies about Antiquity and Late-Antiquity, by casting new light on the status of women. Just to
mention a few examples, I recall the studies carried out by Joelle Beaucamp[7]
and Evelyne Patleagean[8]; both of them representative of the integrated approach to history that draws from all kinds of sources; literary and documen-
tary.

2. The Justinianean legislation

Scholars researching Classic and Late Antiquity are challenged by the task of
interpreting "the deepest religious convictions" of a people, "its most hidden
anguishes, its way of understanding civil coexistence" on the basis of the juridical codes that rule this people.[9] These laws can tell us a lot about the predicament of women. I will examine a specific aspect: the Justinianean laws regarding the wives and children of those who – having already married –
decided to embrace monastic life. This was not a minor problem; its management had social and economic repercussions. The issue was probably raised
after the Ecumenical Council of Chalcedon (451), as there is no mention of it
in this council's canons.

This is not the proper occasion to tackle the problem of the Justinian religious policies,[10] understood as "policies carried out in relation to the reality
of the varied religious cults practiced by the subjects of the Byzantine state,
and the peoples with which Justinian had hostile or friendly relations".[11] Nor
is it the right time to deal with the problem of the ecclesiastical policies, understood as those "directed towards the Christian groups in their institutional
aspect, that is, organised in 'Churches', with people assigned to worship (hierarchy and clergy, monks and nuns), buildings designated for religious activities (churches, chapels, monasteries) or charitable endeavours (hospitals,
orphanages, nursing homes for the elderly and the needy, lodges for pilgrims),
and community possessions".[12] I deem it important, therefore, to dwell briefly
on the juridical *ratio* that guided the legislation about monasticism, and then

---

6 Heller, Genere e religione, 297–298.
7 Beaucamp, Le statut de la femme.
8 Patlagean, Santità e potere.
9 Cantarella, I supplizi capitali, VI.
10 For an in-depth assessment of Justinian's religious policies, cf. Capizzi, Giustiniano I.
11 Ibid., 21.
12 Capizzi, Giustiniano I,21.

to focus on the more specific laws that regulated the family, which obviously affect women directly.

As far as monasticism was concerned, Justinian drew extensively on the 4th Chalcedonian canon, which establishes that no one is to build or found a monastery or an oratory in any place against the will of the local bishop. Furthermore, each city's monks are to be subjected to the local bishop and are to stay in the place where they have taken their vows, devoting themselves to prayer and fasting, unless their bishop orders them to go out and take part in the affairs of the Church and the secular world.[13]

The fundamental law of Chalcedon is resumed and completed in the Justinian *Codex* (I,3,39), namely, the submission of the monks to the local bishop.[14] Every monastery must have an *igumen* – the head or institutional leader of the monastery, the equivalent of the western abbot – who will be held responsible by the bishop for his monk's actions. The bishop, in turn, is responsible for his see's *igumens*. The same law forbids an *igumen* to run more than one monastery, thus defining the autonomy of each monastery and the so-called "atomisation of the monastic world".[15]

Justinian draws on previous laws, but also introduces new ones: for example, in *cod.* I,3,43 – dated 529 CE – he forbids monks to dwell with the nuns and abolishes mixed-sex monasteries. The more numerous gender (either male or female) could stay in the monastery, while the other would have to leave. It seems important to point out that, regardless of the imperial edict, the mixed-sex monasteries survived well into the Byzantine age.[16]

In 530 CE (*cod.* I,3,46) Justinian issues the rule for the appointment of the *igumens*: the criterion for the choices is not determined by age or rank but by the person's value, based on virtue, righteous behaviour and leadership skills. The monks are entitled to make such choices, after an oath sworn on the Gospels.[17]

Regarding the property of the monks, before Justinian, the monastic sources record the following practice with respect to devolution of the material belongings, adopted by candidates seeking to enter monastic life (which requires, as a demonstration of the candidate's will to renounce secular life, the abandonment of his own possessions): direct distribution among the poor of all belongings or of the money obtained from their sale (after the example found in *Life of Anthony* 2,2–5), the restitution of property to local churches, to be used for social assistance (*Life of Melania the Younger* 19) or its legitimate devolution to the respective heirs or eventual successors, according to the laws

---

13 Acta Conciliorum Oecumenicorum, II,1,2,159.

14 I quote from Corpus Iuris Civilis vol. II.

15 Flusin, L'essor du monachisme, 551.

16 Cf. Konidaris, Die Novelle 123 Justinians; Mitsiou, Das Doppelkloster des Patriarchen Athanasios I.

17 Vogüé, La législation de Justinien, 142.

of the times.[18] Again, in the *Codex Theodosianus* V,3,1, local churches and monasteries are the legitimate heirs to all property legally belonging to their respective clergy or monks. If they died in the following circumstances: without parents, offspring, spouses, either agnatic or maternal kinsmen, or without bonds regarding the *adscriptio censibus* (ascription to the tributes) to the patronage or to curial expenses.[19]

Let us now have a look at a series of norms that deal directly with people engaged to be married. In *codex* I,3, 52, 1–2, a law dated 531 CE – explicitly quoted later, in the 5th *novel* of 535 CE – lays down rules regarding the behaviour of spouses that intend to become monks or nuns. Concerning the regulation of property shared between betrothed or married couples, should the *affectio sponsalicia* or *coniugalis* (the moral and spiritual communion of the couple) be inadequate, if any of the partners wished to enter monastic life, they would keep the right to inherit their parents' belongings, whether or not a last will existed. All the property acquired thereby belonged to the monk or nun.[20] This is, evidently, legislation that protects both genders in equal terms. As for youngsters (boys or girls), who join the clergy or enter a monastery, their parents can neither take them away from the Church nor disinherit them. This indication in I,3,54 will be seen again in *novel* 123,41. Should the youngsters decide not to persevere in their religious calling, all their possessions would be kept by the Church or by the monastery.[21] The *ratio* was that of favouring the church callings, as well as the monks, the monks' property and the property acquired by the different monasteries. The imperial edict sometimes proposed a regulation *ex novo*, but always tried to respect and maintain both the honorific character and the spiritual nature of the existing institutions.[22] It seems to be a fact that the process of compiling these laws involved the participation of the monks, "whose advice and pleas always found their way into Justinian's ears".[23]

The essence of Justinianian law regarding monasticism is fully expressed in the *Novels*[24], which reaffirm the role of the ecclesiastic hierarchy. The 5th *novel*[25] from March 535 CE, *de monachis*, addressed to Epiphanius, bishop of Constantinople, deals with monasteries and monastic life. It has been defined as "perhaps one of the most spiritually elevated texts of the entire Justinianean production":[26] it states that monks must be devoid of any human stain, and raise their minds higher than any human thought, so as to secure the incor-

18 Barone Adesi, Monachesimo ortodosso, 177.
19 Ibid., 205.
20 Vannicelli, Normativa sui monaci, 242.
21 Vogüé, La législation de Justinien, 143.
22 Vannicelli, Normativa sui monaci, 207.
23 Capizzi, Giustiniano I, 160.
24 Cf. Corpus Iuris Civilis, vol. III.
25 Novellae, 28–35.
26 Bonini, Note sulla legislazione giustinianea dell'anno 535, 176.

ruptibility of the divine worship. Such dispositions are recorded in canons 3–
4 and 24 of Chalcedon. After praising monastic life, the *novel* states (in chapter I) that bishops are to be the sole founders of monasteries, and that they
will also consecrate them (canon 4 of Chalcedon). Along the lines of Pauline
teachings, there are no such differences as male or female, free or slave within
the monastery, thus, the differences of gender are eliminated. The candidates
who seek to embrace monastic life are to wait three years before receiving the
monastic habit and tonsure (chapter 2).[27]

Chapter 3 is particularly noteworthy, because it sanctions the preference
granted to the coenobitic form, while subsequent chapters examine the problem of the monks' material possessions[28] that are to be kept by the monastery, should a monk decide to go back to mundane life, or to join another
monastic community.

Chapter 5 deals with of the family of one who wants to become a monk: his
children are entitled to a quarter of his entire estate and – if they did not receive the total amount before the father's entrance to the monastery – they
could claim it afterwards. Regarding the wife that he leaves behind in order to
become a monk, her dowry is to be refunded and she will also have a claim
on the inheritance that she would receive if she became a widow (that is, the
equivalent of her dowry). The same rule is valid for women who decide to enter a monastery.

Despite the substantial interest in the welfare of spouses and children, the
formulation of the *novel* is rather generic, as it does not specify how, when
and by whom the child would receive a quarter of the bequest of the parent
that had embraced monastic life. What is true is that the *novel* reinforces the
full juridical freedom of the person who chooses to join a monastic community, to decide what to do with his/her possessions before entering the monastery. However it also establishes the loss, at the time of joining the monastery,
of his exclusive right to decide the destination of the abovementioned possessions. This loss could not be influenced by the will of the person who pro-
mises to live within the monastery, or by his will to transfer to said monastery
the property that remained after the satisfaction of all requirements regarding
the children and the wife.

Moreover, the new monk could still make use of these possessions within
the monastery to which they were transferred. The monastery in turn could
decide to donate said possessions to the monk, should he decide to leave the
monastery.[29] What is new here is the intention to defend the rights of the
monk's progeny, recognizable in the distinctive regulation regarding the exis-

---

27 According to De Vogüe the origins of this prescription are to be found in PALLADIUS, Historia
   lausiaca 32,5, in the episode in which the angel gives the rule to Pachomius: VOGÜÉ, La législation de Justinien, 144.
28 ORESTANO, Beni dei monaci.
29 VANNICELLI, Normativa sui monaci, 246.

tence of natural heirs or lack thereof. If there were children but there was no
last will, the property remained for the monk to distribute among his lawful
heirs; if there were no offspring, then the property was left to the monastery.[30]
The child or children of the monk obtained, from the imperial edict, the right
to a *pars legitima* of the belongings that the monk had given to the monastery.
This *pars* was equivalent to what was due to them from their father's wealth,
as if he had not decided to embrace monastic life and they had received their
allotment *mortis causa*. The right of the wife to be refunded her dowry also
seems to be confirmed. Unlike Beaucamp I do not deem this to be a reflection
of the growing importance of the mother, parallel to the decline of the agnatic
family and to the detriment of the father,[31] since in this case, the fate of the
wife and that of the children seem to be detached from each other, although
women are in any case, protected with regard to money.

The monk therefore, keeps a juridical and decision-making capacity in a
new and different sense.[32] Through obedience, he must transfer himself to the
monastery, and through poverty, he must transfer his material belongings,
but his right to leave his children an inheritance is legally protected, as long as
he considers his brothers or even the monastery itself as a son in its own right,
with a claim to a part of the bequest.[33] The only exception to the general principle of the voluntary legacy of the monk's possessions to the monastery is
the existence of offspring not mentioned in the monk's last will. The monk
who transferred his belongings to the monastery was not free to accept this
without limits, since he had brought to the world a progeny that the law considered the lawful heir. The Blood Law was, in appearance, stronger than the
consensus, but in the Blood Law, a manifestation of the consensus itself can
be seen. In this fashion, a kind of "potential communion" between the monk's
children and the monastery came to existence, with quotas that varied, when
it came to allotting the property, according to the monk's will if he was alive,
or according to the law as from the moment of his demise.[34] The monk was
thus the subject of persistent relations with his property and with his heirs,
especially his close family and his children.

The legislation discourages transfers to other monasteries and advises the
igumens not to accept monks that come from other monasteries; each monk
must live wherever he has renounced the world. If a monk had been ordained,
he could no longer get married. Finally, in chapter 9, regarding the appointment of the *igumen*, what has been said in the *codex* is reaffirmed: the criterion for the appointment is not determined by the person's rank but by his virtue. However, while in the *codex* the bishop could only ratify the community's

---

30 Ibid., 249.
31 BEAUCAMP, Le statut de la femme, I, 343.
32 VANNICELLI, Normativa sui monaci, 252.
33 Ibid., 256.
34 ORESTANO, Beni dei monaci, 581.

choice, now it is the bishop himself who examines the candidates and makes the choice. In the *epilogus*, it is stated that it is the duty of the Patriarch to explain the dispositions to the metropolitans. The metropolitans, in turn, have to transmit them to the bishops, and these to the *igumens* of the monasteries.

Novel 133[35], also dedicated to monasticism, reasserts what was said in *Novel* 5 but does not examine the issue of the monks' possessions, *Novel* 123[36] from 546 CE – which, unlike the previous two novels 5 and 133 is not dedicated solely to monasticism but also to bishops and clergy – discusses it. In this *novel*, Justinian goes back over the criteria for the appointment of the *igumens*. After the death of the *igumen* (or the *igumenissa*), there will be no automatic succession; the position will not be held by the next in the hierarchy, but by whoever the community decides to appoint *propositis sanctis evangeliis*, according to the integrity of his/her life, the good habits and the constant devotion shown by the candidate. Thus, the choice does not depend on fortune or luck but on the virtue and dignity of the person. The age criterion is thereby dismissed, and the role of the bishop is diminished, since he is no longer in charge of the examination of the candidates or of the appointment of the new head, he is limited to sanctioning the monks' choice. The innovation here is the fact that, while in the *codex* the authority was bestowed on a person chosen either unanimously or by the majority of the monks, now the quantitative majority is substituted by a qualitative criterion, because the choice is made by the most respectable monks of the community.

Regarding the admission of candidates, there is a three-year waiting period required for those whose social status is unclear, and could eventually be claimed by their masters; the others can be admitted as soon as the *igumen* sees fit.

Chapter 36 stresses the importance of community life in the cenoby, as in the other *novels*. In this case, however, it is also said that the ascetics and those who need to dwell in isolated cells due to old age or poor health are allowed to conduct a solitary life.[37]

The emperor bans mixed-sex monasteries and goes back over the issue of the material possessions of monks and nuns. Some specifications are pointed out, especially in the very interesting chapter 39, where it is stated that, in the case of a betrothed couple, should one of the fiancées decide to enter monastic life, each party has to refund the dowry to the other, or they will both receive a punishment. He advises the bishops to prevent monks and nuns from going around in the cities (chapter 42), consistently with the *Codex Theodosianus* (XVI,3,1), that had stated that monks must live "in loca deserta et vastas solitudines".[38]

---

35 Novellae, 666–676.
36 Ibid., 596–625.
37 Ibid., 619.
38 Biondi, Il diritto romano cristiano, 421.

3. The Law and its Enforcement. Case-Study:
the Correspondence of Barsanuphius and John of Gaza

I would now like to verify whether it is possible to find this legislation echoed in an extremely important source, roughly contemporary with the Justinianean law: the correspondence of Barsanuphius and John of Gaza, two elders full of charismatic wisdom who lived in seclusion in a monastery led by the *igumen* Seridos. They were active until 543, when John died – as well as Seridos – and Barsanuphius began to live in seclusion. Seridos and his monks were spiritual sons of the two elders, who also acted as spiritual fathers to laymen and to monks of other monasteries. It is an example of "cooperative spiritual authority", where "anchorites and abbots collaborated to offer spiritual direction to monastic communities".[39] This peculiar form of monasticism is a heritage of the monasticism of Gaza, developed after Hilarion, who in the IV century began to live in seclusion and a cenobitic community flourished around him. This tradition continued with the monophysites Isaiah of Gaza (died 491) and Peter the Iberian (died 491) – although the latter, in his spiritual will, asked his monks to transform the *laure* into a cenoby – and the Chalcedonians Barsanuphius and John.

At the head of this community of Gaza were the two anchorites Barsanuphius and John, who served as spiritual directors for all the monks including the abbot and whoever worked to support the authority of the abbot. This collaborative approach to the spiritual direction of a community created a stable leadership network that drew from the strengths of both traditions.[40]

The monastery of Seridos was, for the Emperor Justinian, the stronghold of Chalcedonian monasticism, as Bernard Flusin has observed on several occasions. Flusin has proven that the imperial laws were crucial, and never became dead letters (he is not alone in this interpretation[41]) and that "beyond their normative value and the lasting influence that they have exerted, they underline the problems that the development of monasticism has posed to the Church and to the State".[42]

Thus, these laws constitute, on a general level, "a precious reference for a better understanding of what has meant – for both the Church and the Empire, considered as a whole – the phenomenon of monasticism and its history".[43] Flusin specifically points out a fact that happens to be extremely important for the purposes of this discussion, namely, that the monastery of Seridos – where Barsanuphius and John of Gaza were secluded – was the stronghold of Chalcedonian monasticism: in the eyes of Justinian, it repre-

39 HEVELONE-HARPER, Anchorite and Abbot, 384.
40 Ibid., 384. Cf. also HEVELONE-HARPER, Disciples of the Desert.
41 CAPIZZI, Giustiniano I.
42 FLUSIN, L'essor du monachisme, 547.
43 Ibid., 547.

sented the model, the perfect ideal of a monastery.[44] It is therefore safe to assume that it was precisely there where the Justinianean law was first enforced. The contrast between the *epistolary* and the Justinianean normative *ad monachos* can help us understand whether there was a *décalage* – clearly evidenced by Joëlle Beaucamp – between the theoretical status of women and the actual conditions of life, that is, the diversions and conflicts between the rule and the praxis.[45]

I had the opportunity above to demonstrate how both monks abode by the Justinian legislation (for instance, regarding their attitude towards pagans, heretics and Jews), but interpreted and applied it in a quite flexible fashion.

Let us now see whether it is possible to find, in their correspondence, reflections of the Justinianean rules regarding the monks' wives. Letter 595[46] is worthy of attention, since it deals with the issue of relations with female relatives of the monastery's monks: the *igumen* Elianus, Seridos' successor, asks for advice as to the appropriate procedure to be followed with pious women and mothers of the monks that come to visit the monastery. They are admitted into an outer cell with a window that opens to the monastery. Should they be entertained by the monks through the window?

Another example is Elianus' own predicament: his elderly wife refused to live with her relatives and donated all her possessions to Elianus. When she came to visit, he had to talk to her and provide for her needs (so we can understand that Elianus was still a layman when he took over from Seridos). John's answer follows the previous regulation: should women come to the monastery due to God's will and not by their own desire with the intention of listening to the word of God or of bringing goods to the monastery, then they shall be entertained. However, no effort should be spared in order to protect the eyes of the monks. If a brother's mother comes by in need of anything, she shall be received according to the customary procedure, but only if there is a real need.

But you owe your wife for the rest of her life, and you must talk to her every now and then, and you must provide for her needs, whether she wants to live in the city or in this village. As for your children, do not allow them to do as they wish until you have set them in the right path. Raise them in the fear of God, provide for their nourishment and clothing with well-balanced care (μετὰ ἀκριβείας), avoiding both prodigality and neglect, and do not seek for the superfluous. Assess their needs [...]. If their mother dies, set them free and provide for their nourishment in full measure, either in the village or wherever you want, because there are no rules for this. If you go away from them they will become strangers to you, and this will be blamed on you.[47]

44 Ibid., 553.
45 BEAUCAMP, Le statut de la femme, I, 347.
46 Seridos died in 545, John was still alive, and we know that he died a fortnight after the abbot, so we can safely date this to 545, that is, after the 5th *Novel*.
47 John Chryssavgis has translated the entire epistolary into English; unfortunately, this translation was not available to me.

Elianus is then allowed to entertain the brothers' mothers and to provide for his wife and children. In accordance with Justinianean regulations, he has to look out for his family. In this way, Elianus finds himself in charge of an extended community. This constitutes a kind of extended community for him where he has to take care not only of his monks, but also of his own children, setting them on the right path in life and concerning himself with providing for their nourishment and clothing in the right measure.

It seems to me that the monastic normative model that underlies even the Justinianean legislation was that of Basil of Caesarea,[48] who allows the monks to take care of "each other's parents according to the flesh, or of their brothers, if they live according to God".[49] This care is available to "every one in the fraternity" inasmuch as they are considered "everybody's parents and relatives".

The issue of righteous behaviour towards one's wife when there is an intention to pursue a monastic life is also dealt with in letter 662: Barsanuphius advises a candidate not to leave (ἀποτάξασθαι) his wife on his own initiative (ἀπόχρησις)[50] because if she happens to sin, then the blame would be on him. The decision should be made by mutual agreement.

It would be fair to apply to Barsanuphius and John of Gaza the definition "hommes d'économie" – coined by Gilbert Dagron – understanding "economy" as the ability to lower oneself to a level below one's position, in order to secure the salvation of an individual or a community.[51] Barsanuphius and John, in their willingness to direct their spiritual children from their seclusion, are partly renouncing their condition of hesycasts – of secluses devoted to the prayer and to contemplation –, with the aim of offering a word of salvation to whoever asks for it. By performing their function, they attenuate the imperial rule: economy actually breaks the bond between rule and enforcement, bestowing the power to solve dogmatic, confessional, ethical and behavioural problems of a saintly and charismatic person.[52] John's concern about Elianus' family goes beyond the material aspect, encompassing also the spiritual side. Unlike the Justinianian norm (chapter five of the *Novel* 5), he does not prescribe a fixed amount of money to be allocated to wife and children – he knows that Elianus has the *discretio*, the skill of deciding well – but reasserts the duty to provide adequately for the needs of the family.

48 For research on the relations between Basil, Justinianean legislation and the monachism of Gaza, cf. PARRINELLO, Comunità monastiche a Gaza.
49 Regulae fusius tractatae 32.
50 Greek Text in: Barsanuphe et Jean de Gaza, Correspondance, 98–101.
51 DAGRON, La règle et l'exception, 3.
52 Ibid., 16–17.

Bibliography

Acta Conciliorum Oecumenicorum. Concilium universale chalcedonense, ed. by E. SCHWARTZ, Berlin 1962–1965.

BARONE ADESI, G., *Monachesimo ortodosso* d'oriente e diritto romano nel tardo antico, Milano 1990.

BARSANUPHE ET JEAN DE GAZA, *Correspondance*, vol. 3: Aux laïcs at eux évêques. Lettres 617–848, ed. by F. Neyt/P. de Angelis-Noah/L. Regnault, Sources Chrétiennes 468, Paris 2002.

BEAUCAMP, J., *Le statut de la femme* à Byzance (4e–7e siècle), I. Le droit imperial; II. Les pratiques, Paris 1992.

BIONDI, B., *Il diritto romano cristiano*, vol. I: Orientamento religioso della legislazione, Milano 1952.

BOESCH GAJANO, S., *Donne e religioni*, in: G. Filoramo (ed.), Le religioni e il mondo moderno. Nuove tematiche e prospettive, Torino 2009, 269–294.

– (ed.), *Donne tra saperi e poteri* nella storia delle religioni, Brescia 2007.

BONINI, R., *Note sulla legislazione giustinianea dell'anno 535*, in: G.G. Archi (ed.), L'imperatore Giustiniano. Storia e mito. Giornate di studio a Ravenna, 14–16 October 1976, Milano 1978.

BØRRESEN, K.E., *Modelli di genere nella tradizione cristiana*, in: G. Filoramo (ed.), Le religioni e il mondo moderno, 319–340.

–, Patristic Inculturation, Medieval Foremothers and Feminist Theology, Religio 13, 1989, 157–172.

–, *The Image of God.* Gender Models in Judaeo-Christian Tradition, Minneapolis 1995.

–, *Women's Studies* of the Christian Tradition, in: G. Fløistad/R. Klibansky (ed.), Contemporary Philosophy. A New Survey, Dordrecht/Boston/London, 901–1001.

– /CABIBBO, S./SPECHT, E. (ed.), *Gender and Religon*/Genre et religion, Roma 2001.

CANTARELLA, E., *I supplizi capitali.* Origine e funzioni delle pene di morte in Grecia e a Roma, Milano 2005.

CAPIZZI, C., *Giustiniano I* tra politica e religione, Soveria Mannelli 1994.

CHRYSSAVGIS, J. (ed.), The Fathers of the Church. Barsanuphius and John. Letters, 2 Vol., Washington 2006 and 2008.

Corpus Iuris Civilis, vol. II: Codex Iustinianus, ed. by P. Krueger, Berlin 1867.

Corpus Iuris Civilis, vol. III: Novellae, ed. by R. Schoell, Berlin 1959.

DAGRON, G., *La règle et l'exception.* Analyse de la notion d'économie, in: D. Simon (ed.), Religiöse Devianz. Untersuchungen zu sozialen, rechtlichen und theologischen Reaktionen auf religiöse Abweichung im westlichen und östlichen Mittelalter, Frankfurt am Main 1990.

FLUSIN, B., *L'essor du monachisme*, in: J.-M. Mayeur et al. (ed.), Histoire du christianisme, vol. 3, ed. by L. Pietri, Les églises d'Orient et d'Occident, Paris 1998, 545–608.

HELLER, B., *Genere e religione*, in: G. Filoramo (ed.), Le religioni e il mondo moderno, vol. 1: Christianesimo, ed. by D. Menozzi, Turin 2008, 295–318.

HEVELONE-HARPER, J., *Anchorite and Abbot:* Cooperative Spiritual Authority in Late Antique Gaza, in: F. Young/M. Edwards/P. Parvis (ed.), Studia Patristica, vol. XXXIX. Papers presented at the Fourteenth International Conference on Patristic

Studies held in Oxford 2003. Historica, Biblica, Ascetica et Hagiographica, Leuven-Paris-Dudley 2006, 379–384.

–, *Disciples of the Desert*. Monks, Laity and Spiritual Authority in Sixth-Century Gaza, Baltimore-London 2005.

Konidaris, J. M., *Die Novelle 123 Justinians* und das Problem der Doppelklöster, Subseciva Groningana 4, 1990 (*Novella Constitutio*. Studies in Roman and Byzantine Law. Studies in Honour of Nicolas van der Wal), 105–116.

Lund Ore, K., *Gender Perspectives* in the History of the "History of Religions", in: K. E. Børresen/S. Cabibbo/E. Specht (ed.), Gender and Religion/Genre et religion, Rome 2001, 321–334.

Mitsiou, E., *Das Doppelkloster des Patriarchen Athanasios I.* in Konstantinopel: Historisch-prosopographische und wirtschaftliche Beobachtungen, Jahrbuch der Österreichischen Byzantinistik 58, 2008, 87–106.

Orestano, R., *Beni dei monaci* e monasteri nella legislazione giustinianea, in: Studi in onore di Pietro De Francisci, III, Milano 1956, 561–593.

Parrinello, R. M., *Comunità monastiche a Gaza* (V–VI secolo). Da Isaia a Doroteo, Roma 2010 (forthcoming).

Patlagean, E., *Santità e potere* a Bisanzio, Milano 1992.

Scaraffia, L./Zarri, G. (ed.), *Donne e fede*. Santità e vita religiosa in Italia, Roma-Bari 1994.

Vannicelli, L., *Normativa sui monaci* e sui monasteri nel diritto ecclesiastico romano. Profili storico-giuridici, Bologna 1969.

Vogüé, A. de, *La législation de Justinien* au sujèt des moines, Revue Mabillon N. S. 14, 2003, 139–151.

Zarri, G. (ed.), *Donna, disciplina*, creanza cristiana dal xv al xvii secolo. Studi e testi a stampa, Roma 1996.

–, *Le sante vive*. Cultura e religiosità femminile nella prima età moderna, Torino 1990.

–, *Recinti*. Donne, clausura e matrimonio nella prima età moderna, Bologna 2000.

Zemon Davis, N., *Women's Studies in Transition*. The European Case, Feminist Studies 3, 1976, 83–103.

Mariachiara Giorda

Frauen in den ägyptischen Klöstern der Spätantike: einige familiäre Funktionen[1]

1. Die rechtliche Stellung der Frau in der Spätantike

Die Rolle der christlichen Frau in der Spätantike ist weitgehend erforscht.[2] In neueren Studien sind vor allem mehrere Aspekte der weiblichen Askese, unter besonderer Berücksichtigung der Beziehung von Frau und Mann,[3] herausgearbeitet worden.[4] Im Hinblick auf die Statusdefinition der Frau hatte das Christentum zweifellos einen entscheidenden Einfluss. Das von Justinian erlassene *Corpus Iuris Civilis* signalisierte einen Wendepunkt während dieser Epoche, denn es betonte weniger die Unfähigkeiten und Schwächen der Frau als vielmehr die Notwendigkeit, sie unter Vormundschaft zu stellen und zu schützen.[5] Generell entstand so ein Frauenbild, das Frauen wenig Kontrolle über ihr eigenes Leben zuschrieb, und sie von Männern abhängig sein ließ; die minderwertige Stellung von Frauen gegenüber ihren Vätern und Ehemännern wird durch das Gesetz zudem ständig bestätigt.[6] Die Freiheit im Umgang mit den Kindern garantierte hingegen einen Bereich größerer Unabhängigkeit. Tatsächlich war die Rolle der Mutter bestimmender, autonomer und von einer größeren Autorität gekennzeichnet als die einer Ehefrau oder einer unverheirateten Jungfrau. Auch Witwen waren unter bestimmten Gesichtspunkten ebenfalls privilegiert, da sie die Möglichkeit hatten, einen größeren Einfluss auf das Schicksal ihrer Söhne auszuüben.[7]

Gesetzestexte sowie kanonische, literarische und dokumentarische Quellen stimmen darin überein, dass denjenigen Frauen, die ein religiöses oder mo-

1 Aus dem Französischen von Maria Krpata und Matthias Morgenstern.
2 Vgl. Giannarelli, La tipologia; E.A. Clark, Women; G. Clark, Women; James, Women; Elm, Virgins of God, 6 Anm. 21 für einige der folgenden bibliographischen Verweise.
3 Vgl. Rader, Breaking Boundaries.
4 Vgl. Consolino, Modelli; E.A. Clark, Ascetic Piety; Dies., Reading; Cooper, The Virgin; Coon, Sacred Fictions; Elm, Virgins of God und die Literaturverweise dort 6–7 (Anm. 22–23). Zum geographischen Raum Ägypten vgl. den Beitrag von Vogt, Ascétisme und Wipszycka, L'ascétisme.
5 Vgl. Beaucamp, Le statut. Siehe auch Grubbs, Law and Family; Biondi, Il diritto, Bd. 2, 209–228; Biscardi, Spose. Die Frauen, mit denen sich die Gesetzgebung Justinians auseinandersetzte, waren meist von höherem sozialen Rang, also matronae oder matres familiarum, und die von diesen Gesetzen betroffenen Lebensbereiche hatten fast ausschließlich moralische und eheliche Fragen zum Gegenstand (thematisiert werden Heirat, Scheidung und Ehebruch sowie die Verletzung der Keuschheitsbestimmungen).
6 Torallas Tovar/Domingo Rodríguez Martín, La violencia.
7 Vgl. Biscardi, Spose, 330–332; Siola, „Viduae"; Penta, La "viduitas"; Treggiari, Roman Marriage, 501.

nastisches Leben begannen, eine außergewöhnlichen Stellung zukam: Das religiöse Leben, vor allem aber die Askese in Verbindung mit der Wahl der Jungfräulichkeit – oder der Keuschheit im Falle von Witwen – ermöglichte es den Frauen, sich von ihrer Unterwürfigkeit gegenüber den Vaterfiguren oder, im Extremfall, vom Ausschluss aus der Gesellschaft zu befreien.[8]

Im justinianischen Recht wurden Nonnen mit dem Begriff der ἀσκήτρια und μονάζουσα) bezeichnet. Männliche Mönche hatten zusammenzuleben, aber Männerklöster mussten von Frauenklöstern getrennt sein.[9] Im Falle einer Inspektion durch ältere Mönche durften die Nonnen nicht mit ihnen sprechen; für ihre internen Angelegenheiten wandten sie sich an ihre weiblichen Vorgesetzten.[10] Ebenso wie die Männer mussten auch Nonnen einen Teil ihres Eigentums dem Kloster überlassen, wenn sie in das Ordensleben eintraten.[11] Niemand durfte dazwischentreten, wenn eine Frau das asketische Leben wählte. Sollte eine Nonne zu ihrem Gelübde gezwungen worden sein, so wurden die Schuldigen mit dem Tode und der Konfiszierung ihres Eigentums bestraft.[12] Die Gesetzesnovelle 133 des Codex Justinianus betraf das Problem der Geschlechtermischung im monastischen Milieu. Sie ist ein interessantes Zeugnis dafür, wie die Blutsverwandtschaft sich bei all denen, die sich für das Ordensleben entschieden hatten, zwangsläufig auflöste.

Weder dürfen Männerklöster von Frauen noch Frauenklöster von Männern betreten werden; nicht unter dem Vorwand der Trauer um einen Toten, noch aus irgendeinem anderen Grund, und schon gar nicht, falls jemand zufälligerweise vorgibt, eine Schwester oder ein anderes Familienmitglied in dem Kloster zu haben. Unter den Mönchen auf Erden gibt es keine Verwandtschaft (συγγένεια), denn sie sind es, die mit Inbrunst das Leben im Himmel suchen. […] Keiner mischt sich mit dem anderen (Geschlecht), selbst wenn er behauptet, der Bruder, die Schwester oder ein anderes Familienmitglied zu sein: auch unter solch einem Vorwand verwehren wir ihm den Eintritt.[13]

Hier wird versucht, Regeln für Familienbesuche in Klöstern aufzustellen, in denen verstorbenen Mönche und Nonnen begraben waren. Diese Mönche und Nonnen waren in den Augen ihrer Familie tot, zumindest wurde es ihnen

---

8 Selbstverständlich gab es dem klösterlichen Leben gegenüber feindselig eingestellte Familien, die eine Zwangsheirat ihrer Kinder herbeiführten, und es gab demgegenüber auch Zeiten, in denen der Eintritt der Kinder ins Kloster erzwungen wurde. Vgl. beispielsweise den Fall des Klosters von Antinoupolis, ein Kloster, das, Palladio zufolge, ausnahmsweise keinen Schlüssel besaß (vgl. PALLADIO, Historia Lausiaca [im folgenden HL], 59; siehe auch den Bericht über die Flucht der fünf Jungfrauen aus dem Kloster, in: MOSCHOS, Pratum Spirituale [im folgenden PS], 135.
9 Vgl. Iustinianii Corpus iuris civilis [im folgenden CJ], Novella 123, 36 (546).
10
   Vgl. Novella 133, 5 (544); zur Entscheidung der Oberschwester eines Klosters vgl. CJ 1,3,46 (530 n. Chr.).
11 Vgl. Novella 123, 37.
12 Vgl. Novella 123, 43.
13 Vgl. Novella 133,3.

durch die Gesetzgebung so vermittelt. Ihr Bestattungsort gehörte nicht der Familie, sondern der Gemeinschaft, die der Familie ihr Gesetz aufdrückte. Die Mönche lebten *in* der Welt, aber sie waren nicht *von* dieser Welt, und deshalb durften sie auch keine Beziehung mehr mit ihren Familien unterhalten, weder zu ihren Lebzeiten noch nach ihrem Tode. Zumindest wurde dies in der Theorie so vom Gesetz bestimmt, was aber wahrscheinlich gerade ein Hinweis darauf ist, dass diese Begegnungen in der Praxis häufig stattfanden.[14]

2. Zwischen Elternhaus und Kloster: häusliche Formen der Askese im weiblichen Mönchtum

Die ersten Formen von Askese, die von Frauen praktiziert wurden, hatten ihren Ort im Elternhaus, man könnte auch sagen, sie wurden auf „familiäre" Weise praktiziert: für diese Asketinnen war die physische Trennung vom Alltagsleben der Familie und der tatsächliche Eintritt in ein Frauenkloster nicht vorgesehen. Auf diejenigen Frauen, die die häusliche Form der Askese wählten und damit – ebenso wie die Männer, die diese Wahl trafen – das eheliche und familiäre Gleichgewicht, auf dem die damalige Gesellschaft beruhte, ins Wanken brachten, können wir hier nur kurz eingehen.[15] Die häusliche monastische Askese ist ein langandauerndes Phänomen, das mit dem Aufkommen des Modells des weiblichen Mönchtums nicht verschwand: diese Praxis war verbreitet und wird in unterschiedlichen Quellen bezeugt, darunter in der kanonischen Literatur und in Papyrusschriften, die gottgeweihte Jungfrauen mit Witwen vergleichen. Die eheliche Bindung wurde von einem Lebensstil abgelöst, den man als anders und überlegen bewertete, weil er die Frau von Bindungen freimachte. Tatsächlich ist es kein Zufall, dass Witwen den Namen „Braut Christi" annahmen: Die eheliche Bindung vollzog sich einzig und allein auf einer religiös-geistigen Ebene. Auf diese Weise entstand eine neue und „andere" Ehe, die die Heirat mit einem Ehemann ersetzte.

Das Mönchtum stellte die Bindung zur Familie durch eine noch stärkere physische Abtrennung vom täglichen Wohnort in Frage. Frauen, die sich für das anachoretische oder koinobitische monastische Leben entschieden hatten, wurden Teil einer über das ganze Land verbreiteten Gemeinschaft. Oft sagten sie sich damit von ihren familiären Bindungen los, auch wenn diese Bindungen, wie wir noch sehen werden, faktisch erhalten blieben. Die Blutsbande wurden sogar gestärkt, wenn sich mehrere Mitglieder derselben biologischen Familie für das monastische Leben entschieden.[16]

---

14 Zur Auseinandersetzung mit den literarischen Quellen vgl. HL, 33. Vgl. auch BOULHOL, Le complexe.

15 Vgl. mein kürzlich veröffentlichter Beitrag, I ruoli, vor allem 235–250 („Vita ascetica e familiare").

16 Vgl. ROUSSEAU, Blood-relationship; JACOBS/KRAWIEC, Fathers Know Best?; KRAWIEC, „From

In den kanonischen Schriften des 4. Jahrhunderts, die Athanasius zugeschrieben werden, kann man nachlesen, dass einige Jungfrauen ihre Häuser
und Familien zurückließen, um in einer Jungfrauengemeinschaft unter Anlei-
tung einer Mutter zu leben.[17] Die Frauen, die getrennt von Familien, Heimat
und Dorf lebten, durften gemeinsam die Messe besuchen, allerdings nicht
während der Festtage und während der Nacht. Sie fasteten bis zum Sonnen-
untergang, sogar am Samstag und Sonntag, durften nicht mit verheirateten
Frauen sprechen, und konnten ihre Familien nur in Begleitung anderer Jungfrauen besuchen.[18]

Die Analyse dieser Schriften im Hinblick auf deren Inhalt und die verwen-
dete Terminologie fördert ein eigenes monastisches Modell zutage: Wenn
man den Gesetzestexten des Athanasius und den ebenfalls ihm zugeschriebenen Abhandlungen über die Jungfrauen glaubt, muss es bereits im 4. Jahrhundert nicht nur Jungfrauen, die in ihrem Haus und mit ihren Familien lebten,
gegeben haben, sondern auch Frauen, die sich für ein monastisches Leben
entschieden hatten.

In zahlreichen Papyrusschriften finden sich Hinweise auf diese weiblichen
monastischen Askeseformen, die als nicht-häuslich erscheinen. Die Typologie
dieser Frauengemeinschaften bleibt aber unklar, und auch ihr Vergleich mit
herkömmlichen Klöstern und den dort praktizierten Askeseformen ist proble-
matisch. Aber unabhängig davon, ob es sich um den Übergang von einer
häuslichen zu einer monastischen Askese handelte oder um eine Art von Ordensgemeinschaft, die weiterhin in den Dörfern oder sogar in den eigenen
Häusern lebte, sind wir in jedem Fall mit der Entwicklung eines asketisches
Gemeinschaftsleben konfrontiert, das einen weiteren Schritt zur Verbreitung
der von der Welt abgeschnittenen Frauenklöster auf dem ägyptischen Territo-
rium bedeutete.

In einem Papyrustext aus dem 4. Jahrhundert (SB VIII 9882) werden Grüsse einer *amma* Thaubarin, eines *apa* Dios und eines Bruders übermittelt – in
Begriffen, die an ein „geistiges Paar" denken lassen. Dabei ist wichtig zu betonen, dass der weibliche Terminus *amma* – ebenso wie sein männliches Äqui-
valent *apa* – sich nicht ausschließlich auf Nonnen und Mönche bezog. In den
ersten Jahrhunderten des Christentums bezeichnete *amma* sowohl eine Mutter, eine Patin als auch ein Amme.[19] Später wurde dieser Begriff auch benutzt,

---

the Womb of the Church". Krawiec stellt die Interpretation des Mönchtums als einer Bewegung, die die familiäre Logik ersetze, in Frage, indem er auf die familienfreundliche Einstellung
der Mönche hinweist. Siehe dazu vor allem die Seiten, die einer Predigt des Archimandriten
Schenute von Atripe (348–466), des Vorstehers des Weißen Klosters von Sohag (Oberägypten)
gewidmet sind, in denen sich die Logiken und Bräuche der monastischen und der biologischen
Familie stark überkreuzen und gegenseitig beeinflussen.

17 Vgl. die arabische Version und die koptischen Fragmente der Canones des Athanasius, hg. von
   RIEDEL/CRUM [im folgenden Ath.Can.], 48, 92, 99.
18 Vgl. Ath.Can. 92.
19 Vgl. ELM, Virgins of God, 245-246. Siehe auch eine Reihe dokumentarischer Quellen, die aus

um eine verantwortliche Stellung anzudeuten, etwa im Falle einer „geistlichen Mutter"[20] wie unserer Einschätzung nach in dem genannten Dokument. Wir sind allerdings nicht in der Lage, genauer zu bestimmen, um welche Form einer Paarbeziehung es sich handelte, und in welcher Beziehung der genannte Bruder zu diesem „Paar" stand.

In einem Papyrustext (PSI VI 698), der auf das Jahr 392 zu datieren ist und aus Oxyrhynchos stammt, wird das Haus einer Person namens μοναχή erwähnt: Handelt es sich hier um eine Nonne, die noch ein Haus besaß oder, was weniger wahrscheinlich ist, um eine Frau, die in ihrem eigenen Haus der Askese nachging? Ein weiterer Papyrustext aus dem 5. Jahrhundert (P. Princ. II 84), der vom Verkauf eines Hauses spricht, das einer Euphemia *monazousa* (μονάζουσα) gehörte, deutet auf einen ähnlichen Sachverhalt hin. Berichte aus anderen Dokumenten zeugen ebenfalls von der Existenz von Frauen, die ein monastisches Leben führten.[21] Aus der Terminologie und dem Inhalt der Dokumente schlussfolgern wir, dass es sich um eine weibliche, monastische Praxis handelt, die an Orten ausgeübt wurde, die vom eigenen Haus und von der Familie getrennt waren.[22]

Zwei griechische Papyrusschriften vom Beginn des 4. Jahrhunderts (P. Oxy XIV, 1774, SB III 9746) berichten von einer gewissen Didyma und ihren Schwestern, die an eine Dame und ihre Schwestern schreiben.[23]

Didyma und die Schwestern grüssen im Namen des Herrn meine geliebte Schwester Sophias.

Zuallererst sehen wir uns verpflichtet, ihnen unsere besten Grüsse zu übermitteln. Wir haben die Reiseprovisionen von Bruder Piperas erhalten […] Grüße sie, bis sie wieder zu uns zurückkommt. Und siehe was folgt: wir haben auch für sie sieben doppelte *cnidia*[24] und einen Sack mit Saft von unreifen Trauben von Freunden erhalten.

Wir lassen Dir den Sack und die *cnidia*, die wir bereits gefunden haben, von jemandem bringen; die anderen haben wir noch nicht erhalten. Und sag mir so früh wie möglich, was Deine Wünsche sind, so dass wir es Dir so schnell wie möglich durch Bekannte schicken können. […]

Grüsse die sehr Hochgeschätzte und den hochgeschätzten Favorinus. Die Uten-

---

der Zeit vor dem 4. Jh. stammen: P. Mich. II, 209, P. Oslo III, 153; P. Oxy, IV 1874. Zu den Papyri und den verwendeten Abkürzungen vgl. http://scriptorium.lib.duke.edu/papyrus/texts/clist.html sowie Oates/Bagnall u. a. (Hg.), Checklist.

20 Vgl. P. Oxy. XXVI, 24141, aber auch HL 34 für einen literarischen Nachweis, in dem sehr gut definiert ist, dass der Begriff *amma* synonym für eine „geistlich lebende Frau" (πνευματική) stehen kann.

21 Um einige Beispiele aus der Zeit zwischen dem 5. und 7. Jahrhundert zu zitieren: P. Prag. II 181 (5./6. Jh.), P. Lond. III 994 (517), P. Prag. I 41 (6. Jh.), P. Cairo Masp. II 67139, IV Vorderseite, 9; VI Vorderseite (6 Jh.); in diesen Dokumenten wird der Begriff μονάζουσα verwendet. In CPR IV 152 (Ende des 6. Jh.), handelt es sich um den Begriff μοναχή.

22 Vgl. auch die Papyrusschriften P. Oxy XIV, 1774, SB III 9746, P. Iand. 100 aus dem 4. Jh., die von einem primitiven monastischen Gemeinschaftsmodell zeugen.

23 Vgl. Naldini, Il Cristianesimo, Briefe Nr. 36 und 37, 173–180.

24 Das ist im Griechischen eine Maßeinheit für Wein.

silien der hochgeschätzten Didyma wurden im Leinensack des Severus gefunden. Die Dame grüsst Dich und die andere Dame Valeriana, (sie grüsst) die Freunde des Philosophios, Lucilla, Pansophios. Grüsse die weise Bikeutia (und frage Sie?), ob sie von Aionios die Kopfbedeckung und die Kuchen erhalten hat. Grüsse an alle, Italia, Teodora.

(Ich wünsche Dir), dass es Dir gut geht im Namen des Herrn und dass der Herr Dich und Deine Gesundheit beschütze.

verso:
An Madame Sophias von Didyma und ihren Schwestern.

An die Frau Schwester Atienatia senden wir, Didyma und die Schwestern, unsere Grüsse im Namen des Herrn. Zuallererst grüssen wir Dich und wünschen, dass es Dir gut geht. Schreibe uns, Liebe, über Deine Gesundheit und über das, was Du Dir in aller Freiheit wünschst. Lass uns wissen, ob Du die Bestellungen erhalten hast. Ich glaube, von dem Geld Deiner Bestellungen sind hier noch 1300 Dinare übrig. Die für Dich bestellten Kuchen werden Dir mit diesen (?) geschickt. Grüsse die glückliche Schwester Asus und ihre Mutter und […]

verso:
An Madame Schwester Atienatia von mir, Didyma, und den Schwestern.

Für den Herausgeber, M. Naldini, handelt es sich hier um zwei Dokumente, die von der Existenz weiblicher monastischer Gemeinschaften zeugen: Didyma wäre die Oberschwester einer Gruppe von heiligen Schwestern, die in der Tradition der *virgines sacrae* stünden. Die Dokumente wären also eines der ältesten Zeugnisse weiblicher christlicher (monastischer) Gemeinschaften.

In einem Papyrus (P. Iand. 100) aus der zweiten Hälfte des 4. Jahrhunderts grüßt ein gewisser Bessemios eine Reihe von Schwestern und Brüdern, darunter Aron, Maria und Tamunis und die anderen Brüder des Klosters (μοναστήριον). Es ist nicht eindeutig, ob es sich um eine Gruppe von Brüdern (und Schwestern) einer Gemeinschaft in einem Doppelkloster (mit zwei separaten Gebäuden für Männer und Frauen) oder um den eher ungewöhnlichen und unwahrscheinlichen Fall eines gemeinsamen Klosters handelt, in dem das Zusammenleben beider Geschlechter akzeptiert worden wäre.

Seit der Entstehung dieser Literaturgattung gibt es auch in monastischen Quellen unzählige Berichte über die Entscheidung zu einem weiblichen monastischen Leben: in der *Vita Antonii*[25], in den *Vitae de Pachomii*[26], in der *Historia Lausiaca*[27] und der *Historia Monachorum in Aegypto*[28], in den *Apophthegmata*[29] und auch in den koptisch-ägyptischen Mönchsviten.[30]

25 Athanasius, Vita Antonii [im folgenden VA], 3.
26 Zur Entstehung der weiblichen Klöster des Pachomius, des Begründers des Koinobitentums (d.h. des klösterlichen Gemeinschaftslebens) in Ägypten im 4. Jahrhundert, vgl. Halkin, S. Pachomii Vitae Graecae, [im folgenden G¹], 32, 134.
27 Vgl. HL, 29–30, 33, 49, 56, 59, 67.
28 Vgl. Historia monachorum in Aegypto [im folgenden HMAE], 5.
29 Zu den Sincletica, Sara und Teodora zugeschriebenen Apophthegmata vgl. den Text und die

3. Mütter, Schwestern und Töchter
in der monastischen Familie

Durch das Gelübde der Jungfräulichkeit oder – im Falle von Witwen – der Keuschheit verzichteten die Frauen nicht nur bereitwillig auf ihr Sexualleben und wurden zu Bräuten Christi; sie verzichteten auch auf ihre Familie, ihren Mann und ihre Kinder, um für eine begrenzte oder auf unbestimmte Zeit als Mütter, Schwestern oder Töchter in eine neue klösterliche Familie einzutreten. In der Wirklichkeit beobachten wir aber in einigen Fällen, wie die familiären Bindungen „nach dem Fleische" weitergepflegt wurden: die Söhne und Töchter konnten ihren Müttern, die Frauen ihren Söhnen, dem Ehemann oder ganz einfach ihrem Bruder in der Wahl des monastischen Lebens nachfolgen.[31] Die herkömmliche Logik der ehelichen und familiären Bindungen verlor so ihren Sinn; an ihre Stelle traten neue, nicht-eheliche, quasi-familiäre Bindungen.

Terminologisch sprechen die Quellen meist von „Gemeinschaft"[32], „Vaterschaft"[33], „Brüderlichkeit"[34] und dem physischen Ort des „Klosters".[35] Unsere Aufmerksamkeit richtet sich aber auf einen anderen Begriff, den der „Familie": Ebenso wie bei den Ursprüngen des Christentums stellt sich bei diesem

---

Übersetzung in: REGNAULT, Les sentences; DERS., Les sentences – anonymes. Les Apophtegmes des Pères. Syncletica führte im 4. Jahrhundert mit ihrer Schwester Sara ein monastisches Leben in der Wüste im Gebiet zwischen Sketis und Pelusium; Theodora war nach der Legende verheiratet, aber verließ ihren Mann und entschied sich für ein monastisches Leben. Zur italienischen Übersetzung vgl. MORTARI, Vita. Konventionell bezeichnet Alph. mit folgendem Eigennamen (bei einer anonymen Sammlung: N) einen dem jeweiligen Mönch zugeschriebenen, in alphabetischer Reihenfolge angeordneten Apophthegmentext, etwa Alph.Serapion 1 (ein Text, der von der Bekehrung einer Prostituierten handelt, die voller Reue in einem Kloster lebt). Beachtung verdient der literarische topos der Frauen, die sich als Männer verkleideten, um Askese praktizieren zu können: vgl. Alph.Bessarion 4; vgl. dazu ANSON, The Female.

30 Vgl. Vie de Moïse, in : AMÉLINEAU, Mémoires, 696–698. 700. Vie de Manassé, in: AMÉLINEAU, Mémoires, 676. Diese Nachweise werden durch archäologische Quellen, z. B. des Klosters von Bawit, bestätigt: DORESSE, Monastères, 344–348. Zum Kloster von Saqqara vgl. WIETHEGER, Das Jeremiaskloster, 143–145. 263–265.

31 Es gibt den Fall der Schwester des Pachomios, die Jungfrau blieb und ihrem Bruder Pachomios in das Mönchsleben folgte (vgl. Pachomii vita bohairice scripta [im folgenden Bo], 27); ähnliches gilt für Tachom, die Schwester des Schenute (4. Jh. n.Chr.). Zu entsprechenden Phänomenen in einer anderen Zeit und außerhalb Ägyptens mit Hinweisen auf die Familienmetaphorik und das Bild des Klosters als einer „Familie" vgl. TALBOT, The Byzantine.

32 Der Begriff der „Gemeinschaft" (κοινωνία) kommt in der Literatur des Pachomios immer wieder vor: siehe FILORAMO, Fondamento.

33 Die Vaterschaft und die Vater-Sohn Beziehung sind Konzepte, die die gesamte monastische Literatur in der Antike beeinflussen.

34 Zur Verwendung des Begriffs „Brüderlichkeit" im Sinne von Gemeinschaft siehe HL 49, wo auch von einem Ἀδελφότης von Männern und Frauen die Rede ist; vgl. dazu GIRARDI, Ἀδελφότης.

35 Dieser Begriff wird auch in vielen literarischen und dokumentarischen Quellen mit zahlreichen Synonymen verwendet, um den Ort anzugeben, an dem Mönche und Nonnen leben.

ursprünglichen Mönchtum die Frage nach der Anwendbarkeit des soziologischen Modells der Familie. Dabei muss zwischen anachoretischen, semi-ana-
choretischen, koinobitischen und nomadischen Formen des Mönchtums unterschieden werden, wobei das Familienschema für koinobitische Mönche
von vergleichsweise größerer Bedeutung war.

Wir wollen hier nicht auf alle Bilder und Metaphern für Verwandtschaft,
Geburt, Fruchtbarkeit und Kindheit eingehen, sondern uns auf die Bedeutung
des Begriffs *Familie*[36] in der Spätantike konzentrieren. Für die Jahrhunderte
nach der durch Konstantin eingeleiteten Wende haben neuere Studien den
Charakter und die Funktion der christlichen Familie von einem historischen,
anthropologischen und soziologischen Standpunkt aus beleuchtet.[37] Insbesondere die gegenseitige Anerkennung beider Modelle, der wechselseitige
Einfluss aufeinander und der Bruch zwischen dem römischen und dem
christlichen Familienmodell waren Gegenstand der Forschung.[38] In rechtlicher Hinsicht war der Einfluss Konstantins entscheidend, der „die alten Gesetze und Sitten, die man seit eh und je befolgt hatte, erneuerte und revolutio-
nierte (*novator turbatorque priscarum legum et moris antiquitus recepti*):"[39] Die
gesetzgeberische Modernisierung, zu der die Verbreitung des Christentums
beitrug, führte zu einer Reihe von Neuerungen, deren augenscheinlichste die
Gesetze über die Scheidung, die Keuschheit, das Zölibat und die Stellung der

---

36 Das deutsche Wort „Familie" geht auf das lateinische *familia* zurück, ein Begriff, der ein breites
Beziehungsnetz bezeichnet, das Bedienstete, Sklaven, weiter entfernte Verwandte und Klientel-
beziehungen beinhaltet; *familia* wird oft gemeinsam mit *domus* verwendet, während im griechischen dafür die Begriffe συγγένεια und οἶκος stehen. Der erstere Begriff, der nicht nur in
der Justinianischen Gesetzgebung (Novelle 133,3), sondern auch in den *Apophthegmata* verwendet wird, bezieht sich dort auf die Eltern einer Nonne, die anlässlich des Todes ihrer Tochter in das Kloster kamen: N 367. Die zentrale Bedeutung des Begriffs οἶκος – im Sinne einer
größeren häuslichen Gruppe, die Verwandte und Nichtverwandte umfasst und in den antiken
Gesellschaften als „Basiseinheit" der christlichen Bewegung eine elementare sozio-ökonomi-
sche Bedeutung hatte – wurde von KLAUCK, Hausgemeinde, herausgearbeitet. Zum Einfluss
der „familiären" Terminologie auf die moralische Erziehung, wie er in einigen Abschnitten des
Neuen Testaments deutlich wird, vgl. MALHERBE, Social Aspects. MEEKS stellt in *The first urban christians* eine Reihe systematischer Überlegungen zum Begriff und der Bedeutung der Familie (household) an, die von ihm als eine von vier typischen Gruppierungsmodellen im frühen Christentum bezeichnet wird. Vgl. auch D. HOBSON, House.
37 Wie bereits erwähnt, interessiert uns hier die römische Familie *am Scheideweg* oder besser *in
ihrer Entwicklung als* christliche Familie. Bisher wurde die Thematik der christlichen Familie
meist unter theologischen Gesichtspunkten untersucht, und zwar im Hinblick auf die Familie
im Sinne der *ecclesia domestica*; es wurden die unterschiedlichen Familienmodelle in der Bibel,
ihre theologischen Voraussetzungen und die verschiedenen Funktionen der christlichen Familie (karitativ, kulturell und im Hinblick auf den Beitrag der Familie zur Verbreitung der christlichen Botschaft) untersucht: vgl. KOSCHORKE u.a., Art. Familie, mit Literaturverzeichnis. Zur
Familie in der neutestamentlichen Zeit vgl. OSIEK/BALCH, Families; DIES. (Hg.), Early.
38 Vgl. BRADLEY, Discovering. Siehe u. a. DIXON, The Roman; MOXNES, Constructing; NATHAN,
The Family; GEORGE, The Roman Family; COOPER, The Fall; DERS., Approaching.
39 Vgl. den lateinischen Historiker Ammianus Marcellinus (ca. 330/335 – 395/400) mit einem Zitat des Kaisers Julian Apostata (Rerum Gestarum librum XXI, 10, 8).

Frau waren. Von diesem Zeitpunkt an kann man nicht mehr von einem Gegensatz zwischen der christlichen Brüderlichkeit und den hierarchisch-patri-
archalischen Strukturen des Heidentums sprechen, die durch das Christentum *einfach nur* in Frage gestellt worden wären. Es muss vielmehr von einer
spannungsgeladenen Koexistenz zwischen beiden Modellen ausgegangen werden.

Im Hinblick auf die Frauen in den Klöstern, die nicht notwendigerweise
Nonnen waren, konzentrieren wir uns auf die Verwendung der Begriffe *Mutter, Schwester* und *Tochter* in der monastischen „Familie". So versuchen wir,
die Verwendung einer weiblichen Familienlexik zu rekonstruieren, die aus
dem Bereich der Familie entnommenen Begriffen besteht.[40] Der Begriff der
„Familie" oder der „Braut", der so zentral in der Erfahrung asketischer Jungfrauen und „Bräute Christi" war, wurde durch die neue Funktion ersetzt, die
die Frauen in der monastischen Familie annahmen: hier waren sie hauptsächlich Mütter oder Töchter, bzw. untereinander Schwestern.

Das Attribut „Mutter" wurde im Kontext der kenobitischen Monastik oft
in Bezug auf die Ordensoberinnen verwendet. Bei Pachomios wurde die
Schwester Maria an die Spitze eines Jungfrauenklosters gestellt. Pachomios
brachte ihr nach und nach die zu respektierenden Regeln bei. Ihr ganzes Leben blieb Maria die „Mutter" aller Jungfrauen.[41] In vielen anderen Texten der
monastischen Literatur finden sich Hinweise auf solche „Mütter der Nonnen",
wie etwa im Falle der Mutter eines Jungfrauenklosters, der Serapion eine reuige Prostituierte anvertraute:[42]

(Die reuige Frau wirft sich Serapion zu Füssen und sagt): „Vater, lass mir Deine Liebe
zuteil werden und führe mich dahin, wo ich Gott gefallen kann." Der alte Mann begleitete sie daraufhin in ein Jungfrauenkloster, vertraute sie der *Mutter* ('Αμμᾶ) an
und sagte: „Nimm diese Schwester und lege ihr weder Joch noch Gesetze auf wie den
anderen; aber wenn sie etwas verlangt, so gib es ihr und erlaube ihr zu gehen, wann
immer sie will."

Der Terminus *ama/amma* konnte, wie bereits erwähnt, in einigen monastischen Dokumenten des 5. und 6. Jahrhunderts die Bedeutung „geistliche
Mutter" annehmen.[43] Im Papyrus SPP X 35 (4. Jh.; Oxyrhynchos) wird in ei-

---

40 Zum Vergleich der Rolle der Frau in der fleischlichen und der geistlichen Familie im Christentum und im Islam vgl. AMRI/GRIL (Hg.), Saint; darin folgende Beiträge: MARIN, Images, zur
  Rolle der Mutter und der Ehefrau der islamischen Heiligengestalten in Marokko und Andalusien zwischen dem 6. und dem 14. Jh.; MAYEUR-JAOUEN, Le saint, zur Rolle des heiligen Vaters
  (in „fleischlicher" und geistlicher Hinsicht) und über die erbliche Weitergabe der Heiligkeit innerhalb derselben „fleischlichen" Familie im Islam, ausgehend von ägyptischen hagiographi-
  schen Quellen am Ende der Mamlukenzeit; vgl. auch REBAÏ, Approche, über die Geschlechterbeziehung eines islamischen Heiligenpaares, das am Anfang des 19. Jahrhunderts in Tunesien
  lebte.
41 Vgl. Bo 27.
42 Vgl. Alph. Serapione 1.
43 Der Begriff der *ama/amma* läßt freilich nicht immer auf eine Führungsrolle schließen. Gele-

ner Liste von Klöstern das Kloster der *ama* Herais erwähnt. In einer Inschrift des Klosters von *apa* Jeremias in Saqqara ist wiederum eine *ama* Susanna erwähnt, die als Mutter ($\alpha\mu\alpha$) des großen Klosters fungierte.[44] In den meisten Fällen wird der Begriff „Mutter" im Singular verwendet: einer Gruppe von Nonnen stand also eine weibliche Autoritätsperson vor.

Die Mütter waren aber nicht die einzige Autorität im Kloster: sie wurden notwendigerweise von einem „Familienoberhaupt" begleitet und unterstützt, und waren ihm in manchen Fällen auch unterworfen. Dieses Oberhaupt war die oberste Autorität der monastischen Familie. Ein solches System war im Falle der doppelten Klöster, in denen eine Frauenabteilung neben der Männerabteilung existierte, relativ einfach strukturiert. Der Fall des Moses, ein Mönch, der in der zweiten Hälfte des fünften Jahrhunderts lebte, ist dafür sehr bezeichnend, da er als „Vater" und damit als Letztverantwortlicher an seine geistlichen „Töchter" schreibt, die unter der Führung ihrer Mutter im „Kloster" lebten:[45]

Moses, der geringe *archimandrita*, schreibt an seine kleinen und großen Patentöchter die mit ihrer Mutter im Kloster leben, (und wünscht ihnen) Gesundheit.

Schließlich wurde die Rolle der „Mutter" auch von solchen Frauen ausgeübt, die an der Entstehung und Vergrößerung der monastischen Familie sozusagen physisch mitgewirkt hatten, indem sie ihre Kinder dem Kloster überließen. Es handelte sich dabei um zahlreiche Fälle von Kindesschenkungen, bei denen Kinder der Obhut eines geistlichen Vaters oder direkt dem Kloster anvertraut wurden. In der *Vita de Matthaei Pauperis*[46] aus der zweiten Hälfte des 5. Jahrhunderts heißt es:

Eine Frau dieses Landes kniete zu Füssen meines Vaters *apa* Matthaeus nieder und flehte ihn an: „Mein heiliger Vater, bete für mich, damit Gott mir ein Kind (*schere*) schenkt, und bitte den Herrn, dass er sich mir gegenüber gütig zeigt. Die Frucht, die er mir schenkt, bringe ich Dir und übergebe sie Deiner Heiligkeit, sobald ich sie von meinen Brüsten abgestillt habe; wenn es ein Knabe wird, so gebe ich ihn dem Kloster unter den Schutz Deiner Heiligkeit, auf dass das Kind ein Mönch sei bis zum Tage seines Todes; wenn es ein Mädchen wird, gebe ich es dem Jungfrauenkloster, das es zur Nonne machen soll. Was der Herr mir mittels Deiner Gebete schenkt, sei ein Versprechen (*erht*) für den Herrn, alle Tage seines Lebens." Und unser Vater *apa* Matthaeus segnete die Frau und sagte: „Der Herr, der Allmächtige, der Hanna erhört hat und ihr Samuel geschenkt hat, der dann zum Propheten des ganzen Volkes Israel

---

gentlich deutet er auch einen Ehrentitel an, der nicht von der sozialen Stellung, sondern von der spirituellen Autorität einer Frau abhängt: dies ist beispielsweise der Fall bei der in PS 179, vgl. oben Anm. 8, erwähnten anachoretischen Frau, die aufgrund der besonderen Form des von ihr gewählten monastischen Lebens (d. h. aufgrund ihres Lebens in der Einsamkeit) nicht die „Mutter" anderer Nonnen sein kann.

44 Vgl. Quibell, Excavations, Nr. 27, 36–37.

45 Vgl. Vie de Moïse, in: Amélineau, Mémoires, 694.

46 Vgl. Vita Matthaei Pauperis, in: Amélineau, Mémoires, 707–736, 720–721 und Till, Koptische, 5–27.

wurde, erhöre auch Dich und erfülle Dir bald Deinen Wunsch, den Du in die Hände Gottes gelegt hast; und auch Du halte, was Du gesagt hast, auf dass es ein Versprechen für Gott, den Herrn, sei."

Die Erzählung geht weiter mit dem Bruch des Versprechens; denn der Vater des kurz darauf geborenen Kindes bittet einen Sklavenhändler um Rat, der ihm zehn Goldstücke für den Sohn anbietet. Daraufhin bietet der Vater dem *apa* Matthaeus zwölf Goldstücke im Tausch für seinen Sohn, doch der Mönch lehnte ab. Nach drei Tagen Krankheit stirbt das Kind.[47]
Im Allgemeinen gelten die Nonnen dieser Gemeinschaften untereinander als Schwestern; der griechische Ausdruck *adelphé* wird im Singular verwendet, um allgemein eine Nonne zu bezeichnen, meistens wird er aber im Plural benutzt, um auf eine Gemeinschaft zu verweisen und um die zwischenmenschlichen Beziehungen zwischen den Nonnen zu unterstreichen.[48]
In unserm Zusammenhang ist es der hohe Integrationsgrad der Geschlechter in der monastischen Familie in den Gemeinschaften, die dem von Schenute geprägten Modell folgten, von besonderem Interesse. Schenute war in der Tat auch für die weiblichen Mitglieder seiner Ordensgemeinschaft verantwortlich, und dies in einer noch viel direkteren und bestimmteren Art und Weise, als es bei dem Einfluss Pachomios auf „seine" weiblichen Klöster der Fall war.[49] Die Texte des Ordenslebens von Schenute zeichnen sich durch eine Rhetorik der Einheit innerhalb des Klosters aus: es handelt sich um ein monastisches Experiment, das Männer und Frauen vereinte und ein Modell anbot, das von beiden Geschlechtern befolgt werden konnte. Dieser Aspekt des Ordenslebens verweist auf andere Funktionen der Nonnen und unterstreicht die geschwisterliche Verbindung zwischen ihnen und den Mönchen, die „Brüder" und „Schwestern" sind und auch so genannt werden.
Schenute benutzte freilich den koptischen Ausdruck „Bruder", um sich auf Mönche wie auf Nonnen zu beziehen: Frauen waren in die monastische Familie eingebunden, ohne dass der Vater des Klosters die Intention gehabt hätte, ihr Wesen als Frau oder ihre Weiblichkeit in Frage zu stellen.[50] Schenute war der Anführer seiner Mönche, der „Brüder", ob Männer oder Frauen, die zu seiner Gemeinschaft oder zur Gemeinschaft der Frauen gehörten: es scheint, als hätte es zwei Klöster oder zwei Gemeinschaften gegeben, die gemeinsam eine einzige monastische Familie bildeten. Das bedeutet aber nicht, dass man eine vollkommene Vermischung beider Geschlechter annehmen darf: Ungeachtet der von Schenute gewollten „Einheitsrhetorik" stand eine Reihe geeigneter Instrumente zur Verfügung, um die Geschlechterrollen zu unterschei-

---

47 Zu diesem Thema, das den Rahmen unserer Untersuchung sprengen würde, gibt es eine umfangreiche Literatur: WIPSZYCKA, Donation of Children; MAC COULL, Child donations; SCHATEN, Koptische; PAPACONSTANTINOU, ΘΕΙΑ ΟΙΚΟΝΟΜΙΑ; RICHTER, Maß.
48 HL 34, für den bereits zitierten Fall von Schwestern in einem Kloster.
49 Vgl. KRAWIEC, Shenoute.
50 Ebd., 159–160.

den, die Nonnen zunächst ihm (d. h. Schenute) selbst und dann den anderen Mönchen unterzuordnen und in einem zweiten Schritt Männer und Frauen voneinander zu trennen. In den Klöstern des Schenute herrschten asymmetrische Machtverhältnisse zwischen den Geschlechtern: Schenute war der Vater der klösterlichen Familie, die Nonnen und Mönche waren seine „Kinder". Das Familienmodell, dem die Klöster des Schenute folgten, war patriarchalisch. Es sah vor, dass das Familienoberhaupt eine ständig präsente und starke Autoritätsperson war: die Nonnen waren Schwestern untereinander, Töchter einer Mutter und eines Vaters.[51]

Die Kategorie der „geistlichen Töchter"[52] umfasste schließlich alle Nonnen, die unter der Verantwortung der Mütter und Väter der monastischen Gemeinschaft standen. Sie umfasste auch die Frauen, die im Umfeld dieser neuen Familie lebten, die von Männern und Frauen geschaffen worden war, die sich dem klösterlichen Leben verschrieben hatten. Diese Gemeinschaft erhielt ihre Kraft durch die Verwurzelung im physischen Raum des Klosters, sie war bereit, neue Mitglieder aufzunehmen, um sich zu vergrößern und zu öffnen. Selbst diejenigen Frauen, die kein monastisches Leben führten, sondern weltlich lebten, konnten das Kloster besuchen und am Ordensleben teilnehmen, indem sie Mitglied dieser erweiterten klösterlichen Familie wurden.

Es gab viele Frauen, die die im Kloster lebenden geistlichen Väter aufsuchten, um ihnen ihre Gebete vorzutragen und um seelischen Beistand zu bitten. Um nur einige Beispiele zu nennen: im Papyrus P. Lond. VI 1926 schreibt eine Frau namens Valeria einem Asketen, der im 4. Jahrhundert – etwa um das Jahr 340 – in Herakleopolis lebte. Sie bittet ihn, ihren geistlichen Vater apa Paphnutius, um Hilfe und vertraut ihm ihre Töchter Bassiana und Theoklia und ihr ganzes Haus an.

recto:

Valeria übermittelt ihre Grüße in der Gnade Christi dem sehr verehrten Sinnbild Christi, dem mit allen Tugenden geschmückten *apa* Paphnutius. Ich vertraue Dir, sehr verehrter Vater (πατήρ), dass Du die Hilfe Christi für mich und für meine Gesundheit erbitten kannst; in der Tat glaube ich, dass Du mit Deinem Gebet die Gesundheit erbitten kannst. […]

Ich grüsse Dich von meinen Töchtern. Erinnere Dich ihrer in Deinem heiligen Flehen um Vergebung. Ich meine Bassiana und Theoclia. Mein Ehemann grüsst Dich auch, erinnere Dich seiner in Deinen Gebeten. Mein ganzes Haus (οἶκος) grüsst Dich. Ich bitte für Deine Gesundheit, sehr verehrter Vater (πατήρ).

51 Ebd., 136. 144–147.
52 Dieser Ausdruck kommt öfter im Singular vor, um eine Beziehung zwischen einem geistlichen Vater (einer geistlichen Mutter) und ihrer Tochter zu bezeichnen, wenn letztere die Hauptfigur der Beziehung ist. Er wird aber auch im Plural verwendet, wenn unterstrichen werden soll, wer die Vater- oder Mutterschaft ausübt.

verso:

Für den sehr verehrten Vater (πατήρ) *apa* Paphnutius, von seiner Tochter (θυγατήρ) Valeria.

Selbst zwei Jahrhunderte später liest man von einer Bitte um spirituellen Beistand im *Wadi Sarga*, wo die Mönche sich „Brüder"[53] nannten, und von einem „Vater" des Klosters die Rede ist:[54]

Ich weiß, dass ich Eure heilige Vaterschaft oft belästigt habe, oh Herr.
Und Ihr seid müde von meinen Bittgesuchen und unseren Lasten. Auch davon werde ich Eurer heiligen Vaterschaft berichten, so dass Ihr Eure Güte Eurer ebenso großer Nächstenliebe hinzufügt, wie Ihr sie meiner Niedrigkeit habt zuteil werden lassen. Ich weiß, es ist schamlos, Dir zu schreiben, mein heiliger und hochwürdiger Vater, trotz meines Notstands (sobald ich meine Einsamkeit überwunden habe). Aber sei mir in dieser Hinsicht gnädig und erkläre mir, was aus Deiner sanften Unterrichtung folgt. Von Teona, [...]

Eine Frau wendet sich an ihren geistlichen Vater, so wie sie es auch in der Vergangenheit getan hat. Sie vertraut ihm die Kraft des Gebetes, der Vergebung und der Fürbitte an: der Zweck und die geistige Vater-Tochter Beziehung sind offensichtlich.

Wir beobachten also die Entstehung einer neuen – nicht-biologischen, sondern spirituellen – *familia*. In dieser Familie gibt es engere und weniger enge Bindungen, aber eine Reihe von Wesenszügen – so zum Beispiel die physische Trennung zwischen den beiden Geschlechtern – ist ganz anderer Art als im bestehenden nicht-klösterlichen Familienmodell. Indem die Einheitsrhetorik sich mit einer Gleichheitsrhetorik verbindet, die gleichzeitig unterscheidet und trennt, und aufgrund der patriarchalischen Strukturen, auf die man anscheinend nicht verzichten kann, werden Frauen in den Klöstern zu Müttern, Töchtern und Schwestern – in einigen Fällen werden Frauen auch vom Begriff „Brüder" vereinnahmt oder auch mit ihnen verwechselt.

Literatur

Amélineau, É., *Mémoires* publiés par les membres de la Mission Archéologique Française au Caire. Monuments pour servir à l'histoire de l'Égypte chrétienne aux IVe, Ve, VIe et VIIe siècles, Paris 1895.

Amri, N./Gril, D. (hg.), *Saint* et sainteté dans le christianisme et l' islam, Paris 2007.

Anson, J., *The Female* Transvestite in Early Monasticsm: the Origin and Development of a Motif, Viator 5, 1974, 1–32.

Athanasius, *Vita Antonii*, hg. von G. J. M. Bartelink (SC 400), Paris 1999.

---

53 Vgl. beispielsweise WS 111; auch in Theben wird derselbe Titel oft verwendet; vgl. BM 20, 23, AM 16.
54 Vgl. WS 164.

BEAUCAMP, J., *Le statut* de la femme à Byzance (4e–7e siècle), Bd. I: Le droit impérial, Paris 1990; Bd. II: Les pratiques sociales, Paris 1992.

BIONDI, B., *Il diritto* romano cristiano, Milano 1952.

BISCARDI, A., *Spose*, madri, nubili, vedove: echi patristici nella legislazione Tardo-Imperiale, in: Atti dell'Accademia Romanistica Costantiniana, VIII Convegno Internazionale 29 settembre – 2 ottobre 1987, Napoli 1990, 325–334.

BOULHOL, P., *Le complexe* de Melchisédek, famille et sainteté dans l'hagiographie antique, des origines au VI siècle, unveröffentlichte Doktorarbeit, Paris IV (Sorbonne) 1990.

BRADLEY, K., *Discovering* the Roman Family, Oxford 1991.

CLARK, E. A., *Ascetic Piety* and Women's Faith: Essays on Late Ancient Christianity, Studies in Women and Religion 20, Lewiston 1986.

–, *Women* in the Early Church, Wilmington 1983.

–, *Reading* Renunciation: Asceticism and Scripture in Early Christianity, Princeton 1999.

CLARK, G., *Women* in Late Antiquity: Pagan and Christian Lifestyle, Oxford 1993.

CONSOLINO, F. E., *Modelli* di santità femminile nelle più antiche passioni cristiane, Roma 1984.

COON, L., *Sacred Fictions*: Holy Women and Hagiography in Late Antiquity, Philadelphia 1997.

COOPER, K., *Approaching* the Holy Household, JECS 15/2, 2007, 131–142.

–, *The Fall* of the Roman Household, Cambridge 2007.

–, *The Virgin* and the Bride: Idealized Womenhood in Late Antiquity, Cambridge 1996.

DIXON, S., *The Roman* Family, Baltimore 1992.

DORESSE, J., *Monastères* coptes de Moyenne Égypte (du Gebel-et-Teir à Kôm-Ishgaou) d'après l'archéologie et l'hagiographie, Doktorarbeit Paris 1967, Neges Ebrix, Bulletin de l'Institut d'archéologie yverdonnoise, nr. 3–4, Yverdon-les-Bains 2000.

ELM, S., *Virgins of God*. The Making of Asceticism in Late Antiquity, Oxford 1994.

FILORAMO, G., *Fondamento* "mistico" dell'autorità e costruzione della comunità monastica: il caso pacomiano, Annali di storia dell'esegesi 22/1, 2005, 37–55.

GEORGE, M., *The Roman Family* in the Empire, Oxford 2005.

GIANNARELLI, E., *La tipologia* femminile nella biografia e nell'autobiografia cristiana del IV secolo, Roma 1980.

GIORDA, M., I ruoli delle donne nella famiglia monastica in Egitto nella Tarda Antichità, mogli, madri, sorelle e figlie, Annali di Trento 9, 2008, 243–260.

GIRARDI, M., ᾽Αδελφότης basiliana e scola benedettina. Due scelte monastiche complementari?, Nicolaus IX, 1981, 3–60.

GRUBBS, E. J., *Law and Family* in Late Antiquity: The Emperor Constantine's Marriage Legislation, Oxford 1995.

Historia monachorum in Aegypto, hg. von A.-J. Festugière, SH 53, Société des Bollandistes, Bruxelles 1971.

HOBSON, D. W., *House* and Household in Roman Egypt, Yale Classical Studies 28, 1985, 211–229.

Iustinianii Corpus iuris civilis (codex, institutiones, digesta et novellae), hg. von P. Krueger/R. Schoell, Dublin/Zürich 1973.

Jacobs, A. S./Krawiec, R., *Fathers Know Best?* Christian Family in Age of Ascetism, Journal of Early Christian Studies 11/3, 2003, 257–263.

James, E., *Women,* Men and Eunuchs: Gender in Byzantium, New York 1997.

Johannes M., *Pratum Spirituale,* hg. von R. Maisano, Napoli 1982.

Klauck, H. J., *Hausgemeinde* und Hauskirche im frühen Christentum, Stuttgart 1981.

Koschorke, M., u. a., Art. Familie, EKL, 1986, 1251–1264.

Krawiec, R., *"From the Womb of the Church":* Monastic Families, Journal of Early Christian Studies 11/3, 2003, 283–307.

–, *Shenoute* and the Women of White Monastery, Oxford 2002.

Les Apophtegmes des Pères. Collection systématique, Bd. I–II–III, hg. von J.-C. Guy, SC 387, 474, 498, Paris 1993, 2003, 2005.

Mac, C. L. S. B., *Child donations* and Child saints in Coptic Egypt, East European Quarterly 13, 1979, 409–415.

Malherbe, A. J., *Social Aspects* of Early Christianity, Baton 1977.

Marin, M., *Images* des femmes dans les sources hagiographiques maghrébines: les mères et les épouses du saint, in: Amri/Gril (Hg.), Saint, 235–248;

Mayeur-Jaouen, C., *Le saint* musulman en père de famille, in: Amri/Gril (Hg.), Saint, 249–267.

Meeks, W., *The first urban christians:* the social world of the Apostle Paul, New Haven 1983.

Mortari, L., *Vita* e detti dei padri del deserto, Roma 1990.

Moschos, J. Pratum Spirituale (The Spiritual Meadow), translated by John Wortley, Collegeville 1992.

Moxnes, H., *Constructing* Early Christian Families: Family as Social Reality and Metaphor, London 1997.

Naldini, M., *Il Cristianesimo* in Egitto, Lettere private nei papiri dei secoli II–IV, Fiesole 1998.

Nathan, G., *The Family* in Late Antiquity, London NY 2000.

Oates, J./Bagnall, S., u. a., (Hg.) *Checklist* of Editions of Greek, Latin, Demotic and Coptic Papyri, Ostraca and Tablets, Durham, NC [5]2001.

Osiek, C./Balch, D. L., *Families* in the New Testament World: Households and House Churches, Louisville 1997.

– (Hg.), *Early* Christian Families in Context. An Interdisciplinary Dialogue, Grand Rapids 2003.

Pachomii vita bohairice scripta, hg. von L.-Th. Lefort, CSCO 89, Louvain 1925.

Palladio, Historia Lausiaca, hg. von G. J. M. Bartelink, Vite dei Santi, Bd. 2, Mondadori, Verona u. a. 1974.

Papaconstantinou, A., *ΘΕΙΑ OIKONOMIA.* Les actes thébains de donation d'enfants ou la gestion monastique de la pénurie, Mélanges Gilbert Dagron, Travaux et Mémoires 14, Paris 2002, 511–526.

Penta, M., *La "viduitas"* nella condizione della donna romana, in: C. Raniero (Hg.), Etica sessuale e matrimonio nel cristianesimo delle origni, Milano 1976.

Ps.-Athanasius, The canons of Athanasius, patriarch of Alexandria, hg. von W. Riedel/W. E. Crum, London 1904.

Quibell, J. E., *Excavations* at Saqqara 1906-1907, Cairo 1909.

Rader, R., *Breaking Boundaries:* Male/Female Friendship in Early Christian Communities, New York 1983.

REBAÏ, A., *Approche* de la vie d'un couple saint: la légende d'un conflit, in: Amri/Gril (Hg.), Saint, 269–277.

REGNAULT, L., *Les sentences* des Pères du désert, collection alphabétique, Sablé-sur-Sarthe 1970.

–, *Les sentences* des Pères du désert, série des *anonymes*, Sablé-sur-Sarthe 1985.

RICHTER, T. S., „… auch wenn wir nicht an das *Maß* der seligen Anna heranreichten …". Kindesschenkungen an ein oberägyptisches Kloster im 8. Jh. n. Chr. und ihr narrativer Horziont, in: H. W. Fischer-Elfert/T. S. Richter (Hg.), Literatur und Religion im Alten Ägypten. Ein Symposium zu Ehren von Elke Blumenthal, Sächsische Akademie der Wissenschaften zu Leipzig (in Vorbereitung).

RIEDEL, W./CRUM, W. E., The Canons of Athanasius of Alexandria, Oxford 1904.

ROUËT DE JOURNEL, M. J., Le pré spirituel, SC 12, Paris 1946 (= PG 87, 2852–3112).

ROUSSEAU, PH., *Blood-relationship* among early Eastern ascetics, The Journal of Theological Studies 23, 1972, 135–144.

S. Pachomii Vitae Graecae, hg. von F. Halkin, SH 19, Brüssel 1932.

SCHATEN, S., *Koptische* Kinderschenkungsurkunde, Bulletin de la Société d'Archéologie Copte 35, 1996, 129–142.

SIOLA, R. B., *"Viduae"* e "coetus viduarum" nella Chiesa primitiva e nella normazione dei primi imperatori cristiani, in: Atti dell'Accademia Romanistica Costantiniana, VIII Convegno Internazionale 29 settembre – 2 ottobre 1987, Neapel 1990, 367–380.

TALBOT, A. M., *The Byzantine* Family and the Monastery, Dumbarton Oaks Papers 44, 1990, 119–129.

TILL, W., *Koptische* Heiligen und Martyrenlegenden, OCA 102, Roma 1935.

TORALLAS TOVAR, S./DOMINGO RODRÍGUEZ MARTÍN, J., *La violencia* de género en los papiros del Egipto grecorromano: divorcio y maltrato en el Egipto romano y bizantino, dans Violencia deliberada. Las raíces de la violencia patriarcal, in: M. D. Molas Font (Hg.), Icaria, Barcelona 2007, 161–175.

TREGGIARI, S., *Roman Marriage*, Iusti Coniuges from the Time of Cicero to the Time of Ulpian, Oxford 1991.

VOGT, K., *Ascétisme* féminin en Egypte aux IVe et Ve siècle, Le Monde Copte. Dossier: Le monachisme égyptien 21–22, 1993, 107–113.

WIETHEGER, C., *Das Jeremiaskloster* zu Saqqara unter besonderer Berücksichtigung der Inschriften, Altenberge 1992.

WIPSZYCKA, E., *Donation of Children*, Coptic Encyclopaedia 3, 918-919.

–, *L'ascétisme* féminin dans l'Égypte de l'antiquité tardive. Topoi littéraires et formes d'ascèse, in: H. Melaerts/L. Mooren (Hg.), Le rôle et le statut de la femme en Égypte hellénistique, romaine et byzantine. Actes du Colloque international, Bruxelles/Leuven 27–29 novembre 1997, Louvain 2002, 355–396.

Christian Boudignon[1]

Darf der Kaiser seine Nichte heiraten?

Ein politisch-religiöser Disput über Inzest und Ehepolitik im Byzanz des siebten Jahrhunderts

> Der Wollust Lastern war sie so ergeben,
> daß sie die Lüste im Gesetz erlaubte, um
> sich vom Tadel, der sie traf, zu lösen.
>
> Dante, Inferno V, 55–57 (über Semiramis)

Eine der fruchtbarsten Einsichten, die je von der Ethnologie vorgetragen wurden, bringt die Frage nach dem Status der Frau in einer gegebenen Gesellschaft in Verbindung mit der Frage nach ihren Ehe- und Verwandtschaftsverhältnissen.[2] Die Frage nach dem inzestuösen Charakter gewisser ehelicher Beziehungen betrifft danach im Kern die nach der Struktur bestehender Verwandtschaftsverhältnisse, der sozialen Ordnung und letztlich auch die nach dem Platz von Frauen in der Welt. Die Eheschließung zwischen Kaiser Claudius und seiner Nichte Agrippina II., der Tochter seines Bruders, im Jahr 49 n. Chr. war in der griechisch-römischen Antike bestens bekannt. Tacitus berichtet uns in seinen Annalen (Annalia XII,5–6) von den Bedenken im Senat, diese Verbindung zu akzeptieren: *at enim noua nobis in fratrum filias coniugia* („Es ist für uns wirklich eine Revolution, die Töchter unserer Brüder zu heiraten!"). Es folgt dann eine Reihe von Argumenten: Agrippina, die Tochter von Germanicus und Schwester von Caligula, übertrifft alle Welt im Hinblick auf ihre adlige Herkunft; bei anderen Völkern ist dies (sc. die Heirat einer Nichte) gängige Praxis; kein Gesetz verbietet dies, und schließlich folgt diese Praxis nur dem Sinne der Geschichte, da ja „die lange Zeit unbekannten Eheschließungen unter Geschwisterkindern mit der Zeit zugenommen haben" (*sobrinarium diu ignorata tempore addito percrebuisse*).[3]

Weit weniger bekannt ist das Beispiel der zweiten Ehe des Kaisers Herakleios mit seiner Nichte Martina zu Beginn des siebten Jh. Dieser Fall ist umso interessanter, als er die Ehe eines Kaisers betrifft, der in seinem Kampf gegen die Perser von sich selbst behauptete, Herr über das römische Reich und das Christentum zu sein. Wie reagierten die Kirche, das Volk und der Senat auf

---

1 Mein Dank gilt J. Beaucamp und P. Laurence für ihre freundlichen Anmerkungen zu einer ersten Fassung dieses Aufsatzes. Aus dem Französischen von Michael Hornung und Matthias Morgenstern.
2 Vgl. dazu die gesammelten Untersuchungen bei BONTE, Epouser, die sich vor allem auf die Arbeiten von C. Lévi-Strauss stützen.
3 Vgl. CORBIER, Enjeux, 265. Das Verbot der Ehe unter Geschwisterkindern wurde zu einem unbekannten Datum vor 200 v. Chr. tatsächlich aufgehoben.

die Ankündigung dieser Ehe und auf die Machtbestrebungen Martinas als
Witwe im Jahr 641? Welchen Status hatte in diesem Zusammenhang schließlich die Frau in – die Übergänge sind hier ja fließend – gesellschaftlicher wie
religiöser Hinsicht?

1. Darf der Kaiser Herakleios seine Nichte Martina heiraten?

Der griechische Historiker und Patriarch von Konstantinopel Nikephoros hat
in den 80er Jahren des achten Jh.[4] in seinem *Breviarium*, einer Art historischer
Kurzfassung der Ereignisse zwischen 602 und 709, einen fesselnden Bericht
über diese Heirat zu Papier gebracht.[5]

622/23[6] heiratete Martina ihren Onkel mütterlicherseits,[7] den Kaiser Herakleios (575–641). Es handelte sich um seine zweite Ehe, da seine erste Frau
Eudokia 612 gestorben war. Diese Eheschließung stellt nun ein Problem dar,
und Nikephoros schreibt dazu in seinem Breviarium, §11 (hier in englischer
Übersetzung):

Now Heraklios even though matters of state had come to such a sorry and abnormal
pass, did not even take care to put his private affairs in order; instead, he committed
an unlawful deed (πρᾶξιν ἄθεσμον), one that is forbidden by Roman custom (ἣν
Ῥωμαίων ἀπαγεύρουσιν νόμοι), by contracting a marriage with his niece Martina.
She was the daughter of his sister Maria; her father was Martinos, who was Maria's
husband before Eutropius. 'Heraklios' begot two sons by her, the first of whom he
called Flavius and the second Theodosios. Justice (ἡ δίκη), however, proclaimed the
unlawfulness 'of the deed' (τὸ ἀθέμιτον) by causing the elder to have a paralysed
neck which he could not turn in any direction, and depriving the younger of the
sense of hearing – indeed he proved to be deaf. This unseemly marriage (τὸ ἄσεμνον

---

4 NICEPHORUS, Short history, hg. von C. Mango, 12 (wir folgen dieser kritischen Ausgabe und
   Übersetzung seines Brevariums).
5 Das Problem dieser Geschichtsdarstellung ist ihr parteilicher Charakter. Wird hier eine zeitgenössische Sicht der Ereignisse geboten oder kommt die Meinung eines Autors vom Ende des
   achten Jahrhunderts zum Tragen? Ist Nikephoros möglicherweise aufgrund aktueller Fragen
   seiner eigenen Zeit voreingenommen, wenn er sich mit Martina und Herakleios befasst? Vielleicht denkt er an die regelwidrige Eheschließung von Konstantin VI. oder an den Status der
   Kaiserin Irene. Vgl. NICEPHORUS, Short history, 8 f. Sein Bericht stützt sich jedoch wahrscheinlich auf eine zeitgenössische Quelle, die Mango (NICEPHORUS, Short history, 13 f) als verloren-
   gegangene konstantinopolitanische Chronik bestimmt, die in einfachem Griechisch verfasst ist
   und Sympathien für monotheletische Strömungen zu erkennen gibt. Jedenfalls wird es notwendig sein, der Überlieferung im *Breviarium* im dritten Teil dieses Aufsatzes eine andere historische Quelle gegenüberzustellen.
6 THEOPHANES, Chronographia, Anno Mundi 6108, 300 datiert auf das Jahr 613/14. Dem Chronicon Paschale, I, 713–714 zufolge dürfte vielleicht aber eher eine Datierung auf das Jahr
   622/23 zutreffen. Vgl. NICEPHORUS, Short history, 14 und 179 sowie neuerdings insbesondere
   ZUCKERMANN, Augusta, 114 f.
7 Zur ausführlichen Diskussion über die Frage, ob Martina die Tochter des kaiserlichen Bruders
   Marinus war oder – so die wahrscheinlich zutreffende Angabe bei Nikephoros – die von Herakleios' Schwester Maria, vgl. GARLAND, Byzantine Empress, 52–65.

συνοικέσιον) was strongly denounced at the chariot races even by partisans of the Green color, 'and those of the opposing color' concurred and cooperated with them.[8] Sergios, the archpriest of Byzantium, also put earnest pressure on him by letter and admonished him to repudiate his connection (κοινωνίαν) with this woman, but he excused himself as follows: 'What you say is very well. The obligation you owe me as high priest and friend you have already paid. For the rest, the responsibility shall lie on me.'[9]

In diesem Fall, wie Nikephoros oder seine Quelle es berichten, kommen mehrere rechtliche Aspekte zum Tragen, die einerseits die moralische Legitimation (ἄσεμνον, ἄθεσμον, ἀθέμιτον), andererseits die Legalität (παρονομίαν[10]) betreffen, die mit einem römischen Gesetz zusammenhängt, das ein Jahrhundert vor Herakleios unter Kaiser Justinian kodifiziert worden war. In beiderlei Hinsicht wird diese Ehe verurteilt und einem Inzest gleichgestellt.

1.1 „He committed an unlawful deed (πρᾶξιν ἄθεσμον), one that is forbidden by Roman custom": die Frage der Legalität

Die Ehe mit einer Nichte scheint nur in beschränktem Maße Gegenstand gesetzlicher Sanktionen gewesen zu sein, so dass es sich nahezu um ein herrschaftliches Privileg handelte, das Fällen wie denen von Claudius und Agrippina vorbehalten war. In der Tat schreibt der Rechtsgelehrte Gaius im zweiten Jh. n. Chr. seine *Institutiones* im Anhang zu den Inzestgesetzen:

Es ist erlaubt, die Tochter seines Bruders zu heiraten: dies kam zum ersten Mal zum Tragen, als der göttliche Claudius Agrippina die Tochter seines Bruders heiratete, aber es ist nicht gestattet, die Tochter seiner Schwester zu heiraten.[11]

Diese Erlaubnis sozusagen *ad hominem* wird demnach sofort begrenzt durch das Verbot, die Tochter der Schwester zu heiraten. Dasselbe Verbot findet sich bei einem anderen Rechtsgelehrten für das Konkubinat zwischen dem Onkel mütterlicherseits und der Tochter seiner Schwester.[12] Mit der Ausweitung der

---

8 Mango (Nicephorus, Short history, 52 und 180) korrigiert hier den korrumpierten Text der von ihm herausgegebenen zweiten Rezension, indem er auf einen anderen, weniger korrumpierten Text der ersten von Cameron (Circus, 339f) analysierten Redaktionsstufe zurückgreift. Letzterer übersetzt diesen Abschnitt nach der ersten Fassung folgendermaßen: „Even the people of the Green colour disapproved the illegal marriage (παρονομίαν) with his niece at a race meeting, and tried to prevent the lawless union (τὴν συναφὴν [...] τὴν ἄθεσμον); those of the opposite colour agreed and cooperated [with them]."

9 Nicephorus, Short history, 52–55.

10 Dieses Wort (παρανομίαν) erscheint in der ersten Fassung; in der von Mango edierten zweiten Rezension heißt es: τὸ ἄσεμνον συνοικέσιον.

11 Gaius, Institutiones, 1,62,11–12: „Fratris filiam uxorem ducere licet; idque primum in usum uenit, cum diuus Claudius Agrippinam fratris sui filiam uxorem duxisset; sororis uero filiam ducere non licet." Diese *Institutiones* werden im Justinianischen Gesetzeskorpus erneut aufgegriffen.

12 Vgl. Digesten, 23,2,56 (Digesta, 334): „Ulpianus libro tertium disputationum. Etiam si concubinam quis habuerit sororis filiam, licet libertam, incestum committitur."

römischen Staatsbürgerschaft auf die Völker im Osten im dritten Jh. n. Chr. zeichnet sich das Inzestverbot deutlicher ab.[13] 342 n. Chr. liegt eine sehr deutliche Gesetzgebung von Konstantius II. vor, dem Sohn Konstantins, die an die Phönizier gerichtet ist. Diese im Codex Theodosianus III,12,1 erneut aufgegriffene Vorschrift hebt die für Claudius proklamierte Erlaubnis der Ehe mit einer Nichte wieder auf.[14]

Wenn jemand, welche Abscheulichkeit!, meint, die Tochter seines Bruders oder seiner Schwester zu seiner Frau machen zu können, oder mit ihr schläft, ohne offenzulegen, dass er ihr Onkel ist, der soll mit der Todesstrafe belegt werden.[15]

476/484 n. Chr. liegt ein Gesetz des Kaisers Zenon vor, das dieses umstrittene Gesetz bestätigt, das im Codex Iustinianus V,5,9 erneut aufgegriffen wird:

Alle, die unserem Reich unterstehen, wissen, dass man sich von inzestuösen Ehen fernhalten muss. So beschließen wir, alle Reskripte, alle pragmatischen Formen, alle gottlosen Verordnungen, die es zur Zeit der Tyrannei gewissen Personen gestattet hatten, das ruchlose Konkubinat als Ehe zu bezeichnen, so dass es erlaubt sei, die Tochter des Bruders oder der Schwester und diejenige, welche kraft Eherechts zuvor mit dem Bruder zusammengelebt hatte, zum rechtmäßigen Ehepartner zu nehmen oder andere Verbrechen dieser Art zu begehen, [alle diese Gesetze] schaffen wir mit Entschiedenheit ab, damit dieser ruchlose Freibrief durch verwerfliche Verschleierung nicht noch bekräftigt werde.[16]

De facto untersagt die Gesetzgebung des Kaisers Zenon hier über die Verbindung von Onkel und Nichte hinaus auch die jüdische Praxis der Leviratsehe.

Vor dem Trullanischen Konzil im Jahr 692 lässt sich im Osten im kanonischen Gesetz keine spezifisch christliche Verurteilung der Ehe zwischen Onkel und Nichte nachweisen. Für eine solche Verurteilung finden sich keine Anhaltspunkte, weder im Buch Levitikus noch in den Hauptwerken des christlichen Rechts wie den Apostolischen Konstitutionen oder den Beschlüssen der Ökumenischen Konzilien. In Wirklichkeit war für die im Römischen Reich lebenden Christen grundsätzlich die römische Gesetzordnung maßgebend.

Hatte das Christentum Einfluss auf dieses Gesetz und auf die Gesellschaft, die dieses Recht voraussetzte? Es ist sehr schwierig, dies zu überprüfen, und

---

13 Vgl. Moreau, Mariage, 63.

14 Vgl. Moreau, Incestus, 200–203.

15 Digesta, 150: „Si quis filiam fratris sororisve faciendam crediderit abominanter uxorem aut in eius amplexum non ut patruus aut auunculus conuolauerit, capitalis sententiae poena teneatur.“

16 Codex Iustinianus, 199: „Ab incestis nuptiis uniuersi qui nostro reguntur imperio nouerint temperandum. Nam rescripta quoque omnia uel pragmaticas formas aut constitutiones impias, quae quibusdam personis tyrannidis tempore permiserunt scelesto contubernio matrimonii nomen imponere, ut fratris filiam uel sororis et eam, quae cum fratre quondam nuptiali iure habitauerat, uxorem legitimam turpissimo consortio liceret amplecti, aut ut alia huius modi committentur, uiribus carere decernimus, ne dissimulatione culpabili nefanda licentia roboretur.“

dies sowohl für die Theorie als auch für die Praxis. Bei J. Beaucamp heißt es zu Recht, dass „die Veränderungen [sc. in der protobyzantinischen Gesetzgebung] zu komplex sind, um einem einzigen Erklärungsmuster [sc. dem Einfluss des Christentums] zugeordnet zu werden."[17] P. Moreau geht mit Blick auf die Annahme dieser Regeln in dieselbe Richtung, wenn er schreibt: „Das Bekenntnis zu der neuen Religion hat die aristokratischen Verhaltensmuster, zu denen in einem gewissen Sinn auch die Ehe gehört, nicht einfach aufgehoben, zumindest nicht sofort."[18] Es ist bemerkenswert, dass der Patriarch Sergios in unserem Beispiel aus dem Jahre 622/23 ein Gesetz anführt, wie es am Ende des Codex Justinianus erscheint. Es ist hier die religiöse Autorität, die an das kaiserliche Recht erinnert. In dieser Hinsicht ist eher das Christentum römisch geworden als der Staat christlich. Nikephoros oder seine Quelle mahnt jedenfalls an, dass es sich um die „Gesetze der Römer" handelt (Ῥωμαίων νόμοι) und nicht um die der Kirche oder der Christen.

1.2 „This unseemly marriage was strongly denounced at the chariot races": Die gesellschaftliche Praxis

Sergios erscheint auf diese Weise als Repräsentant eines kollektiven Bewusstseins, der für die Anwendung des rechtlichen Ideals kämpft. Wogegen kämpft er? Gegen eine endogame, eine juristisch gesehen gar „inzestuöse" Eheform, die die Machtkonzentration eines einzelnen *Familienklans* noch verstärkt. Anscheinend schwingt sich der Patriarch zur Stimme des Staates und zum Wortführer eines Eheverständnisses auf, das den Ausstieg aus der Familienbindung erlaubt, entgegen einer anderen Logik, der der Privatisierung der Macht.

Diese Parteinahme für den Staat und seine gesetzgeberischen Ideale, die man Sergios zuschreiben kann, wurde zusätzlich auch durch die Anhänger der beiden konkurrierenden Wagenrennparteien, *die Grünen* und *die Blauen*, vermittelt: Beide Circusparteien repräsentieren hier eine Art Volksprotest gegen das herrschende matrimoniale Machtstreben. Folgt man dem Bericht von Nikephoros, so machte man Herakleios diese „unwürdige Ehe" (τὸ ἄσεμνον συνοικέσιον) zum Vorwurf. Die Schande und Schuld lagen in Wirklichkeit aber in der Endogamie des Herakleios, durch die längst für überwunden geglaubte, aristokratische oder orientalische Familienstrukturen aufrecht erhalten werden sollten, die keinerlei Legitimation mehr hatten. Es besteht hier also ein Vorbehalt gegen die Macht der Familien, der eine Veränderung des Familienmodells dokumentiert. J. F. Haldon datiert den Übergang von der römischen Gesellschaft, die auf einem Zusammenschluss von Familien beruhte, in dem jede Familie von ihrem *pater familias* dominiert wurde, hin zu einer mehr individualistischen Gesellschaft, in der das Individuum vor Gott

---

17 Vgl. BEAUCAMP, Droit, 346.
18 Vgl. MOREAU, Mariage, 76.

mehr verantwortlich war als vor seiner Familie, an das Ende des sechsten und an den Anfang des siebten Jahrhunderts:

One of the key developments of this period was the reduction in the authority of the head of the family and a strengthening of the moral personality and therefore individual responsability of the separate members in the family.[19]

1.3 Die Reaktion des Kaisers und rechtliche Unterscheidungen

Der Kaiser behauptete freilich, dass Ehefragen eine Privatangelegenheit seien, in der die Erwägungen der Triade *Kirche* (Sergios), *Staat* (die justinianische Gesetzgebung) und *Volk* (die beiden Circusparteien der Blauen und der Grünen) keinen Eingang finden sollten. Könnte man diese Position des Herakleios nicht als Versuch verstehen, das *ius gentium*, das „*Völkerrecht*", jenen Vorfahren der *Menschenrechte*, gegen das römische Recht in Geltung zu bringen? Geht es hier nicht eigentlich um die Ablehnung einer in ihren Einzelfallentscheidungen wesentlich willkürlichen Gesetzgebung? Diese Meinung wurde schon von Paulus, dem Rechtsgelehrten des zweiten nachchristlichen Jahrhunderts, vertreten, wie in den *Instituten* des Justinian nachzulesen ist (23,2,68):

Wer eine Frau aus seiner Vorfahrenschaft oder Nachkommenschaft heiratet, begeht nach dem Völkerrecht (*ius gentium*) Inzest. Wer aber aus einer Seitenlinie heiratet, die ihm (zur Ehe) verboten ist, oder sogar eine durch Heirat Verwandte, die ihm untersagt ist, wird, wenn er es zumindest öffentlich macht, leichter bestraft, als wenn er es heimlich getan hätte. Der Grund für diese Unterscheidung ist folgender: was die Ehe aus einer Seitenlinie betrifft, die nicht ordnungsgemäß geschlossen wurde, so entgehen diejenigen, die dieses Delikt offen verübt haben, insoweit einer überschweren Strafe, als sie sich getäuscht haben, diejenigen aber, die es heimlich getan haben, sind als *trotzige Widerspenstlinge* zu bestrafen.[20]

Hier, im Kontext der Ausweitung des römischen Bürgerrechts auf unterschiedliche Bevölkerungsgruppen, scheint der Rechtsgelehrte Paulus die Unterscheidung zwischen einem Inzest im Sinne des *Völkerrechts (ius gentium)* und einer anderen Konstellation nach den Normen des römischen Rechts zu etablieren. Der erste Sachverhalt – von ihm allein ist als von einem Inzest die Rede – betrifft die Vorfahren oder Nachkommen. Im Hinblick auf diesen Begriff des Inzests spielt das *ius gentium* mit dem römischen Recht zusammen. Des Weiteren bringt der Jurist Paulus aber eine andere Konstellation zur Spra-

---

19 Haldon, Byzantium, 400–401.
20 Institutes, 335: „Iure gentium incestum committit qui ex gradu ascendentium uel descendentium uxorem duxerit. Qui uero ex latere eam duxerit quam uetatur, uel adfinem quam impeditur, si quidem palam fecerit, leuius, si uero clam hoc commiserit, grauius punitur. Cuius diuersitatis illa ratio est: circa matrimonium quod ex latere non bene contrahitur palam delinquentes ut errantes maiore poena excusantur, clam committentes ut contumaces plectuntur."

che, die nach römischem Recht sicherlich auch verboten ist, aber nach dem *ius gentium* nicht in gleichem Maße geahndet wird. Gemeint ist die eheliche Verbindung *ex latere* mit einem Seitenverwandten, demselben Rechtsgelehrten zufolge (Digesten 23,10,10) also mit einem Bruder, einer Schwester, einem Onkel, einer Tante, einer Nichte oder einem Neffe, und die Verbindung mit einem *adfinis*, also einem angeheirateten Verwandten. Wie für Herakleios so stehen auch für Paulus diese beiden Rechte nicht auf derselben Stufe. Einem anderen Juristen, Gaius, zufolge hat das ius gentium die *natürliche Vernunft* auf seiner Seite:

In der Tat wird das Recht, das jedes Volk sich gibt, Eigen- und Bürgerrecht genannt, gleich dem Eigenrecht einer Stadt; was aber die natürliche Vernunft unter allen Menschen festlegt, das wird unter allen Völkern in genau gleicher Weise bewahrt und das Recht der Völker genannt, als ob alle Völker (*gentes*) sich seiner bedienten. Und so bedient sich auch das römische Volk zum Teil seines eigenen Rechts und zum Teil des allen Menschen gemeinsamen Rechts.[21]

Folglich scheint das Verbot des Inzests mit Seitenverwandten bei dem erstgenannten Juristen weniger streng und insbesondere abhängig von der Haltung der sozialen Gruppe zu sein, die eine solche Verbindung erlaubt oder unter Strafe stellt. Die Annahme eines Irrtums der Partner einer solchen Verbindung belegt schon für sich die Diskrepanz bei Paulus zwischen dem allgemeinen Bewusstsein der Völker und dem gegenüber dem buchstabengetreuen Wortlaut des Gesetzes, als ob das fragliche Recht gar nicht ihr Recht wäre. Der Jurist hat wahrscheinlich zahlreiche Ausnahmen von diesem Gesetz vor Augen: Im römischen Senat hatte man auch nicht anders argumentiert, als man sich auf die Haltung anderer Völker berufen hatte, um die Eheschließung des Kaisers Claudius mit Agrippina, seiner Nichte, der Tochter seines Bruders, im Jahr 49 n. Chr. zu rechtfertigen.[22]

Was nun die strikte Ablehnung anbelangt, die der Kaiser Herakleios Sergios entgegenhielt, so wird deutlich, wie hier der Klan, das Volk (*gens*) gegen den Staat und die Gesellschaft im weiteren Sinne gestärkt wird. Dort, wo der Status der Frau unterschiedlichen Bestimmungen unterliegt, prallen zwei Eheverständnisse aufeinander. In der klaninternen Heiratspraxis ist die Frau der *gens* unterworfen, sie aber unterwirft sich ihre Kinder; in der von Sergios und den Circusparteien (δημόται) der *Grünen* und *Blauen* verteidigten Ehekonzeption muss die Frau aus ihrem Familienverbund aussteigen, damit allerdings werden ihre Kinder ihrer Vorherrschaft entzogen. In einer erstaunlich modernen Grundhaltung fordert Herakleios das Recht auf ein Privatleben ein und bean-

---

21 GAIUS, Institutiones, I,1,3: „Nam quod quisque populus ipse sibi ius constituit, id ipsius proprium est uocaturque ius ciuile, quasi ius proprium ciuitatis; quod uero naturalis ratio inter omnes homines constituit, id apud omnes populos peraeque custoditur uocaturque ius gentium, quasi quo iure omnes gentes utuntur. Populus itaque Romanus partim suo proprio, partim communi omnium hominum iure utitur.“
22 Vgl. TACITUS, Annalia XII,6: „Bei anderen Völkern ist dies üblich“ *(aliis gentibus solemnia).*

sprucht damit den von dieser Gesetzgebung versprochenen Individualismus
auch für sich selbst. Implizit behauptet er einen dem römischen Recht über-
legenen Gewohnheitsbrauch, gleich den römischen Juristen, die ein allgemeines Völkerrecht begründeten.

2. Darf die Witwe des Kaisers Kaiserin werden?

Diese Frage stellte sich am Ende der Regierungszeit des Herakleios. Noch im
Sterben verfügte er testamentarisch, dass zwei seiner Söhne:

- Konstantin III., ein Sohn aus seiner ersten Ehe,
- und Heraklonas, einer der Söhne, die er mit Martina hatte,

nebeneinander Kaiser sein sollten und „seine Frau Martina von ihnen als
Mutter und Kaiserin verehrt werde".[23] Als aber Herakleios 641 starb, protes-
tierte das Volk, welches die erste Ehefrau des Herakleios und ihren Sohn Konstantin schon immer favorisiert hatte, gegen dieses Testament. Es geht also
just um den Status der Frau als „Ehefrau, Mutter und Kaiserin": Verleiht die
Ehe der Frau nach dem Tod des Ehemannes das *Königspurpur*?[24]

In seinem *Breviarium* (§28) vermerkte Nikephoros nach der Bestattung des
Herakleios (in englischer Übersetzung):

After this, the Augusta Martina summoned the archpriest Pyrrhos and the dignitaries
of the court, and having gathered the people of Byzantium in an assembly, showed
the testament of Heraklios and the provision he had made concerning herself and
her children. All the people who were present clamored for Emperors Constantine
and Heraklios;[25] so she brought them out while expressing her claim that she, empress, would have the first place in the empire. But some of the people present cried
to her: "You have the honor due to the mother of the emperors, but they that of our
emperors and lords!" They paid particular respect to Constantine because, by reason
of his seniority, he was first to have been appointed emperor when he was still a
child. "Nor can you, o Lady," they said, "receive barbarian or other foreign emissaries
who come to the palace or hold converse with them. May God forbid that the Roman
State should come to such a pass." And they came down from their seats acclaiming
the emperors. When Martina had heard these things, she withdrew to her palace.[26]

---

23 NICEPHORUS, Short history, 76 (Breviarium §27,l.12-13): καὶ Μαρτῖναν τὴν αὐτοῦ γυναῖκα
τιμᾶσθαι παρ' αὐτῶν ὡς μητέρα καὶ βασίλισσαν.

24 Aufgrund der Datierung des Werkes (auf das Jahr 780) bezweifelt Mango (NICEPHORUS, Short
history, 8f), dass dieser Abschnitt einen impliziten Einwand des Nikephoros gegen die 790 ein-
setzende Herrschaft der Kaiserin Irene birgt.

25 Gemeint sind der 29-jährige Konstantin III., der von Februar bis März 641 regierte, bevor er –
wahrscheinlich von seiner Stiefmutter Martina – vergiftet wurde, und Heraklonas, der Sohn
Martinas, der zur selben Zeit wie sie vertrieben wurde.

26 NICEPHORUS, Short history, 76–79.

2.1 „Nor can you, o Lady, receive barbarian or other foreign emissaries": das Unvermögen der Frau zur Politik

Das Argument des Volkes, das uns der Historiker präsentiert, als sei es in einer demokratischen Volksversammlung (ἐκκλησίασα) vorgebracht worden, bezieht sich also auf das Unvermögen von Frauen, die Macht zu übernehmen, weil sie den Staat nicht würdig vertreten könnten, insbesondere Fremden gegenüber. J. Beaucamp hat sich intensiv mit den rechtlichen Hindernissen befasst, die der Ausübung politischer Funktionen durch Frauen in der protobyzantinischen Gesellschaft, auch auf der Ebene der Städte, entgegenstanden.[27] Brieflich hat sie in dieser Hinsicht die Ansicht vertreten, dass „Martina vielleicht hätte herrschende Kaiserin werden können, wie später andere (Frauen nach ihr), wenn es keinen Sohn aus erster Ehe gegeben hätte." Dieser Aspekt ist ihrer Meinung nach der maßgebliche, auch wenn das noch nicht letztlich ausgemacht ist.

Diese Sichtweise soll keineswegs in Abrede gestellt werden, aber wenn man davon ausgeht, dass hier ein zuverlässiges Zeugnis dessen vorliegt, was damals geschah, sprechen die Gründe, die vorgebracht werden, um Martina an der Ausübung ihrer Macht zu hindern, doch eine deutliche Sprache. Unmissverständlich beharrt der Historiker Nikephoros auf der Unterscheidung zwischen dem Status der Frau als Mutter und dem als Kaiserin: es gibt hier keine Überschneidungen, und beide Funktionen können nicht zur Übereinstimmung gebracht werden.[28]

Das Volk stellt sich den Ansprüchen Martinas entgegen und versagt ihr das Recht, offiziell Kaiserin zu sein. Dass es einer Frau nicht möglich sei, in privatem Rahmen Botschafter zu empfangen, macht dabei den Kern der Argumentation aus. Dies verweist auf eine Moralkonvention, derzufolge Frauen, um nicht als Prostituierte zu gelten, keine privaten und vertraulichen Beziehungen mit Fremden pflegen dürfen. Die Majestät des Staates erfordert aber die Majestät seines Repräsentanten, der keine Frau sein darf, eine in den Vorstellungen der Massen zweitrangige Person.

2.2 „She, empress, would have the first place in the empire": Die Macht der Frauen und eine Revolution im Senat

Gleichwohl spricht das Recht für Martina. Sie hat das Testament des Herakleios auf ihrer Seite. Sie wurde übrigens auch als *Augusta* ausgerufen, und bereits dadurch gab ihr der Patriarch Sergios 626 Anteil an der Kaiserwürde.[29] Die

---

27 Vgl. Beaucamp, Incapacité.

28 Die Annahme dieser Unterscheidung könnte sich vielleicht auf die in Byzanz herrschende marianische Theologie der Gottesmutter *(theotokos)* stützen: das Zweite Konzil von Konstantinopel hatte im Jahre 553 Maria als die Mutter Gottes festgesetzt, in die das Wort sich inkarniert habe. Als Mutter Gottes ist sie jedoch nicht selbst auch schon Gott.

29 Vgl. Theophanes, Chronographia, Anno Mundi 6105, 300. Zu verweisen ist auf die zeitgenös-

Zeitgenossen sahen sie auf den Münzen repräsentiert (oder glaubten zumindest, sie zu sehen). Nach dem Testament des Herakleios hätte es für seine Ehefrau völlig unproblematisch sein sollen, als Kaiserin anerkannt zu werden. Sie nahm die Vorrangstellung gegenüber ihrem Sohn, und sogar gegenüber ihrem Stiefsohn ein. Nach dem Testament hätte die Frau dem Sohn gegenüber, und vor allem hätte die Frau dem Mann, dem Sohn aus erster Ehe, gegenüber den Vorzug beanspruchen können! Für Herakleios stellte sich die Frage nach der Repräsentation des Staates hier noch nicht direkt. Er dachte in den Strukturen des Familienklans oder, genauer gesagt, in den Strukturen des Kampfes rivalisierender Familien gegeneinander. Dieser Logik folgend, war er bestrebt, die Herrschaft einer Frau über den legitimen Erben aus erster Ehe festzusetzen.

Die Situation stellte sich also, verglichen mit dem Moment der Eheschließung von Martina und Herakleios, als ihm zugleich ähnlich und umgekehrt dar: Umgekehrt, weil nun sie es war, die das Schriftstück des Kaisers auf ihrer Seite hatte, und weil sich das Volk auf ein nur abstraktes Recht berief, das es als verbindlicher ansah als den Buchstaben des kaiserlichen Testaments. Ähnlich, weil es in beiden Fällen um eine als willkürlich erachtete Entscheidung des Kaisers ging, die in Frage gestellt wurde. Die Zurückweisung der kaiserlichen Ambitionen Martinas sollte ein Jahr später zur Einsetzung einer Art Senatsherrschaft über den jungen Konstans II., den Enkel des Herakleios, führen. Anders gesagt, indem sie eine Familie gegen die andere ausspielten, den legitimen Sohn gegen die Regentin, welche sie zu entwürdigen suchten, bereiteten der Senat und das Volk, gewollt oder ungewollt, eine Art *demokratischen* Zwischenspiels oder zumindest eine Art republikanischer Aristokratie vor, die sich zu Beginn der Herrschaft Konstans' II. entwickelte. Umgekehrt hätte die Stärkung der einen Familie zur Festigung der Macht einer Frau über den Staat geführt. An diesem Punkt ist der Bericht des Nikephoros ausgesprochen deutlich: Martina berief eine Volksversammlung ein, um eine *republikanische* Bürgschaft für ihre Macht zu erlangen, aber die republikanische Fiktion wird, ganz anders als von Martina gewünscht, teilweise Realität, da Martina die Initiative und die rechtliche Herrschaft einbüßt und sich zurückgestoßen im kaiserlichen Palast wiederfindet.

Nach Meinung des Volkes konnte sie die Macht nur indirekt, inoffiziell ausüben, sozusagen nur unter Aufsicht ihres Sohnes Herakleonas oder ihres Stiefsohnes Konstantin III. Das Geschehen des Jahres 641 deckte auf, worum es in dem Protest knapp zwanzig Jahre zuvor latent schon gegangen war: die Machtergreifung einer Frau in und durch ihre Familie[30] entgegen der indivi-

---

sischen Münzen, die Martina wahrscheinlich als Augusta darstellen. Vgl. Morisset, L'Augusta, 453–456 und Ders., Commentaire, 123.

30 Mit der Ermordung Konstantins III., des Sohnes der ersten Frau des Herakleios, folgte Martina der Klanlogik, um die Macht für ihren Sohn Herakleonas zu sichern. Dieses Verbrechen war für Martina jedoch nutzlos, weil ihre Widersacher Konstans II., einen Sohn Konstantins III. und zugleich Enkel des Herakleios und Enkel von dessen Cousin Niketas, gewaltsam zum Kai-

dualistischen, staatlichen und *republikanischen* Logik. Diese Logik stützte sich auf eine Form männlicher Vorherrschaft, um den *coup d'état* Martinas zurückzuweisen. Wir haben hier eine Situation vor uns, die den gegenwärtigen Verhältnissen, in denen man, zu Recht oder Unrecht, die Frauenemanzipation mit der Verbreitung demokratischer Freiheiten in Verbindung bringt, diametral entgegengesetzt ist. In diesem Beispiel verlaufen die Machtinteressen eines Klans und die einer Frau vollkommen parallel zueinander.

Die Geschichte, die Nikephoros uns überliefert, gibt zwei unterschiedliche Gesellschaftsmodelle zu erkennen: das eine ist auf den Klan fixiert, in dem die Frau die Macht ausüben kann; das andere, individualistisch und staatlich geprägt, sucht – zumindest auf theoretischer Ebene – die Frau von der Macht auszuschließen.

3. Die praktische Haltung zur Kaiserin in der Provinz Afrika

Da wir nicht wissen, in welchem Maße der Bericht des Nikephoros auf seinem eigenen Standpunkt, dem eines Menschen des neunten Jahrhunderts, beruht oder auf zeitgenössische Zeugnisse zurückgeht, ist es angebracht, seiner Darstellung den Bericht eines Zeitzeugen gegenüberzustellen. Zudem mag es ratsam sein, dieses Problem aus der Perspektive einer anderen Provinz des Reiches als der Hauptstadt zu reflektieren. Wie sah man die Ereignisse in der Provinz Afrika (dem heutigen Tunesien), in Karthago, von wo aus Herakleios[31] zur Machteroberung aufgebrochen war und wo es 641, so scheint es zumindest, noch Mitglieder seiner Familie gab?[32]

Ein Zeitzeugnis könnte im zwölften Brief aus der Korrespondenz des Mönchs und Philosophen Maximus Confessor vorliegen. Maximus berichtet über ein Vorkommnis, das 641 den Präfekten von Afrika, Georgios, gegen einen kaiserlichen Beamten oder „Kanzler" (καγκελλάριος) mit Namen Theodoros in Stellung brachte, der gekommen war, um ihm einen Brief zu überreichen, in dem Martina der monophysitischen Häresie bezichtigt wurde.[33] In erstaunlicher Weise focht der Präfekt, wahrscheinlich auf Betreiben des Maximus, die Authentizität dieses Briefes an. Als Grund gab er an, dass Martina die monophysitische Häresie weder angenommen hatte noch hätte annehmen können.

---

ser krönen ließen. Auch Konstans II. war also aus einer endogamen Ehe hervorgegangen, der Verbindung Konstantins III. mit seiner Cousine Gregoria, einer Tochter des Niketas, der Enkelin von Gregoras, dem Bruder von Herakleios dem Älteren. Vgl. Van Dieten, Geschichte, 70–75.

31 Der Vater des Kaisers Herakleios übte 610 die Macht über die Provinz Afrika aus, als sein Sohn sich anschickte, in Konstantinopel die Macht zu erobern. Er stammte aus Armenien.

32 Vgl. Boudignon, Constantinopolitain, 31–34.

33 Zu diesem zentralen Ereignis im Leben des Maximus vgl. Boudignon, Anathème, 245–274.

Einige der von Maximus in seinem Brief vorgebrachten Argumente dekonstruieren die Logik des von Martina vertretenen Familienprinzips, während
die anderen sozusagen der Logik des Machtapparats (des Staates oder der Kirche) folgen und im Namen der Religion und des Staates eine Gegnerschaft zu
Martina konstruieren.

3.1 „Unsere Allherrscherin, die allgesegnete Patrizierin, schreitet von ihren Ahnen her auf dem unzerbrechlichen Fels des Glaubens": Die Logik des Klans

Maximus sieht Martina inmitten ihrer Familie, ohne ihr zu gestatten, sich tatsächlich aus ihr zu befreien. Ihr steht nur eine Möglichkeit offen: die Perpetu-
ierung dessen, was sie als Tochter und als junges Mädchen gelernt hat. Nir-
gendwo wird Martina als mündig und autonom dargestellt.

Bei dem vom Kanzler des Kaisers Martina zugeschriebenen Brief zur Vertei-
digung der Monophysiten kann es sich, Maximus zufolge, daher nur um eine
Fälschung handeln, da Martina ja seit ihrer Kindheit bei den Großeltern
nichts anderes als den *orthodoxen*, also chalcedonensischen, den offiziellen
Glauben der Reichskirche kennengelernt hatte:

Denn ich weiß, dass unsere Allherrscherin, die allgesegnete Patrizierin[34], von ihren
Ahnen her auf dem unzerbrechlichen Fels des Glaubens schreitet und gleichsam
nichts anderes in sich eingesogen hat als den rechten Glauben an Gott, der in der katholischen Kirche Gottes verkündigt wird.[35]

So wird die Kaiserin dem Bild unterworfen, das ihre Erziehung von ihr zeichnet. Sie hat nicht das Recht, ihren Klan zu verlassen, der allein ihr Legitimation gewährt. Ihr Klan hat sie zur Kaiserin gemacht, und sie muss sich denen
unterwerfen, die in Afrika die Legitimität des Klans repräsentieren, etwa ihre
Urgroßmutter mütterlicherseits oder ihrer Großmutter väterlicherseits.

Maximus kann sich auf seine Kenntnis der Familie des Herakleios berufen,[36] und scheinheilig erklärt er sich zum Verteidiger von Martinas Ehre. Angeblich geht es ihm darum, Martinas Ansehen bei der christlichen Bevölkerung und in der Amtskirche in Afrika nicht zu beschädigen.

Beinahe [so schreibt er] wäre die Verehrung, die man unserer Herrscherin, der all-
gesegneten Patrizierin, in der katholischen Kirche Gottes entgegenbringt, geschmä-
lert worden.[37]

34 Maximus sprach Martina als „Patrizierin" (πατρικία) an und belegte sie insofern mit einem
   der höchsten Ehrentitel.
35 MAXIMUS CONFESSOR, Epistulae, PG 91, 461 B.
36 Vgl. meinen Aufsatz über die Verbindung seines Schülers mit der Familie von Herakleios,
   BOUDIGNON, Constantinopolitain, 31f.
37 MAXIMUS CONFESSOR, Epistulae, PG 91, 460 C.

Er präzisiert, dass „alle diejenigen, die in dieser Provinz Afrika lebten, vorher eine gute Meinung von ihr" gehabt hätten.[38] Und weiter berichtet er von der durch den Präfekten Georgios *manu militari* erlassenen Anweisung an die monophysitischen (nach Maximus: „häretischen") Christen, „den unserer Herrscherin, der Patrizierin vorauseilenden [guten] Ruf, nicht anzutasten".[39]

Was ist das für ein Ansehen, das der Kaiserin von diesem Mönch entgegen gebracht wird, wo er sie doch daran hindert, ihre Macht auszuüben und die Authentizität ihres Briefes bestreitet? Jedenfalls handelt es sich um den geschickten Versuch, Martina in jener frömmlerischen Logik einzusperren, die dem Klan des Herakleios 610 zugunsten des chalcedonensischen Christentums zum Staatsstreich verholfen hatte. Das Ziel des Maximus war demnach, die Politik Martinas zugunsten der monophysitischen Christen, seiner Gegner, in Misskredit zu bringen.

Man muss offenbar bei all diesen Äußerungen den Widerhall einer Diskussion von Maximus mit den Mitgliedern des Herakleiosklans mitlesen, in der Maximus, ohne das Prinzip des Klans in Frage zu stellen, versucht hatte, seine Gesprächspartner von Martina zu entfremden.

3.2 „Die Frauen sollen in der Gemeinde schweigen": die Logik des Apparats

Indem Maximus die Klanlogik hinter sich lässt, nimmt er an einer späteren Stelle seines Briefes eine Haltung ein, die man als in höherem Maße ideologisch bezeichnen könnte. Maximus führt, allgemein gesagt, die Heterogenität der staatlichen und religiösen Macht ein und ordnet erstere der letzteren unter. Wenn man seine Kasuistik näher zu bestimmen sucht, zeigt sich, dass Interventionen des Kaisers zum Schutz der *Amtskirche* zulässig, dass sie aber untersagt sind, sobald es um den Freispruch von Häretikern geht. Maximus lässt es sich auch nicht nehmen, im selben Brief die Antworten des Kaisers Herakleios anzuführen, die ihm Recht gegeben hatten.[40] Aber er geht noch weiter und leitet aus dem Pauluswort im ersten Korintherbrief („die Frauen sollen schweigen in den Gemeindeversammlungen"[41]) ein zusätzliches staats- und kirchenrechtliches Verbot der Machtausübung durch Frauen ab:

Ich weiß, dass dies denjenigen, die nicht berechtigt sind, sich mit kirchenrechtlichen Angelegenheiten zu befassen, untersagt ist und insbesondere den Frauen, denen das Wort Gottes gezeigt hat, dass das Schweigen dem Atmen vorzuziehen ist.[42]

---

38 Ebd.
39 Ebd., 460 D.
40 Vgl. Ebd., 461 D; siehe auch Boudignon, Anathème, 250–253.
41 Vgl. 1 Kor 14,34.
42 Maximus Confessor, Epistulae, PG 91, 464 A. Gemeint ist wohl, dass das Schweigen nicht nur dem Reden, sondern selbst dem Atmen vorzuziehen ist. Es ist unklar, ob Maximus sich zu

Versucht man, den willkürlichen Charakter des dem Kaiser geltenden Verbots,
sich mit religiösen Angelegenheiten[43] zu beschäftigen, genauer zu erfassen, so
erscheint das entsprechende, die Frauen betreffende Verbot als ebenso willkürlich. Es steht jedenfalls im Widerspruch zur Behauptung des Maximus,
Martina sei im (chalcedonensischen) Glauben erzogen worden – ein Sachverhalt, der sie dann ja dazu veranlasst hätte, die chalcedonensische Partei zu un-
terstützen. Und wenn sie diese Partei unterstützt hätte, hätte sie sich dann
nicht auch mit religiösen Fragen befasst?

Man muss sich also klarmachen, dass der Satz des Maximus, für Frauen sei
das Schweigen dem Reden vorzuziehen, an eine gängige Form von Frauenfeindschaft appelliert, die sein Anliegen befördern soll. Es ging darum, den
Gegner zu diskreditieren, indem man einen gegen ihn gerichteten Verdacht
weckte. Das letztgenannte Argument deckte jedenfalls das Ziel seiner List auf,
die darin bestand, Martinas Autorität in Belangen, die die religiöse Situation
in Afrika betrafen, zu bestreiten, und die grundsätzliche Minderwertigkeit der
Frau zu behaupten, die zu den Einwänden des Volkes von Konstantinopel
passte, wonach es unmöglich sei, dass eine Frau den römischen Staat repräsentiert. Man begegnet hier denselben Denkmustern, denen auch Martina gegenüberstand, als ihr abgesprochen wurde, Botschafter in ihrem Palast empfangen zu können. Mit derselben konventionellen Moral wird hier versucht,
eine Gesetzeslücke im Hinblick auf die Machtausübung durch Frauen aus-
zunützen.

Noch subtiler versucht Maximus anzudeuten, dass diese *de facto*-Macht *de
iure* keine Gültigkeit hat. Seiner Meinung nach wurde Martina aufgrund ihrer
religiösen Meinungsäußerungen ihrem Ehemann Herakleios unterstellt und
hätte, so gibt Maximus zu verstehen, diese Position auch nach dessen Tod beibehalten sollen. Geschickt, auch wenn er ihr schmeichelnde Beinamen („Frau
und Herrscherin" oder „von Gott Bewahrte") gibt, bezeichnet Maximus sie
als Patrizierin (*Patricia*). Sie hat demnach die höchste Würde inne, die höchste des Kaiserreiches, und steht über der einfachen Senatsaristokratie. Sie trägt
damit die Würde ihres Vaters. Aber ist das nicht einfach eine andere Art, ihr
den *Augusta*-Titel abzusprechen, den sie doch aus den Händen des Patriarchen Sergios erhalten hatte und insbesondere den Titel der *Basilissa* (der Kaiserin), den ihr Ehemann ihr zuerkannt hatte? Wie soll man es also verstehen,
dass Maximus sie „unsere Herrscherin über alles, die von Gott beschützte Patrizierin" (τῆς κοινῆς ἡμῶν δεσποίνης τῆς θεοφυλάκτου πατρικίας[44]) nennt?
Indem Maximus ihr in ihrer Funktion als „Herrscherin" *de facto* die Macht
zuerkennt und sie damit in eine trügerische chalcedonensische Orthodoxie

---

diesem Thema auf kirchenrechtliche Vorschriften bezieht. In jedem Fall bleibt das vorgebrach-
te Argument willkürlich.

43 Wie meine demnächst zu veröffentlichende Edition der *Mystagogie* des Maximus zeigen soll,
geht der Kirchenlehrer andererseits so weit, das *Edictum Rectae Fidei* des Kaisers Justinian als
Modell für das Glaubensbekenntnis zu zitieren.

44 MAXIMUS CONFESSOR, Epistulae, PG 91, 460 B.

einsperrt, die allein ihr für göttlichen Rückhalt bürgt, spricht er ihr zugleich ihre Legitimation als gekrönte Kaiserin ab. Es ist unbestritten, dass hier nur Andeutungen sichtbar werden. Sie gewinnen aber an Tiefenschärfe, sobald man sie mit den Texten von Nikephoros vergleicht.

Aufs Ganze gesehen verteidigt Maximus mit seinem konkret greifbaren Protest dieselbe männliche Vorherrschaft wie die Bevölkerung von Konstantinopel: beide sprechen Martina, in ihrer Eigenschaft als Wesen weiblichen Geschlechts, jedes Recht der Machtausübung ab. Man kann sich hier fragen, ob überhaupt eine Unterscheidung zwischen den Argumenten, die die Repräsentation des römischen Staates betreffen, und den von Maximus vorgebrachten Argumenten des christlich-religösen Denkens möglich ist. In beiden Fällen werden Frauen aus Gründen der konventionellen Moral von der Macht ausgeschlossen. Indirekt bestätigt sich in der Haltung von Maximus die Historizität der Ereignisse in Konstantinopel, von denen Nikephoros berichtet.

4. Schluss

Lässt sich hieraus eine Schlussfolgerung ziehen? Kann man das Beispiel von Herakleios und Martina auf die gesamte Gesellschaft übertragen? J. F. Haldon vertritt zu dieser Frage folgende Position:

> One must recall, of course, that figures greatly in the public eye attract more attention, and are often expected to behave more closely in accordance with the codes stipulated by the moral universe, then the rest of the society. But the story is at least indicative.[45]

Unserer Analyse zufolge scheinen im Byzanz des siebten Jahrhunderts zwei Ehemodelle und zwei Verständnisse des Status der Frau vertreten worden zu sein. Das vorherrschende Modell, das gegen die Endogamie der Klans antrat und die Mutter dem legitimen Erben unterwarf,[46] stand für eine Konzeption der Einschränkung des Einflusses der Familien. Die Wirksamkeit dieses Modells lässt sich daran ablesen, dass nach dem fünften Jahrhundert der Gebrauch von Klannamen zur Bezeichnung von Einzelpersonen praktisch verschwunden ist. Eben dieses Modell führte zu den Beschlüssen des Trullanischen Konzils (692), auf dem die Ehe zwischen Geschwisterkindern verboten wurde – eine Rechtslage, an der sich das gesamte byzantinische Mittelalter orientieren sollte.

Andererseits tritt ein zweites Modell zutage, das man als ständig und unterschwellig präsentes *underground*-Modell bezeichnen kann: das Klanmodell, das aus einer bestimmten Bevölkerungsschicht heraus und von einem Teil der byzantinischen Intelligenz abgelehnt wurde.

45 HALDON, Byzantium, 380.
46 Im Rahmen ihrer Stellung als nachgeordneter Person kann dieses Modell der Mutter indessen Garantien und Sicherheiten bieten.

Dieses im östlichen Mittelmeerraum „unterirdisch" verbreitete Modell sperrte die Frau im eigenen Klan ein, indem es ihr einen aus diesem Klan stammenden Ehepartner anbot, was von den Anhängern des vorherrschenden Modells aber als inzestuös bezeichnet wurde. Bei Problemen war – nach den Worten von Herakleios, als er die Ehe als *Privatangelegenheit* bezeichnet hatte – eben der Klan der Rückzugsort und nicht der Staat. Nach diesem Modell hatte die Frau als Mutter innerhalb des Klans gewisse Rechte, und in deren Rahmen konnte sie – auch gegen den legitimen Erben – eine gewisse politische Macht ausüben, die dem entspricht, was man eine *Regentschaft* nennen könnte. Die Souveränität beruhte dann auf der Durchsetzungskraft des jeweiligen Klans, darauf, dass die Machtergreifung des einen Klans zum Nachteil der konkurrierenden Klans akzeptiert worden war. Mit dem Entschluss, auf den Sohn des Herakleios aus erster Ehe zurückzugehen, brachten die Byzantiner ihre Präferenz der männlichen Vorherrschaft zum Ausdruck. Zugleich missbilligten sie ein reines Klanmodell und seine Implikationen, die Regentschaft einer Frau über den Erben einer anderen Familie, und bekräftigten die Staatsmacht, die in Form einer Senatsregierung den Platz einnahm, den Martina unter Zwang hatte verlassen müssen.

Man kann aus der Stärkung der mütterlichen Rechte in der Justinianischen Gesetzgebung und später am Ende des neunten Jahrhunderts aus dem in relativ hohem Umfang zu beobachtenden Wiedererwachen der *nomina gentilia*[47] den Schluss ziehen, dass dieses Familienkonzept, obgleich wohl eine Randerscheinung, in dem, was vom byzantinischen Reich übrig bleiben sollte, weiterhin unterschwellig wirksam war – mit Blick auf ein an der Familie orientiertes Ehemodell und mit Blick auf ein entsprechendes Verständnis der Rolle der Frau.

Dieses Beispiel lädt dazu ein, die Untersuchungen zum Status der Frau im Mittelmeerraum nicht auf juristische Kategorien zu begrenzen, sondern über die Rechtskonflikte hinaus die dynamischen Kräfte und Spannungen zu erfassen, die bei der Herausbildung von Familienkonzeptionen am Wirken sind. Es fordert dazu heraus, die heutzutage schon traditionelle Verknüpfung der Emanzipation der Frau mit der Befreiung aus familiärer Bevormundung zu überdenken und andere antike Beispiele hinzuzunehmen, etwa das vorislamische Arabien, wo sich in starken Klanstrukturen eine gewisse (offensichtlich relative) Freiheit der Frau herausbildete.

Literatur

BEAUCAMP, J., Le statut de la femme à Byzance (IVᵉ–VIIᵉ s.), Bd. 1: Le *droit* impérial, Paris 1990.

–, *Incapacité* féminine et rôle public à Byzance, in: S. Lebecq/A. Dierkens/R. Le Jan/

47 Vgl. HALDON, Byzantium, 382.

J.-M. Sansterre (Hg.), Femmes et pouvoirs des femmes à Byzance et en Occident (VIe–XIe siècle), Lille 1999, 23–36.

Bonte, P. (Hg.), *Epouser* au plus proche, Inceste, prohibitions et stratégies matrimoniales autour de la Méditerranée, CeS 89, Paris 1994.

Boudignon, C., Le pouvoir de *l'anathème*, ou Maxime le Confesseur et les moines palestiniens du VIIe siècle, in: A. Camplani/G. Filoramo (Hg.), Fondations of power and conflicts of authority in Late-Antique Monasticism, OLA 157, Leuven/Paris/Dudley 2007, 245–274.

–, Maxime était-il *constantinopolitain?*, in: B. Janssens/B. Roosen/P. van Deun (Hg.), Philomathestatos, OLA 137, Leuven-Paris/Dudley 2004, 11–43.

Cameron, A., *Circus* Factions. Blues and Greens at Rome and Byzantium, Oxford 1976.

Corbier, M., *Enjeux*, in: P. Bonte (Hg.), Epouser au plus proche, Inceste, prohibitions et stratégies matrimoniales autour de la Méditerranée, CeS 89, Paris 1994, 243–291.

Corpus Iuris Ciuilis, Bd. I: *Institutes*, hg. von P. Krüger; *Digesta*, hg. von Th. Mommsen; Bd. II: *Codex Iustinianus*, hg. von P. Krüger; Bd. III: *Novellae*, hg. von R. Schöll/W. Kroll, Berlin 1892–1895 (Neuausgabe Berlin 1945–1963).

Chronicon Paschale, Bd. I–II, hg. von L. Dindorf, Corpus Scriptorum Historiae Byzantinae, Bonn 1832.

Dante Alighieri, Die göttliche Komödie, übers. von H. Gmelin, Stuttgart 1994.

Gaius, *Institutiones*, hg. von M. David, Studia Gaiana 1, Leiden 1964.

Garland, L., *Byzantine Empress*, Routledge, London/New-York 1999.

Haldon, J. F., *Byzantium* in the seventh century. The transformation of a culture, Cambridge 1997.

Maximus Confessor, *Epistulae*, in: PG 91.

Moreau, P., *Incestus* et prohibitae nuptiae. L'inceste à Rome, Paris 2002.

–, Le *mariage* dans les degrés rapprochés, in: P. Bonte (Hg.), Epouser au plus proche, Inceste, prohibitions et stratégies matrimoniales autour de la Méditerranée, CeS 89, Paris 1994, 54–78.

Morisset, C., *L'Augusta* sur les monnaies d'Héraclius, Eudocie ou Martine?, RNum 152, 1997, 453–456.

–, *Commentaire* à l'article de Zuckermann, La petite Augusta, RNum 150, 1995, 123.

Nicephorus, Patriarchus Constantinopolitanus, *Short History*, hg. von C. Mango, Washington 1990.

Tacitus, P. C., Annalium Libri XVI, hg. von R. Fisher, Oxford Classical Texts, Oxford 1906.

Theodosianus, Theodosiani Libri XVI cum constitutionibus Sirmondianis, hg. von Th. Mommsen/P. Meyer u. a., Berlin 1905.

Theophanes, *Chronographia*, hg. von C. de Boor, Bd. I–II, Leipzig 1883–1885.

Van Dieten, J. L., *Geschichte* der Patriarchen von Sergios I. bis Johannes VI. (610–715), Amsterdam 1972.

Zuckermann, C., La petite *Augusta* et le turc. Epiphania-Eudocia sur les monnaies d'Héraclius, RNum 150, 1995, 113–126.

Yehoshua Frenkel

Marriage and Family in Mamluk Palaces

During the twelfth and thirteenth centuries, violent upheavals swayed the Islamic political structure of the Near East. The ruling dynasties in the Fertile Crescent disintegrated during the years of the long struggle with the Latin Kingdom of Jerusalem (1099–1291) and the bloody confrontation with the Mongols (who invaded Syria several times). Under these circumstances, the reins were seized by a battalion of slave-soldiers (Mamluks) who ascended the throne in the Citadel of Cairo. While theoretically the head of state was the Abbasid Caliph, who found refuge under the Mamluk canopy following the razing of Baghdad in 1258, the manumitted Mamluk officers functioned as the practical rulers of Egypt and Syria. Their leader was a sultan who presented himself as the commander of the Muslim armies, the destroyer of Islam's enemies and guardian of the Abode of Islam.

The most striking features of Mamluk society in Egypt and Syria (1250–1517) were the division of labor and the structure of the power hierarchy. The indigenous population was blocked from joining the highest military ranks. Slave-soldiers who were recruited from outside Islamic countries constituted the backbone of the regime. Ideally, only these manumitted slaves, who were born as heathens and converted to Islam upon their arrival in the Near East, could ascend to the top of society. The contemporary politico-social imagination restricted, theoretically, the governing positions to those who could fulfill the duty of *jihad*.[1] The Muslim jurists legitimized the sultan's rule as a time-bound position.[2]

Being first-generation Muslims, the Mamluks differed ethnically and ancestrally from the local civilian population. Among other distinguishing features was the fact that as outsiders in the Islamic world, the Mamluks could not boast about their family tree.[3] Although some Mamluks claimed to have a royal lineage, such an assertion was pointless in the context of their new society. This surely changed in the second generation. Sons and daughters of amirs and sultans enjoyed a different status in the wedding market. They could rely on their fathers' merits and on their social networks.

Mamluk officers constructed families according to Islamic sacred law: they sanctioned polygamous marriage, divorce, and concubinage, and they fathered patriarchal families. Mamluk chroniclers widely employ terms that re-

---

1 Cf. NORTHRUP, Bahri, 244–245.
2 Cf. KHADDURI/LIEBESNY, Law, 22–23; BLACK, History, 141–143.
3 Cf. AYALON, Mamluk, 205–210.

flect the significance of blood connections and of "the ties of the uterus."[4] Their marriages were accomplished in three stages: engagement, betrothal and wedding.[5]

This chapter will concentrate only on wedding ceremonies of the Mamluk military class. I will focus on social and political aspects of family and kinship of this class, as well as on the status of female members of the governing elite. My "hypothèse de travail" is based upon two complementary assumptions:

Firstly, kinship is a form of social relationship and is an element in a wider social structure.[6] Secondly, there is a correlation between social roles and the structure of relations between the individuals that compose a given society. Specifically, marriage patterns and lineages reflect social values, political formations, and ideology.

1. Wedding Ceremonies Staged in the Public Sphere

To validate these working hypotheses, I will open with a condensed report of wedding ceremonies, taken mainly from contemporary chronicles and biographies.[7] My intention in this section is to concentrate on the phenomenology of the accounts, primarily on the descriptions of events.

Dozens of contemporary accounts from Cairo[8] and Damascus[9] report marriage processions and nuptials. Sometimes these occasions were staged as public events.[10] As in other sorts of festive events, such as circumcision feasts, wedding processions (*zaffa*) that escort the bride to her new dwelling[11] seem also to have been used as a way for the host to demonstrate his wealth, strength, and status.[12] We see these status symbols vividly depicted in reports

---

4   Expressions of familial relations were manipulated to convey political contacts. Thus Mamluk commanders wrote in hope to avoid military confrontation to the opponent: "you are our father, brother and master." IBN TAGHRI BIRDI, al-Nujum, XII,205 (l. 10).

5   Goitein asserts that Jewish marriage in medieval Islamic lands was principally the same. Cf. GOITEIN, Mediterranean, III,80.

6   I am aware of the debate among social scientists concerning the correct usage of the term "kinship," thus I hope to avoid an etic approach and rather concentrate on an emic one. In this chapter, I will use the term *kinship* only to describe the genealogical relations (real or inventive) among the manumitted Mamluk slave-soldiers. Cf. HARRIS, Kinship, XX.

7   Research first presented in FRENKEL, Mamluk.

8   Cf. IBN IYAS, Bada'i', IV, 81, 196 (ll. 15–19; 916/November 1515); AL-ʿAYNI, ʿIqd, 162 (786/May 1384); IBN HAJAR AL-ʿASQALANI, Inba'a, IV, 95.

9   Cf. IBN HIJJI, Ta'rikh, I,122 (797/1395); 143 (798/1395).

10 This does not preclude celebrating such events privately (hafiyat^an). Cf. IBN TAWQ, al-Taʿliq, I,53 (l. 11).

11 On the subject of marriage ceremonies in the early twentieth century, cf. EL-MESSIRI, Ibn al-balad, 67, 75.

12 Cf. IBN TAGHRI BIRDI, al-Nujum, IX, 101 (the wedding of Anuk in Cairo, 732/1332).

of the transportation of the bride's dowry (*jihaz*), particularly in accounts of daughters or brides of notables or high-ranking officers.[13]

Sultans and governors organized these events as shows at which the guests could mingle,[14] creating an occasion for civilians and army commanders to participate in a spectacle that would also produce a mood of solidarity.[15] Thus, for example, the famous Mamluk historian Abu al-Maḥasin Ibn Taghri Birdi (811–875/1409–1470) provides a detailed description of a wedding celebration in Cairo (854/April 1450):

Wednesday 16th of Rabiʿ the first [29 April]. On this day was the start of the wedding of the sultan Jaqmaq's daughter to Uz-Bak. The sultan on the day mentioned made a huge fest for the amirs in the Sultan's Enclosure (*ḥawsh*).[16] On the next day, the sultan prepared a great wedding celebration in the home of her maternal uncle, Kamal al-Din al-Barizi, his personal secretary, in Cairo's Turner Bazaar. This was the wedding ceremony for the women. The ceremony for the men was given in the home of the husband [Amir Uz-Bak], outside the Zuwayla Gate [that is] in his palace which had been built by Qiz Ṭughan (Turkish Qız Tuġan), the major-domo.

At the end of the day mentioned, after the sunset prayer, Uz-bak rode from his home and proceeded until he alighted in a reception-chamber near the Tentmakers' Bazaar. Then after the last evening prayer of the day, with the amirs and notables walking before him, and with the amirs carrying candles in front of his horse, he re-mounted and continued riding wearing a double robe of golden embroidered satin. The kadi Kamal al-Din Ibn al-Barizi, the judge Muḥibb al-Din Ibn al-Ashqar, controller of the army, and the secretary Jamal al-Din, controller of privy funds, led the others. [Uz-bak] walked before his horse until he reached the house of the kadi Kamal al-Din Ibn al-Barizi, dismounted, and entered the court of the wedding. The Sultan's daughter was displayed to him, and they consummated the marriage.

The wedding was not very magnificent, but was like the weddings of any prominent man; her trousseau [*shawar*],[17] however, was most unusual; it was not carried on the heads of porters as was usually the case in transporting the bride's luggage, but was taken out from the storehouses, then set up in "the house of the entrance" [where the husband consummated the wedding] – I mean, the house of her maternal uncle, the judge Kamal ad-Din, the confidential secretary.

When the arrangement of the trousseau [*jihaz*] was finished and the house was in

13 Cf. AL-BIQAʾI, Izhar, I,395; IBN QAḌI SHUHBA, Taʾrikh, IV, 17.

14 Cf. LEWICKA, Shafi, 203–207 (the narrative of Qalawun's marriage highlights the political aspects of marriage and of wedding parties) and 208–17 (the marriage contract between Baybars' son and Qalawun's daughter); AL-JAZARI, Taʾrikh, II,182, 184–185, 198–199, 524–525; IBN IYAS, Badaʾiʿ, I ,351; IV,29.

15 Cf. AL-BIQAʾI, Izhar, 276–278 (861).

16 In describing the Ayyubid period architecture, Doris Behrens-Abouseif renders the term ḥawsh as "a park in the private part of the [citadel of Cairo] complex" (BEHRENS-ABOUSEIF, Islamic, 83); while Nasser Rabbat renders it as "square" (RABBAT, Citadel, 32).

17 Literally "the kitchen utensils."

order, the men at that time were given permission to enter and look at the trousseau; and the men saw garments, brocades, all kinds of furs, crystal vessels, ornaments of precious metal, and art objects of inscribed porcelain, which astounded and confounded them.

I was among those who went in and I saw garments such as I had never seen before that date, despite the fact that I had seen not a little of this kind; for my sister, the princess [khwand] Fatima, was the wife of the sultan al-Nasir Faraj the son of Barquq, and was the Grand Princess and mistress of the royal Court, until al-Malik al-Nasir died while still her husband. The first wife of my father's was the princess the daughter of the sultan al-Malik al-Mansur Hajji (d. 792/1390), and his second was the princess [khwand] Hajj Mulk, the daughter of Ibn Qara and a former wife of the sultan al-Malik al-Zahir Barquq. I saw their garments and goods and precious objects from one time to the next until today, and they were very many; but with all this I have not seen – nay more, I have not heard of a trousseau like this one, not in quantity and not in beauty, nor in what it contained of all kinds of brocaded drapes, scarves decorated with huge pearls, and varieties of art objects which no princess before her had attained.[18]

The ceremonies and processions mentioned above were not inexpensive events. As with other types of pageants, it is safe to conclude that wedding celebrations were a part of the Mamluk elite code of rank and prestige. These staged public events projected the rulers' power and wealth.[19] The exposure of these elite Mamluk women to the public during the nuptials reflects their role in the public sphere. These women had a status and position in social networking, as can also be deduced from reports on royal pilgrimage and pious foundations.[20] Narrating the departure of Sultan Faraj from Cairo (in 814/ 1412), Ibn Taghri Birdi provides the following description:

[Then] the sultan's harem rode out. Seven camels were loaded with litters covered by a canopy made of silk and colored velvet. The litter of my sister differed. It was covered with fabric embroidered with gold and silver. This was due to her high position as the senior lady who was in charge of the sultan's private hall. About thirty camels loaded with litters[21] covered by silk and woolen fabric[22] walked at the convoy's rear.[23]

Accumulation of capital and property enabled elite Mamluk women to direct their attention to philanthropy. Construction that they patronized reflected their high position.[24] Thus, for example, Shirin, Barquq's concubine, built an

18 Ibn Taghri Birdi, Hawadith, I,255–256; cf. Idem, History, 46–47.
19 Cf. Shoshan, Popular, 70–76.
20 Cf. Ibn Iyas, Bada'i', III,104, IV,70 (ll. 13–15); Ibn al-Himsi, Hawadith, II,257; Johnson, Royal Pilgrims, 107–131.
21 The description is of a type of litter (hawdaj). Cf. Young, Ka'ba, 290.
22 On the subject of this cloth, cf. Wansbrough, Mamluk, 212.
23 Ibn Taghri Birdi, al-Nujum, XIII,134; cf. Wolff, How Many, 29–31.
24 For a description of a similar state of affairs in the pre-Mamluk era, see Humphreys, Women as Patrons of Religious Architecture in Ayyubid Damascus, 35–54.

asylum for poor women in Mecca and paid for the repair of her son's tomb.[25] Inal's wife Zaynab dedicated a considerable portion of her wealth to constructing social institutions; in Mecca, for example, she built houses to accommodate widows[26] and funded schools.[27]

These accounts of women's patronage indicate that in Mamluk times, the public sphere was not exclusively a male venue. From contemporary sources,[28] we learn that numerous Mamluk women (wives and daughters of the ruling echelon) did not behave in line with the ideal seclusion model, which some puritan Muslim religious scholars attempted to enforce.[29] This visibility is illustrated in the accounts of public events, which clearly reflect the social imagination of the Mamluk ruling classes.

2. Mamluk Marriage Patterns

Marriages served as a tool to strengthen Mamluk officers' households. Endless reports, short and long, illuminate this phenomenon. Mamluk households were part of a complex social organization and served as the cornerstone of a patriarchal society. Biographies of sultans and amirs provide sufficient evidence to identify the typical Mamluk elite family. Polygamous marriages were the common pattern among them. Sultans and army officers often married more than a single wife and acquired slave-girls as concubines.[30]

Sultan Barquq (floruit 784–801/1382–1399) had six children, three of them boys whose mothers are named in the sources.[31] A Greek concubine named Shirin[32] gave birth in 791/1398 to the prince Faraj,[33] Barquq's eldest son. Another concubine, a Turkish slave-girl named Qunnuq-Bey (d. 835/1432), bore al-Malik al-Manṣur ʿAbd al-ʿAziz,[34] a second prince and heir of Barquq. A

25 Cf. AL-SAKHAWI, al-Ḍawʿ al-lamiʿ, XII,70 (no. 427); IBN TAGHRI BIRDI, al-Manhal, VI,316–317 (no. 1199).
26 Cf. MORTEL, Ribaṭs, 47.
27 Cf. MORTEL, Madrasas, 248.
28 Cf. LUTFI, Al Sakhawi's, 104–124; GILADI, Child, 367–386.
29 Cf. HANNE, Women, 82.
30 The fact that Mamluk commanders would often have large harems implies the recruitment of eunuch servants to maintain the harems. Cf. IBN TAGHRI BIRDI, al-Nujum, XIV, 103 (801/June 1399), AL-NUJUM, XIII,168, XVI,185,292,326–27; AL-SAKHAWI, al-Ḍawʿ al-lamiʿ, XII, 68–69 (no. 417); IBN HAJAR AL-ʿASQALANI, Inbaʾa IV,27; MARMON, Eunuchs; AYALON, Studies – I,214; AYALON, Eunuchs; IBRAHIM, Residential, 52.
31 IBN TAGHRI BIRDI, al-Nujum, XII,81, describes the circumcision of two of Barquq's sons. At the citadel, he gave a party that was open to women only.
32 AL-SAKHAWI, al-Ḍawʿ al-lamiʿ, XII,69 (no. 427). Shirin claims there that she was Barquq's cousin ("wakanat ibnat amm sayyidiha").
33 Cf. IBN TAGHRI BIRDI, al-Nujum, XII,168 (l. 6); XIII,149 (l. 20); Faraj married several wives. Cf. Ibn Taghri Birdi, al-Nujum, XIII,185.
34 On her reaction to the coup that led to her son's enthronement, cf. IBN TAGHRI BIRDI, al-Nujum, XII,331 (l. 5).

freeborn Syrian woman, named K*hwand* Baraka, was the mother of Ibrahim, Barquq's third son.[35]

Sultan al-Ẓahir Jaqmaq (floruit 842–857/1438–53) had several wives, who gave birth to a number of princesses. One of his wives was Mughul (b. Cairo Ramadan 803/1403 d. 876/July 1472), the daughter of the judge Naṣir al-Din Muḥammad b. al-Barizi.[36] Mughul's brother, Kamal al-Din Muḥammad, served as the confidential secretary to Jaqmaq.[37]

The biography of Sultan al-Ashraf Bars-Bay (fl. 825–841/1422–37) sheds additional light on the polygamous model of the family. In addition to the ex-wife of Amir Duqmaq, his late master, and his own concubine, Julubban (d. Shawwal 839/April 1436), Bars-Bay married an Ottoman princess. A fourth female companion of his was an unnamed Circassian concubine. When he passed away, she was already pregnant, soon giving birth to a son named Aḥmad (d. in Cairo in 868/1463). An officer named Qarqamas married her and took care of the orphan.[38]

Sultans' wives and concubines gave birth to royal princes,[39] some of whom became sultans' heirs. As mothers of high-ranking sons, the wives and concubines garnered social capital.[40] This can be seen in entries from the chronicles. A short note by Ibn Taghri Birdi sheds light on his own family of origin. His father had ten offspring, six boys and four girls.[41] A similar note by the historian Ibn Iyas about the death of his father describes a Mamluk household in the closing years of the sultanate. He was a second-generation freeborn Mamluk. In his 84 years, he fathered 25 children, without accounting for miscarriages.[42]

We can thus assume that the issues of marriage, reproduction, and kinship were of strategic importance for the Mamluk military class, as they were in all social strata.[43] Focusing on fortifying their social positions and networks, the Mamluk horsemen and officers crafted a matrimonial strategy for social reproduction and integration.[44]

Based upon the rich details in the chronicles, it is fair to deduce that while Mamluks often wedded daughters of their masters,[45] wedding the manu-

35 Cf. AL-ʿAYNI, ʿIqd, 498; IBN TAGHRI BIRDI, al-Nujum, XII,106 (ll. 6–8).
36 Cf. PETRY, Geographic, 174 (and note 14); Mughul was married twice before being wedded to Jaqmaq, then a promising army commander. Perhaps she is the unnamed daughter of al-Barizi whom Dawud b. Kuwayz married on an unknown date. Cf. IBN HIJJA AL-HAMAWI, Qahwat al-insha, 68–72.
37 Cf. IBN HAJAR AL-ʿASQALANI, Inbaʾa IV,97; PETRY, Civilian, 206–207.
38 Cf. IBN TAGHRI BIRDI, al-Nujum, XVI,329.
39 Cf. IBN TAGHRI BIRDI, al-Nujum, XII,57 (l. 16).
40 Cf. IBN TAGHRI BIRDI, al-Nujum, XIV,81 (ll. 9–10).
41 Cf. IBN TAGHRI BIRDI, al-Nujum, XIV,118.
42 Cf. IBN IYAS, Badaʾiʿ, IV, 47 (ll. 11–16).
43 Cf. PEIRCE, Imperial, 28. MARCUS, Middle East, 202–204.
44 Cf. BOURDIEU, À propos, 35; BOURDIEU, Stratégies, 5–6.
45 Cf. IBN IYAS, Badaʾiʿ III: 184 (l. 22) –185.

mitted slave-girls of their patrons was also not unknown.[46] The sources often report on marriage alliances between high-ranking Mamluk officers[47] and on officers marrying widows of sultans and other senior governors.[48] These marriage patterns clearly reflect a strong sense of familiarity among the governing military elite, as well as the patriarchal structure of the familial cell. We can see evidence of this theory in numerous accounts of such marriages.[49]

Sultan al-Malik al-Nasir al-Din Faraj b. Barquq (801–815/1399–1412), in his capacity as the legal guardian of his sisters, validated their marriage contracts by inscribing his signature on the documents. Reporting on this event, the historian Ibn Taghri Birdi concludes: "at this juncture, the three sisters of the sultan were married to army commanders who were in his service."[50] The political implications of marriage bonds are also illuminated by the account of the power struggle between two Mamluk magnates (in 807/August 1404).[51]

The political weight of royal mothers and princesses can also be seen from the steps that were taken against them.[52] Sultan Qansuh al-Ghawri (1501–16) demanded a considerable sum of money from Asal-Bey, and for several days he subjected her to harsh treatment. Only the interference of some high-ranking officials saved her from deportation to Arabia.[53] Later on, as she made the pilgrimage to Arabia (914/1508),[54] Sultan Qansuh al-Ghawri, who feared her popularity in Cairo, compelled her to reside in Mecca.[55]

3. Conclusion

The first section of this essay analyzed several descriptions of weddings and events. The second part offered some explanations of the social strategy of the Mamluks.

Marriage among the Mamluk elite also served as a political tool. A wedding ceremony offered an opportunity to stage a presentation that reflected wealth and power. The public appearance of Mamluk women during these ceremo-

46 Cf. Ibn Iyas, Bada'i', IV,87 (l. 6); 99–100, 107; al-Sakhawi, al-Daw' al-lami', XII, 32 (no. 188).
47 Cf. Ibn Taghri Birdi, al-Nujum, XIV,100 (ll. 11–13); 145 (ll. 6–8).
48 Cf. Ibn Taghri Birdi, al-Nujum, XI,6 (l. 7); 84. Ibn Taghri Birdi, al-Manhal, vol. VII, 31 (no. 1288); al-Sakhawi, al-Daw' al-lami', XII, 27 (no. 150, 155), 33 (192), 33 (196); Ibn Tulun, I'lam al-wara, 89–90; Ibn Iyas, Bada'i', III, 426 (ll. 14–15), III,469.
49 Cf. Ibn Iyas, Bada'i', III,429, 444; Ibn Taghri Birdi, al-Nujum, XVI,64, 119.
50 Ibn Taghri Birdi, al-Nujum, XII,297–298.
51 Cf. Ibn Taghri Birdi, al-Nujum, XII,203–204. This episode should be seen in the wider contexts of factional strife that dominated the Mamluk political scene for years. Levanoni, Turning Point, 90–92.
52 Cf. Ibn Iyas, Bada'i', IV,11 (l. 19), 20 (ll. 12–17).
53 Cf. Ibn Iyas, Bada'i', IV,11 (l. 19), 20 (ll. 12–17).
54 Cf. Ibn Iyas, Bada'i', IV,131.
55 Cf. Petry, Twilight, 156.

nies indicated their lofty position. This was in line with their political and social roles, as is shown in reports on royal pilgrimages, pious endowments, and
expulsion from the capital.

It is accurate to draw a second inference from the accounts presented in this
paper. Marriages fortified ties among the governing elite, supported networks,
and strengthened households. Mamluk women were instrumental in building
these networks. The union between a manumitted slave-soldier or an army
officer and the daughter, widow, or concubine of a top figure in the Mamluk
warrior class was a keystone of the social-political network. It strengthened
the alliance between the men involved.

We also see from the data analyzed above that Mamluk women preserved
some degree of political weight and had a certain role in behind-the-scenes
political maneuvers. Even though Mamluk women married, divorced, and
lived according to Islamic holy law, their marriage ceremonies nevertheless
differed from the rituals of civilian women. As a consequence of the political
implications of marriage, military-class women gained a social status that urban women lacked.

Bibliography

AYALON, D., *Eunuchs*, Caliphs and Sultans: A Study of Power Relationships, Jerusalem 1999.

–, *Mamluk* Military Aristocracy – A Non-Hereditary Nobility, JSAI 10, 1987, 205–
210.

–, *Studies* on the Structure of the Mamluk Army – I, BSOAS 15, 1953, 203–228.

–, *Studies* on the Structure of the Mamluk Army – III, BSOAS 16, 1954, 57–90.

al-ʿAYNI, BADR AL-DIN MAḤMUD IBN AḤMAD, ʿIqd al-Juman fi taʾrikh ahl al-zam-
man [The years of Barquq, 784–801/1382–1399], ed. by I. U. Shukri, Cairo 2002.

BEHRENS-ABOUSEIF, D., *Islamic* Architecture in Cairo: An Introduction, Leiden 1992.

al-BIQAʾI, BURHAN AL-DIN IBRAHIM B. ʿUMAR B. ḤASAN, *Iẓhar* al-ʿaṣr li ʿisrar ahl al-
aṣr [taʾrikh al-biqaʾi], vol. I–II, ed. by Muḥammad Salim bin Shadid al-ʿAwfi,
Cairo 1992/Riyadh 1992–1993.

BLACK, A., The *History* of Islamic Political Thought: From the Prophet to the Present, London 2001.

BOURDIEU, P., *À propos* de la famille comme catégorie réalisée, Actes RSS 100, 1993,
32–36.

–, *Stratégies* de reproduction et modes de domination, Actes RSS 105, 1994, 3–12.

FRENKEL, Y., *Mamluk* ʿUlama on Festivals and Rites de Passage: Wedding Customs
in 15th Century Damascus, unpublished paper, Leuven 2005.

GILADI, A., "The *Child* Was Small . . . Not So the Grief for Him": Sources, Structure,
and Content of al-Sakhawi's Consolation Treatise for Bereaved Parents, Poetics
Today 14, 1993, 367–386.

GOITEIN, S. D., A *Mediterranean* Society: The Jewish Communities of the Arab World
as Portrayed in the Documents of the Cairo Geniza, vol. III: The Family, Berkeley
1978.

HANNE, E., *Women,* Power, and the Eleventh- and Twelfth-Century Abbasid Court, Hawwa 3, 2005, 80–110.

HARRIS, C. C., *Kinship,* Milton Keynes 1990.

HUMPHREYS, R. S., *Women as Patrons of Religious Architecture in Ayyubid Damascus,* Muqarnas 11, 1994, 35–54.

IBN HAJAR AL-ʿASQALANI, SHIHAB AL-DIN AHMAD B. ʿALI, *Inbaʾ* al-ghumar bi-ʿabna al-umar [fi al-Tarikh] [informing the inexperienced with data on the contemporaries], vol. IV, ed. by H. Habashi, Cairo 1418/1998.

IBN AL-HIMSI, SHIHAB AL-DIN AHMAD B. MUHAMMAD, *Hawadith* al-zaman wawafiyyat al-shuyukh wal-aqran, vol. I, ed. by U. A. al-Tadmuri, Beirut 1419/1999.

IBN HIJJA AL-HAMAWI, TAQI AL-DIN ABU BAKR ALI, *Qahwat al-insha,* ed. by R. Wesely, Biblioteca Islamica 36, Beirut 2005.

IBN HIJJI AL-DIMASHQI, SHIHAB AL-DIN ABU AL-ABBAS AHMAD AL-SAʿDI AL-HASBANI, *Taʾrikh* ibn hijji: hawadith wa-wafayat 796–815/1393–1413, vol. I–II, ed. by A. al-Kundari, Beirut 2003.

IBN IYAS AL-HANAFI, MUHAMMAD B. AHMAD, An Account of the Ottoman Conquest of Egypt in the year A. H. 922 (A. D. 1516), trans. W. H. Salmon, London 1921.

—, *Badaʾiʿ* al-zuhur fi waqaʾiʿ al-duhur [Die Chronik des Ibn Ijas], vol. I, III, IV, ed. by M. Mustafa, Wiesbaden 1975 (reprinted Cairo 1402–04/1982–84; Dar al-Kutub 2008).

AL-JAZARI, SHAMS AL-DIN MUHAMMAD B. IBRAHIM, *Taʾrikh* Ibn al-Jazari al-musamma Hawadith al-zaman wanbaʾihi wawafayat al-akabir wal-ʿayan min abnaʾihi al-maʿruf bi-taʾrikh Ibn al-Jazari, vol. II, ed. by A. A. al-Tadmuri, Beirut 1419/1998.

IBN QADI SHUHBA, TAQI AL-DIN ABU BAKR B. AHMAD, *Taʾrikh,* vol. IV, ed. by A. Darwish, Damascus 1997.

IBN TAGHRI BIRDI, ABU AL-MAHASIN JAMAL AL-DIN YUSUF, *Hawadith* al-duhur fi mada al-ayyam wal-shuhur, vol. I, ed. by M. K. Izz al-Din, Beirut 1410/1990.

—, *al-Manhal* al-safi wal-mustawfaʾ baʿda al-wafi, vol. VII, ed. by M. M. Amin, Cairo 1994.

—, *al-Nujum* al-Zahirah fi Muluk Misr wa-al-Qahirah, vol. IX, XI–XIV, XVI, Cairo, 1963–1972.

—, *History* of Egypt, transl. by W. Popper, New Haven 1967.

IBN TAWQ, SHIHAB AL-DIN AHMAD, *al-Taʿliq,* yawmiyyat Shihab al-Din Ahmad b. Tawq. mudhdhakirat kutibat bi-dimashq fi awakhir al-ʿahd al-mamluki 885–908/1480–1502 [la vie quotidienne a Damas a la fin de l'epoque mamelouke], vol. I, ed. by Jaʿfar al-Muhajer, Damascus 2000.

IBN TULUN, SHAMS AL-DIN MUHAMMAD B. ALI AL-SALIHI, *Iʿlam al wara* biman waliya naʾiban min al-atrak bi-dimashq al-sham al-kubra [The notification of mankind about the governors of Damascus], ed. by M. A. Duhman, Damascus 1964/1984.

IBRAHIM, LAILA ʿALI, *Residential* Architecture in Mamluk Cairo, Muqarnas 2, 1984, 47–59.

JOHNSON, K., *Royal Pilgrims:* Mamluk Accounts of the Pilgrimage to Mecca of the Khawand al-Kubra (senior wife of the sultan), Studia Islamica 91, 2000, 107–132.

KHADDURI, M./LIEBESNY, H. J., *Law* in the Middle East: Origin and Development of Islamic Law, Washington 1955.

LEWICKA, P. B., *Shafi* b. Ali's Biography of the Mamluk Sultan Qalawun, Warsaw 2000.

LEVANONI, A., A *Turning Point* in Mamluk History: The Third Reign of al-Naṣir Muhammad Ibn Qalawun (1310–1341), Leiden 1995.

LUTFI, H., *Al Sakhawi's* Kitab al-Nisa as a source for the social and economic history
  of Muslim women during the fifteenth century A.D., Muslim World 71, 1981,
  104–124.

MARCUS, A., The *Middle East* on the Eve of Modernity: Aleppo in the Eighteenth
  Century, New York 1989.

MARMON, S.E., *Eunuchs* and Sacred Boundaries in Islamic Society, New York/Oxford
  1995.

EL-MESSIRI, S., *Ibn al-Balad*: A Concept of Egyptian Identity, Leiden 1978.

MORTEL, R.T., *Madrasas* in Mecca during the Medieval Period: A Descriptive Study
  Based on Literary Sources, BSOAS 60, 1997, 236–252.

–, *Ribaṭhs* in Mecca during the Medieval Period: A Descriptive Study Based on
  Literary Sources, BSOAS 61, 1998, 29–50.

NORTHRUP, L.A., The *Bahri* Mamluk Sultanate, 1250–1390, in: C.F. Petry (ed.), The
  Cambridge History of Egypt, vol. I: Islamic Egypt 640–1517, Cambridge 1998,
  242–289.

PEIRCE, L.P., The *Imperial* Harem: Women and Sovereignty in the Ottoman Empire,
  New York/Oxford 1993.

PETRY, C.F., The *Civilian* Elite of Cairo in the Later Middle Ages, Princeton, 1981.

–, *Geographic* Origins of Diwan Officials in Cairo during the Fifteenth Century, Journal of the Economic and Social History of the Orient 21, 1978, 165–184.

–, *Twilight* of Majesty: The Reigns of the Mamluk Sultans al-Ashraf Qaytbay and
  Qansuh al-Ghawri in Egypt, Seattle 1993, 46–47.

RABBAT, N.O., The *Citadel* of Cairo: A New Interpretation of Royal Mamluk Architecture, Leiden 1995.

AL-SAKHAWI, SHAMS AL-DIN MUḤAMMAD B. ʿABD AL-RAḤMAN, *al-Ḍawʾ al-lamiʿ* li-
  ahl al-qarn al-tasiʿ, vol. XII, Beirut (no date).

SHOSHAN, B., *Popular* Culture in Medieval Cairo, Cambridge 1993.

WANSBROUGH, J., A *Mamluk* Letter of 877/1473, BSOAS 24, 1961, 200–213.

WIET, G., Un chandelier en cuivre au nom de la sultane Fatima épouse du sultan
  Mamlouk Qaitbay, Syria 47, 1970, 345–355.

WILLIAMS, C., Islamic Monuments in Cairo: A Practical Guide, Cairo 1993.

WINK, A., Al-Hind: The Making of the Indo-Islamic World, vol. II, Leiden 1990–
  2004.

WOLFF, A., *How Many* Miles to Babylon? Travels and Adventures to Egypt and Beyond, From 1300 to 1640, Liverpool 2003.

YOUNG, W., The *Kaʿba* and the rites of pilgrimage, IJMES 25, 1993, 285–300.

Miriam Frenkel

Slavery in Medieval Jewish Society under Islam
A Gendered Perspective

1. Introduction

Documents found in the Cairo Geniza[1] have given us a glimpse of the continuing historical discussion about slavery in the Jewish communities of Muslim countries in the Middle Ages, allowing us to see how it both reflected and
shaped existing social patterns and systems of thought. S. D. Goitein and
M. A. Friedman have already explored and published most of the Geniza
documents relating to slavery in that society,[2] and this article adds only a few
new data points about the subject. It is my intention, relying on the infra-
structural research laid down by Goitein and Friedman, to examine the institution of slavery in Geniza society[3] in the context of gender relations and to
suggest that slavery fitted into the broader system of masculine dominance.

I will begin with a general survey of the acceptance of slavery in Jewish
medieval society and of the place it occupied in it. Then I will provide a short
survey of the characteristics of slavery in that society, showing the ways in
which slavery was class-structured, centered around urban and domestic societies and designated for the leisure culture of the rich trading elite. Next I
will show that slavery was deeply rooted in the general structure of gender relations and hence constituted one more aspect of male dominance. I will try
to show that this dominance was achieved through the purchase, exclusive
control, and sexual exploitation of slaves, as well as through their integration
into Jewish society.

---

1   The Cairo Geniza is a hoard of almost 280,000 Jewish manuscript fragments that were found
    in the store room of the Ben Ezra Synagogue, the Basatin cemetery and several other places in
    Fustat, nowadays Old Cairo. Most of the documents were written in the Judaeo-Arabic lan-
    guage and they emanate from the 9th century to as late as the 19th century. The materials in-
    clude a vast number of books alongside non-literary materials such as court documents, legal
    writings, personal and communal correspondence. Cf. GOITEIN, Mediterranean, I,1–28.
2   Cf. GOITEIN, Mediterranean, I,130–147,431 note 1 (for previous research about this topic);
    FRIEDMAN, Jewish Polygyny, 291–335; IDEM, Master, 56–63; and IDEM, Two Responsa, 165–
    181.
3   I use the term "Geniza society" to denote the Jewish society of the medieval Mediterranean
    world in the 10th–13th centuries. This term was coined by S. D. Goitein in his monumental
    work cited above.

2. The concept of slavery

Slaves constituted an indispensable component of Jewish society at that time, and slavery was seen as a natural and unquestioned social phenomenon.[4] The wide acceptance of slavery, however, did not mean that medieval Jews did not respect the claims of morality. On the contrary, they valued humility, solidarity, mutual help, and consideration, just as they opposed exploitation and brutal competition (*munāfasah*), which was closely associated with arrogance and vanity (*tashāmuḥ*).[5] In spite of this moral code, slavery was believed to be an indispensable part of the human condition within the divine plan for the world, and there is no evidence to indicate any moral reluctance about buying, selling, or owning slaves. This worldview was the legacy of the ancient world on the one hand and the consequence of Islamic influence on the other. Regardless of the roots of slavery, it was the *halakha*, the Jewish sacred law, which ensured the institution's survival. Authoritative statements emanating from the Jewish academies (*yeshivot*) and from the Jewish religious leaders (*geonim*) created and supported a consensus of opinion on this issue. Very few statements in the vast halakhic literature deliberately condemn the keeping of slaves. One of these rare condemnations is by Maimonides: "He who multiplies bondsmen multiplies sin and inequity every day in the world, whereas if poor people are members of his household, he adds to merits and fulfillment of commandments every hour."[6]

Although slavery won broad and deep acceptance, medieval Jewish society was not considered a "slave society": its slaves did not play a vital role in production, but rather they served to sustain the society's social stratification.

3. The characteristics of slavery

Slavery in Jewish medieval society was of an urban character. Slaves worked in urban houses, taking care of general household duties, doing all kinds of domestic tasks, and increasing the status of the owner. Slavery was clearly connected to class structure, as it was practiced mainly among the educated trading bourgeoisie that formed the social and political elite.[7] Goitein understood this aspect of slavery when he discovered the scarcity of legal deeds concerning adult male slaves in the Geniza, as opposed to the frequent reference to them in Geniza correspondence. He ascribed this scarcity to the fact that adult male slaves "were owned only by members of the upper class, which

---

4   Cf. GOITEIN, Mediterranean, I, 130–147.
5   Cf. ibid., V, 193–200; FRENKEL, Compassionate, 197–200.
6   MAIMONIDES, Code, Seeds, 10:17.
7   For the existence of such a leading elite, cf. FRENKEL, Compassionate, 207–232.

having its seat in New Cairo is not fully represented in the Geniza records."[8] Indeed, even slave girls were only used by well-to-do families, although they were much cheaper than adult male slaves, and the Geniza records do contain many legal documents concerning their status.

Wealthy members of society used body servants to attend not only to general household duties but also to their personal needs. The kind of services provided by such a personal slave is very well reflected in a letter written during a trade journey by an Egyptian Jewish merchant to his mother:

Mubarak [the slave] sends you his regards. I have no other help besides him [...] He is the groom, he takes care of the bedding, he is the cook, he does the washing and he looks after my wardrobe [...][9]

Slave girls provided personal services as well. They attended to the personal needs of their owners and took care of children in the family. These personal slaves were clearly distinct from ordinary slave girls, as they were named differently. While maidservants were generally called *wasifa*, the slave girl who served as a nurse was systematically called *jariya*, literally "young girl."

The essential nature of slavery is implied in the following responsum presented by the community of Tilimsan (modern-day Morocco). It asks whether it is permitted to own Christian slave girls who refuse to convert to Judaism, in those places where Jews can find no other maidservants to buy:

[...] and the Israelites who live there need them terribly, and whoever has no maidservant is in great distress, and his children or his wife will have to carry water on their shoulders from the springs and to wash their clothes and to go out to the public stove (furni) and rub shoulders with Muslim maidservants and prostitutes and they can not find any other slaves except those Christian women [...].[10]

While this vivid description is technically aimed at presenting the need for slaves as a bare necessity, it actually betrays the true nature of slavery. It reveals that in that society, slaves worked to make their owners' lives comfortable, rather than working in service to society's subsistence needs. In this way they contributed to the "conspicuous leisure" of their owners, to use Thorstein Veblen's words.[11] There were also quite a lot of skilled slaves employed in positions of trust, mainly in trade, bringing monetary income from financial services and commerce. The *ghulam* (young boy), as he was called, acted as his owner's commercial agent and enjoyed a high social status. We will return to his function and position later on.

Wealthy families usually kept several slaves of different types. Together with the biological family members, they constituted the extended household. In

---

8 GOITEIN, Mediterranean, I, 134. The Geniza documents were deposited in a synagogue in Old Fustat, where the bulk of Jewish community members resided.
9 ENA 2727, in: GOITEIN, Mediterranean, I, 132.
10 HARKAVY, Responsen, no. 431, 224–226.
11 VEBLEN, Theory, Chapter 3, 41–60.

Geniza letters, it was a habitual practice to send regards to all the people of the household, including its slaves. It was usually stipulated in a formulaic phrase, which ended the letter: "I send my warmest regards to you and to all those who are under your responsibility."

4. Slaves as kin

As has been already stated above, slaves were considered an indispensable component of the household. Moreover, once purchased, there were several ways by which slaves could merge into their master's household, not just as adjoined aliens, but also as legal kin. One way was through marriage with the patron. As we will show, there was significant social pressure on masters to free and legally marry slaves with whom they had conducted sexual relations or whom they had impregnated. Indeed, once a slave was freed, she had a good chance of marrying into a respectable family, even if her former patron did not personally marry her. The following case, recorded in a 1217 testimony, illustrates this point: Akramiyya, a slave girl bought as an infant by a Jewish physician and raised in his house, was freed by him, and he wished to marry her into a respectable family. The physician states that although the girl was "not of noble descent with any of the families" she was not a bastard and was very well-educated. As a former slave of an elite member of the Jewish community, a woman could thus join the elite through proper marriage. Her master would not only see to it that she married, but would also make efforts to connect her through this marriage to his own familial network.[12] Many marriage contracts concerning marriages of emancipated slaves, who used the names given by their former masters, point to the fact that the former masters not only gave the freemen their name and reputation, but also a major part of their wedding dowry, including jewelry, clothing, bedding, and household goods.[13]

Another way of masters' bequeathing their status was through apprenticing their slaves in trade. Male slaves with special talents would often gain the confidence of their masters and be entrusted with serious tasks in trade and in the household. They could manage finances for their owners, and buy and sell on their behalf: indeed, they were a part of the institution of apprenticeship in commerce, which was normally in the hands of biological sons. The way Goitein describes the occasion of the acquisition of a male slave makes it very evident that a slave of this kind was considered to be a special kind of "son":

12 Cf. TS13J3.26 and ENA190 [2559]. Mentioned by GOITEIN, Mediterranean, III, 82.
13 Cf. GOITEIN, Mediterranean, I,145.

The acquisition of a male slave was a great affair, on which a man was congratulated almost as if a son had been born to him. No wonder, for a slave fulfilled tasks similar to those of a son. He managed the affairs of his master, he traveled with him or for him, or he was in charge of his master's business, when the latter himself was out of town. The "Ghulam" or "young man" of a businessman would be consulted in all affairs of his master, and his movements would be reported in the same way as those of other important merchants.[14]

If the acquisition of a slave was in many ways equivalent to adoption, it is no wonder that men were eager to acquire slaves of very tender age. We repeatedly hear of slaves purchased at the age of six months to three years old. Similarly, masters went to great lengths and invested a lot of money into trying to ransom captive slaves, just as they would do for other family members. These mechanisms to extenuate bondage created a specific sort of kinship, in which other elements substituted for blood ties as the basis of family. These mechanisms incorporated the slave, via the household, into the social networks of elite Jewish society. As we will see, this easy incorporation stood in stark contrast to freeborn women, whose social status relied heavily on blood kinship and biological lineage.[15]

The ownership of slaves, men as well as women, was part and parcel of the androcentric social system. The society reflected in the Geniza documents was a society of men for the sake of men. Women played a very marginal role in it. They were not considered to be a productive element in society since they did not work outside their domicile, except for in very rare cases. Neither did they occupy any communal or religious position in the public sphere.[16] Marrying a woman was primarily a way to establish an alliance between families, one in which the woman was instrumental but personally irrelevant.[17] The woman was necessary for the perpetuation of kinship ties, and the future of the community depended on her fertility. As a result, the freeborn woman was appreciated as a mother and valued for her procreative ability, which was considered to be her main social merit. Since the slave class was reproduced through purchase on the market, rather than biological procreation, the societal procreative role was partially transferred into the hands of merchants, who were usually men. These male traders had the capacity not only to "procreate" through buying and selling the individuals who were to constitute

14 Ibid., I, 132.
15 Daniel Boyarin posited a basic dichotomy between the way that ancient Judaism understood the physical body and its sexuality and the way it was seen by early Christianity. He argued that while Paulinian Christianity developed a negative attitude towards the carnal body and hence towards sex and procreation, the Jewish sages emphasized its importance and attributed a central role to biology and genealogy. This attitude turned Judaism into a tribal religion based on blood bonds and genealogical succession. (Cf. BOYARIN, Carnal, 226–228.) The situation described here calls for a revision of this theory.
16 Cf. GOITEIN, Mediterranean, III, 324–336.
17 Cf. ibid., III, 47–65.

the future generation; they could also determine their age, sex distribution, and the volume of reproduction. In this way, the dominance men had over their slaves considerably weakened the power that women naturally possessed through their procreative ability. In this way, the organization of society became more exclusively dependent on its masculine elements.

5. Who were the real masters?

On the face of it, men and women were equally involved in the industry of slavery. Women were legal owners of slaves, and they appear regularly in the Geniza documents as buyers and sellers of slaves. Here are a few representative examples: A widow sells a minor girl by the name of Tawfik (success) for 18 dinars;[18] a wife acquires from her husband a slave child born in the house during the husband's previous marriage;[19] a mother sells her son a male slave, whom she inherited from her father.[20] Many more examples seem to show women as active players in the field of slavery.

Regardless of this apparent power in the hands of women, the actual patrons were men. It was they who had the last word concerning the acquisition, sale, price, and fate of each slave in their private households, including those who legally belonged to their wives. They possessed the means and the power to gain control of them, when they chose to. That men indeed often exclusively controlled the slaves of the household is demonstrated in a letter of complaint written by a woman to the head of the Egyptian Jewish communities, the *Nagid* Samuel ben Hananya, in which she complains about her husband keeping her slave girl away from her and hiding her in his sister's house.[21] But the most striking evidence can be found in a legal declaration from the Cairo Geniza.[22] In this document a man declares that the manumission he gave to the young daughter of his wife's slave girl is not valid, since he wrote it under the pressure of his wife, and then only to end her endless nagging. The husband's declaration employs the biblical words about Delilah, the ultimate vicious woman: "she pressed him hard with her words, day after day, and urged him."[23] The remarkable thing about this document is that it does not contain any names or dates, which indicates that it was a standard formula and not a specific legal case. The existence of a standard legal formula of this kind demonstrates that such cases were frequent enough for the court to preserve this document as a template for the many similar cases that would

---

18 Cf. TS NS 320.29, mentioned in GOITEIN, Mediterranean, III, 331.
19 Cf. PER H 23, mentioned in GOITEIN, Mediterranean, III, 331.
20 Cf. TS AS147.8, mentioned in GOITEIN, Mediterranean, III, 331.
21 Cf. DK II, mentioned in GOITEIN, Mediterranean, III,21,24.
22 Cf. TS K 27.45, in FRIEDMAN, Master, 61–63.
23 Ri 16,16.

arrive in the future. It shows that women, being illiterate and unable to read or understand court documents, were constantly manipulated by their husbands and other male members of their family and for these reasons they faced serious problems in implementing their legal ownership over their slaves. It is interesting to note that, while most legal documents in the Geniza are written in Judeo-Arabic, this particular one is written in Aramaic, embedded with biblical citations that would have made it even more enigmatic to most women.

We may conclude that despite the legal rights of women to possess and trade slaves, the institution of slavery was in fact dominated by men.

6. Sexual exploitation

Although the majority of slaves were probably not purchased primarily for sexual purposes, once purchased by a master, many of them were used in that way. Judaism, as practiced in the Geniza period, prohibited sexual relations between a master and a slave girl in his possession and regarded it as a punishable sin. The Babylonian Gaon[24], Rav Natronai specified the punishment that should be inflicted upon a Jew who was caught having intercourse with his slave:

She should be taken from his possession and be sold and the price received for her should be distributed among the poor of Israel. He is to be flogged and his hair shaven, and he is to be excommunicated for thirty days.[25]

A man was actually not even permitted to stay alone with a female slave under the same roof. Nevertheless, scores of Geniza documents as well as halakhic responsa testify to the fact that male and female slaves alike were used sexually by their owners, and that this was done with impunity. This is illustrated by a question addressed to the same Rav Natronai:

Many people in our places buy attractive slave girls, claiming that they buy them for house service, but we suspect that they buy them for another purpose – is it proper to leave them under suspicion? And if someone says: "I have manumitted my slave and she is like my concubine," should we accept what he says? Or should we investigate the case and oblige him to show the bill of manumission and to bring evidence that he has married her properly? Should the court investigate all that, or should it leave the case and presume that all men are trustworthy, so that who ever are suspected will remain suspected and who ever are trustworthy will remain so?[26]

---

24 The title accorded to the Jewish spiritual and political leaders who headed the Jewish centres of learning and leadership (*yeshivot*) in Babylonia and in Palestine from antiquity throughout the Middle Ages.

25 SHAʿAREY ṢEDEQ, Geonic Responsa, p. 25a, no. 13.

26 SHAʿAREY ṢEDEQ, Geonic Responsa, p. 27b, no. 38.

This question attests to both phenomena: to the widespread trend of buying and using slaves for sexual purposes as well as to the mild policy and to the failure of most courts to address this trend.

Indeed, it seems that the mechanism for punishing a master who used his slave sexually was extremely inefficient. Two examples out of many other cases will suffice to demonstrate this phenomenon:

1. A bachelor had been ordered to sell his slave girl, since the law forbade single men to live in the same house with women who were not their kin. The man ignored the verdict and, instead of selling her, put her in the house of his sister and spent most of his time there.[27]

2. Another man purchased a Christian slave girl as a present for his wife. When the slave conceived, the people of the community demanded that she be taken away from him and sold, but the man avoided the sale and eventually she gave birth. He brought the newborn child to the synagogue, intending to circumcise him, but the people of the community demanded to know the identity of the father. The man admitted that he was the father, whereupon the child was circumcised. After some time, the man manumitted the slave woman and she converted to Judaism. He later died with no sons from his lawful wife.[28]

Because of the inefficiency of the courts, brides and wives sought to take preliminary steps of precaution, as we see in the clause found in many engagement contracts that discusses "the well-known condition." This clause forbids the husband to acquire a slave girl not approved of by his future wife.[29] It states: "No other wife; no concubine; no slave girl may be purchased except if she [the bride] chooses so."[30] In some marriage agreements, only the clause concerning the slave girl appears, which demonstrates which of the three threats seemed to be more acute.[31] On more than one occasion, Maimonides himself instructed owners of slave concubines to emancipate and marry them, although this was strictly forbidden by Jewish law, since anyone who had lived illicitly with a woman was forever forbidden to marry her. No doubt by giving such instructions, Maimonides was yielding to a widespread social phenomenon.[32] Other religious leaders, who lived prior to Maimonides, acted in the same way in accepting as legal the marriage of master and slave girl, performed before she was manumitted and converted.[33]

Private names that masters gave to some of the slaves at birth or purchase

---

27 A court deed from the Geniza mentioned by GOITEIN, Mediterranean, III,24.
28 A question addressed to Rav Haayya and Rav Sherira. Cf. SHAʿAREY ṢEDEQ, Geonic Responsa, no. 15,25; mentioned in ASSAF, Slaves, 99.
29 Cf. MAIMONIDES, Responsa, I,138–144, mentioned in GOITEIN, Mediterranean, III, 67 and in ASSAF, Slaves, 99–100.
30 TS13J8.24, mentioned in GOITEIN, Mediterranean, III, 143.
31 For example, TS10J21.4 and TS20.160.
32 Cf. MAIMONIDES, Responsa, I, 164; II, 374–375.
33 Cf. TS K 25.285, in FRIEDMAN, Two Responsa, 169–176.

show clearly that they initially viewed them as sex objects. Since slaves' names reflect the values of the masters, we may safely assume for what purpose names like "Queen of Lovers," "Darling," "Perfume," "Musk," "Pleasure," and "Inaccessible" were chosen.[34]

The connection between slaves and sexual abuse is also reflected in folk tales. In the 11th-century literary compilation known as "Al-Faradj ba'd al-Shiddah" ("The Relief Following Anguish"), there is a story about Joseph the gardener, whose wife offered to be sold as a slave to earn him money to give as charity and thus earn the merits of doing good deeds. Joseph's immediate and main concern about his wife's proposal was that she might be raped by her new master.[35] In another story in the same compilation, Elijah the prophet masks himself as a "handsome attractive boy." He poses in the market in order to be bought as a slave by the rich merchant who fancied him, and plans to give the money from the transaction to a righteous poor man.[36]

The cult of the ephebus is very well-documented in medieval Hebrew poetry. The *amraḍ*, the beardless young boy mentioned so often in medieval poetry, was usually a slave who served as a cupbearer at drinking rallies of the ruling classes in both Muslim and Jewish societies. Most of the erotic and love poems in medieval Hebrew poetry are dedicated to the *Ṣvi* (literally, young deer) who represents this figure. That these sex slaves were in many cases foreigners, perhaps prisoners of war or pirate hostages, is reflected in the following poem by none other than Shmuel ha-Nagid, the famous Jewish chief commander of the Grenadian army, who was also the leader of the Jews of Spain and a prominent poet.[37] In his poem, the young lover is described as having a foreign accent, which probably made him even more attractive to the poet:

> Where is the stammering young deer, where has it turned?
> The perfume hart covered in myrrh and frankincense
> The moon blocked the light of the stars
> My love has ascended, has shadowed the light of the moon
> Chirped in a childish tongue, the mainstay of the young
> Has made his mouth as a dove's as a swallow's at the time of their coming
> He wished to say "wicked", but instead told me "touch"
> I approached as his tongue responded
> He wanted to utter "leave me" but instead said "hedge"
> I felt like a rose atop a hedge.[38]

---

34 Goitein, Mediterranean, I, 139–145.
35 Cf. Nissim Bar Yaacov, Hibbur, 26–29.
36 Cf. ibid., 58–59.
37 Shmuel ben Yossef ha-Levi Ibn Naghrela (993–1055). About his life and poetry cf. Schirmann, History, 182–256.
38 Shmuel ha-Nagid, Diwan, I, 296.

In her article on slavery, Ruth Mazo Karras identified three reasons for men having sexual relations with their slaves: sexual gratification, the assertion of dominance over the slaves, and the assertion of power and prestige vis-à-vis other men of their social class.[39] I would like to suggest an additional motive derived from the wider context of gender relations. Through the purchase, exclusive control, and sexual exploitation of domestic personal slaves as we have described, a free man could exert his power, not only over the slave or other free men in his social class, but also over the free woman, whom he could threaten and humiliate by choosing a slave over her. Using slaves for sexual services stripped the freeborn woman of one of her main social assets. When sexual relations were removed from the familial framework, their attainment through money and coercion violated the exclusivity of the lawful freeborn wife, stripping her of her major social role and further marginalizing her in society. It is no wonder, therefore, that women felt threatened in the face of this phenomenon and tried to defend themselves against it as much as possible.

A close examination of the institution of slavery in medieval Judaism suggests that, although Judaism placed a strong emphasis on lineage and blood relations, a different and parallel system existed that shows another way of looking at kinship. Slavery indicates an ability and desire to create kin alongside blood relations. Meaningful integration into the household enabled the slave to be accepted as a full member of the Jewish community. The absorption of unrelated strangers into the community constituted a competing alternative to the prevailing genealogical system based on blood relations. This alternative system posed a real threat to freeborn Jewish women, since it deprived them of their main social merit as mothers. Slavery, then, may be understood as a form of power embedded in the wider complex of gender relations.

Bibliography

ASSAF, S., *Slaves* and Slave Trade in Medieval Judaism, Zion 4, 1938, 91–125 (Hebrew).

BOYARIN, D., *Carnal* Israel: Reading Sex in Talmudic Culture, Berkeley 1993.

FRENKEL, M., The *Compassionate* and Benevolent: The Leading Elite in the Jewish Community of Alexandria in the Middle Ages, Jerusalem 2006 (Hebrew).

FRIEDMAN, M. A., Jewish Polygyny in the Middle Ages: New Documents from the Cairo Geniza, Tel Aviv 1986 (Hebrew).

–, *Master* and Slave Girl: Two Geniza Documents, Gratz College Annual of Jewish Studies 1, 1972, 56–63.

---

39 Cf. KARRAS, Desire, 17.

–, *Two Responsa* from the Cairo Geniza on Slave Girls' Marriage, Diney Israel 9, 1975–1980, 165–181 (Hebrew).

HARKAVY, A. E. (ed.), Studien und Mittheilungen aus der Kaiserlichen Oeffentlichen Bibliothek zu St. Petersburg, Vierter Theil: *Responsen* der Geonim (Zumeist aus dem X.–XI. Jahrhundert), Berlin 1887.

GOITEIN, S. D., A *Mediterranean* Society: The Jewish Communities of the Arab World as Portrayed in the Documents of Cairo Geniza, vol. I, III, V, Berkeley 1967.

KARRAS, R. M., *Desire*, Descendants, and Dominance: Slavery, the Exchange of Women, and Masculine Power, in: A. J. Frantzen/D. Moffat (ed.), The Work of Work: Servitude, Slavery, and Labor in Medieval England, Glasgow 1994, 16–29.

MAIMONIDES, M., The *Code* of Maimonides (Mishneh Torah), ed. by L. Nemoy/J. Goldin/S. Liberman, transl. by I. Klein, Book seven: The Book of Agriculture, New Haven/London 1979.

–, *Responsa*, ed. by J. Blau, Jerusalem 1986, vol. I–II.

NISSIM BAR YAACOV OF QAIRAWAN, *Hibbur* Yafeh me-ha-Yeshuʿah, ed. by H. Z. Hirschberg, Jerusalem 1970.

SHAʿAREY ṢEDEQ, *Geonic Responsa*, ed. by Wagschal, Salonica 1792.

SCHIRMANN, J., The *History* of Hebrew Poetry in Muslim Spain, Jerusalem 1995 (Hebrew).

SHMUEL HA-NAGID, *Diwan*, ed. by Haberman, Tel Aviv 1947 (Hebrew).

VEBLEN, TH., The *Theory* of the Leisure Class, Mentor edition, New York 1967.

Éric Chaumont

Der Begriff der ʿawra nach Abū l-Ḥasan ʿAlī b. Muḥammad b. al-Qaṭṭān al-Fāsī (gest. 628 A.H./1231 n. Chr.)[1]

Eines der Lieblingsthemen der religiösen Propaganda der islamischen Dynastie der Almohaden (al-muwaḥḥidūn, „die Bekenner der Einheit Gottes" – als ob die anderen Muslime von diesem Bekenntnis Abstand genommen hätten …), die von 1147 bis 1269 in Nordafrika und Andalusien regierten, betraf eine Frage, die für den öffentlichen Raum auf die Tagesordnung geraten war: die Frage der Verschleierung oder – präziser – die Frage der dem religiösen Recht, der Scharia, konformen Bekleidungsvorschriften. Eine Anekdote zeigt uns den „sündlosen Imam (al-imām al-maʾṣūm)", Ibn Tūmart (gest. 524/1130), wie er öffentlich und schroff seinen Zorn zum Ausdruck bringt, weil der Almorawidenherrscher ʿAlî b. Yûsuf b. Tâshufîn (er regierte von 1106 bis 1142) anläßliche eines Umzugs in verschleierter Form – wahrscheinlich nach Art der Tuareg bis auf den heutigen Tag – herumstolzierte, während seine Schwester an seiner Seite sich entschleiert zeigte. Es handelte sich hier um die skandalöse Verkehrung der von der Scharia vorgesehenen Kleidervorschriften, die der Dynastie der Almorawiden (al-murābiṭūn) den abschätzigen Beinamen der „al-mulaththamūn" („die Schleierträger") eintrug – die Ideologie der Almohaden hat daraus das Erkennungszeichen für die religiösen Abweichungen der Almorawiden gemacht.

Im Kontext des frommen Puritanismus der Almohaden muß man den Ursprung des „Kitāb al-naẓar fî aḥkām al-naẓar bi-ḫāssat al-baṣar" („Buch über die Überprüfung des Status des sensorischen Blicks"[2]) des Traditionsgelehrten Abū l-Ḥasan ʿAlī b. Muḥammad b. al-Qaṭṭān al-Fasī (gest. 628 A.H./1231 n. Chr.) suchen.[3] Der heutige moralische Rigorismus im Islam, der mit dem

---

1 Aus dem Französischen von Matthias Morgenstern; zu einer ausführlichen Fassung dieser Studie vgl. Chaumont, La notion.
2 Der Titel dieses Buches enthält ein unübersetzbares Wortspiel, da „naẓar" im ersten Fall im Sinne von „Überprüfung" und im zweiten als „Blick" wiederzugeben ist. Hier wird auf die Edition von Idrīs al-Ṣamadī (Beirut/Casablanca 1996) Bezug genommen; daneben sind wenigstens zwei weitere Ausgaben zu erwähnen: die von Fathī Abū ʿĪīsā (Tantā 1994) und die von Sharīf Abū al-ʿAlā al-ʿAdawī (Beyrouth 2003). Abū l-ʿAbbās Aḥmad al-Qabbāb al-Fāsī hat eine Zusammenfassung des Kitāb al-naẓar verfaßt, die von Muḥammad Abū l-Afjān herausgegeben wurde: Mukhtaṣar kitāb al-naẓar fî aḥkām al-naẓar bi-ḫāssat al-baṣar (Resümee des Buches über die Überprüfung des Status des sensorischen Blicks), Beirut 1997.
3 Zu diesem islamischen Traditionsgelehrten, der unter den Almohaden einen beträchtlichen Einfluss hatte, vgl. den bibliographischen Eintrag von E. Fricaud.

damaligen durchaus vergleichbar ist, erklärt auch, warum dieser Text kürzlich
ediert und publiziert worden ist. Dieses Buch ist wohl aus ähnlichen Gründen
geschrieben wie achthundert Jahre später in gedruckter Form ediert worden,
wenngleich Idrīs al-Ṣamadī, der zeitgenössische Herausgeber des Textes, und
Dr. Fārūq Ḥamāda, der Schreiber des Vorwortes, in ihm vor allem einen nütz-
lichen Appell an die islamischen Frauen sehen, während der historische Autor
Ibn al-Qaṭṭān durchaus nicht nur die islamischen Gläubigen im Visier hatte.

Die Existenz eines islamischen Verhaltenskodex für den Blick auf den Körper anderer – von Normen, aus denen dann eine Bekleidungsethik folgt –
hängt mit zwei Grundzügen der ethisch-rechtlichen Ordnung im Islam zusammen. Da ist zunächst der Gedanke, dass das offenbarte Gesetz (der offenbarte Weg), die Scharia, allumfassend ist. Es gibt kein Tun, keine Handlung,
kein menschliches Verhalten, das seinem Zugriff entzogen ist. Das Schauen
und das Sich-Bekleiden sind keine Ausnahmen von dieser Regel. Daneben
sind zwei Koranverse anzuführen, die die Deontologie des Sehens direkt betreffen:

Sprich zu den Gläubigen, dass sie ihre Blicke zu Boden schlagen und ihre Scham hü-
ten. Das ist reiner für sie. Siehe, Allah kennt ihr Tun.
Und sprich zu den gläubigen Frauen, dass sie ihre Blicke niederschlagen und ihre
Scham hüten und dass sie nicht ihre Reize zur Schau tragen, es sei denn, was außen
ist, und dass sie ihren Schleier über ihren Busen schlagen und ihre Reize nur ihren
Ehegatten zeigen oder ihren Vätern oder den Vätern ihrer Ehegatten oder ihren Söh-
nen oder den Söhnen ihrer Ehegatten oder ihren Brüdern oder den Söhnen ihrer
Brüder oder den Söhnen ihrer Schwestern oder ihren Frauen oder denen, die ihre
Rechte besitzt, oder ihren Dienern, die keinen Trieb haben, oder ihren Kindern, wel-
che die Blöße der Frauen nicht beachten.
(Koran 24, 30–31 nach der Übertragung von Max Henning)

Das Gebot, um das es hier geht – das Senken des Blicks (*ghaḍḍ al-baṣar*), das
mit der Sittsamkeit in Verbindung steht –, wird hier offensichtlich den männlichen wie den weiblichen Gläubigen in gleicher Weise auferlegt; dabei werden
die Bestimmungen, die die Frauen betreffen, freilich viel ausführlicher dargestellt. Meist wendet sich der Koran an die islamische Gemeinschaft, ohne
zwischen den Geschlechtern zu unterscheiden, selbst wenn er sich zu diesem
Zweck in grammatischer Hinsicht maskuliner Formen bedient.[4] Hier ist das
aber nicht der Fall. Diese Dichotomie, die – in der Perspektive des Mannes,
weil Gott den Männern den Vorzug gegeben hat (Koran 4,34) – innerhalb der

---

4 In der islamischen Rechtstheorie (*uṣūl al-fiqh*) wird die Frage gestellt, ob die Frauen vom juristischen Diskurs betroffen sind, wenn die Rechtstexte, wie dies häufig der Fall ist, explizit nur
   die männlichen Mitglieder der islamischen Gemeinschaft ansprechen. Diese Frage wurde von
   den Shāfiʿiten verneint, von den Hanafiten aber bejaht, die die grammatischen Formen (mas-
   kulin plural) im Sinne eines genus commune interpretierten. Vgl. dazu AL-SHĪRĀZĪ, *livre*,
   80–81, §50.

islamischen Gemeinschaft Männer für immer von Frauen unterscheidet, liegt dem Werk Ibn al-Qaṭṭāns zugrunde.

Der Autor stellt in seinem Buch zwei Fragen, die zwei augenscheinlich redundante, aber gut unterscheidbare Aspekte aufnehmen: Was darf man, erstens, den anderen nach dem geoffenbarten Gesetz (dem geoffenbarten Weg, der Scharia) von sich sehen lassen? Was darf man, zweitens, vom anderen sehen? Das Thema der Deontologie des Sehens wird von Ibn al-Qaṭṭān also – mit einer nur selten durchgeführten Logik – im Hinblick auf zwei unterschiedliche Gesichtspunkte behandelt: einerseits derjenige (oder diejenige), der (oder die) betrachtet wird, und andererseits derjenige (oder diejenige), der (oder die) betrachtet.

Wie alle islamischen Gelehrten, die die Frage der rechtlichen Beurteilung des Sehens zuvor behandelt hatten, weist auch Ibn al-Qaṭṭān dem koranischen Begriff der ʿawra (Koran 24,31) eine zentrale Rolle zu. Der Koran spricht sich anlässlich der Erwähnung dieses Begriffs im Zusammenhang der „ʿawrāt der Frauen (ʿawrāt al-nisā)" – von etwaigen ʿawrāt der Männer ist nie die Rede – freilich nicht deutlich aus.[5]

Die ʿawra eines Menschen bezeichnet im Allgemeinen diejenigen Teile seines Körpers, die nicht sichtbar werden und die ein anderer nicht ansehen darf.[6] Frauen haben in dieser Hinsicht eine andere Stellung als Männer. Während es beim Mann umstritten ist, ob die Knie zu seiner ʿawra gehören, wird diese Frage bei Frauen sogar hinsichtlich der nicht-körperlichen Teile ihrer Person, etwa ihrer Stimme, erörtert.

Bei Ibn al-Qaṭṭān wird der Begriff der ʿawra aufgrund dieser unsicheren Definitionslage in eminent dialektischer Weise diskutiert. Es ist schwer zu entscheiden, ob er die bei ihm häufig wiederholten traditionellen objektiven Beschreibungen bevorzugt oder ob er der einzigen formalen Definition, die er einmal gibt, mehr Bedeutung zuweist: „ʿawra" ist dasjenige, dessen Offenbarwerden beunruhigt und stört.[7] Man tut seinem Denken nicht Unrecht, wenn man versteht: „ʿawra" ist derjenige Körperteil einer Person, der beim Betrachtenden/bei der Betrachtenden Leidenschaften oder körperliche Begierden hervorruft. Der Autor besteht darauf, dass das Problem des Status des Blicks nicht zu denjenigen Rechtsmaterialien gehört, die außerhalb des Bereichs der Rationalität der Scharia liegen; diese Fragen sind vielmehr rational vollständig erklärbar (maʿqūl al-maʿnā, maʿrūf al-maghzā),[8] und ohne diese Präzisierung hätte er einen so präzisen Katalog von auf das Sehen und Betrachten bezoge-

---

5 Korrekterweise müßte der Plural von ʿawra im Arabischen eigentlich ʿawarāt heißen, doch hat sich die Form ʿawrāt durchgesetzt.

6 Obwohl die Wortwurzel an das Nackte denken läßt – ʿāra heißt „nackt sein" –, läßt sich ʿawra nicht mit „Nacktheit" übersetzen. Der Begriff ist am ehesten mit „Schamteile" wiederzugeben, wenngleich auch diese Übersetzung nicht alle Bedeutungskomponenten abdeckt.

7 Vgl. ABŪ L-ḤASAN ʿALĪ, Al-Naẓar, 116.

8 Ibid., 273.

nen Verboten nicht entwickeln können. Der ethisch-rechtliche Ansatz von Ibn
al-Qaṭṭān folgt der direkten Linie von Ġazālī in seiner Schrift über die „Wie-
derbelebung der religiösen Wissenschaften (*Iḥyā ʾulūm al-dīn*)“: Ein inneres
und ethisch-rationales Verständnis der Scharia, das die Psychologie, die Moti-
vationen und die Leidenschaften der handelnden Personen in Rechnung stellt
und so der traditionellen Rechtsprechung (*fiqh*) den Rücken kehrt, der es darum gegangen war, prinzipiell und objektiv nur Handlungen im strengen Sinn
zu beurteilen.

1. Die Perspektive des (der) Betrachteten

Um die Frage „welche Teile seines Körpers darf man andere sehen lassen? (*fi-
mâ yajûzu ibdâʾuhu li-l-nâẓirîn min al-jasad*)“ beantworten zu können, teilt
Ibn al-Qaṭṭān die Menschheit in drei Teile ein: Männer, Frauen und Herm-
aphroditen. Im Hinblick auf die Angehörigen des männlichen Geschlechts
(*al-dhukûr*) unterscheidet er zwischen denjenigen, die „dem Gesetz unterworfen sind (*al-mukallafûn*)“, und denjenigen, die dies nicht sind, also vorpubertäre Knaben. Diese letzteren haben zwar eine ʿawra, sie sind per definitionem
aber durch keinerlei gesetzliche Bekleidungsvorschriften betroffen – sie könnten theoretisch nackt bleiben. Aus pädagogischen Gründen plädiert Ibn al-
Qaṭṭān freilich dafür, dass der „bereits verständige“ oder „der bereits nahezu
pubertäre“ Knabe seine Nacktheit bedecken solle. Im Hinblick auf erwachsene
Männer neigt Ibn al-Qaṭṭān, wohl aus pragmatischen Gründen, zur leichtes-
ten Definition der ʿawra. Entgegen der Meinung derer, die auch die Schenkel
(*al-fakhdh*) in die Kategorie der ʿawra einschließen wollen, seien nur die
sawʾatayn, also Anus und Glied, vom Verbot des Entblößens (*taḥrîm
inkishâf*) betroffen.

Dieselbe Kategorisierung wird auch auf Angehörige des weiblichen Geschlechts (*al-inâth*) angewendet. Der Status vorpubertärer Mädchen entspricht dem unmündiger Knaben. Ibn al-Qaṭṭān scheint sich darüber hinaus
der von einer Minderheit vertretenen Meinung anzuschließen, derzufolge die
jungen Mädchen keine ʿawra besitzen.[9] Im Gegensatz zu den jungen Knaben,
die schon ʿawra-Teile haben, sind sie asexuell. Paradoxerweise ist der Autor
aber der Meinung, dass die Erziehung der jungen Mädchen zur Verschleierung strenger zu sein habe.[10] Was sie, einmal heiratsfähig geworden, erwartet,
ist im Hinblick auf die Verschleierungspflicht in mancher Hinsicht viel schwerer. Eine in die islamische Gemeinschaft hineingeborene Angehörige des weiblichen Geschlechts verwandelt sich auf ihrem Lebensweg überraschenderweise

---

9 Ibid., 290, Frage 76.
10 Die Verschleierung der jungen Mädchen ist bekanntlich auch in den zeitgenössischen islamischen Gesellschaften zunehmend gängige Praxis.

von einem gänzlich asexuellen Wesen in der frühen Kindheit zu einer bis in die Fingerspitzen sexualisierten Frau.

Was die heiratsfähigen und daher dem Gesetz unterworfenen Frauen anbelangt, so wird ihre ʿawra nach dem Koran (Sure 24,31) mit Hilfe des Begriffs der zîna, „Reize", bestimmt, die sie nicht „zur Schau tragen soll, es sei denn, was außen ist." Dieser kurze und etwas mysteriöse Satz hat unendliche Diskussionen darüber ausgelöst, was unter den „außen sichtbaren Reizen" (zâhira), die die Frau enthüllen darf, und was unter den „verborgenen Reizen" (khafiyya) zu verstehen sei, die sie nur denjenigen Personen zeigen darf, die der Koranvers im folgenden aufzählt. Umstritten sind letztendlich nur drei Körperteile – das Gesicht der Frau, ihre Hände, ihre Füße – im Hinblick auf ihre Zugehörigkeit zur ʿawra, da alle Diskussionsteilnehmer davon ausgehen, dass der restliche Frauenkörper zu diesem Schambereich gehört. Die praktischen Konsequenzen dieser Debatte sind freilich minimal. Denn unabhängig davon, ob man nach einem dem Propheten zugeschriebenen Wort der Meinung ist, dass „die (ganze) Frau ʿawra ist (al-marʾa ʿawra)"[11] oder ob man das Gesicht sowie die Hände und Füße der Frau aus dem Bereich der ʿawra ausgliedern will, hat die Frau das Recht, diese Körperteile aufzudecken.[12] Nach der letzteren dieser beiden Möglichkeiten ergibt sich dies von selbst, während dieses Recht im ersten Fall aus der „Notwendigkeit (al-ḍarûra)" folgt, einer die Rechtsverpflichtung mildernden Erlaubnis, die die Frau dazu berechtigt, ihr Gesicht oder ihre Augen oder eines ihrer Augen und ihre Hände zu zeigen. Ibn al-Qaṭṭân will diese Liberalität freilich nicht auf die Füße beziehen, da er die „Notwendigkeit" dazu nicht erkennt.[13] Dies bedeutet, dass die berufenen Repräsentanten des Islam die islamische Frau – ungeachtet der ihr auferlegten ausufernden ʿawra-Verpflichtungen – nicht dazu zwingen können, auf die freie Verfügungsgewalt über ihre materiellen Güter und auf den Handel zu verzichten. Geschäftliche Verbindungen sind mit einem verschleierten Gesicht aber unmöglich, da der Geschäftspartner dann nicht weiß, mit wem er es zu tun hat.[14] Man kauft und verkauft nur im Wissen darum, von wem man kauft oder an wen man verkauft – eine elementare Regel für jeden Geschäftsverkehr,

---

11 Ibid., 137.
12 In der Geschichte des islamischen Rechts kommt es nur selten vor, dass Rechtslehrer den Frauen die totale Verschleierung – mit Ausnahme eines Auges oder beider Augen – auferlegen.
13 Vgl. dazu CHAUMONT, Responsabilité, 117–130.
14 Das islamische Recht gibt demnach selbst den Grund dafür an, warum der niqâb – der Vollschleier – auf öffentlichem Grund und Boden zu verbieten ist. Das Prinzip, das eine Person identifizierbar sein muss, wenn sie sich in der Öffentlichkeit bewegt, versteht sich im übrigen von selbst, nicht nur im Hinblick auf die imaginäre „Gefahr", die sie repräsentieren könnte, sondern bereits für den eigenen Selbstschutz. Es ist deshalb unverständlich, warum die westlichen Gesellschaften heute so viele Probleme damit haben, das Tragen dieses Vollschleiers in der Öffentlichkeit ohne Zögern zu verbieten, da doch die arabisch-muslimischen Gesellschaften selbst auf diesem Gebiet zu Zwangsmaßnahmen greifen. In Ägypten etwa ist das Tragen des niqâb auf dem Gelände von Universitäten verboten.

die heute aber von vielen verletzt wird, die aus dem Islam eine Ideologie, im unheilvollsten Sinn des Wortes, gemacht haben.

Eine andere Unterscheidung betrifft – im Unterschied zu den Angehörigen des männlichen Geschlechts – die Kategorie der heiratsfähigen Frauen. Sie beruht auf einem Koranvers und noch mehr auf der Interpretation, die die exegetische Tradition diesem Vers überwiegend gegeben hat. Wenn es in Sure 33,58 heißt „O Prophet, sprich zu deinen Gattinnen und deinen Töchtern und den Weibern der Gläubigen, dass sie sich in ihren Überwurf verhüllen (*yudninâ ʿalayhinna min jalâbîbihinna*). So werden sie eher erkannt und werden nicht verletzt", so wird dies meist so gedeutet, dass den freien muslimischen Frauen (*al-ḥarâʾir*) der Befehl gegeben wird, sich zu bedecken, wenn sie ausgehen, damit man sie von den unfreien Frauen (*al-imâʾ*) unterscheiden kann und man sie nicht unziemlich anspricht. Der Schleier stellt für freie muslimische Frauen, und noch mehr für Frauen mit einem gehobenen sozialen Status, ein soziales Erkennungszeichen dar. Solche Frauen verschleiern sich paradoxerweise, um erkannt zu werden. Die Verschleierungsvorschriften für freie muslimische Frauen sind demnach strenger als diejenigen für unfreie Frauen.

Der Status von Zwittern (*al-khinâth*) hängt davon ab, ob es sich um einen Pseudohermaphroditen oder einen echten Zwitter (hermaphroditus verus) handelt. Im ersten Fall entspricht ihre Stellung der eines Mannes, wenn die männlichen Kennzeichen (*ṭibâʿ al-rijâl*) den Vorrang haben, der einer Frau, wenn die weibliche Seite stärker ist. Der echte Zwitter stellt einen Grenzfall dar: gegenüber einer Frau gilt er als Mann, und gegenüber einem Mann gilt er als Frau.

In diesem ganzen Kapitel geht Ibn al-Qaṭṭān ganz objektiv vor. Es geht ihm zunächst darum, den Bereich der ʿawra für jedes Mitglied der Gemeinschaft zu definieren, um im Anschluss, auf nahezu mechanische Art und Weise, für jeden einzelnen die Konsequenzen im Hinblick auf die Verschleierungs- und Bekleidungsvorschriften zu ziehen.

2. Die Perspektive des (der) Betrachtenden

An diesem Punkt angelangt, sind die Rechtsfragen im Hinblick auf die Beurteilung des Betrachtens aber immer noch nicht abschließend geklärt. Denn Ibn al-Qaṭṭān erklärt, dass es vorkommen kann, dass „das Betrachten verboten ist, während das Enthüllen erlaubt ist (*al-naẓar ḥarâm wa l-buduww jâʾiz*)", während in anderen Fällen „das Betrachten nicht verboten oder entschuldbar, das Enthüllen aber untersagt ist (*al-naẓar ghayr ḥarâm ay maʿfuww ʿanhu wa l-buduww ḥarâm ghayr jâʾiz*)"[15] Das Prinzip, dass es verboten ist,

---

15 ABŪ L-ḤASAN ʿALĪ, Al-Naẓar, 257.

diejenigen Teile zu betrachten, die der Verhüllungspflicht unterliegen, bleibt zwar bestehen, aber diese allgemeine Norm muss über einige Ausnahmen hinaus auch häufig im Hinblick auf die Intentionalität (*al-niyya*) und die Natur des Betrachtens und des oder der Betrachtenden modifiziert werden. Der objektive Ansatz des Umgangs mit dem Begriff der *'awra*, die den ersten Teil des *Kitāb al-naẓar* charakterisiert hatte, tritt hier – im zweiten Teil des Buches – zugunsten eines subjektiven Ansatzes zurück. Die Argumentation von Ibn al-Qaṭṭān ist einfach: Wenn der Gesetzgeber bestimmt hat, dass die *'awra* derjenigen, die dem Gesetz unterworfen sind, bedeckt werden muss, ist das Ziel dieser Vorschrift, das Erregen von Leidenschaften, der Lüsternheit und anderer fleischlicher Begierden zu vermeiden, die der Blick auf die *'awra* erzeugen könnte. So soll vermieden werden, dass Unzucht und andere „verächtliche Handlungen (*al-fawâḥish*)" in der Gemeinschaft überhand nehmen und die Abstammung von unerträglichen Zweideutigkeiten (*ikhtilâṭ al-ansâb*)[16] belastet und befleckt wird. Reicht es im Sinne des Gesetzeszwecks aus, dass der (die) Betrachtende die Bekleidungs- und Verschleierungsvorschriften beachtet? Ibn al-Qaṭṭān ist nicht dieser Meinung, und der zweite Teil seines *Kitāb al-naẓar* widmet sich dem – erneut kasuistischen – Studium von bestimmten Situationen, in denen andere Faktoren in Betracht gezogen werden müssen, damit der koranische Gesetzeszweck erreicht werden kann. Um dies zu erreichen, versetzt Ibn al-Qaṭṭān sich an die Stelle des oder der Betrachtenden.

Die erste Verpflichtung, die den Betrachtenden obliegt, das „Senken des Blicks (*ghaḍḍ al-baṣar*)", ist dem oben zitierten Koranvers (Sure 24,30–31) entnommen. Diese Bestimmung hat freilich keine absolute Geltung. Zum Senken des Blicks sind nur diejenigen verpflichtet, die „die Versuchung fürchten (*wujûb ghaḍḍ al-baṣar innamâ huwa fî ḥaqq al-khâ'if min al-fitna*)".[17] Alles dreht sich hier um die nahen, aber wohlunterschiedenen Begriffe des „Strebens nach Vergnügen (*qaṣd al-iltidhâdh*)" und der „Angst vor der Versuchung (*khawf al-iftitân*)".

Ein Beispielfall für diese subjektive Herangehensweise an das religionsgesetzliche Problem des „Blicks", wie Ibn al-Qaṭṭān sie anwendet, ist der Blick eines Mannes auf einen bartlosen Jüngling in der Pubertät, der daher bereits der Scharia unterworfen ist, oder auf einen vorpubertären Knaben. Nach der Theorie sollte der erste Fall denselben Bestimmungen unterliegen wie der Blick zweier Männer aufeinander. Im zweiten Fall kommt das Grundprinzip zur Anwendung, dass man dasjenige anschauen darf, das zu enthüllen erlaubt ist – der vorpubertäre Knabe unterliegt ja noch nicht der Pflicht zur Bedeckung seiner Nacktheit. Dennoch unterliegen solche Blicke einer in dreifacher Hinsicht differenzierenden Betrachtungsweise:

16 Ibid., 289.
17 Ibid., 285.

1. Wenn dieser Blick dem sexuellen Vergnügen dient, ist er nach allgemeiner Meinung streng verboten. Der ganze Körper des jungen Mannes oder Knaben unter Einschluss seines Gesichtes ist in diesem Falle für den Betrachtenden dem Körper einer heiratsfähigen Frau gleichgestellt.
2. Ein solcher Blick ist – ebenfalls nach allgemeiner Meinung – unter der Bedingung gestattet, dass er weder von einer sinnlichen Intention noch von der „Furcht" begleitet wird, durch das, was sich dem Blick darbietet, „in Versuchung geführt zu werden".
3. Dieser Blick ist nach einigen Gelehrten erlaubt, nach anderen aber verboten, wenn er von keiner sinnlichen Intention begleitet wird, aber dennoch eine „Furcht vor der Versuchung" existiert.[18]

Eine noch viel deutlichere Rolle spielt das Thema der Vergnügungssucht und der fleischlichen Begierde in den beiden Kapiteln – von unterschiedlicher Länge –, die Ibn al-Qaṭṭān dem Blick des Mannes auf die Frau und dem Blick der Frau auf den Mann widmet.[19] Es ist vor allem der Mann, der von seinen Leidenschaften und daher von den Frauen eine Bedrohung erfährt, während Ibn al-Qaṭṭān den Frauen eine sehr viel weniger überwältigende Libido zuerkennt. Das Erblicken von Frauen erregt die Leidenschaften der Männer, während es den Anschein hat, dass Frauen dem Anblick eines männlichen Körpers emotionslos gegenüberstehen. Ibn al-Qaṭṭān zitiert in dieser Hinsicht zwei Aussprüche des Propheten: „Ich habe den Männern keine gefährlichere Prüfung auferlegt als die Frauen" und „Hütet euch vor den Frauen, denn die erste Prüfung, denen die Juden begegneten, betraf die Frauen."[20]

3. Schlussfolgerung

Der Text von Ibn al-Qaṭṭān zeigt, dass seine Lehre im Hinblick auf die Bekleidungsethik und die rechtliche Beurteilung des Betrachtens als Übersetzung – oder als eine mehrerer Übersetzungen – eines ethisch-rechtlichen Leitmotivs im Koran gelten kann: des unaufhörlichen Kampfes, den jedes Mitglied der islamischen Gemeinschaft gegen seine Leidenschaften und fleischlichen Begierden zu führen hat. „Seinen Leidenschaften nachgeben", so heißt es im Koran (Sure 4,35; 38,26 etc.) steht der Pflicht, sein Leben im Einklang mit der Scharia zu gestalten, antithetisch gegenüber. Die Leidenschaft führt vom „Weg Gottes" ab, und der Blick setzt den Betrachtenden der Versuchung aus. Die „Prüfung" („al-fitna"), die diese Versuchung ausmacht, soll nach Möglichkeit vermieden werden, weil sie möglicherweise der erste Schritt ist auf dem Weg zur in hohem Maße tadelnswerten Verfehlung der Unzucht (al-zinâ), ein Aus-

---

18 Ibid., 272–285.
19 Vgl. ibid., 300–351 und 352–369.
20 Ibid., 300 f.

druck, der jede Form von sexueller Aktivität bezeichnet, die von der Scharia, so wie sie die islamischen Gelehrten interpretieren, nicht gebilligt wird. Da der Koran und noch mehr die islamische Tradition eine androzentrische Perspektive einnehmen, wiegen die Leidenschaften der Männer hier schwerer, und die Frauen haben – unter dem Vorwand des Schutzes ihrer Würde – den Preis zu bezahlen. Diese Tradition ist so gut verankert, dass sie selbst die Zustimmung vieler islamischer Frauen gefunden hat. Hinzu kommt, was der Rechtslehrer Abû Isḥâq al-Shîrâzî (gest. 476/1083) sagt: „Die Unzucht einer Frau wiegt schwerer." Heute noch wird in Ägypten der Ehebruch einer Frau schwerer bestraft als der ihres Partners. Die Texte geben den Grund für die extreme Strenge, die die Scharia im Falle des Verbrechens der Unzucht vorsieht – die Todesstrafe durch Steinigung –, selbst an: Die Verwandtschaftsverhältnisse sollen intakt bleiben, die Abstammung soll nicht verwirrt werden.

Die Lehre, die Ibn al-Qaṭṭān vorträgt, unterscheidet sich nicht wesentlich von dem, was bei anderen islamischen Juristen zu finden ist, und sicherlich haben diese Ausführungen jeweils das gleiche Ziel im Auge. Wir haben es mit gesetzlichen Vorschriften zu tun, denen es darum geht, die patriarchalische Familie zu schützen. Der Blick gehört zu denjenigen Handlungen, die die Integrität der Familie bedrohen können. Ibn al-Qaṭṭān zitiert auch den Ausspruch des Propheten: „Die Augen begehen Unzucht."[21] Man könnte geradezu erstaunt sein, in den Texten keine Apologie der Blindheit zu finden!

Was bei diesem Gelehrten freilich in Erstaunen versetzt, das ist in gleicher Weise sein Rigorismus und sein paränetisches Potential. Sein eher ethisch-rationaler als juristischer Ansatz erinnert an manche Vertreter im zeitgenössischen Islam, wenn sie ihre Mitmuslime – in besonderer Weise die Angehörigen des weiblichen Geschlechts – an die Vorschriften der Scharia „erinnern" und sie „ermahnen" wollen.

Literatur

Abû l-ʿAbbâs Aḥmad al-Qabbâb al-Fâsî, *Mukhtaṣar kitâb al-naẓar fî aḥkâm al-naẓar bi-ḥâṣṣat al-baṣar* (Resümee des Buches über die Überprüfung des Status des sensorischen Blicks), hg. von Muḥammad Abû l-Afjân, Beirut 1997.

Abū l-Ḥasan ʿAlī b. Muḥammad b. al-Qaṭṭān al-Fāsī, *Kitāb al-naẓar fī aḥkām al-naẓar bi-ḥāṣṣat al-baṣar*, hg. von Idrîs al-Ṣamadî, Beirut/Casablanca 1996.

al-Shīrāzī, *Le livre des rais illuminant les fondements de la compréhension de la loi (Kitâb al-lumaʿ fî uṣûl al-fiqh)*, aus dem Arabischen übers. von E. Chaumont, Berkeley 1999.

Chaumont, E., *La notion de ʿawra selon Abū l-Ḥasan ʿAlī b. Muḥammad b. al-Qaṭṭān al-Fāsī (m. 628/123)*, Revue des mondes musulmans et de la Méditerranée 113–114, 2006, 109–123.

---

21 Ibid., 67.

–, *Responsabilité* de la vue, déontologie du regard et éthique vestimentaire en islam classique, in: F. Brion (Hg.), Féminité, minorité, islamité. Question à propos du hijâb, Louvain-la-Neuve 2004, 117–130.

FRICAUD, E., Art. Abū l-Ḥasan ʿAlī b. Muḥammad b. al-Qaṭṭān al-Fāsī, in: M. L. Avila/M. Fierro (Hg.), Biografias Almohades I, Madrid/Grenada 2000, 223–283.

Richard Puza

Die Ehe von Katholiken
in einer multikulturellen und multireligiösen Welt

Die kirchenrechtliche und liturgische Basis mit einem Vorschlag für die liturgische Gestaltung katholisch-jüdischer Ehen

1. Methodisches: Religionen durch ihr Recht vergleichen

Der Vergleich religiösen Rechtes stellt heute einen wesentlichen Beitrag zur Ökumene und zum interreligiösen Dialog dar. Er kann auf verschiedene Weise durchgeführt werden: durch den Vergleich der fundamentalen Prinzipien und durch den Vergleich der Grundlagen, Methoden und Institutionen.

Beginnen wir mit einem Hinweis auf den Vergleich der Grundlagen, Methoden und Institutionen. J. Neusner und T. Sonn haben folgende Bereiche verglichen:[1] die autoritativen gesetzlichen Dokumente, die intellektuellen Quellen des Rechtes (Methoden der Rechtsanwendung und Rechtsfindung), die Institutionen, das Personal, Unterschiedlichkeiten, Einzigartigkeiten (Normen, die die andere Rechtsordnung nicht kennt). Hier soll folgender Katalog vorgeschlagen werden, der sicher der Ergänzung zumindest durch bisher schon genannte Materien bedarf. Dieser Katalog ist aber im Hinblick darauf konzipiert, dass zum Rechtsvergleich zunächst das Sammeln von Fragen und vergleichbaren Materien notwendig ist: Zunächst sind Fragen der Rechtstheologie zu nennen: Wie begründet sich das religiöse Recht theologisch? Was ist seine Bestimmung und Funktion? – Das göttliche Recht. – Danach erfolgen rechtsphilosophische Fragen: Wie wird die Einheit und/oder Differenz von religiösem Recht und Naturrecht gesehen, wie der Status der Menschenrechte, wie der Zusammenhang von vernünftigem und positivem Recht? – Die Funktion des Rechts. – Was sind die Grundprinzipien des jeweiligen positiven Rechts? Dazu gehört zum Beispiel der Vorgang der Positivierung von religiös autorisiertem Recht im Wege von Rechtssetzung, Gewohnheitsrecht oder Interpretation. – Welches sind die verbindlichen Quellen des religiösen Rechts? Ihr Geltungsgrad und Geltungsbereich. – Was ist die maßgebliche Form? Handelt es sich um Codicary Law, Case Law oder Kasuistik? – Die Anwendung und Auslegung des Rechtes. – Und nicht zuletzt die Frage nach dem Verhältnis von Religion und Gesellschaft, Kirche und Staat, also die Frage nach dem Außenverhältnis des religiösen Rechts. Folgende Themen können also für den Rechtsvergleich genannt werden:

---

1 Vgl. Neusner/Sonn, Religions.

1.1 Wie begründet sich das religiöse Recht theologisch, was ist seine Bestimmung und Funktion?

Hier zeigen sich bereits im Christentum Unterschiede, insbesondere zwischen katholischem und evangelischem, aber auch zwischen katholischem und orthodoxem Rechtsverständnis. Der Stachel, den der evangelische Rechtstheologe Rudolf Sohm seinerzeit in das Fleisch des Kirchenrechtes gebohrt hat, nämlich seine Auffassung, dass sich das Wesen des Kirchenrechts und das Wesen der Kirche nicht vertrügen, hat nicht nur eine evangelische Rechtstheologie hervorgerufen, sondern auch wesentliche Impulse für eine katholische Rechtstheologie gebracht. Die Frage nach der theologischen Begründung des Kirchenrechtes spielt in beiden Bekenntnissen eine Rolle. Die evangelische Theologie und Kirchenrechtslehre hat verschiedene Ansätze zur theologischen Begründung des Kirchenrechts entwickelt. Karl Barth hat die Kirche als Leib Christi auch in ihrer menschlichen Gemeinschaft betrachtet. Weitere Ansätze, zum Teil im Gefolge Barths, wurden von Erik Wolf, Hans Dombois und Johannes Heckel entwickelt. Zu nennen ist auch Adalbert Stein, der die Lehre Wolfs von der biblischen Weisung weiterentwickelt hat – ein Ansatz, der auch katholischerseits akzeptabel sein sollte. Das evangelische Kirchenrecht als Kirchenordnung dringt nicht so tief in den inneren Bereich ein wie das katholische, es ist mehr Lebensordnung. Das katholische Kirchenrecht unterscheidet sich vom evangelischen dadurch, dass es auch innere Zustimmung erfordert. Seine Funktion ist heute eine diakonische.

Auch die orthodoxe Theologie kann hier ihren Beitrag leisten. Für sie ist heute das Hauptproblem die Frage, inwiefern die heiligen Canones der ersten sieben ökumenischen Konzilien und die im Trullanum angenommene kanonische Tradition eine besondere theologische Qualität haben und ob sie unveränderlich sind[2] – eine Frage, die im Zusammenhang mit dem göttlichen Recht schon gestellt wurde.

1.2 Das göttliche Recht

In allen drei abrahamitischen Religionen spielt das göttliche Recht eine besondere Rolle. Das bedeutendste Beispiel sind die Zehn Gebote. Im okzidentalen Rechtskreis wird unter dem Einfluss des Christentums zwischen *ius divinum positivum* (göttlichem Recht) und *ius divinum naturale* (Naturrecht) unterschieden. Das göttliche Recht besteht in der traditionellen katholischen Theologie und Kanonistik aus Normen, die durch göttliche Autorität gesetzt wurden. Dadurch wird es auch legitimiert. Auch der Islam kennt die Vorstellung eines göttlich verordneten Rechts. Allah hat mit dem Koran den Menschen durch den Propheten ein ewig gültiges Gesetz gegeben, das nur anzuwenden

---

2 Vgl. PHIDAS, Droit.

ist, das jedoch einer Veränderung oder „Verbesserung" unzugänglich, wohl aber im Blick auf neue Erfordernisse auslegungsfähig ist. Im okzidentalen Rechtskreis steht heute die Frage nach der Veränderbarkeit göttlichen Rechtes im Vordergrund. Sie wurde durch Differenzierung, zum Beispiel des Tötungsdeliktes in Mord, Totschlag, fahrlässige Tötung und Notwehr, ermöglicht. Auch im katholischen Kirchenrecht lassen sich Beispiele von Normen göttlichen Rechtes finden, die sich im Laufe der Jahrhunderte geändert haben.

1.3 Rechtsanwendung und -auslegung

Ein im Rechtsvergleich sicher breit zu behandelnder Bereich ist der der Anwendung und Auslegung göttlicher, naturrechtlicher und menschlicher Normen. Hier stellen sich verschiedene Fragen. Das kann nur angedeutet werden. Zuerst schon die Frage, was Anwenden und Auslegen ist, danach die Frage, wer kompetent ist. So liegen Anwendung und Auslegung von Sätzen göttlichen Rechts in der Regel bei den Geistlichen. Eine besondere Rolle spielt die Auslegung in Islam und Judentum. „Wegen der großenteils glaubensmäßig begründeten Verankerung der Normen in der Geschichte und ihrer damit zusammenhängenden prinzipiellen Unwandelbarkeit, andererseits wegen des aus den gleichen religiösen Quellen abgeleiteten Geschichtsverständnisses und der damit zusammenhängenden Wandlungsfähigkeit nach Maßgabe der Anforderungen der Gegenwart stand das jüdische Geistesleben ständig vor Auslegungsproblemen. Der jüdische Witz weiß hiervon viel zu berichten. Wohl keine Kultur, auch die islamische nicht, kann auf einen gleichen Schatz von Erfahrung auf dem Gebiet der Auslegung zurückgreifen."[3] Es kann nun hier nicht die Arbeit geleistet werden, die Auslegungsregeln und Methoden des jüdischen Rechtes auszubreiten. Vor nicht allzu langer Zeit ist ein sehr schönes Buch dazu erschienen.[4] Neusner und Sonn sind der Auffassung, dass hinsichtlich des Argumentierens zwischen den jüdischen und islamischen Fachleuten Konsens bestehen könnte.[5] Das westliche Rechtssystem der christlichen Kirchen ist stärker dem Gesetz verhaftet. Hier ist auf die besondere Entwicklung des Jurisdiktionsprimates des Papstes seit dem hohen Mittelalter hinzuweisen. Trotzdem spielen im katholischen Kirchenrecht die Rechtsanwendung durch die Gerichte und Behörden und die Kirchenglieder (Gewohnheitsrecht, öffentliche Meinung) sowie die Auslegung durch die Gerichte und Behörden und nicht zuletzt durch die Kanonistik eine wesentliche Rolle, nicht nur zur Rechtserkenntnis, sondern auch zur Rechtsfortbildung.

---

3 FIKENTSCHER, Methoden, Bd. 1, 278.
4 Vgl. ABITBOL, Logique.
5 Vgl. NEUSNER/SONN, Religions, 101.

1.4 Das Verhältnis von Religion und Gesellschaft, Kirche und Staat

Hier handelt es sich um einen sehr breiten Bereich. Für das Christentum ist
der Dualismus von Kirche und Staat kennzeichnend. Ob er für die Orthodoxie auch so streng gilt? Das katholische Recht der Beziehungen zum Staat
ist bis heute nicht kodifiziert. Nur einzelne Teile, Grundsätze und Ansprüche
der Kirche finden sich im Codex Iuris Canonici (CIC) von 1983 und werden
in den Konkordaten und Kirchenverträgen mit den Staaten festgelegt. Für den
Islam besteht eine Einheit von Kirche, Staat und Gesellschaft, wie sie das
Christentum nicht kennt. Es gibt die Vorstellung eines eigenen staatlichen
Rechts nicht, wie sie sich im Christentum entwickelt hat. Die gesamte gesellschaftliche Ordnung ist durch Allahs Willen geordnet.[6] Welche Konsequenzen
hat dieses unterschiedliche Verständnis für das Zusammenleben der Religionen in der pluralistischen Gesellschaft? Das ist heute eine der wichtigsten Fragen. Und es ist wohl auch ein Hauptgrund, warum der religiöse Rechtsvergleich notwendig ist.
    Durch diese Ausführungen soll ein kleiner Beitrag zum jüdisch-christlichen
Dialog geliefert werden, indem das katholische Eheverständnis in dialogfähi-
ger Weise dargestellt werden soll.

2. Das Eheverständnis des kirchlichen Rechtes

Die Basis des geltenden Eherechts ist heute das Zweite Vatikanische Konzil.
Bis zu dieser Regelung wäre aber eine lange Entwicklung im letzten Jahrhundert aufzuzeigen. Das Konzil hat die Ehe als Bund (foedus, alliance) bezeichnet und damit eine Diskussion um den Vertragsbegriff ausgelöst. Hinter den
Begriffen *contractus matrimonialis* und *foedus matrimonialis* wurde ein Gegensatz vermutet. Das ist insofern richtig, als der erste Codex von 1917 vom
Vertragsgedanken der Ehe ausging, der im Mittelalter durch die Übernahme
römischen Rechtsdenkens in das kanonische Recht entstanden ist. Die Entwicklung des Vertragsgedankens braucht hier nicht weiter verfolgt zu werden.
    Im Rahmen des Codex Iuris Canonici (CIC) von 1917 und von dessen
rechtlich-biologistischem Eheverständnis war die Rota (das Höchste Römische Ehegericht) bemüht, das Eherecht der sich wandelnden Situation anzupassen. Das Zweite Vatikanische Konzil hat in seiner Erklärung über die Kirche in der Welt von heute (Gaudium et Spes Art. 48) die Ehe als Bund gesehen. Der CIC 1983 betont den Bundescharakter in can. 1055 §1, spricht aber
noch im selben Kanon im §2 vom Vertrag, wenn er an der Identität von gülti-
gem Vertrag und Sakrament festhält. Das hat in der kanonistischen Diskussion nicht nur die Frage ausgelöst, was das heißt, dass die Ehe Bund ist, son-

---

6 Vgl. Chaltût, Islam, dogme et législation, 189–239.

dern auch, ob die Ehe nun auch weiterhin als Vertrag zu qualifizieren ist. Aber auch die Theologie hat in der Auseinandersetzung mit dem Lehramt das Ihrige zur Erörterung dieser Frage beigetragen.

Rechtlich ist meines Erachtens der Vertragsgedanke unverzichtbar, gerade in einer multikulturellen und multireligiösen Welt. Die Ehe ist in den meisten staatlichen und religiösen Rechtsordnungen ein Vertrag. Das gilt auch für das Judentum[7] oder den Islam.

2.1 Grundsätze des Eherechtes

Das Eherecht des neuen Codex Iuris Canonici basiert auf den Vorstellungen des Zweiten Vatikanischen Konzils.[8] Die Ehelehre des Zweiten Vatikanischen Konzils ist zwar primär pastoral ausgerichtet, sie enthält aber eine Reihe juristischer Implikationen für die Ehe. Die Ehe wird als eine personal-partnerschaftliche Lebens- und Liebesgemeinschaft verstanden, die alle Lebensbereiche umfasst. Sie ist auf das Wohl der Gatten sowie auf die Zeugung und Erziehung von Nachkommenschaft ausgerichtet.

2.1.1 Die Definition der Ehe in can. 1055 §1

Der Codex beinhaltet nunmehr in seinem Einleitungscanon zum Eherecht eine Definition der Ehe: Can. 1055 §1: „Der eheliche Bund, durch den Mann und Frau miteinander eine Gemeinschaft für das ganze Leben eingehen und der seiner Natur nach auf das Wohl der Ehegatten sowie auf Zeugung und Erziehung von Nachkommenschaft gerichtet ist, wurde von Christus dem Herrn unter Getauften zur Würde eines Sakraments erhoben." §2: „Deshalb kann zwischen Getauften ein ehelicher Vertrag nicht bestehen, ohne dass er auch ein Sakrament ist."[9]

Für die Ehegemeinschaft gilt also, dass die Ehe ein Bund (foedus) ist, durch den die Partner ihre Lebensgemeinschaft begründen. Die Ehe ist eine Verbindung zweier Personen unterschiedlichen Geschlechts. Gleichgeschlechtliche Verbindungen sind also keine Ehen, auch wenn sie auf Dauer geschlossen werden. Die Ehe wird für die Dauer eines ganzen Lebens eingegangen. Sie ist zu Lebzeiten beider Partner unauflösbar. Die Ehe ist auf das Wohl der Ehegatten in einer personalen Gemeinschaft ausgerichtet. Erst an zweiter Stelle wird die Zeugung und Erziehung von Nachkommenschaft genannt. Damit sind auch Ehen, denen Kinder versagt bleiben, gültige Ehen, sofern nicht von vornherein durch einen positiven Willensakt Nachkommenschaft ausgeschlossen wurde. Die Ehe ist ein Sakrament, das von Christus eingesetzt wurde. Wesentlich für den Codex Iuris Canonici ist wie im CIC von 1917 die Verbindung von Sakra-

7 Vgl. HOMOLKA, Jüdisches Eherecht.
8 Vgl. SCHWENDENWEIN, Eherecht.
9 Übersetzung: Richard Puza.

ment und Vertrag. Die Spendung des Sakramentes besteht im Vertragsabschluss, in der gemeinsamen Willensübereinstimmung. Dabei zeigt sich,
dass die Ehe im neuen CIC zwar als Bund (foedus) definiert wird, dass man
aber juristisch ohne den Vertragsgedanken wohl nicht auskommt.

2.2 Die Prinzipien des kanonischen Eherechtes

2.2.1 Die Ehe als Bund

Die Ehe ist ein Bund,[10] durch den die Partner ihre Lebensgemeinschaft begründen. Durch die biblische Sprechweise vom Bund soll einerseits der personale Charakter der Ehe, andererseits deren komplexe Wirklichkeit mit ihren
verschiedenen Dimensionen angedeutet werden.

2.2.2 Die Ehe als Vertrag

Die Ehe ist ein Vertrag.[11] Der Vertrag besteht in der Konsens-Abgabe. Für die
Konsens-Abgabe bestehen Form- und liturgische Vorschriften. Diese juristische Sicht der Ehe erfasst allerdings nur einen Teilaspekt des Eheabschlusses.
Die Ehe ist ein zweiseitiger Vertrag, der durch die Willensentscheidung zweier
Personen zustande kommt. Dieser Vertrag ist typengebunden, das heißt, dass
es keine Freiheit über dessen innere Ausgestaltung gibt. Die Wesenselemente
des Vertrages sind vorgegeben. Der Vertrag ist auch unteilbar. Das heißt, für
beide Partner gelten dieselben rechtlichen Voraussetzungen, und sie haben
dieselben Konsequenzen zu tragen. Die Ehe kann für den einen Partner nur
sein, was sie auch für den anderen ist.

2.2.3 Die Ehe als Sakrament

Die Ehe unter Getauften ist ein Sakrament.[12] Die Sakramentalität der Ehe
wurde vom Tridentinum gegenüber den Reformatoren betont. Auch das
Zweite Vatikanische Konzil hat sie hervorgehoben: „Die christlichen Gatten
endlich bezeichnen das Geheimnis der Einheit und fruchtbaren Liebe zwischen Christus und der Kirche und bekommen daran Anteil (vgl. Eph 5,32).
Sie fördern sich kraft des Sakramentes der Ehe gegenseitig zur Heiligung
durch das eheliche Leben sowie in der Annahme und Erziehung der Kinder
und haben so in ihrem Lebensstand und in ihrer Ordnung ihre eigene Gabe
im Gottesvolk (vgl. 1 Kor 7,7). Aus diesem Ehebund nämlich geht die Familie
hervor, in der die neuen Bürger der menschlichen Gesellschaft geboren werden, die durch die Gnade des Hl. Geistes in der Taufe zu Söhnen Gottes gemacht werden, um dem Volke Gottes im Fluss der Zeiten Dauer zu verleihen.
In solch einer Art Hauskirche sollen die Eltern durch Wort und Beispiel für

10 Vgl. Kaiser, Grundfragen, 731 ff.
11 Vgl. Heimerl/Pree, Normen, 172 f.; Zapp/Mosiek, Eherecht, 22 f.
12 Vgl. Zapp/Mosiek, Eherecht, 25 ff.; Pesch, Ehe, 7 ff.

ihre Kinder die ersten Glaubensboten sein und die einem jeden eigene Berufung fördern, die geistliche aber mit besonderer Sorgfalt" (Lumen Gentium Art. 11).

Wenn heute auch die Sakramentalität der Ehe unbestritten ist, so treten doch hinsichtlich einzelner Detailaussagen des Codex Iuris Canonici Fragen auf. So betont der Codex Iuris Canonici den sakramentalen Charakter jeder Ehe zwischen Getauften, also auch der Ehen, die nicht-katholische Christen untereinander schließen. Von besonderem Gewicht ist aber die Aussage des can. 1055 §2, der die Verbindung von Sakrament und Vertrag betont. Die Konsequenzen dieser Auffassung, die in dieser Form sicher nur historisch erklärbar ist, werden bei Heimerl/Pree so zusammengefasst:[13] Bei Ungültigkeit des Vertrages kommt auch das Sakrament nicht zustande und umgekehrt. Zwischen Getauften ist der Vertrag immer Sakrament, selbst wenn beide sich darüber in Unkenntnis oder Irrtum befinden, solange sie nur das Sakrament nicht willentlich ausschließen (can. 1099). Bei halbchristlichen Ehen ist die Sakramentalität der ganzen Ehe ausgeschlossen, weil der Ungetaufte unfähig ist, ein Sakrament zu empfangen und der Ehevertrag unteilbar ist. Nicht-katholische Christen können nicht einen Ehevertrag schließen, der nicht zugleich Sakrament ist. Nur wenn deutlich zum Ausdruck kommt, dass das Sakrament nicht gewollt ist, ist die Ehe ungültig. Hier stellt sich die Frage, ob dadurch nicht die naturrechtliche Eheschließungsfreiheit (can. 219 und 1058) verletzt wird. Für die Ehen glaubensloser Christen stellt sich das Problem, dass Sakramente den Glauben voraussetzen, der in diesem Fall wohl fehlt. Die bisher angebotene Lösung, von einem gültigen, aber nicht fruchtbaren Sakrament zu sprechen, befriedigt wohl nicht ganz.[14] Daher wurde von verschiedenen Seiten die Frage der Trennung von Sakrament und Vertrag wieder zur Diskussion gestellt.[15]

Strittig ist, worin Materie und Form des Ehesakramentes bestehen. Auch hinsichtlich der Frage, wer Spender des Ehesakramentes ist, gibt es heute verschiedene Auffassungen. Man wird wohl daran festhalten müssen, dass Spender des Ehesakramentes die Ehepartner selbst sind.

2.2.4 Die Unauflöslichkeit der Ehe

Die Unauflöslichkeit der Ehe wird im Codex als Wesenseigenschaft formuliert. Auf ihre Ausformungen im Eherecht wird noch ausführlich einzugehen sein.

---

13 Vgl. Heimerl/Pree, Normen, 175.
14 Zur Frage der persönlichen Voraussetzungen für das Ehesakrament vgl. Prader, Das kirchliche Eherecht, 26 ff.
15 Vgl. ebd., 30 ff.

2.2.5 Das Konsensprinzip

Der Konsens ist die Wirkursache der Ehe. Er ist durch keine menschliche Gewalt ersetzbar (can. 1057 §1). Der Ehekonsens ist der Willensakt, durch den Mann und Frau sich selbst in einem unwiderruflichen Bund gegenseitig schenken und annehmen, um dadurch die Ehe zu begründen.

Die Lehre von der Ehe als Konsensualvertrag wurde im Kirchenrecht im hohen Mittelalter ausgebildet. Am Anfang der heutigen Lösung steht eigentlich ein Schulenstreit zwischen den Kanonistenschulen in Bologna und Paris. Dabei ging es um die Frage, ob die Ehe ein Konsensual- oder ein Realvertrag sei, oder mit anderen Worten: „Wann beginnt die Ehe?" Dieser Schulenstreit basierte auch auf einer unterschiedlichen Auffassung im römischen beziehungsweise germanischen Rechtsbereich. Die Konsenstheorie entstammt dem römischen Recht (Ulpian: *nuptias non concubitus, sed consensus facit.* Digesten/Pandekten 50,17,30). Nach germanischem Recht aber waren zum Abschluss einer Ehe Brautübergabe und geschlechtlicher Vollzug (*copula carnalis*) notwendig. Theologisch standen das Wort vom „Ein-Fleisch-Werden" des Alten Testaments und die Ehe Mariens zur Diskussion. Die Pariser Schule (Petrus Lombardus) vertrat eher den römisch-rechtlichen, die Bologneser Schule (Gratian) den germanisch-rechtlichen Standpunkt. Die bis heute haltende Lösung kam durch den Juristen-Papst Alexander III. (1159–1181): Die Ehe kommt durch den Konsens gültig zustande, der Vollzug macht sie unauflöslich.

Das Konsensprinzip war für den damaligen Bereich des germanischen Rechts sicher revolutionär. Dadurch wurde die Ehe aus ihrer allzu engen Verbindung mit der Sippe – zumindest theoretisch – gelöst. Die Knüpfung der Unauflöslichkeit an den Vollzug könnte dann als Konzession an das germanische Rechtsdenken gedeutet werden. Im Unterschied zum römischen Recht, nach dem die Ehe vom Konsens dauernd getragen sein muss, daher auch einvernehmlich auflösbar ist, ist der Konsens im Kirchenrecht allerdings ein punktueller, auf den Zeitpunkt des Eheabschlusses bezogener. Der neue Codex hebt das Konsensprinzip durch die Erwähnung bereits im dritten Canon der Grundnormen des Eherechtes besonders hervor.

2.2.6 Die Formpflicht

Die Einführung des Konsensprinzips und wohl auch das langsame Zurückdrängen germanischer Rechtsbräuche beim Eheabschluss führten dazu, dass es im Einzelfall oft schwierig war, festzustellen, ob eine Ehe bestand oder nicht. Es bestanden ja weiterhin keine Formvorschriften für den Konsens. Auch deshalb hat das Tridentinum erstmals Formvorschriften für die Ehe erlassen (*forma tridentina*). Seit dem CIC 1917 hängt die Gültigkeit der Ehe formpflichtiger Personen davon ab, dass die Ehe vor dem zuständigen Pfarrer, zwei Zeugen und unter Anwesenheit der beiden Brautleute beziehungsweise deren Vertreter abgeschlossen wird. Alles Nähere wird weiter unten besprochen.

2.2.7 Favor matrimonii

„Die Ehe erfreut sich der Rechtsgunst; deshalb ist im Zweifelsfall an der Gültigkeit der Ehe solange festzuhalten, bis das Gegenteil bewiesen wird" (can. 1060).

Die Ehe steht als Institution unter dem besonderen Schutz des Rechtes. Der favor iuris ist eine Rechtsvergünstigung, durch welche die Rechtsordnung bestimmte Rechtsverhältnisse aus öffentlichem, sozialem Interesse schützt. Die rechtliche Gestalt des favor matrimonii ist als einfache Rechtsvermutung konstruiert. Der favor matrimonii streitet für jede formgerecht geschlossene Ehe, nicht jedoch für eine Nicht-Ehe. Die formgerecht geschlossene Ehe ist solange als gültig zu betrachten, bis die Nichtigkeit in einem rechtmäßigen Verfahren erwiesen wird. Gelangt der Richter aufgrund des Beweismaterials zu der moralischen Gewissheit der Ungültigkeit der Ehe, darf und muss er die Ehe für nichtig erklären. Moralische Gewissheit bedeutet die auf vernünftige Gründe gestützte Überzeugung von der Nichtigkeit der Ehe. Sollte ein vernünftiger Grund gegen die Nichtigkeit sprechen, liegt keine moralische Gewissheit mehr vor.

2.3 Die Ehe als Sakrament

In der Kanonistik findet heute wieder eine Diskussion um die Sakramentalität der Ehe statt. So ist die Frage gestellt, was Ehe als Sakrament überhaupt heißt – im Laufe der Geschichte und heute. Ist für Augustinus die Ehe sacramentum, weil sie unauflöslich ist, so ging es bei Gratian darum, die Ehe zu stabilisieren, ein Problem, vor dem wir ja heute auch wieder stehen. Werckmeister vertritt die Auffassung, dass für Gratian die Sakramentalität der Ehe im Vollzug zu sehen ist. Damit konnte damals die Stabilität der Ehe garantiert werden.[16]

Vier das Kirchenrecht besonders berührende Fragen sollen hier aber hervorgehoben werden: zuerst die Identität von Vertrag und Sakrament (can. 1055 §2), dann die damit zusammenhängende Frage der Ehen glaubensloser Christen, weiter die Frage nach dem Verhältnis von Eheliturgie und Eherecht, insbesondere die „Spendung" des Ehesakramentes. Die vierte, hier noch zu nennende Frage nach der Zulassung wiederverheirateter Geschiedenen zu den Sakramenten wird weiter unten behandelt.[17]

16 Vgl. WERCKMEISTER, mariage, 237–267.
17 Vgl. KNOCH, Ehe, 1616 ff; DUBY, Ritter, 206 ff; LE BRAS, Mariage, 2123 ff.

2.4 Die Identität von Vertrag und Sakrament (can. 1055 §2)

2.4.1 Zur Geschichte des Lehrsatzes

Die Frage nach der Identität beziehungsweise Trennung von Vertrag und Sakrament hat sich, seit die Ehe zu den Sakramenten gezählt wurde,[18] mehrfach
gestellt. Die Geschichte dieses Lehrsatzes kann hier nur schwerpunktmäßig
charakterisiert werden,[19] ist aber zum Verständnis der Problematik wichtig.
Am Anfang stand die Frage nach dem Beginn der Ehe. Sie wurde von der Kirche im Sinne des aus dem römischen Recht – wenn auch modifiziert – über-
nommenen Konsensprinzips geklärt: Consensus facit nuptias. Sehr bald aber
wird auch das Prinzip der Einheit zwischen Vertrag und Sakrament mehr oder
weniger ausdrücklich zum allgemeinen Lehrerbe. Der Satz betont zunächst
nur die Untrennbarkeit von Vertrag und Sakrament in dem Sinn, dass das Sakrament ohne Vertrag nicht bestehen kann. Das lässt für sich die Möglichkeit
offen, dass es zwischen Getauften einen gültigen Ehevertrag geben kann, ohne
dass dieser gleichzeitig Sakrament ist.[20] In der Diskussion war in den folgenden Jahrhunderten nur dieser zweite Aspekt.

Zum Problem der Unterscheidung von Vertrag und Sakrament führte die
Frage nach dem Spender des Ehesakramentes. Nach Melchior Cano[21] – als
dem bedeutendsten Vertreter dieser Richtung – ist der Priester Spender des
Ehesakramentes. Die Getauften können einen gültigen Ehevertrag abschließen, der wegen Nichteinhaltung der Form nicht-sakramentalen Charakter
hat. Für die Ehetheologie und für die Aussagen des Lehramtes wesentlich wurde Robert Bellarmin (1542–1621).[22] Bei ihm tritt die Vorstellung in den Vordergrund, dass Jesus Christus die Ehe zum Sakrament erhoben hat. Dieser Gedanke war schon in der späten Scholastik aufgetaucht, aber nicht in die Aussagen des Tridentinums aufgenommen worden.[23]

Standen für die Scholastik seit dem 12. Jahrhundert vor allem die Fragen
nach der Natur des Ehevertrages und nach der Sakramentalität der Ehe im
Vordergrund, so werden ab dem 16. Jahrhundert immer mehr auch die notwendigen subjektiven Voraussetzungen zur Verwirklichung des Sakramentes
diskutiert. Für sie soll der spanische Spätscholastiker Gabriel Vasquez
(1549–1604) genannt werden. In seinem „Tractatus de sacramento matrimonii inchoatus"[24] stellt er die Ehe als eine im Naturrecht verankerte Institution
dar. Daraus ergibt sich, dass jeder Mensch ein Grundrecht zur Ehe besitzt.
Christus hat den „ex se" naturrechtlichen Vertrag zum Zeichen der Gnade

---

18 Vgl. CORECCO, Lehre, 379 ff.
19 Ebd.
20 Vgl. NAVARRETE, Matrimonio, 61.
21 Vgl. CORECCO, Lehre, 379 ff.
22 Vgl. ebd., 388 ff; NAVARRETE, Matrimonio, 62.
23 Vgl. CORECCO, Lehre, 390.
24 VASQUEZ, Commentariorum ac disputationum in tertiam partem Sancti Thomae, Tom. IV,
   373 ff.

umgewandelt. Zur Verwirklichung des Sakramentes verlangte Vasquez die Intention, wenigstens das zu tun, was die Kirche tut. Die Lehre Vasquez' wurde
von Fernandus Rebellus (1548–1608) aufgegriffen und fortgeführt.[25] Auch die
ohne die notwendige Intention für die Verwirklichung des Sakramentes abge-
schlossenen Ehen sind gültige Eheverträge.

Die Trennung von Sakrament und Vertrag bringen die gallikanischen Hof-
theologen.[26] Für sie hängt es vom Willen der Nupturienten ab, ob sie eine Na-
turehe oder eine sakramentale Ehe eingehen wollen.

2.4.2 Das Lehramt

Da die Aussagen des Konzils von Trient bekannt sind, ist hier vor allem auf
die Aussagen der Päpste des 19. und 20. Jahrhunderts einzugehen. Durch die
Einführung der Zivilehe – insbesondere der obligatorischen Zivilehe – war eine neue Situation entstanden. Der Kirche drohte die Jurisdiktion über die Ehe
zu entgleiten. Nun tritt auch wieder die Frage der Identität von Vertrag und
Sakrament in den Vordergrund. So betont Pius IX. in einem Brief an den italienischen König Vittorio Emmanuele 1852,[27] dass Ehevertrag und Ehesakrament so wesentliche Elemente der christlichen Ehe seien, dass der bloße Ehevertrag zwischen Christen als Konkubinat gelten müsse. Im Syllabus (DS
2973) werden als irrig folgende Thesen hingestellt: dass die Zivilehe wahre
Ehe unter Christen sein könne, dass der Ehevertrag unter Christen nicht immer Sakrament sei, dass der Vertrag nichtig sei, wenn die Partner das Sakrament ausschließen. Corecco betont, dass die theologisch-dogmatische Kom-
mission des I. Vaticanums sich entschlossen hatte, die Lehre von der absoluten Untrennbarkeit des Ehevertrages vom Sakrament nicht zum
Glaubensdogma erklären zu lassen, weil der Grundsatz einer Trennbarkeit
von Vertrag und Sakrament *per accidens* eine starke theologische Tradition
aufweise, sodann, weil man eingesehen hatte, dass die gallikanischen und lai-
zistischen Irrtümer genügend getroffen werden konnten, ohne die Lehre von
der absoluten Untrennbarkeit zum Dogma erheben zu müssen.[28]

2.4.3 Das Kirchenrecht seit dem CIC 1917

Der Codex Iuris Canonici von 1917 steht in der Tradition der Identität von
Sakrament und Vertrag. Can. 1012 §1 erklärt, dass Christus, der Herr, selbst
den Ehevertrag zwischen Getauften zur Würde des Sakramentes erhoben hat.
Wir haben gesehen, dass die Lehre von der Erhebung der Ehe zum Sakrament
mit Bellarmin ihre Ausformung findet. §2 betont, dass daher zwischen Getauften kein gültiger Ehevertrag bestehen kann, der nicht eo ipso Sakrament

---

25 Vgl. CORECCO, Lehre, 398 ff.
26 Vgl. NAVARRETE, Matrimonio, 62; CORECCO, Priester, 530 ff.
27 CIC Fontes, Bd. II, 869 ff n. 514.
28 Vgl. CORECCO, Priester, 552.

ist. Das Sakrament wird existent durch den in der rechtmäßigen Form ausgetauschten Konsens, also durch den Vertragsabschluss. Deshalb ist der gültige Ehevertrag zugleich das sakramentale Zeichen.[29]

Daraus ergeben sich verschiedene Konsequenzen: Da die Brautleute den Ehevertrag schließen, können nur sie die Spender des Sakramentes sein. Wollen zwei Getaufte eine gültige Ehe eingehen und befinden sie sich in Unkenntnis oder Irrtum über deren Sakramentalität, so ist die Ehe trotzdem sakramental, da mit dem Willen zum gültigen Eheabschluss implicite die Absicht zum Empfang des Sakramentes präsumiert wird. Ein einfacher Irrtum ist nicht rechtserheblich. Nur bei Setzung eines positiven Willensaktes gegen die Sakramentalität kommt eine gültige Ehe nicht zustande und damit wegen der sachlichen Identität auch kein gültiger Vertrag.

Der Segen des Priesters gehört nicht zum Wesen des Ehesakramentes, wenn auch die Mitwirkung eines trauungsberechtigten Geistlichen seit dem Konzil von Trient für die Ehen von Katholiken vorgeschrieben ist. U. Mosiek meint, dass dadurch zum Ausdruck gebracht werden soll, dass die Ehewillenserklärung der Kontrahenten durch die hoheitliche Bestätigung der Kirche ihre Anerkennung erfährt. Dass diese Mitwirkung aber nicht zum Wesen des Sakramentes gehöre, zeigten schon die Noteheschließung und die Eheschließung unter Christen, die nicht zur katholischen Kirche gehören. In beiden Fällen genügt es, wenn der Austausch des Ehekonsenses in einer rechtlich greifbaren Form vorgenommen wurde.

Aus der sachlichen Identität von Vertrag und Sakrament ergibt sich weiterhin, dass eine naturrechtlich gültige Ehe unter Nichtgetauften mit der Taufe beider Kontrahenten ipso facto eine sakramentale Ehe wird.[30] Die ausdrückliche oder stillschweigende Konsenserneuerung ist nicht erforderlich. Auch diese Aussage ist keinesfalls immer die allein gültige gewesen.[31]

Ist einer der Brautleute nicht getauft, so kommt keine sakramentale Ehe zustande. Dies legt bereits der Text des can. 1012 §2 CIC 1917 nahe. Die hier gebrauchte Wendung inter baptizatos setzt voraus, dass beide Teile getauft sein müssen. Andernfalls wäre die Formulierung des can. 1015 §1 CIC 1917 matrimonium baptizatorum am Platze, die im Hinblick auf die religionsverschiedenen Ehen gebraucht wird. Als weitere Argumente für diese Auffassung werden angeführt: die Unteilbarkeit des Ehevertrages; der Nichtgetaufte ist absolut unfähig, das Ehesakrament zu empfangen, also wird es auch für den Getauften nicht existent; schließlich die kuriale Praxis. Nach dieser werden Ehen, die zwischen einem Getauften und einem Ungetauften geschlossen und vollzogen waren, durch päpstliche Dispens dem Bande nach aufgrund des Privilegium

---

29 Vgl. Zapp, Eherecht, 25 ff.
30 Vgl. Zapp, Eherecht, 26.
31 Vgl. Corecco, Lehre, 396 f und die dort zitierte Auffassung von Vasquez betreffend die Ehe
    von Konvertiten.

fidei (nach 1 Kor 7,12–15) gelöst. Dies ist bei einer sakramentalen, vollzogenen Ehe nicht möglich.

Auch hier gibt es aber noch andere Auffassungen. Einige Autoren sind der Meinung, dass die Ehe zwischen einem Getauften und einem Ungetauften für den Getauften immer Sakrament sei, andere lassen es für den getauften Teil nur dann zustande kommen, wenn diese Ehe mit kirchlicher Dispens vom Ehehindernis der Religionsverschiedenheit geschlossen wurde, so zum Beispiel F. M. Cappello. Die Mehrzahl der Kanonisten aber vertritt die früher dargelegte Lehre, die nach Mosiek wegen ihrer Begründung zweifellos den Vorzug verdient.[32]

Diese Ausführungen zeigen, dass sich die Kanonistik hier auf unsicherem Grund bewegt. Es ist auch klar, dass die Frage nicht allein vom Kirchenrecht beantwortet werden kann. Eine am Codex Iuris Canonici orientierte Ehelehre tut sich zudem deshalb besonders schwer, weil der Codex anscheinend die Lehraussagen der Päpste der 2. Hälfte des 19. Jahrhunderts kodifiziert hat. Der Codex wurde seinerseits auch für die Dogmatik maßgeblich. Das gilt ganz besonders für die Neuscholastik. Es gibt Autoren, die meinen, dass das ganze kirchliche Eherecht mit dem Satz von der Identität von Vertrag und Sakrament stehe und falle.

Dass dem nicht so ist, hat P. Huizing mit seinem Alternativentwurf bewiesen.[33] Eine Variierung des Satzes müsste allerdings eine Reihe von weiteren Rechtsänderungen nach sich ziehen. Dazu konnte sich der Gesetzgeber des neuen Codex Iuris Canonici nicht entschließen. So hat er die Frage zwar ausgiebig diskutiert, zwei mögliche Änderungen aber doch nicht aufgenommen: Es wurde nämlich vorgeschlagen, in can. 1012 §2 statt von „matrimonialis contractus inter baptizatos" von „matrimonialis contractus inter baptizatos catholicos" zu sprechen.[34] Damit hätte man die Frage nach der Sakramentalität nichtkatholischer christlicher Ehen ausgeklammert. Der andere Vorschlag, den Zusatz „nisi constet obicem positum esse ratione defectus fidei vel saltem intentionis" anzubringen,[35] wurde wohl – immer noch – wegen der schwierigen Judizierbarkeit ausgeschlossen.

Hier befinden wir uns aber auch bei einer eminent theologischen Frage, nämlich der nach dem Wesen eines Sakramentes. Es ist offensichtlich, dass der neue Codex Iuris Canonici von einem statischen, punktuell den Eheabschluss betreffenden Sakramentenbegriff ausgeht. Sakrament scheint eben nicht die Gemeinschaft des ganzen Lebens beziehungsweise das Eheband zu sein, sondern der Ehevertrag, das heißt der Austausch des gegenseitigen Jawortes, mit dem Mann und Frau sich einander in einem unwiderruflichen

---

32 Vgl. CAPPELLO, Tractatus, 36 f; ZAPP/MOSIEK, Eherecht, 40.
33 Vgl. HUIZING, Alternativentwurf, 83 ff.
34 ZAPP/MOSIEK, Eherecht, 28.
35 Ebd.

Bund gegenseitig schenken und gegenseitig annehmen, um eine Ehe zu gründen (can. 1057 §2).

2.4.4 Im Eherecht zur Diskussion stehende Fragen

2.4.4.1 Bereits in den 60er Jahren und Anfang der 70er Jahre des 20. Jahrhunderts war vor allem die Frage der Unauflösbarkeit der Ehe in der Diskussion. Die Forschung hat gezeigt, dass die derzeitige Regelung des CIC, insbesondere das Anknüpfen an den Vollzug, historisch gewachsen ist. Gibt es also noch weitere Fälle, in denen eine Auflösung der Ehe möglich ist? Oder noch weiter: Handelt es sich beim biblischen Gebot um ein Rechtsgebot oder um ein Zielgebot?

2.4.4.2 Heute steht wieder die Frage nach der Sakramentalität und nach dem Verhältnis von Eheliturgie und Eherecht zur Diskussion.

2.4.4.3 Zu einer inzwischen teilweise fruchtbar gewordenen Diskussion kam es zwischen den Humanwissenschaften (insbesondere der Psychologie) und der Kanonistik, wenn andernteils auch immer noch Welten allein in der Sprache diese beiden Disziplinen trennen. Wesentliche Vorarbeit haben hier die kirchlichen Ehegerichte geleistet, wenn es darum ging, die Erkenntnisse der modernen Psychologie in das starre Schema des kirchlichen Eherechtes einzupassen.[36] Das Ergebnis sind heute drei neue Bestimmungen im CIC 1983: a) Geisteskrankheit und schwere Geistesstörung, b) schwerwiegender Mangel an Urteilsreife bezüglich der gegenseitigen Übertragung der ehelichen Rechte und Pflichten und c) Eheführungsunfähigkeit. Bisher musste hier die Rechtsprechung im Wege der Interpretation oder der Lückenfüllung weiterhelfen.

2.4.4.4 Die Frage der pastoralrechtlichen Situation wiederverheirateter Geschiedener und von deren Zulassung zu den Sakramenten hat bis heute noch keine befriedigende Lösung gefunden.

2.4.5 In letzter Zeit ist eine ganz andere Frage in das Bewusstsein der Theologen getreten, nämlich die Ehe ohne Trauschein oder Ehe ohne Heirat oder überhaupt die sogenannten Formen der Partnerbeziehungen ohne Ehe. Mit Wilhelm Zauner[37] möchte ich drei Formen der Partnerbeziehungen ohne Ehe unterscheiden.

  a) Die bloße Geschlechtsgemeinschaft,

  b) die sogenannte Vorehe, bei der die Partner bereits in eine gemeinsame Wohnung gezogen sind und wie ein Ehepaar zusammenleben. Sie führen einen gemeinsamen Haushalt und bilden eine wirtschaftliche Gemeinschaft, Kinder sind zwar meist noch unerwünscht, werden jedoch nicht unbedingt

---

36 Vgl. Barbieri, La coppia coniugale.
37 Vgl. Zauner, Ehen, 43–50.

ausgeschlossen. Die Partner haben die Absicht, später zu heiraten oder schließen diese Absicht wenigstens nicht aus, und

   c) Ehen ohne Heirat. Hier lebt das Paar in allem wie ein Ehepaar zusammen, es besteht jedoch grundsätzlich nicht die Absicht zu heiraten. Man verwendet auch ein gemeinsames Türschild (Schrägstrichehe). Die Partner be-
kennen sich zueinander und stellen sich mit der Formel „mein Lebensgefähr-
te, meine Lebensgefährtin" vor.

Diese drei Formen einer eheähnlichen Gemeinschaft ohne Eheschließung
haben einen grundsätzlich verschiedenen Charakter und müssen streng auseinander gehalten werden. Die Kanonistik hat diese Fragen bisher noch kaum
aufgegriffen.

Auch das staatliche Recht wird dieser Problematik im Konfliktsfall heute
noch nicht immer gerecht.[38]

2.4.6 Die gleichgeschlechtliche registrierte Lebenspartnerschaft

2.4.7 Nicht zuletzt ist die vor allem für die Ökumene bedeutsame Mischehen-
frage anzusprechen. Hier hat seit dem II. Vatikanischen Konzil eine sukzessive
Weiterentwicklung sowohl hinsichtlich der Frage der religiösen Kindererzie-
hung als auch hinsichtlich der Form des Eheabschlusses stattgefunden. Die
Mischehe ist allerdings grundsätzlich noch immer verboten. Offen geblieben
sind alle Fragen, soweit sie in den breiteren Bereich der Gottesdienst- und Sa-
kramentengemeinschaft hineinreichen (gemeinsames Abendmahl, gemeinsame Erfüllung des Sonntagsgebotes etc.).

3. Die liturgischen Bücher:
„Die Feier der Trauung", das liturgische Buch
für den deutschen Sprachraum

3.1 Verschiedene liturgische Trauungsformulare für katholische,
katholisch-christliche und katholisch-nichtchristliche Eheschließungen

Der CIC 1983 verweist in can. 2 auf das liturgische Recht. Es ist sowohl im
Codex Iuris Canonici selbst wie auch in einzelnen liturgischen Büchern festgehalten. Der CIC 1983 war gegenüber den liturgischen Büchern lex posterior.
Er hat die liturgischen Bücher nicht grundsätzlich aufgehoben, aber einzelne
ihrer Bestimmungen. Daher war das liturgische Recht an den Codex anzupassen.[39] Die Anpassung der liturgischen Vorschriften ist inzwischen erfolgt.[40]

---

38 Vgl. Frieser, Kommentar.
39 Liturgische Bücher sind für den deutschen Sprachraum z.B.: Die Feier der Kindertaufe, Amtl.
   Ausg. 1971. Die Feier der Firmung 1973. Messbuch für die Bistümer des dt. Sprachgebiets. Teil
   I und II 1975. Die Feier der Buße, Studienausgabe 1974. Die Feier der Krankensakramente,

„Die Feier der Trauung", eines der liturgischen Bücher der katholischen Kirche, enthält das in Deutschland anzuwendende liturgische Formular bei kirchlich-katholischer Eheschließung. Ihm vorangestellt ist eine „Pastorale Einführung der Bischöfe des deutschen Sprachgebietes", die auch rechtlichen Charakter hat.[41] Es enthält verschiedene Trauriten, die als Formulare bezeichnet werden – etwa ein Formular für die Feier des Ehesakramentes, das anzuwenden ist, wenn zwei gläubige Katholiken die Ehe miteinander eingehen. Ein anderes Formular betrifft die Ehe zwischen Christen, also beispielsweise die Ehe zwischen einer Katholikin und einem evangelischen oder einem orthodoxen Christen. Hier gibt es auch die Möglichkeit einer sogenannten „ökumenischen Trauung". Dazu gibt es eigene Vereinbarungen zwischen den Kirchen. Die Trauung ist entweder eine katholische oder eine evangelische, je nachdem, wer die Fragen an die beiden Partner nach ihrem Ehewillen stellt. Der Geistliche der anderen Kirche ist aber an der Liturgie beteiligt. Wird die Ehe im Ritus der nichtkatholischen Kirche gefeiert, muss der katholische Ehepartner um Dispens von der Formpflicht bitten.

3.2 Ein liturgisches Formular für die christlich-jüdische Ehe

Unter Nr. VII der pastoralen Einführung „Die Trauung mit einem nichtgetauften Partner, der an Gott glaubt", werden drei Beispiele besonders genannt: Die Trauung mit einem jüdischen Partner (Nr. 37), mit einem muslimischen Partner (Nr. 38) und mit einem Partner aus einer nicht-monotheistischen Religion (Nr. 39).

In allen drei Fällen geschieht dies, wenn die Trauung in liturgischer Feier stattfinden soll, in der Regel in einem Wortgottesdienst gemäß Kapitel III des Formulars.

Ich möchte den Vorschlag eines gemeinsamen Formulars für eine katholisch-jüdische Eheschließung machen und mit einem Hinweis auf den Vergleich religiöser Rechte im Bereich der Eheschließung beginnen: Die Ehen zwischen Juden und Christen sind seit den Anfängen des Christentums ein lebendiges Faktum, wurden aber später vielfach verboten. Heute liegen für die USA Statistiken vor, die ein Ansteigen jüdisch-christlicher Ehen nachweisen.[42] Auch in Frankreich hat man sich von katholischer Seite dieser Frage zugewendet. Unter den von der deutschen Bischofskonferenz vorgesehenen Trauungsriten[43] findet sich ein Formular, das für eine christlich-jüdische Eheschließung

---

Amtl. Ausg. 1975. Die Feier der Trauung 1975. Die kirchliche Begräbnisfeier 1973. Benediktionale 1978.
40 Dekret part. Promulgato Codice in: AAS 75 (1983). Vgl. Variationes. Änderungen in den liturgischen Büchern. Verlautbarungen des Apostolischen Stuhles 58, DBK.
41 Die Deutsche Bischofskonferenz (Hg.), Die Feier der Trauung.
42 KLÖCKER/TWORUSCBKA, Handbuch.
43 Die Deutsche Bischofskonferenz (Hg.), Die Feier der Trauung.

angewendet werden kann.[44] Das Formular betrifft die Eheschließung zwischen einer getauften und einer nicht getauften Person. Es entspricht damit zwar nur bedingt dem besonderen jüdisch-christlichen Dialog. Jesus war Jude. Das Christentum ist zuerst unter den Juden entstanden. Die Juden sind unsere ersten Brüder und Schwestern. Deshalb ist an der Römischen Kurie der Dialog mit ihnen auch beim Päpstlichen Rat für die Förderung der Einheit der Christen angesiedelt, nicht beim Päpstlichen Rat für den interreligiösen Dialog. Aus diesem Grunde habe ich das genannte Formular für eine christlich-jüdische Eheschließung ergänzt und weiterentwickelt.

Konkret lässt sich zeigen, dass jüdisches und christliches Eheverständnis in vielen Punkten übereinstimmen, dass es aber doch auch Differenzen gibt.[45] Diese Differenzen sind aber nicht unüberwindbar, so dass eine christlich-jüdische Ehe durchaus möglich ist.

Im Sinne des geltenden Gesetzbuches der Katholischen Kirche lateinischen Ritus, des CIC/1983, ist sie eine religionsverschiedene Ehe. Wenn der Codex nunmehr die Ehe mit Juden unter die religionsverschiedene Ehe einordnet und somit Ehen mit anderen Nichtgetauften gleichstellt, so gilt dies doch nur für die rein rechtliche Seite. Im Bereich der Ehepastoral, des Vorgesprächs, der Trauung und der Form der Eheschließung im liturgischen Bereich sind durchaus Differenzierungen möglich und auch angebracht.[46] So möchte ich am Schluss auf diese liturgischen Bestimmungen noch kurz eingehen.

Die pastorale Einführung zum Trauungsritus bemerkt dazu unter Nr. 37: „Bei der Trauung mit einem jüdischen Partner sind die Aussagen des II. Vatikanischen Konzils zum Verhältnis von Christen und Juden zu berücksichtigen. Ausgehend von der besonderen Verbundenheit von Juden und Christen ist eine Gestaltung der Feier anzustreben, die dem jüdischen Partner und anderen jüdischen Teilnehmern eine wirkliche Mitfeier ermöglicht."[47]

In der Erklärung des II. Vatikanischen Konzils zu den nichtchristlichen Religionen „Nostra aetate" heißt es in Art. 4: „Bei ihrer Besinnung auf das Geheimnis der Kirche gedenkt die Heilige Synode des Bandes, wodurch das Volk des Neuen Bundes mit dem Stamme Abrahams geistlich verbunden ist. So anerkennt die Kirche Christi, dass nach dem Heilsgeheimnis Gottes die Anfänge ihres Glaubens und ihrer Erwählung sich schon bei den Patriarchen, bei Moses und den Propheten finden. Sie bekennt, dass alle Christgläubigen als Söhne Abrahams dem Glauben nach (vgl. Gal. 3,7) in der Berufung dieses Patriarchen eingeschlossen sind und dass in dem Auszug des erwählten Volkes aus dem Lande der Knechtschaft das Heil der Kirche geheimnisvoll vorgebildet ist. Deshalb kann die Kirche auch nicht vergessen, dass sie durch jenes Volk, mit dem Gott aus unsagbarem Erbarmen den Alten Bund geschlossen hat, die Offenbarung des Alten Testaments empfing und genährt wird von der Wurzel

44 Puza, Eheverständnis, 55–77.
45 Ebd.
46 Die Deutsche Bischofskonferenz (Hg.), Die Feier der Trauung.
47 Ebd., 30.

des wilden Ölbaums, in den Heiden als wilde Schösslinge eingepfropft (vgl.
Röm 11,17–24) sind. Denn die Kirche glaubt, dass Christus, unser Friede, Juden und Heiden durch das Kreuz versöhnt und beide in sich vereinigt hat
(vgl. Eph 2,14–16)."

Manfred Probst und Klemens Richter bemerken in ihrem Werkbuch „Die
kirchliche Trauung" dazu, dass die Trauung mit einem jüdischen Partner
durchaus nach Absprache mit diesem auch Texte aus der jüdischen Liturgie
enthalten könnte.

In die Eröffnung eingefügt werden könnte zum Beispiel ein Teil aus dem
folgenden jüdischen Morgengebet:[48]

> Mit viel Liebe hast du uns geliebt,
> Herr, unser Gott;
> mit großer, unendlicher Güte
> hast du uns umhegt.
> Unser Vater, unser König!
> Um unserer Väter willen,
> die auf Dich vertraut,
> und die Du die Gesetze des Lebens gelehrt hast,
> sei uns gnädig,
> und lehre auch uns.
> Unser Vater,
> barmherziger und allerbarmender Vater,
> erbarme dich unser,
> und gib uns ein empfängliches Herz,
> daß wir in Liebe begreifen und verstehen,
> hören, lernen und lehren,
> hüten und erfüllen
> alle Worte Deiner Torah.
> Erleuchte unsere Augen in Deiner Torah,
> laß unser Herz an deinen Geboten hängen.
> Einige unser Herz,
> Deinen Namen zu lieben und zu fürchten,
> daß wir nie und nimmer zuschanden werden.
> Denn wir vertrauen auf Deinen heiligen, großen und furchtbaren Namen;
> wir jubeln und freuen uns Deines Heils […]
> Denn Du bist ein Gott, der Heil schafft […]
> Du hast uns Deinem großen Namen nahegebracht
> Für immer und in Wahrheit,
> daß wir dir dankbar huldigen
> und Deine Einheit in Liebe bekennen.
> Gelobt seiest Du, Herr, der sein Volk (Israel) in Liebe erwählt.
> Höre, Israel!
> Der Herr ist unser Gott, der Herr ist einzig (Dtn 6,4).
> Gelobt sei der Name der Herrlichkeit seines Reiches
> in Zeit und Ewigkeit.

48 PETUCHOWSKI, Gottesdienst des Herzens, 17 f.

Im Wortgottesdienst gilt für die jüdischen Lesungen und Gesänge, dass sie die Zusagen und Weisungen für die Ehe verkünden sollen. Bei jüdischen Partnern empfiehlt sich eine Lesung aus dem Alten Testament.

Im Zusammenhang mit dem Trauungssegen oder dem Schlusssegen könnten an dieser Stelle die Segenssprüche über Braut und Bräutigam aus der jüdischen Trauung (die anlässlich des gemeinsamen Trinkens der Brautleute aus dem Weinbecher gesprochen oder gesungen werden) eingefügt werden:[49]

Gelobt seiest du, Herr unser Gott, Weltenherrscher, der die Frucht des Weinstocks erschafft.

Gelobt seiest du, Herr, der Bräutigam und Braut erfreut.

Literatur

ABITBOL, G., *Logique* du droit talmudique, Paris 1993.

BARBIERI, C. (Hg), *La coppia coniugale.* Attualità e prospettive in medicina canonistica, Studi giuridici 74, Città del Vaticano 2007.

CAPPELLO, F., *Tractatus* canonico-moralis de sacramentis, Bd. III, Marietti/Genua 1955.

CHALTUT, M., *Islam dogme et législation*, Paris 1999.

CORECCO, E., Die *Lehre* der Untrennbarkeit des Ehevertrages vom Sakrament im Lichte des scholastischen Prinzips „Gratia perficit, non destruit naturam", Archiv für Katholisches Kirchenrecht 143, 1974, 379–398.

–, Der *Priester* als Spender des Ehesakramentes im Lichte der Lehre über die Untrennbarkeit von Ehevertrag und Ehesakrament, in: A. Scheuermann/G. May (Hg.), Ius sacrum, München 1969, 521–538.

DIE DEUTSCHE BISCHOFSKONFERENZ (Hg.), Die Feier der Trauung, Zürich ²1992.

DUBY, G., *Ritter*, Frau und Priester, die Ehe im feudalen Frankreich, Frankfurt a. M. ¹1985.

FRIESER, A., *Kommentar* „zum Erbrecht", „Auseinandersetzung bei Trennung, Rechtsstellung der Kinder, Partnerschaftsverträge", Köln 2008.

FIKENTSCHER, W., *Methoden* des Rechts in vergleichender Darstellung, Bd. 1, Tübingen 1993.

GASPARRI, P., Codicis iuris canonici fontes, Roma 1926–1935.

HEIMERL, H./PREE, H., Allgemeine *Normen* und Eherecht, Wien 1983.

HOMOLKA, W., Das *Jüdisches Eherecht*, Berlin 2009.

HUIZING, P., *Alternativentwurf* für eine Revision des kanonischen Eherechtes, in: DERS. (Hg.), Für eine neue kirchliche Eheordnung, Düsseldorf 1975, 83–104.

KAISER, M., *Grundfragen* des kirchlichen Eherechts, in: J. Listl (Hg.), Handbuch des katholischen Kirchenrechts, Regensburg ¹1983, 730–746.

KLÖCKER, M./TWORUSCBKA, U., *Handbuch* der Religionen. Religionen und Glaubensgemeinschaften in Deutschland, Olzog-Loseblattsammlung, München 1997.

KNOCH, W., Art. *Ehe.* A. Theologie und Liturgie, in: Lexikon des Mittelalters, Bd. III, München 1999, 1616–1648.

---

49 Ebd., 121 f.

KUNIGK, F., Die Lebensgemeinschaft. Rechtliche Gestaltung von ehelichem und ehe-ähnlichem Zusammenleben, Stuttgart 1978.

LE BRAS, G., Art. *Mariage*, in: Dictionnaire de Théologie Chatholique 9/2, Paris 1927, 2123–2317.

NAVARRETE, U., *Matrimonio* cristiano e sacramento, in: P. Adnés (Hg.), Amore e sta-bilità nel matrimonio, Rom, Universita Gregoriana 1976, 53–75.

NEUSNER, J./SONN, T., Comparing *Religions* through Law. Judaism and Islam, Lon-don 1999.

PESCH, O. H., *Ehe* im Blick des Glaubens, in: F. Böckle (Hg.), Christlicher Glaube in moderner Gesellschaft, Bd. 7, Freiburg 1981, 8–43.

PETUCHOWSKI, J. J., *Gottesdienst des Herzens*. Eine Auswahl aus dem Gebetsschatz des Judentums, Freiburg u. a. 1991.

PHIDAS, V., *Droit* canonique, Une perspective orthodoxe, Analecta Chambesiana/In-stitut de Théologie Orthodoxe d'Etudes Superieurs, Centre Orthodoxe du patriar-chat oecumenique, Genf 1998.

PRADER, J., *Das kirchliche Eherecht* in der seelsorgerlichen Praxis, Orientierungshilfen für die Ehevorbereitung und Beratung in Krisenfällen, mit Hinweisen auf die Rechtsordnungen der Ostkirchen, Bozen [3]1991.

PUZA, R., Le lieu matrimonial dans sa formation et sa durée: apports récents de la théologie et du droit canonique allemands, RDC 42, 1992, 309–330.

–, Christliches und jüdisches *Eheverständnis* und deren rechtliche Implikationen, in: W. Groß (Hg.), Das Judentum – eine bleibende Herausforderung christlicher Identität, Mainz 2001, 55–77.

SCHWENDENWEIN, H., Das neue kirchliche *Eherecht* und seine pastoralen Auswirkun-gen, ThQ 163, 1983, 200–211.

VASQUEZ, G., Commentarii ac disputationes in tertiam partem Sancti Thomae, De matrimonii sacramento, dsp. II, Ingolstadt 1604.

WERCKMEISTER, J., Le *mariage* sacrement dans le Décret Gratien, RDC 42, 1992, 237–267.

ZAPP, H./MOSIEK, U. (Hg.), Katholisches *Eherecht*, Freiburg [6]1983.

ZAUNER, W., *Ehen* ohne Heirat, ThPQ 129, 1981, 43–50.

III. Transformationen

Hans-Peter Großhans und Simone Sinn

Gleichzeitigkeit des Ungleichzeitigen

Protestantische Transformationen im christlichen Verständnis der Geschlechterdifferenz

1. Einleitung

Die Ordination von Frauen ins kirchliche Amt im Bereich evangelischer Kirchen stellt einen epochalen Einschnitt im Umgang des Christentums mit der Geschlechterdifferenz dar. Die Zulassung zum geistlichen Amt wird damit nicht mehr an die Kategorie Geschlecht gebunden. In entlegenen Dörfern wie an der Spitze von Kirchenleitungen verkörpern nun Frauen wie Männer das öffentliche Amt der Kirche. Auf Kanzeln machen Frauenstimmen das Evangelium hörbar, am Altar können die Sakramente aus den Händen von Frauen empfangen werden. Dieser einschneidende Wandel im Umgang mit der Geschlechterdifferenz betrifft damit nicht nur die Amtsträgerinnen und -träger selbst, sondern die Kirche als Ganze. Darüber hinaus verändert der Wandel in der symbolischen Ordnung innerhalb des Protestantismus auch ökumenische Diskussionslagen. Die Frauenordination macht die Differenz zwischen reformatorischem und römisch-katholischem sowie orthodoxem Amtsverständnis sinnfällig.

Nach reformatorischer Auffassung kann die Kategorie Geschlecht nicht Ausschlusskriterium für das Amt sein. Das wurde schon in der Reformationszeit erkannt; Luthers Gegner hatten ihm dies bereits damals vorgeworfen.[1] Dass es in evangelischen Kirchen über 400 Jahre dauerte, bis Frauen ordiniert wurden, hat seinen Grund nicht im Amtsverständnis, sondern in der Wahrnehmung der Geschlechterdifferenz. Denn in der reformatorischen Bewegung im 16. Jahrhundert wurde das Verhältnis der Geschlechter gegenüber dem Mittelalter durchaus neu bestimmt. Dabei spielte eine neue Sicht auf die Lebenssituationen von Männern und Frauen eine wichtige Rolle. Gleichwohl waren die damals neuen Perspektiven weiterhin essentialistischen Denkmustern verhaftet. Diese wurden im weiteren Verlauf der Geschichte des Protestantismus in Frage gestellt, wodurch es im Verständnis der Geschlechterdifferenz zu weiteren Transformationen kam.

Wie sich im Protestantismus der Umgang mit der Geschlechterdifferenz und die Konstruktionen von Frau und Mann, weiblich und männlich, gewandelt haben, soll in diesem Beitrag anhand von drei Themenfeldern gezeigt werden: Geistliches Amt, Ehe und Familie sowie Bildung. Dabei wird der Fo-

---

1 Luther wehrt sich dagegen in seiner Schrift „Vom Mißbrauch der Messe", vgl. LUTHER, Messe. 1521, WA 8, 497,19.

kus besonders auf die Entwicklung einiger Ideen gerichtet, die einen Wandel im Verständnis generiert haben. Zugleich wird der Duktus protestantischer Perspektiven zu allen drei Bereichen ausgehend von Grundimpulsen Martin Luthers dargelegt. Aus systematisch-theologischer Sicht sollen die Momente erörtert werden, die zu Transformationen im Verständnis der Geschlechter und diverser Differenzkonstruktionen im Bereich der Gender-Thematik beigetragen haben. Dem liegt die Einsicht zugrunde, dass sich Transformationen in der gelebten Wirklichkeit immer als Gleichzeitigkeit von Ungleichzeitigem manifestieren.

2. Konsequente Tauftheologie und die Folgen für das geistliche Amt

2.1 Die Taufe als Aufhebung kategorialer Differenzkonstruktionen bei Luther

Im Zentrum der reformatorischen Konzeption des kirchlichen Amtes steht die Aufhebung der kategorialen Unterscheidung von Geistlichen und Laien, die die altgläubige Lehre vom Amt geprägt hatte. Die Überwindung der bis dahin gesellschaftsformenden Standesdifferenz setzte im Zeitalter der Reformation einen epochalen Wandel in Kirche und Gesellschaft in Gang. In seiner Schrift „An den christlichen Adel deutscher Nation von des christlichen Standes Besserung" trug Martin Luther 1520 seine Grundeinsicht vor: „Dan alle Christen sein warhafftig geystlichs Stands, unnd ist unter yhn kein unterscheyd [...]".[2]

Diese Aufhebung der Differenz erwuchs bei Luther aus einer konsequenten Tauftheologie. Durch die Taufe haben alle Christen denselben Stand vor Gott. Luther bringt diese neue Einsicht prägnant zur Sprache, indem er die klassischen Amtsbezeichnungen der Geistlichkeit auf alle Christen bezieht: „Dan was ausz der tauff krochen ist, das mag sich rumen, das es schon priester, Bischoff und Bapst geweyhet sei [...]".[3] Wenn so jeder Christ als Priester bezeichnet wird, wird das traditionelle Verständnis des Priesters transformiert. Priestersein ist nicht das Privileg einiger weniger, sondern es ist allen Christen „gemein", ist sozusagen ein Privileg aller.

Mit solcher Rede vom „allgemeinen Priestertum" wird die „Priesterwürde" und der „Priesterdienst" aller Christen klar zum Ausdruck gebracht.[4] Die Priesterwürde realisiert sich in der direkten Gemeinschaft mit Gott im Glauben und braucht keine Vermittlung durch kirchliche Hierarchie. Der Priester-

---

2   Luther, Adel. 1520, WA 6, 407,13 f.
3   Ebd., WA 6, 408,11 f.
4   Den metaphorischen wie performativen Charakter der Rede vom „allgemeinen Priestertum" hat Goertz, Priestertum, ausführlich dargelegt.

dienst vollzieht sich in priesterlicher Fürbitte und impliziert die geistliche Vollmacht zum Dienst an Wort und Sakrament. „Christus [...] hatt allen tzu urteyln und richten, tzu leßen und predigen gewallt und macht gegeben [...]“.[5]

Dass die Taufe der alleinige Maßstab für die geistliche Befähigung zum kirchlichen Amt ist, war eine bahnbrechende Erkenntnis. Gerade weil damit prinzipiell alle Christen in Frage kommen, das öffentliche Amt zu übernehmen, ist es nach Luther umso nötiger, dass dies nicht in Form einer Selbstbemächtigung geschieht. Die Berufung zum Amt wird durch die christliche Gemeinde vollzogen.[6] Sie wiederum hat auch geistliche Vollmacht, über die Lehre zu urteilen.[7]

Luther wurde von seinen Gegnern vorgehalten, dass von dieser Amtstheologie her dann ja auch Frauen öffentlich predigen dürften, was aber dem biblischen Schweigegebot für die Frauen in 1 Kor 14 widerspreche. In seiner Erwiderung wich Luther nicht davon zurück, dass auch Frauen prinzipiell geistlich dazu befähigt sind, gleichwohl seien sie von ihrer Konstitution her im Unterschied zu den Männern nicht für die öffentliche Wortverkündigung geeignet. Er war überzeugt, dass „eynem mann viel mehr tzu reden eygent und gebürt unnd auch datzu geschickter ist“,[8] und verweist unter anderem auf die schwache Stimme von Frauen als praktisches Hindernis, das Amt auszuüben.

Während Luther in der Tauf- und in der Amtstheologie konsequent geschlechterspezifische Ausgrenzung zurückweist,[9] wird in seiner Anthropologie die Geschlechterdifferenz zum zentralen Argument gegen die Ausübung des öffentlichen Amtes durch Frauen. Luther übernimmt in seiner Anthropologie die Vorstellung von der Geschlechterordnung wie sie in Gen 3,16 vor Augen gestellt wird, die Ordnung nach dem Sündenfall.[10] Für Luther ist die hierarchische Unterordnung der Frau auch durch das Evangelium nicht aufgehoben:

Denn solch unterscheid auch die natur und Gottes Creatur gibt, das weiber (viel weniger Kinder oder Narren) kein Regiment haben können, noch sollen, wie die erfarung gibt und Mose Gen 3. spricht: „du solt dem Man unterthan sein“, das Evangelion aber solch natürlich recht nicht auffhebt, sondern bestetigt als Gottes ordnung und geschepffe.[11]

---

5 Luther, Messe, WA 8, 496,13–15.
6 Vgl. Luther, Adel, WA 6, 408,13–17.
7 Vgl. Luther, Recht. 1523, WA 11, 408–416; vgl. dazu: Grosshans, Instanzen.
8 Luther, Messe, WA 8, 497,36 f.
9 In seiner Auslegung des 1. Petrusbriefs begründet er dies mit Gal 3,28, vgl. Luther, Epistel. 1523, WA 12, 309,13–23.
10 Vgl. Janowski, Pfarrerin, 101.
11 Luther, Konziliis. 1539, WA 50, 633,20–24.

In dieser schöpfungstheologischen, anthropologischen Perspektive konnte sich Luther Frauen im öffentlichen Amt nicht vorstellen. In Notsituationen freilich kann, so betonte auch Luther, die geistliche Befähigung zum Amt von den Frauen realisiert werden. Dies geschah in der Reformationszeit angesichts der Kindersterblichkeit gar nicht so selten bei Nottaufen.

Durchaus bemerkenswert ist dabei die Auswirkung auf das Hebammenamt. Wie die vom norddeutschen Reformator Johannes Bugenhagen (1485 Wollin, Pommern – 1558 Wittenberg) entworfenen Kirchenordnungen zeigen, wurde für Hebammen eine spezielle theologische Vorbereitung auf ihren Dienst und eine Rechenschaftspflicht dem Superintendenten gegenüber ausdrücklich geregelt, da sie häufig Nottaufen durchführten. „Das Taufen gehörte so gesehen zu ihrem Beruf."[12]

Schwangerschaft und Geburt traten insgesamt in der Reformationszeit in neuer Weise ins Blickfeld kirchlicher Wahrnehmung. Gerade angesichts besonderer Gefährdungen in dieser Zeit sollten die reformatorischen Erkenntnisse hier besondere Relevanz zeigen und die Seelsorge an Schwangeren zu einem Handlungsfeld der Kirche werden.[13] Damit verbunden war der geistliche Beistand im Fall der Todesnot der Mutter bei der Geburt. Die Regensburger Kirchenordnung beauftragte die Hebamme explizit, in dieser Situation die Beichte der Mutter zu hören und die Absolution zu erteilen.[14]

Ausgehend von einer konsequenten Tauftheologie einerseits und der größeren Aufmerksamkeit für zentrale Momente im menschlichen Leben andererseits wurde in der reformatorischen Lehre und Praxis Schwangerschaft, Geburt und Tod neu wahrgenommen und damit bestehende Lehre und Praxis transformiert. Der Grundimpuls, dass in der Taufe bestehende gesellschaftliche Differenzordnungen überwunden werden, kam in der Aufhebung der Differenz zwischen Geistlichen und Laien bei Luther zum ersten Mal wirkmächtig zum Tragen. Die Aufhebung der Geschlechterdifferenz im Blick auf die Zulassung zum kirchlichen Amt wurde jedoch von ihm nicht vollzogen, da ihm die Vorstellung von der gottgewollten Subordination der Frau unter den Mann im gesellschaftlichen, bürgerlichen Leben in seiner Anthropologie die Sicht dafür versperrte.[15] Beachtenswert ist, dass es in den lutherischen Bekenntnisschriften keine Stelle gibt, die die Geschlechterdifferenz im Blick auf das Amt thematisiert; damit fehlt in den Bekenntnisschriften auch ein explizites Amtsverbot für Frauen.

---

12 Appold, Luthertum, 256.
13 Ausführlicher dazu: Gause, Kirchengeschichte, 120–149.
14 Vgl. ebd., 131 f.
15 Luthers Vorstellung von der Subordination der Frau unter den Mann ist von der exegetisch entwickelten Schöpfungsordnung her begründet und bezieht sich entsprechend auf die gesellschaftliche Ordnung; sie ist jedoch bei Luther nicht in einer unterschiedlichen natürlichen Ausstattung von Mann und Frau begründet. Vgl. dazu unten Anm. 51.

2.2 Aktivitäten von Frauen und Aufbrüche im Amtsverständnis
im 16. bis 19. Jahrhundert

Luthers Impulse im Blick auf das Amt von Frauen wurden von der evangelischen Bewegung weitergeführt und transformiert. Dabei sind Entwicklungen in unterschiedlichen Bereichen zu beobachten, von denen folgende von besonderem Interesse sind: geistlich-theologische Aktivitäten von Frauen im 16. Jahrhundert, das erste Problembewusstsein bei einzelnen Theologen im 17. Jahrhundert und selbstbewusste Aufbrüche von Frauen im Pietismus.

Die reformatorische Perspektive wurde von einigen Frauen als Stärkung ihres geistlichen Selbstbewusstseins begriffen und regte sie zu eigener theologischer Aktivität an. Nun steht außer Frage, dass das reformatorische Geschehen im 16. Jahrhundert von Männern bestimmt wurde; Theologen und Regenten dominierten die öffentliche Auseinandersetzung um die Sache der Reformation. Gleichwohl ist auch der Beitrag von Frauen nicht zu vernachlässigen. Ihr Einfluss wurde vor allem in ihrem jeweiligen konkreten Umfeld wirksam. „Sie bezogen Partei und stimmten mit den Füßen ab, wenn sie beim Kirchgang bestimmte Prediger mieden und andere bevorzugten."[16] Einige Frauen waren auch selbst theologisch produktiv wie etwa Katharina Zell (geb. Schütz, 1497/98 Straßburg – 1562 ebd.), die oberpfälzische Adelstochter Argula von Grumbach (geb. von Stauf, 1492 Burg Ehrenfels, Beratzhausen – 1554 Zeilitzheim/Schweinfurt) und Ursula Weida aus Eisenberg in Sachsen (gest. um 1550). Beachtenswert ist, dass sich in den Schriften aller drei Frauen ein Bezug auf die Geistverheißung in Joel 3,1 f. findet.[17] Entsprechend der Verheißung, dass der Geist auf Söhne und Töchter, auf Knechte und Mägde ausgegossen werde, beanspruchten diese Frauen mit dem Verweis auf diese Stelle, mit geistlich-theologischer Vollmacht sprechen zu können.

Als eine der wichtigsten Theologinnen der Reformationszeit gilt Katharina Zell in Straßburg. Sie war mit den Schriften Luthers und anderer Reformatoren vertraut und trug als theologische Schriftstellerin selbst zum reformatorisch-theologischen Diskurs bei. Die Lektüre der Heiligen Schrift war für sie die Mitte ihrer eigenen theologischen Reflexion. Sie fand darin Orientierung und Trost, sowohl in der Auseinandersetzung mit den Altgläubigen als auch in persönlichen existentiellen Fragen. Neben den klassischen Themen reformatorischer Theologie sind drei der von ihr behandelten Fragestellungen besonders hervorzuheben: Sie beschäftigte sich in einem Schreiben an Frauen im badischen Kenzingen, deren Männer mit dem evangelischen Prediger in Straßburg im Exil waren, ausführlich mit der Frage des Leides und der Theodizee. Bemerkenswert ist außerdem die „Klagrede", die sie selbst am Grab ihres Mannes hielt. Darin reflektierte sie besonders über die Bedeutung und

---

16 JUNG, Reformation, 104.
17 Vgl. ebd., 190–192.

Wirkungen des Heiligen Geistes. Schließlich widmete Katharina Zell den biblischen Frauengestalten in ihrer theologischen Arbeit große Aufmerksamkeit.

Im Hauptstrom der Reformation blieb Katharina Zell mit ihrem theologi-
schen Engagement die Ausnahme. Im linken Flügel der Reformation regten
sich dagegen immer wieder emanzipatorische Impulse auch hinsichtlich der
Geschlechtergerechtigkeit. Nicht vergessen werden sollte jedoch, dass im 17.
Jahrhundert bei bestimmten lutherischen Theologen ein erstes Problembewusstsein hinsichtlich der Rolle von Frauen im kirchlichen Dienst aufkam.
Dabei ist zum einen Jakob Martini (1570 Langenstein bei Halberstadt – 1649
Wittenberg), ein Vertreter der lutherischen Orthodoxie, zu nennen, zum an-
deren der Jurist Caspar Ziegler (1621 Leipzig – 1690 Wittenberg).

Martini leitet seine Ämterlehre direkt aus dem Neuen Testament ab und
kennt wie Calvin Pastoren, Lehrer, Presbyter und Diakone, wobei die letzten
Männer wie Frauen, v.a. Witwen, umfassen. Während der Zuständigkeits-
bereich der ersten drei Ämter sich auf geistliche Angelegenheiten bezieht, geht
es im Diakonat um leibliche. Alle vier Ämter – und damit auch das der Diakonissen – sind jedoch Teil des öffentlichen Amtes der Kirche. „Die Tradition
der lutherischen Reformation hatte die Arbeit dieser Frauen zwar beflügelt,
bislang aber weder mit einem öffentlichen Amt in der Kirche verbunden noch
theologisch von der Ausübung des allgemeinen Priestertums differenziert.
Martini tut beides und führt dabei die Ansätze der Reformation in bedeuten-
der Weise weiter."[18]

In dieser Perspektive kommt Caspar Ziegler zur entscheidenden Frage, ob
die Diakonissen dann nicht auch ordiniert werden müssten, da sie Teil des öffentlichen Amtes der Kirche sind. In historischen Studien weist er nach, dass
die altkirchlichen Zeugnisse tatsächlich so zu verstehen seien und das Verwehren der Ordination für Frauen eine – unsachgemäße – Neuerung seit dem frühen Mittelalter darstelle. „Die Konsequenz aus Zieglers Argumentation ist daher eindeutig: Diakonissen seien durchaus zum Klerus zu zählen und zu ordi-
nieren."[19]

Die Frage der geistlichen Vollmacht von Frauen kehrte dann in neuer Weise
im radikalen und schwärmerischen Pietismus wieder. Da diese Gruppen für
die Emanzipation der Laien von der Amtskirche eintraten, konnten auch
Frauen besondere Rollen in diesen Gruppen übernehmen. Als Visionärinnen
und Ekstatikerinnen in pietistischen Kreisen von sich reden machten, spielte
in der Begründung ihres geistlichen Selbstbewusstseins wieder die Geistverheißung in Joel 3,1 f eine zentrale Rolle.[20] Heftige polemische Auseinandersetzungen um die Rolle von Frauen folgten und führten in vielen Kreisen letztlich wieder zur Rückkehr zur konservativen Geschlechterordnung. Pietistischen Frauen wurde zugestanden, mit erbaulichen Texten wie Liedern,
Gedichten und Gebeten das geistliche Leben zu bereichern, ihnen wurde aber

18 APPOLD, Luthertum, 272.
19 Ebd., 276.
20 Vgl. ALBRECHT, Frauen, 522–534.

nicht dieselbe geistliche Autorität wie Männern eingeräumt. Aus dem 19. Jahrhundert sind uns zahlreiche Zeugnisse von aktiven und engagierten Frauen in der Erweckungsbewegung sowie der Inneren und Äußeren Mission überliefert. Impulse zur Überwindung der bestehenden Geschlechterordnung im Blick auf das ordinationsgebundene geistliche Amt gehen jedoch kaum von ihnen aus. Das Verhältnis zur Frauenbewegung ist eher von Abgrenzung geprägt.

2.3 Ordination von Frauen seit dem 20. Jahrhundert

Bei der Durchsetzung der Einsicht, dass die Ordination ins kirchliche Amt aus theologischen Gründen nicht an ein bestimmtes Geschlecht gebunden werden kann, spielten nicht-theologische Faktoren eine wichtige Rolle. Von hoher Bedeutung war die Möglichkeit für Frauen, ein Universitätsstudium zu absolvieren und Theologie zu studieren, was beispielsweise in Preußen seit 1908 möglich war. Darüber hinaus spielte der große Pfarrermangel eine Rolle. Im Zweiten Weltkrieg und danach hatten oft „Vikarinnen" die unbesetzten Pfarrstellen zu versehen.

Bei der Diskussion der Frauenordination waren weniger amtstheologische Fragen, auch wenn diese von einigen mit Verve diskutiert wurden, als vielmehr anthropologische Fragen ausschlaggebend. Die Schöpfungsordnung im Sinne einer Unterordnung der Frau war nach wie vor das herrschende Paradigma. Auch der 1925 gegründete Verband evangelischer Theologinnen wollte für Frauen zunächst ein Amt „sui generis" durchsetzen. Die Diskussionen im 20. Jahrhundert erstreckten sich über mehrere Jahrzehnte und verliefen in den einzelnen evangelischen Landeskirchen in Deutschland unterschiedlich. 1968 wurden Frauen in Württemberg – als erster Landeskirche – durch die Theologinnenordnung ihren männlichen Pfarrerskollegen gleichgestellt.[21]

Auch wenn nicht-theologische Faktoren katalysatorische Funktion hatten, war die theologische und exegetische Argumentation dennoch von wesentlicher Bedeutung. Aufgrund des Nachweises, dass die Ordination von Männern und Frauen dem Evangelium Jesu Christi entspricht und schrift- sowie bekenntnisgemäß ist, konnte der Ausschluss von Frauen vom Pfarramt nicht mehr aufrecht erhalten werden.

Obwohl sicherlich wie in allen Prozessen des Christentums die Zeitumstände die Entwicklung beeinflussten und begünstigten, konnten und können Kirchen nur durch theologische Argumente zu einer Änderung ihrer Position bewegt werden. Positionen, die in säkularen Kontexten inzwischen selbstverständliche Geltung beanspruchen, wie die Emanzipation der Frauen, können innerhalb der Kirchen nur als theologisch interpretierte wirksam werden.[22]

---

21 Zu Entwicklungen in Kirchen außerhalb Deutschlands vgl. Jones, Women and Ordination.
22 Kuhlmann, Protestantismus, 156. Reichle, Frauenordination, 166, spricht in diesem Zusammenhang von „*Innovation durch entschiedene Rückbesinnung*".

Interessant ist, dass 1992 mit der Berufung von Maria Jepsen zur Bischöfin
in Hamburg anlässlich dieser ersten Berufung einer Frau in ein Bischofsamt
im Raum der Evangelischen Kirche in Deutschland (EKD) noch einmal ein Be-
gründungsbedarf für die Frauenordination gesehen wurde und die Kammer
für Theologie eine Stellungnahme zu „Frauenordination und Bischofsamt" he-
rausgab. Dass darin die Subordination der Frau unter den Mann explizit erwähnt und als theologische Position zurückgewiesen werden musste, zeigt, wie
wirkmächtig dieses Paradigma noch immer war.[23] Die zentralen theologischen
Argumente dieser Stellungnahme waren: die in den biblischen Schöpfungs-
berichten bezeugte gleiche Würde von Mann und Frau, die Beauftragung der
Frauen am Grab Jesu, seine Auferstehung zu verkündigen, die Verheißung des
Geistes nach Joel 3/Apg 2,17 und die Aufhebung der Rangunterschiede nach
Gal 3,28.[24]

Auf einer Tagung des Lutherischen Weltbundes (LWB) im Jahr 1992 wurde
deutlich gemacht, dass im Grunde bereits die Frage nach der Begründung für
die Zulassung von Frauen zur Ordination in die Irre führe, denn mit der
Erörterung dieser Frage mache man sich abhängig von der Auseinandersetzung mit der herrschenden Kultur in Gesellschaft bzw. Kirche. Die eigentliche
theologische Frage sei vielmehr, ob es eine Grundlage dafür gebe, einen getauften, fürs Amt geeigneten und von Gott berufenen Menschen von der Ordination auszuschließen.[25]

Doch zeigt sich auch hier in der lutherischen Kirchengemeinschaft die
Gleichzeitigkeit von Ungleichzeitigem. Der LWB unterstreicht seit 1984 auf jeder Vollversammlung die Bedeutung der Ordination von Frauen. Gleichwohl
haben knapp 25 Prozent der 140 Mitgliedskirchen die Frauenordination noch
nicht eingeführt. Auch die Zahl der Frauen in kirchenleitenden Ämtern steigt
nur sehr langsam an.

In einer 2007 vom Rat des LWB verabschiedeten Erklärung zum bischöfli-
chen Amt wird deutlich markiert, dass es bei dem Umgang mit der Geschlechterdifferenz im Blick auf das kirchliche Amt nicht nur um eine amtstheologische, sondern im Kern um eine ekklesiologische Frage geht:

Ordination of women expresses the conviction that the mission of the church requires the gifts of both men and women in the public ministry of word and sacra-
ments, and that limiting the ordained ministry to men obscures the nature of the
church as a sign of our reconciliation and unity in Christ through baptism across the
divides of ethnicity, social status and gender (cf. Gal. 3,27–28).[26]

23 KIRCHENAMT DER EKD, Frauenordination, 4.
24 Ebd., 5 f.
25 Vgl. LUTHERISCHER WELTBUND, Amt, 12 f.
26 LUTHERISCHER WELTBUND, Episcopal Ministry, 8 § 40. Vgl. auch die Bekräftigung dessen in
    LUTHERISCHER WELTBUND, Reformation, 2.

Diese Stelle im Galaterbrief ist nicht nur im Umgang mit der Frage nach der Frauenordination von Bedeutung. Auf sie wird auch verwiesen, wenn es um die Frage geht, wie der Protestantismus evangeliumsgemäß mit anderen Differenzkonstruktionen wie der zwischen heterosexuellen und homosexuellen Lebensentwürfen umgeht. Dieses Themenfeld wird seit Ende des 20. Jahrhunderts in verschiedenen Konfessionen und in verschiedenen Weltgegenden kontrovers diskutiert. Dabei geht es noch einmal in einem ganz grundlegenden Sinn um die Auseinandersetzung mit der Geschlechterdifferenz. In einer „Theologie jenseits der Geschlechterdifferenz" kündigt sich damit noch einmal eine weitere Transformation in protestantischer Perspektive an: Aus gut evangelischen Gründen ist die Kirche aufgerufen „die Stigmatisierung all der Menschen, die nicht in das Identitätskorsett der bürgerlich-neuzeitlichen Geschlechtermetaphysik passen, aktiv zu beenden".[27]

3. Neukonfigurierte Weltlichkeit und die Folgen für Ehe und Familie

3.1 Geschlechterbeziehungen als weltlich Ding bei Luther

Die Entdeckung, dass, wer „aus der Taufe gekrochen" ist, wahrhaft geistlichen Standes ist, befreit nach Luther die Christen dazu, sich in neuer Weise der Welt zuzuwenden. Dies gilt für alle Christen, wird aber in aller Radikalität gerade bei Nonnen und Mönchen deutlich, die aufgrund der reformatorischen Einsichten das Kloster verließen. Das Ideal menschlichen Lebens hatte seinen Ort nicht mehr in der Klostergemeinschaft, sondern in der Hausgemeinschaft. Damit war das Idealbild der Frau nicht mehr die Nonne, sondern die Ehefrau und Mutter.[28] In der Reformationszeit ist die Frau innerhalb der patriarchalen Struktur der Hausgemeinschaft dem Familienvater untergeordnet. Die Frage, ob diese Befreiung zur Weltlichkeit nicht im Blick auf die Geschlechtergerechtigkeit einen Rückschritt darstellte, drängt sich schnell auf und wird deshalb im nächsten Unterkapitel eigens diskutiert. Zunächst sollen aber die Entwicklungen des Verständnisses von Ehe und Familie in der Reformationszeit dargestellt werden; dabei ist besonders das Verhältnis der Reformationszeit zur Geschlechterordnung voriger Jahrhunderte zu beleuchten.

Die Familienstruktur innerhalb des Christentums war schon bald nach den ersten Anfängen in der Antike durch eine mehr oder weniger stark patriarchale Struktur charakterisiert. Im Mittelalter war dies dann die Hausgemeinschaft, die vom Familienvater geleitet wurde. Dieses Familien- und Hauskonzept entsprach der Vorstellung einer hierarchisch gegliederten Weltordnung.

---

27 KARLE, Theologie, 270.
28 Dies wird besonders in Luthers Eheschrift deutlich: LUTHER, Leben, WA 10/2, 275–304.

Kirche und Theologie stützten diese Haus- und Familienkonzeption. Die patriarchale Konzeption galt also sowohl für das Verhältnis der Geschlechter in der Familie als auch für die Stellung des Mannes innerhalb der Kirche.

Die Beziehung zwischen Mann und Frau im früheren Mittelalter ist aus dem Verständnis der Familie als einer Wirtschaftseinheit und deren Arbeitsteilung zu verstehen. In der Regel waren die Beziehungen zwischen den Geschlechtern in einem Haushalt so geordnet, wie sie für das Überleben angesichts der ständigen Bedrohung durch Krankheiten, Hungersnot und Kriege als zweckmäßig betrachtet wurden. Die Gesamtverantwortung für den Haushalt lag beim Hausherrn, der dafür auch disziplinierende Maßnahmen gegenüber seiner Frau sowie den anderen Familien- und Hausangehörigen ergreifen konnte. Die Beziehung von Mann und Frau im Mittelalter war Teil des Lebens in einer solchen Hausgemeinschaft, zu dem – je nach Größe des Hauses – nicht nur die Kinder, sondern beispielsweise auch Knechte und Mägde gehörten. Aufgrund der Konzentration auf die ökonomische Seite des Lebens war es aber nicht ausgeschlossen, dass immer wieder auch Frauen innerhalb einer Hausgemeinschaft eine dominierende Position erreichten.

Wenn wir auf den Umbruch vom Mittelalter zur Neuzeit schauen, so finden wir diese mittelalterliche Familienkonzeption auch noch bei Martin Luther im 16. Jahrhundert dokumentiert. Für die christlichen Konzeptionen vom Verhältnis der Geschlechter ist die Reformationszeit eine ideale Studienkonstellation, weil zum einen die mittelalterlichen Konzeptionen noch präsent sind, zum andern aber bereits eine neuzeitliche Konzeption vom Verhältnis der Geschlechter aufscheint. So folgte Luther im Prinzip der mittelalterlichen Auffassung, wenn er in seiner theologischen Gesellschafts- und Sozialtheorie drei Stände unterscheidet: den Priesterstand, den Ehestand und die weltliche Obrigkeit (*ecclesia, oeconomia* und *politia*), die Gott selbst eingerichtet hat zur Bewahrung und Erhaltung der Schöpfung.[29]

Nach Luthers Auffassung wurde mit der Erschaffung der Frau als Gefährtin des Mannes die *oeconomia* begründet.[30] Die Ökonomie wird demgemäß mit dem Ehestand identifiziert. Die Ehe begründet einen Hausstand und damit die kleinste selbständige und zugleich in sich differenzierte Wirtschaftseinheit in einer Gesellschaft. Arbeitsteilig wird im Hausstand das Leben bewahrt, erhalten und weitergegeben. Für Luther wie auch für das ganze Mittelalter zuvor folgte diese Konzeption aus dem 9. und 10. Gebot. Luthers eigene Ehe und Familie hat in der Folgezeit im protestantischen Christentum in immer wieder anderen Gewichtungen häufig als Leitbild gedient.[31] Möglich war dies auch deshalb, weil Luther sich in Briefen und Tischreden ziemlich offen und häufig über sein Ehe- und Familienleben äußerte und durch seinen offenen

---

29 Zu Luthers Sicht auf die Frau vgl. differenzierte Darstellungen bei SCHARFFENORTH, Freunde, 183–302, und GLOBIG, Frauenordination, 23–48.
30 Vgl. dazu insgesamt LUTHER, Genesisvorlesung. 1535/45, WA 42, 1–674.
31 Zu Katharina von Bora vgl. JUNG, Nonnen, 33–40.

Haushalt in Wittenberg vielen Menschen Einblick in sein Haus gewährte. Martin Luther und seine Ehefrau Katharina von Bora bildeten nach ihrer Eheschließung im Jahre 1525 eine Wirtschaftsgemeinschaft, in der Katharina möglicherweise mehr an Erträgen erwirtschaftete als ihr Mann. Luther nannte sie auch „Herr Käthe" oder seine „Herrin". Sie hatte bis zu elf Hausgäste gleichzeitig, denen sie Kost und Logis offerierte. Zudem bewirtschaftete sie ein kleines landwirtschaftliches Gut, das wesentlich zur Selbstversorgung der Familie, der Hausgäste und der vielen Besucher beitrug, die ihr Ehemann immer zum Essen mit nach Hause brachte. Luthers Briefe und Tischreden geben auch Einblick in das sexuelle Leben des Ehepaars. Sechs Kinder gingen aus der Ehe hervor. Doch Sexualität wurde von Luther nicht nur als Mittel zur Fortpflanzung, sondern auch als Ausdruck gegenseitiger leiblicher und seelischer Lust verstanden.

Schaut man auf die Sozialgeschichte und das Eherecht im Mittelalter, so ist die bei Luther sichtbar werdende Ehe- und Familienkonzeption sehr viel differenzierter zu betrachten. Es wird dabei klar, dass Luther ein kommunitäres Ehe- und Familienverständnis gegenüber anderen Entwicklungen favorisierte, die auf stärker individualisierte Entwicklungen im Bereich des Verhältnisses der Geschlechter und der Sexualität setzten.

Gegenüber der weitverbreiteten kirchlichen Negativbewertung menschlicher Sexualität verstand Luther diese jedoch als Teil der von Gott gut geschaffenen menschlichen Natur. Gott hat den Menschen als Mann und Frau geschaffen und so aufeinander hin geordnet sowie ihnen den Schöpfungsauftrag gegeben, fruchtbar zu sein und sich zu vermehren. Für Luther konnte die eheliche Liebe die größte und reinste Form jeglicher Liebe sein. Er hatte seine Überlegungen auf der Basis der Heiligen Schrift und vor dem Hintergrund der Probleme vieler Mönche und Nonnen mit dem zölibatären Leben gewonnen. Entsprechend lehnte er den Zölibat der Priester und Bischöfe ab. Nach Luther sollten Mann und Frau nicht gegen ihre von Gott geschaffene Natur und deren Bedürfnisse und auch nicht gegen den dem Menschen gegebenen Schöpfungsauftrag leben. Luthers Auffassung hatte die Konsequenz, dass viele Mönche und Nonnen sich nun frei fühlten, den Zölibat aufzugeben, und sich nicht mehr an ihr Gelübde gebunden sahen. Für Luther war klar, dass Menschen nur im Falle einer ganz außerordentlichen göttlichen Berufung zölibatär leben sollten; ansonsten sollten sie ihren sexuellen Neigungen und Interessen geordnet folgen können.

Vor seiner eigenen Eheschließung verstand Luther die Ehe als eine Notmaßnahme, um den Menschen vor sexueller Perversion zu bewahren. Danach weitete sich sein Blick, und er sprach auch über andere Aspekte ehelichen Lebens. Für ihn war die Harmonie im Blick auf das Lebenskonzept und die Auffassungen zweier Menschen ebenso wichtig, um die beiden Grundaufgaben einer Ehe zu erfüllen: Kinder zu bekommen und zu erziehen sowie alles miteinander zu teilen. Letzteres betraf auch die sexuelle Liebe, die nicht nur der Fortpflanzung dient, sondern ein Ausdruck der gegenseitigen Liebe eines Paares ist.

Luther lehnte die Auffassung ab, dass die Ehe ein Sakrament sei. Er sah sie nicht als ein von Gott eingesetztes Mittel, durch das Menschen am göttlichen Heil und Leben partizipieren. Luther verstand die Ehe und die menschliche Sexualität als ein „weltlich Ding", das deshalb unter Gesichtspunkten der vernünftigen Ordnung menschlichen Lebens und nicht unter geistlichen Gesichtspunkten der menschlichen Hinordnung auf Gott zu verstehen ist.

3.2 Reformatorische Perspektiven – Rück- oder Fortschritt gegenüber dem Mittelalter?

Im Laufe des Mittelalters wurde in Theologie und Kirche neben dem weltlichen, sozial funktionalen Modell der Ehe als Wirtschafts- und Fortpflanzungsgemeinschaft ein (Gegen-)Modell entwickelt, das das Individuum stärker in den Mittelpunkt stellte. Zum einen wurde der Konsens der Eheleute stärker als kirchenrechtliche Voraussetzung einer Ehe verankert und damit der Einfluss von Familien auf Eheschließungen reduziert. Zum andern wurde das Verständnis menschlicher Sexualität individualisiert. So bewertete die Kirche, Paulus und Augustinus folgend, die Jungfräulichkeit und sexuelle Enthaltsamkeit um ihrer selbst willen positiv. In dieser theologischen Tradition wurde den Christen eine möglichst geringe sexuelle Betätigung und damit ein selbstbezogener Umgang mit der eigenen Sexualität empfohlen. Die Kirche sah ein Problem darin, dass das sexuelle Begehren wie kaum eine andere Empfindung Menschen von der geistigen Orientierung auf Gott ablenke.

Das religiös propagierte Ideal für Mann und Frau wurde schon früh im Mittelalter die sexuelle Askese, insbesondere in einem Leben als Mönch oder Nonne. Im Kloster konnten Frauen und Männer, gewissermaßen frei von irdischen Bindungen, ein enthaltsames und gottgeweihtes Leben führen. Für diejenigen Menschen, die dieses Ideal nicht realisieren konnten, stand dann als zweitbester Weg zum Seelenheil die Ehe offen. Folglich erlaubte die Kirche unter der Prämisse sexueller Zurückhaltung sexuelles Handeln nur in der Ehe: zur Kinderzeugung und zur Vermeidung von Unzucht.[32]

Im Blick auf die Geschlechterdifferenz ist diese Entwicklung insofern von Bedeutung, als in einem solchen Verständnis von Ehe die individuelle Selbstbestimmung im Vordergrund steht, die sich gerade in der sexuellen Enthaltsamkeit gegenüber dem anderen oder auch demselben Geschlecht bewährt. „Mann" und „Frau" werden nicht mehr aus ihrem Verhältnis zueinander, sondern aus ihrem jeweiligen Eigenverhältnis konstruiert. Mit dem so entwickelten Ehe-Ideal, dem Zölibat der höheren Kleriker und dem Mönchtum, verstand die Kirche den Menschen nicht mehr in seiner Bezogenheit auf das jeweils andere Geschlecht. Vielmehr betonte sie die Konzentration des Menschen auf Gott, zu der auch die Ablösung der Sexualität von ihrem Bezug auf

---

32 Vgl. zu Ehe und Familie im Mittelalter Eikels, Ehe, 43–65.

den anderen Menschen gehörte. Sexualität wurde zu einem Moment des eigenen Selbstverhältnisses. Damit wurde nicht nur denkbar, dass Menschen sich selbst ohne Bezug auf das andere Geschlecht und, ohne von ihrer Sexualität Gebrauch zu machen, verstehen können. Es wird sogar diese individualisierte Form des Sich-Selbstverstehens zum religiösen, kirchlichen Ideal erhoben.

In der Forschung zum Geschlechterverhältnis wird von manchen pointiert die Position vertreten, dass das Mittelalter Frauen mit einem Leben als Nonne eine selbstbestimmte Lebensform und eine Alternative zu einem Leben in einer patriarchalen Ehe offeriert habe, während dann die Reformation im 16. Jahrhundert mit der Kritik am Mönchtum die Frauen wieder in die Ehen „zwang" und insofern den Patriarchalismus stärkte. Lyndal Roper spricht von der „Domestizierung" von Frauen in der Reformationszeit, die Frauen keine eigene Existenz, sei es als Nonne oder als Prostituierte, gelassen und damit die Eigenständigkeit von Frauen unmöglich gemacht habe.[33]

In der Tat brachte das Mittelalter eine ansehnliche Zahl eheloser Frauen hervor, die gebildet und in Kultur, Wissenschaft und Kirche und gelegentlich auch in der Politik aktiv waren. Es handelte sich hier um ledige Frauen aus der Oberschicht, die eine selbständige Wirksamkeit in der Öffentlichkeit entfalten konnten. Einzelne Frauen erlangten durch ihre karitative Tätigkeit oder ihre *vita contemplativa* eine besondere Bedeutung auch für die Kirche, wie z.B. Scholastica (480 Nursia – 542 Montecassino), die Schwester Benedikts von Nursia, die einen Konvent begründete. Auch im politischen Leben spielten einzelne Frauen eine bedeutende Rolle wie Kaiserin Adelheid (931 Burgund – 999 Elsass) oder Äbtissin Mathilde von Quedlinburg (955–999).

Manche Frauen konnten in den Klöstern eine beachtliche Bildung erlangen und kulturelle Leistungen hervorbringen.[34] Besonders die Mystik erhielt aus den Frauenklöstern starke Impulse wie z.B. durch Margareta Ebner, Hildegard von Bingen, Mechthild von Magdeburg, Elisabeth von Schönau, Gertrud von Helfta, Katharina von Siena u.a. Manche dieser Frauen erlangten auch politische Bedeutung. Frauen wie Königin Mathilde, Elisabeth von Thüringen oder Hildegard von Bingen hinterließen so ihre Spuren in einer von Männern dominierten Welt. Außerhalb der Klöster war jedoch eine besondere Bildung von Frauen eine Seltenheit. Frauenklöster spielten eine wichtige Rolle bei der Versorgung von Witwen und Töchtern aus höheren Kreisen. Für Frauen aus den mittleren und niederen Bevölkerungsschichten stand der Weg in ein Kloster nur bedingt offen, weil schon aufgrund des im Mittelalter weitgehend bestehenden Frauenüberschusses die Klöster gar nicht alle potentiellen Bewerberinnen aufnehmen konnten.

In den Frauenklöstern hatten Äbtissinnen meist jurisdiktionelle, gelegentlich auch geistliche Vollmachten. Geistlich waren sie zumeist – und im Laufe

---

33 Vgl. ROPER, Haus, 13–53.
34 Zur Bildungsmöglichkeiten in Frauenklöstern im Mittelalter vgl. OPITZ, Erziehung, 63–77.

des Mittelalters immer mehr – einem Priester oder Bischof unterstellt. Auch
für Frauenklöster galt die generelle Unterordnung der Frau unter den Mann.

Die bekannten Frauengestalten des Mittelalters, die gebildet und in Kultur,
Wissenschaft, Kirche und Politik aktiv waren, können nicht verdecken, dass
im Mittelalter die Frau generell missachtet und sehr viel geringer geschätzt
wurde als der Mann. Die Arbeit in Haus und Hof wurde nicht gewürdigt, ja
verachtet.

Demgegenüber setzte Luthers Theologie mit seiner neukonfigurierten Weltlichkeit dezidiert andere Akzente: „Luther meinte, jeder Mensch solle in seinem konkreten Beruf eine ihm von Gott gegebene wichtige Aufgabe erkennen.
Ganz gleich, ob er Professor oder Handwerker, Bauer oder Hausfrau sei. Alles,
was ein Mensch arbeite, sei ein hohes göttliches Werk, wenn es nur im Glauben und in der Liebe geschehe."[35] Diese Würdigung, die Luther der Ehe und
dem Beruf zuteilwerden ließ, stellt damit durchaus einen epochalen Wandel
für die Selbstwahrnehmung vieler Frauen und Männer dar und markiert einen Unterschied zur mittelalterlichen Perspektive.

Durch Martin Luther wurde das mönchische Leitbild sexueller Enthaltsamkeit und damit ein individualisiertes Verständnis menschlicher Sexualität aufgehoben und einem partnerschaftlichen Verständnis menschlicher Sexualität
und Ehe wie auch einem partnerschaftlichen Selbstverständnis des Menschen
der Weg geebnet. Frau und Mann wurden auf neue Weise ganzheitlich in ihrer
leiblichen und seelischen Verfasstheit und Bezogenheit aufeinander verstanden.

3.3 Neubestimmung der Geschlechterdifferenz im 20. Jahrhundert

Im Blick auf den Umgang mit der Geschlechterdifferenz liegt zwischen der
Zeit der Reformation und dem 20. Jahrhundert ein unbestreitbar weiter Weg.
Zur säkularen Frauenbewegung gab es kirchlicherseits lange Zeit große Distanz bis Ablehnung. In einem Synodalbeschluss der EKD von 1989 wird dies
offen benannt: „Kirche und Theologie in Deutschland haben zur Frauenbewegung trotz ihrer aufklärerischen emanzipatorischen Motive, die sich auch aus
christlichen Wurzeln speisen, über lange Zeit kein positives Verhältnis gefunden."[36] Der lange Weg zur Neubestimmung der Geschlechterdifferenz verlief
über Umwege und Verzweigungen.[37] Im Folgenden soll der Mentalitätswandel
in der Kirche im 20. Jahrhundert hier an wenigen markanten Punkten deutlich gemacht werden.

Die Konsultation des Ökumenischen Rates der Kirchen über Sexismus im
Jahr 1974 in Berlin war für die Pionierinnen in der kirchlichen Frauenbewe-

---

35 JUNG, Nonnen, 13.
36 KIRCHENAMT DER EKD, Gemeinschaft, 14.
37 Vgl. SCHARFFENORTH, Frau, 443–467.

gung ein wichtiger Meilenstein. Mit dem Begriff „Sexismus" begannen in den
siebziger Jahren Frauen im kirchlichen Bereich, Diskriminierung aufgrund
des Geschlechts nachdrücklich zu kritisieren.[38] Ein mehrjähriges Studienpro-
gramm zur „Gemeinschaft von Frauen und Männern in der Kirche" wurde
auf dieser Konsultation initiiert und 1981 mit einer internationalen Tagung in
Sheffield abgeschlossen. Dass diese Studie nicht im Frauenreferat, sondern in
der Abteilung für Glaube und Kirchenverfassung angesiedelt war, wurde von
den Frauen als wichtiger Schritt hin zur Überwindung von Diskriminierung
gefeiert. Das Engagement für mehr Geschlechtergerechtigkeit sollte ausdrücklich nicht als Angelegenheit allein der Frauen, sondern als zentrale ekklesiologische Herausforderung behandelt werden. In Weiterführung dieses Engagements verbreitete und vertiefte die ökumenische Dekade „Kirchen in Solida-
rität mit den Frauen" von 1988 bis 1998 die Arbeit in zahlreichen Kirchen
weltweit.

Genährt und befördert wurde diese Arbeit für Geschlechtergerechtigkeit in
vielfacher Weise von Einsichten feministischer Theologie. Die US-amerikani-
sche Theologin Rosemary Radford Ruether legte in „Sexism and God-Talk"
1983 einen grundlegenden systematisch-theologischen Entwurf vor.[39] Darin
benannte sie die Aufdeckung uneingestanden männlicher Traditionen als
wichtige Funktion feministischer Theologie:

Der Einsatz der Frauenerfahrung in der Feministischen Theologie erweist sich als
machtvolle Kritik, die die klassische Theologie samt ihren festgeschriebenen Traditionen als eine Theologie entlarvt, die auf *männlicher* und nicht auf allgemeinmensch-
licher Erfahrung beruht.[40]

In Deutschland meldete sich Elisabeth Moltmann-Wendel als eine der ersten
mit profilierten Beiträgen zu Wort, 1977 beispielsweise mit ihrem Traktat
„Freiheit, Gleichheit, Schwesterlichkeit. Zur Emanzipation der Frau in Kirche
und Gesellschaft". Darin benannte sie sehr klar die Gefahr, Mann- und Frau-
Sein als Komplementarität zu denken: „Wir haben zu lange das verlorene
Selbst der Frau in der Partnerschaft gesucht, als Polarität, Kompensation, Zu-
ordnung usw. Heute warnen uns mit Recht die Feministinnen, daß solche
‚Partnerschaft' die Einschlafpille der Emanzipation ist."[41]

Gleichwohl wurde „Partnerschaft" zu einem zentralen Begriff kirchlicher
Verlautbarungen zum Thema Mann und Frau, etwa in der 1979 veröffentlich-
ten EKD-Studie über „Die Frau in Familie, Kirche und Gesellschaft", die die
Hoffnung bekräftigt, „daß Mann und Frau sich gegenseitig auf der Suche
nach einem befreiten und versöhnten Leben neue Bereiche eröffnen und zu

---

38 Vgl. Raiser, Community, 246.
39 Vgl. Ruether, Sexismus. Einen Überblick über feministische Theologie in Deutschland bietet
   Matthiae, Feministische Theologie.
40 Ruether, Sexismus, 30.
41 Moltmann-Wendel, Freiheit, 65.

wirklicher und öffentlicher Partnerschaft finden."[42] Zehn Jahre später fand
der angestoßene Prozess durch die EKD-Synode 1989 noch größere Breiten-
wirkung. Unter dem Titel „Die Gemeinschaft von Frauen und Männern in
der Kirche" beschrieb dieser Synodalbeschluss den sozialen Wandel im Blick
auf das Geschlechterverhältnis und mahnte dabei besonders an, dass es auf
der Leitungsebene in öffentlichen Führungspositionen hinsichtlich des Geschlechterverhältnisses immer noch sehr schlecht bestellt sei.[43] Im Weiteren
kamen explizit feministische und ökumenische Erfahrungen und abschließend praktische Forderungen zu Wort. So wurde zum Beispiel für die institu-
tionell verankerte Gleichstellungsarbeit durch die Beschlüsse dieser Synode
der Weg geebnet.

In den folgenden Jahrzehnten nahm die genderbewusste Theologie und die
kirchliche Gender-Arbeit Erkenntnisse aus der feministischen Theoriebildung
und Geschlechterforschung auf und führte sie weiter. Neben der schon erwähnten „Theologie jenseits der Geschlechterdifferenz"[44] wurde das Konzept
der „Geschlechtertranszendenz" entwickelt: „Geschlechtertranszendenz de-
konstruiert, überschreitet, verwirrt und vervielfältigt scheinbar natürliche
oder kulturelle Geschlechterkonstruktionen, aber die Überschreitung der
Grenzen verbleibt nicht allein im sprachlich-symbolischen Raum."[45]

In den vergangenen Jahren wurde im kirchlichen Bereich von unterschiedlicher Seite und mit unterschiedlicher Stoßrichtung „Familie" wieder zu einem
kontrovers diskutierten Thema. Für die einen ging es darum, den Bedeu-
tungswandel im Verständnis von Familie zu verstehen, die anderen sahen es
als besondere kirchliche Aufgabe, aktiv für den Schutz der Familie einzutreten. Dabei wird der Familienbegriff selbst oft unterschiedlich verstanden.[46]
Gerade in Bezug auf die Vorstellung von Familie zeigt sich eine große Kluft
zwischen Ideal und Realität, und es muss nüchtern konstatiert werden,

dass das bürgerliche Familienmodell zwar über 200 Jahre als Ideal galt und noch heute für manche Kreise der Bevölkerung gilt, als Lebensform aber für die breite Bevölkerung in allen seinen Dimensionen nur für zwei Jahrzehnte realisiert wurde, sich also – historisch gesehen – als kurzes Zwischenspiel entpuppt. Dennoch wird dieses
Familienmodell häufig zum Maßstab bei der Beschreibung der heutigen Ehe und Familie gewählt, wodurch die gegenwärtigen Familien oft defizitär wirken.[47]

---

42 KIRCHENAMT DER EKD, Frau, 18.
43 Vgl. KIRCHENAMT DER EKD, Gemeinschaft, 12.
44 Vgl. KARLE, Theologie.
45 WALZ, Ekklesiologie, 436.
46 Die Klausurtagung der Bischofskonferenz der Vereinigten Evangelisch-Lutherischen Kirche
   Deutschlands (VELKD) im März 2009 hat sich explizit der Klärung des Verständnisses von Familie gewidmet.
47 NAVE-HERZ, Familie, 14. Die zwei Jahrzehnte sind nach Nave-Herz die 60er und 70er Jahre als
   die „Golden Ages of Marriages" (ebd., 13).

Transformationen im Umgang mit der Geschlechterdifferenz berühren und verändern nicht nur das Verhältnis zwischen Mann und Frau, sondern Familienbeziehungen insgesamt. Unabhängig davon, an welche konkrete Familienkonstellation gedacht wird, ermöglicht die reformatorische Würdigung von Weltlichkeit, Beziehungen verantwortlich zu gestalten. Dabei ist im reformatorischen Sinn die Bedeutung von Familie als wichtiger Ort von Erziehung und Bildung hervorzuheben; doch dies kann nicht der einzige Ort dafür sein. Darum wird im nächsten Abschnitt die Bildung im öffentlichen Raum erörtert.

4. Verantwortliche Freiheit und die Folgen für die Bildung

4.1 Elementarbildung für alle

Mündigkeit im Glauben wie im Leben war für Luther und seine Mitstreiter eine wichtige Zielvorstellung und darum engagierten sie sich zugleich für religiöse Bildung und Allgemeinbildung. In seinem Großen Katechismus wirbt Luther dafür,

dass man sich der Jugend mit Ernst annehme. Denn wöllen wir feine, geschickte Leute haben beide zu weltlichem und geistlichem Regiment, so müssen wir wahrlich kein Fleiß, Mühe, noch Kost[en] an unsern Kindern sparen zu lehren und erziehen, dass sie Gott und der Welt dienen mögen [...].[48]

Die reformatorische Bewegung war in einem doppelten Sinne eine Bildungsbewegung: sowohl durch den praktischen Einsatz für die Einrichtung von Schulen als auch durch die theologische Explikation der Bedeutung von Bildung für das Christsein und Menschsein. Die Reformatoren legten die Grundlagen dafür, dass durch Bildungsgelegenheiten der Handlungsspielraum für Jungen wie Mädchen, für Männer und Frauen größer wurde. Die befreiende Kraft des Evangeliums und die wiedergewonnene Weltlichkeit drängten auf verantwortliche und selbstgesteuerte Gestaltung dieser Räume.

In seiner Schrift *An den christlichen Adel deutscher Nation* spricht Luther explizit davon, dass jede Stadt eine Mädchenschule haben sollte.[49] Elementarbildung sollte auf jeden Fall beiden Geschlechtern zuteilwerden. Im Blick auf die weitere Bildung sollte nach Luther für die Frauen jedoch der Schwerpunkt auf die Fertigkeiten für das Hauswesen gelegt werden und nicht auf höhere Bildung. So vollzog sich bei Luther ein erster Schritt in Richtung Bildung von Frauen, von gleichen Bildungschancen konnte aber insgesamt noch keineswegs die Rede sein.[50]

---

48 BSLK, 604.
49 Vgl. Luther, Adel, WA 6, 461,13–15.
50 Vgl. dazu: Westphal, Bildungskonzepte, 135–151.

In Luthers Ausführungen zur Bildung zeigt sich, dass er Bildung sowohl im Sinne von Bildung der Person als auch im Sinne von Ausbildung für die Berufstätigkeit in der Welt denkt. Während durch die eigene Bibellektüre beispielsweise das Selbstbewusstsein von Frauen gestärkt wurde, blieben sie mit der vorgegebenen Zuordnung auf bestimmte Tätigkeitsbereiche in ihren Wirkungsmöglichkeiten oft beschränkt.

Erwähnenswert ist an dieser Stelle, dass Luthers Konzeption der Vernunft sich von der mittelalterlichen Theologie und Philosophie unterschied.[51] Dies hatte auch Konsequenzen für das Verständnis von Mann und Frau. Traditionell wurde angenommen, dass der höhere Teil der Vernunft in den Männern, während der niedere Teil der Vernunft in den Frauen dominierte. Indem Luther diese Differenz abschaffte, bestritt er mit Blick auf die Fähigkeiten und Kompetenzen der Vernunft auch jede Geschlechterdifferenz. Damit behauptete er zugleich, dass es auch in der menschlichen Fähigkeit, Gott wahrzunehmen und zu begreifen, keine Geschlechterdifferenz gibt. So widersprach er der Behauptung, dass Männer besser vorbereitet und bereit seien, Gott und alle ewigen Dinge wahrzunehmen und zu begreifen als Frauen.

4.2 Höhere Bildung für alle

Für die Wahrnehmung der Geschlechterdifferenz im Protestantismus spielte im Übergang vom 18. zum 19. Jahrhundert vor allem Friedrich Schleiermacher eine wichtige Rolle. Er suchte den Menschen in seiner Verschiedenheit als Mann und Frau zu begreifen. Von Zinzendorf und der Herrnhuter Brüdergemeine geprägt, waren für Schleiermacher Mann und Frau als gleichwertige Geschöpfe Gottes aneinander verwiesen. Lebenspraktisch wurde das für Schleiermacher vor allem in den oft von Frauen organisierten Berliner Salons und den dortigen Begegnungen mit den Romantikern relevant. In mehreren seiner früheren Schriften setzte sich Schleiermacher explizit mit dem gleichwertigen Verhältnis von Mann und Frau auseinander, so beispielsweise in sei-

---

51 Vgl. dazu: GROSSHANS, Faith and Reason, 182. Anders als Augustin und die mittelalterliche Theologie und Philosophie unterschied Luther nicht zwischen einem höheren und einem niederen Teil der Vernunft (*portio superior* und *portio inferior*). Nach dieser Unterscheidung war der höhere Teil der Vernunft auf die *aeterna*, die ewigen Dinge, gerichtet, während der niedere Teil der Vernunft auf die *temporalia*, die zeitlichen Objekte, ausgerichtet war. Der höhere Teil der Vernunft agierte als *intelligere*, als intellektueller Akt, während der niedere Teil der Vernunft durch ein diskursives Denken (*ratiocinari*) charakterisiert war. Diesem Unterschied entsprach die Differenz von Weisheit und Wissen. Luther ersetzte nun die Unterscheidung eines oberen und niederen Teils der Vernunft durch die Unterscheidung von Vernunft und Glaube. Für Luther war die Beziehung zwischen den Menschen und Gott (und allen ewigen Dingen) nicht durch die Vernunft zu begreifen, auch nicht durch einen höheren Teil der Vernunft. Vielmehr war für Luther die Kenntnis Gottes und der menschlichen Beziehung zu Gott eine Frage des Glaubens, der auf die Hingabe und Offenbarung des dreieinigen Gottes in Jesus Christus reagiert.

ner „Idee zu einem Katechismus der Vernunft für edle Frauen" (1798). Darin brachte er seine Perspektive auf die Geschlechterdifferenz auf den Punkt: „Ich glaube an die unendliche Menschheit, die da war, ehe sie die Hülle der Männlichkeit und der Weiblichkeit annahm."[52]

Ende des 19. Jahrhunderts verdichteten sich die Forderungen, auch Frauen höhere Bildung zu ermöglichen. Im kirchlichen Bereich war der Evangelisch-Soziale Kongreß 1895 in Erfurt von größter Bedeutung. Die dem Christlichen Sozialismus um Friedrich Naumann nahestehende Elisabeth Gnauck-Kühne (1850 Vechelde – 1917 Blankenburg) hielt das Hauptreferat über „Die soziale Lage der Frau". Darin zeigte sie auf, welche Folgen die Industrialisierung einerseits für Frauen im Proletariat, andererseits für Frauen in höheren sozialen Schichten hatte. Sie stellte der Zuhörerschaft die Vorstellung von der Frau vor Augen, die „zur Mitträgerin der modernen Bildung, zur Mitstreiterin in den sozialen Kämpfen der Gegenwart durchaus geeignet"[53] sei. Zum Ziel dieser Bildung führte sie aus:

Kopf und Herz und Glaube, Liebe und Hoffnung soll sie in den Kampf um verbesserte Lebensbedingungen ihrer arbeitenden Geschlechtsgenossinnen mit hineinbringen. So wird eine vertiefte Bildung nicht ein Quell egoistischen Genusses für die Frau, sondern ein Bindemittel zwischen ihr und der Klasse werden, die emporstrebt.[54]

In seinem Koreferat beim Kongress gestand der konservative Theologe und Politiker Adolf Stoecker (1835 Halberstadt – 1909 Gries bei Bozen) zwar zu, dass Frauen zur geistigen Arbeit hoch befähigt sein können, doch dies bedeute nicht, dass Frauen dieselbe Laufbahn einschlagen könnten wie Männer. Von Vertretern der liberalen Theologie fand Gnauck-Kühne dagegen eher Zustimmung.

Die Zulassung von Frauen zum Universitätsstudium war zu dieser Zeit in der Schweiz schon seit 1840 und in Frankreich seit 1863 ermöglicht worden. In Preußen fing man erst 1895 damit an, Frauen als Gasthörerinnen in Vorlesungen einzulassen. In Baden konnten dann Frauen ab 1900, in Bayern ab 1903, in Preußen ab 1908 und in Mecklenburg/Vorpommern ab 1909 regulär am Studienbetrieb teilnehmen.

Mit der Zahl der Studentinnen wuchs dann in der Folgezeit auch die Zahl der Theologiestudentinnen kontinuierlich an. So kamen auch theologische Studienhäuser nicht umhin, die Zulassung von Frauen zu diskutieren. Für das Evangelische Stift in Tübingen erfolgte dies beispielsweise im Wintersemester 1970/71. Frauen ergriffen mit Überzeugung diese Bildungsmöglichkeiten. Seit dem Wintersemester 1989/90 gibt es in Tübingen mehr Stiftlerinnen als Stiftler, im Sommersemester 2008 lag der Frauenanteil bei 74 Prozent.[55]

52 SCHLEIERMACHER, Fragmente, 154.
53 GNAUCK-KÜHNE, in: KAISER, Frauen, 38.
54 Ebd.
55 Vgl. PÖHLER, Studentinnen, 67 f.

4.3 Geschlechtersensible Bildungsarbeit

Während bis zum 20. Jahrhundert überhaupt erst der Zugang zur Bildung für alle erkämpft werden musste, rückte dann gegen Ende des Jahrhunderts die Frage in den Mittelpunkt, *wie* die Bildungsarbeit aussehen sollte, damit eben gerade nicht Geschlechterstereotypen reproduziert werden. Welche Bildungsgelegenheiten braucht es, dass Mädchen und Jungen in Freiheit mit Geschlechterrollen umgehen lernen? Das Comenius-Institut, die evangelische Arbeitsstätte für Erziehungswissenschaft in Münster, hat im Bereich der Religionspädagogik dazu einschlägige Publikationen vorgelegt.[56] Auch für den Bereich der Erwachsenenbildung wurden im Rahmen der EKD entsprechende Strategien entwickelt.

Im Horizont geschlechtersensibler Bildungsarbeit geht es nicht nur um Bildungsprozesse in klassischen Bildungsinstitutionen, sondern auch darum zu verstehen, wie sich die Bildung eines Menschen vollzieht. „Sowohl die Hervorbringung von Wissen als auch seine Vermittlung werden als partizipativ verstanden. Dabei wird Bildung als Urteilsbildung und Bildung von Handlungsfähigkeit im Unterschied zu bloßer Wissensansammlung verstanden."[57]

In der Bildungsarbeit spielt die Einsicht eine wichtige Rolle, dass es beim Engagement für Geschlechtergerechtigkeit nicht nur um formale Strukturen geht, sondern auch um die Geschlechterordnung in den Köpfen und Herzen der Menschen. In diesem Sinne schreibt Bärbel Wartenberg-Potter im Vorwort zur deutschen Ausgabe des Sheffield-Reports des Ökumenischen Rates der Kirchen:

In den meisten Kirchen der EKD haben wir die formale Gleichberechtigung von Frauen und Männern vollzogen; aber was es heißt, Frauen und Männer vollgültig und gleichwertig Träger der Kirche sein zu lassen, haben wir als Frage nach unserer inneren Einstellung noch längst nicht bewältigt.[58]

Geschlechtersensible Bildungsarbeit ist Arbeit am Habitus, im Sinne von Pierre Bourdieu. Sie überwindet Essentialisierung von Rollenzuschreibungen und befähigt Männer wie Frauen, kompetent die Strategien des *doing gender* und *undoing gender*, wie Judith Butler sie eingeführt hat, einzusetzen. Damit sind in Kirche und Gesellschaft noch einige Transformationen in Aussicht.

---

56 Vgl. exemplarisch den 2009 erschienenen Sammelband Pithan, Gender.
57 Matthiae, Feministische Theologie, 156.
58 Parvey, Gemeinschaft, ix.

5. Ausblick: Die Geschlechterdifferenz und die Ökumene im Horizont konsequenter Tauftheologie

Als in den evangelischen Kirchen die Einführung der Frauenordination diskutiert wurde, wurde auch das Argument vorgebracht, dass dieser Schritt für das Miteinander der Konfessionen in der Ökumene eine schwere Belastung sein könnte. Durch das Zweite Vatikanische Konzil und durch den Beitritt orthodoxer Kirchen zum Ökumenischen Rat der Kirchen bei dessen Vollversammlung 1968 gebe es einen ökumenischen Aufbruch, den man nicht gefährden dürfe. Doch zugleich war es die ökumenische Bewegung selbst, die wichtige Impulse zur Überwindung der Diskriminierung von Frauen gegeben hatte. Gerade der Austausch über konfessionelle und regionale Grenzen hinweg half, Herrschaftsstrukturen zu entlarven.

Daraus ergibt sich die – scheinbare – Paradoxie, dass einerseits Transformationen im Umgang mit der Geschlechterdifferenz zur Bewährungsprobe ökumenischer Beziehungen werden und sie andererseits gerade dort ihre größte Relevanz und Wirkmächtigkeit zeitigen.[59] Die ökumenische Bewegung konnte bisher viele konfessionelle Differenzkonstruktionen nicht in dem Anfang des 20. Jahrhunderts erhofften Maße überwinden. Zur Transformation der Geschlechterdifferenz aber hat sie, eher unverhofft, erheblich beigetragen.

Der Beitrag dazu aus reformatorischer Perspektive war eng verknüpft mit der Tauftheologie. Luther hatte den Grundstein dafür gelegt:

Syntemal alle getauffte weyber aller getaufften menner geystliche Schwestern sind, als die eynerley Sacrament, geyst, glawbe, geystliche gaben und gutter haben, damit sie viel neher ym geyst Freund werden denn durch eußerliche gefatterschafft.[60]

Eine immer konsequenter durchdachte Tauftheologie hat im Protestantismus wiederholt zu Transformationen im Umgang mit Differenzkonstruktionen geführt. Der Wandel im Verständnis der Geschlechterdifferenz hat dabei paradigmatische Bedeutung. Die Tauftheologie ermöglicht, Differenz im Horizont von Relationalität so zu begreifen, dass Dichotomisierung, sowie damit verbundene Diskriminierungs- und Exklusionsmechanismen aufgehoben werden, zugleich aber weiterhin Differenz als elementare Kategorie im Blick auf das Verständnis menschlichen Lebens gedacht werden kann.

Die ideengeschichtlichen Erkundungen legen es nahe, den Umgang mit der Geschlechterdifferenz im Protestantismus als Gleichzeitigkeit des Ungleichzeitigen zu beschreiben. Mit Luthers tauftheologischen Einsichten brach für das Verhältnis von Männern und Frauen eine neue Zeit an und gleichzeitig lebte die alte Geschlechterordnung fort. Diese Ungleichzeitigkeit barg das Potential

---

59 Vgl. beispielsweite die Tagung des Lutherischen Weltbundes im Jahr 1995 zu Geschlecht, Theologie und Kirchenleitung, KANYORO, Table, ix–xii.
60 LUTHER, Personen, WA 10/2, 266,15–18.

zur Veränderung, das immer dann historisch wirksam wurde, wenn die Gleichzeitigkeit des Ungleichzeitigen als Dissonanz wahrgenommen wurde. Entsprechendes gilt für andere Differenzkonstruktionen und für das Christentum insgesamt. Angesichts der vertieften ökumenischen Verständigung über die Taufe, die sich in den letzten Jahren eingestellt hat, ist zu erwarten, dass die Gleichzeitigkeit des Ungleichzeitigen in ökumenischen Dialogen weitere Transformationen zeitigt.

Literatur

Albrecht, R., *Frauen*, in: H. Lehmann (Hg.), Geschichte des Pietismus, Bd. 4: Glaubenswelt und Lebenswelten, Göttingen 2004, 522–555.

Appold, K. G., Frauen im frühneuzeitlichen *Luthertum*: Kirchliche Ämter und die Frage der Ordination, ZThK 103, 2006, 253–279.

Bekenntnisschriften der evangelisch-lutherischen Kirche (BSLK), hg. im Gedenkjahr der Augsburgischen Konfession 1930, Göttingen [12]1998.

Eickels, K. van, *Ehe* und Familie im Mittelalter, in: G. Ruppert (Hg.), Geisteswissenschaften im Profil. Reden zum Dies Academicus 2000–2007 (Schriften der Otto-Friedrich-Universität Bamberg 1), Bamberg 2008, 43–65.

Gause, U., *Kirchengeschichte* und Genderforschung, Tübingen 2006.

Goertz, H., Allgemeines *Priestertum* und ordiniertes Amt bei Luther, Marburg 1997.

Grosshans, H.-P., *Instanzen* der Lehrbildung und Lehrbeurteilung, in: P. Gemeinhardt/B. Oberdorfer (Hg.), Gebundene Freiheit? Bekenntnisbildung und theologische Lehre im Luthertum, Gütersloh 2008, 239–260.

–, Luther on *Faith and Reason*. The Light of Reason at the Twilight of the World, in: Ch. Helmer (Hg.), The Global Luther. A Theologian for Modern Times, Minneapolis 2009, 173–185.

Globig, Ch., *Frauenordination* im Kontext lutherischer Ekklesiologie, Göttingen 1994.

Janowski, J. Ch., Umstrittene *Pfarrerin*. Zu einer unvollendeten Reformation in der Kirche, in: M. Greiffenhagen (Hg.), Das evangelische Pfarrhaus. Eine Kultur- und Sozialgeschichte, Stuttgart 1984, 83–107.

Jones, I./Thorpe, K./Wootton, J. (Hg.), *Women and Ordination* in the Christian Churches. International Perspectives, London 2008.

Jung, M. H., *Nonnen*, Prophetinnen, Kirchenmütter. Kirchen- und frömmigkeitsgeschichtliche Studien zu Frauen der Reformationszeit, Leipzig 2002.

–, Die *Reformation*. Theologen, Politiker, Künstler, Göttingen 2008.

Kaiser, J. Ch., Frauen in der Kirche. Evangelische *Frauenverbände* im Spannungsfeld von Kirche und Gesellschaft 1890–1945. Quellen und Materialien, hg. von A. Kuhn, Düsseldorf 1985.

Kanyoro, M. R. A. (Hg.), In Search of a Round *Table*. Gender, Theology and Church Leadership, Genf 1997.

Karle, I., „Da ist nicht mehr Mann noch Frau". *Theologie* jenseits der Geschlechterdifferenz, Gütersloh 2006.

Kirchenamt der EKD (Hg.), Die *Frau* in Familie, Kirche und Gesellschaft. Eine Studie zum gemeinsamen Leben von Frau und Mann, Gütersloh 1979.

–, Die *Gemeinschaft* von Frauen und Männern in der Kirche. Synode der Evangelischen Kirche in Deutschland, Gütersloh 1990.

–, *Frauenordination* und Bischofsamt, EKD-Texte 44, Hannover 1992.

–, *Ehe* und Familie, EKD-Texte 50, Hannover 1994.

KUHLMANN, H., *Protestantismus*, Frauenbewegung und Frauenordination, in: S. Hermle/C. Lepp/H. Oelke (Hg.), Umbrüche. Der deutsche Protestantismus und die sozialen Bewegungen in den 1960er und 70er Jahren, Göttingen 2007, 147–162.

LUTHER, M., An den christlichen *Adel* deutscher Nation von des christlichen Standes Besserung. 1520, WA 6, 404–469.

–, Vom Mißbrauch der *Messe*. 1521, WA 8, 477–563.

–, Welche *Personen* verboten sind zu ehelichen. 1522, WA 10/2, 263–266.

–, Vom ehelichen *Leben*. 1522, WA 10/2, 267–304.

–, Daß ein christliche Versammlung oder Gemeine *Recht* und Macht habe, alle Lehre zu urteilen und Lehrer zu berufen, ein und abzusetzen, Grund und Ursach aus der Schrift. 1523, WA 11, 401–416.

–, *Epistel* S. Petri gepredigt und außgelegt. Erste Bearbeitung. 1523, WA 12, 249–399.

–, Von den *Konziliis* und Kirchen. 1539, WA 50, 488–653.

–, *Genesisvorlesung*. 1535/45, WA 42, 1–674.

LUTHERISCHER WELTBUND, Das *Amt*, Frauen, Bischöfe. Bericht über eine internationale Konsultation in Cartigny, Schweiz 1992, Genf 1993.

–, Episcopal Ministry within the Apostolicity of the Church. The Lund Statement, Lund, Sweden, 26 March 2007, siehe: http://www.lutheranworld.org/LWF_Documents/LWF_The_Lund_Statement_2007.pdf.

–, The Ongoing *Reformation* of the Church: The Witness of Ordained Women Today, Geneva 2008.

MATTHIAE, G. u. a. (Hg.), *Feministische Theologie*. Initiativen, Kirchen, Universitäten – eine Erfolgsgeschichte, Gütersloh 2008.

MOLTMANN-WENDEL, E., *Freiheit*, Gleichheit, Schwesterlichkeit. Zur Emanzipation der Frau in Kirche und Gesellschaft, München 1977.

NAVE-HERZ, R., Die *Familie* – ein kulturgeschichtlicher Überblick, in: Vereinigte Evangelisch-Lutherische Kirche Deutschlands (Hg.), Familie – von der Bedeutung und vom Wandel einer elementaren Lebensform. Bericht von der Klausurtagung der Bischofskonferenz der VELKD vom 7. bis 10. März 2009 in Güstrow, 7–17.

OPITZ, C., *Erziehung* und Bildung in Frauenklöstern des hohen und späten Mittelalters, in: E. Kleinau/C. Opitz (Hg.), Geschichte der Mädchen- und Frauenbildung, Bd. 1: Vom Mittelalter bis zur Aufklärung, Frankfurt/New York 1996, 63–77.

PARVEY, C. F., Die *Gemeinschaft* von Frauen und Männern in der Kirche. Ein Bericht der Konsultation des Ökumenischen Rates der Kirchen. Sheffield, England 1981, Neukirchen-Vluyn 1985.

PITHAN, A. u. a. (Hg.), *Gender*, Religion, Bildung. Beiträge zu einer Religionspädagogik der Vielfalt, Gütersloh 2009.

PÖHLER, K./RITTBERGER-KLAS, K., Studentinnen und Studenten unter einem Dach. Das Evangelische Stift in Tübingen, in: U. Kress/C. Rivuzumwami (Hg.), Grüß Gott, Frau Pfarrerin. 40 Jahre Theologinnenordnung – Aufbruch zur Chancengleichheit, Stuttgart 2008, 61–70.

RAISER, E., Inclusive *Community*, in: J. Briggs/M.A. Oduyoye/G. Tsetsis (Hg.), A History of the Ecumenical Movement, Bd. 3: 1968-2000, Genf 2004, 243–277.

REICHLE, E., *Frauenordination*, in: C. Pinl u.a. (Hg.), Frauen auf neuen Wegen. Studien und Problemberichte zur Situation der Frauen in Gesellschaft und Kirche, Kennzeichen 3, Gelnhausen 1978.

ROPER, L., Das fromme *Haus*. Frauen und Moral in der Reformation, Frankfurt/New York 1995.

RUETHER, R. R., *Sexismus* und die Rede von Gott. Schritte zu einer anderen Theologie, Gütersloh [2]1990.

SCHARFFENORTH, G., *Freunde* in Christus werden. Die Beziehung von Mann und Frau bei Luther im Rahmen seines Kirchenverständnisses, in: G. Scharffenorth/K. Thraede (Hg.), „Freunde in Christus werden …". Die Beziehung von Mann und Frau als Frage an Theologie und Kirche, Kennzeichen 1, Gelnhausen/Berlin 1977, 183–302.

– /REICHLE, E., *Frau* VII. Neuzeit, TRE XI, 1983, 443–467.

SCHLEIERMACHER, F.D.E., *Fragmente* (1798), in: ders., Schriften aus der Berliner Zeit 1796–1799, KGA I,2, hg. von G. Meckenstock, Berlin/New York 1984, 143–156.

WALZ, H., „… nicht mehr männlich und weiblich …"? *Ekklesiologie* und Geschlecht im ökumenischen Horizont, Frankfurt 2006.

WESTPHAL, S., Reformatorische *Bildungskonzepte* für Mädchen und Frauen – Theorie und Praxis, in: E. Kleinau/C. Opitz (Hg.), Geschichte der Mädchen- und Frauenbildung, Bd. 1: Vom Mittelalter bis zur Aufklärung, Frankfurt/New York 1996, 135–151.

Alexandra Wörn

Marriage, Scripture and the Place of Women in Early Modern English Feminist Writings: Some Reflections

1. Introduction

This essay will chiefly focus on the work of Mary Wollstonecraft (1759–97) who is generally regarded as the most influential English proto-feminist prior to the main waves of feminism from the nineteenth century onwards.[1] Although Wollstonecraft was widely demonised after her death in 1797, as the nineteenth century wore on, numerous women writers and thinkers once again openly invoked Wollstonecraft as their noble precursor, both privately in letters and publicly in print.[2] Today Wollstonecraft is generally recognised as the precursor of modern English feminism.

Despite this interest, the significant role Wollstonecraft's religious beliefs occupy in her moral and political philosophy has hitherto largely been overlooked by scholarship in the field. However, the historian Barbara Taylor's recent work has done much to correct this. Indeed, Taylor, who has opened a new chapter in feminist studies by giving careful attention to the role of religion in Wollstonecraft in her recent work *Mary Wollstonecraft and the Feminist Imagination* (2003) has even claimed that it was "thanks to God" that "Mary Wollstonecraft became a feminist".[3] Although Taylor has mapped out the broad influences of Milton, Enlightened Rational Dissent, the writer of conduct books Dr John Gregory, as well as Rousseau on Wollstonecraft's religious views,[4] her treatment of the general importance of Enlightenment religion for Wollstonecraft's proto-feminism has remained relatively schematic. Hence, the role of Wollstonecraft's Enlightened religious beliefs in the formulation of her proto-feminism has still not yet been mapped out in any depth.

In this essay I will therefore be addressing some of the central ideas of Wollstonecraft's Enlightenment proto-feminist critique of religion as they appear in her most famous work *A Vindication of the Rights of Woman* published in

---

1 Due to this essay's scope, I will not be dealing with Wollstonecraft's biography, but mainly focussing on her Enlightenment critique of religion insofar as it is inspired by her proto-feminism, and situating it within its historical context. For a full biographical account cf., for example, GEORGE, Wollstonecraft, and TOMALIN, Life.

2 Cf. for example MELLOR, Rights of Woman, 144 ff. Cf. also TOMALIN, Life, 297–300.

3 TAYLOR, Religious foundations, 100.

4 Cf. TAYLOR, Feminist imagination, 95–116. Regarding the influence of Milton and Rousseau on *Rights of Woman*: Milton's image of paradisiacal domesticity shaped eighteenth century conceptions of sexual relations, and Rousseau's revolutionary politics and educational theories were controversially debated. With respect to Milton, cf. for instance WOLLSTONECRAFT, Rights of Woman, 88–90, and to Rousseau ibid., 90–91; 96–97.

1792.[5] I will show how Wollstonecraft's proto-feminist critique of gender in-equality elaborated in this work is also a critique of traditional theological doctrines and scriptural interpretation concerning gender. Wollstonecraft's religiously based arguments for gender equality in *Rights of Woman* belong within her general reflections on marriage and woman's place in society. Although Wollstonecraft follows deists or near-deists of her generation in re-jecting Scripture, I will argue that her thinking nevertheless contains residues of scriptural reasoning and furthermore cannot be understood apart from the scripturally legitimated arguments of her time for women's natural inferiority and subordination to men both married and unmarried. Moreover, I will be casting occasional glances at Wollstonecraft's proto-feminist predecessors, such as the Anglican Mary Astell (1666–1731), thus offering some insight into the more general climate of women's intellectual activity in Early Modern England.

Before examining some of the main philosophical-theological influences on Wollstonecraft's arguments for gender equality, a brief overview of the differ-ent stages of her religious development is necessary. During her short but pro-ductive life, Wollstonecraft's faith and theological convictions underwent con-siderable changes: from Trinitarian Anglicanism via Rational Dissent to Ro-mantic Deism. Her religious development can be represented schematically as follows:

(1) the traditional Trinitarian Anglican phase of her early writings (until pos-sibly 1786),
(2) her alignment with Rational Dissent in her middle writings (possibly 1788–94), and
(3) her Romantic deist, sceptical (and possibly even atheist) tendencies in her late writings (possibly 1795–97).

Due to issues of scope, I will be limiting my investigation of Wollstonecraft's proto-feminist Enlightenment critique of religion to her ideas in the second period of her religious development between 1788 and 1794, and in particular to selected passages from *Rights of Woman*.

In the following section I will briefly sketch two chief influences on Woll-stonecraft's views on religion and gender equality. I will begin with the histor-ical background of Wollstonecraft's central ideas on equality between the sexes which have their basis in seventeenth and eighteenth century Anglican-ism and Continental French Enlightenment philosophy.

---

5 Throughout this essay when referring to *A Vindication of Rights of Woman*, I will use the abbre-viated form *Rights of Woman*.

2. Historical Precedents to Wollstonecraft's Arguments for Gender equality

2.1 Seventeenth and Eighteenth Century Anglicanism

Wollstonecraft was not the first to call in a modern way for the emancipation of woman, which had its nascent beginning at the end of the seventeenth century where intellectually, women for the first time became an audience and an active presence. The beginnings of the "woman" question in England were not a discrete political as opposed to religious concern; rather woman's fight for gender equality arose from a religious sense of injustice residing in her conscience which made her as a Christian want to change existing inequalities between the sexes and revise, for example, misogynistic interpretations of Scripture or biased selection of scriptural passages.[6] One of the central theological concerns was the idea of human dignity and equality, undergirded theologically by the doctrine of *imago Dei*.[7]

As scholarship has shown, the beginnings of Western feminism have their distant roots in the Judeo-Christian tradition and its Scriptures. In her analysis of the sources of Wollstonecraft's religious views, Taylor greatly stresses the importance of the older, traditional Christian roots of belief in basic gender equality when writing that the spiritual equality of women had long been an significant minority theme and Puritan sects, in particular, with their strong emphasis on the democracy of divine grace, had provided generations of female believers with a language of spiritual self-affirmation; even the Church of England had harboured "godly feminists".[8] Hence, Wollstonecraft's own more deistic endeavour at a religious justification of gender equality can be seen as having been anticipated in certain broad respects by proto-feminist endeavours within seventeenth and eighteenth century Anglicanism and its dissenting traditions.

Some Reflections Upon Marriage, the work of the High Anglican Mary Astell, is an example of such "godly feminism". Astell claimed as early as 1700 that

---

6 Cf. for example, New Testament passages such as 1 Tim 2,13–15 which were used to support woman's subordination to man on scriptural authority: "Let a woman learn in silence with full submission. I will permit no woman to teach or to have authority over a man; she is to keep silent. For Adam was formed first, then Eve; and Adam was not deceived, but the woman was deceived and became a transgressor. Yet she will be saved through childbearing, provided they continue in faith and love and holiness, with modesty". All scriptural passages will be cited from *New Revised Standard Version*.

7 The scriptural basis of this doctrine is Gen 1,27: "God created humankind in his image ... male and female he created them".

8 Cf. TAYLOR, Religious foundations, 104.

whatever [...] Reasons Men may have for despising Women, and keeping them in Ignorance and Slavery, it can't be from their having learned to do so in Holy Scripture.
The Bible is for, and not against us, and cannot without great Violence done to it, be
urged to our Prejudice.[9]

Author of two important theological works of her day, *A Serious Proposal to
the Ladies* (1694/97) and the above quoted *Some Reflections Upon Marriage*,
Astell can rightly be called the first self-avowed proto-feminist writer in England.

In the following paragraphs I will highlight some of Astell's main scripturally based arguments for gender equality as found in *Some Reflections upon
Marriage*.

According to Astell's scriptural reasoning, it was *custom*, not Scripture,
which had condemned women in biblical times and continued to do so in her
own day. In *Some Reflections Upon Marriage* Astell observes the following:

[t]hat the Custom of the World has put Women, generally speaking, into a State of
Subjection, is not deny'd; but the Right can no more be prov'd from the Facts, than
the Predominancy of Vice can justifie it. A certain great Man has endeavour'd to
prove by Reasons not contemptible, that in the Original State of things the Woman
was the Superior, and that her Subjection to the Man is an Effect of the Fall, and the
Punishment of her Sin. And that Ingenious Theorist Mr. *Whiston* asserts, That before
the Fall there was a greater equality between the two Sexes. However this be 'tis certainly no Arrogance in a Woman to conclude, that she was made for the Service of
GOD, and that this is her End.[10]

Appealing to her contemporary, the Cambridge theologian William Whiston
(1667–1752), Astell reasons from favourable passages from Scripture to the
view that women were not naturally inferior to men. In her argumentation
Astell draws attention to powerful Old and New Testament women such as
Rahab and Michal, David's wife, the sisters Mary and Martha, and Paul's
friend Priscilla.[11]

A particularly interesting passage from *Some Reflections Upon Marriage* is
Astell's analysis of 1 Cor 11,5–10[12] where she interprets, against tradition, 1
Cor 11,5.6 as ultimately justifying the practise of women praying and prophe-
sising in the church:

---

9 ASTELL, Reflections, 84.
10 Ibid., 72.
11 Cf. ibid., 80 ff.
12 Cf. 1 Cor 11,5–10 which Astell reinterprets: "any woman who prays or prophesies with her
    head uncovered disgraces her head ... For if a woman will not veil herself, then she should cut
    off her hair ... For a man ought not to have his head veiled, since he is the image and reflection
    of God; but woman is the reflection of man. Indeed man was not made from woman, but wo-
    man from man. Neither was man created for the sake of woman, but woman for the sake of
    man. For this reason a woman ought to have a symbol of authority on her head" (ibid., 75).

[f]or he [i. e. Paul] argues only for Descency and order, according to the present Custom and State of things. Taking his Words strictly and literally, they prove too much, in that *Praying and Prophecying in the Church* are allow'd the Women, provided they do it with their Head Cover'd, as well as the Men.[13]

With regards to women covering their head, Astell argues in a striking anticipation of the modern *Sitz im Leben* approach to scriptural exegesis that the practise "[p]robably [...] refers to some Custom among the *Corinthians*, which being well known to them the Apostle only hints at, but which we are ignorant of, and therefore apt to mistake him".[14] Continuing to grapple with the more unfavourable verses in 1 Cor 11,8.9, Astell maintains that they do not authorise us in inferring natural inequality if we bear in mind the centrality of 1 Cor 11,12:

the Man is not without the Woman, nor the Woman without the Man, but all things of GOD. The Relation between the two Sexes is mutual, and the Dependance Reciprocal, both of them Depending intirely upon GOD, and upon Him only; which one wou'd think is no great Argument of the natural Inferiority of either Sex.[15]

Hence, according to Astell, natural, that is, essential inequality can never be inferred from Scripture: women are unequal with men either as punishment for their sins, or so that they can exercise virtue, or for prudential reasons. With respect to marriage, Astell stresses (by appeal to Pauline passages) that women as such are not subjugated to men, but only *married* women, and married women are only subjugated to men in particular, limited respects – nevertheless, their basic duty (like men) is to God.[16]

However, notwithstanding this significant Christian minority stress on the importance of spiritual equality, scriptural passages, such as Gen 2–3 and the Pauline strictures in 1 Cor 14,34 against women's spiritual authority had always been used by tradition in defence of gender inequality, and within Anglicanism women such as Astell fought constantly against them.[17] In Wollstone-

---

13 Ibid., 72.

14 Ibid., 73.

15 Ibid., 74.

16 Cf. Astell's following argument regarding woman's subordination to man within marriage: "[b]ut the scripture commands *Wives to submit themselves to their own Husbands*. True; for which St. *Paul* gives a Mystical Reason (Eph 5:22, etc.) and St. *Peter* a Prudential and Charitable one (1 Petr 3) but neither of them derive that Subjection from the Law of Nature. Nay St *Paul*, as if he foresaw and meant to prevent this Plea, giving directions for their Conduct to Women in general, 1 Tim 2, when he comes to speak of *Subjection*, he changes his Phrase from *Women* which denotes the whole Sex, to *Woman* which in the New Testament is appropriated to a Wife" (ibid., 76).

17 Cf. the following Old Testament passages which tradition has often appealed to against woman's equality: "[i]t is not good that the man should be alone; I will make him a *helper* as his partner" (Gen 2,18 [emphasis mine]) and "[t]o the woman he [i. e. God] said, '[...] your desire shall be for your husband and he shall rule over you'" (Gen 3,16). From the New Testament, see also 1 Cor 14,34: "woman should be silent in the churches. For they are not permitted to speak, but should be subordinate, as the law says".

craft's time Anglican conduct book writers such as Dr John Gregory (1724–73) or James Fordyce (1720–96) specifically counselled women against all independence of thought. By contrast, as Taylor has noted, the female colleagues of Gregory and Fordyce tended to stress women's intellectual relationship to God, recommending close study of the Scriptures and acquaintance with major theological works.[18]

The second significant influence on Wollstonecraft's religious arguments for gender equality was the Continental French Enlightenment philosophy of the seventeenth and eighteenth century to which I will now turn.

2.2 Radical French Enlightenment Philosophy

Wollstonecraft's knowledge of the radical French thought of her time was chiefly mediated through the English Rational Dissenters (later to be known as Unitarians), who gathered in Newington Green around the minister Richard Price (1723–1791), with whom she was acquainted.[19] Price, who soon became a close friend of Wollstonecraft's, was probably, together with Joseph Priestley (1733–1804), the most notable and prolific nonconformist of the late eighteenth century, having published widely on history, politics, philosophy and theology.[20] Furthermore, through Price's publisher and fellow dissenter Joseph Johnson (1738–1809), Wollstonecraft came into direct contact with leading figures of the English radical Enlightenment, such as Thomas Paine (1737–1809), the author of *Rights of Man* (1791), and her later husband the political philosopher William Godwin (1756–1836).[21] Although Rational Dissent was in part the result of properly English theological developments, being the most liberal wing of English dissent it was increasingly influenced by the more radical French Enlightenment ideas; and it was through these circles that Wollstonecraft, who was never a formal member of Rational Dissent, was introduced to the ideas of the moderate to radical Enlightenment.[22]

18 Cf. TAYLOR, Feminist imagination, 101.
19 With respect to the history of rational Christianity in England which was upheld by the Rational Dissenter, cf., for instance, CRAGG, Age of Reason, 157–173. For a more general overview of the religious climate within which Wollstonecraft composed *Rights of Woman* cf. for example VIDLER, Age of Revolution, 33–44.
20 Wollstonecraft regularly attended Price's chapel, studied his sermons and works, and came to deeply admire his personal and political integrity. In *Rights of Woman* Wollstonecraft writes regarding Price that he was "one of the best of men" (85). On the relationship between Wollstonecraft and Price, cf. TOMALIN, Life, 44–63 and TAYLOR, Religious foundations, 107.
21 Through the publisher Joseph Johnson in particular, who furthered humanitarian and radical writings, Wollstonecraft became familiar with the ideas of the radical Continental Enlightenment. Regarding Wollstonecraft's relationship with Johnson, cf. for example TOMALIN, Life, 89–109.
22 With respect to the transmission of Enlightenment thought from Rational Dissent through to Wollstonecraft, cf. for example BAHAR, Moral Foundations, 1–15, and SPENCE, Theodicy, 105–127.

Before moving on to a closer examination of radical Enlightenment arguments for gender equality, a brief summary of the theological ideas common to Rational Dissent will be given, some of which Wollstonecraft incorporated into her own theological reasoning as is evident from *A Vindication of the Rights of Men* (1790) and *Rights of Woman*.[23] Its main theological beliefs can be summarised as follows: Rational Dissent was anti-Trinitarian in its creed and its God was a benign Supreme Being who judiciously guarded all his creatures.[24] Furthermore, the Rational Dissenters believed it was crucial to free religion of its superstitious elements belonging to the past (i. e. the belief in hellfire), since they assumed with an "irrepressible optimism", as Gerald Cragg phrased it with respect to Priestley, that humanity "was moving towards a progressively better and fuller life. The shackles of ignorance, bondage, and poverty were being broken".[25] Thus, despite the fact that Wollstonecraft belonged to the radical Enlightenment with respect to her revolutionary defence of gender equality, her religious attachment to Rational Dissent simultaneously placed her (at least between 1788 to 1794) within the moderate (deistic) Enlightenment with respect to her religious convictions. In line with Rational Dissent, Wollstonecraft based her critique of gender inequality on her firm conviction in God's reasonableness and justice: hence, equality between the sexes was for her a logical consequence of divine rationality and justice.[26]

In what follows, I will review the main ideas of gender equality put forward by the radical French Enlightenment which correspond with Wollstonecraft's own vision in *Rights of Woman*.

The historian Jonathan I. Israel has stressed that the emancipation of woman was as gradual process, since there was much opposition to, and censuring of, such developments, for the intellectual shift without doubt did challenge traditional notions of virtue, family, and social roles, founded on women's existing subordinate status.[27] On the whole, it can be said that the more radical the philosophical position, the more emphatic the egalitarian tendencies inherent in ideas: hence, women's intellectual emancipation was part of a general social, political, theological, and sexual emancipation.

Nonetheless, there were early radical pro-women voices, amongst whom early Enlightenment philosophers such as Spinoza (1632–77) and John Toland (1670–1723) who argued that if woman's subjection to man within mar-

---

23 Throughout this essay when referring to *A Vindication of the Rights of Men* I will use the abbreviated form *Rights of Men*.

24 Cf. TAYLOR, Religious foundations, 108.

25 CRAGG, Age of Reason, 171–172.

26 Cf., for instance *Rights of Men* where Wollstonecraft writes: "I FEAR God ... I fear that sublime power, whose motive for creating me must have been wise and good; and I submit to the moral laws which my reason deduces from this view of my dependence on him" (34).

27 Cf. ISRAEL, Radical Enlightenment, 83. My analysis of the role of radical Enlightenment philosophy played in women's intellectual emancipation prior to Wollstonecraft is indebted to Israel's work.

riage, the family, and law, was not after all ordained by a providential God and could not be justified by appeal to revelation, then the entire system of re-lations between the sexes established in Christian, Jewish, Muslim, and other societies lacked any basis. Here we encounter the critical claim that religion has been used as a tool to preserve gender inequality within society. Toland argued, for example, that "women are equally capable of all improvements with the men, had they but equally the same advantages of education, travel, company and the management of affairs".[28]

However, it was not principally Spinoza, but Descartes' emancipating influ-ence that provided a basis for wholly new arguments about the character of the female mind: namely, his dissolving traditional structures of thought, his fundamental scepticism concerning received ideas, together with his claim that no natural hierarchy of human intellects exists and that reason is in itself autonomous, and, in principle, equal.[29] The Cartesian influenced French phi-losopher François Poullain de La Barre (1647–1723), author of the treatise *On the equality of the two sexes* (1673)[30] and originator of the famous expression "the soul is ungendered",[31] was perhaps the first modern philosopher to assert the fundamental equality of women. Wollstonecraft was probably familiar with Poullain's ideas, and quite possibly had access to his work, since her ideas concerning the remedy for the inequality of the sexes in *Rights of Wo-man* strikingly evoke Poullain's prior thoughts.[32] Poullain believed that wo-men should be educated morally and intellectually in the same way as men. In her introduction to *Rights of Woman* Wollstonecraft's ideas clearly echo these beliefs:

I have turned over various books written on the subject of education, and patiently observed the conduct of parents and the management of schools; but what has been the result? – a profound conviction that the neglected education of my fellow-crea-tures is the grand source of misery I deplore; and that woman in particular are ren-dered weak and wretched by a variety of concurring causes, originated from one hasty conclusion. The conduct and manners of women [...] I attribute to a false sys-tem of education, gathered from the books written on this subject by men who, con-sidering females rather as women than human creatures.[33]

Many of Poullain's further ideas anticipate Wollstonecraft's in *Rights of Wo-men*: society's unjust subordination of women to men was due to the power of tradition and prejudice united with the self-interested tyranny men have through the ages exerted over women, supported by the weight of state and

---

28 WOTTON, Letter, 74.
29 Cf. ISRAEL, Enlightenment Contested, 572.
30 Cf. POULLAIN, De l'égalité.
31 Translation mine. Poullain's original French expression was *"l'esprit n'a point de sexe"*.
32 There is a possibility that Wollstonecraft was familiar with Poullain's thought through her publisher Johnson.
33 WOLLSTONECRAFT, Rights of Woman, 73.

legal institutions. Both Poullain and Wollstonecraft believed that custom and tradition exercised such a dominant influence that women themselves mostly accepted their inferior status meekly, without questioning or protest, even though their alleged inferiority lacked all basis in reality.[34]

In what follows I will turn from the antecedents of Wollstonecraft's religious views to an analysis of her own general religious beliefs between 1788 to 1794 based on her two main philosophical works of this period, *Rights of Men* and *Rights of Woman*.

3. Wollstonecraft's central religious arguments between 1788–1794

When dealing with Wollstonecraft's general religious views of this period, one immediately notes her shift from traditional Christianity to moderate deism. Wollstonecraft's husband and fellow philosopher William Godwin in *Memoirs of the Author of A Vindication of the Rights of Woman*, stated after her death that her mature religious views were "almost entirely of her own creation".[35] However, as this essay aims to show, Wollstonecraft's own (deistic) philosophical-theological reflections can be situated within an Enlightened intellectual context shaped by Early Modern proto-feminist Anglicans, the eighteenth century Rational Dissenters and via them the egalitarian ideas of the radical French Enlightenment. Hence, her friend and fellow writer Mary Hays's alternative description of Wollstonecraft's deistic God as "a being higher, more perfect, than visible nature", seems to capture more accurately Wollstonecraft's own religiosity as the ensuing paragraphs will show.[36]

Despite the lack of an overall theological system in Wollstonecraft's work, the following theological positions (articulated explicitly or implicitly) can be identified on the basis of an examination of *Rights of Women* and its preceding *Rights of Men*. The following seven points summarise the essence of Wollstonecraft's theological ideas:

Firstly, Wollstonecraft believed in God *as supreme cause of the world who, in his wisdom and goodness, is reasonable and just.* In *Rights of Men* Wollstonecraft writes:

---

34 Cf. the following from Wollstonecraft's *Rights of Woman*: "[w]here is then the sexual difference, when the education has been the same? All the difference that I can discern, arise from the superior advantage of liberty, which enables the former [i.e. man] to see more of life" (92). Cf. also ISRAEL, Enlightenment Contested, 573–574.
35 GODWIN, Memoirs, 215.
36 HAYS, Memoirs, 416.

I look into my own mind, my heart is human, beats quick with human sympathies – and I FEAR God… I fear that sublime power, whose motive for creating me must have been wise and good; and I submit to the moral laws which my reason deduces from this view of my dependence on him. It is not his power that I fear – it is not to an arbitrary will, but to an unerring *reason* I submit.[37]

Secondly, Wollstonecraft upheld *God's general (not special) providence*, as can be seen in the subsequent extract from *Rights of Woman*: "[h]e [i.e. God] must be just, because he is wise, he must be good because he is omnipotent. To exalt one attribute at the expense of another equally noble and necessary, bears the stamp of the warped reasoned man".[38]

   Thirdly, Wollstonecraft appears to have *dispensed with revelation* as we can see in her emphasis on the reasonableness of the Christian religion. For Wollstonecraft states in *Rights of Men* that "to act according to the dictates of reason is to conform to the law of God".[39]

   Fourthly, she considered *(rational) religion as primarily morality, regarding morality as divinely ordained*. In *Rights of Woman* Wollstonecraft stated that "[t]he only solid foundation for morality appears to be the character of the supreme Being; the harmony of which arises from a balance of attributes".[40] In the introduction to *Rights of Men* Wollstonecraft elaborates in greater detail her conviction of the inextricable link between morality and religion:

it [i.e. liberty] results from the eternal foundation of rights – from immutable truth – who will presume to deny, that pretends to rationality – if reason has led them to build their morality and religion on an everlasting foundation – the attributes of God? […] As Religion is included in my idea of morality, I should not have mentioned the term without specifying all the simple ideas which that comprehensive word generalizes; but as the charge of atheism has been very freely banded about in the letter I am considering, I wish to guard against misapprehension.[41]

Fifthly, Wollstonecraft is *critical of state and thus of institutional religion*. Wollstonecraft's criticism of state and state structures which lay in its "depriving of men (or women) of their natural rights" and thus, "daily insult[ed] common sense",[42] goes hand in hand with her critique of church and its structures, which she believed to be at the heart of societal inequality:

[a]fter attacking the sacred majesty of Kings, I shall scarcely excite surprise by adding my firm persuasion that every profession, in which great subordination of rank constitutes its power, is highly injurious to morality […] May I be allowed to extend the comparison to a profession where more mind is certainly to be found; for the clergy have superior opportunities of improvement, though subordination almost equally

---

37 WOLLSTONECRAFT, Rights of Men, 34.
38 WOLLSTONECRAFT, Rights of Woman, 114.
39 WOLLSTONECRAFT, Rights of Men, 51.
40 WOLLSTONECRAFT, Rights of Woman, 114.
41 WOLLSTONECRAFT, Rights of Men, 9.
42 WOLLSTONECRAFT, Rights of Woman, 82.

cramps their faculties? The blind submission imposed at college to forms of belief serves as a novitiate to the curate, who must obsequiously respect the opinion of his rector or patron, if he mean to rise in this profession.[43]

Sixthly, Wollstonecraft understood the *task of religion as explaining God's ways to humanity and showing how these ways were reasonable and just,* since (despite evil appearances) God was morally necessitated by his goodness to create the best of all possible worlds. In *Rights of Woman* Wollstonecraft maintained that "God has made all things right; but man has sought him out many inventions to mar the work".[44] Moreover, against the writer and philosopher J.-J. Rousseau (1712–78), Wollstonecraft affirmed in *Rights of Woman* that "the goodness of God [...] gave life only to communicate happiness", and, as she continued to argue, that the "present evil would produce future good".[45] Wollstonecraft concludes this line of thought by asserting the following:

[f]irmly persuaded that no evil exist in the world that God did not design to take place, I build my belief on the perfection of God [...] Rousseau exerts himself to prove that all *was* right originally: a crowed of authors that all *is* right now: and I, that all will *be* right.[46]

Seventhly, as already indicated in the above citation, Wollstonecraft believed in the *immortality of the soul and a future otherworldly destiny for human beings.* In the subsequent passage, we can see Wollstonecraft reasoning – influenced by Rational Dissent – for the immortality of the soul based on the continual progression of the human intellect:

[t]he stamen of immortality, if I may be allowed the phrase, is the perfectibility of human reason; for, were men created perfect, or did a flood of knowledge break upon him, when he arrived at maturity, that precluded error, I should doubt whether his existence would be continued after the dissolution of the body. But, in the present state of things, every difficulty in morals that escapes from human discussion, and equally baffles the investigation of profound thinking, and lightening glance of genius, is an argument on which I build my belief in the immortality of the soul.[47]

In *Rights of Woman,* Wollstonecraft discusses in some detail the future heavenly state for which she believed woman in her unequal circumstances was not capable of properly preparing for. This final point will be discussed in more detail in the subsequent section.

I will now turn to Wollstonecraft's specifically proto-feminist Enlightenment arguments in critique of traditional religion and its suppression of gender equality.

---

43 Ibid., 86.
44 Ibid., 98.
45 Ibid., 83.
46 Ibid., 84.
47 Ibid., 122.

4. Wollstonecraft's proto-feminist enlightenment critique
of religion in *Rights of Woman*

Wollstonecraft's main religious reasoning for gender equality exhibits continuities with the previously discussed ideas of Astell, but it goes further and reflects Wollstonecraft's more radically Enlightened tendency to reject Scripture
and be influenced by the deism of her day.[48] The core of Wollstonecraft's religious critique insofar as it is influenced by her proto-feminism can be summarised as follows:

*Firstly, men and women have been created with the same capacities to reason
and discern God's work* in the Book of Nature, and have a sense of God's su-
premacy. Wollstonecraft based her argument from design theologically on
Gen 1,27, which affirms human dignity and equality as been instigated by
God:

[r]eason is [...] the simple power of improvement; or, more properly speaking, of
discerning truth. Every individual is in this respect a world in itself. More or less may
be conspicuous in one being than another; but the nature of reason must be same in
all, if it be an emanation of divinity, the tie that connects the creature with the Creator; for, can that soul be stamped with the heavenly image, that is not perfected by
the exercise of reason? Yet outwardly ornamented with elaborate care, and so
adorned to delight man, "that with honour he may love," the soul of woman is not
allowed to have this distinction [...].[49]

Thus, if human souls, male and female alike, are "stamped with the heavenly
image", then both man and woman must have been given equal portions of
reason and, subsequently, the ability to exercise it. Wollstonecraft further deduces in *Rights of Woman* that

[f]or man and woman, truth, if I understand the meaning of the word, must be the
same; yet the fanciful female character, so prettily drawn by the poets and novelists,
demanding the sacrifice of truth and sincerity, virtue becomes a relative idea, having
no other foundation than utility, and of that utility men pretend arbitrarily to judge,
shaping it to their own convenience.[50]

---

48 It is evident from *Rights of Woman* that with respect to gender equality, Wollstonecraft immersed herself deeply in the question of theodicy, since for her, theodicy and equality of the
   sexes were inextricably linked. Wollstonecraft based her theodicy on the belief in God's ultimately good general providence, her proto-feminism on her conviction that equality between
   the sexes is a necessary consequence of such divine providence. In his essay on theodicy, Robinson has shown that the influence of Leibnizian theodicy and Voltaire's critique of Leibniz
   on Wollstonecraft is a fascinating and understudied aspect of her religious and intellectual development.
49 WOLLSTONECRAFT, Rights of Woman, 122.
50 Ibid., 106.

Here the background influence of the *imago dei* doctrine can be discerned in Wollstonecraft's critique of certain societal problems and injustices with regard to woman as neglecting the (divinely established) universal nature of human equality.[51]

Secondly, therefore, *it must have been the divine will that men and women would exercise these capacities equally in knowing and worshipping God,* otherwise women (as well as men) would not have been endowed with these capacities in the first place. In the subsequent passage, Wollstonecraft appeals to society to re-evaluate traditional gender roles which have prevented woman from using her reason to seek and worship the divine:

if they [i.e. women] be [sic] really capable of acting like rational creatures, let them not be treated like slaves; or, like the brutes who are dependent on the reason of man, when they associate with him; but cultivate their minds, give them salutary, sublime curb of principle, and let them attain conscious dignity by feeling themselves only dependent on God. Teach them, in common with man, to submit to necessity, instead of giving, to render them more pleasing, a sex of morals.[52]

The result of such equality among the sexes, as Wollstonecraft foresaw in *Rights of Woman,* would be an increase in "virtue and happiness", for

the more equality there is established among men, the more virtue and happiness will reign in society. But this and any similar maxim deduced from simple reason, raises an outcry – the church or the state are in danger, if faith in the wisdom of antiquity is not implicit.[53]

Here Wollstonecraft's critique regarding the responsibility of "the church and the state" in thwarting gender equality, due to the "wisdom" of tradition, is apt. Placed within a theological context this neglect shows even graver consequences: for, as stated previously, it was according to God that all humanity would exercise reason equally in knowing and worshipping him.

Thirdly, however, in continuation with the above, *women have been deprived of the opportunity to exercise these equal capabilities by men who have turned them into their playthings* (for the equality of the sexes has not been upheld in traditional Christianity). The subsequent passage continues Wollstonecraft's analysis of the churches' role in cultivating woman as dependent:

51 Cf. also the following extracts from *Rights of Woman* where Wollstonecraft declared that "after [having] survey[ed] the history of woman, I cannot help, agreeing with the severest satirist, considering the sex as the weakest as well as the most oppressed half of the species. What does history disclose but marks of inferiority, and how few women have emancipated themselves from the galling yoke of sovereign man?" (103). As a remedy against this injustice Wollstonecraft suggested "[s]trengthen[ing] the female mind by enlarging it, and there will be an end to blind obedience; but, as blind obedience is ever sought for by power, tyrants and sensualists are in the right when they endeavour to keep women in the dark, because the former only want slaves, the latter a play-thing" (93).
52 WOLLSTONECRAFT, Rights of Woman, 105.
53 Ibid., 85.

[w]ith respect to religion, she [i. e. woman] never presumed to judge for herself; but conformed, as a dependent creature should, to the ceremonies of the church which she was brought up in, piously believing that wiser heads than her own have settled that business: – and not to doubt is her point of perfection.[54]

Fourthly, this state of *gender inequality offends both against our moral sense as intuited in our consciences and against God's providential plan.* The first four arguments of Wollstonecraft's religious reasoning for gender equality are inextricably linked and complement each other. The following passage from *Rights of Woman* is a condensation of all four:

Gracious Creator of the whole human race! hast thou created such a being as woman, who can trace Thy wisdom in thy works, and feel that thou alone art by thy nature exalted above her, – for no better purpose? – Can she believe that she was only made to submit to man, her equal, a being, who, like her, was sent into the world to acquire virtue? Can she consent to be occupied merely to please him; merely to adorn the earth, when her soul is capable of rising to thee? – And can she rest supinely dependent on man for reason, when she ought to mount with him the arduous steeps of knowledge?[55]

Since Wollstonecraft's arguments in this passage are quite condensed, I will examine them individually. Firstly, Wollstonecraft begins this passage by addressing the "Gracious Creator" who is said to have created woman as well as man with the capacity to "trace […] [his] wisdom in […] [his] works", that is, to be capable of intuiting by reason an intelligent source of nature from the evidence of design in nature, and to worship that intelligent Creator accordingly. This, it is implied by Wollstonecraft, is the ultimate "purpose" of woman, as of man. However, despite woman's equality with man in this respect, custom and tradition has supplied her with a much less noble purpose, namely, to "submit to man". In Wollstonecraft's rhetorical question to her "Gracious Creator" – was woman only created for this purpose? – we are expected to supply the answer that woman was created to merely serve man, since woman like man has been equipped with the intellect and will to know and worship the Supreme Being, and to develop virtue in the trials of this worldly life. Therefore, the subordination of women was not the Supreme Being's intention, but rather the contingent result of custom and tradition, which has dulled woman's soul, equally as capable as man's of "rising to thee".

Underlying this is Wollstonecraft's conviction that if woman was created capable of acting like a rational and virtuous creature, the Supreme Principle had evidently intended her to exercise these capacities, and it is consequently irreligious to thwart her in this. If God created woman with the same capacities as man, it is a perversion of providence for man to make woman depen-

54 Ibid., 118.
55 Ibid., 136.

dent on him (and his reason), since woman (like man) is ultimately dependent on God alone. Not only did God create man and woman equal in these
most important respects, but he also impressed the innate moral knowledge
that this is so on their souls, that is, their consciences. Wollstonecraft concludes that:

[t]hanks to that Being who impressed them [i.e. the conviction of gender equality]
on my soul, and gave me sufficient strength of mind to dare exert my own reason,
till, becoming dependent only on him for the support of my virtue, I view, with in-
dignation, the mistaken notions that enslave my sex.[56]

Fifthly and finally, *equality of the sexes has eschatological importance.* Woman,
hindered from developing herself morally and intellectually because of her
subordination to man, is unable to prepare herself for the future state, and
thus potentially denied eternal felicity.[57] Wollstonecraft states clearly that the
destructive results of gender inequality do not only extend to this life but,
more importantly, also to the next:

[h]ow are women to exist in that state where there is to be neither marrying nor given in marriage, we are not told. For though moralists have agreed that the tenor of
life seems to prove that *man* is prepared by various circumstances for a future state,
they constantly concur in advising *woman* only to provide for the present.[58]

Referring to Lk 20,34 f., Wollstonecraft is here emphatic that gender inequality
is irreligious, since it neglects woman's eternal salvation:[59] salvation, according to her, is by works (exercise of rationality and cultivation of virtue) but
women are told (by Christian moralists) to focus exclusively on the present,
as though their eternal destinies did not matter. Wollstonecraft's grounds for
this are purportedly drawn from natural religion alone: the Supreme Being
has created man and woman with immortal souls which are tested in this
world and which attain eternal felicity through moral and intellectual development. However, the silent assumption of the scripturally based *imago Dei*
doctrine is not hard to discern in her final argumentation.

    Generally speaking, these, then, are the five central arguments of Woll-
stonecraft's proto-feminist Enlightenment critique of religion, and it is in this
respect that we can understand Taylor's earlier claim that it was as it were
"thanks to God" that Wollstonecraft became a feminist.

56 Ibid., 105.
57 For Wollstonecraft, as Taylor shows, mortal existence was a "probationary state, a trail period,
from which the souls of the virtuous alone would emerge into eternal bliss" (Feminist imagination, 106). This argument is based on WOLLSTONECRAFT, Rights of Woman, 102, to be discussed in section V.
58 WOLLSTONECRAFT, Rights of Woman, 102.
59 Cf. Lk 20,34–35: "[t]hose who belong to this age marry and are given in marriage; but those
who are considered worthy a place in that age and in the resurrection from the dead neither
marry nor are given in marriage".

5. Conclusion

In conclusion, there are continuities between the earlier more traditional Christian proto-feminists, such as Astell, and the more radically Enlightened Wollstonecraft in their theological emphasis on woman's basic equality. However, the shift in the intellectual climate between Astell's and Wollstonecraft's time strongly effected the nature of religious arguments in favour of gender equality: Wollstonecraft tended to reject scriptural and theological arguments (which Astell still defended) in support of woman's subordination to man as a consequence of her more radically Enlightened views. Furthermore, although Wollstonecraft is ultimately more inclined to reject Scripture due to her growing commitment to radical deism, there are nevertheless residues of scriptural reasoning in her work (for example, appeal to *imago dei*) which determine her basic ideas about gender equality. Thus, although there are important continuities between the proto-feminist arguments of Astell and Wollstonecraft, it has to be remembered that the latter belongs squarely within the tradition of radical Enlightenment in her much more outspoken defence of women's equality and, for example, her criticism of the very institution of marriage.[60]

A full understanding of the development of modern feminism must recognise its early forms as a critique of certain scripturally justified arguments for women's natural inequality; these arguments are explicit in Astell and implicit in Wollstonecraft; and modern feminism, albeit in a distant way, ultimately rests on these.

---

60 Cf. for example Wollstonecraft's criticism of the institution of marriage, especially in its implied purpose of limiting woman's existence to merely serve man. The Rational Dissenters, for example, with whom Wollstonecraft still had a close relationship while writing *Rights of Woman*, believed not only that "the especial purposes of creation were domesticity, marriage and motherhood" but also that "woman placed in the context of family life was less disturbing than one removed from it" (TOMALIN, Life, 133. 306). The idea behind the Dissenters' misogynistic view was the belief that woman was responsible for arousing man's sexual appetites and therefore needed to be checked (by man himself). As can be inferred from above, Wollstonecraft rejected the Dissenters' conservatism regarding woman and marriage and tended to be supportive of the Enlightened French *philosophers'* radicalism concerning marriage. During the course of the French Revolution this radicalism came to be partly embodied (if only temporarily) in the young French Republic. With respect to this cf. TOMALIN, Life, 174.

6. Bibliography

ASTELL, M., *Reflections* Upon Marriage and other writings, in: B. Hill (ed.), The First English Feminist, Aldershot 1986.

BAHAR, S., Richard Price and the *Moral Foundations* of Mary Wollstonecraft's Feminism, Enlightenment and Dissent 18, 1999, 1–15.

BUTLER, M., Romantics, Rebels and Reactionaries. English Literature and its Background 1760–1830, Oxford/New York 1981.

CRAGG, G. R., The Church and the *Age of Reason* 1648–1789, Harmondsworth 1960.

GEORGE, M., One Woman's "Situation": A Study of Mary *Wollstonecraft*, Urbana 1970.

GODWIN, W., *Memoirs* of the Author of A Vindication of the Rights of Woman, Harmondsworth 1987.

HAYS, M., *Memoirs* of Wollstonecraft. Annual Necrology 1797–98, London 1800.

ISRAEL, J. I., *Radical Enlightenment.* Philosophy and the Making of Modernity 1650–1750, Oxford 2001.

–, *Enlightenment Contested.* Philosophy, Modernity, and the Emancipation of Man 1670–1752, Oxford 2006.

JOHNSON, C. L. (ed.), The Cambridge Companion to Mary Wollstonecraft, Cambridge 2002.

KRUEGER, CH. L., The Reader's Repentance: Women Preachers, Women Writers, and Nineteenth-Century Social Discourse, Chicago/London 1992.

MELLOR, A. K., The *Rights of Woman* and the women writers of Wollstonecraft's day, in: C. L. Johnson (ed.), Cambridge Companion to Mary Wollstonecraft, Cambridge 2002, 141–159.

POULLAIN DE LA BARRE, F., *De l'égalité* des deux sexes, discours physique et moral où l'on voit l'importance de se défaire des préjugez, Paris 1673.

RICHEY, W., "A More Godlike Portion": Mary Wollstonecraft's Feminist Rereadings of the Fall, English Language Notes 32, 1994, 28–38.

ROBINSON, D., Theodicy versus Feminist Strategy in Mary Wollstonecraft's Fiction, Eighteenth Century Fiction 9:2, 1997, 183–202.

SPENCE, G., Mary Wollstonecraft's *Theodicy* and Theory of Progress, Enlightenment and Dissent 14, 1995, 105–27.

TOMALIN, C., The *Life* and Death of Mary Wollstonecraft, London 1992.

TAYLOR, B., The *religious foundations* of Mary Wollstonecraft's feminism, in: C. L. Johnson (ed.), The Cambridge Companion to Mary Wollstonecraft, Cambridge 2002, 99–118.

–, Mary Wollstonecraft and the *Feminist Imagination*, Cambridge 2003.

VIDLER, A. R., The Church in an *Age of Revolution.* 1798 to the Present Day, Hodder/Stoughton 1961.

WOLLSTONECRAFT, M., A Vindication of the *Rights of Men*, in a Letter to the Right Honourable Edmund Burke; occasioned by his Reflections on the Revolution in France, in: J. Todd/M. Butler (ed.), The Works of Mary Wollstonecraft, vol. 5, London 1989, 1–60.

–, A Vindication of the *Rights on Woman* with Strictures on Political and Moral Subjects, in: J. Todd/M. Butler (ed.), The Works of Mary Wollstonecraft, vol. 5, London 1989, 61–266.

–, Collected Letters of Mary Wollstonecraft, ed. by R.M. Wardle, Ithaca/London
1979.

WOTTON, W., A *Letter* to Eusebia: Occasioned by Mr Toland's Letter to Serena, London 1704.

Peter Yeshayahu Balog

The Metaphysics of Jewish Parenthood
According to S. R. Hirsch and Isaac Breuer

The conceptualisation of the role of the father and mother in education is by
no means a new topic in rabbinic thought. We shall discuss the reflections of
Rabbi Samson Raphael Hirsch (1808–1888) and Isaac Breuer (1883–1946) on
this subject and their theological implications, with reference to the following
two aggadic exegeses.

The Midrash Bereshit Rabba relates the inner struggle in Joseph's soul between sexual passion and moral virtue, when Potifar's wife tried to seduce
him. The Torah reports this highly delicate situation in the following way:
"Then there was an opportune day when he entered the house to do his work,
'la'asot melachto' – no man of the household staff being there in the house –
that she caught hold of him by his garment, saying, 'Lie with me!' But he left
his garment in her hand, and he fled, and went outside".[1] The sages of the Talmud argue about the exact meaning of the words "la'asot melachto": "Rav
and Shemu'el, one of them holds 'to do his work' literally, the other explains
that he entered the house in order to relieve his sexual desire".[2] The Talmud
further relates that when Joseph was about to sin by sleeping with his master's
wife, a vision of his deceased father Jacob appeared to him.[3] According to another version in Midrash Rabba, he saw his mother Rachel,[4] and according to
a third version an image of Joseph's aunt-stepmother Leah appeared before
him.[5] The vision of the dead brought Joseph to his senses, and his illicit passion left him.

This homiletic explanation elevates the Torah text from the vagueness of its
literal level and connects Joseph's moral bravery to his parents. According to
the sages, Joseph was able to restrain his libido not because of his fear of his
master, or of being punished by the Egyptians for adultery, not even because
of his fear of the Divine. It was the vision of his dead parents that made him
resist the temptation to sin. The sages believe that the ethical behaviour of the
individual is rooted in his relationship to his parents.

This midrashic narrative suggests a dynamic between the individual, his

---

1 Gen 39,11–12, translation in Scherman, Tanach, 99.
2 bSota 36b (my translation).
3 Cf. Midrash Bereshit Rabba, Parasha 87,7.
4 Cf. ibid., Parasha 98,20.
5 In his narrative Ginzberg brings all these versions together, cf. Ginzberg, Legends, 53–54, and
   note 121.

parents and God, specifically in the relationship between human and Divine. The parents are a link between their child and God. In order to attain holiness or a connection with holiness, the individual has to be enabled by his parents. Joseph's refusal to commit adultery stems from the education he received from his parents and this bravery is of religious significance: The parents are the gateway to the Divine sphere of holiness, away from the human condition of submitting to physical desires.[6] In other words, father and mother form a link between immanence and transcendence.[7]

The second midrashic source describes God's first revelation to Moses at the burning bush:

Rabbi Yehoshua Hakohen, the son of Nechemia said: at the time of God's revelation to Moses, Moses was still a novice in prophecy. Therefore God said to Himself, "If I reveal Myself to him in loud tones, I shall alarm him, but if I reveal Myself with a subdued voice, he will hold prophecy in low esteem", whereupon He revealed Himself in his father Amram's voice. Moses said, "Here I am! What is my father's wish?" God replied, "I am not your father, but your father's God. I spoke with your father's voice so that you would not be terrified. I am the God of Abraham, the God of Isaac, and the God of Jacob."[8]

In this midrash, we encounter only the figure of the father and he plays a different role here from the one in the previous midrash.[9] The voice of the father stands between the Divine, "loud" voice of prophecy and the inadequate

6   Based on the continuation of the talmudic text, the Maharal (Hebrew acronym of "our tea-cher, Rabbi Loeb", 1520–1609) explains that Joseph was attached to his father in a very special way, and among the three patriarchs Jacob represents holiness. Joseph's holiness depends on his father's holiness. At the time of temptation Jacob's holiness, in the form of an image, forced Joseph to resist to his desire to sin, cf. MAHARAL, Chiddushei on Sota, ad. loc. The Ma-harsha (a Hebrew acronym of "Our Teacher, the Rabbi Shmuel Eidels", 1555–1631) explains the nature of Jacob's image as follows: "[…] and perhaps they refer to the vision of his face, meaning the shape of Jacob which is engraved on the bottom part of God's throne of Glory. This and the gates of the heaven appeared to him […]", cf. MAHARSHA, Chiddushei, ad loc.
7   The use of the terms "transcendence" and "immanence" here is inspired by Eric Voegelin's de-scription of Augustine's and Joachim of Fiore's conception of meaning in history. *"The new age of Joachim would bring an increase of fulfilment within history, but the increase would not be due to an immanent eruption; it would come through a new transcendental irruption of the spirit"*, cf. VOEGELIN, The New Science, 184–185. Voegelin describes Joachim's philosophy as the "first Western attempt at an immanentization of meaning" of Augustine's transcendental history of *Civitas Dei*. This philosophy expresses the idea of a dynamic between two spheres of historical reality: the immanent, empirical one and the transcendent one. Accordingly, we use the term "transcendence" to refer to the reality that goes beyond (transcends) any possible knowledge of a human being, i.e. God. "Immanence" refers to (empirical) reality that consti-tutes the object of human cognition. The above midrash can be read as a solution to the theo-logical problem of making God's transcendental existence accessible to the human in the im-manent world.
8   Midrash Shemot Rabba (Vilna edition), Parasha 3, the first passage commencing "Vayomer Anokhi" (my translation, adapted from GINZBERG, Legends, 305). For further sources see ibid., vol. V, 116 note 117.
9   The significance of Moses' mother, Yokheved, needs a separate discussion.

"subdued" sound of an ordinary man. The father's voice bridges this gap. On the one hand, it is familiar to his son, Moses, so he listens to what it says. On the other hand, it has an authoritative quality, which supersedes the voice of other humans and commands the attention of the listener. This midrash gives us a new insight into the relationship between man and the Divine. Here through the voice of the father, the transcendent God is able to enter the immanent realm of the human.[10] The role of the father hints at the possibility of the Divine becoming immanent.

1. Halachic Obligations in the Parent-Child Relationship

The two-way dynamic between immanent and transcendent in the God-parent-child relationship can be explored not only on the midrashic level, but also in the halakhic framework. The fundamental connection between parents and children is laid down in the Jewish legal system in four commandments (in Hebrew: mitzvot, singular: mitzva): 1) the commandment of education of the children, *Mitzvat Chinukh*[11]; 2) the commandment to study the Torah, *Mitzvat Talmud Torah*; 3) the commandment to honour one's father and mother, *Mitzvat Kibbud Av Va'Em*[12]; 4) the commandment to revere one's mother and father, *Mitzvat Mora Em Ve'Av*[13].

We shall briefly characterize these four commandments. The primary focus of the first two mitzvot is educational, and represents two different stages in teaching and passing on the Jewish tradition. *Mitzvat Chinukh* is fulfilled during the years before the child reaches his or her halakhic adulthood, at 13 years in the case of a boy or 12 years in the case of a girl. Rashi defines this mitzva in the following way: "It is the rabbis who obligated to accustom the young child to the mitzva, so that the child becomes fit for it. This is in order

---

10 The two adjectives "transcendent" and "immanent" bear the same meanings as the terms "transcendence" and "immanence" above in note 7. Instead of "transcendental", we use the adjective "transcendent" bearing in mind the Kantian sense of "transcendental": knowledge about our cognitive faculty with regard to how objects are possible *a priori*. "I call all knowledge *transcendental* if it is occupied, not with objects, but with the way that we can possibly know objects even before we experience them", KANT, Critique of Pure Reason, A12. By "transcendent" we mean knowledge beyond human cognition, cf. note 7 above.

11 It is a topic of rabbinic discussion whether the source of this commandment is from the written Torah or from the sages. The rabbis who think it is from the written Torah base their view on Gen 18,19 and Dtn 11,19, cf. MEIR, Meshekh, 20–21, on Gen 18,19. The authorities who hold that it is rabbinic (hence post-Biblical) in nature rely on Spr 22,6, cf. DANZIG, Chayei, 66, 1; Jakob ben Ascher, Tur Even Haeser, Chagiga 6, 1, the passage that starts "*Veha*"; BERLIN, Haemek, on Dtn 11. For a more detailed article on this topic cf. SEVIN, Encyclopaedia, vol. 16, 162.

12 The phrase "Av Va'Em" follows the word order in Ex 20,11 and Dtn 5,15.

13 The phrase "Em Ve'Av" follows the word order in Lev 19,3.

that he will be educated and get used to the mitzvot."[14] As this passage from Rashi testifies, there is a rabbinic dispute over who is the subject of the obligation. Is it the responsibility of the parents to educate the child, or is it child's obligation to fulfil the commandments? Rashi agrees with the former view,[15] which is the generally accepted opinion. It is the parents who are commanded to educate their children, and the children are passive recipients of their education.[16]

The source of the second education-related commandment, *Talmud Torah* is Dtn 6,7: "You shall teach them (e.g. the matters of the Divine law) thoroughly to your children". This verse establishes the educational responsibility of the father towards his son.[17] Maimonides, also known as the Rambam (according to his acronym Rabbi Moshe ben Maimon), formulates this obligation in the following way:

Women, slaves and minors are exempted from Torah-learning. But a minor's father is obligated to teach him Torah, as it is written: *"You shall teach them to your children to discuss them (Dtn 11,19)".* But the woman is not obligated to teach her son, because only who is commanded to learn, is obligated to teach [...] From which time onwards is the father obligated to teach him Torah? When he starts speaking, he teaches him *"Moses commanded us the Torah [...] (Dtn 33,4)"* and *"Hear, O Israel [...] (Dtn 6,4)".* Afterwards he shall teach him slowly, each time one verse only, until he turns six (or) seven years old, everything according to his memory [...].[18]

Even though *Talmud Torah* is a positive commandment of the Torah, the sages, in a separate proscription, determine the extent of the mitzva. Thus, *Talmud Torah* falls into the category of *Mitzvat Chinukh*:

One introduces the young children (*Makhnisim et haTinokot*) to learning when they are six (or) seven years old – according to the strength of the boy and his body. One who is younger than six does not introduce him (to learning) [...] He sits, and one teaches him all day and a bit in the night, in order to educate him to learn (*lechankham lilmod*) day and night.[19]

---

14 Rashi bSukka 2b, under the passage commencing *"MideRabbanan"* (my translation). On this topic cf. Sevin, Encyclopaedia, 162–163. We interpret this rabbinic obligation in the broadest sense: not only the father is commanded to educate his son, both father and mother are obligated to educate son and daughter, cf. Kagan, Mishna Berura, 343,2.

15 Rashi does not specify whom the rabbis obligated to educate. We accept the broader approach, according to which both the father and the mother are obligated, cf. Danzig, Chayei, 66,2.

16 On the topic of education ("*chinukh*"), cf. Sevin, Encyclopaedia, 162–167.

17 Apparently, the mother is not obligated to teach Torah to her children. Nevertheless, there are sources, which consider such efforts from the part of the mother positively, cf. for example Berakhot 17a and Berakhot 1a. Regarding the topic of teaching Torah to girls there are differing views in halakhic literature, cf. Sevin, ibid.

18 Rambam, Mishne, Hilkhot Talmud Torah 1,1 (my translation).

19 Ibid., 2,2 (my translation).

We observe a rather one-sided division of responsibility between parents and their children in the two commandments of education and Torah learning. The corpus of Jewish law considers the parents, in particular the father, to be responsible for these commandments. The children, boys and girls alike, remain the obedient recipients of the contents of the transmitted material.[20] In the context of the chain of the tradition which started with the first Torah verse taught to a Jewish child: "Moses commanded us the Torah, the inheritance of the community of Jacob", God is the lawgiver and the Jewish nation the obedient servants. In the same way parents are seen as educators and the children as obedient disciples. The dynamic here is similar to the one we observed in the midrashic text about Moses' first prophecy. It is the transcendent, which enters the sphere of the immanent; the authority draws nearer to the lower sphere, not *vice versa*.

In his list of commandments, Maimonides considers "honouring the father and mother" and "reverence of mother and father" to be two separate Torah commandments.[21] Nevertheless they can be considered as one single idea expressing filial responsibility.[22] Probably this is the reason that Maimonides, in his code of law, mentions these two commandments in the same breath: "Honouring father and mother is a great positive commandment, as well as fearing one's father and mother".[23] Honouring one's parents requires physical actions, like giving them to eat and to drink; reverence refers to fear in the heart, and demands a certain psychological state, for example, one is not allowed to sit in one's father's chair, even in his absence.[24]

Are children commanded to honour and to revere father and mother equally? This question has been already asked by the rabbis.

It is revealed and known before Him, by whose word the world came into being that a man *(Hebrew "adam")* honours his mother more than his father because she sways him with persuasive words. Therefore in the commandment to honour, He mentions the father before the mother. And it is revealed and known before Him by whose word the world came into being, that a man is more afraid of his father than of his mother because he teaches him the Torah. Therefore in the commandment to fear, He mentions the mother before the father. Where something is imperfect, the Scripture seeks to make it complete. Perhaps, however, it means that the one preceding in this text should actually have precedence over the other, but there is a teaching against this in the passage: "Ye shall fear every man ('ish' in Hebrew) his mother and

---

20 Cf. note 14.

21 RAMBAM, Mishne, Sefer haMitzvot, Mitzvat Asse (positive commandment), no. 210 and 211. It should be pointed out that in no. 211, the Rambam does not follow the order of the parents as is written in Lev 19,3, and he writes "Commandment no. 211 is that we have been commanded to revere the father and the mother [...]".

22 Hirsch does not distinguish between the two commandments either; cf. HIRSCH, Horeb, vol. 2, 363.

23 RAMBAM, Mishne, Hilkhot Mamrim, 6,1.

24 Cf. EPSTEIN, Arukh, Yore De'a 240, 8–9.

his father" (Lev 19,3), where the mother is mentioned first. The Scripture declares that both are equal, the one is as important as the other.[25]

It is clear that in this passage the sages are speaking about the relationship between parents and son.[26] They acknowledge the natural inclination of a son to honour his mother and revere his father. However they understand that in the framework of the Torah obligation, both parents have to be honoured and revered in the same measure.[27] This idea is stressed again at the end of the rabbinic teaching – "Scripture thus declares that both are equal, the one is as important as the other."

Leviticus 19,3 establishes the equality of the parents in relationship to the son. Does the Torah oblige a daughter to honour and revere her parents in the same way as a son? Rashi bases his understanding of the verse in Leviticus on a rabbinic teaching:

Each one of you shall fear his father and mother, this is the plain meaning. And its midrashic interpretation: I know this of a man, where do I know this of a woman? When it says: You shall fear (Hebrew "*tira'u*", second person plural), two are implied. If so, why is "man" (Hebrew "*ish*") mentioned? Because it is in a man's power to do, but a woman is under the control of others.[28]

Rashi explains that even at a literal level, the verse in Lev 19,3 refers to both sexes. He then quotes the traditional midrashic interpretation, which also agrees with the egalitarian understanding of the verse, but with a different rationale. According to the midrash, it is the plural form of "you shall fear" that teaches us that son and daughter are obligated to revere their parents, even though the subject of the verse, "man", suggests that only the male is obliged.[29]

In light of the rabbinic view of equality between the sexes in the commandments of *Kibbud Av Va'Em* and *Mora Em Ve'Av*, and the almost identical ideas represented by the two *Mitzvot*, we shall refer below to the two commandments with the single expression *Kibbud Av Va'Em*.

As we said above, on the one hand we can detect a certain immanentization of God through *Kibbud Av Va'Em*. The sages of the Talmud all seem to agree on the religious importance of these two commandments, indeed they compare honouring and fearing parents to honouring and fearing God.[30] "The Rabbis taught: Three partners are involved in the creation of man: the Holy

---

25 Cf. MEKHILTA, Massekhta de-BaChodesh, 8.

26 In the Hebrew original this is obvious because of the masculine grammatical forms.

27 Cf. BLIDSTEIN, Honor, 30–31.

28 Rashi on Lev 19,3 (my translation), cf. bQiddushin 29a and 30b. We refer to Rashi because we want to show that even at the literal level the Rabbis interpret Lev 19,3 in an egalitarian way.

29 The idea that the woman is under the control of others and the man is not, is a topic on its own right, which does not concern us here.

30 Cf. Qiddushin 30b. Tosafot ad. loc., "Kabbed" (honouring) relying on Qiddushin 1,7, points out that God values the honour of the parents higher than his own.

One, Blessed be He, his father and his mother. If the man honours his father and his mother, the Holy One, Blessed be He, says: I consider this, as I had lived amongst them and they would have honoured me."[31] According to this view, the parents become the real procreators only if they succeed in establishing a relationship with their children where the children fulfil the commandment of *Kibbud Av Va'Em*. In this case God considers the family his resting place; *Kibbud Av Va'Em* is the portal through which God enters the reality of immanence.

On the other hand, we can pursue the idea that *Kibbud Av Va'Em* enables the individual to leave the physical framework of this world and be transferred to the realm of the transcendent. Following the traditional division of the commandments into man's duties to his fellow man, and man's duties to God, it would be logical to think that the mitzva of honouring the parents belongs to the former group, since it is a mitzva which concerns the relationship between humans, i.e. between children and parents.[32] Surprisingly we find numerous rabbis who maintain that *Kibbud Av Va'Em* is a commandment which regulates the relationship between the individual and God.[33] The comment of a medieval authority, Hezekiah ben Manoah (generally called the "Chizkuni", after the title of his Pentateuch commentary, 13th century), on Ex 20,11 is a good example of this view:

The wicked Turnus Rufus asked Rabbi Aqiba: Why is the name of the Holy One, Blessed be He, mentioned only in the first five commandments (of the Ten Commandments), and not in the second five commandments? [...] One who transgresses the first five commandments is wicked only towards the heavens, therefore (God) mentions His name in all of them, since they were given for the sake of His name. But the second five are only for the creatures, therefore (God) was careful not to mention His name in them.[34]

According to this insight *Kibbud Av Va'Em* is not a commandment between two humans, father and his child, but rather one that regulates the relationship between the individual (as child) and God. In following this commandment, the child fulfils the will of God, and comes closer to him.

---

31 Ibid. (my translation).
32 The author of Aruch haShulchan, Rabbi Yechiel Michal Epstein (1829–1908) expresses this view very clearly in the following way: "Kibbud Av Va'Em is one of the intelligible commandments, and it is spread around in all nations and in all cultures, even the deniers of the Torah are careful about it due to (the) reason and (the) nature. But we, the Nation of Israel, are commanded to fulfil all the intelligable commandments not because of the reason, but because the Holy, One Blessed be He, commanded them in his holy Torah [...]" (my translation), cf. EPSTEIN, ibid. For other sources cf. SEVIN, Encyclopaedia, vol. 26, article on "Kibbud Av Va'Em", note 49.
33 Ibid. note 50.
34 CHIZKUNI, Commentary, on Ex 20,11 (my translation).

2. The Halakhic Relationship between Parents and Children according to S. R. Hirsch

We would now like to explore the two kinds of dynamic between the transcendent God and the immanent human family in the primary passages of the writings of Samson Raphael Hirsch (1808–1888). In his commentary on the Book of Genesis, Hirsch gives a general explanation of the educational role of the parents. In the first chapter of the book of Genesis, we read how God created the world in six days and rested on the seventh. On the sixth day he blessed the male and the female humans with the following words: "Be fruitful and multiply and fill the earth and subdue it".[35] Hirsch derives the four parts of man's mission on earth from these four verbs.[36] "Be fruitful" ("p'ru") refers to the marriage and denotes the physical reproduction of the human species. "Multiply" ("ur'vu") refers to the family and indicates education. "Fill the earth" ("umil'u et haAretz") refers to society, where individuals are obliged to help others to establish their own home. "Subdue it" "vekhib'shuha", refers to the acquisition of property: The appropriation of products of the earth and their transformation for human use are instrumental in establishing the home and the welfare of the society.

In the commandment to multiply, we find Hirsch's view on parental education in the home. The Hebrew term for "multiply" is "r'vu". It is derived from the three letter root RʿBʿH , which means "many". Thus "r'vu" means "multiply!" However on the basis of another verse in the Torah, Hirsch links "r'vu" to the words for "training" and "education".[37] He brings together the two meanings of "multiply" and "educate" and writes the following:

The parents are obligated to reproduce themselves through their children: They must recur in the image of their children; and the children are to resemble their parents – not only physically, but spiritually and morally. The parents are to plant and nurture in their children the best of their spiritual and moral powers. In short, their duty is to form and educate their children spiritually and morally. Only then will they recur in the image of their children and fulfil the mitzvah of "r'vu".[38]

According to Hirsch's insight, in the educational dynamic of the parent-children relationship the onus is on the parents. The parents approach their children and consciously try to create a copy of their own spiritual and moral character in them.

To underline this point Hirsch associates the root RʿBʿH with the root RʿPʿH which means "weak" or "loose".[39] On this basis, he develops an idea in

35 Gen 1,28.
36 HIRSCH, Chumash, transl. by Daniel Haberman, on Gen 1,28.
37 Cf. ibid. on Gen 21,20. We believe he bases his interpretation on the explanation by Nachmanides (Ramban) of the same verse.
38 Ibid. on Gen. 1,28, p. 45.
39 An important feature of Hirsch's commentary on the Torah is his "etymological" method of

connection with the relationship between the individual and the collective. In society the individual has to restrict himself in order to leave space for others. If society consists of weak individuals, they will all be strengthened by mutual assistance. On the other hand, if the collective contains many strong people, the individual will be weakened by self-limitation. In the case of the family Hirsch explains: "To educate always entails devotion to others through self-limitation. When a man becomes the father of a family, he ceases to be self-centred; be becomes 'rafhe' (weak). His solicitous concern is for others [...]".[40] Fatherhood specifically, and parenthood in general requires self-limitation on the part of the educators, the parents.[41]

It is not difficult to see that Hirsch follows the pattern we saw in the commandments regarding early childhood education, *Mitzvat Chinukh*, and learning of the Torah, *Talmud Torah*. Parents must actively duplicate their spiritual and moral characters in their children. The children have a passive role in this educational process, they are forced "to resemble their parents – not only physically, but spiritually and morally". In this apparent passivity in their own education, children take the same position as the Jewish nation at Mount Sinai, when it was forced to become the addressee of God's Revelation.[42]

The *locus classicus* in the Torah where a particular characteristic is attributed to father and mother, is the fifth mitzva of the Ten Commandments: "Honour your father and your mother, so that your days may be long on the land that God, your God, is giving you."[43] The Torah links the honour of the parents to dwelling in the Promised Land, as a precondition and as a promise. If you honour your father and mother, then you will live on your land.

In his commentary on this verse, Hirsch does not emphasise the Promised Land, but rather stresses the relationship between honouring parents and Jewish national existence.[44] Hirsch sees the fundament of the Jewish belief in God in the historical experiences of the Jewish nation, namely the Exodus and the Revelation. Parents transmit the knowledge of these historical events to their children:

---

unveiling the hidden meanings of the Pentateuch. Since the world was created through the holy tongue (cf. Bereshit Rabba, Vilna edition, 31, 8) the exact wording of the Torah conveys specific teachings of the whole universe. Hirsch's analytical system rests on the idea that Hebrew words are based on root letters. Hirsch uses extensively the interchangeability of related letters and phonetic similarities. Cf. KLUGMAN, Hirsch, 330-332, CLARK, Etymological, 293–301.

40 HIRSCH, Chumash on Gen 1,28, p. 45.

41 It seems that according to Hirsch, the father acquires "female" traits.

42 Cf. bShabbat 88a, 129b; bAvoda Zara 2b.

43 Ex 20,12, and Dtn 5,16.

44 Cf. the end of the commentary on Ex 20,12 where the Promised Land is mentioned, although it does not play a prominent role in Hirsch's string of thought.

These two facts are historical truths. However, the sole guarantee of their authenticity is tradition, and tradition depends solely on its faithful transmission from parents to children, and on its willing acceptance by children from the hands of their parents. Thus, the survival of the great Divine institution that is Judaism rests entirely on the theoretical and practical obedience of children to parents. Accordingly, *Kibbud Av Va'Em* is the basic condition for the eternity of the Jewish nation.[45]

Until now we saw that *Kibbud Av Va'Em* was interpreted as a commandment, which covered the physical, active relationship between the individual child and his parents. We observed that the dynamic between the child and God can be seen as moving in two directions. *Kibbud Av Va'Em* is the portal through which God entered the physical reality of immanence (cf. Moses' first prophecy, and the Talmudic passage about comparing the honour and fear of parents with the honour and fear of God). Alternatively, fulfilling the obligation to honour one's parents facilitates the child's ability to establish his relationship with God. The child raises itself from the experience of the immanent reality to the level of the transcendent (as we saw in the Midrash about Joseph, and the interpretation of *Kibbud Av Va'Em* as a commandment between the individual and God).

In his commentary on the mitzva of *Kibbud Av Va'Em*, Hirsch deviates from these two rabbinic conceptions of the mitzva. Firstly, he does not see the significance of this mitzvah on the level of the individual, but rather on the Jewish national level.[46] Secondly, according to Hirsch, the child does not connect himself to the transcendent God, but to the historical experience and knowledge of God's entering the immanent world. Thirdly, it is not God who enters the consciousness of the child through the mitzva of *Kibbud Av Va'Em*, but His revelations in human history. The commandment of *Kibbud Av Va'Em* enables God's entrance into the reality of physical phenomena in the consciousness of the Jewish child not as an individual, but as a member of the Jewish nation.

The innovation in this interpretation becomes apparent in Hirsch's explanation of Lev 19,3: "You must each revere his mother and his father, and keep My Sabbaths; I am God, your God".[47] In his commentary on this verse, Hirsch refers back to his comment in Ex 20,12 and repeats it almost word for word. However, in a significant addition Hirsch says: "He who honours his father and his mother honours God and His revelation in history and in the

---

45 Hirsch, Chumash; Sefer Shemot, 346 (on Ex 20,12).
46 Hirsch's emphasis on Jewish nationhood is connected to his polemical attitude towards Jewish reform. In its active steps towards emancipation, Reform Judaism in 19th century Germany tried to define Judaism as a purely religious entity. With this in view, a differentiation was made between Judaism's eternal religious core and its transient national aspect, cf. for example Holdheim, Der neue Israelitische Tempel. According to the ideologists of the reform movement, the Jewish individual belonged to the Mosaic Faith community, but his nationhood was German.
47 Hirsch, Chumash; Sefer Vayikra, 592.

Torah".[48] In the first half of the sentence, Hirsch relies on the talmudic passage we quoted earlier: If someone honours his parents, it is considered as though he had honoured God. The obedience of children to their parents corresponds to the obedience of man to his God. Hirsch's new idea is contained in the second part of the sentence: The child who honours his parents also honours God's "revelation in history and in the Torah".

Thus in the framework of Jewish education, Jewish parents have a specific role, which extends beyond the one which God bestowed through his blessing upon every man and woman at the dawn of creation. On the one hand, Jewish parents, as humans, are required to limit themselves in order to reproduce their own moral and spiritual image in their children. On the other hand, they are also links in the chain of historical tradition, passing on the experience of exodus and revelation to the future generations. Within the halakhic framework, the pedagogical dynamic will be completed by an extra responsibility required of Jewish children towards their parents. By following the mitzvah of *Kibbud Av Va'Em*, the child connects himself to the chain of the tradition. This connection does not lead him away from the world of immanence to the transcendent, omnipresent God in a personal, individual way. As a member of the Jewish collective he is able to share the experience of God, who himself entered the human sphere of history *via* the Exodus and the Revelation. Thus for Hirsch Jewish fathers and mothers are not only agents in the socialization of their child into the Jewish collective, but also postulates of the "historicization" of the Jewish individual in the sacred history of the Jewish nation.[49]

3. The Metaphysics of Family Relations according to Isaac Breuer

Although Hirsch's grandson Isaac Breuer (1883–1946) was inspired by his grandfather's insights, he used them independently to develop his own ideas. This is the case with the notion of Jewish parenthood. The primary source of Breuer's views on the relationship between Jewish children and parents is his treatise *Elischa*, which he wrote in memory of his deceased father and mentor, Salomon Breuer (1850–1926), successor to the rabbinical post created by Samson Raphael Hirsch in Frankfurt am Main, and Hirsch's son-in-law. The essay itself was published in 1928. It is important to note that Isaac Breuer was not simply one of Hirsch's grandchildren. Through his many references

---

48 Hirsch on Lev 19,3 in HIRSCH, Chumash; Sefer Vayikra, 593.
49 It should be pointed out that according to Hirsch, in this process of socialisation and historicization the individual does not cease to exist. Hirsch puts great emphasis on the personal relationship between the individual Jew and God, cf. HIRSCH, Horeb, Section I, 1, also GRUNFELD, Introduction, xliv.

to his writings and reverence for his grandfather, as Matthias Morgenstern writes, he became "the" grandson. According to Jacob Levinger, *Elischa* is one of Breuer's most difficult works,[50] it seeks to explain nature and creation, birth and death, child and parents in the framework of Breuer's own, unique epistemology.

A central theme of Breuer's philosophy is the "createdness" ("Geschöpflich-keit") of the human personality.[51] Breuer started to develop this idea in his work *The World as Creation and as Nature* (1926). He divides reality into two parts: reality as humans perceive it – the world as nature, and reality as God created it – the world as creation. Based on the repeated imperative phrase of "*y' hi*", "let there be", in the narrative of the first chapter of Genesis, he refers to the world as creation as "to have to be" ("Sollen").[52] Since the human mind perceives nature as already existing, Breuer calls the given aspect of reality "to be" ("Sein").[53] The human personality has a share in both of these aspects of the world, it is at the same time a part of nature, and connected to the world as creation.[54] Between soul and nature, the human "will" makes the free decisions.[55]

Based on these notions we can understand what Breuer writes in *Elischa*. According to him the human personality, the "I", is made up of three elements: "to be"[56], "to have to be"[57] and "to will" ("Sein", "Sollen" and "Wollen"). As conscious "being", the human personality understands itself as part of the given reality, the world as nature. The given reality is ruled by the laws of nature and does not have a beginning or an end. As conscious "having to be" the human personality feels itself singled out and liberated from the lawfulness of the given reality, in order to carry out new actions. As conscious "willing" the human personality connects the given reality of "being" with the future reality of the "having to be".[58] As Breuer expresses it: "I perceive the world as a 'being', and I perceive the world as 'a having to be', and I want the world as a 'becoming'."[59] The personality becomes concrete only through his

---

50 Cf. LEVINGER, Concepts, 13.
51 Cf. BREUER, Die Welt, 47. Breuer establishes "createdness" (my translation) as the foundation of Jewish philosophy of history. We believe that this idea underlines all of Breuer's thoughts.
52 The original German term "Sollen" is derived from "es soll sein", cf. BREUER, Die Welt, 48, 73; cf. also BREUER, Moriah, 6. We are following Levinger's English translation, cf. LEVINGER, Concepts, 143.
53 Cf. BREUER, Die Welt, ibid.: "*Das Reich der Natur ist ...*" ("the realm of nature is ..."). In his Hebrew book he plays on the Biblical "*vay'hi chen*" and Rabbinic "*hava*", cf. BREUER, Moriah, ibid. We follow Levinger's English translation, cf. LEVINGER, Concepts, 143.
54 Cf. BREUER, Die Welt, 70–71.
55 Cf. ibid., 71.
56 LEVINGER, Concepts 143.
57 Ibid.
58 BREUER, Die Welt, 8–9.
59 Ibid., 9 (my translation).

will. The personality synthesises the two aspects of "being" and "having to be" in reality into one single unit through its ability to "will".

Besides unifying the two aspects of reality, the "will" accomplishes something else. It puts the "I" in concrete terms. The personality as "being" is only a part of the boundlessness of the world as "to be". The personality as "having to be" belongs to the universality of the world as "having to be". According to Breuer's logic, human will saves the "I" from the boundless and universal aspects of reality, and gives the personality concrete existence. Breuer regards the concreteness of "createdness" achieved by the "will" as the opposite of the boundlessness of "being" and the universality of "having to be".[60] "Createdness" means uniqueness.[61] The idea of human "createdness" can be applied to the first human couple. After them "createdness" overlaps with the notion of "Kindschaft" – "childhood".[62]

We can conclude that according to Breuer the dual character of human personality becomes a concrete, unique personality through the "will". This uniqueness is coined by Breuer as "createdness". Every human experiences his singularity in relationship to his parents, through his state of childhood, and his parents' parenthood.

The idea of the created, unique human personality plays an important role in Breuer's explanation of Lev 19,3, which the mitzvah of the fear of mother and father is based on: "*Ish Imo veAviv tira͑u ve͑et Shabtotai tish͑moru, Ani Adonai Elokechem*".[63] Breuer translates this in a very distinctive way: "As a personality – '*ish*' – shall you revere mother and father and observe my Sabbaths [...]".[64] Breuer understands that by deliberately mentioning parents and Sabbath together the Torah wants to compare them. In Breuer's thought, Sabbath stands between the world as creation – in Kantian philosophy the *noumenon* – and the world as nature – the Kantian *phenomenon*. According to Breuer, the Sabbath is not just the final act of the Creation, but it also serves as a "cognitive seal". The human mind is incapable of grasping the world as creation. It can only perceive the world as nature.[65] Although it is a part of the world as creation, the Sabbath is the visible "cloth of creation".[66] However, the Sabbath as a mitzva reminds the Jews of the created state of the world as nature. Like the Sabbath, Jewish parenthood stands between the two aspects of the human

---

60 Cf. ibid., 11. It should be noted that in *Die Welt* "createdness" refers to the "having to be" aspect of things, and not to the "will", cf. BREUER, Die Welt, 64. Levinger has already pointed to the connection between *Elischa* and *Welt als Schöpfung und Natur*, cf. LEVINGER, Concepts, 13. We think that in *Elischa* Breuer developed further the notion of "will" and went beyond the thought written in *Die Welt*.
61 Cf. BREUER, Die Welt, 64, cf. our previous note.
62 Cf. BREUER, Elischa, 13–14.
63 Lev 19,3.
64 BREUER, Elischa, 15; cf. Rashi's explanation of the same verse above.
65 BREUER, Die Welt, 57.
66 Cf. ibid., 61.

personality, between the personality as nature and as creation. Like the Sabbath, Jewish parenthood belongs to the world as creation. Nevertheless through the commandment of *Kibbud Av Va'Em*, it becomes the perceptible sign of the "createdness" of the human personality.

It should be pointed out that although Breuer uses the term "createdness" in a general way and applies it to all humans, we believe that in Breuer's conception the uniqueness of the human personality will be identified as "created" only in the relationship of Jewish parents with their children regulated by the commandment of *Kibbud Av Va'Em*. Furthermore, the parenthood of the father and mother can only be fulfilled through this mitzva. In the case of non-Jewish families, because of the lack of this mitzva, Breuer only speaks about childhood, not about parenthood. In the non-Jewish context, the child can only grasp the uniqueness of his human personality; without acknowledging his parents' role, he cannot realize his "createdness". Breuer expresses this in the following way:

> Jewish parenthood does not belong to the world as nature, but to the world as creation. Jewish parenthood is a testimony created by God – *Edut* – similarly to Sabbath. The basis of Jewish parenthood is not in physics, but in metaphysics. It gives final information about the metaphysical secret of the "I", of the concrete human personality.

According to Jewish teachings it is not the "I" that is creative, but parenthood. Just as the Jewish Sabbath leaves its mark on the world as nature, similarly Jewish parenthood leaves its mark on the macrocosm of the "I". The Talmud calls Jewish parents "partners of God-The Creator". The metaphysical source of Jewish parenthood could not have been described more accurately.[67]

We said above that the relationship between the child and his parents in connection to God could be understood in two ways. Revering and honouring his parents allows the notion of the Divine to become immanent, or alternatively father and mother are the child's passage from immanence to transcendence. In substituting the term "world as nature" for "immanence" and "world as creation" for "transcendence", is Breuer stating that the commandment of *Kibbud Av Va'Em* is a way for God to enter the world as nature? Or does he follow the second notion according to which world as creation becomes accessible for the child through his halakhic relationship to his parents?

In Breuer's system there is no movement from world as creation towards world as nature or *vice versa*. In his epistemological framework they are two sides of reality. The Divine, God as Creator, has made the relationship between these two aspects. The Jewish nation as a collective and its individual members have to acknowledge this dualism. The nation can realize this dualism through the idea of the Sabbath. The mitzva of *Kibbud Av Va'Em* en-

---

67 Breuer, Elischa, 16 (my translation).

ables the individual Jew to acknowledge these two aspects of reality. Furthermore, the individual Jew makes his personality concrete in relation to his own dual character. Breuer strengthens this idea by referring to the Talmudic passage, which we quoted in connection with the mitzva of *Kibbud Av Va'Em*.[68] Through reverence towards his parents the "I" of the human personality connects with being a child and his unique "createdness", and gains the ability to perceive himself, or reflect on himself, as part of both the world as nature and the world as creation. God does not move towards the sphere of the immanent world; the Jewish child is able to reflect on himself as God's creature, and it is this idea of "createdness" that makes him conscious of being a child. This process of reflecting on himself as a child turns him into a concrete personality.

Breuer's understanding of the commandment of *Kibbud Av Va'Em* departs from the interpretation of his grandfather, S. R. Hirsch. We concluded that according to Hirsch, this mitzva connected the Jewish child to the chain of the Jewish tradition and lead him into the relationship between God and the Jewish nation manifested in Jewish history. Through this mitzva, the child does not leave the immanent reality, but rather becomes a member of the Jewish collective. In return, the Jewish nation enables him to experience God in history, i.e. in the historical episodes of Exodus and Revelation. Breuer explains *Kibbud Av Va'Em* differently. For him the Jewish child does not become a member of the Jewish collective, but rather a concrete personality, he is an individual because he honours and reveres his parents. Hirsch connects *Kibbud Av Va'Em* to the themes of history and Torah. In honouring his parents, the Jewish child also honours God's "revelation in history and in the Torah". Breuer regards father and mother as metaphysical fundaments of the Jewish personality.[69]

68 Cf. bKiddushin 30b.
69 It is important to point out that in his other writings Breuer states that the way of the individual Jew to God leads through the Jewish nation, cf. for example BREUER, Ein Kampf, 149–161. Breuer does not ascribe the specific significance of *Kibbud Av Va'Em* in the idea that the way of the Jewish individual leads through the nation. Rather he believes that the individual becomes a member of the Jewish nation as a historical entity if he obeys all the legal, i.e. halakhic, demands which the nation lays upon him. Cf. ibid. We believe that the difference between Hirsch's and Breuer's interpretation of the commandments of *Kibbud uMora Av Va'Em* is not just a shift in emphasis from the concept of Jewish nationhood to the notion of Jewish personality. In emphasizing the importance of the personality, Breuer seeks to balance out his philosophical preoccupation with Jewish nationalism. On Jewish nationhood cf. BREUER, Lehre, Gesetz und Nation, 43, 45 and 46, and IDEM, Judenproblem.

4. Conclusion

The topic of this paper, "The Metaphysics of Jewish Parenthood" was inspired by Isaac Breuer. He wrote: "Jewish parenthood is not established in physics, but in metaphysics. It gives final information about the metaphysical secret of the 'I', of the concrete human personality".[70] In our analysis, we attempted to show that Breuer's reflections on the influence of the Jewish father and mother on the personality of the child are firmly based on traditional Jewish notions. Breuer uses philosophical terminology in order to make the father-mother-child relationship understood in the intellectual context of his time.

We saw that in midrashic and halakhic literature the relationship between parents and children has an impact on the child's relationship to God. This impact is twofold: either the parents enable the child to transcend the physical barrier of his existence, thereby coming closer to God, or using the parents as mediators, God enters the immanent sphere of the child.

Hirsch relies primarily on these interpretations in his conception of the parent-child-God dynamic. By fulfilling the commandment to honour and revere one's father and mother, the Jewish child becomes a member of the Jewish nation. This leads him to the acceptance of the exodus and the revelation as historical instances where God intervened in the history of humankind.

Breuer refers to the traditions mentioned above but reaches a different conclusion. The mitzva of *Kibbud Av Va'Em* does not lead the individual to God, nor does it facilitate God meeting man. In contrast to Hirsch, Breuer argues that this mitzva does not force the Jewish child to become a member of the Jewish collective. The commandment of *Kibbud Av Va'Em* enables the Jewish child to realize himself as a unique human individual, and allows his father and mother to lead him to the deepest source of his existence as one of God's creatures.

According to Hirsch, parents are postulates of the Jewish child's membership as an individual in the Jewish national collective. Breuer believes that Jewish fathers and mothers enable their child to discover the metaphysical basis of his individual, human personality, to be conscious that he is a unique and concrete creature of God.

---

70 BREUER, Elischa, 16 (my translation).

Bibliography

Babylonian Talmud (new Vilna edition), Jerusalem 1981.

BERLIN, N. Z. Y., *Haemek* Davar, Jerusalem n.d.

BLIDSTEIN, G., *Honor* Thy Father and Mother. Filial Responsibility in Jewish Law and Ethics, New York 1975.

BREUER, I., *Die Welt* als Schöpfung und Natur, Frankfurt a. M. 1926.

–, *Ein Kampf* um Gott, Frankfurt a. M. 1920.

–, *Elischa*, Frankfurt a. M. 1928.

–, *Judenproblem*, Halle 1918.

–, *Lehre, Gesetz und Nation*, Der Israelit 1910, No. 43, 45 and 46.

–, *Moriyah*, Jerusalem 1944 (Hebrew).

CHIZKUNI (Hezekiah ben Manoah), *Commentary* on the Torah (Hebrew), in: M. L. Katzenellenbogen (ed.), Torat Chayyim, Jerusalem 1993.

CLARK, M., *Etymological* Dictionary of Biblical Hebrew: based on the commentaries of Samson Raphael Hirsch, Jerusalem/New York 2000.

DANZIG, A., *Chayei* Adam, Jerusalem 1987.

EPSTEIN, Y. M., *Aruch* Hashulchan, Jerusalem 1984 (reprint).

GINZBERG, L., The *Legends* of the Jews, Philadelphia 1964.

GRUNFELD, I., *Introduction*. The Historical and Intellectual Background of Horeb, in: S. R. Hirsch, Horeb. A Philosophy of Jewish Laws and Observances, transl. by I. Grunfeld, London ²1968, xix–cliii.

HIRSCH, S. R., *Horeb*. A Philosophy of Jewish Laws and Observances, transl. by I. Grunfeld, London 1968.

–, The Hirsch *Chumash*, transl. by D. Haberman, Jerusalem/New York 2000–2009.

HOLDHEIM, S., *Der neue Israelitische Tempel* zu Hamburg, in: J. I. Marcus (ed.), Israelitische Annalen, Frankfurt am Main, 5. November 1841, No. 45, 353–355, and 12. November 1841, No. 46, 362–365.

KANT, I., *Critique of Pure Reason*, translated by Norman Kemp Smith, New York 1929.

KAGAN, Y. M., *Mishnah Berurah*, Jerusalem 5756 (1996).

KLUGMAN, E. M., Rabbi Samson Raphael *Hirsch*. Architect of Torah Judaism for the Modern World, New York 1996.

LAUTERBACH, J. Z. (ed.), *Mekilta de-Rabbi Ishmael*, Philadelphia 1933.

LEVINGER, J. S. (ed.), *Concepts* of Judaism, Jerusalem 1974.

MAHARAL (Judah Loew ben Bezalel), *Chiddushei* Aggadot, Jerusalem 1972 (reprint).

MAHARSHA (Samuel Eliezer Halevi Eidels), *Chiddushei* Aggadot, in: Babylonian Talmud, new Vilna edition, Jerusalem 1981.

MEKHILTA, *Massekhta de-BaChodesh*, English translation Mekhilta de-Rabbi Ishmael ed. by J. Z. Lauterbach, vol. 2, Philadelphia 1933.

MEIR SIMCHA HAKOHEN OF DVINSK, *Meshech* Chochma, Jerusalem, 1991.

Midrash Rabba Hamevoar, Jerusalem 2008.

Palestinian Talmud, Jerusalem 1995.

RAMBAM (= Maimonides), *Mishnei Torah* (Frankel edition), Jerusalem/Bnei Brak 2001.

SCHERMAN, N. (ed.), The Stone Edition *Tanach*, New York 2005.

SEVIN, S. J. (ed.), *Encyclopaedia* Talmudit, Jerusalem 1980.

VOEGELIN, E., *The New Science* of Politics, in: M. Henningsen (ed.), The Collected Writings of Eric Voegelin. Modernity without Restraint, vol. 5, Columbia/London 2000, 89–241.

Richard Puza

Die kirchenrechtlichen Grundlagen
des männlichen Priesteramtes

Prolog

Der Titel dieses Aufsatzes spricht vom männlichen Priesteramt und dessen kirchenrechtlichen Grundlagen, wobei die Betonung auf männlich liegt. Das hängt mit dem aktuellen Stand in der katholischen Kirche zusammen. Es wird aber zugleich um die Frage nach dem Zugang der Frau zum Priesteramt gehen. Ein Blick in das geltende kirchliche Gesetzbuch, den *Codex Iuris Canonici* (CIC), rechtfertigt den Titel. Trotz der Gleichstellung der Frau mit dem Mann auf der Ebene der ekklesialen Funktionen nimmt das 1983, also 20 Jahre nach dem II. Vatikanischen Konzil, erlassene Gesetzbuch an zwei Stellen ausdrücklich auf das männliche Geschlecht Bezug. Beide Stellen stehen in einem direkten und indirekten Zusammenhang mit der Weihe: In einem direkten Zusammenhang der Canon (c.) 1024, der nur den getauften Mann als weihefähig bezeichnet, in einem indirekten Zusammenhang c. 230 §1. Dort wird der Zugang zu den Dienstämtern (ministeria) des Lektors und Akolythen den männlichen Laien (*viri laici*) vorbehalten. Die beiden Dienstämter sind Durchgangsstufen zur Priesterweihe.

Nicht behandelt werden die Fragen um die verheirateten Priester. Der katholische Priester des lateinischen Ritus ist zum Zölibat verpflichtet. Die Weihe ist ein Ehehindernis. Ausgenommen vom Zölibat ist seit dem II. Vatikanischen Konzil der verheiratete ständige Diakon. In den katholischen unierten Kirchen des orientalischen Ritus gibt es den verheirateten Priester. Bischöfe sind immer zum Zölibat verpflichtet. Die Weihe im Glauben bewährter Männer, der so genannten *viri probati*, wurde in der zweiten Hälfte des 20. Jahrhunderts zumindest breit diskutiert. Der Autor hat damals zusammen mit seinen Fakultätskollegen, dem Dogmatiker Peter Hünermann und dem Ethiker Dietmar Mieth, ein Themenheft der Theologischen Quartalsschrift, der Zeitschrift der Professoren der Tübinger katholisch-theologischen Fakultät, herausgegeben.[1] Die Diskussion sollte durchaus wieder aufgenommen werden.

Am Beginn der folgenden Ausführungen erfolgen grundsätzliche Bemerkungen und einige wesentliche begriffliche Hinweise. Dann wird das Thema von zwei Seiten der kirchlichen Vollmacht her betrachtet: von Seiten des Kirchenrechtes und von Seiten der römischen Lehraussagen. Mit anderen Worten, es geht auch um das Verhältnis von Lehramt und Leitungsamt. In den Jahren seit dem II. Vatikanischen Konzil hat das Lehramt oft das Leitungsamt ergänzt und umgekehrt. Das heißt, die oft offenen Aussagen des Codex von

---

1 ThQ 172, 1992, 1–80.

1983 wurden durch lehramtliche Aussagen verdichtet, dann folgte auch eine entsprechende kirchenrechtliche Festlegung. Beispiele dafür sind die Fragen der wiederverheirateten Geschiedenen, die Rolle der Theologen und unsere Frage des Zuganges von Frauen zur Weihe, sei es der Priesterweihe oder der Diakonenweihe.

1. Einleitung

Die Frage nach der Priesterweihe von Frauen hängt eng zusammen mit der grundsätzlichen Frage nach der Stellung der Frau im Kirchenrecht, die seit dem II. Vatikanischen Konzil vehement in das Blickfeld der Kirche und in die innerkirchliche Diskussion geraten ist. Zunächst war es der Papst des Konzils, Johannes XXIII., der damit begonnen hatte, die Frage nach der Stellung der Frau in der Kirche erst ad extra zu proklamieren, dann ad intra salonfähig zu machen. In grundsätzlicher Hinsicht ist die Frau im Kirchenrecht heute dem Mann gleichgestellt. Was die Priesterweihe anbelangt, so hatte die Glaubenskongregation in der Erklärung „Inter insigniores"[2] aber bereits verkündet, dass sich die Kirche „aus Treue zum Vorbild ihres Herrn nicht dazu berechtigt hält, die Frauen zur Priesterweihe zuzulassen". Papst Johannes Paul II. hat die Frage der Priesterweihe von Frauen dann definitiv, d.h. endgültig, entschieden. Bis dahin konnte man sagen, dass die Frage des Geschlechtes des Priesters lange Zeit einfach klar war: Priester ist gleich Mann. Ob das wirklich so war, bleibt in diesen Ausführungen offen. Aufgezeigt werden die Voraussetzungen zum Priesteramt im Kirchenrecht. Eine vorläufige Antwort soll zum Schluss auf die Frage gegeben werden, ob sich in der katholischen Kirche in nächster Zukunft hinsichtlich der Weihe von Frauen noch etwas bewegen kann. Anders ausgedrückt: Ist das Kirchenrecht vielleicht gar nicht das Hindernis?

Terminologisch soll auf folgende Begriffe hingewiesen werden:

Das deutsche Wort „Priester" stammt vom griechischen πρεσβύτερος, *presbyteros* – „Ältester". Davon abgeleitet sind auch die entsprechenden Wörter vieler europäischer Sprachen.

Religionsphänomenologisch und soziologisch steht der Priesterbegriff jedoch im Bedeutungsfeld von griech. ἱερός, hieros – „heilig, geweiht" und lat. sacerdos – „Priester". Der Priester existiert in einem Großteil der *religiösen* Gemeinschaften als eine aus der Allgemeinheit herausgehobene Amtsperson, die sich durch eine besondere religiöse oder göttliche Kraft auszeichnet und in seiner Eigenschaft als *Kultvorsteher* eine Mittlerrolle zwischen der Gottheit und den Menschen einnimmt.

In der römisch-katholischen Kirche wird man Priester durch die Priester-

2 GLAUBENSKONGREGATION, „Inter insigniores" (15.10.1976).

weihe, lat. ordinatio sacerdotalis. Die Priesterweihe nimmt den mittleren Platz in den drei Stufen der Weihe zwischen der Diakonenweihe und der Bischofsweihe ein. Aber nur der Priester und der Bischof werden im CIC/1983 auch als „sacerdos", Geweihter, bezeichnet.

Dieses geweihte Priestertum, auch Amtspriestertum oder hierarchisches Priestertum genannt, ist vom gemeinsamen Priestertum, das allen Christgläubigen auf Grund der Taufe und Firmung zukommt, zu unterscheiden. Davon wird im Folgenden nicht die Rede sein. Jedenfalls bleibt der Geweihte trotz der Weihe Christgläubiger.

In der katholischen Kirche gibt es Priester des lateinischen Ritus und der östlichen Riten. In den Instituten des geweihten Lebens gibt es Laien und Priester.

Ein weiterer, hier zu nennender Begriff ist der des Klerikers. Er umfasste früher alle sieben Weihestufen, die vier niederen Weihen Ostiarier[3], Lektor[4], Akolyth[5] und Subdiakon[6] sowie die drei höheren Weihen Diakon, Priester und Bischof. Der Klerikerstand wurde aber schon mit der Tonsur erworben. Man wird heute in den Klerikerstand durch die Diakonenweihe aufgenommen. Diese Regelung setzte Papst Paul VI. in seinem Motu Proprio (MP) „Ministeria quaedam"[7] fest.

Nicht alle drei heutigen Weihestufen waren immer den Männern vorbehalten. Es besteht heute Konsens darüber, dass es die geweihte Diakonin in der Geschichte der Kirche gegeben hat. Auch der noch im Corpus Iuris Canonici zu findende Begriff presbytera und die in Rom in Santa Prassede in einem wohl aus der Zeit des 13. Jahrhunderts stammenden Mosaik sich findende Abbildung einer episcopa sollen nicht unerwähnt bleiben.[8]

---

3 Der Ostiarier ist ursprünglich der Türhüter einer antiken Kirche, der für Ordnung in und um die Kirche zu sorgen hatte (vgl. SANDER, Ostiarier, 1202–1203).

4 Der Lektor wird bereits im 2. Jh. erwähnt und bezeichnet den Dienst des Vorlesers. Heute sollen die nicht dem Evangelium entnommenen Lesungen von Laien vorgetragen werden (vgl. SELLE, Lektor/Lektorin, 806).

5 Der Akolyth ist seit dem 3. Jh. bezeugt und war zur Mithilfe bei der Eucharistiefeier (Bereitung des Altars und hilfsweise Kommunionspendung) und zur Eucharistieverehrung beauftragt. Heute ist der Akolyth ein Kommunionhelfer (vgl. KLEINHEYER, Akolyth, 293).

6 Der Subdiakon ist wahrscheinlich aus dem Vorsteheramt über eine Akolythengruppe erwachsen. Allgemein begann seit dem 12. Jh. mit dem Subdiakonat die Verpflichtung zum Zölibat. Die Aufgaben des Subdiakons waren die Sorge für die liturgischen Gewänder und Geräte, Epistellesung sowie die Bereitung des Altars. Die meisten Ostkirchen kennen bis heute das Amt eines Subdiakons (vgl. FEULNER, Subdiakon, 1068).

7 Paul VI., Motu Proprio „Ministeria quaedam" (15.8.1972), in: AAS LXIV (1967), 534–540.

8 Vgl. WISSKIRCHEN, Das Mosaikprogramm.

2. Das Kirchenrecht

2.1 Methodische Fragen

Das Kirchenrecht darf nicht rein positivistisch betrieben werden. Es besteht nicht nur eine Affinität zum Lehramt, sondern es ist als Glaubenswissenschaft in die Theologie eingebunden, es ist selbst Theologie. Die jeweils höchsten Jurisdiktionsträger, der Papst in der Gesamtkirche und der Bischof in der Teilkirche, vereinigen in sich alle Vollmacht, nämlich die drei Gewalten Gesetzgebung, Rechtsprechung und Verwaltung. Der Papst ist höchster Träger des Lehramtes, was noch auszuführen ist. Auch die Bischöfe üben ein begrenztes Lehramt aus, jeweils allein als Diözesanbischöfe oder zusammen in Synoden und in der Bischofskonferenz. Die kanonistische Analyse, d. h. die Auslegung der Canones des Kirchenrechts, muss darüber hinaus die rechts- und theologiegeschichtliche Entwicklung in ihre Erörterungen einbeziehen. C. 1024 CIC ist Bestandteil des Sakramentenrechtes, d. h. es handelt sich hier um ein Thema, das von entsprechender theologisch-dogmatischer Bedeutung ist. Wenn man diese Frage vertiefen wollte, müsste man sich hier auch mit der grundsätzlichen Frage des Verhältnisses von Kirchenrecht und Theologie auseinandersetzen.

Die hier angewendete kanonistische Methode beruht auf der Trennung von Rechtsauslegung und Rechtsanwendung. Das bedeutet, dass, die Rechtsanwendung oder Applikation des Rechts im Einzelfall über den Buchstaben des Gesetzes – z. B. durch Anwendung von *aequitas canonica*[9] durch den Seelsorger oder die Anwendung von *Epikie*[10] durch den/die Betroffenen – hinausgehen kann und muss. Der Autor hat diese von ihm entwickelte Methode als „Methode beweglicher Rechtsanwendung" bezeichnet. Sie kann auch auf c. 1024 angewendet werden, was noch demonstriert werden wird.

---

9 Die aequitas canonica bezeichnet ein Prinzip des kanonischen Rechts, das der salus animarum als oberstem Gesetz in der Kirche verpflichtet und durch christliche Barmherzigkeit sowohl bei der Abfassung als auch bei der Anwendung kirchlicher Gesetze geprägt ist. Sie gilt für das erneuerte Recht insgesamt, was aus der einzigartigen Platzierung des abschließenden c. 1752 des CIC/1983 hervorgeht (vgl. MÜLLER, aequitas canonica, 185).

10 Die Epikie ist eine Tugend, die allgemeine Normen anerkennt, aber auch außergewöhnliche innere und äußere Lebensumstände ernst nimmt. Sie besteht in der Kraft, Normen eigenständig und abhängig von der konkreten Situation gemäß der in der Norm zum Ausdruck kommenden Wahrheit zu verbessern und danach zu handeln. Die Epikie bietet im kirchlichen Recht die ethische Grundlage für sog. „pastorale Lösungen" in etlichen Konfliktbereichen (vgl. VIRT, Epikie, 715).

2.2 Die inhaltliche Aussage von c. 1024 CIC/1983 (c. 968 §1 CIC/1917)

C. 1024 CIC/1983 gibt die Aussage von c. 968 §1 CIC/1917 wörtlich wieder: „Sacram ordinationem valide recipit solus vir baptizatus" („Die heilige Weihe empfängt gültig nur der getaufte Mann").

Das Recht des CIC/1917 wahrt dabei weitgehend den Zusammenhang mit dem überlieferten, zu einem großen Teil im Corpus Iuris Canonici niedergelegten Kirchenrecht. Darauf weist Ida Raming in ihrem Buch „Der Ausschluß der Frau vom priesterlichen Amt"[11] noch am Anfang bei der Beschreibung der Grundlagen von c. 968 §1 hin. C. 6 nn. 2, 3 und 4 des ersten Codex haben das Verhältnis zum alten, vorkodikarischen Recht so geregelt, dass die Canones des Codex unter bestimmten Voraussetzungen im Sinne des alten Rechtes auszulegen sind. Der erste Codex nahm den massenhaften Rechtsstoff des Corpus Iuris Canonici in sich auf, soweit er eben bei seiner Abfassung zur „vigens ecclesiae disciplina" gehörte, und reduzierte ihn auf eine knappe, komprimierte Form. Die im „Regelfall" also vorhandene „Übereinstimmung" des bisherigen Rechts mit dem Recht des Codex trifft auch auf c. 968 §1 CIC/1917 zu, wonach nur der gültig getaufte Mann ordiniert werden kann, die Frau, also auch die getaufte, vom Empfang der Weihe ausgeschlossen ist.

Dazu sei auf eine Kuriosität hingewiesen: Aus den von Kardinal Gasparri[12] zu dieser Vorschrift angeführten Quellenbelegen aus dem Corpus Iuris Canonici wird allerdings nicht ersichtlich, dass das Erfordernis des männlichen Geschlechtes für die Ordination im alten Recht seine Grundlage hat, da diese ausschließlich auf das Erfordernis der Taufe für die gültige Ordination Bezug nehmen. Als „fontes" aus dem Corpus Iuris Canonici sind im Quellenkodex 1917 angegeben: aus dem Decretum Gratiani Causa I, Quaestio 1, 52 und 60; aus dem Liber extra Papst Gregors IX (X) capitulum 1 und 3, *de presbyterio non baptizato* III, 43. Die weiteren, nicht dem Corpus Iuris Canonici entnommenen Quellenbelege betreffen die für den erlaubten Weihempfang erforderlichen Eigenschaften des zu Ordinierenden.

2.3 Ist die Aussage von c. 1024 göttlichen Rechtes?

Für die kanonistische Betrachtungsweise ist die Frage wesentlich, ob es sich bei c. 1024 um änderbares Recht handelt oder ob es sich bei c. 1024 um eine Vorschrift göttlichen Rechtes handelt. Oder auch, was bedeutet es, dass der Papst seine Lehraussage in „*Ordinatio sacerdotalis*"[13] als definitiv, endgültig bezeichnet?

---

11 Raming, Ausschluß.
12 Kardinal Pietro Gasparri (1852–1934) war ein begabter Kanonist, den Pius X. zum Leiter der Codexkommission ernannte und der es später bis zum Kardinalstaatssekretär brachte. In dieser Eigenschaft schloss er 1929 die Lateranverträge mit der italienischen Republik ab. [0]
13 Johannes Paul II., Apostolisches Schreiben „Ordinatio Sacerdotalis".

Heye van der Meer konnte auf Grund des Rechtes des CIC/1917 und dessen historischer Entwicklung – noch vor der lehramtlichen Weiterentwicklung unter Johannes Paul II. – daran festhalten, dass c. 968 §1 CIC/1917, der gleichlautende Vorläufer von c. 1024 CIC/1983, nicht göttlichen Rechtes, also änderbar sei.[14] Seit „Ordinatio sacerdotalis", einer Lehrentscheidung des Papstes, und zusammen mit dem MP „Ad tuendam fidem"[15] und der darin erfolgten Ergänzung des CIC/1983 c. 750 §2 hat der Papst der Weihe von Frauen zu Priesterinnen durch seine unmissverständliche Ablehnung in der katholischen Kirche einen Riegel vorgeschoben, der durch die Glaubenskongregation noch mit einem festen Schloss versehen wurde. Diese hat in einem als Responsum bezeichneten Schreiben erklärt, dass die in „Ordinatio sacerdotalis" vorgelegte Lehre über die den Männern vorbehaltene Priesterweihe unfehlbar vorgetragen worden ist und deshalb eine endgültige Zustimmung erfordere. Das lässt zumindest heute annehmen, dass c. 1024 unabänderbar und somit göttlichen Rechtes ist. Wir werden die Frage beim Lehramt noch einmal aufgreifen.

Fazit

1. Kirchenrechtlich ist festzuhalten, dass c. 1024 den Empfänger der Weihe zum Thema hat. Thema ist die Aussage, dass nur der getaufte Mann die Weihe gültig empfangen kann. C. 1024 CIC/1983 ist Bestandteil des Sakramentenrechtes, d. h. es handelt sich hier um ein Thema, das von entsprechender theologisch-dogmatischer Bedeutung ist.

2. Da seit dem hohen Mittelalter die kirchliche Vollmacht in die Weihe- und Jurisdiktionsvollmacht geschieden wird, für manchen Akt der Jurisdiktionsvollmacht aber Weihegewalt erforderlich ist, sind kirchenrechtlich den Frauen alle Ämter, Stellen und Aufgaben in der Kirche verwehrt, zu denen Weihegewalt erforderlich ist.

3. Es legt sich die These nahe: C. 1024 scheint zwar vom Wortlaut her eindeutig, legt aber nur die geltende Disziplin fest, ohne sie als göttliches Recht zu qualifizieren. So bleibt die lehramtliche Frage bei dieser Formulierung offen. Sie wurde durch die päpstliche Lehrentscheidung hinsichtlich der Priesterweihe von Frauen geschlossen. Der offenen Formulierung steht heute die Lehraussage über die Priesterweihe von Frauen gegenüber.

---

14 Vgl. VAN DER MEER, Priestertum.
15 JOHANNES PAUL II., Motu proprio „Ad tuendam fidem" (18.05.1998).

3. Die Aussage des päpstlichen Lehramtes
zur Priesterweihe von Frauen

3.1 Das Verhältnis von Lehramt und Leitungsamt

3.1.1 Zur Geschichte eines klärungsbedürftigen Verhältnisses

Klaus Schatz[16] hat in seiner Geschichte des I. Vatikanischen Konzils im 1.
Band bemerkt, dass der Umbruch unter Pius IX., der durch das Zerbrechen
der bisherigen kirchlich-politischen Ordnung und der sie tragenden societas
christiana gekennzeichnet war, innerhalb des Primatsbildes eine äußerst wichtige Akzentverschiebung bewirkte, die sich zuerst bei Joseph Marie de Maistre
(1753-1821) deutlich artikulierte und endgültig erst im I. Vaticanum durchgesetzt hat: Die Akzentverschiebung vom Jurisdiktionsprimat zur Unfehlbarkeit. In den klassischen Kontroversen um den Febronianismus, Josephinismus
und auch noch um die Zivilkonstitution stand die päpstliche Jurisdiktions-
gewalt im Vordergrund. Dies entsprach der societas christiana, welche seit
dem Mittelalter die Frage nach der obersten Vollmacht, nach dem regimen
christianum stellte. In der Folge tritt im kirchlichen Bewusstsein (wenn auch
nie in der Praxis) die Unfehlbarkeit so in den Mittelpunkt, dass geradezu von
ihr aus der Primat definiert und in seinem Sinn bestimmt wird. Dies ist ein
Ergebnis der neuen geistesgeschichtlichen Situation, die in Folge des Zerbre-
chens der bisher tragenden christlichen Gesellschaft vor allem die Frage nach
Sicherheit stellte. Solange die selbstverständliche Einheit von Staat, Gesellschaft und Kirche den Glauben des Einzelnen trug, stellte sich die Frage nach
der unfehlbaren Instanz nicht in dieser Zuspitzung. Auch die Ultramontanen
während des I. Vaticanums konnten damit argumentieren, dass die Kirche in
früheren Epochen deshalb mit Gallikanismus und Episkopalismus leben
konnte, weil diese sich noch nicht mit einer generellen Atmosphäre der Kritik
und Infragestellung verbanden und daher bei dem Christgläubigen nicht zu
einer Verunsicherung im Glauben führten. Gleichzeitig entspricht diese neue
Akzentsetzung insofern der nach-revolutionären „restaurativen" Situation, als
sie voraussetzt, dass historische Autoritäten nicht mehr selbstverständlich
sind. Sie bedürfen der theoretischen Legitimation. Die Akzentverlagerung auf
die Unfehlbarkeit ergibt sich durch die Notwendigkeit, Macht in Recht zu
gründen. Der Papst muss in einem meist sehr weit gefassten Ausmaß unfehlbar sein, um legitim und rational verantwortbar die überwältigende Macht zu
haben, die er nun einmal in der Kirche hat. Dies zeigt sich vor allem in der regelmäßig wiederkehrenden Argumentation: Die Gläubigen schulden dem
Papst unbedingten Gehorsam; dieser unbedingte Gehorsam würde jedoch für
den Glauben der Kirche und das ewige Heil der Gläubigen ein immenses Risiko bedeuten, wenn er nicht mit unfehlbarer Wahrheitsgarantie gekoppelt wä-

---

16 Schatz, Vaticanum I.

re. Hier liegt die Wurzel des juristischen Modells oder Gehorsamsmodells des
Lehramtes, das im Folgenden dem Communio- oder Rezeptionsmodell ge-
genübergestellt werden soll.

Im CIC/1983 hat das Lehramt nun erstmals ein eigenes Buch bekommen.
Dies ist Endpunkt einer langen Geschichte. Mit Recht hat Karl Rahner in der
zweiten Auflage des Lexikons für Theologie und Kirche unter dem Stichwort
„Lehramt"[17] betont, dass die Geschichte des Lehramtes seit der Entstehung
des monarchischen Episkopates auch die Geschichte des Leitungsamtes ist.
Konzilien, Päpste und Bischöfe teilen es sich. Die Trennung beginnt in der
Theologie und Kanonistik erst in der Mitte des 19. Jahrhunderts und wird im
CIC 1917 fortgesetzt. Die rechtliche Verbindung des Lehramts zum Leitungsamt blieb in zweifacher Weise bestehen: in den Trägern der beiden Gewalten:
der Papst und der Diözesanbischof und in den Bestimmungen des can. 750:
„Kraft göttlichen und katholischen Glaubens ist all das zu glauben, was im geschriebenen oder im überlieferten Wort Gottes als dem einen der Kirche anvertrauten Glaubensgut enthalten ist und zugleich als von Gott geoffenbart
vorgelegt wird, sei es vom feierlichen Lehramt der Kirche, sei es von ihrem ordentlichen und allgemeinen Lehramt."

Von Glaubensgesetz spricht man, wenn der kraft göttlichen Gebotes bestehenden Glaubenspflicht eine kirchenrechtliche Annahmepflicht hinzugefügt
wird. Das in dieser Weise vorgelegte Glaubensgut ist dann nicht nur auf
Grund der Offenbarung Gottes, sondern auf Grund der Lehrgesetzgebung der
Kirche verbindlich. Dies findet sich auch im CIC 1983 can. 750: „Kraft göttlichen und katholischen Glaubens ist all das zu glauben, was im geschriebenen
oder im überlieferten Wort Gottes als dem einen der Kirche anvertrauten
Glaubensgut enthalten ist und zugleich als von Gott geoffenbart vorgelegt
wird, sei es vom feierlichen Lehramt der Kirche, sei es von ihrem ordentlichen
und allgemeinen Lehramt; das wird ja auch durch das gemeinsame Festhalten
der Gläubigen unter der Führung des heiligen Lehramtes offenkundig gemacht; daher sind alle gehalten, diesen Glaubenswahrheiten entgegenstehende
Lehren jedweder Art zu meiden." All das scheint aber auch im CIC/1983 erhalten geblieben zu sein, wenn auch mit Akzentverschiebungen. Hier sei nur
auf die Glaubensfreiheit und das Grundrechtsdenken überhaupt hingewiesen.
Dem steht aber heute in zunehmendem Maß, was noch zu zeigen sein wird,
das juristische Modell des Lehramtes gegenüber.

Durch die Definitionen des I. Vatikanischen Konzils scheint also Folgendes
passiert zu sein: Das Lehramt überragt im Ämterschema das Leitungsamt. Für
die Kanonistik besteht seitdem die Frage, welche Rolle das Lehramt gegenüber
dem Gesetz spielt. Oder mit anderen Worten: Ist eine Enzyklika eine Rechts-
quelle?

Diese Frage soll nur ganz kurz angesprochen werden. Heute würde sich
vielleicht dazu folgende Überlegung anbieten: So wie im 19. Jh. eine Stützung

---

17 Vgl. RAHNER, Lehramt, 884–890.

der Autorität des Papstes notwendig war, so scheint sich heute, nach dem II. Vatikanischen Konzil und in Anlehnung an die Entwicklung in der Welt, eine Sicht aufzudrängen, die das Rezeptions- oder Communio-Modell vom Lehramt forciert. Auf beide Modelle ist gleich einzugehen.

Drängen nicht gerade Demokratie und Religionsfreiheit darauf hin? Doch wenden wir uns wieder dem aktuellen Stand zu. Das Zusammenspiel von Lehramt und Leitungsamt hat sich noch nicht gefestigt, folgt noch, wie es scheint, unzulänglichen Regeln.

In diesem Zusammenhang sei auf die Rubrik mit den Ellipsen des im Anhang zu findenden Schemas „Leitungsamt und Lehramt" (S. 372) verwiesen. Es soll demonstriert werden, wie Lehr- und Leitungsamt zusammenspielen. Dabei scheint bei den wiederverheirateten Geschiedenen das Zusammenspiel von Lehr- und Leitungsamt, Recht und Leitungsamt, nicht ganz so zu funktionieren, wie es sich die römische Zentrale vorstellt. Im zweiten Beispiel, der Theologie, liegt z. B. in Deutschland ein äußerst starkes Partikularrecht, auch konkordatsrechtlich abgesichert, vor, das ein regelndes Eingreifen durch die Zentrale ebenfalls erschwert. Ganz anders ist dies im dritten Beispiel des Schemas, wo mit c. 1024 CIC/1983 die lehramtliche Aussage durch das Recht stark abgesichert scheint.

Was mein Schema noch veranschaulichen soll, ist, dass im Bereich des Leitungsamtes seit dem II. Vaticanum eine rechtsrezessive Tendenz vorherrschte, und es wäre sicher wünschenswert, dass sich diese Tendenz noch verstärkte. Mit dem Motu Proprio (MP) „*Ad tuendam fidem*" könnte aber eine Trendumkehr eingesetzt haben (siehe die Authentische Interpretation des päpstlichen Rates für die Interpretation der Gesetzestexte c. 915 vom 24. Juni 2000).

3.1.2 Das juristische Modell oder Gehorsamsmodell und das Communio-Modell oder Rezeptionsmodell

Gleichzeitig ist aber noch eine andere Tendenz feststellbar, nämlich ein Vorherrschen dessen, was der Autor als juristisches Modell oder Gehorsamsmodell des Lehramtes in seinem Schema bezeichnet. Es lassen sich nämlich heute zwei Modelle, die das Verhältnis von Lehr- und Leitungsamt kennzeichnen können, feststellen:

Das juristische Modell des Lehramtes stellt ganz auf den Gehorsam ab, ist dadurch rechtlich und scheint sich auch im Codex, im dritten Buch über das Lehramt, zu finden. Das zweite Modell, das der Autor als Rezeptions- oder vielleicht besser Communio-Modell bezeichnen möchte, hat seine Wurzel sicher in den Aussagen des II. Vatikanischen Konzils über den sensus fidelium, es scheint aber heute in der Praxis in den Hintergrund zu treten. Beide Modelle gehen von der grundsätzlichen Trennung von Lehr- und Leitungsamt aus. Das Communio-Modell geht von einem breiten Kirchenbegriff aus, der Amtsträger und Kirchenglieder umfasst und die Mitwirkung letzterer zumindest in der notwendigen Rezeption der Beschlüsse des Lehramtes sieht. Darüber hi-

naus wird eine subjektive, dem Einzelfall entsprechende Lösung zu finden gesucht. Beim juristischen Modell wird vom Lehramt die Befolgung seiner Beschlüsse, je nach deren Grad in Glaubensgehorsam oder Verstandesgehorsam,
verlangt. Im Vordergrund steht die objektive Ordnung, z. B. der Begriff des
„öffentlichen Sünders". Das Lehramt erlangt via Leitungsamt die Oberhand,
ohne dass das Verhältnis der beiden Ämter grundsätzlich geklärt ist. Die weiteren Ausführungen werden diese Aussagen noch verdeutlichen.

3.2 Die Priesterweihe von Frauen

3.2.1 Die Erklärung der Glaubenskongregation „Inter insigniores"

Was die Priesterweihe von Frauen betrifft, hat eine Entwicklung im Lehramt
stattgefunden, und zwar hinsichtlich der verpflichtenden Kraft der Lehraussagen, während die rechtliche Bestimmung gleichzeitig im CIC/1983 aus dem
alten Recht wörtlich übernommen worden ist. Am Anfang steht das Schreiben
der Glaubenskongregation „Inter insignores".

Die Entwicklung im Recht beginnt mit der Frage nach der Gleichstellung
von Mann und Frau. Papst Johannes XXIII. hat in seiner Enzyklika „Pacem in
terris"[18] vom 11. April 1963 „den Eintritt der Frau in das öffentliche Leben"
festgestellt, der vielleicht rascher bei den christlichen Völkern erfolgt, und
langsamer, jedoch in zunehmendem Umfang auch bei den Völkern anderer
Traditionen und Kulturen stattfinde. Ebenso nennt das II. Vatikanische Konzil
in seiner Pastoralkonstitution „Gaudium et spes", wo es die Formen von Diskriminierung in den Grundrechten der Person aufzählt, die überwunden und
beseitigt werden müssen, da sie dem Plan Gottes widersprechen, an erster
Stelle jene Diskriminierung, die wegen des Geschlechts erfolgt.[19] Die Gleichheit, die sich hieraus ergibt, wird dazu führen, eine Gesellschaft zu verwirk-
lichen, die nicht völlig nivelliert und einförmig, sondern harmonisch und in
sich geeint ist, wenn die Männer und die Frauen ihre jeweiligen Veranlagun-
gen und ihren Dynamismus in sie einbringen, wie es Papst Paul VI. dargelegt
hat. Das nachkonziliare Kirchenrecht und der CIC/1983 haben hier Wesentli-
ches geleistet.

Die Frage nach der Priesterweihe von Frauen wird in „Inter insigniores" mit
der Entwicklung in anderen Kirchen eingeleitet. Die Ursache für die unter
Paul VI. aufflammende Diskussion um die Priesterweihe von Frauen lag in
der damaligen ökumenischen Bewegung. Als die Frage der Ordination von
Frauen in der anglikanischen Gemeinschaft aufkam, wollte Paul VI. im Dienste der apostolischen Überlieferung und um ein neues Hindernis auf dem Weg
zur Einheit der Christen zu vermeiden, den anglikanischen Brüdern in Erinnerung rufen, worin der Standpunkt der katholischen Kirche besteht: Als Begründung wurden damals schon das in der Heiligen Schrift bezeugte Vorbild

---

18 JOHANNES XXIII., Enzyklika „Pacem in terris" (11.04.1963).
19 Vgl. Gaudium et spes (GS) 29.

Christi, der nur Männer zu Aposteln wählte, die konstante Praxis der Kirche, die in der ausschließlichen Wahl von Männern Christus nachahmte, und ihr lebendiges Lehramt, das beharrlich daran festhält, dass der Ausschluss von Frauen vom Priesteramt in Übereinstimmung steht mit Gottes Plan für seine Kirche, genannt.

Die Kongregation bemerkt dazu:

> Die verschiedenen Argumente, die zur Klärung dieses bedeutsamen Problems beitragen können, sind einer kritischen Prüfung unterzogen worden. Da es sich hierbei aber um eine Diskussion handelt, der die klassische Theologie kaum größere Aufmerksamkeit geschenkt hat, läuft die gegenwärtige Argumentation leicht Gefahr, einige wesentliche Elemente zu vernachlässigen. Aus diesen Gründen erachtet es die Kongregation für die Glaubenslehre in Erfüllung eines Auftrags, den sie vom Heiligen Vater erhalten hat, […] als ihre Pflicht, erneut festzustellen: Die Kirche hält sich aus Treue zum Vorbild ihres Herrn nicht dazu berechtigt, die Frauen zur Priesterweihe zuzulassen. Gleichzeitig ist die Kongregation der Meinung, dass es in der gegenwärtigen Situation nützlich ist, diese Haltung der Kirche näher zu erklären, da sie von einigen vielleicht mit Bedauern zur Kenntnis genommen werden wird. Auf längere Sicht dürfte jedoch ihr positiver Wert ersichtlich werden, da sie dazu beitragen könnte, die jeweilige Sendung von Mann und Frau tiefer zu erfassen.[20]

3.2.2 Gründe für die Nichtzulassung der Frau zur Priesterweihe („Ordinatio sacerdotalis")

Es werden vier Gründe für die Nichtzulassung der Frau zur Priesterweihe genannt:

1) Die Tatsache der Tradition
   Niemals ist die katholische Kirche der Auffassung gewesen, dass die Frauen gültig die Priester- oder Bischofsweihe empfangen könnten. […] Die Tradition der Kirche sei also in diesem Punkt durch die Jahrhunderte hindurch so sicher gewesen, dass das Lehramt niemals einzuschreiten brauchte, um einen Grundsatz zu bekräftigen, der nicht bekämpft wurde, oder ein Gesetz zu verteidigen, das man nicht in Frage stellte. Jedes Mal aber, wenn diese Tradition Gelegenheit hatte, deutlicher in Erscheinung zu treten, bezeugte sie den Willen der Kirche, dem ihr vom Herrn gegebenen Beispiel zu folgen.[21]
   Auf dieselbe Tradition in den Ostkirchen wird verwiesen.

2) Das Verhalten Christi
   Jesus Christus hat keine Frau unter die Zahl der Zwölf berufen. Wenn er so gehandelt hat, dann tat er das nicht etwa deshalb, um sich den Gewohnheiten seiner Zeit anzupassen, denn sein Verhalten gegenüber den Frauen unterscheidet sich in einzigartiger Weise von dem seiner Umwelt und stellt einen absichtlichen und mutigen Bruch mit ihr dar.

---

20 GLAUBENSKONGREGATION, „Inter insigniores", 13.
21 Ebd.

Auf seinen Wanderpredigten ließ Jesus sich nicht nur von den Zwölf beglei-
ten, sondern auch von einer Gruppe von Frauen: „Maria, genannt Maria aus
Magdala, aus der sieben Dämonen ausgefahren waren, Johanna, die Frau des
Chuzas, eines Bekannten des Herodes, Susanna und viele andere. Sie alle un-
terstützten Jesus und die Jünger mit dem, was sie besaßen" (Lk 8,2–3).

3) Die Handlungsweise der Apostel
Die apostolische Gemeinde ist dem Verhalten Jesu Christi treu geblieben.
Am Pfingsttag ist der Heilige Geist auf alle herabgekommen, auf Männer
und Frauen (vgl. Apg 2,1; 1,14), und dennoch waren es nur „Petrus zusammen mit den Elf", die die Stimme erhoben und verkündeten, dass in Jesus die
Propheten erfüllt sind (Apg 2,14).
Als diese und Paulus die Grenzen der jüdischen Welt überschritten, haben
die Verkündigung des Evangeliums und das christliche Leben in der griechisch-römischen Zivilisation sie veranlasst, mitunter sogar auf schmerzliche
Weise, mit der Beachtung des mosaischen Gesetzes zu brechen. Sie hätten also
auch daran denken können, Frauen die Weihe zu erteilen, wenn sie nicht davon überzeugt gewesen wären, in diesem Punkt dem Herrn die Treue wahren
zu müssen. In der hellenistischen Welt waren mehrere Kulte der heidnischen
Gottheiten Priesterinnen anvertraut. In der Apostelgeschichte und in den
Briefen des hl. Paulus ist bezeugt, dass die Frauen bei der Verkündigung des
Evangeliums mit den Aposteln zusammenarbeiteten (vgl. Röm 16,3–12; Phil
4,3). Paulus nennt ihre Namen in den abschließenden Grußworten seiner
Briefe; einige von ihnen üben häufig einen bedeutenden Einfluss bei den Be-
kehrungen aus: Priscilla, Lydia und andere; Priscilla vor allem, die sich darum
bemühte, die Glaubensunterweisung des Apollo noch weiter zu vervollkomm-
nen (vgl. Apg 18,26); Phöbe steht im Dienst der Gemeinde Kenchreä (vgl.
Röm 16,1). All diese Tatsachen offenbaren in der Kirche zur Zeit der Apostel
einen beachtlichen Fortschritt im Vergleich zu den Sitten des Judentums. Und
dennoch hat man niemals daran gedacht, diesen Frauen die Weihe zu erteilen.

4) Die bleibende Bedeutung der Verhaltensweise Jesu und der Apostel
Die Kongregation stellt in ihrem Schreiben auch die Frage, ob sich die Kirche
nicht von dieser Verhaltensweise Jesu und der Apostel, die zwar durch die ganze
Tradition bis in unsere Tage als Norm angesehen worden ist, heute eventuell
entfernen könnte. Man hat zugunsten einer positiven Beantwortung dieser Frage verschiedene Argumente vorgebracht, die es nun zu prüfen gilt. Man hat vor
allem behauptet, dass das Verhalten Jesu und der Apostel sich durch den Einfluss ihres Milieus und ihrer Zeit erklären ließe. Für die Kongregation erhält
diese Praxis der Kirche aber einen normativen Charakter: In der Tatsache, dass
die Kirche nur Männern die Priesterweihe erteilt, bewahrt sich eine Tradition,
die durch die Jahrhunderte konstant geblieben und im Orient wie im Okzident
allgemein anerkannt ist, stets darauf bedacht, Missbräuche sogleich zu beseitigen. Diese Norm, die sich auf das Beispiel Christi stützt, wird befolgt, weil sie
als übereinstimmend mit dem Plan Gottes für seine Kirche angesehen wird.

Diese Aussage wird in dem Schreiben Johannes Pauls II. „Ordinatio sacerdotalis" noch verschärft.

3.2.3 Das Schreiben Johannes Pauls II. „Ordinatio sacerdotalis"

Papst Johannes Paul II. stellt in seinem Apostolischen Schreiben „Ordinatio sacerdotalis" fest:

Obwohl die Lehre über die nur Männern vorbehaltene Priesterweihe sowohl von der beständigen und umfassenden Überlieferung der Kirche bewahrt als auch vom Lehramt in den Dokumenten der jüngeren Vergangenheit mit Beständigkeit gelehrt worden ist, hält man sie in unserer Zeit dennoch verschiedenen Orts für diskutierbar, oder man schreibt der Entscheidung der Kirche, Frauen nicht zu dieser Weihe zuzulassen, lediglich eine disziplinäre Bedeutung zu. Damit also jeder Zweifel bezüglich der bedeutenden Angelegenheit, die die göttliche Verfassung der Kirche selbst betrifft, beseitigt wird, erkläre ich kraft meines Amtes, die Brüder zu stärken (vgl. Lk 22,32), dass die Kirche keinerlei Vollmacht hat, Frauen die Priesterweihe zu spenden, und dass sich alle Gläubigen der Kirche endgültig an diese Entscheidung zu halten haben. Während ich auf euch, verehrte Brüder, und auf das ganze christliche Volk den beständigen göttlichen Beistand herab rufe, erteile ich allen den Apostolischen Segen.[22]

Die Glaubenskongregation hat, was hier wiederholt werden soll, diese Lehraussage des Papstes als zum Glaubensgut gehörig bezeichnet. Ob sie eine unfehlbare Entscheidung des Papstes oder nur eine definitive ist, sei dahingestellt. Meines Erachtens müsste nach dem Kirchenrecht der Papst selbst und nicht die Glaubenskongregation die unfehlbare Entscheidung als solche bezeichnen.

3.3 Bewertung

Ich meine, dass hier ein Zusammenspiel von Lehr- und Leitungsamt vorliegt. Der von der Geschichte her offen formulierte c. 1024 CIC/1983 wurde durch das Lehramt verdichtet. Der Papst spricht in „Ordinatio sacerdotalis" von seiner definitiven, endgültigen Entscheidung, an die sich alle Gläubigen zu halten haben.

Zu der Frage der definitiven Lehrentscheidung hat derselbe Papst das MP „Ad tuendam fidem" erlassen, das durch die Diskussion über die Ergänzung des Glaubensbekenntnisses, das bei Amtsübernahme zu sprechen ist, und über den Treueid der Bischöfe bekannt ist. Darin erfolgte auch eine erste Ergänzung des CIC/1983. C. 750 CIC/1983 erhielt einen zweiten Paragraphen. Mit dem MP „Ad tuendam fidem" wurden die definitiven Entscheidungen in das kirchliche Gesetzbuch neu eingeführt.

Die Frage, was mit göttlichem Glauben und was mit Verstandesgehorsam

---

22 JOHANNES PAUL II., Apostolisches Schreiben „Ordinatio Sacerdotalis", 6.

zu befolgen ist, wurde – neu in der Geschichte des Kirchenrechts – eingeführt. In den Canones heißt es:

1. Alt: c. 750 §1. Kraft göttlichen und katholischen Glaubens ist all das zu glauben, was im geschriebenen oder im überlieferten Wort Gottes als dem einen der Kirche anvertrauten Glaubensgut enthalten ist und zugleich als von Gott geoffenbart vorgelegt wird, sei es vom feierlichen Lehramt der Kirche, sei es von ihrem ordentlichen und allgemeinen Lehramt; das wird ja auch durch das gemeinsame Festhalten der Gläubigen unter der Führung des heiligen Lehramtes offenkundig gemacht; daher sind alle gehalten, diesen Glaubenswahrheiten entgegenstehende Lehren jedweder Art zu meiden.
2. Alt: c. 752 – Nicht Glaubenszustimmung, wohl aber religiöser Verstandes- und Willensgehorsam ist einer Lehre entgegenzubringen, die der Papst oder das Bischofskollegium in Glaubens- oder Sittenfragen verkündigen, wann immer sie ihr authentisches Lehramt ausüben, auch wenn sie diese Lehre nicht definitiv als verpflichtend zu verkünden beabsichtigen; die Gläubigen müssen also sorgsam meiden, was ihr nicht entspricht.
3. Neu: c. 750 §2. Fest anzuerkennen und zu halten ist auch alles und jedes, was vom Lehramt der Kirche bezüglich des Glaubens und der Sitten endgültig vorgelegt wird, das also, was zur unversehrten Bewahrung und zur getreuen Darlegung des Glaubensgutes erforderlich ist; daher widersetzt sich der Lehre der katholischen Kirche, wer diese als endgültig zu haltenden Sätze ablehnt.

So hat der Papst der Weihe von Frauen zu Priesterinnen durch seine unmissverständliche Ablehnung der Priesterweihe von Frauen in der katholischen Kirche einen Riegel vorgeschoben.

Die beiden Schreiben – „Inter insignores" und „Ordinatio sacerdotalis" – haben nicht nur Zustimmung gefunden. Vor allem die vier von Johannes Paul II. genannten materiellen Gründe, betreffend die Unmöglichkeit der Kirche, Frauen zu Priesterinnen zu weihen, wurden harscher, tiefgehender Kritik unterzogen.

3.4 Rechtlich kann Folgendes festgehalten werden

Wenn man davon ausgeht, dass die Formulierung des c. 1024 lediglich die geltende Disziplin festlegt, ohne sie als göttliches Recht zu qualifizieren, so bleibt die theologische Frage bei dieser Formulierung offen.

Weitere Rechtsfragen tauchten auf, als sich am 29.6.2002 sieben Frauen auf einem Donauschiff zu Priesterinnen weihen ließen.[23] Die Folge war die automatische Exkommunikation mit deren nachfolgender Feststellung durch die Glaubenskongregation (Monitum vom 10.7. 2002). Ihre Weihen wurden als kirchenrechtlich ungültig bezeichnet (Dekret über die versuchte Priesterweihe einiger katholischer Frauen vom 27.1. 2003).

23 Vgl. ERTEL/FORSTER, Wir sind Priesterinnen.

4. Schlussfolgerungen aus dem bisher Gesagten

1. Wie kann es weitergehen? Ist es so, wie Rik Torfs einmal bei einer gemeinsamen Tagung in Weingarten gesagt hat: Welcher Kanonist könnte heute noch ernsthaft behaupten, dass die in c. 208 CIC/1983 unter dem Titel „Pflichten und Rechte aller Christgläubigen" garantierte fundamentale Gleichheit mit c. 1024 abgewogen werden könnte?

2. Oder, wie der Autor im Jahr 2006 in Rom bei einer jüdisch-christlichen Konsultation[24] an der Päpstlichen Universität Gregoriana von Gerda Riedl gehört hat: Die Gleichheit kann bzw. ist durch das Verbot der Weihe von Frauen zu Priesterinnen gar nicht verletzt bzw. berührt. Ich kann das nicht nachvollziehen.

3. Oder gibt es noch eine Möglichkeit, den Frauen zu ihrem Recht – wenigstens in Grenzen, wie es ja auch beim verheirateten Mann der Fall ist – zu verhelfen?

4. Meines Erachtens ist es noch möglich, sich für die Weihe von Frauen zu Diakoninnen einzusetzen. Wenden wir uns noch dieser Frage zu.

5. Die Weihe von Frauen zu Diakoninnen

Es wurde schon gesagt, dass c. 1024 alle drei Weihestufen umfasst. Die Methode beweglicher Gesetzesanwendung lässt jedoch eine differenzierte Betrachtung der einzelnen Weihestufen zu.

Hier soll nur der Versuch gemacht werden, einen Weg aufzuzeigen, wie man in der Frage der Zulassung von Frauen zur Diakonatsweihe vorgehen könnte. Die Methode beweglicher Gesetzesanwendung hat dabei den Stand der theologischen Diskussion und darüber hinaus die rechtsgeschichtliche und theologiegeschichtliche Entwicklung bei der Frage der Zulassung von Frauen zur Diakonatsweihe in die Erörterungen einzubeziehen. Nicht zuletzt werden auch Argumente zu berücksichtigen sein, die man dem Thema „Bewusstseinsbildung" zuordnen kann.

Wenn man davon ausgeht, dass die Formulierung des c. 1024 lediglich die geltende Disziplin festlegt, ohne sie als göttliches Recht zu qualifizieren, so bleibt die theologische Frage bei dieser Formulierung offen. Auch ein Blick in den Quellenkodex zeigt, dass die Quellen zu c. 968 §1 CIC/1917 dem c. 1024 entsprechen. Der neue Quellencodex verweist auf die Quellen zu c. 968 §1 CIC/1917, die sich ausschließlich auf die Notwendigkeit der Taufe als Voraussetzung für die Ordination, nicht aber auf das Geschlecht beziehen. Die theologische Diskussion der letzten Jahre – sie ging primär um das Priestertum der Frau – hat einige für uns interessante Ergebnisse gebracht. So hat man sich einerseits mit dem in der alten Kirche im Osten vorhandenen Diakonat der Frau wieder befasst, andererseits mit der Entwicklung beschäftigt, die zur

Formulierung von c. 968 §1,1. Halbsatz CIC/1917 geführt hat. Die Frage soll
hier kurz aufgegliedert werden in eine rechtsgeschichtliche, theologiegeschichtliche und theologische Analyse, wenn diese Bereiche auch oft im
Einzelnen nicht ganz so klar auseinander zu halten sind.

5.1 Rechtsgeschichtliche Analyse

Die Analyse der Quellen des Kirchenrechts hat gezeigt, dass der im CIC/1917
für die Frau fixierte Status, insbesondere der Ausschluss vom Amt und damit
von jeder offiziellen seelsorglichen und liturgischen Funktion, sein Fundament in entsprechenden Bestimmungen des klassisch-kanonischen, im
Corpus Iuris Canonici enthaltenen Rechtes hatte. Ida Raming kommt in ihrer
Untersuchung über den Ausschluss der Frau vom priesterlichen Amt zu dem
Ergebnis:

> Entscheidende Grundlage für die gegenwärtige kirchliche Rechtslage der Frau lieferte
> bereits die um die Mitte des 12. Jahrhunderts entstandene Quellensammlung Grati-
> ans; sie enthält mehrere aus älteren Rechtssammlungen übernommene Bestimmun-
> gen, die der Frau die Ausübung jeglicher kultisch-liturgischen Funktion innerhalb
> des Altarraumes, die Überbringung der Krankenkommunion, die öffentliche Lehr-
> tätigkeit sowie die Spendung der Taufe verbieten.[25]

Die Motive für diese Stellung der Frau vermutet sie in der geringschätzigen
Auffassung von der Frau um ihres Geschlechtes willen, die wesentlich durch
das Fortwirken der alttestamentlichen Reinheitsvorstellungen sowie durch eine damit verbundene übersteigerte Sakralisierung des Kultes bedingt worden
sei.[26]

Die Dekretisten schließen sich bei der wissenschaftlichen Bearbeitung der Texte des
Dekrets im Wesentlichen der Lehrmeinung Gratians an. Während jedoch Gratian
zur Frage der Ordination der Frau lediglich erklärt, die Frau könne weder zum Diakonat noch zum Presbyterat gelangen, ohne dafür eine Begründung zu geben und
das urkirchliche Diakonissenamt zu berücksichtigen, äußern sich mehrere Dekretisten ausführlich über das Diakonissenamt sowie zur Frage der Ordination der Frau
überhaupt. Dabei ist durchgehend festzustellen, dass ihnen zwar die Existenz dieses
frühkirchlichen Amtes bekannt ist, dass jedoch über die Ausprägung desselben eine
große Unklarheit und irrige Auffassung besteht.[27]

5.2 Theologiegeschichtliche Analyse

Die rechtsgeschichtliche Frage kann hier nicht weiter verfolgt werden. Gehen
wir zur dogmengeschichtlichen Analyse über. Ein Ergebnis dieser Analyse ist,
dass die Frage des Diakonates der Frau immer wieder gestellt wurde. Das wird

---

25 RAMING, Ausschluß, 162.
26 Vgl. ebd.
27 Ebd.

auch vom unsignierten, offiziellen Kommentar zur Erklärung der Kongregation für die Glaubenslehre „Inter insigniores" über die Zulassung von Frauen zum Priesteramt aufgegriffen.[28] Dort wird vor allem die Frage angesprochen, ob es sich bei der historischen Weihe von Diakonissen um eine sakramentale Weihe handelte. Diese Frage kann hier nur angerissen werden, sie kann nicht weiter im Detail behandelt werden. Sie tauchte seit dem 17. Jahrhundert bei einzelnen Theologen auf, wird wieder angesprochen von jenen Kanonisten, die man heute als *auctores probati* bezeichnet, nämlich z. B. vom späteren Kardinalstaatssekretär P. Gasparri und dem deutschrömischen Kanonisten F. X. Wernz. Diese beiden Kanonisten stützen sich in ihrer kirchenrechtlichen Argumentation, Frauen könnten zur Ordination als Diakonin nicht zugelassen werden, auf Autoren des 17./18. Jahrhunderts, die das Faktum, dass Frauen zu Diakoninnen bestellt wurden, kennen. Sie bestreiten aber, dass diese Ordination von Frauen ein Sakrament gewesen sei. Da die sakramentale Ordination sich wesentlich auf die Eucharistie beziehe, könne hier offenbar nicht von einer sakramentalen Ordination gesprochen werden.[29] Diese Argumentation setzt die erst mit dem Mittelalter beginnende inhaltliche Bestimmung des „Ordo sacramentalis" exklusiv von der Eucharistie her voraus. Diese Bestimmung des amtlichen Dienstes war in der Antike in dieser Form unbekannt. Das II. Vaticanum hat insbesondere in seinen Ausführungen über den Ordo des Bischofs und den des Presbyters den inneren Bezug des Amtes, d. h. der Weihe, auf die Eucharistie zu einer von mehreren Bestimmungen gemacht. Die Argumente jener Kanonisten dürften deshalb sowohl unter historischer wie systematischer Rücksicht heute unzulänglich sein. Inzwischen haben nämlich die Forschungen von C. Vagaggini nachgewiesen, dass in der byzantinischen Tradition die Diakonisse ordiniert wurde und aufgrund ihrer Weihe zu jener Gruppe gehörte, die durch die Trias Episkopat, Presbyterat, Diakonat gebildet wurde.[30]

5.3 Die dogmatische Analyse

In der Frage nach der theologisch-dogmatischen Möglichkeit einer Zulassung von Frauen zum Weihesakrament ist daher entsprechend dem derzeitigen Stand der wissenschaftlichen Diskussion eine Differenzierung in Bezug auf die einzelnen Weihestufen möglich. Aus den drei Gutachten von Y. Congar, P. Hünermann und H. Vorgrimler, die der Gemeinsamen Synode der deutschen Bistümer (Würzburger Synode) vorgelegt wurden, zeichnet sich die Tendenz ab, die theologisch-dogmatische Möglichkeit der Diakonatsweihe von Frauen

28 Der Kommentar ist abgedruckt in der Ausgabe der deutschsprachigen Redaktion des L'Osservatore Romano „Die Sendung der Frau in der Kirche", 26 ff.
29 Vgl. den Kommentar ibid., 29.
30 Vgl. Vagaggini, L'Ordinazione, 145–189.

anzunehmen.[31] Aus dieser Erkenntnis hat ja schon die Synode ein entsprechendes Votum an den Papst formuliert.[32]

Zusammenfassend kann daher folgendes festgestellt werden: Die Formulierung von c. 968 §1,1. Halbsatz CIC/1917, die auch in den neuen CIC, c. 1024 aufgenommen wurde, bringt die in der Kirche geltende Disziplin zum Ausdruck, ohne sie als göttliches Recht zu qualifizieren. Der kurze Bericht über den Stand der theologischen Diskussion, die rechts- und theologiegeschichtliche Entwicklung zeigen, dass das sakramentale Amt der Diakonin theologisch möglich erscheint und eine Rechtsänderung in dieser Hinsicht daher möglich sein müsste.

5.4 Bewusstseinsbildung

Das Thema Bewusstseinsbildung kann hier nur noch kurz angerissen werden. Viele Jahre nach dem Konzil schien sich ein Konsens in Bezug auf die Zulassung von Frauen zur Diakonatsweihe abzuzeichnen. Daneben gibt es eine Reihe von Fakten, die ebenfalls für eine Einführung des Diakonates für Frauen sprechen. Das gilt für die reichen Erfahrungen von Frauen in der Kirche auf diakonischen Einsatzfeldern, für das aktive Interesse einer Anzahl von Frauen am Diakonat, für das Drängen gerade der jüngeren und mittleren Generation in den Gemeinden, den Frauen wenigstens den Zugang zum Diakonat zu eröffnen, und für die Bereicherung und Diversifikation des Diakonates, welche mit einer Zulassung der Frau zum Amt des Diakons verbunden wäre.

Epilog

Wenn so die Weihe von Frauen zu Diakoninnen möglich erscheint, so ist doch zu fragen, ob, um sie rechtlich durchzuführen, eine Änderung von c. 1024 notwendig ist. Wohl nicht unbedingt. Beispielsweise sei darauf hingewiesen, dass von Normen, die nicht göttlichen Rechtes sind, dispensiert werden kann.

Vielleicht lässt sich sogar in der ganzen Argumentation gegen die Möglichkeit der Priesterweihe von Frauen doch noch etwas bewegen, ohne die vorhandene lehramtliche Entscheidung zu berühren? Ich versuche das zu denken: Das Lehramt weist hinsichtlich der Priesterweihe darauf hin, dass es eine solche für Frauen nie gegeben hat, hinsichtlich der Weihe zur Diakonin ist eine ähnliche Aussage noch nicht erfolgt. In der Theologie besteht heute Konsens darüber, dass es in der langen Geschichte der Kirche, in fast einem Viertel der

---

31 Die Gutachten sind abgedruckt in: Synode 1973/7, 37–47.
32 Beschluss „Die pastoralen Dienste in der Gemeinde" 7.1.3. („die Frage des Diakonats der Frau entsprechend den heutigen theologischen Erkenntnissen zu prüfen und angesichts der gegenwärtigen pastoralen Situation womöglich Frauen zur Diakonatsweihe zuzulassen").

selben, die Diakonin, auch die geweihte, gegeben hat. Kann das Argument der Einheit der Weihe, wie es dem II. Vatikanischen Konzil entnommen werden kann, die Frau von allen Weihestufen ausschließen? Ist c. 1024 CIC/1983 anders als sein gleichlautender Vorgänger im CIC/1917 zu interpretieren? Davon wird vielleicht ein anderes Mal noch zu sprechen sein.

Literatur

DEUTSCHE BISCHOFSKONFERENZ et al. (Hg.): Codex Iuris Canonici. Codex des kanonischen Rechtes. Lat.-dt., Kevelaer 1983.

ERTEL, W./FORSTER, G. (Hg.), Wir sind Priesterinnen. Aus aktuellem Anlaß: Die Weihe von Frauen 2002, Düsseldorf 2002.

FEULNER, H.-J., Art. *Subdiakon*, Subdiakonat, in: LThK 9, [3]1993–2001, 1068.

GLAUBENSKONGREGATION, Erklärung *„Inter insigniores"* zur Frage der Zulassung von Frauen zum Priestertum (15.10.1976), in: AAS LXIX (1977), 98–116; und in: Deutsche Bischofskonferenz (DBK), Verlautbarungen des Apostolischen Stuhles 3, 1977, 3–22.

JOHANNES XXIII., *Enzyklika „Pacem in terris"* (11.04.1963), in: AAS 55, 1963, 257–304.

JOHANNES PAUL II., *Apostolisches Schreiben „Ordinatio Sacerdotalis"*, in: DBK, Verlautbarungen des Apostolischen Stuhls 117, [2]1995, 4–7.

–, *Motu proprio „Ad tuendam fidem"* (18.05.1998), in: AAS 90, 1998, 457–461.

KLEINHEYER, B., Art. *Akolyth*, in: LThK 1, [3]1993–2001, 293.

L'Osservatore Romano, Die Sendung der Frau in der Kirche, Kevelaer 1978.

MÜLLER, H., Art. *aequitas canonica*, in: LThK 1, [3]1993–2001, 185.

Pastoralkonstitution „Gaudium et spes", in: B.-J. Hilberath/P. Hünermann (Hg.), Die Dokumente des Zweiten Vatikanischen Konzils. Konstitutionen, Dekrete, Erklärungen, Herders Theologischer Kommentar zum Zweiten Vatikanischen Konzil Bd. 1, Lat.-dt. Studienausgabe, Freiburg i.Br. 2004, 592–749.

PAUL VI., Motu Proprio „Ministeria quaedam" (15.8.1972), in: AAS LXIV, 1967, 534–540.

RAHNER, K., Art. *Lehramt*, in: LThK 6, [2]1961, 884–890.

RAMING, I., Der *Ausschluß* der Frau vom priesterlichen Amt. Gottgewollte Tradition oder Diskriminierung? Eine rechtshistorisch-dogmatische Untersuchung der Grundlagen von Kanon 968 §1 des codex iuris canonici, Münster 1969.

SANDER, K.G., Art. *Ostiarier*, in: LThK 7, [3]1993–2001, 1202–1203.

SCHATZ, K., *Vaticanum I*, Bd. 1, Paderborn 1992.

SELLE, M., Art. *Lektor/Lektorin* I. liturgisch, in: LThK 6, [3]1993–2001, 806.

Theologische Quartalsschrift 172, 1992, 1–80.

VAGAGGINI C., *L'Ordinazione* delle diaconesse nella tradizione greca e bizantina: OrChrPer 40, 1974, 145–189.

VAN DER MEER, H., *Priestertum* der Frau? Eine theologiegeschichtliche Untersuchung, QD 42, Freiburg i.Br. 1968.

VIRT, G., Art. *Epikie*, LThK 3, [3]1993–2001, 715.

WISSKIRCHEN, R., Das Mosaikprogramm von S. Prassede in Rom, Ikonographie und Ikonologie, Münster 1990.

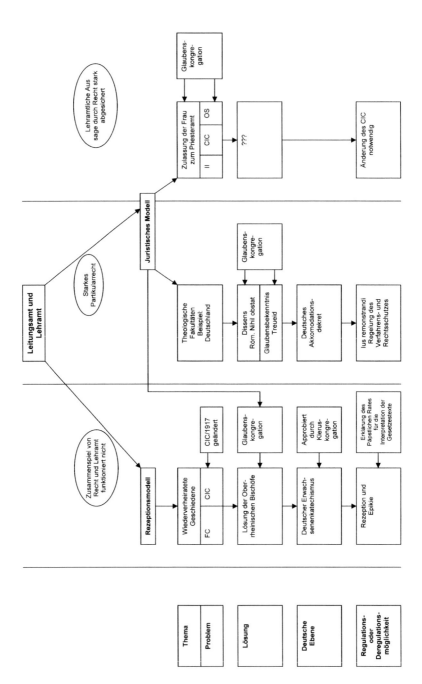

Legende: FC = Familiaris consortio 1984; CIC = Codex Iuris Canonici/1983; OS = Ordinatio Sacerdotalis 1994; II = Inter Insigniores 1976

Leitungsamt und Lehramt

Zusammenspiel von Recht und Lehramt funktioniert nicht

Starkes Partikularrecht

Lehramtliche Aussage durch Recht stark abgesichert

Rezeptionsmodell

Wiederverheiratete Geschiedene — FC — CIC
CIC/1917 geändert
Lösung der Oberrheinischen Bischöfe
Glaubenskongregation
Deutscher Erwachsenenkatechismus
Approbiert durch Kleruskongregation
Rezeption und Epikie
Erklärung des Päpstlichen Rates für die Interpretation der Gesetzestexte

Juristisches Modell

Theologische Fakultäten Beispiel: Deutschland
Dissens Röm. Nihil obstat Glaubensbekenntnis Treueid
Glaubenskongregation
Deutsches Akkomodationsdekret
Ius remonstrandi Regelung des Verfahrens- und Rechtsschutzes

Zulassung der Frau zum Priesteramt — II — CIC — OS
Glaubenskongregation
???
Änderung des CIC notwendig

Thema
Problem

Lösung

Deutsche Ebene

Regulations- oder Deregulations- möglichkeit

Lisa Anteby-Yemini

Israeli Jewish Weddings:
between Religious Law and Innovation

This article will endeavor to examine the transformation of the Jewish marriage ritual in Israel today, through the example of non-Orthodox weddings
celebrated by a rabbi (or sometimes a woman rabbi) from the Conservative or
Reform movement. Even though the Chief Rabbinate of Israel controls the
weddings of the Jewish citizens, some Israelis decide to bypass this institution
by celebrating marriages that are not in conformity with Orthodox Judaism,
yet in reality are often very similar to them.

In effect, in the last two decades, one observes in Israeli society a tendency,
marginal at its beginning but gaining momentum today, against marrying in
the Orthodox ceremony that is imposed by the Israeli Rabbinate.[1] Civil weddings are not officially recognized in Israel (despite the fact that the Interior
Ministry recognizes civil marriages contracted abroad as well as free unions
and same-sex unions for inheritance issues, for example) and the Rabbinate
controls all Jewish marriages, divorces and burials. Therefore the only legal
framework for marriage in Israel is that of religious union (for Christian and
Muslim Israelis as well). Every Israeli citizen considered Jewish according to
Jewish law (*Halakha*) – i.e. born to a Jewish mother or converted through
Orthodox conversion – is required to register at the Rabbinate, which carries
out various verifications (identity, Jewish status, matrimonial status) before
agreeing that an entitled rabbi can celebrate the wedding. This of course ex-
cludes all citizens whose father or grand-father only is Jewish (as is the case of
numerous immigrants from the ex-Soviet Union); all those who underwent a
non-Orthodox conversion; Jewish couples where one or both partners were
religiously married but have not divorced religiously and couples in which
one or both partners are defined as "bastards" (*mamzerim*).[2] The increasing
opposition to weddings controlled by the Rabbinate and the choice to cele-

---

1 On these "alternative" marriages cf. PRASHIZKY, Women's Role, as well as numerous websites
which offer civil wedding ceremonies, Conservative or Reform Jewish marriages, gay and lesbian marriages or Jewish new Age marriages such as: http://www.tekes.co.il, http://tkasim.
org.il, or http://www.freemarriage.org.il, accessed 10/01/2010.
2 If a woman has a relationship with a man without having religiously divorced her husband, a
child born from this relationship is considered a *mamzer* (badly translated as "bastard") and
cannot marry a Jew whereas if a man has a child with a woman without having divorced his
wife, this child will not be considered a *mamzer* because polygamy is not prohibited in the
Bible.

brate non-Orthodox marriages thus stems from secular Israelis who refuse an
Orthodox marriage and look for a civil wedding, from couples in which one
or both partners is not recognized as Jewish by the Rabbinate, from couples
in which one or both partners is an "adulterous child" (*mamzer*) or a descendant of one, and finally from couples where one or both partners have not divorced religiously, refuse to undergo the religious divorce ceremony or do not
possess a Jewish divorce bill (the *get*) allowing a religious re-marriage.[3] These
various situations give rise to the multiplication of strategies to bypass the religious law, either by contracting a civil marriage abroad (especially in Cyprus)[4] which is recognized by Israel, either by choosing to celebrate an "alternative" wedding in Israel, but unrecognized by the State (and thus, not regis-
tered by the Israeli Interior Ministry).

This paper is the result of ongoing research since 2006 on Jewish weddings
in contemporary Israel, conducted in the framework of the "Marriage Collection Campaign" for the *Museum of European and Mediterranean Civilizations*
(MUCEM) based in Marseilles, France. In particular, an in-depth study of
one specific type of non-Orthodox marriage was carried out from an anthropological perspective, consisting in several two to three hour-long interviews
with the couple, observation of the wedding and gathering of various objects
and documents (invitations, marriage contract, pictures of gifts, DVD of the
wedding, etc …). In addition, four non-Orthodox marriages were attended
and interviews were subsequently conducted with the couples. In this total of
five marriages, all the couples were secular Jewish Israelis who chose non-
Orthodox wedding ceremonies because of one or another ritual in Orthodox
Judaism that they wished to alter or that they rejected. The spouses ranged
from 22 to 35 years of age, weddings took place from 2002 to 2008 in the central region of Israel and for all it was their first marriage. Three weddings were
performed by a Conservative rabbi and two by a Reform rabbi (including one
by a female rabbi).

Yet, surprisingly, among these alternative marriages observed in Israel, the
ceremony seems to conform in its main points to the Jewish Orthodox ritual.
In some cases, an outside observer may not even see any difference, besides

---

3 However, this document can only be obtained with the agreement of the husband and thus
   leads to situations where the woman who asks for a divorce cannot be divorced religiously as
   long as her husband refuses to give the document ; she cannot therefore remarry religiously. In
   terms of Jewish law, she becomes an *aguna*, a " tied " woman who cannot remarry through the
   Rabbinate until she obtains this religious divorce document; a *mesurevet get* is a woman whose
   husband refuses to give her the *get* (cf. ELKOUBY/LIPSYC, Femmes; LIPSYC, Femmes).
4 Specialized travel agencies exist that offer "package tours" to Cyprus including flights, hotel,
   wedding ceremony and even the organization of a local party for family and friends. This same
   phenomenon is also common in Lebanon where civil marriages cannot be performed and
   where many inter-confessional couples or secular couples also celebrate civil weddings in Cyprus.

some gestures or words, except for three practices, which we will analyze in order to understand what is at stake in their transformation:

- the immersion of the bride in the ritual bath (*miqwe*) – perceived as one of the most important rites for Orthodox Jewish women – is contested and even refused by secular Israeli women.
- the religious marriage contract (*ketubba*) is reinterpreted and rewritten in order to also have the woman, in the name of gender equality, write in it her obligations towards her husband, and especially in order to have the woman sign this document as well, thus giving her a status as equal
- a formula recited by the bride is introduced and she places the wedding ring on the finger of the groom, as a response to the traditional phrase and gesture of the groom, in order to claim an active role in the acceptance of the union.

Examining these three points will demonstrate that, in certain cases, a practice in itself is contested, sometimes refused, and may even disappear (the ritual bath). In others, the practice is adopted, recuperated and reinterpreted in a different innovative form, without being outwardly abandoned (*ketubba*) yet losing its legal value; and in other cases, a new practice is introduced (gesture and words of the bride) which did not exist before. Thus, these different ritual adaptations in the weddings not recognized by the Rabbinate demonstrate that Jewish matrimonial law is still strongly present, even among groups who contest it while simultaneously reappropriating practices that allow them to perpetuate its form, in accordance with the aspirations of today's secular Jewish Israeli couples. This article will, thus, endeavor to illustrate the diversity of matrimonial practices in contemporary Israeli society, through the study of a small sample of non-Orthodox marriages, as well as address the challenges to religious law rooted in the construction of gender and in the complex interplay of cultural, secular and religious identities in the Israeli context. Finally, this paper will try to suggest theoretical and methodological questions concerning, on the one hand the development of several Jewish traditions in Israel (tradition vs. modernity, Jewish religion vs. Israeli culture, religious sphere vs. civil sphere), and on the other hand, the rise of "feminist" claims in Judaism and the introduction of more egalitarian rituals in rites of passage and in particular in the wedding ceremony.

1. Contestation and Disappearance of the Ritual Bath

In contemporary practices in Israel, a marriage comprises the religious ceremony (also called *huppa*, the term to designate the wedding canopy covering the couple during the marriage blessings), usually followed by a festive meal, music and dance. However, the preparation of the wedding begins much earlier, and one of the most important rites in Orthodox Judaism is that of the bride's immersion in the ritual bath, the *miqwe*.

The *miqwe* is a pool filled only with rain, spring water or water from a river collected without human intervention, built with precise measures detailed in the Mishnah (tractate *Miqwaot*) and which is found today, most often, in the basement of synagogues in the Jewish Diaspora, or in separate buildings in Israel. This place, which resembles a kind of individual swimming pool, is intended for the ritual immersion of women, before the wedding ceremony and thereafter, all along the life of a married woman until menopause, following the rabbinic prescriptions of family purity laws.[5] The *miqwe* serves also men (in separate pools) who sometimes come to dip before High Holidays or before the Sabbath.

1.1 The Ritual Immersion of the Bride in the *Miqwe*

In Orthodox Judaism, the woman is considered *nidda* (i.e. "separated" yet often mistranslated as "impure") during her menstrual period and during the following seven days, called seven "white" days, i.e. with no blood. It is only after this time-period (thus around the 12th day of her cycle) that a wife must visit the *miqwe* to purify herself and only then can she resume sexual relations with her husband. Therefore, in Orthodox weddings, the wedding date must be fixed according to the cycle of the bride, to correspond to the period in which sexual relations are permitted. A "bridal counselor" (*madrikhat kalot*) at the Rabbinate receives the future bride to explain to her the laws of family purity and help her determine her marriage date. Then, the bride will visit the *miqwe* just prior to the wedding (in general the evening before) to purify for the marriage ceremony and presumed sexual relations the wedding night. Immersion in the ritual bath preceding the marriage is, thus, linked both to the symbolic status of ritual purity, to sexuality as a future wife, to fertility as a future mother and to collective identity as a Jewish woman.[6]

In Israel, in certain families, in particular those originating from the Maghreb, the bride is accompanied to the *miqwe* by a few friends, her mother, her mother-in-law or other women of the family. For this occasion a platter of pastries (such as honey doughnuts, which are signs of fertility and sweetness) is sometimes prepared and traditional songs are sung; in certain cases, the mother-in-law asks to enter with her future daughter-in-law up to the pool to see that she is not pregnant or that she does not have any physical defects.[7]

---

5 These are based on menstrual laws mentioned in Leviticus (15,19-33; 18,19 and 20,18) and on the tractate *Nidda* in the Mishnah, in the Jerusalem Talmud and in the Babylonian Talmud; for studies on menstruation in Judaism from historical and ethnographical perspectives cf. WASSERFALL, Women.

6 As is demonstrated, for example, in the study on Moroccan Jewish brides by WASSERFALL, Women, 190 ff.

7 Cf. SERED et al., Miqveh, 150–151.

Before immersing in the ritual bath, the young woman must first shower thoroughly, wash and scrub her body, shampoo her hair and take off any object on her body that could impede total purification. She, therefore, must remove all her jewelry (chains, rings, earrings) and any trace of make-up or nail polish; she must cut her nails, brush her teeth and untangle her hair (and in some communities remove body hair). When she is ready, the woman in charge of the ritual bath (*balanit*) inspects her and asks her if she counted the seven "clean", "white" days after her period. She then leads her to the pool and makes her repeat the blessing for immersion in the *miqwe* while checking that the bride's entire body, including her head, is completely submerged. During the dipping in the pool, in certain cases, the women accompanying the bride participate as spectators in the ritual. The *balanit* then pronounces prayers for happiness and fertility for the bride. Here both the values of the woman's fertility and the virtues of her purity are highlighted as signs of femininity. When the bride dresses and reunites with her family and friends, it is time to eat the sweets, dance, sing and congratulate and kiss the bride, as though this first rite of passage preceding the wedding ceremony already gave her the new status of wife.

It is this same ritual bath that Jewish observant wives will visit every month, at the end of their impurity period or after a birth, before having sexual relations with their husband again, relations that are prohibited during the time period preceding this ritual purification. The *miqwe* thus symbolizes the status of the married and sexually active Jewish woman; that is why single women, divorcees and widows are not required to immerse.

1.2 Rejection of or alternatives to the *miqwe*

Needless to say, for most secular Jewish brides, the ritual itself, as well as the *miqwe* as a place of sanctification and purification, hold little meaning. If the majority of Israeli women have ever gone to the miqwe, it is at the time of their wedding, and will not return thereafter, since they do not practice the laws of family purity. However, the bride's immersion in the ritual bath, required by the Rabbinate for the celebration of the religious ceremony, is increasingly contested and even rejected by certain Israeli women. On the other hand, for Orthodox women, it is a founding practice of their identity as women, as wives and as Jews.

In fact, three of the Israeli couples interviewed – even though both partners were Jewish according to *Halakha* – made the choice not to celebrate a religious marriage because, among other reasons, of the obligation for the bride to immerse in the *miqwe*. In particular, as my conversations with the women showed, they refused to visit the *miqwe* because they consider it an archaic custom that should not be imposed upon brides today. As arguments to explain their objection to immersion, they invoked the dirt and the doubtful hy-

gienic conditions of the pool, the humiliation of undressing in front of a woman (the *balanit*) who inspects and leads the bride during the ritual, and finally the unequal treatment of the bride, given that the groom is not required
to undergo any immersion before marriage. If they refuse to submit to ritual
immersion, these Israeli women cannot be married by an Orthodox rabbi
(who requests a certificate signed by the *balanit* stating that the bride dipped
in the *miqwe*). It is therefore significant that one reason, put forth in some
choices of not celebrating an Orthodox wedding, revolves around the rejection of the *miqwe*. The *miqwe* symbolizes here more than just the refusal to
immerse; it expresses a deeper opposition to the entire rabbinic tradition concerning family purity laws and a strong contestation of these ritual practices,
perceived as degrading for the woman and incompatible with modern life. As
R. Wasserfall writes, coming to terms with purity laws entails dealing with issues of authority, power and identity[8] and in this case too, one can analyze
these tendencies as a form of resistance to the oppression felt towards women
in Orthodox Judaism and towards secular couples on the part of the Israeli
Rabbinate which imposes religious weddings on them.

It should be noted however, that today, in Israel and elsewhere, feminist
Orthodox and non-Orthodox women recuperate and reappropriate this ritual
practice and interpret it in a radically different manner. They see in the laws
of family purity a source of female power and empowerment and a marker of
Jewish feminine identity.[9] By evoking, for example, the decision of the woman
whether or not to visit the *miqwe* in order to renew sexual relations with her
husband, they argue that this feminist reinterpretation of the ritual bath be-
stows a negotiation tool for the women in the couple's life and not the re-
verse. Furthermore, the *miqwe* itself is perceived as a site of spiritual renewal,
an exclusively feminine space of sociability and a place where the woman can
be alone and dedicate herself to her body and her physical and spiritual well-
being.

Among other Israeli women, for whom the ritual bath remains a significant
rite of passage before marriage, but who refuse to practice immersion in the
miqwe, alternative solutions are found (not yet recognized by the Rabbinate).
Thus, two women interviewed, who celebrated their wedding with a Conservative and a Reform rabbi respectively, immersed in the sea or in a swimming
pool with one or two girlfriends acting as witnesses. This practice demonstrates the initiatives of non-Orthodox women to negotiate and reinterpret
the significance and place of the bride's immersion, while refusing an Orthodox wedding. In this regard, among Jewish communities in the past, there
also existed alternatives to the *miqwe*, such as immersion in a spring, a river, a
bathtub or simply in the shower, or even by aspersions of water,[10] even though

---

8 Cf. WASSERFALL, Women, 3.
9 Cf. for example MARMON, Reflections, 236.
10 Cf. WASSERFALL, Women, 7 f.

these practices have never been recognized by the rabbis or sages. To sum up: One observes an increasing rejection by secular brides to undergo ritual immersion before marriage and thus the disappearance of this ritual practice in some alternative weddings, but at the same time the transformation of this ritual (in terms of its location and its procedure) in certain non-Orthodox marriages which maintain it. Let us now turn to a second ritual change attested in these non-Orthodox weddings.

2. Rewriting and Reappropriation of the Marriage Contract

The day of the wedding, before the religious ceremony (*huppa*), the groom must read and sign, generally in the presence of his father and the father of the bride (or a representative of each family), of a witness and of the rabbi, the religious marriage contract (*ketubba*) which will be read under the *huppa*. This document is rewritten, modified and reappropriated in non-Orthodox weddings – yet it was preserved in all the marriages studied, and in no case did it disappear, even though it takes a form and a value quite different from that which it is given in Orthodox weddings.

2.1 The traditional *ketubba*

The *ketubba* is a religious marriage act written as a legal contract in a standard Aramaic text, which has, in Israel, the status of a legal document validating the Jewish Orthodox wedding. The document is signed before the religious ceremony in the presence of witnesses, by the groom, by a witness often designated by the groom (who should be an observant Jew and cannot be a family member) and by a second witness, usually the rabbi who will conduct the wedding. At the end of the wedding ceremony, the *ketubba* is given to the bride (or her mother) who safely keeps it, since she will have to show it at the time of her future children's wedding (to verify their Jewish status and their status as legitimate children) or in the case of divorce or the death of her husband. Here is the text of a classical Jewish marriage contract, to which changes can be made, according to local customs and marital status of the bride:

Basic ketubba text[11]

On the day [...] of the week, the [...] day of the month of [...], the year [...] after the creation of the world, according to the manner in which we count here in (the town) [...], the bridegroom [...], son of [...] said to this [...], daughter of [...]: "Be my wife according to the law of Moses and Israel. I will work, honor, feed and support you in the custom of Jewish men, who work, honor, feed and support their wi-

---

11 The Universal Jewish Encyclopedia.

ves faithfully. I will give you the settlement of (200) silver *zuzim*, which is due to you according to […] law, as well as your food, clothing, necessities of life, and conjugal needs, according to universal custom"

"And […], this young woman declares she agreed to become his wife. This dowry that she brought from her father's house, whether in silver, gold, jewelry, clothing, home furnishings or bedding, the groom […] accepts as being worth […] silver pieces (*zekukim*).

The groom […] agreed, and of his own accord, added an additional […] silver pieces (*zekukim*) paralleling the above. The entire amount is then […] silver pieces (*zekukim*).

The groom […] made this declaration: "The obligation of this marriage contract (*ketubba*), this dowry, and this additional amount, I accept upon myself and upon my heirs after me. It can be paid from the entire best part of the property and possessions that I own under all the heavens, whether I won (this property) already, or will own it in the future. (It includes) both mortgageable property and non-mortgageable property. All of it shall be mortgaged and bound as security to pay this marriage contract, this dowry and this additional amount. (It can be taken) from me, even from the shirt on my back, during my lifetime, after my lifetime, from this day and forever."

[…], the bridegroom has taken over the responsibility for the dowry and additional sum in accordance with strict regulations of the ketubba, as they are customary with daughters of Israel and in accordance with the ordinance of our sages and not as mere illusory obligations. All this declaration has been made on the part of the bridegroom […], son of […] in behalf of […], daughter of […] regarding everything written and stated above, with an article that suits for such an act of acquisition (*kinyan*). And everything is valid and confirmed.

[…] son of […] Witness (signature)

[…] son of […] Witness (signature)

This contract sets up the obligations, particularly financial, of the groom towards the bride and fixes the amount (the minimal amount is two hundred *zuzim* but can be superior[12]) he should pay her in case of death or divorce. In today's practice, these financial clauses are often symbolic, given that it is the civil courts (in Israel and elsewhere) which determine, after a death, the inheritance procedures, and which fix in case of divorce, the amount of the alimony pension, the division of property and the custody of the children. In the Ashkenazi tradition, a specific clause in the contract prohibits bigamy.[13] However, the Biblical origin of this contract is based on the paying of a sum of money (*mohar* or "bride price") by the man who marries a woman to her

---

12 The Mishna (*Ketubbot* 1:2) sets the minimum at 200 *zuzim* for a virgin and 100 for a widow or a divorcee (cf. GOLDBERG, Passages, 140). The amount of 200 *zuzim* corresponds to the 50 cycles of silver (*shekel*) fixed in the Bible (cf. Dtn 22,29 and Ex 22,16–17), cf. SCIALOM, Le contenu, 170.

13 Bigamy has been prohibited in Ashkenazi communities since the amendment (*takanah*) proclaimed by Rabbi Gershom Me'or ha-Golah during rabbinic assemblies beginning in the year 1000.

father. Therefore the main part of the contract, the *qinyan* (i.e. "acquisition"), requires asking the woman to be his wife, giving her a symbolic object (come to be symbolized by the ring), and insuring the presence of two witnesses, to testify that the ring was given and accepted by the bride and to sign the contract (TB *Qiddushin* 2b). In effect, according to the Mishnah, the transfer of something of monetary value is one of the ways in which a man may acquire a woman. For this reason the *ketubba* is often considered a contract where the man acquires rights with regard to a woman, while a woman agrees to his acquisition of those rights.[14] However, the duties of the wife are mentioned nowhere; she simply consents to be his wife and thus to be "acquired" in a contract between her husband and her father. Some scholars argue that the absence of reciprocity does not signify the selling or the buying of the wife, because the groom acquires her by addressing himself to her directly and not to a seller or an owner. Furthermore, the *ketubba* certifies that the groom asked the bride to be his wife and that she consented, since no woman can be married against her will.[15] Nonetheless, as far as the bride is concerned, she does not sign the document anywhere, reminding us here of the legal status of the woman in Rabbinic Judaism – that is, she cannot be a witness and thus cannot sign – despite the fact that the wedding contract is given to her and she is the one who keeps it.

Thus, in light of these diverse hierarchies in gender relations, more and more non-Orthodox Israelis reject the text of the classical *ketubba*. Indeed, this double inequality and inferiority of the woman, first as a non-legal person (who cannot testify and sign) and, second, as an individual who is "bought" by the man, has spurred protest by certain couples, who proceed to rewrite the text into an egalitarian *ketubba* in the non-Orthodox marriages studied in Israel.

2.2 The "egalitarian" *ketubba*

A number of women interviewed refused an Orthodox marriage because of certain clauses in the traditional *ketubba*, and in particular because of the passage in the contract concerning the "acquisition" of the woman by the groom, or rather her "buying", as some put it.[16] Many told me they were shocked by the idea that a woman became the "property" of her husband, in the same manner as in the acquisition of a good, and put forth this motive to explain their fierce refusal to celebrate an Orthodox marriage, where the wedding

14 Cf. GOLDBERG, Passages, 114–120. Some scholars go further and consider marriage in the Mishnah as a transfer of ownership of a woman's sexuality, cf. KOREN, The Bride's, 31.
15 Cf. SCIALOM, Le contenu, 169.
16 It is interesting that, despite the fact that some Orthodox women today share this conviction, i.e. that the Jewish wedding ceremony amounts to a ritual of acquisition, they nonetheless accept it, resorting to various strategies to reinterpret it, cf. KOREN, The Bride's, 32–34.

contract would be based on this sole principle. Only one woman invoked that she feared that in an Orthodox marriage she could one day become an *aguna*, a woman "tied" to her husband, because with a classic *ketubba*, she may not divorce without her husband's agreement, that is, until he gives her a divorce bill (the *get*). However, none of the couples I met were ready to abandon the idea of a *ketubba*, or renounce to a written contract, but wished for a wedding agreement that would correspond to their aspirations and their engagements.

Therefore, in all the non-Orthodox weddings studied, the couples rewrote the text of the wedding contract on the model of the classic *ketubba*, yet introducing important modifications by giving priority to gender equality and reciprocity in obligations and duties. The couples wrote their own text in Modern Hebrew (and not in Aramaic) and no financial clauses appeared in these contracts. In a similar egalitarian perspective, in all these alternative contracts, the bride signed as an equal to the groom, a symbolically strong act to oppose the absence of the female signature in the Orthodox marriage contract. Furthermore, in three cases, in addition to the signature of the bride, a female witness (often a close friend of the bride) signed the contract too, in response to the signature of the groom and his witness. Nevertheless, this contract has no legal status since it is not recognized by the State, because it deviates from the standard Aramaic text. In some marriages a prenuptial agreement with legal value was signed in front of an attorney by the bride and the groom. In Orthodox weddings, however, drafting and signing a prenuptial agreement can be interpreted as a legal act of resistance on the part of observant brides, against the perceived oppression in the marriage ceremony and its act of acquisition. This is true, in particular, if the prenuptial agreement mentions economic pressure, in the form of increased alimony payments, in the case the husband refuses to give his wife a *get*.[17] There have been long-lasting debates among rabbis on possible changes in the normative *ketubba* text. As of today, the most important change in Orthodox wedding ceremonies – that most secular Israeli couples do choose to celebrate – is adding a prenuptial agreement, signed by both spouses, in which the woman is equal to the man in the case of divorce and in regard to property division.[18] Here is an example of an alternative wedding contract.

Text of an egalitarian ketubba written by an Israeli couple:[19]

Thursday, yud daleth of the month of 'Eloul 5765 in Kfar Vitkin in Israel said the groom I. T., son of A. and M. to the bride: "Make enter a groom in your wings and I will discover you my soul, my love, and my faith and I will have a wife according to the law of Moses and Israel".

17 Cf. KOREN, The Bride's, 42.
18 Cf. PRASHIZKY, Women's Role, 98–99.
19 This text was written by one of the five couples interviewed, for their marriage celebrated by a Conservative rabbi, in 2002 (Author's translation from Hebrew).

Said the bride, N. G., daughter of Y. and L. to the groom:

"Place me as a seal upon your heart and I will show you my soul, my love, my faith and I will have a husband according to the law of Moses and Israel".

And here is the contract between us:

We will build our common home in mutual respect, openness, honor and love. We will draw strength in our common union, we will support our creation, common and unique to each of us, to accomplish our physical and spiritual power. We will divide among us the work of our life according to our means, as equals. We will educate our children in the inspiration of progress, in the love for one another and with no free hate. We will teach them the beauty and the wisdom of Judaism. We will show them the history and the tradition of their people and the story of our families and we will learn from them and with them. We hope we will know how to overcome difficult times and that we will find the strength to understand, forgive, and be available one for the other; to know how to listen and be sensitive in order to become strong in our love.

All is valid and confirmed.

The bride: signature   The groom: signature   The rabbi: signature

Although this couple maintained, in certain places, identical phrasing to the traditional *ketubba* (e.g. for the date and place; in the manner of addressing the spouse; in the formulation "according to the law of Moses and Israel" and in the final line of "certification"), the text is altered to stress gender equality and reciprocity. Firstly, the contract introduces the name of the mother of the groom and the bride (absent from the classic *ketubba*) alongside the name of the father of each spouse. Then, the declaration of the union is done in the name of the groom as well as in the name of the bride, who address each other. Finally, the contract pursues by enouncing wishes, commitments and vows of the couple for their married life and their future children, founded on reciprocity, love and mutual respect.[20] It is worth observing that this couple, who defines itself as secular, included the wish to transmit to their future offspring "the beauty and wisdom of Judaism", showing their attachment to Jewish tradition as they understand it. Thus, an essential document of the Orthodox wedding, such as the wedding contract, is not abandoned in these alternative marriages, but has been bestowed a new status, not legal, but symbolic, and a new value as a sign of gender equality between the two spouses. This key symbol of the Jewish wedding is individualized and translated in terms both universal and personal, as observed in other rites in alternative weddings, such as the breaking of the glass.[21] The ancient Aramaic text is rewritten and transformed into an egalitarian *ketubba* which is re-appropriated

---

20 Some changes are beginning to be made in the *ketuba* in Orthodox weddings, such as inserting the mothers' names alongside the fathers' names, adding paragraphs declaring a mutual responsibility on the part of both spouses and even allowing it to be signed by the bride, according to KOREN, The Bride's, 40.

21 Cf. PRASHIZKY, Glass, 102–104. For more examples of personalized *ketubbot* (plural of *ketubba*) written by couples who celebrated alternative weddings, cf. PRASHIZKY, Women's Role, 99 f.

in non-Orthodox weddings and takes the same place in the ritual as in an
Orthodox marriage. These reinterpretations and re-readings, sometimes
strongly feminist, can also be found in the actual format of the document,
which often displays creative artwork surrounding the text and Biblical verses,
in the same way as the classic *ketubba* is decorated. Furthermore, numerous
websites today offer various designs for a custom-made *ketubba*, which can
match and mix with the traditional text.[22] Let us now in our final section,
consider a practice that is profoundly modified in non-Orthodox weddings.

3. Introduction of a Female Consecration

After signing the *ketubba*, in most marriages, the religious ceremony (*huppa*)
starts, conducted by a rabbi who pronounces the seven wedding blessings (or
calls up designated male family members or friends to recite them), in presence of a quorum of ten Jewish men (*minyan*), according to the Orthodox
tradition.[23] The central ritual of the ceremony, that is the consecration, is
being modified in an innovative fashion in the non-Orthodox weddings.

3.1 Male sanctification in the Orthodox ceremony

At the Biblical and then the Talmudic period, marriage was divided into two
stages:
   1) the betrothal (*qiddushin*, "consecration" or also *erussin*) – consisting of
the marriage engagement, the financial negotiations, and the ceremony con-
cluding the agreement in writing. This was followed by the "sanctification",
which prohibited the woman to any other man by a ring the groom put on
her finger, pronouncing in Hebrew "You are hereby consecrated (*mequdeshet*)
unto me by this ring, according to the law of Moses and Israel" and reciting a
blessing on the wine and on the sanctification of the marriage. The bride, at
this stage, still resided at her father's home.
   2) the marriage (*nissu'in*) – for the second stage, the seven marriage blessings were recited in presence of two witnesses and the bride went to live with
her husband.
   Today, these two stages are generally carried out in one ceremony, in which
the ritual of "betrothal" precedes that of the "marriage". Thus, under the wedding canopy (*huppa*) the rabbi recites the "betrothal" blessing and the blessing

---

22 Cf. for example http://modernketubah.com (accessed 10/01/2010), which customizes the
   ketubba's text and design, for instance according to the season of the wedding; other internet
   sites have "environmental friendly" contracts.
23 In the Reform movement, women also count for the *minyan* and in one of the weddings studied,
   a woman rabbi led the ceremony.

on a cup of wine that the groom, after taking a sip, gives to the bride to take a sip. Thereafter the groom recites the traditional phrase ("You are hereby consecrated unto me by this ring, according to the law of Moses and Israel") and places a ring on the right index finger of the bride. At no moment in the ceremony is it intended that the groom receive a ring. Furthermore, during the entire religious ceremony, the woman will not utter a single word, not even the traditional "yes" found in many other cultures. In fact, Jewish law (*Halakha*) does not permit a woman to imitate the groom, in giving the ring, and she cannot recite a parallel statement to the consecration formula, otherwise the marriage (*qiddushin*) might be considered invalid.[24]

The text of the *ketubba* is then read aloud in Aramaic (sometimes with certain passages in the language of the country) to mark the distinction between this first stage of the ceremony and the following one. Then the seven wedding blessings (*sheva brakhot*) are recited, including one on a second cup of wine, by the rabbi or other men called up, but never by a woman. The ceremony ends by a symbolic act: the groom recites the standard formula: "If I forget You, O Jerusalem, let my right hand forget (its dexterity). Let my tongue cleave to my palate if I will not remember you; if I will not bring Jerusalem to mind during my greatest joy" (Ps 137,5-6) and breaks a glass by stamping on it with his foot, showing his virility but also recalling the destruction of the Jerusalem Temple. Right after, music and dance often begin, and a festive meal is served.

3.2 Voicing the women's words

The couples who decided to celebrate a non-Orthodox wedding also stressed, as a reason for their choice, the fact that the women wished to participate actively in the ceremony, through a verbal act of consecration and a symbolical gesture of giving the ring. This is not done in traditional Orthodox ceremonies, even though there are today various strategies for Orthodox brides to give a ring to the groom and pronounce an individual consecration, sometimes at the end of the ceremony.[25]

The women I interviewed found different innovations to make their voices heard and introduce a female sanctification in their marriages. Thus it is often the case that in response to the traditional groom's consecration ("*You are hereby consecrated to me ...*") pronounced when placing the ring on the right index finger of the bride, she pronounces in turn a phrase of consecration while putting a ring on the finger of the groom. Sometimes, it is the same standard formula in Hebrew, transformed to feminine speech, and consecrating the husband ("You – in masculine form – are consecrated to me by this

---

24 Cf. Koren, The Bride's, 37 citing the Talmud (BT Qiddushin 5b).
25 Cf. Koren, The Bride's, 37f; Prashizky, Women's Role, 95.

ring, according to the law of Moses and Israel"). In other cases it is a Biblical verse, most often from the Song of Songs;[26] and finally, it can also be a consecration formula improvised by the bride herself.

Let us recall that the transfer of money inherent to the principle of the Jewish Orthodox wedding ceremony is typically expressed in the ring the groom gives to the bride, and if there is no need for a verbal consent of the woman, it is because the proof of her agreement resides in the acceptance of the ring in front of witnesses.[27] Making women's voices heard in alternative weddings contests not only the inferior legal status of the Orthodox woman, who traditionally cannot pronounce a consecration nor place a ring on the groom's finger, but also claims the right of the bride to consent verbally in taking the groom as husband, and to play an active role in that decision. Nevertheless there are variations and innovations in the ritual here. The words of the women and the gesture that accompanies them (putting the ring on the groom's finger) duplicate the traditional model of the male consecration, which in turn, remains intact and preserved as such in all the weddings studied. Therefore, just as in some Orthodox weddings where brides endeavor to introduce ritual innovations and create a performance of equality, by adopting a parallel strategy and by setting a female act opposite the male one,[28] this egalitarian practice of "double *qiddushin*" in fact mirrors the traditional male rites just as much.

It is, of course, relevant to bring up here the issue of the woman's voice and speech in Jewish rituals – and in particular during the wedding ritual. This issue echoes broader Orthodox feminist claims today which contest the marginal place of women in the prayer and in the synagogue, and which demand, for example, female participation in the liturgy and in the reading of the Torah. This is sometimes achieved through the creation of feminine prayer groups (women's *minyan*) which enable women to make their voices heard and hold public readings of the Biblical text in front of an assembly of women.[29] Similarly, the relatively "recent" invention of the *bat-mitzwa* for a girl, as a parallel to the ceremony of *bar-mitzwa* for a boy, also expresses other ritual quests for increasing gender equality, whether in Orthodox or non-Orthodox contexts.[30]

A further innovation concerns the final act that closes the wedding cere-

26 Verses from the Song of Songs, for example 8,6 ("place me as a seal upon your heart …") are chosen both by Orthodox brides (cf. KOREN, The Bride's, 37f) and by brides in alternative weddings who perform "equal *kiddushin*" (cf. PRASHIZKY, Women's Role, 95).
27 Cf. GOLDBERG, Passages, 120–122.
28 Cf. KOREN, The Bride's, 35.
29 Cf. the numerous chapters on these topics in ELKOUBY/LIPSYC, Femmes.
30 In fact, for girls, there exists no *bat-mitzwah* ceremony in the Jewish world before the XIXth century. Today, the *bat-mitwvah's* popularity is increasing, including in Orthodox communities. In Israel, religious young girls may have collective ceremonies at school or may conduct a service or read from the Torah in front of a female assembly.

mony, that is, the symbolic rite of breaking the glass by the groom. In two marriages studied, this gesture was reinterpreted in an egalitarian way: in one it was the bride who broke the glass with her foot, and in the other one, it was the couple who broke the glass together. In the other marriages observed, the rite was maintained in its traditional form. Breaking a glass is often interpreted as a sign of mourning for the destruction of Jerusalem and its Temple, so as to recall, at a moment of extreme joy, the sorrows of the Jewish people. It is in fact a rather recent ritual, that is not mentioned in the classical texts[31] and has diverse interpretations today. Thus, new alternative forms exist for the ritual of breaking the glass which challenge the patriarchal nature of the act. The bride breaks the glass instead of the groom or breaks a second glass after the groom has broken one, or recites the verse "if I forget You, O Jerusalem, ..." together with the groom or instead of him while he breaks the glass. There are also cases when even bride and groom break the glass together, like in certain same-sex marriages where homosexual or lesbian couples break the glass together. All these innovations express ritual solutions to create equality between woman and man and give an equivalent ritual role to both partners.[32] In other cases, where this ritual has no relevance for the couple, because their link to Jerusalem has no meaning for them, it is suppressed and replaced by a symbolic practice (for example, only the noise of a breaking glass is heard on the sound track of the DJ, or an object which has the same effect is used, like a balloon that explodes).[33] Just as the dynamism and the creativity of the ritual of breaking the glass, the introduction of the feminine consecration also calls upon significant innovations in the wedding ritual, while simultaneously maintaining the model of the traditional male sanctification.

4. Conclusion

Through these few examples of ritual transformations (disappearance, transformation and innovation), non-Orthodox weddings demonstrate that matrimonial Jewish law remains very much present, even among groups that contest it, while at the same time reappropriating practices that allow them to perpetuate its form. These marriages also show the adaptation process of young secular Israelis, who seek to maintain tradition while actualizing it to an egalitarian conception of the roles of women and men in the contemporary Israeli society. Thus one here sees the stakes of the ritual of the Jewish marriage in the construction of genders but also the solutions brought to reinterpret Jewish Orthodox practices among secular couples today.

---

31 On the various interpretations of breaking the glass at Jewish weddings cf. GOLDBERG, Passages, 152 ff.
32 Cf. PRASHIZKY, Glass, 98–100.
33 Cf. ibid., 98.

This article also explores the processes of feminism and religiosity in an Israeli Jewish secular society, which at the same time maintains a profound attachment to the Jewish tradition – and this is exactly the point worthy of noting. Indeed, during these wedding ceremonies, women who contest Orthodox practices and who in other situations, are not involved in religion and its rites, decide here to innovate and reinterpret their own tradition by introducing more egalitarian rituals. For many of them it is at the time of marriage, a rite of passage par excellence, that both their feminist and Jewish claims are activated (but also at the time of a son's circumcision, for example). It is rather fascinating that these Israeli women search to integrate gender equality in religious rites, although they are not otherwise observant.

These tendencies also mirror broader debates in contemporary Judaism on the place of women and their status in religious rituals and religious functions. In fact, voices are increasingly heard in the Orthodox world, claiming access to texts (Talmud, Zohar), to the study of these texts (institutes of religious learning) and to feminine or feminist exegesis, and demanding the participation of women in rituals, prayers or Torah reading or creating new female rites (such as the women's celebration of the New Moon).[34] In addition, as women begin to fulfill new functions as rabbinical claimants (*toénot rabbaniyot*) or advisors in Jewish law (*yoatzot halakha*),[35] some ask for access to functions from which they are still excluded (judges, rabbis, deciders of the Law, ritual slaughterer, circumciser). Lastly, many would lke to see their legal status change in Orthodox Judaism, and for example, see their testimony accepted in rabbinical courts.[36]

Finally examples of alternative marriages illustrate the different tendencies in the midst of Judaism by showing the diversity of matrimonial practices in Israeli contemporary society. Indeed, we have attempted to analyze how secular couples preserve the main Orthodox marriage rituals, while simultaneously reinterpreting them, innovating them, and sometimes giving them new meanings. Yet if the choice of a non-Orthodox marriage is often made against the Rabbinate, the alternative weddings observed have not lost their religious content and seem, in some cases, to reproduce the model of an Orthodox ceremony with some minor changes. This directly raises the question of determining how to define a "Jewish" marriage and to which extent it conforms to or deviates from an Orthodox wedding. Such issues, no doubt, bring up larger theoretical questions on tradition and modernity, on religion

34 Celebrating the New Moon (i.e. the beginning of the Jewish month, *Rosh Hodesh*) has recently been appropriated by religious feminists as a ritual closely linked to the woman's biological cycle.

35 Female rabbinical claimants are authorized to present women's claims, in matters of divorce, in rabbinical courts; advisors in Jewish law are women who can give advice on issues related to women instead of rabbis.

36 Cf. several articles on these issues in Elkouby/Lipsyc, Femmes and in Lipsyc, femmes.

(Jewish) and culture (Israeli) and on the relationship between the civil and the religious (in Israel). This article, thus, endeavored to initiate a reflection on these mechanisms – found also in other Mediterranean societies, be they Muslim or Christian – by focusing on a specific ritual that is part of broader tendencies of "innovations of tradition" in the religions of the Mediterranean countries.

Bibliography

ELKOUBY, J./LIPSYC, S. S. (ed.), *Femmes* et judaïsme aujourd'hui, Paris 2008.

GOLDBERG, H., Jewish *Passages*: Cycles of Jewish Life, Stanford 2003.

KOREN, I., *The Bride's* Voice: religious women challenge the wedding ritual, Nashim, a Journal of Jewish Women's Studies and Gender Issues 10, 2005, 29–52.

LIPSYC, S. S. (ed.), Quand les *femmes* lisent la Bible, Pardès nº 43, Paris 2007.

MARMON, N., *Reflections* on Contemporary Miqveh Practices, in: R. Wasserfall (ed.), Women and Water: Menstruation in Jewish Life and Law, Hanover 1999, 232–254.

PRASHIZKY, A., Changing *Women's Role* in Jewish Alternative Weddings in Modern Israel, Sociological Papers 14, 2009, 89–109.

–, Breaking the *Glass*: new tendencies in the ritual practice of Modern Jewish Orthodox and Alternative Weddings, Sociological Papers 13, 2008, 89–110.

SCIALOM, R., *Le contenu* du mariage religieux face aux évolutions sociales: l'exemple du mariage juif, Annuaire Droit et religions 2/1, 2006-2007, 161–185.

STARR SERED, S., Talking about *Miqveh* Parties, or Discourses of Gender, Hierarchy, and Social Control, in: R. Wasserfall (ed.), Women and Water: Menstruation in Jewish Life and Law, Hanover 1999, 145–165.

The Universal Jewish Encyclopedia, ed. by I. Landman, New York 1942.

WASSERFALL, R. (ed.), *Women* and Water: Menstruation in Jewish Life and Law, Hanover 1999.

Ari Ofengenden

Man – Woman, Prophet – Priest:
Charisma and Chauvinism in Hebrew Modernism

In his influential essay "The Colonial Drag: Zionism, Gender, and Mimicry"[1] Daniel Boyarin interprets Zionism as a strategy of imitation, with which essentially feminine and delicate Jewish men from the Diaspora sought to transform themselves into masculine men, "real men" by settling in Palestine. Ironically, he comments, it is through the hard process of settling in the Orient that these men will be transformed into Europeans. According to Boyarin, Zionists like Theodor Herzl sought to become masculine gentiles not by assimilation, which would prove them to be feminine and cowardly but through dissimilation, by colonizing Palestine. Herzl hoped that in this way the Jew would become a true German. Although an insightful interpretation of Herzl's motivations, this account portrays Zionism as having little or nothing to connect it with the Jewish tradition. Boyarin has chosen only Western Zionism, indeed his analysis concentrates solely on Theodor Herzl. This exclusive focus on Theodor Herzl, the most westernized and Germanized Zionist, made it easy to evade the question of the role of Jewish tradition in Zionism, and it is this connection between Zionism and the Jewish tradition that this article will explore.

Such an evasion would of course not be possible when interpreting Eastern European Zionists like Ahad Ha'am. For Zionism to become popular in Eastern Europe, where the majority of Jews lived, and indeed the only place in Europe in which this ideology really flourished, it was essential to connect Zionism to the tradition of the Jewish people. Indeed this ideology was not explicitly conceived of as a doctrine of assimilation or dissimilation to gentile culture or to masculine ideals of honor, but as a nationalistic coming together that always needs a tradition or in today's parlance, an imagined or constructed common past.[2] As with other national revivals, a point of archaic justification was needed, a point of origin to serve the contemporary political movement. The point of origin in the Zionist case was the return to the Hebrew land, to the Hebrew language and to the Hebrew Bible.[3] Boyarin is correct in interpreting Zionism as a movement that purports to change effemi-

---

1 BOYARIN, Unheroic, 271–312.
2 For the classical account of constructed identities cf.: BENEDICT, Imagined and GELLNER, Nations.
3 Perhaps the Zionist case is less a case of invention of tradition than of reinvigorating a religious-national tradition.

nate Jewish men into masculine European men, but this transformation en-
tailed not only the physical transformation of settling the land but also a rereading of the Bible. Central to this new reading of the Bible was the stress on
the story of the Israelites and their political sovereignty, however the most important ideal figure of masculinity was surprisingly, not the warrior or king
but the prophet.[4] In the scope of this article, I will not go over how various
Zionists have interpreted the figure of the prophet, but will concentrate on
one figure, the poet Abraham Shlonsky, as a prototypical example of the way
in which the prophet was read and utilized.

The poet Abraham Shlonsky (1900–1973) was the most influential Modernist poet in the Hebrew language. His literary works represent and affect a
crucial transformation in Jewish identity.[5] His work brought modernism to
Hebrew culture, which was until that time dominated by Haim Nahman Bia-
lik's Jewish romantic nationalism.[6]

Shlonsky's biography is ideally suited to bridging Jewish tradition with the
Zionism of that time. He was born in 1900 to a Hasidic family in a small village in the Ukraine. He received a traditional schooling in the *Heder*, studied
with Menachem Schneerson (the future Lubavitcher Rebbe[7]), was befriended
by the Schneerson family and took an active part in celebrating various Jewish
holidays with them. His prodigious ability to learn and use Hebrew probably
predisposed him toward Zionism, and in 1922 he immigrated as part of the
Third *Aliya* (the 1919–1923 wave of settlement) to Palestine. This wave of settlement was the most passionate, even fanatical of all immigration movements in settling new land and in pursuing a policy of purely Hebrew (Jewish) labor.[8]

After three years in which he worked in agriculture and paving roads, he
moved to Tel-Aviv. There he edited several leading newspapers, founded his
own literary magazine (Machanayim), translated famous works for the theater including Shakespeare's *Othello* and *King Lear*, all of Chekhov's plays and
Pushkin's *Eugene Onegin*, invented several hundred words in the Modern Hebrew language, and wrote influential symbolist poetry. Shlonsky was what is
now considered a poet of the "high modernist" period, and upheld values of
personal freedom and socialist-pacifism with an almost religious fervor. He

---

4   There are several accounts of the prophet as a major figure of Hebrew literature for example:
    SHOHAM, Poetry. However such accounts center on the role of the "prophet" inside the literary
    system and do not establish his importance to Zionism as a political project.
5   For Shlonksy's seminal role in Hebrew culture cf. ZAKIM, To Build.
6   For Shlonsky's anti-traditional futurism cf. KRONFELD, On the Margins. For Shlonsky's rebel-
    lion against Bialik cf. HAGORNI-GRIN, Shlonski.
7   Menachem Mendel Schneerson, the Lubavitcher Rebbe (1902–1994), was the charismatic-mes-
    sianic leader of Chabad-Lubavitch, the world's largest and most dynamic Hasidic movement.
8   Both settlement and the transformation of the new-Hebrew man seemed to necessitate that
    the Jews would not become employers of the Arab population, thus a policy of "Hebrew work"
    came in effect. Cf. SHAPIRA, The origins of "Jewish Labor" ideology.

served as an important architect of Modern Hebrew culture and identity; his renewal of the Hebrew language was pivotal in making it a modern language. More importantly, his worldview, which was propagated through weeklies, the radio, the theater and the general press, had a lasting effect on Hebrew and Israeli culture.

Since Shlonsky took such an important part in the nation building process, one might perhaps expect him to adopt the figures or sentiments of the Hebrew Bible, which center on the importance of the nation. In fact, the Bible is always represented in his large corpus of poems and journalistic writing in the most universal "non-national" way possible. The figures which populate his poems are always heroes of pure faith, never the saviors of the people. A typical poem called "Lekh Lekha" (Get thee out)[9], might for instance take the biblical narrative of Abraham and retell it as the story of the poet, who in a similar fashion to the biblical Abraham is called to leave his land and go to another land. What is stressed in this poem is abstract, symbolist or romantic wandering, not the promise of the land to the father of its people. In another poem "Hitgalut" (Revelation), Shlonsky uses the famous biblical scene in which Samuel as a young man hears God's voice for the first time.

The poem uses God's call as a metaphor for the calling of the young man to become a poet against the older more sedate generations of romantic poets. Indeed the most influential figure in Shlonsky's poetry, a figure which shows up again and again is the figure of the Prophet. The prophet populates many of Shlonsky's poems, however the most interesting representation of the prophet comes from one of Shlonsky's articles. In his article *Makhanayim* (Between Camps),[10] Shlonsky interprets and elaborates the biblical concepts of *Mum* (מום) and *Metom* (מתום). The Hebrew word *Mum* can be translated as lack, as a flaw, or as something that is damaged, while *Metom* means wholeness and purity. The article seeks to articulate how lack, defective or damaged being and their opposite purity and wholeness, relate to creation and creativity (*Yezira*). The article starts with a biblical quote from the Song of Songs: "Thou art all fair, my love, and there is no spot in thee."[11]

Shlonsky claims that this line could never be stated in a male form, that is, it could never be attributed to a male, since *Mum*, that is blemish or defect is the essence and nature of the male. Such a *Mum* in the male was essential in the creation of woman, since the male Adam had to give a rib for the creation of Eve. Such a *Mum* or flaw or incompleteness was also part of the creation of the world because as the Hasidim interpret the Kabala, God (conceived of as male) had to limit himself, (*lezamzem azmo*) that is make himself incomplete in order for creation to occur. Shlonsky goes on to interpret the contrast between *Mum/Metom* more thoroughly. He quotes from Lev 21,17, however we shall quote Lev 21,17-21 in order to better understand the context:

9 King James Bible, Gen 12,1.
10 Shlonsky, ‏1. מחניים: ב. מום ומתום‎.
11 King James Bible, Hhld 4,7.

Speak unto Aaron, saying: Whosoever he be of thy seed in their generations that hath any blemish, let him not approach to offer the bread of his God. For whatsoever man he be that hath a blemish, he shall not approach: a blind man, or a lame, or he that hath a flat nose, or any thing superfluous, or a man that is brokenfooted, or brokenhanded, or crookbacked, or a dwarf, or that hath a blemish in his eye, or be scurvy or scabbed, or hath his stones broken: No man that hath a blemish of the seed of Aaron the priest shall come nigh to offer the offerings of the Lord made by fire.[12]

The passage elaborates on the basic commandment that any man that has a blemish, a *Mum*, shall not be a priest. Shlonsky combines and interprets the passage from Leviticus and the line from the Song of Songs, as implying a dichotomy *Mum/Metom* (lack/wholeness) that he applies to the prophet/priest. The prophet is lacking and manly, the priest is whole and womanly. The priest, he continues is just a servant, a second tool; something which does not create but only serves, while the prophet speaks face to face with God. Shlonsky continues and identifies the priest directly with the female. The priest's beautiful apparel, the artificiality of religious ritual, his status as a servant, the oil with which he anoints his hair, the incense, the scents and perfumes, the jewelry in his *Efod* and his *breast-piece* (Ex 25,7) all point to his essentially feminine nature. More importantly, the priest is complacent, both with God and Sovereign, and thus always approves of the social order as it stands. As Shlonsky writes:

Indeed you are whole with God, my dear priest, very whole. God has made you straight, very straight. No disputes against the state, no argument against its leaders. You fear God's laws and you observe them, because you are the receiver and not the giver, you – the serving female.[13]

The priest, like the female, is tied to the house. The house here is the original house, the temple of God (*in Hebrew: habayit*). In this "house" one ought to walk in silence and slowly with temperance (nahat), one should not raise one's voice:

[and] indeed against whom and about what, since everything behaves according to laws, should we complain about the leader – we are just doing his bidding, just receiving from him, receiving and not giving, and so we should walk with feeling in the house of God, in silence, in submission.[14]

The attributes of the prophet are the exact opposite of these submissive attributes. He is:

the man who stands out of the house. Outside. In the strong wind. In the fog, in the mist, head uncovered under the burning stars. And the wind rips his apparel, breaks the vessels, makes a *Mum*, and the *Mum* screams, objects [...]. He [the prophet] always disputes and argues with the leaders of the state. He always disrupts the stillness, and therefore he is always cast out from the house of silence.[15]

---

12 King James Bible, Lev 21,17-21.
13 SHLONSKY, *מחניים*: ב. מום ומתום, 1.
14 Ibid.
15 Ibid.

The article explicitly and poetically plays on the dichotomies of man/woman, prophet-/priest, rebelliousness/heeding to authority, Hasidim/mitnagdim, *mum/metom,* noise/stillness, satisfaction/lack of satisfaction, house/ storm outside.

How are we to interpret Shlonsky's perspective? More importantly, how are we to read the misogyny in his words?

First, we should comment that this picture is highly idealized, even false, in its dichotomy of priesthood versus prophecy. Even without going into the rich and specialized literature regarding Old Testament prophecy or priesthood, the Bible is very complex and ambiguous regarding the attributes that differentiate between prophecy and priesthood, and regarding the masculinity of the prophet himself. First of all prophecy and priesthood are not so clearly divided in the Bible. The example of Samuel who was both priest and prophet comes to mind. Prophecy was not an exclusively male profession or pursuit, since there were important prophetesses such as Deborah and Huldah. The figure of the male prophet himself is not so stereotypically "masculine", as some of his attributes are clearly "feminine". This is true especially of his relationship with God, since God, conceived of as male, possesses him, he must surrender and become submissive to God's words and God's visions. The role of the prophet can also be conceived of in a more gender-neutral way, as a messenger to God, the "jealous husband", to his "unfaithful whoring wife" – the people. As this messenger he is a minor figure, a go-between, whose gender role is not clearly masculine or feminine. In general, one can say that the entire Bible is highly ambiguous regarding the masculinity of the prophet.[16]

One can ask what made a sharp reader of the Bible like Shlonsky ignore such ambiguities and caused his portrayal to be dominated by the simplistic and chauvinistic dichotomies of prophet/man/good and priest/woman/bad.

Before answering this question, it is worthwhile to raise another famous comparison between prophet and priest. Asher Zvi Hirsch Ginsberg, also known by his pen-name Ahad Ha'am (1856–1927), who was the founder of cultural Zionism and one of the most influential ideologues of Zionism, wrote a famous essay in 1893, entitled "Prophet and Priest".[17] In this essay, Ahad Ha'am uses some of the same dichotomies in order to describe the prophet and the priest. The prophet dedicates himself to an absolute idea, he disregards reality, he is an extremist and he wants the impossible, while the priest accepts reality, seeks harmony and is the master of the art of the possible. In Ahad Ha'am's formulation, there is no mention of gendered categories; femininity and masculinity do not characterize or differentiate between prophet and priest. The question is, why did Shlonsky introduce these categorizations?

It seems that Shlonsky's chauvinism has several causes connected with the spirit of the times in general, and pertaining to the Zionist transformation of

16 For a discussion of ambiguities of masculinity and prophecy cf. O'Brien, Challenging.
17 Cf. Ahad Ha'am, Selected Essays, 125–138.

the Jewish people in particular. High modernism has recently been interpreted as a reaction to threats of masculinity brought about simultaneously by the claims for equal rights by woman on the one hand and by the powerlessness of men themselves, whose masculinity was perceived as threatened by the character of the work they had to do.[18] At this time, Western Europe experienced a vast expansion in the number of those working in minor administrative and service professions. These clerks, lower managers, sales assistants in department stores and secretaries (this job was yet to be relegated to women) had little with which to assert their traditional inclinations and conceptions of masculinity. It is for this reason that most political but also artistic programs of the beginning of the twentieth century reasserted traditional gender roles. This modernist reassertion of masculinity found its place in an explicit rejection of romantic art and poetry, conceived of as effeminate and womanly. Many influential manifestos and works of Futurism or Cubo-Futurist poetry criticize and negate romantic poetry in contrast to their own modernist newness, by characterizing romantic poetry as womanly.[19] In Shlonsky's poem *Tenuva* (Fertility),[20] Shlonsky makes fun of several classical motives of romantic poetry like the stars, the flowers, the passivity and the ennui; attributes which can be conceived of as traditionally weak and feminine, lacking virility.

However, this modernist or socialist cause does not explain why the prophet was chosen, and not, let us say, the brave solider-warrior or the farmer. Hence the more convincing answer has to do with the particulars of the Zionist case. The most important principle of the Zionist movement was that the Jewish people should aim to become "like the other nations", they should lose their status as pariahs and try to emulate nations like France or England, whose existence is political and secular and whose culture is universal. For the Jewish people to see itself as having a universal culture, those aspects of their tradition must be chosen that have most influenced world history. This would naturally be monotheism, but since Zionism is conceived of as a movement that aims at *nationalist secularization* of the Jewish people, the imminent figure of the prophet is much more fitting. The prophet is after all, a figure of universal importance, which fundamentally influenced Western culture. The prophet is also a political figure, who can be conceived of as an ideal citizen, one who speaks truth to power. The prophet, like the socialist revolutionary intellectual of his times, takes on an eschatological stance and insists on total social justice.

The prophet as a role model and a figure of identification would facilitate the transition from a non-political religious existence in exile, to a political

18 For an interpretation of Modernism as a reaction to the threat to of masculinity cf. IZENBERG, Modernism.
19 For possibly the most famous example cf. MAYAKOVSKY, "Cloud in Trousers".
20 SHLONSKY, ‏שישה סידרי שירה: כל שירי אברהם שלונסקי‎ (The complete collection of Abraham Shlonsky's poems in six volumes), 22–24.

and secular existence in Palestine. Zionism which attempted to break away from religious or from a narcissistic relationship with God who takes care of his chosen people, needed a figure of identification, a "transitional object", which would still be an integral part of the Jewish tradition but one, whose essence was not transcendence but immanence.[21] In order to be able to turn toward political reality, Zionism needed a figure which would replace God, a figure with political and thisworldly aspirations, but one who would offer continuity with traditions which view the Jews as the chosen people.

Another important characteristic of the prophet, which has caused his adaptation by the Zionist culture has to do with the cultural and ideological needs of settler society. It is his essentially non-violent character. The Jews, in the last 1800 years, were an essentially powerless people with no army or sovereignty of their own and with no history of using violence toward achieving political ends; they had to go through many changes until the use of military force would be considered legitimate.[22] During its initial stages, mainstream Zionist culture, still influenced by its traditional Jewish roots, viewed using force very negatively. To take outright Biblical warriors such as Joshua, David and Samson as role models was considered crude and inhumane, the work of right-wing leaders such as Zhabotinsky (Jabotinsky),[23] and outside the consensus of labor Zionism.

More importantly, it is the prophet and not the warrior who was the more fitting figure for settlement. The warrior immediately evokes the image of an enemy, often a formidable and respected enemy. Joshua had to fight the Canaanites, while David had to fight Goliath. Palestine was considered a land without a people for a people without a land, and the Jewish settlement in Palestine was conceived of as liberal or socialist democratic in orientation.[24] Zionist settlers saw themselves as bringing only the fruits of progress and social justice to the emptiness of the desert, or if in rare cases they did recognize the Arab natives, they claimed like Herzl, that the Jewish presence would help the local population and improve its living conditions.[25]

---

21 In this interpretation I imply that the prophet in Zionist culture was what is known in psychoanalysis as transitional object. A transitional object according to Donald Winnicott is a comforting object like a teddy bear or blanket that helps the child achieve gradual separation from the mother. The transitional objects soften the break with the mother, since it represents many 'mothering' characteristics. It enables the child to have a symbolic connection with the mother, when she gradually separates for increasingly longer periods of time. Cf. WINNICOTT, Playing.

22 For a thorough description of the gradual way that lead to Zionist based military force and violence cf. SHAPIRA, Land.

23 Vladimir Yevgenyevich Zhabotinsky (1880–1940) was a right-wing Revisionist Zionist leader and author who founded the militant Zionist underground organization Irgun and who used biblical heroes in his writings. Cf. ZHABOTINSKY, Samson the Nazarite.

24 Carl Schmitt shrewdly remarked that many of the ideologies of the 20th century do not respect the Other to the extent of making him an enemy. Cf. SCHMITT, Der Begriff.

25 A classic example is the character of Rashid in Herzl's *Altneuland* who benefits greatly from the modernization of Palestine. See HERZL, Old New Land (Altneuland), 119.

Indeed the prophet, like the settler, brings a message but has no enemies. What better Biblical model could there be for this endeavor of bringing justice and progress to a people who will not easily accept or believe in justice and progress, than that of the prophet. The prophet who stands in the desert, completely focussed on his message, ignoring the give and take of conversation, of negotiation, trying alone like a "real man" to carry out his mission, against the "wilderness", against a people who are uninterested in and even hostile to his message.

Bibliography

AHAD HAʾAM, *Selected Essays*, transl. by L. Simon, Jewish Publication Society of America 1912.

BENEDICT, A., *Imagined* Communities: Reflections on the Origin and Spread of Nationalism, London 1983.

BOYARIN, D., The Colonial Drag: Zionism, Gender, and Mimicry, in: idem, *Unheroic* Conduct: The Rise of Heterosexuality and the Invention of the Jewish Man, Berkely 1997, 271–312.

GELLNER, E., *Nations* and Nationalism, Oxford 1983.

HAGORNI-GRIN, A., *Shlonski* ba-avotot Byaliḳ, Tel-Aviv 1985.

HERZL, TH., *Old New Land (Altneuland)*, 2007.

KRONFELD, CH., *On the Margins* of Modernism: Decentring Literary Dynamics, Berkeley 1996, 103–109.

IZENBERG, G., *Modernism* and Masculinity: Mann, Wedekind, Kandinsky through World War I, Chicago 2000.

MAYAKOVSKY, V., *"Cloud in Trousers"*, in: idem, The Bedbug and Selected Poetry, Indiana 1960, 60–110.

O'BRIEN, J.M., *Challenging* Prophetic Metaphor: Theology and Ideology, Kentucky 2008.

SCHMITT, C., *Der Begriff* des Politischen, Berlin 1963.

SHAPIRA, A., *Land* and Power: The Zionist Resort to Force, 1881–1948, Oxford 1992.

–, *The origins of "Jewish Labor" ideology*, Journal of Israeli History 3, 1982, 93–113.

SHOHAM, R., *Poetry* and Prophecy: The Image of the Poet as a "Prophet", a Hero and an Artist in Modern Hebrew Poetry, Leiden/Boston 2003.

SHLONSKY, A., "מחניים: ב. מום ומתום" (Between Camps: B. Blemis and wholeness), Turim/Tel-Aviv 1933.

–, שישה סידרי שירה: כל שירי אברהם שלונסקי (The complete collection of Abraham Shlonsky's poems in six volumes), vol. 2; Tel-Aviv 2002.

WINNICOTT, D.W., *Playing* and Reality, London 1971, 1–35.

ZAKIM, E., *To Build* and be Built: Landscape, Literature, and the Construction of Zionist Identity, Philadelphia 2006, 97–102.

ZHABOTINSKY, V.Y., *Samson the Nazarite*, London 1930.

Françoise Saquer-Sabin

Frauen, Ehe und Erotik
in der israelischen Literatur hebräischer Sprache[1]

1. Die Ursprünge der modernen hebräischen Literatur

Die moderne hebräische Literatur entstand am Ende des 18. Jahrhunderts in
Mittel- und Osteuropa in Zusammenhang mit dem Emanzipationsprozess im
europäischen Judentum. Die Entwicklung dieser Literatur verlief während des
19. Jahrhunderts parallel zu der Modernisierungsbewegung im jüdischen
Volk, durch die – mit dem Versuch, sich an die Moderne anzupassen – das
traditionelle Judentum in Frage gestellt wurde.

Seit dem Anfang des 20. Jahrhunderts kristallisierte sich auch in Palästina,
im Land Israel, eine hebräische Kultur heraus. Die ersten Einwanderer aus
Osteuropa bemühten sich, eine soziale und kulturelle Wirklichkeit zu konstruieren, die ihre eigene Handschrift trug. Sie arbeiteten an einer neuen Gesellschaft, die sich vom Erbe der Vergangenheit absetzte. Die hebräische Literatur in Palästina ging auf Distanz zum Judentum der Diaspora und zur alten
jüdischen Tradition, von der sie nichts wusste oder die sie gar verwarf.

In diesem Zusammenhang lässt sich der Versuch beobachten, die Rollen
von Mann und Frau und darüber hinaus die Geschlechter- und Familienbeziehungen von Grund auf neu zu bestimmen. Die folgende Untersuchung
bezieht sich auf Texte von Frauen, die diesem Thema (und zugleich Themen
wie Heirat, sexuelles Verlangen, Erotik oder Mutter-Kind-Beziehung) nach-
gehen. Dabei liegt es nahe, zunächst auf die Entwicklung der Literatur von
Frauen in hebräischer Sprache in Israel einzugehen.

2. Literatur von Frauen

Es dauerte relativ lange, bis Frauen in der modernen hebräischen Literatur zu
Wort kamen, sowohl als Autorinnen als auch als Romanfiguren. Das weibliche
Universum war durch die Normen der patriarchalischen Gesellschaft bestimmt und auf die Privatsphäre begrenzt. Der Roman gehörte dagegen zum
öffentlichen Raum; ihm eigneten Qualitäten, die man lange als männlich as-
soziierte und die – mit Attributen wie Logik, unbegrenzten Entwicklungs-
möglichkeiten und Weitsicht – eine eigene Lebenswelt beschrieben.

Die Romanschriftstellerin Amaliah Cahana-Carmon (geb. 1926) stellt einen
direkten Zusammenhang her zwischen dem Schattendasein von Autorinnen

1 Aus dem Französischen von Florian Kohstall und Matthias Morgenstern.

in der hebräischen Literatur und der Zurückhaltung, die Frauen in der jüdischen Tradition auferlegt war. Bereits das Verbot der Ämterausübung in der
Synagoge hatte Frauen aus dem öffentlichen Raum ausgeschlossen und offizielle Rollen dem Mann vorbehalten. Daneben standen die traditionellen Vorstellungen dem Zugang von Frauen zum Studium entgegen, so dass die meisten Jüdinnen der hebräischen Sprache nicht mächtig waren. Diese Sprach-
barriere wurde gegen Ende des 19. Jahrhunderts durch die nun entstehenden,
von Eliezer Ben Yehudah (1858–1922) ins Leben gerufenen „Gesellschaften
für das gesprochene Hebräisch" (*Safah berurah*) überwunden, die – im Gegensatz zur Tradition des klassisch-jüdischen „Lernens" – auch weibliche Mitglieder hatten und somit entscheidend dazu beitrugen, dass Frauen in der Öffentlichkeit das Wort ergreifen konnten.

Erst in den achtziger Jahren des 20. Jahrhunderts kam es aber zur Entwicklung einer eigenständigen und vielseitigen Frauenliteratur. Der Mythos von
der romantischen Liebe und das traditionelle Modell, das Frauen auf das Be-
ziehungsschema Verführen-Abwarten-Verführen-Heiraten reduziert hatte,
verloren in den Erzählungen nun an Bedeutung. Stattdessen entstanden neue
Typen von Heldinnen, die sich weniger passiv verhielten und für sich selbst
und für ihre Umwelt Verantwortung übernahmen. Vor allem Kriminalromane
ließen schöne und verführerische Frauengestalten entstehen, die romantische
Liebe und Heldenkarrieren miteinander vereinbarten. Dem gegenüber verloren die männlichen Romanfiguren ihre Selbstsicherheit und nahmen Charakterzüge an, die traditionell Frauen zugeschrieben worden waren: Empfind-
samkeit, Zweifel, Mangel an Selbstvertrauen und sogar psychologische Zer-
brechlichkeit. Kommissar Michael Ochajon, eine immer wiederkehrende
Gestalt in den Kriminalromanen Batya Gurs – ein romantisch veranlagter Intellektueller und musikliebender Sefarde, der als Single lebt – wirkt geradezu
wie ein Antiheld.[2] Je nach ihrer Herkunft, ihrer gesellschaftlichen Stellung, ihrer Umwelt und der Zeit, in der sie schreiben, nehmen die Erzählungen von
Frauen in hebräischer Sprache ihre jeweilige Thematik anders auf. Die Frauen
decken konventionelle Heucheleien auf, sie zerstören Mythen und geben sich
selbst zu erkennen, indem sie die Schwächen eines Systems aufzeigen, von
dem sie sich emanzipieren wollen.

---

2 Batya Gur sagt selbst: „Ich wollte, dass Ochajon ein positiver Held mit menschlichen Qualitäten ist, die ich selbst schätze. Er ist ein Mann, der zweifelt und den Einzelnen respektiert. Biliti
dagegen, sein Partner, ein ehemaliges Mitglied des Geheimdienstes, verkörpert genau das Gegenteil: Er ist ein Rassist, brutal, karrierebesessen und politisch abgestumpft. All das, was er
darstellt, ist in jedem von uns präsent. Indem ich all das, was ich verabscheue, in einer Roman-
gestalt konzentriere, ertrage ich besser, was ich im Leben sehe" (Le Monde, 1.–2. Februar
2004).

3. Frauenfiguren

Die Schriftsteller des Jahres 1948 – die der Generation des israelischen Unabhängigkeitskrieges, der *Palmachgeneration* – haben eine Literatur hervorgebracht, die man als *Wir*-Literatur bezeichnen kann, eine Literatur, die die Werte einer im Aufbau befindlichen nationalen Identität beschwört. Der Held war ein junger, schöner, kämpfender Soldat, der bereit war, sein Leben für seine Ideale aufs Spiel zu setzen. Eigene Gefühle wie Liebe und Schmerz (vor allem über den Tod der Söhne im Krieg) wurden dabei unterdrückt. Frauen erschienen in diesem Zusammenhang als Lebensgefährtinnen, die sich für das nationale Schicksal aufzuopfern hatten.[3]

Am Ende der sechziger Jahre kehrten das *Ich* und die zuvor unterdrückten Themen in die Literatur zurück. In diesen hauptsächlich von Männern geschriebenen Texten werden weibliche Figuren meist in einer allegorischen Perspektive wahrgenommen. Bei Amos Oz (geb. 1939) dienen Frauen der Verkörperung von Schuld mit ihren pathologischen Zuständen. Das Thema der Vergewaltigung wird hier zum Bild für die militärische Besetzung des Landes, und Erotik wird – in der Begegnung mit realen oder imaginierten Arabern – zu einem Produkt aus Anziehung und Abstoßung (*Mein Michael* und *Nomaden und Schlange*[4]). Oft sollen die Frauengestalten, die für das Land und seine Zukunft stehen, auch thematisieren, was für die israelische Gesellschaft in territorialer und nationaler Hinsicht auf dem Spiel steht. *Der Obstgarten* von Benjamin Tammuz (geb. 1919) erzählt von einer weiblichen Person namens Luna, die irreale Züge trägt. Luna ist stumm, und während der dreißig Jahre, über die sich die Romanhandlung erstreckt, verändert sich ihr Körper nicht. Zwischen zwei Halbbrüdern, einem Juden und einem Araber, ist sie hin- und hergerissen, sie heiratet den Juden, aber unterhält weiterhin eine Liebesbeziehung mit dem Araber. Als die Brüder sich gegenseitig umbringen – im Zuge der Zuspitzung der nationalen Frage, aber auch aus Eifersucht, aufgrund ihrer Konkurrenz zu Luna – wird die Frau, die immer noch ebenso schön wie unergründlich ist, von ihrem eigenen Sohn geschwängert. Der Inzest, der normalerweise den Zerfall einer Sippe anzeigt, hat in diesem Fall nichts mit einem familiären Zusammenbruch zu tun, sondern bestätigt den metaphorischen Charakter des weiblichen Körpers, wie er von Luna dargestellt wird. Indem diese Figur einer inzestuösen Beziehung unterliegt, wirkt sie als Garant für den Fortbestand des Landes.

Bei A. B. Yehoshua (geb. 1935) wird der Held mit Frauen konfrontiert, die

---

3 In *He went in the Fields* von Moshe Shamir entfernt sich die Mutter mehrere Jahre vom Kibbutz, weil sie um das Leben ihres Sohnes fürchtet; die Gemeinschaft wird ihr das niemals verzeihen.

4 In der Erzählsammlung *Where the Jackals Howl*, Jerusalem 1965. (Anmerkung d. Übersetzers: zu dieser Sammlung von Erzählungen vgl. FEININGER, Amos Oz, 82–171, zu Nomaden und Schlange ebd., 123–137).

zunehmend abwesend sind und den Archetyp der Mutter-Erde verkörpern. Nicht-greifbare Frauen repräsentieren hier die israelische Realität, und alle Annäherungsversuche der männlichen Helden werden zunichte gemacht, da es ihnen unmöglich ist, das Objekt ihrer Begierde zu fassen. In *Der Liebhaber* wird die geschichtliche Entwicklung, die zur Gründung des Staates Israel führte, durch drei weibliche Personen repräsentiert:

- die Großmutter steht für Jerusalem und die osmanische Zeit vor der Spaltung der jüdischen Einheit in der vorzionistischen Zeit;[5]
- die Mutter verweist nostalgisch auf den zionistischen Traum und den Niedergang der Aspirationen der ersten Wegbereiter des Zionismus; diese schwer zu verstehende Romanfigur erscheint im Roman nur im Spiegel ihrer Träume und durch die Beschreibungen verschiedener Erzähler, während sich die anderen Hauptpersonen die Erzählung teilen;
- die junge Heranwachsende personifiziert schließlich den Staat Israel der siebziger Jahre. Sie beginnt eine Liebesbeziehung mit einem jungen gleichaltrigen Araber.

Prinzipiell ist die Familie hier ein Mikrokosmos, der die Lage der Nation widerspiegelt und in dessen Innerem sich die nationalen Konflikte abspielen. Der familiäre Zerfall dient dabei oft als Metapher für das Schicksal der Nation. Das Thema des israelisch-palästinensischen Konflikts wird beispielsweise in Gestalt jüdisch-arabischer Mischehen abgehandelt, in denen die Kinder sich zerstreiten, weil sie für die entgegengesetzten Seiten der beiden Elternteile Partei ergreifen.[6]

4. Ehe und sexuelles Begehren als Themen bis in die achtziger Jahre

Allgemein wird die Ehe nur selten als Ort sexuellen Begehrens geschildert. Männliche Romanfiguren unterhalten mit ihren Frauen oft Beziehungen der Lustlosigkeit. Bei A. B. Yehoshua ist die Frau unnahbar *(Der Liebhaber)*, unter Umständen auch autoritär *(Die befreite Braut)*, in jedem Fall aber dominant. In diesem Fall entwickelt der Ehemann in seinem *imaginaire* dann das Gefühl sexueller Sehnsucht. Auch bei Amos Oz sind die weiblichen Charaktere schwer zu fassen. In *Eine Frau erkennen* versucht der männliche Held nach

---

5 Bei D. Shahar sind weibliche Romanfiguren oft die Inkarnation Jerusalems (etwa in *Agent seiner Majestät*). Amos Oz beschreibt auf ähnliche Weise seine Romanfigur Hanna in *Mein Michael*: „Hannah ist Jerusalem. Sie erlebt ebenfalls eine große Zahl von Verfolgungen, steht die gleichen Ängste aus und erlebt ähnliche Alpträume. Gleichzeitig widerfährt ihr ein ähnlich farbenreiches und spektakuläres Verlangen nach Abenteuer und ein gutes Stück Sentimentalität." (Mein Michael: Die fünfziger Jahre, Jerusalem. Interview von Azriel Kaufman mit Amos Oz im Kibbuz Hulda, August 1974).
6 Vgl. MICHAEL, Refuge.

dem plötzlichen Tod seiner Frau, in die Vergangenheit zurückzugehen, um zu verstehen, was ihm entgangen ist, während er sich auf zwanghafte Weise dem Haushalt widmet. Die stereotype Rollenverteilung der Geschlechter wird dadurch ins Gegenteil verkehrt. Auch in Yehoshuas *Liebhaber* ist die Frau, eine Geschichtslehrerin, niemals daheim. Sie verlässt früh das Haus und kommt abends spät zurück. Der Mann dagegen, ein Automechaniker, bleibt häufiger zuhause und interessiert sich immer weniger für seine Arbeit. In *Die befreite Braut* ist die Frau, eine Richterin, immer unterwegs – im Gegensatz zu ihrem Ehemann, einem Universitätsprofessor.

Der Briefroman verlagert das Begehren ins Jenseits, in eine Beziehung, die sich zum größeren Teil aus der Vorstellungskraft speist. Bei David Grossman (geb. 1954) beispielsweise entsteht eine außereheliche Beziehung, die sich auf einen Briefwechsel ganz nach Kafkas Vorbild (*Sei du mir das Messer*) beschränkt. Bei Benjamin Tammuz entsteht eine amouröse und erotische Beziehung zwischen zwei Protagonisten, die sich niemals begegnen.

Für weibliche Romangestalten ist das geschlechtliche Begehren niemals integraler Bestandteil ihrer Ehe. Sowohl in ihren realen als auch in ihren erfundenen Formen finden Begehren und Erotik ihren Ausdruck außerhalb des Alltags. Den Worten Amos Oz' zufolge verkörpern Frauen die Katerstimmung und Wehmut des „Morgens danach".[7]

4.1 Die Ehe bei zeitgenössischen Autorinnen

Die zeitgenössische Literatur lässt sich durch den Bruch mit überkommenen Vorstellungen charakterisieren; thematisch kommt dies durch die Entmystifizierung der stereotypen Genderbilder in Ehe und Familie, im Eltern-Kind-Verhältnis und in der weiblichen Sexualität zum Ausdruck. Vor allem bei Autorinnen entwickelt sich eine neue weibliche Ausdrucksweise, wenn Romangestalten kontinuierlich die Schwierigkeit vermitteln, ihr Gefühls- und Sexualleben nicht ausleben zu können. Im Berufsleben haben Frauen relativ wenige Probleme, ihr Privatleben ist dagegen kompliziert. Seit den neunziger Jahren kommen die meisten Heldinnen gut mit dem Leben im „Draußen" zurecht, nur haben sie keinen Erfolg bei Männern. Sie sind entweder geschieden oder befinden sich gerade in einer Trennungsphase. Wenn sie jung sind, hassen sie entweder ihren Körper, oder sie sind in einen älteren Mann verliebt. Ihre sexuellen Beziehungen sind selten befriedigend, ganz im Gegenteil, sie er-

---

7 Amos Oz bezeichnet die fünfziger Jahre als die Zeit der Entzauberung, während Israel, weit ab von der großen Verzweiflung der heroischen Kriege, in einer Katerstimmung der Alltagsprobleme versinkt. Er erläutert: „Ich sage nicht, dass Hannah diese Dinge repräsentiert oder verkörpert, weil ich *Mein Michael* nicht deshalb geschrieben habe, dass Hannah etwas Bestimmtes verkörpert oder repräsentiert oder als Modell fungiert. Es kann aber sein, dass sie offen war gegenüber diesem Leid, gegenüber dieser Erfahrung, die die Menschen nicht anerkennen wollten und vorgaben, nicht gelebt zu haben."

scheinen als steril. Wenn ein Kind erwartet wird, ist es nur selten eine Frucht der Liebe.

4.1.1 Autorinnen aus dem religiösen Milieu

Der Unterschied zwischen Autorinnen des säkularen und des religiösen Milieus zeigt sich bei dem Thema, das uns hier interessiert, in der Tatsache, dass orthodoxe Ehen arrangiert werden und ihnen eine traditionelle Ehevermittlung (*shidukh*) vorangeht. Aus der Perspektive einer modernen oder gar feministischen Kultur ist in diesem Fall also verständlich, dass Ehen nicht als Orte des Begehrens gelten. Bei den der so genannten „feministischen" Strömung angehörenden Autorinnen liegen die Dinge nicht anders.

Bei Yehudit Rotem, die 1942 in Ungarn geboren wurde und aus einer ultra-orthodoxen Gemeinschaft aus Budapest stammt, wird das Familienleben als Aufeinanderfolge zwangsweise verordneter Aufgaben beschrieben, die sich nach einem festen zeitlichen Ablauf richten: Sabbat, religiöse Feste, die Gesetze der ehelichen Reinheit, der sexuelle Akt (ebenfalls dem Kalender, dem Zyklus der Frau, untergeordnet) und die Suche nach einem Mann für die Töchter. Die Ehefrau ist vom öffentlichen Leben ihres Mannes ausgeschlossen, das sich durch die Abwesenheit von jeglicher Privatheit kennzeichnen lässt. Die Vorgänge werden in psychologischer und affektiver Hinsicht als farblos und neutral beschrieben, dem Eheleben fehlt jede emotionale Zuwendung, und auch der sexuelle Akt folgt einem mechanischen Ablauf:

Nachdem er sich versichert hatte, dass ich mich strikt an das Gesetz gehalten hatte, kam er in mein Bett, von oben bis unten in seinen Schlafanzug eingekleidet. Und als er sich zurückzog, nachdem er mich geschwängert hatte, wandte ich mich leise ab, die Augen offen und mein Körper so kalt wie die Wand, gegen die ich mich presste. Die ganze Zeit war ich Eva, die Mutter aller Lebenden, und ich gebar alle Jahre wieder ein Kind. Meine Liebe und mein Verlangen behielt ich meinen Kindern vor, während die Schlange, dieser abscheuliche Instinkt, der Satan in mir, schlummerte, ohne sich zu bewegen und auf ihre Stunde wartete.[8]

In der Beschreibung des orthodoxen Milieus wird der Mann für seine Studien und seine Gelehrsamkeit, für seine Stellung in der Synagoge und in der Gemeinschaft geschätzt. In ihren Paarbeziehungen sprechen die Männer nicht oder nur selten und kümmern sich dabei vor allem um die Einhaltung des Gesetzes, meist auf Kosten der Gefühle der Frau.[9]

---

8 ROTEM, Lev natun ba-lev, in: DIES., A Footstool in Paradise, 69–70; vgl. auch die französische Übersetzung von Chantal Duris-Massa, Françoise Goudaert und Françoise Saquer-Sabin unter dem Titel „Un Marchepied au paradis", in: *Tsafon* Nr. 56, automne 2008 – hiver 2009, 163–173. Die Sammlung *A Footstool in Paradise* enthält die beiden Erzählungen *Lev natun ba-lev* (in der erwähnten französischen Übersetzung *Cœur à cœur*) und *Nagen li et ha-Apasionata* („Spiele mir die Apasionata").
9 ROTEM, Nagen li et ha-Apasionata, in: DIES., A Footstool in Paradise, 167–186.

Selbst bei religiösen Schriftstellerinnen sind die männlichen Figuren im Allgemeinen oft schwach und werden von Frauen dominiert, selbst wenn die Männer das Gesetz auf ihrer Seite haben. In *Ha-na'ara mi-agam Michigan*, einem Roman von Hanna Bat-Shahar, ist es die Schwiegermutter, die dem Ehemann vorschreibt, wie er sich gegenüber ihrer Tochter zu verhalten hat. Bei Yehudit Rotem werden die meist abwesenden Ehemänner auf imaginäre Weise in den Träumen ihrer Ehefrauen betrogen, die ihr unbefriedigtes Verlangen stillen wollen. In *A Footstool in Paradise* nimmt die Frau Rache an ihrem Mann, der sie aus seinem Leben in der Öffentlichkeit ausgeschlossen hatte, indem sie ihn nicht besucht, als er in Moskau im Gefängnis sitzt; er wiederum verlangt niemals eine Rechtfertigung für das Verhalten seiner Frau.

4.1.2 Die Autorinnen der „feministischen" Strömung

Auch bei den feministischen Autorinnen fehlt dem Männerbild jede positive Ausprägung. Der Ehemann wird abgewertet, als wenig anziehend (bei Zeruya Shalev wird er mit einem Schaf verglichen[10]), schwach, versehrt[11] und steril[12] beschrieben. In *Späte Familie* fragt sich Zeruya Shalev, ob sich die Familie nicht beschränkt auf:

ein Etwas, das dank der gleichen Postanschrift, desselben Kühlschranks, einer Waschmaschine, eines Bankkontos, der gleichen Urlaubspläne, bestimmter Rechte und Pflichten, Glaubensvorstellungen und Ideen zusammengehört.[13]

Die Beschreibung des sexuellen Aktes ist trivial, brutal, bar jeglicher Romantik – und abwertend für den Mann. In *Liebesleben* oder *Matisse hat die Sonne im Bauch* ist der Liebhaber ein alter, schmutziger und primitiver Mann. Grau und Gelb sind die dominierenden Farben der Beschreibung. Das Gelb der Zähne eines Kettenrauchers und das Grau eines alternden Mannes, dessen Hygiene zu wünschen übrig lässt:

[...] sie sah, daß er ein bißchen kleiner war als sie, registrierte, daß die Hemdzipfel – der oberste und unterste Hemdknopf fehlten – vorne lose über die Jeans hingen, um seinen Bauch zu verbergen, daß er jugendliche Jesussandalen trug, obwohl er schon um die fünfundvierzig war, und daß er einen Geruch nach Zigaretten, Schweiß und Wodka verströmte.[14]

Bei Hannah Bat-Shahar (geb. 1944) findet sich in der Beschreibung eines ultra-orthodoxen, dem Chassidismus zuzurechnenden Milieus eine Stelle über ein junges Mädchen, das sich von einem älteren Mann angezogen fühlt. Der

10 Vgl. SHALEV, Mann und Frau.
11 Vgl. ebd.
12 Vgl. SHALEV, Liebesleben und KATZIR, Matisse hat die Sonne im Bauch.
13 SHALEV, Thera, 122.
14 KATZIR, Matisse hat die Sonne im Bauch, 14.

ältere Mann benimmt sich wie ein Flegel, als er sich zu schuldhaften Intimitä-
ten hinreißen lässt und sie später verlässt, so dass sie zu einem Leben ohne
Ehe verdammt ist.

4.2 Freiräume

Einer der Hauptunterschiede zwischen religiösen und säkularen Autorinnen
besteht darin, dass die Figuren der letzteren ihr Heil in anderen amourösen
und sexuellen Verbindungen suchen. Sie verlassen ihre Ehemänner, um sich
auf die Suche nach anderen Verhältnissen zu machen, gehen neue Verbindungen ein, die sich aber dann erneut als unbefriedigend erweisen. Bei den Autorinnen aus dem religiösen Milieu spielt sich das Verhältnis Mann-Frau nicht
innerhalb der etablierten Paarbeziehung ab. Wenn das Begehren und die Erotik konkrete Formen annehmen, hängt dies immer mit einer Person zusammen, die aus dem religiösen Milieu ausgebrochen ist (Yehudit Rotem: *I loved
so much*; Mira Magen: *Schließlich, Liebe*).

Die meisten Fällen bleibt das Begehren der Frau in ihrem eigenen Milieu
gefangen, ohne dass der Versuch eines Ausbruchs unternommen würde. Auf
bildliche Weise wird verdeutlicht, dass man die Freiheit nicht durch die Flucht
oder das Überschreiten der eigenen Grenzen erreichen kann. Ein Papageien-
paar verlässt den Käfig nicht, als dessen Türchen geöffnet wird, denn: „Die
Freiheit ist für sie der Tod".[15]

Die Romanfiguren der religiösen Schriftstellerinnen finden ihre Freiräume
innerhalb der Grenzen der Gemeinschaft. Die Lektüre unkonventioneller Bücher wie Anna Karenina kommt einer unzulässigen Flucht gleich. Subversives
Agieren dem Mann gegenüber ist nur dann möglich, wenn dieser selbst zu
weit gegangen ist. Untergründige Erotik, fantasiert oder angedeutet, kann
auch in einer Beziehung unter Frauen ihren Ausdruck finden. Schließlich erscheinen Ehelosigkeit und Einsamkeit als Formen der Freiheit. Auf jeden Fall
verfallen die Frauen, die strikt den religiösen Regeln folgen, ebenso wenig ins
Romantisieren wie ihre säkularen Schwestern.

5. Schlussbemerkung

Es ist schließlich eine Schriftstellerin aus dem orthodoxen Milieu, der die Fu-
sion des Männlichen und des Weiblichen, aber auch der verschiedenen Tendenzen des weiblichen Erzählens in ihrem Roman *The Book of Creation*[16] gelingt. Die etwa dreißig Jahre alte Erzählerin, verbittert und noch Jungfrau,
verabscheut die ganze Welt und vor allem sich selbst. Sie kreiert einen Mann

---

15 BAT-SHAHAR, Das Mädchen vom Michigansee, 103.
16 BLAU, The Book of Creation.

aus schlammiger Friedhofserde, schafft einen Golem aus Worten und gehei-
men Formeln, überliefert von ihrer Großmutter, die diese selbst benutzt hatte,
in der Hoffnung, das Ghetto vor der Zerstörung zu retten. Seit der Zeit des
Talmud und der Aggada erinnert die Idee des Golem in der jüdischen Tradition an die bekannte Legende des Maharal von Prag im 16. Jahrhundert, der einen Golem geschaffen hatte, um die Juden vor der Verfolgung zu bewahren.[17]

Ausgehend von dieser „Kreatur" (auch „Puppe" genannt), die ihr in Wahrheit den Spiegel ihres eigenen Schattens und Begehrens vorhält, rettet die Ro-
manheldin sich vor dem Hass, den sie gegen sich selbst hegt. Sie entdeckt sich
selbst, denn der Golem erlaubt ihr, sich zu lieben, vor allem aber nimmt er ihre Worte ernst und zwingt sie dazu, ihr Verlangen auszuleben. Andernfalls
kann er ihr nicht gehorchen.

Der Roman steht im Zusammenhang mit der zeitgenössischen hebräischen
Frauenliteratur, unabhängig von ihrer Herkunft. Diese Literatur arbeitet das
Profil des Individuums heraus, vor allem das der Frau, ihr Verlangen nach
Liebe und Intimität. Dieser Roman konzentriert sich auch auf den Körper,
der oft Gegenstand der Bewunderung, aber auch des Widerwillens ist. Er vollzieht eine Synthese zwischen der Literatur der „feministischen" Strömung
und dem Erbe der mystischen Überlieferung. So bricht er mit dem Geist der
israelischen Literatur, die sich lange Zeit von der jüdischen Vergangenheit
und ihrer Tradition abgewandt hatte. Seharah Blau (geb. 1973) greift auf sub-
versive, höchst feministische Weise diesen jüdischen Mythos auf. Eine Frauen-
gestalt erschafft sich einen Mann für ihren persönlichen Gebrauch; sie eignet
sich ihn an, indem sie den Mythos der Schöpfung umkehrt. Es ist die Frau,
die als Schöpferin des Mannes auftritt, und damit die Kreatur ihrer Rolle gerecht werden kann, nimmt sich die Frau die Freiheit, ihr Begehren in Worte
zu fassen.

Literatur[18]

BAT-SHAHAR, H., הנערה מאגם מישיגן (Das Mädchen vom Michigansee), Bne Brak
2002.

BLAU, S., יצר לב אדמה (The Book of Creation), Dvir 2007.

FEININGER, B., Amos Oz verstehen – Literatur und jüdisches Erbe im heutigen Israel,
Arbeiten zum Neuen Testament und Judentum 9, Frankfurt am Main, Bern 1986.

GROSSMAN, D., שתהיי לי הסכין, Hakibbutz Hameuhad 1998 (deutsch: Sei du mir
das Messer, übers: von N. Nir-Bleimling, München 1999).

---

17 Vgl. IDEL, Golem.

18 Den hebräischen Titeln der besprochenen Romane sind in Klammern die englischen Neben-
titel bzw. deutschen Übersetzungen des Titels beigefügt; zudem wird angegeben, wenn die jeweiligen Titel in deutscher, englischer oder französischer Übersetzung erschienen sind.

IDEL, M., Der *Golem*. Jüdische magische und mystische Tradition des künstlichen Anthropoiden, Frankfurt a. M. 2007.

KATZIR, J., למטיס יש את השמש בבטן, Hakibbutz Hameuchad 1995 (deutsch: *Matisse hat die Sonne im Bauch*, Zürich 1997/München 1999; französisch: La Mer est là ouverte, Paris 2003).

MAGEN, M., בשוכבי ובקומי אשה, Jerusalem 2000 (deutsch: *Schließlich, Liebe*, übers. von M. Pressler, München 2004).

MICHAEL, S., חסות, Tel Aviv 1977 (englisch: *Refuge*, Philadelphia 1988).

OZ, A., *Where the Jackals Howl*, Jerusalem 1965.

–, מיכאל שלי, Jerusalem 1968 (deutsch: *Mein Michael*, übers. von G. Podlech-Reisse, Düsseldorf 1979).

–, לדעת אשה (deutsch: *Eine Frau erkennen*, übers. von R. Achlama, Frankfurt 1991).

ROTEM, Y., אהבתי כל כך (*I loved so much*), Tel Aviv (sifrei hemed) 2000.

–, הדום בגן עדן (*A Footstool in Paradise*), Tel-Aviv 2005.

SHAHAR, D., סוכן הוד מלכותו, Tel Aviv 1979 (deutsch: *Agent seiner Majestät*, übers. von J. Hessing und N. Woelfl, Königstein im Taunus 1984).

SHALEV, Z., חיי אהבה, Jerusalem 1997 (deutsch: *Liebesleben*, übers. von M. Pressler, Berlin 2000).

–, בעל ואשה, Jerusalem 2000 (deutsch: *Mann und Frau*, übers. von M. Pressler, Berlin 2001).

–, תרה, 2005 (deutsch: *Späte Familie*, übers. von M. Pressler, Berlin 2005).

SHAMIR, M., הוא הלך בשדות (*He went in the Fields*), Jerusalem 1948.

TAMMUZ, B., הפרדס, Jerusalem 1994 (deutsch: *Der Obstgarten*, übers. von M. Zemke, Gerlingen 1999).

–, Minotaur מינוטאור, Jerusalem 1992 (deutsch: Das Geheimnis des *Minotaurs*, übers. von F. Vernan, Gerlingen 1999).

YEHOSHUA, A., B., המאהב Tel Aviv 1981 (deutsch: *Der Liebhaber*, übers. von J. Hessing, Stuttgart 1980).

–, הכלה המשחררת, Hakibbutz Hameuchad 2001 (deutsch: *Die befreite Braut*, übers. von R. Achlama, München 2003).

Mouez Khalfaoui

Female Apostasy in Islam: Historical Debate and Current Challenges

1. Introduction

Apostasy represents a significant challenge for scholars of Islamic Law. The debates about whether an apostate should be put to death, whether or not this punishment is meant for both males and females, and how to deal with apostasy in modern global societies still concern Muslims, as well as "former" and non-Muslims. On the one hand, there are Muslims living in the West, in countries that are ruled by the values of freedom and human rights, who are embarrassed by this punishment. They hope for reform in this part of Islamic Law in order to avoid the embarrassment they experience in their countries of residence when this punishment is carried out.[1] On the other hand, there are several scholars of Islamic Law, who argue that the death penalty for apostates is part and parcel of Islam as a holy religion and should be applied categorically and without change. They emphasize that rejection of this severe penalty will encourage people to become apostates and to reject Islam for another religion. The International Forum of Islamic Law, which met in Shariqah in the United Arab Emirates in 2009, maintains this argument.[2] The summit compared apostasy to an illness and argued that apostasy should be treated in the same way as a contagious disease. Accordingly, the participants in the forum stressed that Muslim states should struggle against apostasy with the same resolve that they would have for fighting contagious diseases. In this paper, I argue that the origins of the current debate about apostasy in Islam, and especially the debate about female apostasy, can be found in sources of Islamic Law. In doing so, I will show that there is a fundamental misunderstanding and false interpretation of the Islamic Law sources in the debate taking place today. A reinterpretation of this scholarly debate would bring a new understanding of apostasy as a challenge to the development of Islamic Law, as well as in the development of the relationships between Muslim and non-Muslim states. This paper addresses one of the critical aspects of the apostasy debate: female apostasy. Despite the common opinion that the punishment for apostasy is death, scholars of Islamic Law often differ in opinion on the question

---

1 The best example of the thinking of this group is the chapter on apostasy by Mohamed Charfi, the former Tunisian minister of education and human rights activist, in his book *Islam et liberté*. The chapter deals with apostasy as a challenge to Human rights. Cf. CHARFI, Islam et liberté, 76 ff.

2 http://mdarik.islamonline.net/servlet/Satellite?c=ArticleA_C&cid=1239888591790&page name=Zone-Arabic-MDarik%2FMDALayout (read on Sept. 5th 2009).

of how to deal with female apostasy. Unlike Šāfi'īs, Ḥanbalīs, and Mālikis, who are unanimous in their belief that the female apostate should also be put to death, Ḥanafī and Šī'ī scholars exclude the female apostate from the death penalty.[3] Taking into consideration the significance of the debate about apostasy, and especially about female apostasy, with regard to its direct correlation with international relations, human rights norms, and the development of Islamic Law in modern societies, this paper addresses the following questions: How has female apostasy been debated by scholars of Islamic Law? Why do scholars of the Ḥanafī School, the most geographically widespread school of Islamic Law, distinguish between genders with regard to the punishment for apostasy? How could this debate be used in contemporary discussions about apostasy? These questions will be debated successively.

2. The Debate about Female Apostasy within Islamic Jurisprudence

Apostasy (Arabic: *Irtidād*) as examined here consists of converting from Islam to another religion.[4] In *Lisān al 'Arab*, one of the most important lexicons of the Arabic language, Ibn Manẓūr (d. 1311) distinguishes between apostasy and conversion to non-belief (Arabic: *ridda*).[5] Scholars of Islamic Law unanimously agree that in order to become an apostate (Arabic: *murtadd*), a self-proclaimed Muslim must turn away from Islam at a later date.[6] The most common belief is that apostasy can only be committed verbally: "the apostate pronounces the words of *kufr* after belief."[7] The debate about apostasy in Islamic Law has mostly focused on the subject of capital punishment for apostates. The female apostasy debated in this paper will be interpreted as an inherent part of this debate about the death penalty.

Before the interpretation of female apostasy, a brief introduction to the subject of this discussion is necessary. The death penalty for apostates is based primarily on the interpretation of two verses of the Koran. Firstly, a verse in the Sura of Women (*an-nisā'*) [4:90]:

[...] If they do not stand aside and propose submission to you, nor hold back their hands, then size them and kill them wherever you find them. Over these We have granted you explicit sway.[8]

---

3   The Ḥanafī School of Law, whose scholars have been harshly criticized by their colleagues; as a case in point see the critique by aš-šāfi'ī (d. 820) in his famous book *Kitāb al-'Umm* against the argumentation of the Ḥanafī School of Law on this subject.
4   Cf. Niẓām, Al-Fatāwā al-Hindiyya Al-'Ālamǧīrīyya, vol. II, 227 f.
5   Cf. Ibn Manẓūr, Lisān al 'Arab, vol. III, 172 ff; Zwemer, Law, 5.
6   Cf. Al-Marġinānī, Al-Hidāya šarḥ bidāyat al-mubtadī, vol. III, 79 ff.
7   Niẓām, Al-Fatāwā al-Hindiyya, cf. note 4.
8   Khalidi, Qur'an, 73.

Secondly, a verse of the Sura of the Bee (*an-naḥl*) [16:108]:

Whoso disbelieves in God after his belief- except for one forced to recant though his heart is firm of faith- or else whoever expands his heart with unbelief, upon them shall fall the wrath of God, and a mighty torment awaits them. This is because they fancied the present life above the hereafter; but God guides not the unbelievers. It is they whom God has put a seal upon their heats, their hearing and their sight. They are heedless. No doubt about it: in the hereafter they shall be the losers.[9]

Although these Qurʾanic verses do not contain an explicit reference to killing an apostate, scholars of Islamic Law are more or less unanimous that the punishment for apostasy is death. As a justification for this ruling, they refer to the tradition of the Prophet Mohammad, which says: "Kill him who changes his religion."[10] Most scholars of Islamic Law base their opinion concerning apostasy on arguments from the Qurʾan and the tradition of the Prophet (Hadith). They also make use of the opinions held by some of the Prophet Mohammad's companions such as ʿAlī Ibn ʾAbī Ṭālib (d. 661) and ʾIbn ʿAbbās (d. 688), who have had a significant influence on the entire discussion concerning apostasy.[11] These opinions (those of ʿAli and Ibn ʿAbbās) are referred to in sources of Islamic Law as presenting a disagreement between scholars with regard to the question of how to carry out the death penalty. The contrast between these two opinions can also be found in Hadith sources as well. In his commentary on the compendium of Hadith of ṣaḥīḥ al-Buḥārī, Ibn Ḥaǧar al-ʿAsqalānī, a šāfiʿī scholar, refers to this disagreement in the following words: "When Ibn ʿAbbās was informed about ʿAli's burning of the apostates, he said 'if I were him, I would not have burnt them, because the Prophet Muhammad, peace be upon him, prohibited that.'"[12] Thus, it seems that, despite the disagreement concerning the interpretation of religious texts and traditions, scholars of Islamic Law unanimously share the opinion that the punishment for apostasy should be death but differ on whether it should be carried out on both genders. In the following section, I will deal with these differences regarding the punishment for the female apostate and the grounds upon which they base their arguments.

---

9 KHALIDI, Qurʾan, 219f.
10 AL-BUḤĀRĪ, Al ǧamiʿ aṣ-Ṣaḥīḥ, Dār al-fikr, Bayrūt, vol. 8, p. 50, repr. 1981; ABŪ YŪSUF, Kitāb al-Ḥarāǧ, Dār al-maʿrifa, Bayrūt, 179–186, repr. 1979.
11 Samuel M. Zwemer gives a detailed overview of this subject: cf. ZWEMER, Law, 33 ff.
12 Cf. IBN ḤAǦAR AL-ʿASQALĀNĪ, Fatḥ al-Bārī bišarḥ ṣaḥīḥ al-Buḥārī, Dār al-Maʿrifa, vol. 12, 299 ff.

3. Female Apostasy

Despite the agreement among the majority concerning the death penalty for
male apostates, scholars of the four main schools of Sunni Islam differ with
regard to female apostasy. Two main trends should be mentioned here: The
first trend includes scholars who argue against putting female apostates to
death. They base their opinion on the interpretation of the tradition of the
Prophet Muhammad, who prohibited killing women in war. Their argument
is based on the following tradition: "When the prophet – may God bless him-
once saw a non-Muslim woman in the battlefield, he said, 'this was not a soldier [to be killed],' then he prohibited killing women."[13] This opinion is most
commonly held within Sunni Islam, by those in the Ḥanafi School of Law.
The second trend consists of those scholars who interpret the above-mentioned tradition of the Prophet (concerning the killing of women) as being
limited to cases of war. Furthermore, they argue that only non-Muslim women are included in this tradition of the prophet. These women are not affected by the punishment for apostasy at all. The argumentation among those
who are in favour of killing female apostates is based on establishing an analogy between men and women concerning judgments in cases of serious
crimes (ḥudūd). šāfiʿī, ḥanbalī, and mālikī think that the treatment of women
is similar to the treatment of men as far as ḥudūd-crimes are concerned. They
argue that men and women are treated equally in cases of robbery, adultery,
and murder, with the punishment for these crimes being the same regardless
of gender. Since apostasy is thought to belong to this constellation of serious
crimes, they maintain that women should be put to death as well as men.[14]

The literature related to the subject of female apostasy has borne witness to
substantial concern about this subject since the very beginning of Islamic
Law. The debate between the two groups of scholars mentioned above began
in the early stages of Islamic Law and took place mainly between Abu Ḥanīfa
(d. 767) and his disciples, on the one side, and mālikī, šāfiʿī, and ḥanbalī
scholars on the other. Two different sources provide a detailed view of the
way that ḥanafi and šāfiʿī scholars have dealt with this challenging subject.
The Egyptian šāfiʿī scholar and commentator of Hadith, Ibn ḥaǧar al-ʿAsqalānī (d. 1449), and the central Asian scholar, Burhān-ud-Dīn ʿAli ibn ʾAbī
Bakr al-Marǧinānī (d. 1197), will be used as case studies in the next section.

---

13 Ibn Ḥaǧar al-ʿAsqalānī, vol. 12, 300.
14 Cf. Ibn Ḥaǧar al-ʿAsqalānī, vol. 12, 299 ff.

4. Female Apostasy According to Ibn Ḥaǧar

In his famous commentary on Hadith, *Fatḥ al-Bārī*, Ibn ḥaǧar (d. 1449) begins the chapter on apostasy with the Hadith "kill him who changes his religion."[15] After debating the differences of opinion between ʿAli and Ibn ʿAbbās about how apostates should be killed, Ibn ḥaǧar deals with the issue of female apostasy. Rather than handling this subject in a separate chapter, he approaches it as a part of the debate on apostasy as a whole. His main focus is the interpretation of the tradition of the Prophet Muḥammad in which the Prophet prohibits the killing of women in war. In this regard, Ibn ḥaǧar believes that Ḥanafi scholars have mistakenly considered the words of the prophet Muḥammad to be a general rule in the treatment of women, while the assembly of scholars (al ǧumhūr) considers this argument to be limited to cases of war between Muslim and non-Muslim armies. Ibn ḥaǧar, the šāfiʿī scholar, supports this latter interpretation and uses the analogy to argue that there is not any exception in applying punishment for serious crimes. As men and women are regarded as equal by Islamic Law in cases of robbery, murder, and adultery and because apostasy is within the same category of crimes, Ibn Ḥaǧar asks why women should be exempted from capital punishment only in the case of apostasy. Furthermore, Ibn ḥaǧar argues that the judgment made by the Prophet to "kill him who changes his religion"[16] is not limited to apostasy from Islam but also concerns apostasy from any non-Muslim religions, i.e., the conversion from one non-Muslim religion to another, as in the conversion from Christianity to Judaism.

According to this view, the death penalty should be categorically applied whenever a subject of a Muslim state changes his or her religion. The only kind of conversion allowed is conversion to Islam.[17] Ibn ḥaǧar considers the opinion of Ḥanafi scholars a misunderstanding of the meaning of the tradition from the Prophet Muhammad and argues that their opinion should be treated as a marginal statement, one which does not represent the majority of Muslim scholars. In the following section, I will present how Ḥanafi scholars of Islamic Law respond to the arguments presented by šāfiʿī scholars regarding the issue of female apostasy.

15 Cf. IBN ḤAǦAR AL-ʿASQALĀNĪ, vol. 12, 299.
16 Cf. note 15.
17 Cf. IBN ḤAǦAR AL-ʿASQALĀNĪ, vol. 12, 300 ff.

5. The Debate about Female Apostasy as seen by al-Hidāya

Written in Central Asia during the twelfth century by the famous Ḥanafi scholar Burhān-ud-Dīn al-Marġinānī (d. 1197), the law manual al Hidāya (The Guidance), became one of the leading references for Ḥanafi law over the course of time, not only in Central and South Asia, but also throughout the Muslim world.[18] In some regions its importance for legal questions is compared to that of the Holy Qurʾan.[19] Al-Hidāya was translated into English in the mid-nineteenth century by Neil Baillie, who chose it among several other sources of Islamic Law to be a representative book that could be applied in courts within British India.[20] Indeed the importance of al-Hidāya consists of the fact that it illustrates previous sources of Ḥanafi law and presents them for use by subsequent generations. Al-Hidāya presents the debate on female apostasy in the following words:

Concerning female apostates, they should not be killed if they commit apostasy. Al-Shāfiʿī, may God bless him, says, "they should be killed because of the references narrated above [here the Qurʾan and Hadith]. And because the apostasy of men is punished by death, due to the fact that his apostasy is a grave crime (ǧināya) which is met by a grave punishment. The same is to be said concerning female apostasy." For us [i.e. the Ḥanafis], we base our opinion of not killing women if they commit apostasy on the fact that the Prophet – may God bless him – prohibited the killing of women and also because the norm of judgment is to leave the judgment for such a crime to the day of the final judgment. Applying the death punishment threatens the principle of temptation (al-imtiḥān). The reason of the deviation from this norm [that of leaving the punishment to the Judgment Day] is to reject (dafʿ) the danger of war. Women are not expected to fight in virtue of their disposition, unlike men.[21]

To support his argument, al-Marġinānī argues that this opinion can be found in the main sources of Ḥanafi law such as al-ǧāmiʿ aṣ-ṣaġīr of Muḥammad aš-šaybānī (d. 805). Consequently, Ḥanafi scholars unanimously share the opinion that if a female converts from Islam, she should be imprisoned until she repents instead of being killed. This decision is explained by Abu Yusuf (d. 798) in his kitāb al-ḥarāǧ in the following words:

I asked: if a woman converted from Islam, what would be the ruling for her? He replied: "Abu Ḥanīfa held that she would not be executed, but imprisoned indefinitely until she returns to Islam." I asked: would you not execute woman at all? He replied: "No."[22]

---

18 Cf. KHALIFA, Kašf aẓ-Ẓunūn ʿan ʾasāmī al-Kutub wal-Funūn, vol. II, 2031.
19 Cf. ibid.
20 Cf. BAILLIE, Moohummudan Law. Part Two containing the doctrine of the imameea code of jurisprudence on the most important of the same subjects.
21 AL-MARĠINĀNĪ, Al-Hidāya, vol. 3, 79 ff.
22 KHADDURI, Islamic Law, 204 f.

It is noteworthy that Abu Yūsuf argues that the exemption of women is based on the opinion of Ibn ʿAbbās (d. 688) rather than on the opinion of the Prophet as cited above: "Concerning female apostates, we take the opinion of ʾIbn ʿAbbās who says 'A Women should not be killed if she converts but she should be imprisoned until she repents.'"[23]

As far as female apostasy in Islamic Law is concerned, Al-Marġinānī (d. 1197) deals with this subject by reconstructing the entire debate: Before presenting the interpretation by Ḥanafi scholars on this subject, he presents the opinion of aš-šāfiʿīī regarding female apostasy and explains his arguments. He then presents the Ḥanafi school's arguments using the subject "we." It seems that al-Marġinānī understands the debate as being a matter of analogy: While šafiʿis base their argumentation on the absolute equality or analogy between man and woman in the punishment of serious crimes (ḥudūd), Ḥanafi scholars use this equality or analogy to exempt women from capital punishment. According to their argument, the female apostate is analogous to the women whom the Prophet Muhammad exempted from being killed in war. In other words, Ḥanafi scholars emphasize that the prohibition by the prophet Muhammad against killing women in war should also be applied to cases of apostasy. The author of al-Hidāya goes further in refining the argumentation by Ḥanafi scholars regarding the exemption of women from the death punishment, by bringing new arguments to light. His primary argument is related to the concept or understanding of war in Islamic Law – in his view the main reason for exempting women from the death penalty. To explain this, Al-Hidāya goes back to the original idea of punishment. Al-Marġinānī argues with regard to punishment that the religious verdict of the death penalty is among God's rights (ḥaq al-Lāh). As it was thought that God alone has the right to kill, and due to the fact that killing contradicts both the notion of temptation (ibtilaʾ) and that of the final judgment on the day of judgment, al-Marġinānī considers killing male apostates to be the exception and not the general rule. He maintains that this exception is due to the notion of war: the killing of the male apostate is a result of the fear that the male apostate would join the army of the enemy and take part in the war against Muslim armies. Consequently, the killing of male apostates is equivalent to killing potential soldiers of the enemy army before they join their army and territory.[24]

With regard to this aspect of apostasy, it seems that scholars within the Ḥanafi school of law have based their ruling on exempting females from the death penalty on the same statements presented by their opponents (Malikis and šāfiʿī, etc.). Nevertheless the two groups of scholars differ on the question of how and in which sense analogy should be applied. Al-Hidāya argues that women do not participate in war, and this is the main reason for exempting them from capital punishment. This issue directly involves the relationship of

---

23 Abū Yūsuf, Kitāb al-Ḫarāǧ, 179.
24 Cf. Al-Marġinānī, Al-Hidāya, vol. 3, 79 ff.

the territory of Islam (*Dar al-Islām*) and the territory of the enemy (*Dar al-Ḥarb*). Thus, the ruling of the death penalty for the male apostate is based on the assumption that if a man converts from Islam, he could go to the territory of infidels. More specifically, he could join the army of the enemy and take part in the war against the Muslim armies. Killing the male apostate is, therefore, analogous with killing non-Muslim enemy soldiers. Since the two entities *Dar al-Islām* and *Dar al-ḥarb* are supposed to be continuously at war according to Islamic Law, people from each territory were only allowed to live for short amounts of time on the territory of the other group in the case of bilateral agreements.[25] Because apostates are not allowed to reside within Muslim territories, they only have one choice: to leave the Islamic territory and live on enemy territory – unless they are captured and put to death by the Muslim state. Furthermore, the writings of the Ḥanafi School of law stress that apostasy is usually related to the act of leaving the Islamic territory, to infidelity, as in the statement," if he leaves Islam and goes to the territory of the enemy,"[26] which is commonly used in sources of Islamic Law as a condition for changing the status of apostates living in Muslim territories.

As we have seen, in the opinion of Islamic Law scholars the apostate is treated as nothing but a potential soldier for an enemy army. As females are not obliged to actively take part in war, Ḥanafi scholars exempted them from the death penalty. This ruling is based on the fact that because women were not involved in war the threat of becoming part of an enemy army was not there: "It has also been related to us from the Apostle of God that he prohibited the killing of unbelieving women in war."[27] In this regard, women are equal to teenagers (*ṣabiy*), the elderly (ʿaǧiz), and the mentally ill (maʿtuh), all of whom are exempted from the Islamic rulings of war and peace.

From the above-mentioned discussion it can be deduced that the debate regarding apostasy in Ḥanafi teachings depended primarily on the ruling concerning the relationship between Muslim and non-Muslim states. The debate on apostasy presented in the above-mentioned sources is limited, however, only to verbal apostasy – the renouncing of Islam with words. This aspect does not include other forms of apostasy, which are intensely debated in later sources of Islamic Law. For example, Ḥanafi law books from the fourteenth through the seventeenth century in South Asia were more concerned with behavioral or symbolic apostasy than they were with verbal apostasy. The debate about apostasy in the collections of Fatwa like *al-Fatāwā at-Tatārḫāniyya* (14th century) as well as in *al-Fatāwā al-Hindiyya* (17th century), two main sources of Ḥanafi law in South Asia, is therefore primarily based on discussing the forms of apostasy in which Muslims behave, dress, or celebrate like non-Muslims. These actions, which were considered crimes, were seen as acts of

25 This does not include exceptions for traders.
26 Cf. KHADDURI, Islamic Law; AL-HIDĀYA, ibid.
27 KHADDURI, ibid.

apostasy.[28] Although this kind of apostasy usually happens during peacetime and in multi-religious societies like that in the South Asian society of the Mughal Empire, there is no answer in these sources regarding the extent of the punishment for symbolic apostasy. Those Ḥanafi sources do not make any difference between men and women for symbolic apostasy.

To sum up, it seems that the debate about female apostasy has concentrated on the interpretation of the tradition of the Prophet that prohibits the killing of women in war. Accordingly, Ḥanafi scholars debated female apostasy as part and parcel of the debate about the relationship between Muslim and non-Muslim states. The understanding of the distinction of *Dār al-Islām* and *Dār al-Ḥarb* has changed in the modern era, and therefore the question of whether this change also has significance for the punishment for apostasy is of great importance; it could lead to a change in the entire understanding of apostasy in Islam. This discussion will be pursued in further detail in the next section.

6. Discussion about Apostasy in the Modern Era

The rules guiding the interaction of Muslim states with non-Muslim states, and by extension with its non-Muslim citizens, changed categorically for the first time in the nineteenth century. Around the mid-nineteenth century, the Ottoman Empire significantly relaxed the restrictions placed on its non-Muslim residents. This change of attitude towards non-Muslims was due to the reform movement (*Tanzimat*), which was begun in 1839 by the Ottoman sultan Abdul-Majid. On November 3, 1839, an edict called the *Hatt-i Sharif of Gulhane* proclaimed the principle of equality for all subjects of the Ottoman Empire, regardless of their religion. In 1843, the Grand Vizier wrote an official letter to Lord Ashley in which he says:

> The laws of the Koran compel no man to become a Musalman, but they are inexorable both as respects a person who embraces another religion, and as respects a person who, having of his own accord publicly embraced Islam, is convicted to having renounced that faith. No consideration can produce a commutation of the capital punishment to which the law condemns him without mercy.[29]

In 1856, another edict was issued by the Ottoman Empire called *Hatt-i Humayoun*. This edict resulted from the pressure exerted by European ambassadors. It stressed the principle of equality between the empire's Muslim and non-Muslim subjects. This reform brought the abolishment of poll taxes (*Ǧizya*) and allowed non-Muslims to join the Ottoman army.[30] This edict

---

28 Cf. Nizām, Al-Fatāwā al-Hindiyya Al-ʿĀlamǧīrīyya; Khalfaoui, l'islam, 126 ff.
29 Zwemer, Law, 5.
30 Cf. ibid., 21 ff.

ended the notion of enmity between Muslim and non-Muslim territories. Consequently, the conversion from Islam to another religion theoretically became possible and no longer represented a threat to the Islamic faith. Accordingly, apostates were not treated as potential soldiers in an enemy army and were not in danger of the death penalty. The change of attitude on the part of the Muslim state towards non-Muslim states from the mid-nineteenth century onward was just the beginning of major changes regarding the interaction of Muslim and non-Muslim states.

Indeed, the way Muslim states interact with their non-Muslim subjects as well as with non-Muslim states has changed categorically in the twentieth and twenty-first centuries. In the wake of the decolonization of the Muslim world in the mid-twentieth century, the *Khilafat*, the representative political institution unifying Muslims, has led to the division of the Muslim world into several nation states ruled by national elites who were trained mostly in the West. From this time onwards the bilateral interaction of Muslim states with non-Muslim states has been continuously reinforced. The relationship between these two political constellations no longer depends on religious notions regarding war and peace, and the Islamic Law of continuous war (Ǧihād) is no longer in use. Consequently, the death penalty for apostates, which was based mainly on the fear that those who converted from Islam would come to the assistance of enemy armies, is no longer valid. One would expect then, that the death penalty for apostasy would be re-examined in light of the contextual change mentioned above. Yet it is heading in an unanticipated direction.

It seems that the plaidoyer for the reintroduction of the death penalty for apostates is due to both the socio-political situation in many Muslim majority societies and the situation for the ʿUlamaʾ in these societies and in the West. The above-mentioned International Forum of scholars of Islamic Law that met in 2009 shows that the ʿUlamaʾ's plaidoyer for the reintroduction of the death penalty for apostasy is not a goal in and of itself, but instead a means in their struggle to regain power. In different countries, the norms of Islamic Law are practiced in different ways. The Islamic laws of inheritance and marriage, for example, are not applied in many Muslim countries but the ʿUlamaʾ are not struggling to reintroduce them. This makes one wonder why they insist in particular on the law of apostasy. In this regard, the reintroduction of the death penalty seems to be a weapon, which one uses in order to gain more power and influence.

7. Conclusion

In closing, it seems that the debate about female apostasy within the Ḥanafi school of law was based more on the political relationship between Muslims and non-Muslims than on religious grounds. Nevertheless, the exemption of the female apostate from the death penalty could be an opportunity to re-think the punishment for apostasy as a whole, particularly in light of the con-temporary global debate regarding human rights and international relations and especially as armed struggle between religions has been replaced by a longing for peace and cooperation. Finally, the global context in which neither Muslims nor non-Muslims are obliged to live in their respective territories has changed the entire context of the debate regarding apostasy.

Bibliography

ABŪ YŪSUF, Y., *Kitāb al-Ḥarāǧ*, Dār al-maʿrifa, Bayrūt repr. 1979.

AL-ʿASQALĀNĪ IBN ḤAǦAR (Aḥmad ibn ʿAli), *Fatḥ al-Bārī bi-šarḥ ṣaḥīḥ al-Buḫārī*, Dār al-Maʿrifa (no date).

AL-BUḪĀRĪ, MUḤAMMAD IBN ISMĀʿĪL, *al-Ǧāmiʿ Aṣ-ṣaḥīḥ*, Dār al-Fikr, Bayrūt repr. 1981.

AL-MARǦINĀNĪ, Burhān-Dīn, *Al-Hidāya šarḥ bidāyat al-Mubtadī*, al-Maktaba at-Tawfīqiyya, Cairo (no date).

BAILLIE, N., A Digest of *Moohummudan Law* on the subjects to which it is usually applied by British courts of justice in India, London 1869.

CHARFI, M., *Islam et liberté*: le malentendu historique, Paris 1999.

IBN MANẒŪR, M., *Lisān al-ʿArab*, Dar-ṣādir, Bayrūt repr. 1990.

KHADDURI, M. (Tr.), The *Islamic Law* of Nations. Shaybāni's Siyar, Baltimore 1966.

KHALFAOUI, M., *l'islam* indien: pluralité ou pluralisme, Frankfurt a. M. 2008.

KHALIDI, T., The *Qurʾan*, A New Translation, London 2008.

KHALIFA, H., *Kašf aẓ-Ẓunūn ʿan ʾasāmī al-kutub wal-funūn* (The Removal of Doubt from the Names of Books and the Sciences), Maktabat al-Islāmiyya wa al-Ǧaʿfarī Tabrīzī, Tehran repr. 1997.

NIẒĀM, Š., *Al-Fatāwā al-Hindiyya Al-ʿĀlamǧīrīyya*, Dār Ṣādir, Bayrūt repr. 1991.

ZWEMER, S. M., The *Law* of Apostasy in Islam, ed. by the Christian Literature Society for India, London/New York 1924.

http://mdarik.islamonline.net/servlet/Satellite?c=ArticleA_C&cid=1239888591790 &pagename=Zone-Arabic-MDarik%2FMDALayout (read on Sept. 5th 2009).

Indices

1. Schriftstellen

I. Hebräische Bibel

II. Außerkanonische Schriften

III. Qumran

IV. Neues Testament

V. Außerkanonische Schriften neben dem Neuen Testament

VI. Rabbinische Schriften

VII. Sonstige Schriften

VIII. Koran

2. Personen

2.1 Bibel

2.2 Sonstige Antike und Spätantike

2.3 Andere

Autorinnen und Autoren

Anteby-Yemini, Dr. Lisa, Ethnologin, chargée de recherche am CNRS (Centre National de la Recherche Scientifique, Frankreich), Mitglied des *Institute of Mediterranean, European and Comparative Ethnology*, Maison Méditerranéenne des Sciences de l'Homme, Université de Provence. *Forschungsinteressen*: Jüdische und nicht-jüdische Einwanderung nach Israel.

Balog, Peter Yeshayah, Rabbiner, B.A., M.A.; *Forschungsinteressen*: Deutsch-jüdische Orthodoxie, Isaac Breuer.

Boudignon, Dr. Christian, *Maître de conférences de langues et littérature grecque* an der Universität Aix-Marseille; Directeur de l'Université d'été (CNRS – Université de Provence) *Forschungsinteressen*: Gräzistik, Literatur der Kirchenväter, antike und mittelalterliche Literatur des Mittelmeerraumes, Maximus Confessor.

Chaumont, Dr. Éric, chargé de recherche am CNRS (Centre National de la Recherche Scientifique, Frankreich) und am CFRJ (Centre Français de Recherche à Jérusalem). *Forschungsinteressen*: Rechtstheorie, islamisches Recht.

Frenkel, Dr. Miriam, Senior Lecturer am Department for Jewish History der Hebrew University Jerusalem, Israel. *Forschungsinteressen*: Die Kairenser Geniza; Geschichte der Juden im Mittelalter in den islamischen Ländern.

Frenkel, Dr. Yehoshua; University of Haifa, Israel. *Forschungsinteressen*: Geschichte der islamischen Gesellschaften im Mittelalter.

Giorda, Dr. Mariachiara; Università degli Studi di Torino, Italien. *Forschungsinteressen*: Kirchengeschichte, Geschichte der monastischen Bewegungen in der Antike.

Großhans, Dr. Hans-Peter; Professor und Direktor des Seminars für Systematische Theologie und des Instituts für Ökumenische Theologie an der Ev.-Theol. Fakultät der Westfälischen Wilhelms-Universität Münster. *Forschungsinteressen*: Religionsphilosophie, Gotteslehre, Ekklesiologie, Ökumene, weltweites Christentum, Verhältnis von Religion und Politik.

Khalfaoui, Dr. Mouez, Dozent an der Freien Universität Berlin. *Forschungsinteressen*: Islam als Minderheitsrecht, Islamunterricht, muslimische Kulturen und Geschichte(n).

Krause, Joachim J., Eberhard Karls-Universität Tübingen, Ev.-Theol. Fakultät. *Forschungsinteressen*: Literaturgeschichte der Hebräischen Bibel (Pentateuch und Vordere Propheten); Methoden und Theorie der Exegese.

Laurence, Dr. Patrick, Professor für lateinische Philologie an der Université François Rabelais, Tours, Frankreich. *Forschungsinteressen*: Römisches Recht, Frauen in der Antike.

Morgenstern, Dr. Matthias, Professor am Institutum Judaicum der Eberhard Karls-Universität Tübingen, Ev.-Theol. Fakultät. *Forschungsinteressen*: Rabbinische Literatur, deutsch-jüdische Orthodoxie, neuhebräische Literatur, jüdisch-christlicher Dialog.

Ofengenden, Dr. Ari, Assistant Professor, Jewish studies department, Oberlin College, USA. *Forschungsinteressen*: Jüdische und hebräische Literatur, Psychoanalyse, Literaturtheorie.

Parinello, Dr. Rosa Maria, Gymnasiallehrerin in Turin, Italien. *Forschungsinteressen*: Geschichte der byzantinischen Mönchsbewegung.

Petersen, Anders Klostergaard, Associate Professor, Head of Department for the Study of Religion, Universität Aarhus, Dänemark. *Forschungsinteressen*: Judentum zur Zeit des 2. Tempels, Geschichte des Urchristentums, Ritual- und Religionstheorie, Methodenfragen zum Studium alter Kulturen.

Puza, Dr. Richard, Professor für Kirchenrecht an der Katholisch-Theologischen Fakultät der Eberhard Karls-Universität Tübingen. *Forschungsinteressen*: Kanonisches Recht, Staatskirchenrecht im europäischen und interreligiösen Vergleich.

Robberechts, Dr. Edouard, Maître des conferences an der Université Aix-Marseille – CNRS UMR 6125 Centre Paul-Albert Février); Direktor des IECJ (Institut interuniversitaire d'Etudes et de Culture Juives, Université de la Méditeranée, Frankreich). *Forschungsinteressen*: Jüdische Philosophie.

Ruzer, Dr. Serge, Hebrew University Jerusalem, Israel. *Forschungsinteressen*: Erforschung des Urchristentums in seiner jüdischen Umgebung, frühe syrische Literatur.

Saquer-Sabin, Dr. Françoise, Professorin an der Université Charles-de-Gaulle – Lille 3, Frankreich. *Forschungsinteressen*: La littérature hébraïque moderne, les relations entre personne et personnage, la représentation de l'Autre, l'altérité.

Sinn, Simone, Wiss. Mitarbeiterin im Exzellenzcluster „Religion und Politik in den Kulturen der Moderne und der Vormoderne" der Westfälischen Wilhelms-Universität Münster. *Forschungsinteressen:* Ökumenische und interkulturelle Theologie, theologische Reflexion interreligiöser Beziehungen.

Tietz, Dr. Christiane, Professorin für Systematische Theologie an der Ev.-Theol. Fakultät der Universität Mainz. *Forschungsinteressen*: Rechtfertigungslehre, Theologische Anthropologie, Religion und Politik, Interreligiöser Dialog, Dietrich Bonhoeffer.

Wörn, Dr. Alexandra, Pfarrerin der württembergischen Landeskirche; *Forschungsinteressen*: Der Dialog zwischen der Englischen Literatur und der Theologie, die Geschichte von Frauen im englischen Protestantismus.